Pastoral production and society
Production pastorale et société

Pastoral production and society
Production pastorale et société

Proceedings of the international meeting on nomadic pastoralism/Actes du colloque international sur le pastoralisme nomade — Paris 1 - 3 Déc. 1976

Edited by/Sous la direction de
L'Equipe écologie et anthropologie des sociétés pastorales

Published with the assistance of the Centre National de la Recherche Scientifique/Publié avec le concours du Centre National de la Recherche Scientifique

Cambridge University Press

Cambridge   London   New York   Melbourne

Editions de la Maison des Sciences de l'Homme

Paris

Published by the Syndics of the Cambridge University Press
The Pitt Building, Trumpington Street, Cambridge CB2 1RP
Bentley House, 200 Euston Road, London NW1 2DB
32 East 57th Street, New York, NY 10022, USA
296 Beaconsfield Parade, Middle Park, Melbourne 3206, Australia
and
Editions de la Maison des Sciences de l'Homme
54 Boulevard Raspail, 75270 Paris Cedex 06

First published 1979

Printed in Great Britain
at the University Press, Cambridge

Library of Congress Cataloguing in Publication Data

Main entry under title:

Pastoral production and society = Production
pastorale et société.

(Colloques series)

English or French.

Includes bibliographies and index.

1. Nomads — Congresses. 2. Herders — Congresses.
I. Equipe écologie et anthropologie des sociétés
pastorales. II. Title: Production pastorale et
société. III. Series.
GN387.P37   301.45   78-19139
ISBN 0 521 22253 2 hard covers
ISBN 0 521 29416 9 paperback

Contents/Sommaire

IV. Segmentarity, social classes, and power / Segmentarité, classes sociales et pouvoir

V. Age-sets, social classes, and power / Classes d'âge, classes sociales et pouvoir

VI. External factors vs. internal dynamics in social differenciation / Facteurs externes ou dynamique interne de la différenciation sociale

Les organisateurs du Colloque international "Production pastorale et société" tiennent à remercier les institutions suivantes de leur soutien financier: la division des Sciences écologiques de l'UNESCO, la division des Etablissements humains et de l'environnement socio-culturel de l'UNESCO et la Délégation générale à la recherche scientifique et technique.

Des remerciements particuliers doivent être adressés à la Fondation de la Maison des sciences de l'homme qui n'a cessé de fournir son appui aux activités de l'Equipe écologie et anthropologie des sociétés pastorales, qu'elle abrite depuis sa création en juillet 1974 au sein du Groupe écologie et sciences humaines.

Organizers/Organisateurs (Equipe écologie et anthropologie des sociétés pastorales, Maison des sciences de l'homme, 54 boulevard Raspail, Paris)

Abélès, Marc: *Maison des sciences de l'homme, Paris*
Bonte, Pierre: *Laboratoire d'anthropologie sociale, Collège de France, Paris*
Botte, Roger: *Centre d'études africaines, Centre national de la recherche scientifique, Paris*
Bourgeot, André: *Laboratoire d'anthropologie sociale, Collège de France, Paris*
Di Bella, Maria Pia: *Maison des sciences de l'homme, Paris*
Digard, Jean-Pierre: *RCP 476, Centre national de la recherche scientifique, Paris.*
Hamès, Constant: *Centre d'études sociologiques, Centre national de la recherche scientifique, Paris*
Lefébure, Claude: *ERA 357, Centre national de la recherche scientifique, Paris*

Contributors/Contributeurs

Asad, Talal: *University of Hull*
Balland, Daniel: *Université de Paris-Sorbonne, Paris*
Bernus, Edmond: *Office de la recherche scientifique et technique outre-mer, Paris*
Burnham, Philip: *University College, London*
Dahl, Gudrun: *Stockholms Universitet*
Gast, Marceau: *Centre national de la recherche scientifique, Aix-en-Provence*
Goldschmidt, Walter R.: *University of California, Los Angeles*
Hultin, Jan: *Göteborgs Universitet*
Humphrey, Caroline: *Scott Polar Research Institute, Cambridge*
Irons, William: *Pennsylvania State University, University Park*
Kieffer, Charles: *Centre national de la recherche scientifique, Paris*
Krader, Lawrence: *Freie Universität, Berlin*
Lattimore, Owen: *University of Leeds*
Legrand, Jacques: *Institut national des langues et civilisations orientales, Paris*
Nelken Terner, Antoinette: *Centre national de la recherche scientifique, Mexico*
Planhol, Xavier de: *Université de Paris-Sorbonne, Paris*
Rigby, Peter G.: *University of Dar es-Salaam*
Salzman, Philip C.: *McGill University, Montréal*
Swift, Jeremy: *University of Sussex*
Tapper, Richard: *School of Oriental and African Studies, London*
Tornay, Serge: *Université de Paris X, Nanterre*
Vignet-Zunz, Jacques: *Centre national de la recherche scientifique, Paris*

Participants

Albergoni, Gianni: *Université de Paris X, Nanterre*
Bates, Daniel: *Hunter College, New York*
Black-Michaud, Jacob: *School of Oriental and African Studies, London*
Briant, Pierre: *Université de Toulouse Le Mirail*
Centlivres, Pierre: *Université de Neuchâtel*
Dostal, Walter: *Institut für Völkerkunde, Wien*
Ducos, Pierre: *Centre national de la recherche scientifique, St André de Cruzières*
Dupire, Marguerite: *Laboratoire d'anthropologie sociale, Collège de France, Paris*
Elam, Yitzchak: *The Hebrew University of Jerusalem*
Ferdinand, Klaus: *Institute for Etnografi ag Social Antropologi, København*
Fradier, J.: *UNESCO, Paris*
Frederiksen, Birthe: *Institute for Etnografi ag Social Antropologi, København*
Gellner, Ernest: *London School of Economics*
Godelier, Maurice: *Ecole des hautes études en sciences sociales, Paris*
Guillaume, Henri: *Office de la recherche scientifique et technique outre-mer, Paris*
Hamayon, Roberte: *Ecole pratique des hautes études (Ve section), Paris*
Hecht, Robert: *University of Cambridge*
Hjort, Anders: *Stockholms Universitet*
Jest, Corneille: *Centre national de la recherche scientifique, Paris*
Pires-Ferreira, Jane: *Peabody Foundation for Archeology, Andover, Massachusetts*
Rezig, Inger: *Centre de recherches anthropologiques, préhistoriques et ethnographiques, Alger*
Sasson, André: *UNESCO, Paris*
Tubiana, Marie-José: *Centre national de la recherche scientifique, Valbonne*

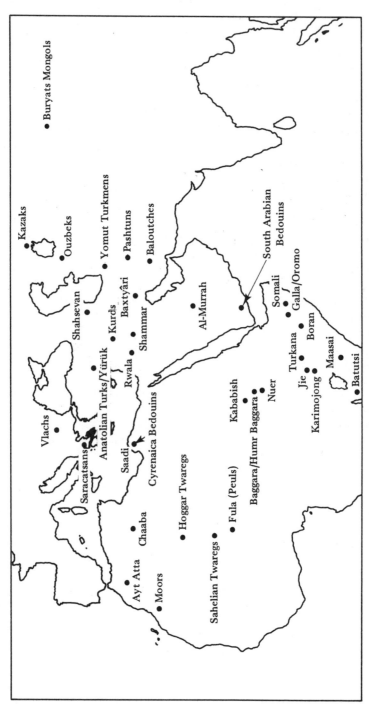

Localisation of the main pastoral societies discussed in this volume/Localisation des principales sociétés de pasteurs citées dans l'ouvrage

Introduction: the specificity of nomadic pastoral societies

CLAUDE LEFÉBURE

The International colloquium on nomadic pastoralism, held in Paris in December 1976, was not planned with the aim of exploring an empirical field; it was, rather, the result of the desire of its organizers to develop theoretical questions which had been raised by the project they had adopted: to study the socio-economic specificity of pastoral societies. And indeed, this meeting did provide an opportunity of discussing, among other topics, the kind of hypotheses and propositions normally connected with this research approach and, more generally, of debating the different theoretical and methodological approaches that have inspired the most important contemporary work on nomadic livestock raising societies. Virtually every one of the members of our group "Ecologie et anthropologie des sociétés pastorales" represented in this volume deals with certain of these hypotheses and propositions. Other findings arising from their joint investigations, and presented in their introductory reports to the different working sessions, have not been included in this volume. So it has fallen to me to summarize, by way of introduction, and doubtless with inevitable personal overtones, the major ideas that are under discussion and which we would like to see pursued. I shall at least try to outline these in their logical sequence.

The feature common to all societies referred to as nomadic pastoral is that they all, to a greater or lesser degree, rest upon nomadic pastoral productive activities, i.e. on exploitation of the primary producer (the herb layer) through the intermediary of gregarious migratory herbivorous flocks or herds under the management of a human group; these societies, moreover, are located in sparsely inhabited environments, in regions which, whether from natural or from historical causes, are either not very suitable or totally unsuitable for regular cultivation. But while this particular pattern of appropriation of nature allows the geographer to identify an original *genre de vie* (type of production activity) and to list and classify its variants, it does not, by itself, define a specific form of social evolution. In our view, the nature of pastoral productive forces, however exclusive they may be (and they are never entirely so), is not the determining

1

factor in establishing the originality of the forms of economic and social organization developed by the pastoralists. In themselves, to be sure, these productive
forces entail varying degrees of constraints, some of which are from time to time
extremely harsh, and these do delimit a determinitive field that is well worth
exploring. But it is necessary to study as well the conditions in which the processes and the products of pastoral labour are appropriated at the different levels
of social integration (whose internal structure and functioning are themselves
factors of production). It is surely significant that the all too few studies of the
sociological implications of the material bases and technical practices of pastoral
societies that have been made, have rarely obtained more than findings expressed
in terms of limitations, of limiting factors, viability thresholds, and so forth.
With the aid of mathematical simulation procedures, our understanding of the
theoretical growth capacity of a herd — based on its age and sex structure, the
species of domestic animal under consideration, and on a variety of other circumstances — has recently been enhanced (Dahl & Hjort 1976) by developments
called for by certain ecology-oriented anthropologists (Dyson-Hudson 1972).
But given the inadequacies underlying the theory of productive forces, how
could they make the fullest possible use of this contribution? Some studies,
however, do appraise the impact of constraints specific to nomadic pastoralism
in other terms. They do so in terms of the consequences of spatial mobility
upon political organization, for example: specialists of Iranian pastoral societies
have dealt with this question in the past (Barth 1961; Salzman 1967) and the
hypotheses they put forward are now coming under discussion, as in the contributions to this volume of Tapper, Digard and Lefébure.

If this type of analysis of productive forces were to mask the importance of
studying the conditions surrounding their appropriation, however, we would
soon end up with a kind of materialist reductionism. We may take it that
societies that practise nomadic animal husbandry today constitute the typical
form assumed by the structure of relations of production to be described; but
there is no reason why other productive specializations may not correspond to
it also. For example, low-mobility stockbreeding combined with shifting cultivation, with the latter supplying the bulk of resources, as in the case of the
Tanzanian Gogo (Rigby 1969), or even shifting cultivation alone. Nomadic pastoral societies that have settled and become agro-pastoral have preserved their
initial productive organization; the striking contrasts between these societies
and village communities in the Sudano-Sahelian zone with whom they have
close contact, provides evidence of the irreducibility of the two socio-economic
systems.

In non-stratified nomadic pastoral societies we find a tissue of social relations
characterized by a particular combination of domestic and community patterns
of production.

Production is, in the first place, organized within domestic groups that are
chiefly based on a family nucleus, although it may equally be founded upon

relationships other than those of kinship. These livestock-owning groups supply the labour necessary to the upkeep, growth and reproduction of the herd while simultaneously making use of its polyfunctionality for their own reproduction purposes: livestock are both consumable and a source of consumable products and goods, including offspring; although few pastoralists may refer to this, livestock has a market value; it serves to establish and cultivate social relations, including community ties when the latter are renewed through sacrifices to the deities. However personal rights over a given head of livestock may be, even when the beneficiary is external to the domestic group (as in the case of animals received for safekeeping, on loan or in association), the group, and its herd, constitute an autonomous unit of production. Pastoralists do not exclude the possibility of broader forms of labour organization: if certain domestic groups are short on labour, they may cooperate in carrying out some activities (guarding animals, defence, pastoral movements, commercial expeditions, etc.), and this cooperation is generally accompanied by co-residence. However, these forms tend to be temporary and shifting and can be unpredictable as well.

It should be pointed out here that this first feature requires a certain equilibrium between the domestic group and the herd. Primarily, this entails balancing the sizes of human and animal units (Stenning 1958; Leeds 1965). It is even more important to note that families and herds develop along parallel lines. Each stockbreeder seeking to found a new production unit and to ensure its reproduction is faced with two requirements: first, he needs to acquire livestock and one or more wives; second, he must be able at least to maintain the size of his herd and to beget heirs. The controlled circulation of women through marriage, which implies the circulation of a portion of the herd through different matrimonial payments, and the gradual transfer of rights over animals (pre-inheritance), which starts with the birth of an heir but which is often followed by the division of the domestic herd only after the marriage of that heir, and sometimes later still; all these combine to produce the parallel evolution mentioned above. Consequently, we cannot explain the matching sizes of the domestic group and its herd solely in terms of the human unit's subsistence requirements and its labour capacity. Rather, the size of the herd corresponds to a moment in the domestic group's developmental cycle; in other words, this group's food requirements having been satisfied in one way or another, herd-size is a function of the intensity, at the time in question, of the technico-economic, matrimonial, political and symbolic practices designed to ensure the group's reproduction.

The exchange of animals on the occasion of marriages or other occasions serves to establish, or to revive, social relations. As a result, the parallel reproduction of families and of herds is also, simultaneously, the reproduction of a part of the extra-domestic social relations that count among the conditions underlying the autonomy of the domestic production unit.

This is because nomadic pastoralism is also organized within a community structure. The domestic groups making up the community enjoy access to grazing land, wells, natural salt licks and salt springs, in other words, to natural resources that have been more or less transformed and are collectively developed and administered. In conceiving and implementing their own strategies, herdsmen seek to manipulate the different characteristics of this environment to their best advantage: nature and location of grazing areas, first, and then their productivity (which is variable in time), as this represents the most binding factor of the ecosystem. One resultant factor is the mobility of domestic units of production and the fluidity of their consequent aggregates. This would not be permissible were it not for the collective appropriation of the resources of the grazing lands or failing that, the recognition of generalized personal right of usufruct. Each herdsman, however, possesses no more than access rights equivalent to those enjoyed by his peers.

At the level of production, therefore, the community may take the form of a territorial community, appear as the spatial projection of defensive bonds or of ties of cooperation, or co-residence, or exchange of animals. This is so both in cases where variability of these ties is the rule — as with most cattle-breeding societies — and in those where, on the contrary, these ties are apparently governed more or less strictly by the political organization, as in the case of segmentary lineage societies. This territorial insertion is but one of the bases upon which the community may be identified, and it may indeed be absent in cases of rapid expansion (as in the case of the migratory group of the nomadic Fulani, the case of the Turkana section, and also, perhaps, the case of the Reguibat when they switched in the nineteenth century from breeding small animals to breeding the dromedary). In such cases, the unity of the group depends entirely on its consciousness of a shared cultural heritage.

In all cases, though, it would appear that the real existence of the community entity and property depends on relations established in the course of productive activities by the different domestic groups, within which "the economic totality is contained, in the final analysis". Even when land-rights are strictly laid down, territory does not, contrary to what happens in village communities, appear to be a "natural assumption underlying production", but as a "collective appendage of traditional individual establishments", to quote Marx. We may indeed, as Bonte (1974) has shown, apply Marx's analysis of the so-called Germanic form of transformation of the "primitive community" (as expounded in the *Grundrisse*) to nomadic pastoral societies.

Among the Germanic tribes, where the individual family chiefs settled in the forests, long distances apart, the commune exists, already from *outward* observation, only in the periodic gathering-together [*Vereinigung*] of the commune members, although their unity-*in-itself* is posited in their ancestry, language, common past and history, etc. The *commune* thus appears as a *coming-together* [*Vereinigung*], not as a *being-together* [*Verein*]; as a unification made up of independent subjects, landed proprietors, and not as a unity. (Marx 1974: 483; original emphasis.)

The distinction between community in production and community founded —

prior to any form of productive activity — at a superstructural level turns out to
be particularly appropriate and fruitful. As the outcome of an inversion in the
herdsman's consciousness of the objective conditions underlying economic and
social life, the community "in itself" (*en soi*) — the structural principles of
"society in its spontaneous purity" — is what would appear to determine the
activity of domestic units, the community pattern of production and of reproduction of society. In Nilo-Hamitic pastoral societies, for instance, where in
addition to language, history, and so forth, various age-set and ritual organization systems go to make up the backbone of the community "in itself", members of a tribe believe that their coexistence is justified by a series of indispensable collective religious duties. The social conditions of production and reproduction are disguised owing to the fact that they appear to be the outcome of
the circulation of livestock among men on the one hand, and between men and
the supreme god on the other; the group's own delimitation of itself reifies the
limits of the system of reciprocal livestock rights. The reproduction of natural
conditions is similarly conceived as forming part of an imaginary relationship,
albeit sustained through animal sacrifice, with the divinity.

Among the neighbouring Nuer (whose community organization differs, but
to whose religion particular attention has been paid, in contrast to the usual
reticence of functional anthropologists in this respect) the inversion of social
relations in people's consciousness is validated by the myth of a congenital
association between men and cattle followed by a parallel evolution of the two
species; individually, the Nuer experience this through identification with a
favourite animal, whose loss may even lead to suicide (Evans-Pritchard 1956).
In segmentary lineage societies, where the characteristic feature of the community "in itself" is the importance attached to the genealogical principle, the
properties that are liable to result from this in connection with spatial organization, e.g. the matching of territorial to lineage segmentations, directly define
the herdsman's rights of access to the collective resources. Unlike the case of
age-set societies, where no connection can be drawn between the general pattern of the community and the blood-ties which structure the domestic group,
the superstructural conditions for the realization of the community may in this
case seem to correspond to the kinship relations actually involved in the productive activities of minimal units. It should be borne in mind, however, that at
the level of the segmentary community "in itself", genealogy is an ideology that
the cult of the ancestors frequently tinges with religiosity, whereas within each
family, descent and siblingship are effective ties even if they can be manipulated.
In any case, there is reason to think that it is because the community only really
exists on the basis of relations established and sustained by the domestic groups,
because its territorial status itself is merely a consequence, that it requires some
form of ideological guarantee and that its conditions of reproduction call for
some basis external to the objective conditions of production.

To sum up, in our view, the structural specificity of non-stratified nomadic pastoral societies lies in their particular combination of a domestic with a community pattern of production, the whole being characterized by the autonomy of the domestic animal husbandry units on the one hand and on the other, the *de facto* character of the actual community organization. This trait goes hand in hand with the pre-eminent function of the community's own ideology in the reproduction process. Seen thus, this specificity seems to us to constitute an original historical evolutionary path of which, following Germanic societies between Caesar and the great invasions, still undifferentiated nomadic pastoral societies may be regarded as a typical product.

If we were now able to go on to demonstrate that inequality, on the one hand, and the centralization of power on the other, become institutionalized in these societies according to specific patterns, then the hypothesis concerning their socio-historic specificity would be close to validation. We shall refrain from attempting this until we have first made clear in what way nomadic pastoral societies can be considered to be egalitarian.

It is commonly held that these societies favour the preservation of political equality among their members (Goldschmidt 1971), and certain authors are even prepared to deduce this simply from the frequency of the segmentary lineage system among pastoral societies (Schneider 1974). Lewis' book, *A pastoral democracy* (1961) certainly does deal with a Somali group organized along these lines, but in age-set societies equality between members of a given set may also be recognized (Gulliver 1958; Spencer 1965). Whichever type of organization we examine, political equality clearly concerns heads of family and not individuals as a whole; women and young men may be respectively equal among themselves, but they remain — albeit temporarily in the case of the latter — dependent upon the head of family. Spelling this out more clearly, equality applies to heads of family in their capacity as representatives of autonomous domestic units; it reflects the structural equivalence of these groups within the productive community and the equality of their access rights to collective resources.

But these same conditions also serve as a basis for the economic inequality that has always been found among nomadic pastoralists. Each productive unit is more or less responsible for coping on its own with most of the natural and social factors involved in animal husbandry. The family's labour supply is mainly dependent on its ability to produce the requisite offspring; the family relies on the individual capacities of its members, and in particular on the head of family's talents as manager and strategist; it is subject to climatic, epidemiological vagaries and historical vicissitudes; and so forth. All these factors serve to generate unequal pastoral results, and any difference is amplified by the high productivity of animal husbandry. The plurifunctionality of livestock — when one thinks of the impact of its circulation — also amplifies these differences.

Among Nilo-Hamitic herdsmen, for example, a man who owns large herds may enjoy a proliferation of "livestock relations" through marriages and loans. He may weave around himself a web of economic and social relations that can subsequently prove of great advantage. He will be more resilient, recovering more quickly from the consequences of drought, animal epidemics, enemy raids, etc, as the network of reciprocity that he has constructed will enable him to rebuild his herd more rapidly. Through his wide-spread social relations, he will have access to a choice of grazing lands and wells; so much so that among the Karimojong, for example, one herdsman may enjoy access to as much as four or five times the amount of space within the tribal territory as the least-favoured of his peers (Dyson-Hudson 1966). He is in a position to pay or otherwise secure the services of a shepherd. Above all, his wealth will affect his social status, giving him greater influence in the council of the elders. A newly-rich herdsman may therefore acquire the rank of notable or leader. This promotion cuts both ways, however, as one of its consequences will be to undermine the basis of his prestige, since his new position will oblige him to redistribute portions of his accumulated herd, on the occasion of rituals, for example, when a notable is expected to display his wealth by supplying the animals for sacrifice; he is also expected to slaughter his own animals in order to tide the community over in periods of scarcity. The combined interplay of the different institutions therefore works permanently to re-establish the structural equality of production units, and this process is often accompanied by a genuine egalitarian ideology.

Returning to the question of high labour productivity, it should be pointed out that this is not a constant. Such advances as this may enjoy in the broadened process of reproduction are more than likely to exacerbate the above-mentioned inequalities. This may well lead to intensified efforts to redress the balance in favour of equality. But the heightened labour productivity can itself lead to over-accumulation of livestock on the part of the community as a whole, ultimately threatening the reproduction of the natural conditions of pastoral activity (irreversible deterioration of pasture land and of the environment). This crisis, which reflects the difficulties standing in the way of community control over the domestic units, is characteristic of the contradiction between forces of production and relations of production in pastoral societies. With the exception of situations where this may actually lead to the conquest of fresh pasture lands — significantly, in age-set societies, this is carried out by the younger generations — or where it results in a transformation of social relations in such a way as to ratify inequality, this crisis will be resolved by either a sudden or a gradual fall in numbers and hence in labour productivity. Where this fall is brutal, it is usually the result of grave military defeat or of "natural" catastrophes (in fact the disastrous consequences of the group's heightened sensitivity to these dangers). At their last apogee, the Maasai thus exposed themselves seriously to the effects of the outbreak of cattle plague at the end of the nineteenth century. Their neighbours, the Turkana, were spared these ravages owing to the fact that their herds were smaller and more scattered; they were able to benefit from this circumstance and to take over the grazing land that had now become useless to the Maasai. The gradual pattern of resolution of crises of over-accumulation can take the form of an intensification of cultivation, inasmuch as the society is characterized by a sex-based division of labour, with work in the fields being the exclusive preserve of women. Because of its rather dubious efficiency due to environmental conditions and to the techniques employed, agriculture is merely a source of supplementary income; but the fact that it restricts the mobility of domestic production units at precisely the moment when the contrary is required means that it serves to lower the productivity of animal husbandry. Under these conditions, it becomes possible for part of the society to specialize in pastoral activities and, ultimately, to accede to autonomy: this would account for the cyclical development of Nilo-Hamitic pastoral societies and their splitting off from a common origin (Gulliver 1952). In this way, the structural equality and the autonomy of domestic production units may be restored through the very process of unequal accumulation of livestock which this system encourages.

While it seems thus to be established that inequalities resulting from the herdsmen's autonomous strategies do not directly pave the way to a weakening of the structural equality of units of production, we should avoid exaggerating the effectiveness in all circumstances of the institutional mechanisms and natural avatars normally supposed to work permanently against these inequalities. In the Maghreb and the Middle East, ritual sacrifices, collective feasting and massive death of herds never reach the proportions nor the regularity they do among East African pastoral societies. With their bigger herds, and frequently, more rational use of space — transporting livestock in lorries, for example — the big herdsmen enjoy a superior capacity to exploit grazing land and they are constantly adding to it. While the community's segmentary organization and its egalitarian ideology continue to survive, these herdsmen nevertheless frequently manage virtually to appropriate common property to themselves, amounting to a quasi-expropriation of their "peers"; and there is nothing temporary about this expropriation. Here, the fact that part of the pastoral population may switch to settled farming doubtless takes on a different significance. To begin with, this division of labour is not seen as leading to a fall in labour productivity; on the contrary, the moment it occurs or spreads, it often increases this productivity. Secondly, the impoverished families that do settle often do so acting for newly-rich stockbreeders seeking to diversify their sources of income, so much so that certain observers have seen in these non-egalitarian relations one of the conditions for the reproduction of the agro-pastoral system in question (Digard 1973). Tasks may be divided up differently, with poor people working as shepherds for the wealthy, who are unwilling to endure the hardships of nomadic life. In fact, the two situations tend to work together to the advantage of the better-off, and in some cases the latter even manage to avoid any kind of immediately material productive activity whatever. This state of social relations is characteristic, for example, of the settled Twareg societies in the Southern Aïr (Bonte 1975). In Morocco, through a variety of patterns of pastoral association — which, significantly, have changed over the past few decades from indigenous systems of participation in the growth of the herd to capitalist forms of participation in the increase of its sales value — city-dwellers in the foothill regions of the Middle Atlas actually come to find themselves exploiting high-altitude grazing lands of which they are not the rightful owners. In view of the substantial proportion of settled people of recent montagnard extraction among the local city populations (Beaudet 1969), the deterioration of relations of appropriation specific to the pastoral communities in question must be appraised in terms other than — to put it briefly — the opposition between "external factors and internal dynamism".

Obviously, we shall not claim here to encompass the full diversity of the process of transformation of the non-stratified nomadic pastoral community, but it does seem possible, in the most general terms, to identify the characteristics of a particular pattern of emergence of social inequality. Briefly, it seems as if the initial change is in all cases a modification in the conditions of operating and reproduction of the community in such a way that one group controls the conditions identified as being superstructural for these societies.

As the reader will have understood by now, the formation of non-egalitarian relations of production in nomadic pastoral societies seems to us generally to occur in periods of rising labour productivity and accumulation within domestic units, thereby leading to a sharpening of internal contradictions in the society in question. The fundamental contradiction within the specific structure of egalitarian relations of production, namely the contradiction between the domestic framework of productive work and the community conditions of reproduction, thus seems to be determined by a contradiction between relations of production and forces of production. Where there is no fall in the productivity of pastoral labour, intensive social practices are required in order to maintain the stability of the society. As with problems connected with access to grazing resources, tensions related to the circulation of women and animals become exacerbated between lineages and/or generations and/or between brothers. Significantly, the fission of domestic units gathers speed, which has its synchronic counterpart in the increasing nuclearization of these units when we turn from those agro-pastoral societies that are least specialized in animal husbandry, i.e. the ones in which animal husbandry is least productive, to the most specialized pastoral societies, in which animal husbandry is most productive. This action upon tensions is designed chiefly to influence what are believed to be the ultimate conditions of the community's fulfillment. It thus makes it possible to shift these contradictions onto the level of the community "in itself", while at the same time preparing the ground for the appropriation of this action by a group specialized in religious or political functions. A good example of this process is supplied by the development of a positive devotion to the *laibon* intercessors among the Maasai. These are hereditary section or tribal leaders, and their functions are chiefly magico-religious; during the nineteenth century, however, they seem also to have acquired the power to redistribute families among sections and to appoint to each section its allotted pasture zone. This would appear to have been a highly remunerative form of anthropolatry, if we are to believe our sources (Fosbrooke 1948), with the *laibon* accumulating — among other things — wives, which they received without being expected to pay the usual matrimonial compensations. One fraction of society may thus come to secure for itself permanent control over the imaginary conditions of social reproduction, which may provide it with an opportunity of modifying earlier rules of circulation to its own benefit, and first of all of establishing lasting forms of diversion of the surplus product of domestic units intended for the reproduction of the community as a whole. In such cases, social reproduction then ensures the reproduction of the difference between these specialists and the remainder of society.

This initial transformation leads to a gradual reorganization of social relations as a whole, and of relations of production in particular. The historical processes involved may certainly be diverse, and this may be related to the differences observed with reference to the community "in itself". For example, the relatively closed nature of the politico-religious sphere in non-stratified East African societies undoubtedly tends to encourage the marked centralization of power and hierarchization of the ruling class characteristic of the interlacustrine divine kingdoms. In segmentary lineage societies, where, prior to the institutionalization of inequality, kinship structures functioned as political structures, the evolution towards a class society may occur without affecting the community's ideological form. Members of the dominant group, in such cases, enjoy equal rights in the exercise of their control. The dominated group itself preserves the attributes of segmentarity, but it is gradually excluded from the political sphere as the latter acquires increasing autonomy. Because the discourse of members of a segmentary lineage society is rooted in kinship relations which are consubstantial with the group, the alteration in the conditions of realisation of the community does not render it obsolete, even though this alteration may necessitate certain modifications. Among the Mongols, for instance, we find a rigidification in the relation of seniority underlying the opposition between the "white bone" (noble) and "black bone" (common) orders. In certain segmentary Muslim societies open to rivalry in honour between endogamous lineages, the semantic merger: "honour/protection" (*horma*) significantly accompanies the emergence of the pre-eminence of an aristocracy.

These differences, however, ought not to obscure what is commonly entailed by the genesis of class relations. Relations of production are changed. Concerning the community pattern of production, the conditions governing the circulation of animals are altered by the newly instituted hierarchy among social groups. Loans of animals, for example, lose their reciprocal character and become instead procedures for the extortion of labour force. Dominated groups may be refused all access to livestock or to certain species or categories of animals. Access to grazing land, wells and other community resources may be controlled directly by the dominant class, often by virtue of the establishment of its own eminent domain over the land. Where the domestic form of production is concerned, family units remain autonomous, but opportunities for unequal accumulation increase on account of the inequality of access to the means of production. The conditions of reproduction of these units diverge in accordance with their class position since, in the case of the dominant units, these too are connected with the reproduction of the relation of domination.

Nomadic pastoral societies that have developed class relations apparently contain a complex mixture of relations of production. As we have already pointed out, domestic relations of production survive. In addition to relations founded on a diversion of surplus labour force or completed labour (which we shall term tributary relations), the domestic relations may also coexist with slave relations and/or relations in which labour is remunerated either in the form of services or in kind, or even in cash (clientele relations). Given these conditions, can our characterization of the socio-economic specificity of nomadic pastoral societies lead to a definition of a single mode of production, or are we obliged to recognize several of them, or ought we to speak in terms of an economico-social formation? We shall be attempting here to show that these different relations of production fit together to form a system that is governed by tributary relations. This would account for certain historical features of pastoral societies, such as, for example, the specific nature of the state when it emerges in a nomadic environment.

In view of the magnitude of this new question, and in view, also, of the complexity that it requires us to analyse, the group "Ecologie et anthropologie des sociétés pastorales" felt the need to re-examine and discuss with others in the field the problems which have been set forth in this introduction. The colloquium "Pastoral production and society" made this possible: nearly sixty specialists heard and discussed some thirty papers. We would now like to open the discussion to a wider public.

Except for four contributions — that of G. Dahl and A. Hjort, which was intended from the start to differ from their contribution to the meeting; and papers by M. Gast, J. Hultin and J. Legrand, none of which had been written at the time — the twenty-nine papers published here are more or less untouched versions of the ones discussed at the December 1976 meeting.

In keeping with the spirit of the gathering, these papers have been grouped under seven themes: this was, in fact, their original arrangement. In the case of section V, there is not only a thematic convergence, but also a regional focus.

The contributors to this section have concentrated on a specific question: do generational and age-set systems in East Africa function as relations of production? Do they provide the structure for the community unit of production? This section is perhaps the best illustration of the spirit of the confrontations that prevailed at the meeting. Section V also reflects the intermediate degree of abstraction opted for by most of the contributors. However diverse their viewpoints, all of the papers display a relative disregard for the details of the systems of determinations and for the objective characteristics of the pastoral societies in question.

Are we then entitled to say, barely a few years after the two consecutive symposia on pastoral nomadism, held on the occasion of the Annual meetings of the American anthropological association, that the "theoretical reorientation" called for by N. Dyson-Hudson in his Introduction to the Proceedings of the second symposium, has had no followers, or has it been the instrument of its own obsolescence? Here is what he wrote at the time:

> . . . we must pursue a behavioral and realist style of thought as systematically and as vigorously as possible . . . we should try for realism and detail, and persistently fight the tendency to generalize too quickly from the data we collect . . . Insofar as we must use units, then we are led to look for the smallest possible units, whether of space, time, resources, personnel, activity, or whatever. (Dyson-Hudson 1972: 9)

A recommendation such as that of splitting, for analytical purposes, the category of nomadic pastoralism into its two immediate aspects, livestock-rearing and spatial mobility (Dyson-Hudson 1971: 23), seems to have had no influence on the studies published in the present volume. And yet this idea was already present in the introduction by P.C. Salzman (1971: 105) to the Proceedings of the first symposium. It is also a bit surprising to find W. Irons' contribution to the 1976 meeting of such a speculative and general nature when it is recalled that he was co-editor, with N. Dyson-Hudson, of the volume from which the foregoing quotation was taken.

Nevertheless, however little heed may have been paid to the recommendations made in *Perspectives on nomadism*, clearly none of the papers that follows has attempted to propose one of those "mechanical models of the whole society sort" so vigorously denounced by N. Dyson-Hudson. But more ethnography alone will not be enough to counteract the shortcomings of the formal induction method that is part and parcel of the classificatory and typological approach. What is also required is a theorizing intention — in other words, amplificatory induction; an effort must be made at conceptualization, whether or not this is founded upon some pre-constituted body of doctrine. On the whole the contributions published here tend in this direction.

This raises a major difficulty regarding the limits to our analytical field: is it better to confine ourselves to the socio-economic characteristics related to pastoral activity *stricto sensu* — even at the risk of appearing to isolate pastoral society from the sedentary context, outside which it is clearly non-viable — or would it be preferable to seek to define the characteristics of a symbiosis regarded as indivisible? It should be clear from what has been said above what the position of the group "Ecologie et anthropologie des sociétés pastorales" is on this question, and criticism is invited. The contributions dealing with the question of whether factors of social stratification originated internally or externally to the pastoral community (section VI) have done much to enrich this discussion, as has the light shed in the last section of the book (section VII) on pastoral trade and on trade links between pastoral societies and their periphery.

Last but not least, one observation which was made at the close of the colloquium points — both for those who took part and for all other specialists in pastoral societies — to at least a part of future research programmes: the symbolic forms of expression of these societies, i.e. art, myths, religion, ideology, have once again (Dyson-Hudson 1972: 11; Gellner 1973: 8) failed to receive the attention they deserve from an anthropological approach. There is no order of tasks, no a priori hierarchization of social instances to prevent us from simultaneously hoping for an increasingly sharply focussed approach to the objective constraints peculiar to pastoralism on the one hand and, on the other, for systematic attention to the way these are translated, interpreted and manipulated in and through native idioms. The group "Ecologie et anthropologie des sociétés pastorales", at any rate, eschews any such rigidity, and pins a great many hopes on future investigations and discussions.

References

Beaudet, J. 1969. Les Beni M'guild du Nord: étude géographique de l'évolution récente d'une confédération semi-nomade, *Revue de géographie du Maroc* 15: 3–80.
Bonte, P. 1974. Organisation économique et sociale des pasteurs d'Afrique orientale, *Cahiers du centre d'études et de recherches marxistes* 110 (*Etudes sur les sociétés de pasteurs nomades* II): 1–95.
    1975. L'organisation économique des touaregs Kel Gress, pp. 166–215 in R. Cresswell (ed.), *Eléments d'ethnologie*. Paris: Armand Colin.
Centre d'études et de recherches marxistes (CERM). 1970. *Sur les sociétés précapitalistes. Textes choisis de Marx, Engels, Lénine*. Paris: Editions sociales.
Dahl, G. & A. Hjort. 1976. *Having herds. Pastoral herd growth and household economy*. Stockholm: University of Stockholm, Department of social anthropology.
Digard, J.-P. 1973. Histoire et anthropologie des sociétés nomades: le cas d'une tribu d'Iran, *Annales: économies, sociétés, civilisations* 6: 1423–1435.
Dyson-Hudson, N. 1966. *Karimojong politics*. Oxford: Clarendon Press.
    1972. The study of nomads, pp. 2–29 in N. Dyson-Hudson & W. Irons (eds.), *Perspectives on nomadism*. Leiden: Brill.
Evans-Pritchard, E.E. 1956. *Nuer religion*. Oxford: Clarendon Press.
Fosbrooke, H.A. 1948. An administrative survey of the Maasai social system, *Tanganyika notes and records* 26: 1–50.
Gellner, E. 1973. Introduction: Approaches to nomadism, pp. 1–9 in C. Nelson (ed.), *The desert and the sown. Nomads in the wider society*, Research series 21. Berkeley: University of California, Institute of international studies.
Goldschmidt, W. 1971. Independence as an element in pastoral social systems, *Anthropological quarterly* 3: 132–142.

Gulliver, P.H. 1952. The Karimojong cluster, *Africa* 1.
   1958. The Turkana age organization, *American anthropologist* 4: 900–922.
Leeds, A. 1965. Reindeer herding and Chukchi social organization, pp. 87–128 in A. Leeds &
   P. Vayda (eds.), *Man, culture, and animals*. Washington D.C.: American association for
   the advancement of science.
Lewis, I.M. 1961. *A pastoral democracy*. Oxford: Oxford University Press.
Marx, K. 1973. *Grundrisse. Foundations of the critique of political economy (rough draft)*,
   transl. with foreword Martin Nicolaus. Harmondsworth: Penguin; London: New Left
   review.
Rigby, P. 1969. *Cattle and kinship among the Gogo. A semi-pastoral society of central
   Tanzania*. London: Cornell University Press.
Salzman, P.C. 1971. Introduction: Comparative studies of nomadism and pastoralism,
   Anthropological quarterly 44: 104–107.
Schneider, H.K. 1974. Economic development and economic change: The case of East
   African cattle, *Current anthropology* 3: 259–276.
Spencer, P. 1965. *The Samburu: A study of gerontocracy in a nomadic tribe*. London:
   Routledge and Kegan Paul.
Stenning, D. 1958. Household viability among the pastoral Fulani, pp. 92–119 in J. Goody
   (ed.), *The developmental cycle in domestic group*. Cambridge: Cambridge University
   Press.

I. Patterns and typologies/Modèles et typologies

1. A general model for pastoral social systems

WALTER GOLDSCHMIDT

Cette contribution commence par définir les variables en jeu dans le pastoralisme nomade — environnement, animaux élevés, rapports avec les populations sédentaires —, puis propose une typologie de ce genre de vie. On considère ensuite le type idéal du pastoralisme et on examine dans leur interconnexion les principaux traits de l'organisation économique, de l'organisation sociale, du comportement et de la religion. L'unité de l'analyse est assurée par la notion d'entreprise pastorale individuelle (*career*).

Pastoralism as a taxon

The rubric pastoral nomadism refers to a class of societies categorized on the basis of their productive technology. Essential to this productive technology are two elements: the attendance upon and husbandry of ruminant animals (hence pastoralism), and the utilization of natural grasses as fodder (hence nomadism). The conditions for such an economy in turn require two elements: the availability of domesticates suitable for such exploitation (which were not found in Australia or North America before European conquest), and available arid lands that are adequate for sustaining flocks or herds, but are not amenable to "higher" (in the economic sense) productive uses under prevailing levels of technological competence. These basic economic/ecological factors create certain degrees of homogeneity in the general character of the societies, when seen

15

in contrast to other productive modes, but they do not create an identity. Indeed, every society is a unique adaptation with its peculiar and distinct elements, and we are dealing with an imposed category based upon the essential and central determinant, the mode of production.

The rubric pastoralism is thus an ideal-type concept. What we mean when we use the term is that the pastoral activities have such great importance that it sets the patterns of life. Specifically it means that whatever other economic activities are engaged in, they are accommodated to the demands that animal husbandry makes upon the people. If this is not the case, then it is preferable not to consider the people as pastoralists or the society as a pastoral community, even though they also engage in pastoral pursuits. This same approach applies to the more particular elements in the diverse categories of pastoral communities to be outlined below. Thus most pastoral people have both small and large stock; we classify them in terms of which category determines this pattern of movement. With few exceptions with dual pastoral economy (e.g. some Somali), one in the hands of men, the other in those of women (Lewis 1961), the determining element is clear.

Diversity in pastoralism

Bases for variation

There are four basic variables that make for considerable internal diversity in what we consider pastoralism. The first of these is the nature of the relationship of the society to agricultural production. No pastoral nomadic society is entirely free of involvement either directly or indirectly, with agricultural products. A.H. Jacobs (1959) has argued that the "pure" Masai are devoid of such dependence. While they are clearly at an extreme in their degree of independence from agricultural products, Jacobs' own data belie his assertion, for during periods of drought these Masai are dependent upon their distant agricultural kinsmen. We may recognize three kinds of relationships to agriculture: those like the Masai and some Berber tribes who are *independent* as communities from agricultural pursuits though they may have a symbiotic relation to farming communities; those who are an element in a plural society in which they are an *integrated* independent ethnic unit, sometimes superordinate to farmers (e.g. Tuareg, Tutsi) sometimes subordinate (the pattern that emerges in modern nation-states of Southwest Asia); and those who engage in secondary farming activities (classically the case in sub-Saharan tribal societies where pastoralism exists).

The second variable lies in the nature of the terrain on which animals are kept. Though every environment is unique, there is nevertheless a basic dichotomy between two classes of environment: mountainous areas which can only be exploited seasonally, and which therefore involve a periodic vertical shift from winter to summer pasture (transhumance), and relatively flat desert, semi-desert or dry plains, in which movement is horizontal, and hence more free-ranging (true nomadism). There is also the tundra, exploited by herding, which may be viewed as a special variant of the second category.

The third variable element in the economy lies in the nature of the animals that are herded, for different animals have different needs and therefore call for divergent responses in their human keepers. The major distinction is between those pastoralists who exploit primarily or entirely sheep and goats (and here llamas and alpacas may be included) and those who exploit the large ungulates, particularly cattle. The former group is generally associated with the mountain lowland/transhumance; the latter are generally found on desert or plains. In the post-contact American plains, the use of the horse in many ways simulated Old World plains cattle pastoralism, even though the horse was used as capital equipment with which to exploit the abundant wild herbivores rather than themselves serving as food. The Navaho became sheep herders early after European intervention.

The fourth variable is the distinction between pastoralists who maintain mounts (horses, camels, reindeer), and those who are pedestrians. This difference has some consequence for the degree of mobility, the nature of communication, and hence the potential level of political integration that can be attained. Large scale political integration is difficult to achieve and maintain without the mobility provided by horses and camels, but not impossible.

A pastoral taxonomy

With these criteria in mind, I offer a classification designed to establish important categories of pastoral systems. I consider the most important distinction to be between flat land (desert, semi-desert, dry plains and tundra) and mountain use, for with it goes also the distinction between large animals (cattle, camels, reindeer) and small animals (sheep, goats, llama, alpaca), though with exceptions, such as the Navaho. The specialized cattle keepers of the Pyrenees and the Alps are also exceptions. This categorization also distinguishes between true nomadism and transhumance.

The second distinction is between those pastoralists who are mounted and those who are pedestrian, fundamentally a separation of the sub-Saharan cattle keepers from pastoralists elsewhere, though undoubtedly some groups of sheep and goat herders are too poor to own animals. The third level of distinction involves the relation of the pastoralists to agricultural production.

A. Large-stock, flat land nomads
   1. Mounted
      a. independent of agriculture (desert peoples of Arabia and parts of North Africa; some Plains Indian tribes of North America also) (Oliver 1976)
      b. integrated with agriculture (e.g. Tuareg)

      c. secondary agriculture (some groups of the West African Sudan)
    2. Pedestrian
      a. independent of agriculture (Masai)
      b. integrated with agriculture (Watutsi)
      c. secondary agriculture (most sub-Saharan cattle pastoralists; this category blends into peoples with dual economy to those who have a few head of stock but are primarily agricultural).
B. Small stock, mountain dwelling transhumants (this group is limited to areas where horse and camel are available, so that normally they are mounted, but some, heavily dependent upon existing nation-states, may not actually have horses in significant numbers).
    1. independent of agriculture. Tribal groups retaining their political independence probably existed in the past, but the growth of nationalism and the increased strength of national armies has everywhere limited such independence and I am not certain whether any case still can be so classified, even in the Andes.
    2. integrated with agriculture. The majority of present tribal groups in Asia and the Mediterranean basin who have not themselves adopted farming.
    3. secondary agricultural. The remainder of the above group, who have become farmers (e.g. Basseri) fit this category.

A pastoral model

I want now to turn to what I consider the characteristics of pastoral life. The model is built upon my experience in East Africa, and thus applies most specifically to that area — (A2), (a) and (c). To what degree it is in accord with other categories I am uncertain, and indeed I put it forward so that others with experience in these areas may help uncover uniformities or recurrent patterns or find areas of variation.

I have summarized the elements in this model in figure 1. The left-hand column indicates the category of social features, the second column the general elements and the third some more specific aspects. The right-hand column is there to remind us of constrastive features in tribal societies at comparable levels of complexity.

Before entering into the discussion of this model, a few general remarks on the functional relationship of elements in a social system are appropriate. As I am basing the model on an economic typology, it is clear that I believe that the ecological circumstances (man/resource relationship) of a society is the major determinant of the social order. This ecological element relates to the mode of production, including the kinds of resources exploited and the technological means for such exploitation. The form of economic use makes specific demands upon the personnel of a society, involving both the kind of work people are engaged in and more significantly the kind of collaborative activities requisite

Figure 1. A pastoralist model
(focusing on arid land, large-animal herders)

	General	Specifics	Contrasts
Ecological base	arid lands	flat lands (semi-arid plains desert, tundra)	well-watered, arable land
Economy	livestock	cattle, horses on plains; camels (desert), reindeer (tundra); nomadism	horticulture, agriculture
Task demands	animal husbandry; raiding/protection	military prowess; control and movement of animals; danger and hardship; decision-making; social manipulations	steady hard work; fixed social order
Social nexuses	patrikin contractual	segmented patrilineages (Obok); age-sets; stock linkages: inheritance, brideprice, wergild, clientship; dyadic contracts	clans (matriliny frequent); locality ties
Career factors	herd building (high mobility)	military skills (young men); animals used for wives, progeny, network formation; individual action leads directly to status	inherited kin-based status (low mobility and little social manipulation among rank and file)
Attitudes	self-determination and independence	explicit self-interestedness; high status concern, low affect, empathy; objectification of persons, acting out of hostile impulses	dependency, self-restraint; covert hostility
Religious ritual	rites de passage	initiation with body mutilation, physical endurance, spirit placation; divination	rites of intensification; place-oriented rites, garden magic
Religious belief	hostile world	generic rather than focused hostility, witchcraft unimportant; divination	witchcraft totemism

to the productive process. It also influences the personality attributes, sometimes quite directly, through the demands made upon individuals by the activities they engaged in.

Though these ecological factors are central to determining the differential responses in the social order, they are operant in the context of generic psychological attributes of human beings. That is, in order to establish a causative chain among the various elements that enter into a social system, it is necessary to recognize the psychological factors that often serve as intervening variables. Essential to this is the recognition that the society is made up of individuals, each of whom is engaged in the process of building his personal career. By career I mean the trajectory of the individual's life history through time in terms of the activities he engages in to seek economic satisfactions, social prestige, and personal influence. Building a career involves more than the blind pursuit of self-interest; it involves also engaging in necessary collaborative and cooperative effort; it involves trading present satisfactions for future goals and a host of other considerations that we cannot enter into here. The form that the individual careers take will necessarily be dependent upon the kinds of economic activities that are dominant in the community.

Economy and tasks

Let us look first at the nature of livestock as a form of resource, keeping in mind the contrast to land, which is the normal alternate basic resource of a people. It is a highly volatile resource; herds can be built up fairly rapidly under good conditions and can be decimated even more rapidly.[1] A second point is already anticipated; cattle are vulnerable to theft and hence they make a demand upon their owner to engage in protection. To be utilized livestock must be slaughtered; the herdsman must establish his dominance over the animals and thus there is a direct relationship between keeping animals and certain attitudinal attributes. Livestock not only must be moved regularly from place to place but normally can be moved at will. The pattern of livestock herding is generally less routinized than agricultural production. The individual herder must estimate the probabilities of obtaining grass and water, sometimes on a daily basis. In most cases there are seasonally determined requirements for the herders to disperse, with each household and small unit acting separately, and alternate periods in which large groups aggregate. This requires a degree of flexibility, with a great deal of individual decision-making by each household head, and yet a need for organized collaboration, i.e. a flexible social order capable of providing mutual protection while preserving individual autonomy. (There is a contrast here to transhumance, I believe, where collaboration is more important than independence.) There follows from these circumstances, first, the need to establish a system of military readiness. The military stance is not the protection of territory, but the protection of mobile animals; it has the all-but-inevitable counterpart of institutionalized aggressive raiding. Second, these circumstances require a level of managerial competence, for individuals must make independent decisions since (for reasons to be developed later) a successful career is dependent upon the manipulation of interpersonal relationships. Finally it requires physical strength, endurance, and the ability to withstand hardship and requires attitudinal sets that give even young boys a capacity to control animals which are not by nature entirely docile.

Social organization

It can readily be seen that these are "masculine" kinds of behavior, requiring strength and physical aggression. The social structure of pastoral societies is almost invariably based upon a patrikin system. Particularly useful for pastoral societies is the system of segmented lineages, for these provide a structure that links each individual independent household to ever larger structures until a major section of the whole social universe is incorporated. This in turn relates to the flexible requirements of the herding process itself, as well as to the demands for military collaboration. E. Bacon (1958) demonstrated long ago that the segmentary lineage (which she called *obok*) is found throughout the livestock keeping areas of Asia and ancient Europe as well as widely in Northern and Eastern Africa.

Either as a substitute for a segmentary lineage system or an addendum to it, is the frequent occurrence of the system of age-sets. The age-set developed in the East African Highlands is particularly attuned to the pattern of raiding and protection, utilizing the heightened masculinity of young men to protect property rather than homeland. The changes that took place among the Sebei are illustrative of this principle. The southern Nilotic pattern of warfare generally involves only the soldier grades, but the Sebei, having in varying degrees settled down as farmers, organized their military operations by geographical units. Protecting home and hearth, rather than merely herds, every able-bodied man was expected to prepare for battle. The repercussions of this change were far-reaching, including the weakening of the age-set as a functional social entity.[2]

I want particularly to emphasize another aspect of pastoralist social order, the utilization of livestock as tokens in all essential social nexuses. That is, animals are used as counters in interpersonal relationships, binding individuals to one another; social ties are not only affirmed in the idiom of kinship, but are expressed in the idiom of livestock exchanges. One such nexus is in the rule of patriliny itself. The central feature of patriliny in pastoral societies lies in the rights of inheritance of livestock. Among the Sebei, it is a more accurate representation of their attitudes toward the continuity in ownership to say that the son realizes his already established and preexisting right in the herd of his father, rather than to say he inherits some stock. That is, a boy, by virtue of being a legitimate son, has from birth an established right of his fractional share of his father's livestock — minimally an adequacy to obtain a wife but properly the fraction that derives from dividing the herd as then constituted by the total number of living brothers.

A second major use of livestock as social nexus is brideprice. Cattle are utilized as a token of alliance between affinals and establish the bonds of the marital couple and the legitimacy of the children. Wergild is a third such use of livestock: it again expresses the relationship of the individual to his kin group and is not only a measure of the value of the individual but an expression of social identification. Clientship is another use of livestock as the nexus of a social relationship. Such use of livestock for establishing a dependency relationship (as among the Tutsi) is for pastoralists what land was in the feudal relationship of medieval Europe. Finally, there is a widespread use of animals to establish or reaffirm social networks. Among the Sebei the *namanya* contract is an elaborate arrangement which not only enables the individual stock owner to disperse his herds and thus protect them against instant decimation, but also establishes social bonds which are expected to reinforce the sense of mutuality between the contracting parties. It may be said for the Sebei that a man's herd is a representation of his many and diverse kinds of relationships — with wife, with affinals, with sons and sons-in-law, with friend and even with foes. I believe this to be typical of pastoral people.

All of these uses indicate that the social order of pastoral societies, both in its collaborative activities and its matrix of affective ties, is regularly expressed in an idiom of animals. This does not deny that such exchanges have an economic purpose, but only that the economic uses and the social uses coexist and are mutually reinforcing.

Stock and career

In pastoral societies, a successful career is built upon the acquisition of animals which are to serve as the basic source of subsistence, as a measure of personal status, as the medium in which social ties are expressed, as the basis upon which influence and power in the community is established, and as the means of projecting social status and influence into the future through the acquisition of wives, and hence sons, and also through the establishment of personal obligations that assure protection against the vicissitudes of old age. Thus all the potential satisfactions of social life hinge upon the acquisition of an adequate supply of animals.

A successful career in a pastoral society, as in most property owning societies, is not uninfluenced by chance factors of inheritance. Yet, to a greater extent than is found in horticultural communities, a successful career involves personal talents. This is in large measure because of the confluence of two factors; the volatility of stock as a form of wealth, and the need for constant decision-making in the caring for animals. Pastoral societies also afford an opportunity for younger men to launch a successful career through military operations. Successful military activities minimally protect the herds from the depredation of others; they also serve as a means of direct increase through successful raiding. The successful career, to borrow a phrase from E.M. Thomas (1969), is a warrior herdsman. Occupational competence — knowledge of how to handle stock, find pasture, etc. — is a factor in making a successful pastoralist's career. I suspect that such competence does not vary widely between individuals within a community, for the universal apprenticeship among normal males trains each to these tasks. Another set of skills, however, contributes to the success or failure in a stockman's career — skills that we might call entrepreneurial. These are the manipulative talents that enable the individual to further his holdings through astuteness of exchanges and to utilize his animals in such a way as to transform them into an effective social network (Goldschmidt 1972, 1976). These are social or political skills, not technical ones. They are not so apt to be acquired by ordinary apprenticeship, and may be more influenced by individual personality attributes than are the technical skills. The son of a wealthy man is more likely to receive better apprenticeship in these manipulative skills than is the son of a poor man. Among pastoral communities, these political skills ultimately determine who shall achieve positions of leadership and power. Hence, despite the open social structure of pastoral societies, there are both economic and social advantages that go to the wealthy.

This matter of individual skill in political and economic manipulation, together with the natural volatile character of livestock as wealth creates a pattern of political and economic democracy. I want to be careful that my meaning is clear. Stock-keeping societies are not made up of people of equal status; on the contrary, social standing normally varies widely. This variance is calculated in terms of the ownership of animals; those advantaged may or may not have better life-styles than those who are poor, but they always have much more prestige, power, and security and they disdain those who are beneath them. When I speak of political and economic democracy, I mean that the social mobility is high, is recognized as being a possibility, and that individuals can, through their own activities, advance in the status hierarchy with skill, work, and luck. Those who are born in advantaged conditions in such a democracy have a headstart in the furtherance of their career, both through greater inheritance and better opportunity for political apprenticeship, yet each person may rise and fall in the social order and he knows that this is the case and thus governs his behavior on this presupposition.

There is another facet to this democracy. It is extremely difficult among pedestrian stock owners to establish a means of exploiting the labor of others on a mass scale. That pastoralists utilize the labor of semi-dependent kinsmen (particularly sons) and an occasional itinerant or otherwise destitute herdsman is well attested in the literature. Such exploitation of the labor of others does not establish a social class system, however, inasmuch as the workers tend to be part of the owner's households. Furthermore, the need to handle herds in small units, the wide geographical dispersal necessary, and the imperative that the herdsman exert a level of attention that requires highly motivated workers, all militate against the use of casual employees, or social distanciation between owner and worker. This does not prevent pastoralists from dominating a serf class, as the Watutsi did. It may also be that when pastoralists are integrated into an agricultural system, as described by Black (1972), a true class structure can emerge.

Personality factors

A social order of the kind I have been describing has the quality of reinforcing certain behavior attributes. Essentially it creates an ambiance in which individuals tend to have the following characteristics (see Edgerton 1971):

1. they are open in their interpersonal relationships, tending to act out their feelings rather than to suppress them;
2. they are aggressive in the pursuit of their aims and ambitions, both in the verbal-political sphere, and in the use of force and physical violence when this is seen as necessary;
3. they are low, however, in the expression of affect, have little empathy for the suffering of others (whether women, children, those lower in the social order than themselves, or the animals they are caring for) and generally show little warmth in personal relationships, though they may be romantic in their abstract consideration of love relationships;
4. there is a positive value on the capacity to suffer physical endurance and hardship and to be stoic in the face of pain;
5. on the negative side, there is little interest in engaging in hard and monotonous labor;
6. there is a strong sense of *machismo*, not only in the sexual sphere, but in the entire comportment;
7. they are anxious about themselves, their status, the projection of their future, and for that reason are subject to depression (which is not readily alleviated in a society when there is little personal affect).

Let us pause briefly to consider the role and status of women in pastoral societies. Inasmuch as pastoral societies are almost universally androcentric and strongly male-dominated in all aspects, one might assume that the women would be meek, subordinate, and powerless. This is not generally the case. I suspect that the major reason that women are not in this expected complementarity to men lies in the fact that the socialization process, which must create strong self-assertive men, is not differentiated for the women and hence tends to create strong self-assertive women as well. Furthermore, in many ways, men and women live their lives in essentially separate spheres so that the women have a pattern of relationship among themselves in which these personal attributes are invoked.

Religious ritual

We may now turn to the character of religious expression and beliefs in pastoral societies. Pastoral ceremonial life is generally quite meager. The elaboration of ritual and the recognition of a large pantheon of gods and spirits is more frequent in horticultural than in pastoral communities. The second generalization on pastoral religion is that the rites of passage are more important than rites of intensification. (This distinction is a convenient one, though we must realize that it is an important one; the initiation rite of the Sebei, which is a classic rite of passage in all respects, is also a rite of intensification for the age-set.) Pastoral religion focuses upon the individual rather than the group. This relates on the one hand to the great importance of individual action in pastoral societies, and on the other to the relative unimportance of the geographical community. Even the lineage system that characterizes so much of Africa has less religious elaboration than, for instance, clans among North American Indians. Totemism does not seem to be as important a feature of pastoral societies as among forraging and horticultural tribes.

Religious ritual focusing upon the individual must reinforce those values that are important to the economic life. Hence there is a recurrent tendency to engage in body mutilation (e.g. circumcision). In this way the individual is inured to hardship and pain and, at the same time, patterns of male bonding, requisite for the preservation of a military stance in a society made up of individualistic persons, are reinforced.

As one would expect, pastoral societies tend to place ritual importance upon livestock and place less or no importance on location, on fields, and the like. I have the impression that pastoralists engage in less animal fertility rites than do hunters, or than horticulturalists' use of garden magic.

Religious belief

In the belief aspect of pastoralist religion, one feature stands out; namely, the relative unimportance of witchcraft. This absence of witchcraft relates to two factors in the pastoral social order: the tendency to socialise the individuals to act out their aggressive and hostile feelings rather than to suppress them, and the simple ecologic fact that, where the individual does not want to take aggressive action in situations of conflict, he can remove himself physically, taking his mobile capital with him. This a farmer certainly cannot do. (Interestingly, secret societies are also absent from pastoralist communities.) The second area of belief among pastoral peoples is the degree to which they are dependent upon various devices for predicting the outcome of events (divination). I believe this relates to the fact that the pastoralist must make many decisions in the course of an ordinary year; decisions which he knows involve hazards and for which therefore he seeks help.

Of the third and most important aspect of religious beliefs of pastoralists, I speak with considerable less certainty: that the pastoralists live in a hostile spiritual world. This may take the form of a wrathful and vengeful god (as in the Old Testament) or as a presumption that the ancestral spirits are essentially harmful to the living. Among the Sebei, even the "good" spirits must be placated; the bad ones are driven away. One might view this tendency (if indeed it is a generalization that can be sustained) as a response to the pastoralists' generally harsh environment and hence as a projection of their view of nature. While not discounting this possibility, it does not apply to the Sebei situation, for the Sebei live in an unusually benign environment. There, the etiology of this set of attitudes derives from the fact that individuals live in a society of low affect so that they are anxious, aggressive, and concerned with their economic and social status, and that they do not either give or receive warmth and affection from their fellow men (Goldschmidt 1974, 1975). Thus it is a projection onto the spirit world of the reality of the Sebei social order, not of the Sebei environment.

Ethos

I want to conclude this characterization of pastoral social systems and cultural attitudes with a generalization that I think can be sustained; people who live by herding domestic animals have a pride, a hauteur, a strong sense of individual worth and a strong sense of the nobility of pastoralism as a calling. I have held this point for the close, yet it is this generalization that initially attracted me to the study of pastoralism. I mention this as a tribute to my professor, the late George C. Engerrand, a Frenchman of Basque extraction who taught for some forty years at the University of Texas. In his superb world ethnographic survey, he noted that this quality was a recurrent feature of pastoral peoples, whether they lived on the plains of Africa or Asia or on the mountains of Southeast Asia — or in the Pyrenees, as his ancestors had done. If I remember correctly what Engerrand said, it was that these qualities of pastoral peoples derive from the nature of pastoral existence. If I have succeeded in casting some illumination on this problem, I have repaid only in small part a great debt I owe to this scholar.

My own explanation, in capsule, is this: pastoral life demands of its practitioners a greater measure of physical hardship and endurance than most other tribal careers; it demands of them also a readiness to engage in battle and to protect their animals against other men and other beasts. In order to sustain themselves in a situation that has these inherent difficulties and dangers, it is necessary for them to develop a strong personal commitment. This commitment must be developed in the socialization process and must be reinforced by various institutional devices, by ritual and religious belief. Without it, they would cease to be pastoralists.

Notes

1. But see Black 1972, for a contrary view.
2. Goldschmidt 1976. Unless others are specified, references to the Sebei are from this citation.

References

Bacon, E. 1958. *Obok: A study of social structure in Eurasia*, Viking Fund publications in anthropology 25. New York: Wenner-Gren Foundation.

Black, J. 1972. Tyranny as a strategy for survival in an "egalitarian" society: Luri facts versus an anthropological mystique, *Man* 4: 614–634.

Edgerton, R.B. 1971. *The individual in ecological adaptation: a study of four African peoples*. Berkeley/Los Angeles: University of California Press.

Goldschmidt, W. 1971. The operation of a Sebei capitalist, *Ethnology* 3: 187–201.

1974. The economics of brideprice among the Sebei and in East Africa, *Ethnology* 4: 34–331.

1975. Absent eyes and idle hands: socialization for low affect among the Sebei, *Ethos* 2: 157–163.

1976. *The culture and behaviour of the Sebei*. Berkeley/Los Angeles: University of California Press.

Jacobs, A.H. 1959. *The pastoral Maasai*. Mimeographed.

Lewis, I.M. 1961. *A pastoral democracy*. London: Oxford University Press.

Oliver, S.C. 1976. The Plains Indians as herders, pp. 35–44 in J.P. Loucky & J.R. Jones (eds.) *Paths to the symbolic self: Essays in honor of Walter Goldschmidt*, Anthropology UCLA 8. Los Angeles, Department of Anthropology (University of California Los Angeles).

Thomas, E.M. 1969. *Warrior herdsmen*. New York: Knopf.

2. Saturation et sécurité: sur l'organisation des sociétés de pasteurs nomades

XAVIER DE PLANHOL

An attempt to construct a general model of nomadic pastoralist societies leads to the recognition among these societies of two major oppositions: saturation or non-saturation of milieu, the latter being defined by the possibility of the society, at a given technical level, to respond to the growth of the population by the reproduction of the existing social model without entailing perceptible degradation of the environment and the diminution of the average level of resources; degree of security or insecurity. The combination of the diverse possible situations results in a continuous typological series: (1) non-saturated milieu in an atmosphere of security: adaptable, flexible societies, highly variable around the norm, with weak political power, lineage structures in the process of disappearing in the present context, extraverted psycho-social type; (2) non-saturated milieu in a context of insecurity: more rigid itineraries, better-defined stereotypes, better marked lineage structures (with co-responsibility and sphere of vengeance), restrictive mechanisms of sedentarization, but relatively weak political authority; (3) saturated milieus, where physical causalities prevail over cultural factors, sedentarization becomes frequent, a more controlled psycho-social type appears. But these mechanisms develop much more strongly in the richer environments of the steppes with summer rains and the mountains with a mediterranean climate, where centralized political authority is stronger and where social differentiations grow and stabilize, than in the hot tropical desert.

Des analyses récentes ont conduit à la conception d'un modèle général de nomadisme pastoral, brillamment exposé par B. Spooner (1971, 1972), et dont on rappelle les éléments essentiels: flexibilité et fluidité des organisations sociales, instables au niveau des groupes minimaux, compensées par la "barrière stabilisatrice" de l'idéologie, fondée sur le sentiment de supériorité. N. Dyson-Hudson (1972) voit de même dans la contingence et la variabilité l'essence du nomadisme. Il faut étudier des groupes pragmatiques plutôt que des groupes formels, des réseaux plutôt que des ensembles homogènes. En face de l'impossibilité d'une typologie, une approche behaviouriste est indispensable, et l'analyse doit s'attacher avant tout aux composantes. On a pu insister par ailleurs, dans la même ligne, sur les composantes psycho-sociales des sociétés pastorales

29

(Goldschmidt 1971), sur l'indépendance qu'implique l'adaptation à des conditions écologiques difficiles et sur l'acéphalie qui en est l'expression politique. Dans une telle perspective, la loi du nomadisme deviendrait précisément l'absence de loi générale. Il y aurait seulement des cas particuliers, fondés sur des situations historico-écologiques diverses. Ce type de constat de semi-carence n'est pas pour rebuter le géographe, qui a depuis longtemps reconnu l'inexistence de lois générales en géographie humaine, où l'on rencontre seulement des combinaisons régionales multiformes, exprimant toutes des situations spécifiques (Le Lannou 1949). En revanche, s'il n'y a pas de loi, il existe des processus qui peuvent se répéter, et la recherche de ces types de causalité, précisant le dosage et l'interaction des divers facteurs, est légitime et fructueuse.

On doit cependant se demander si ce modèle a une valeur universelle. En fait nous avons encore sous les yeux un type bien différent de société nomade, rigide, embrigadée, à structures politiques puissantes. C'est celui que nous fournissent aujourd'hui, ou que nous fournissaient il y a peu d'années dans toute sa vigueur, les grandes confédérations du Zagros ou de l'Azerbaïdjan en Iran (Barth 1964; Schweizer 1970; Digard 1973; Oberling 1974; Ehmann 1975), et qui semble avoir existé sous des formes très comparables notamment dans l'Anatolie orientale jusqu'à sa dislocation au XVIIe siècle par l'autorité ottomane (Planhol 1968: 229–232, 1969). Il y a là toute une série de traits qui vont largement à l'opposé des analyses précédentes: très grande discipline de la migration et des parcours qui font l'objet d'une planification très stricte, parfois avec succession dans le temps des divers groupes sur les mêmes pâturages en fonction d'une stratification ethnique altitudinale prenant en compte leur originalité culturelle (Barth 1959–1960); structures politico-sociales fondées sur une segmentation à niveaux hiérarchisés de façon très précise et couronnées par un pouvoir suprême qui répartit l'autorité pyramidalement aux divers niveaux de la segmentation, ce qui aboutit à une hiérarchisation plus ou moins formulée des lignages. On connaît, depuis les travaux de F. Barth, la signification de cet appareil politique hiérarchisé et centralisé qui correspond à la nécessité d'organiser et de contrôler, dans l'espace et dans le temps, les parcours nomades en milieu saturé et en présence d'importants noyaux sédentaires. L'hypothèse qui vient immédiatement à l'esprit est que la corrélation ainsi reconnue entre cette saturation du milieu et les formes supérieures d'organisation développées dans le Zagros peut déboucher sur la construction de deux modèles différents de nomadisme, et qu'une coupure majeure doit se situer, pour les sociétés nomades, entre celles qui vivent dans des milieux saturés et celles qui vivent dans des milieux non saturés.

Pour un géographe qui raisonne d'abord en termes d'occupation du sol et qui s'efforce particulièrement d'interpréter les relations entre l'homme et le milieu naturel, il y a bien là, en effet, un clivage essentiel. La définition est facile. Une société à milieu non saturé est celle qui, à un niveau technique donné, peut répondre à l'accroissement de la population par la reproduction du modèle social existant, sans entraîner de dégradation perceptible de l'environnement et de diminution du niveau moyen des ressources. Lorsque le point de saturation est atteint, l'extension indéfinie du modèle n'est plus possible et des déséquilibres graves apparaissent. Ceux-ci peuvent se traduire soit par la recherche de ressources nouvelles, celles-ci devant être acquises essentiellement aux dépens du monde extérieur par expansion belliqueuse, soit par des mécanismes d'expulsion plus ou moins périodique de la population excédentaire par rapport au niveau de ressources antérieur.

Ce concept prend pour les sociétés de pasteurs nomades une valeur toute particulière, et ceci pour deux raisons principales. La première est que la croissance démographique des sociétés nomades semble bien avoir été forte dans la situation sanitaire traditionnelle (pré-contemporaine). La supériorité des nomades sur les sédentaires en ce domaine, déjà magistralement reconnue par Ibn Khaldoun (1863—1865, I: 177—183, II: 386—391) et confirmée par les analyses récentes,[1] conduit normalement assez vite en période de paix à la saturation du milieu. Alors que les sociétés paysannes pré-industrielles sont passées par des épisodes nombreux de progrès et de récession, se traduisant quant à ces dernières par des reculs de l'occupation du sol, des désertions de villages, qui sont une constante de leur évolution, les sociétés nomades, probablement indemnes, de par leur dispersion même, de la majeure partie des grandes épidémies qui constituaient la cause fondamentale de mortalité massive jusqu'à leur contrôle à l'époque contemporaine,[2] doivent présenter normalement, lorsqu'elles ne sont pas freinées dans leur développement par des causes occasionnelles, une courbe démographique régulièrement croissante jusqu'à un certain niveau, celui qui est compatible avec la traversée d'une série d'années climatiquement mauvaises ou médiocres. Or, et c'est la seconde raison, ce point est atteint d'autant plus rapidement que l'économie pastorale, très productive à l'unité de travail humain, est peu productive à l'unité de surface, en raison même de son mécanisme fondamental qui suppose la transformation intégrale de la biomasse par l'animal. Si la pression démographique est plus forte que dans les sociétés paysannes sédentaires, la marge d'expansion de la production de nourriture est en revanche beaucoup plus faible, et l'effet des progrès techniques nécessairement beaucoup plus limité.

Ce niveau de saturation est évidemment très variable en fonction des possibilités des différents milieux, et, de ce point de vue, les sociétés de pasteurs nomades recouvrent une gamme très étendue de domaines très variés. Sans entrer dans le détail des évaluations et approximations, on peut dire qu'entre le désert tropical chaud à pluviosité voisine de 10—20 mm annuels[3] et les milieux hautement favorables de montagnes méditerranéennes (type du Zagros à pluies de saison froide pouvant se situer autour de 600 mm annuels), de la steppe tempérée froide à pluies d'été (Mongolie), ou des savanes intertropicales de la haute Afrique orientale, le rapport des densités humaines maximales supportées par le milieu doit être de l'ordre de 1 à 10 ou 20. Mais à quelque niveau que se situe la barrière, le résultat est identique. Au-delà d'une certaine densité de population, en l'absence de ressources nouvelles, doivent être mis en place des mécanismes d'expulsion des surplus dont le principal est pour les sociétés nomades celui, déjà abondamment analysé, de la fixation par appauvrissement (Planhol & Rognon 1970: 280), équivalent des migrations pionnières ou de l'exode rural dans les sociétés paysannes.

Cette fixation, plus ou moins spontanée, d'une fraction de la population est précisément le trait essentiel qui permet de déceler la saturation du milieu. Les autres critères, tels ceux tirés de l'observation d'une dégradation de l'environnement (notamment la péjoration du tapis végétal, dont l'interprétation n'est pas aisée), qui peuvent être appliqués avec fruit dans le cas des sociétés paysannes (par exemple l'apparition d'une érosion du sol, test très significatif en milieu agricole), sont ici de maniement beaucoup plus incommode. En revanche, l'enquête orale d'une part, les divers procédés, maintenant bien au point, de l'analyse démographique des sociétés sans statistiques, d'autre part,[4] permettent sans risque d'erreur de déterminer à l'échelon d'une génération si la population a augmenté et si une partie notable s'en est fixée. Même si ces perspectives démographiques ne retiennent pas toujours suffisamment l'attention des ethnologues et sociologues, la multiplication, au cours des deux dernières décennies, des analyses en profondeur de sociétés pastorales nomades permet de disposer dès maintenant d'un matériel documentaire abondant, qui peut souvent être immédiatement classé dans l'une ou l'autre catégorie, et de justifier la tentative de comparaison présentée ci-après.

On rangera ainsi parmi les nomades à milieu non saturé les groupes récemment étudiés de Touareg sahéliens, du Niger (Bernus 1974) ou du Gourma malien (Gallais 1975), les Kababish du Soudan (Asad 1970), sans doute les Samburu et Masaï (Spencer 1965) en Afrique orientale, bien que les données numériques soient peu claires à leur sujet;[5] dans le Moyen-Orient, les Turkmènes du Gorgân avant la pacification à l'époque de Riza Châh (Irons 1971, 1972) et sans doute les Baloutches du Pakistan (Scholz 1974), notamment les Marri pour lesquels on a noté l'expansion récente des parcours (Pehrson 1966). Parmi les groupes à milieu saturé on peut compter, outre les grandes confédérations nomades du Zagros et d'Azerbaïdjan, les nomades Pachtou d'Afghanistan (Ferdinand 1969; Castelli Gattinara 1968; Jentsch 1973), les nomades d'Anatolie (Planhol 1958; Hütteroth 1959; Beşikçi 1969; Bates 1973) et sans doute la plupart des nomades du grand désert tropical chaud, tels les Chaanba (Cauneille 1968), chez qui le nombre absolu de la fraction nomade n'a pas varié depuis trois-quarts de siècle, alors que la sédentarisation de l'excédent était ininterrompue.

Approfondissons le contraste entre les deux catégories. On peut multiplier les exemples de la flexibilité et de la variabilité des formes du nomadisme en milieux non saturés. L'analyse la plus détaillée qui ait été donnée à ce jour des parcours et itinéraires d'une tribu nomade, celle d'E. Bernus (1974) pour les Illabakan, insiste sur le concept de "variation autour d'un thème", sur l'existence d'une grande marge de déviation possible autour d'un schéma de base, en fonction des conditions physiques et des circonstances climatiques, mais aussi de toute la gamme des situations économiques familiales. Les facteurs déterminants, dans un tel contexte, peuvent être d'origine très variée. Pour les Baloutches on a récemment fait appel comme éléments d'explication à des composantes strictement économiques (Salzman 1971, 1972), technologiques (le facteur principal de régulation étant à chercher dans la garde des troupeaux, au sein d'une société technicienne à l'état pur — Swidler 1972), idéologiques enfin (fondements de l'établissement des circonscriptions territoriales d'après S. Pastner (1971); dans une même perspective, R. Pehrson (1966) voyait dans l'atmosphère morale l'explication de la pulvérisation des Marri). De façon générale le rôle des facteurs culturels apparaît important dans l'origine des comportements. En revanche, la grande souplesse des mouvements possibles rendra le rôle des facteurs physiques relativement moins contraignant. Des modèles d'organisation très variés pourront coïncider avec des milieux identiques. Les conséquences des catastrophes climatiques ou biologiques pourront être en partie surmontées grâce à la rapidité des réactions et aux grandes possibilités de diversification.[6] Face à cette grande liberté d'allures, les sociétés nomades saturées apparaissent beaucoup plus rigides. Le terme même de *"constricted" oscillatory nomadism*, introduit, dans une classification par ailleurs discutable (Johnson 1969), pour désigner le type le plus répandu d'implantation spatiale en un tel contexte, exprime bien cette idée-clef. Avec une telle précision d'organisation et d'adaptation, les répercussions des contraintes physiques (accidents climatiques par exemple) peuvent être considérables, entraînant rapidement la dislocation, voire la disparition du groupe.

Portons l'analyse de ces contrastes *sur le plan socio-politique*. C'est aux milieux non saturés que s'applique réellement le concept d'acéphalie rappelé plus haut. Le pouvoir, lorsqu'il existe, est lointain et peu fonctionnel. Dans la conjoncture actuelle la coupure apparaît le plus souvent quasi totale entre cette autorité nominale et les cellules élémentaires de la vie quotidienne, comme le remarque Pehrson pour les Marri, malgré la persistance théorique des *sardar* et de leurs divers échelons. En revanche, des organisations politiques complexes se sont constituées en milieu saturé: à forme aristocratique et quasi monarchique dans les confédérations du Zagros; à forme démocratique et beaucoup plus égalitaire dans le monde Pachtou, où le rôle de la *djirga* peut être comparé à celui de l'*il-khan* des nomades d'Iran.[7] Il faut noter cependant que ces formes supérieures d'organisation ne semblent, dans l'état actuel des connaissances, avoir trouvé leur plein développement que dans les milieux relativement riches à densité élevée d'occupation humaine, et qu'elles paraissent être restées beaucoup plus imparfaites dans le cas du désert tropical chaud de type saharien, où la présence humaine est beaucoup plus clairsemée. La hiérarchie y reste toujours plus lâche, le nombre des niveaux intermédiaires beaucoup moins élevé.

De même le rôle des structures lignagères, essentiel en milieu saturé, s'atténue ou disparaît en milieu non saturé, au profit des affinités de voisinage et d'alliances matrimoniales résultant souvent d'une simple proximité topographique. Dans les sociétés pastorales d'Afrique orientale et en milieu intertropical, ces alliances peuvent devenir, par les mécanismes complexes d'échange de bétail auxquels elles donnent lieu, le tissu essentiel des relations.

Une exception apparente à cette opposition majeure, celle des Kababish du Soudan, qui ont en milieu non saturé une organisation politique puissante fondée sur au moins une structure lignagère précise qui fournit le groupe dominant (Asad 1970), s'explique aisément par le fait qu'il s'agit d'une tribu reconstituée, où l'autorité suprême est un phénomène artificiel imposé par le pouvoir colonial. Le contraste n'en est que plus significatif entre cette rigidité au sommet et l'affaiblissement des lignages qui règne à la base et aux échelons intermédiaires. Par ailleurs, ces structures politico-sociales complexes ne sont évidemment compatibles qu'avec des sociétés nombreuses et stables. Elles caractérisent cette apogée du nomadisme en milieu saturé qu'est le "stade des grandes confédérations", pour s'effacer et disparaître avec la dislocation provoquée par les puissances sédentaires, l'aboutissement étant constitué, dans les dernières phases de survie du nomadisme, par des groupements changeants et détribalisés (type des nomades anatoliens). Le pouvoir sédentaire, dont la pression se fait de plus en plus vive, remplace pratiquement à ce stade l'autorité émanée du groupe lui-même.

La différenciation sociale, ensuite, bien que le matériel statistique sur ce plan soit très difficile à réunir et fasse encore cruellement défaut, semble relativement peu marquée en milieu non saturé, et s'affirmer nettement dès que la saturation du milieu enlève aux faibles et aux malchanceux les nombreuses opportunités qu'offre l'espace libre. Les recherches très systématiques et très approfondies faites en la matière sur les pasteurs d'Afrique orientale (Bonte 1974) ont abouti à une impasse. Il n'a pas été possible d'y trouver trace d'une accumulation de cheptel conduisant à la formation de classes sociales, et l'évolution semble conduire au cul-de-sac de la gérontocratie. Malgré des statuts nettement tranchés, le coefficient de dispersion de la richesse chez les Kel Gossi ne dépasse pas le rapport 10 à 1 en moyenne (Gallais 1975: 74). Chez les Illabakan la dispersion réelle des biens serait de 1 à 8 environ par personne (Bernus 1974: 68). En milieu saturé, chez les Alikan de haute Anatolie orientale (Beşikçi 1969), le même rapport doit être approximativement de 1 à 100 au minimum, entraînant une situation de salariat pour une fraction appréciable de la population.

Dans *le domaine psycho-social*, enfin, les approches sont encore trop peu nombreuses pour qu'on n'ait pas quelque scrupule à induire des modèles généraux. On ne peut néanmoins manquer d'être frappé, au delà des caractères communs, par le contraste entre l'émotionnalité ouverte, le type humain violemment extraverti, défini chez les pasteurs de l'Afrique orientale, chez qui les conflits peuvent se résoudre par la mobilité (Edgerton 1971) et l'émotionnalité réfrénée des Peuls vivant dans l'environnement sédentaire de la Haute-Volta (Riesman 1974). La *pulaaku*, fondée sur la maîtrise de soi et le contrôle des émotions, paraît en revanche beaucoup plus proche du système de valeurs rigide, le *pashtunwali*, récemment analysé de façon pénétrante chez les Pachtou (Sigrist 1970; Kieffer 1972; Janata & Hassas 1975).

La comparaison précédemment esquissée laisse cependant de côté un facteur essentiel de différenciation. L'analyse des Turkmènes du Gorgân avant la pacification iranienne (Irons 1971, 1972) révèle une société qui, dans un milieu évidemment non saturé où l'espace ne manquait pas, luttait contre la pulvérisation et la fragmentation par des mécanismes entravant le processus de sédentarisation et visant à assurer la cohésion des cellules élémentaires. Dans une atmosphère belliqueuse, à fréquentes oppositions segmentaires internes, où la richesse en hommes était la condition essentielle de la survie, la société turkmène avait secrété tout un montage institutionnel (ultimogéniture et adoption, prix très élevé de vente des filles) préservant le maintien d'une force de travail maximale par exploitation. Il y a là un contraste majeur, qui n'a pas manqué d'être souligné, avec les mécanismes d'expulsion du surplus démographique qui caractérisent les nomades des milieux saturés du Zagros. On doit néanmoins remarquer que, à un niveau différent, la société turkmène, rigoureusement encadrée dans le filet d'un droit coutumier très contraignant, était aussi rigide, au plan du processus de reproduction du modèle, que celle du Zagros. Dans une perspective assez différente, celle du géographe, retenons le tableau d'ensemble des types de mobilité et de leur évolution récente dressé récemment pour le Baloutchistan pakistanais (Scholz 1974). L'ouvrage est centré sur le thème de la complication progressive des types d'existence et des déplacements au cours du dernier siècle. Diffusion et pulvérisation vont de pair avec la multiplication des catégories socio-économiques, contrastant avec les modèles simples, stéréotypés, de la période pré-coloniale. C'est la *pax Britannica*, qui a, depuis la fin du XIXe siècle, abouti à ce polymorphisme, débouchant sur les problématiques extrêmement variées évoquées plus haut.

Il est dès lors évident qu'un facteur essentiel à prendre en considération est *la sécurité*. La flexibilité et la souplesse d'adaptation où on a voulu voir les caractéristiques du nomadisme ne peuvent jouer totalement que dans une atmosphère pacifique. Les sociétés pastorales d'Afrique orientale semblent avoir pu assurer une tranquilité relative à l'intérieur des unités ethniques homogènes. En revanche, des affrontements internes permanents paraissent avoir été caractéristiques des sociétés à systèmes lignagers segmentaires jusqu'à la période contemporaine et à la pacification réalisée par les puissances coloniales ou les Etats actuels. Celle-ci constitue incontestablement une coupure majeure. Dès le début du siècle, des observateurs pénétrants du nomadisme nord-africain avaient pu constater les conséquences de la colonisation, l'essor et la libération des parcours nomades qui en étaient résultés, au moins dans une première phase, avant l'évolution ultérieure vers la sédentarisation (Bernard & Lacroix 1906).

Evidents sur le plan des parcours, des calendriers migratoires, des comportements individuels de toute sorte, les effets de l'insécurité apparaissent moins immédiatement perceptibles sur le plan socio-politique. Le matériel documentaire ici fait d'ailleurs défaut. Les sociétés nomades actuelles ou subactuelles, objet préférentiel des recherches récentes, se développent dans un contexte pacifique. Seule une analyse rétrospective, toujours plus difficile à conduire, permet d'avoir accès aux sociétés vivant en état d'insécurité en milieu non saturé. Il semble néanmoins qu'une différence essentielle d'avec les sociétés vivant dans une atmosphère pacifique se place au niveau du rôle des lignages, réels ou reconstitués par des généalogies artificielles. Alors que les liens agnatiques s'affaiblissent dans le contexte actuel de sécurité, ils restaient vigoureux chez les Turkmènes du Gorgân malgré la fluctuation des camps (Irons 1972: 92–93). Il faut évidemment en voir une raison essentielle dans la solidarité lignagère exprimée par la co-responsabilité, garante de l'existence individuelle dans une atmosphère troublée. Insécurité intérieure, co-responsabilité, organisation segmentaire lignagère apparaissent des éléments structuralement complémentaires et indissociables (Peters 1967). Certaines sociétés, comme les Somali, semblent être à un stade intermédiaire, avec une double organisation, "politique" et à liens agnatiques dans les camps chameliers, "domestique" et à groupements non agnatiques dans les hameaux familiaux à gros bétail (Lewis 1961), mais le degré de saturation du milieu n'est pas clair.

En revanche, les structures du pouvoir ne semblent manifester encore à ce niveau aucune évolution décisive vers la centralisation et la hiérarchisation. L'autorité essentielle demeure celle de chefs du guerre, établie en fonction des circonstances, éminemment temporaire et liée aux expéditions collectives qui lui donnent naissance. On reste, jusqu'à l'apparition de la saturation du milieu, dans la grande famille des sociétés acéphales.

Quant à la différenciation sociale, les données manquent encore pour qu'on puisse apprécier son développement à ce niveau. Il semble néanmoins évident que le rôle de chef de guerre, même précaire, se traduit en termes de richesse. On a pu insister (Sweet 1965) sur les mécanismes de redistribution "cérémonielle" du cheptel, par la razzia, qui sont un des corrélats essentiels de la fonction dans le cas des milieux évidemment saturés de la péninsule arabique. Il est difficile actuellement de préciser si de tels systèmes de circulation des biens apparaissent en milieu non saturé. L'hypothèse qu'on peut retenir provisoirement est néanmoins celle d'une différenciation sociale croissante, même si elle ne se traduit pas nécessairement par la formation de classes stables.

On a tenté de résumer dans le tableau ci-joint les corrélations précédemment dégagées. La colonne de gauche se rapporte aux *milieux non saturés en atmosphère de sécurité*: Touareg sahéliens (Bernus 1974; Gallais 1975); sans doute les pasteurs d'Afrique orientale à l'intérieur de leurs territoires ethniques (ce qui n'exclut pas une agressivité constante à l'égard de l'extérieur, mais la différence semble majeure avec les sociétés lignagères bédouines, où les affrontements internes sont nombreux); la plupart des Baloutches dans le contexte actuel

Rôle de la saturation du milieu et de la sécurité dans l'organisation des sociétés de pasteurs nomades.

	milieux non saturés en contexte de sécurité	milieux non saturés en contexte d'insécurité	milieux saturés pauvres (désert tropical chaud)	milieux saturés à ressources abondantes	sociétés disloquées en milieux saturés (Anatolie)
comportements (itinéraires, calendriers)	souples, grande flexibilité	rigides, avec grandes variations occasionnelles possibles	schémas rigides, variations dues à des causes physiques (pluies)	rigides	rigides, modulés par la différenciation sociale
typologie précise	difficile, grande complexité	possible (stéréotypes, sociétés cohérentes)	→ id.	→ id.	possible, compliquée par la sédentarisation
causalités physiques	répercussions faibles	répercussions faibles	répercussions fortes et immédiates	répercussions fortes, modulées par l'autorité politique	répercussions fortes et catastrophiques
facteurs culturels et idéologiques	rôle important	rôle peut-être important (à préciser)	rôle faible	→ id.	→ id.
niveaux d'organisation	structures lignagères en voie de disparition	structures lignagères fortes	structures lignagères fortes	structures lignagères envahissantes et exclusives	structures lignagères effacées ou artificielles
pouvoir politique	faible (pouvoir sédentaire lointain)	faible (chefs de guerre)	→ id.	fort, centralisation et échelons intermédiaires	sédentaire fort
type psycho-social	extraverti, émotionnalité forte	→ id. (?)	introverti, contrôle de soi	→ id. code de valeurs	atténuation du code de valeurs, désir de sédentarisation
différenciation sociale	faible	→ id. croissante →	→ id. croissante →	forte	très forte
sédentarisation	absente ou rare	absente ou rare, mécanismes restrictifs	fréquente (par appauvrissement ou plus rarement enrichissement)	fréquente (par appauvrissement et enrichissement), mécanismes favorables	fréquente, parfois impossible (nomadisme résiduel bloqué)

N.B. Les principales coupures ont été marquées par des traits forts.

(notamment ceux d'Iran étudiés par P. Salzman (1971, 1972)). C'est le modèle de W. Goldschmidt (1971) et B. Spooner (1971, 1972): sociétés souples, flexibles, très variables autour de la norme, du moins quant aux comportements utilitaires; la typologie précise est difficile. Le pouvoir politique reste faible, la différenciation sociale peu marquée, la richesse assez inégalement répartie, et là nous rejoignons les analyses, données à ce même colloque, de l'inégalité (P. Salzman) et des structures politiques (W. Irons). Les structures lignagères sont en voie de disparition dans le contexte de sécurité actuel. Le type psycho-social est extraverti, à émotionnalité forte. La sédentarisation ne présente aucun attrait.

Les milieux non saturés en contexte d'insécurité sont plus difficiles à étudier car le modèle a pratiquement disparu. La meilleure description semble celle donnée par W. Irons des Turkmènes du Gorgân (Irons 1971, 1972). Le fait nouveau est d'abord une certaine rigidité des parcours, bien que la non-saturation de l'espace permette de grandes variations annuelles. D'où l'apparition de stéréotypes beaucoup mieux définis. Les structures lignagères sont beaucoup mieux marquées, la notion de co-responsabilité et de sphère de vengeance devient fondamentale. L'autorité cependant reste faible, celle des chefs de guerre étant plus ou moins éphémère. Un fait institutionnel nouveau semble être l'apparition des mécanismes restrictifs à la sédentarisation, bien analysés par W. Irons, comme l'adoption et l'ultimogéniture.

Quant aux *milieux saturés* (troisième et quatrième colonne), ils ont des traits communs spécifiques. La saturation introduit le grand rôle des causalités physiques, qui jusqu'ici n'avaient pas grand effet, comme mécanisme de changement et d'évolution. Inversement, les facteurs culturels, qui pouvaient jusqu'alors se donner libre cours comme élément d'originalité et de différenciation, perdent tout rôle déterminant. L'expérience prouve que les absurdités d'origine culturelle ou religieuse ne résistent guère à la pression de la nécessité au-delà d'un certain niveau de saturation. La sédentarisation par ailleurs devient fréquente, par les mécanismes classiquement connus d'appauvrissement ou plus rarement d'enrichissement. Un type psycho-social nouveau, beaucoup plus contrôlé, apparaît.

Cependant, deux niveaux semblent devoir être distingués, sous réserve d'analyses ultérieures, parmi les sociétés à milieux saturés: celui du désert chaud, pauvre en ressources, des bédouins, d'une part; celui des milieux infiniment plus riches des montagnes moyen-orientales ou des steppes mongoles à pluies d'été, d'autre part. La densité humaine est beaucoup plus forte dans ce second cas. Ceci se manifeste déjà dans le type psycho-social. La codification du système de valeurs atteint son maximum dans le monde pachtou (où se situe d'ailleurs le seul exemple analysé en profondeur jusqu'ici). Un Pachtou, on le sait, n'est pas celui qui parle pachtou mais celui qui se conduit comme un Pachtou (Kieffer 1971). C'est l'expression d'une densité relativement forte, d'un monde très imbriqué, "encapsulé" (pour reprendre l'expression de P. Salzman), où les relations interpersonnelles sont fréquentes et nombreuses, et où il est difficile de survivre sans appliquer ce code à la lettre. Surtout, la différence apparaît au plan des structures sociales et politiques. Nous manquons de données précises sur les inégalités de richesses. Elles semblent en tout cas encore assez instables chez les Bédouins, sujettes à redistributions plus ou moins cérémonielles comme l'a montré Louise Sweet, et se stabiliser beaucoup plus nettement dans le monde des montagnes du Zagros ou des steppes à pluies d'été. Quant à l'autorité politique centralisée, c'est dans ce dernier cas qu'elle s'affirme, sous des formes d'ailleurs variées.

La colonne de droite, enfin, présente les sociétés disloquées, résiduelles, en milieux saturés, dont le type le plus parfait est celui des nomades anatoliens actuels, mais dont les Valaques ou les Saracatsans des Balkans et certains groupes maghrébins offrent d'autres exemples. Il est inutile de s'étendre sur leurs caractéristiques, tant il est évident que ce sont des formes de dégradation qui n'ajoutent rien à notre propos.

Partie de deux modèles contrastés de nomadisme, l'analyse ci-dessus a conduit à en dégager au moins quatre, voire cinq en tenant compte des formes de dislocation contemporaines. On ne se dissimule d'ailleurs pas ce qu'une telle construction peut avoir d'abusivement simplificatrice. En fait, l'existence d'une série continue ne peut être mise en doute. On pourrait y joindre de nombreuses formes atypiques ou de transition, dont certaines ont été évoquées au cours de l'exposé (par exemple les Kababish). Le schéma présenté ici aurait rempli son rôle s'il rappelait aux anthropologues le rôle du milieu et des circonstances.

Ces réserves faites, on voit que saturation et sécurité interviennent à des niveaux différents. La coupure "écologique" de la saturation semble se traduire au plan des éléments supérieurs d'organisation. Elle ne paraît d'ailleurs produire tous ses effets que dans un certain type d'environnement physique, à ressources abondantes, ce qui légitimerait l'introduction d'une subdivision dans le groupe des milieux saturés. La coupure "événementielle" de la sécurité se manifeste essentiellement, quant à elle, au plan des comportements et des structures élémentaires, individuels ou familiaux.

Notes

1. Barth 1961 et mise au point générale dans Planhol/Rognon 1970: 271–272.
2. A l'exception peut-être des savanes intertropicales, où l'environnement biologique est beaucoup plus redoutable, pour le bétail sinon pour les hommes (cf. les effets de la grande peste bovine des années 1880).
3. Il n'y a pratiquement plus guère de nomades dans le désert absolu au-dessous de ce chiffre.
4. On verra les modèles de recherche dans Muhsam 1966; Ganon 1966.
5. Cf. cependant, pour les Masai, Salvadori/Fedders 1974: 8 ("Numerically they prosper"); Jacobs 1975 distingue parmi eux des groupes encore à l'aise et d'autres qui sont déjà

sévèrement limités par l'expansion des terres coloniales, ou la pression des cultivateurs, mais l'expulsion de surplus semble jusqu'ici négligeable.

6. La sécheresse récente de la zone sahélienne africaine est riche d'enseignements à ce sujet. Voir les observations et discussions réunies dans Planhol 1974: 351—357 ("La sécheresse et les pasteurs africains").

7. La comparaison serait à approfondir dans le détail. L'hypothèse qui vient à l'esprit est qu'il s'agit d'organisations de même niveau et de même fonction, même si l'autorité de la *djirga* est beaucoup plus flottante et moins envahissante que celle du *khan*. Le caractère égalitaire du type pachtou traduirait l'absence d'un Etat sédentaire centralisé puissant (comme l'Etat iranien), capable de servir de répondant à l'*il-khan* et de favoriser l'émergence d'un lignage.

Références

Asad, T. 1970. *The Kababish Arabs. Power, authority and consent in a nomadic tribe.* London: C. Hurst and Co.

Barth, F. 1959—1960. The land use pattern of migratory tribes of South Persia, *Norsk geografisk tidsskrift* 17(164) 1—11.

1961. *Nomads of South Persia.* Oslo: Universitetsforlaget.

Bates, D.G. 1973. *Nomads and farmers: A study of the Yörük of southeastern Turkey,* Anthropological papers 52. Ann Arbor: Museum of anthropology/University of Michigan.

Bernard, A. & N. Lacroix 1906. *L'évolution du nomadisme en Algérie.* Alger/Paris: A. Jourdan.

Bernus, E. 1974. *Les Illabakan (Niger): une tribu touarègue sahélienne et son aire de nomadisation,* Atlas des structures agraires au sud du Sahara 10. Paris/La Haye: Mouton.

Beşikçi, İ. 1969. *Doğuda değişim ve yapısal sorunlar (göçebe Alikan aşireti)* [Transformations et problèmes structurels dans l'Est (la tribu nomade des Alikan)]. Ankara: Doğan Yayınevi.

Bonte, P. 1974. *Etudes sur les sociétés de pasteurs nomades 2. Organisation économique et sociale des pasteurs d'Afrique Orientale,* Cahiers du centre d'études et de recherches marxistes 110. Paris: Centre d'études et de recherches marxistes.

Castelli Gattinara, G.C. 1968. *I nomadi Kuci dell'Afghanistan.* Roma: Edizioni Abete.

Cauneille, A. 1968. *Les Chaanba (leur nomadisme).* Paris: Centre national de la recherche scientifique.

Digard, J.-P. 1973. Histoire et anthropologie des sociétés nomades, *Annales: Economies, sociétés, civilisations* 6: 1423—1435.

Dyson-Hudson, N. 1972. The study of nomads, pp. 2—29 in W. Irons & N. Dyson-Hudson (eds.), *Perspectives on nomadism,* International studies in sociology and social anthropology 13. Leiden: E.J. Brill.

Edgerton, R.B. 1971. *The individual in cultural adaptation. A study of four East African peoples.* Berkeley: University of California Press.

Ehmann, D. 1975. *Baḫtiyāren — Persische Bergnomaden im Wandel der Zeit,* Beihefte zum Tübinger Atlas des vorderen Orients, Reihe B, Geisteswissenschaften 15. Wiesbaden: Dr. Ludwig Reichert.

Ferdinand, K. 1969. Nomadism in Afghanistan, pp. 127—160 in L. Földes (ed.), *Viehwirtschaft und Hirtenkultur.* Budapest: Akademiai Kiado.

Gallais, J. 1975. *Pasteurs et paysans du Gourma.* Paris: Centre national de la recherche scientifique.

Ganon, F. 1966. Enquête démographique, pp. 61—147 in République du Niger, mission économique et pastorale 1963, *Etude démographique et économique en milieu nomade.* Paris: République française, ministère de la coopération.

Goldschmidt, W. 1971. Independence as an element in pastoral social systems, pp. 132—142 in *Comparative studies of nomadism and pastoralism,* special issue of *Anthropological quarterly.*

Hütteroth, W.D. 1959. *Bergnomaden und Yaylabauern im mittleren kurdischen Taurus*, Marburger geographische Schriften 11. Marburg: Geographisches Institut der Universität Marburg.

Ibn Khaldoun. 1863–1865. *Prolégomènes (Muqaddimeh)*, trad. E. de Slane. 2 vols. Paris.

Irons, W. 1971. Variation in political stratification among the Yomut Turkmen, pp. 143–156 in *Comparative studies of nomadism and pastoralism*, special issue of *Anthropological quarterly*.

1972. Variation in economic organization: A comparison of the pastoral Yomout and the Basseri, pp. 88–104 in W. Irons & N. Dyson-Hudson (eds.), *Perspectives on nomadism*. International studies in sociology and social anthropology 13. Leiden: E.J. Brill.

Jacobs, A. 1975. Maasai pastoralism in historical perspective, pp. 406–425 in T. Monod (ed.), *Pastoralism in tropical Africa*. London: Oxford University Press.

Janata, A. & R. Hassas 1975. Ghairatman – Der gute Pashtune. Exkurs über die Grundlagen des Pashtunwali. *Afghanistan Journal* 3: 83–97.

Jentsch, C. 1973. *Das Nomadentum in Afghanistan*, Afghanische Studien 9. Meisenheim am Glan: Anton Hain.

Johnson, D.L. 1969. *The nature of nomadism: comparative study of pastoral migrations in southwestern Asia and northern Africa*, Research paper 118. Chicago: The University of Chicago, Department of Geography.

Kieffer, C.M. 1972. Über das Volk der Paṣtunen und seinen *Paṣtunwali*, *Mitteilungen des Instituts für Orientforschung* 27: 614–624.

Le Lannou, M. 1949. *La géographie humaine*. Paris: Flammarion.

Lewis, I.M. 1961. *A pastoral democracy: A study of pastoralism and politics among the northern Somali of the Horn of Africa*. London: Oxford University Press.

Muhsam, H.V. 1966. *Beduin of the Negev. Eight demographic studies*. Jerusalem: Hebrew University.

Oberling, P. 1974. *The Qashqā'i Nomads of Fārs*, Near and Middle East Monographs 6. The Hague/Paris: Mouton.

Pastner, S. 1971. Ideological aspects of nomad-sedentary contact: A case from southern Baluchistan, pp. 173–184 in *Comparative studies of nomadism and pastoralism*, special issue of *Anthropological Quarterly*.

Pehrson, R.N. 1966. *The social organization of the Marri Baluch*. Chicago: Wenner-Gren Foundation for anthropological research.

Peters, E.L. 1967. Some structural aspects of the feud among the camel-herding Bedouin of Cyrenaica, *Africa*: 261–282.

Planhol, X. de 1958. *De la plaine pamphylienne aux lacs pisidiens: nomadisme et vie paysanne*, Bibliothèque archéologique et historique de l'institut français d'archéologie d'Istanbul 3. Paris: Adrien Maisonneuve.

1968. *Les fondements géographiques de l'histoire de l'Islam*. Paris: Flammarion.

1969. L'évolution du nomadisme en Anatolie et en Iran, étude comparée, pp. 69–93 in L. Földes (ed.), *Viehwirtschaft und Hirtenkultur*. Budapest: Akademiai Kiado.

1974. Nomades et pasteurs, XIII–XIV, *Revue géographique de l'est*: 331–376.

Planhol, X. de & P. Rognon. 1970. *Les zones tropicales arides et subtropicales*. Paris: Armand Colin.

Riesman, P. 1974. *Société et liberté chez les Peuls Djelgobé: essai d'anthropologie introspective*, Cahiers de l'homme, nouvelle série XIV. Paris/The Hague: Mouton.

Salvadori, C. & A. Fedders. 1974. *Maasai*. London: Collins.

Salzman, P.C. 1971. Movement and resource extradiction among pastoral nomads: The case of the Shah Nawazi Baluch, pp. 185–197 in *Comparative studies of nomadism and pastoralism*, special issue of *Anthropological quarterly*.

1972. Multi-resource nomadism in Iranian Baluchistan, pp. 60–68 in W. Irons & N. Dyson-Hudson (eds.), *Perspectives on nomadism*. International studies in sociology and social anthropology 13. Leiden: E.J. Brill.

Scholz, F. 1974. *Belutschistan (Pakistan). Eine sozialgeographische Studie des Wandels in einem Nomadenland seit Beginn der Kolonialzeit*, Göttinger geographische Abhandlungen 63. Göttingen: Erich Goltze.

Schweizer, G. 1970. Nordost-Azerbaidschen und Shah Sevannomaden, pp. 81–148 in
  E. Ehlers, F. Scholz & G. Schweizer, *Strukturwandlungen im nomadisch-bäuerlichen
  Lebensraum des Orients*, Geographische Zeitschrift, Beiheft 26. Wiesbaden: Franz
  Steiner.
Sigrist, C. 1970. Pashtunvali. Das Stammesrecht der Pashtunen, Basel: Arbeitsgemeinschaft
  für Kulturanthropologie.
Spencer, P. 1965. *The Samburu. A study of gerontocracy in a nomadic tribe.* London:
  Routledge and Kegan Paul.
Spooner, B. 1971. Towards a generative model of nomadism, pp. 198–210 in *Comparative
  studies of nomadism and pastoralism*, special issue of *Anthropological quarterly.*
  1972. The status of nomadism as a cultural phenomenon in the Middle East, pp. 122–
  131 in W. Irons & N. Dyson-Hudson (eds.), *Perspectives on nomadism*, International
  studies in sociology and social anthropology 13. Leiden: E.J. Brill.
Sweet, L.E. 1965. Camel raiding of North Arabian Bedouin: A mechanism of ecological
  adaptation, *American anthropologist* 1: 1132–1150.
Swidler, W.W. 1972. Some demographic factors regulating the formation of flocks and
  camps among the Brahui of Baluchistan, pp. 69–75 in W. Irons & N. Dyson-Hudson
  (eds.), *Perspectives on nomadism* International studies in sociology and anthropology
  13. Leiden: E.J. Brill.

3. The organization of nomadic communities in pastoral societies of the Middle East

RICHARD L. TAPPER

Cet article exploratoire remet tout d'abord en question certaines généralisations qui ont été faites à propos des sociétés pastorales nomades, particulièrement celles du monde islamique. Il passe ensuite en revue les modèles connus d'organisation sociale communs à ces sociétés. Ceux-ci paraissent se distribuer entre deux types de communautés définies selon la taille et par la structure, comme l'illustre la comparaison des turcophones Shahsevan de l'Azebaïdjan iranien et des Basseri de langue persane de l'Iran du sud-ouest. Ces deux sociétés forment des communautés comparables par la taille, mais dissemblables en composition, la différence paraissant résulter des systèmes des droits pastoraux et des contextes politiques. En outre, l'examen de la littérature rend évidente l'existence de communautés du même type, non seulement parmi d'autres nomades d'Iran, mais aussi ailleurs. Aucune idéologie d'opposition complémentaire ou segmentaire ne permet d'expliquer la nature de ces communautés, et leurs ressemblances ne sauraient être attribuées simplement à des facteurs écologiques ou politiques, non plus, semble-t-il, qu'à un mode de production particulier. Elles invitent plutôt à formuler l'hypothèse de mécanismes démographiques sous-jacents, voire socio-psychologiques.

Among Bedouin, "all groups, at whatever level, are of the same order . . . all have much the same functions, in more or less attenuated form". (Bacon 1958: 129–130.)

. . . all Bedouin society follows fundamentally the same principles at all levels of organization . . . there are no lineages in the sense of bounded groups having a continuing and cohesive base in corporate rights and duties . . . there are no corporate segments in Bedouin society, except for the pasture-owning tribe, which is only weakly so . . . In this system, it is almost impossible to isolate a solidary in-group . . . in one of the more important corporate obligations of Bedouin society [blood responsibility] , there is no bounded and stable group with which the individual is totally identified and the membership of which is interchangeable one for another. (Murphy & Kasdan 1959.)

. . . the structural possibilities of tribal organizations based on pastoral nomadism would seem to be fairly limited on the lower levels of integration. In most cases, ecological pressures mitigate against the emergence of formal corporate groups on the residential level. The adaptive advantage in permitting an easy flow of people in shifting camp groups tends to inhibit the development of a hierarchical chain of authority which penetrates the community level. (N. Swidler 1972: 119.)

. . . in the Middle East . . . the lineage is the group within which there exists the knowledge, the consciousness, and the sentiment of being a distinct unit, and whose members actually cooperate in numerous institutions and undertakings . . . in respect of a corporate obligation which is of paramount importance in Bedouin society [blood responsibility] . . . the lineage is the bounded and stable group with which the individual is totally identified. (Patai 1965, 1969.)

Introduction

This paper is speculative and exploratory. I first question some generalizations which have been made in the literature concerning pastoral nomadic societies, particularly those of the Islamic world; then I identify certain patterns of social organization which are common in these societies; and I conclude with suggestions as to the kinds of principles underlying these common patterns.

The patterns concerned are two types of interactional community which emerge with a regular size and character at certain levels of organization. I first became aware of these communities when comparing my own field data on the Shahsevan Turks of Iranian Azerbaijan with F. Barth's account of the Persian-speaking Basseri in southwest Iran. These two nomadic peoples are organized in communities which are remarkably similar in size and character but differ in composition, the differences clearly related to different systems of grazing rights (see pp. 95—114) and imposed political structures. When I proceeded to review the literature, the existence of similar communities, not only among other nomads in Iran (cf. Tapper 1974: 323, n.d.) but elsewhere, became clear.

These communities are not explicable by any ideologies of complementary or segmentary opposition, nor can their cross-cultural similarities in size and character be attributed simply to ecological factors or external political pressures, which differ in each case; nor, so far as I can see, are they a function of any particular mode of production. Rather, in my view, they invite hypotheses of underlying demographic and possibly social psychological mechanisms.

The third section of this paper is a compilation of the evidence concerning the communities from most of those ethnographies that provide it. But before we consider the evidence, a brief evaluation of the nature, orientation, and outcome of previous comparative studies of nomadic societies is in order.

Comparative studies of nomadism in the Middle East

Comparative studies of pastoral nomad society in the Middle East have until recently been hampered by the lack of reliable or sociologically informative data. The available material on customs and cultural traits was adequate for the establishment of "types" of nomadism in Southwestern and Central Asia in the discussion between Bacon (1954) and Patai (1951, 1962), but the lack of statistical information on Arab nomads confined Murphy and Kasdan (1959) to a "mechanical model" when they attempted to analyse Bedouin social structure. As Dyson-Hudson (1972: 6) has pointed out, it was only in the 1950s that there began to appear "a corpus of material capable of transforming the study of nomadic societies".

The new nomad ethnographies understandably gave a dominant role to ecology as a factor shaping society. Comparative studies have come to regard nomadism as an ecological adaptation, and have sought in the environment explanations of variation in nomadic social forms. Thus, there have been comparisons of the different ways in which climate and terrain, availability of pasture and water, and types of animals herded influence patterns of movement and forms of herding and camping associations (e.g. Krader 1959; Sweet 1965; Johnson 1969; Rubel 1969; Spooner 1973). Others have related political structures and major tribal group formations to ecology (Barth 1961: 123ff, 1962; Sweet 1965; Salzman 1967; Black-Michaud 1975: ch. 4), while support has come from Bates (1971) and Irons (1974) for Lattimore's suggestion (1940) that nomadism is often an adaptation to the political rather than the natural environment.

It has long been established that there is no social form common to all pastoral nomadic societies, and none that is peculiar to them. There has seemed a danger that the category "nomadism" would prove analytically sterile. Two ways out of the problem have been pursued. Some writers have fastened onto ideological or cultural features held to be common to all nomadic societies; others insist that the two component elements of the concept "nomadism" — namely pastoralism as a productive system, and residence in mobile and fluid groups — should be studied separately in their different implications.

Thus, Spooner (1973: 3–4) suggests that nomadism be treated as a "trait of cultural ecology", characterized by "lack of interest in fixed property and fixed resources"; nomads' dependence on "unimproved natural environment . . . generates a characteristic nomadic ideology in all nomadic populations". The antithesis of nomad is peasant, and there is a "general ideological polarization" between the two (Spooner 1972). Now it is undoubtedly true that for many nomadic people their pastoralism, represented symbolically in their tents, their migrations, their animals, and other values, is a crucial principle of social organization, such that settlement implies a radical transformation of society; this is the case, for example, with the Shahsevan. But unfortunately such symbolic values are by no means universal among nomads, nor so simply derived from the ecological nature of the nomadic adaptation as Spooner suggests. Among some nomadic populations of the Middle East movement, tent-dwelling, and stock-rearing are not imbued with central meanings at all, and the supposed nomadic ideology of independence, etc. (Goldschmidt 1971) turns out to be a characteristic of tribally organized people, settled or nomadic. In these cases nomadism is an economic rather than an ecological, cultural or political adaptation. There is no clear ideological polarization that might inhibit nomad settlement. Most examples of such uncommitted nomads seem to be members of large ethnic or tribal groups which dominate large defined regions either numerically or as a result of factors external to the region: for example the Durrani of western and northern Afghanistan (Ferdinand 1969b: 128, 147, and personal information); probably the same applies to Baluch, Kurds, Lurs and many Arabs.

In their introductions to two recently published symposia on nomadism, both Salzman (1971) and Dyson-Hudson (1972) have urged the separation of nomadism as movement from pastoralism as one kind of "resource extraction" (Salzman) practised by nomads. As regards pastoralism, several writers have shown how differential demographic features of human and animal populations, and the seasonally and annually fluctuating requirements of herding efficiency, are met by flexibility in size and composition of social groups at the herding level. Indeed, one author (Rubel 1969) has attempted a comparison of four different pastoral nomadic societies, by constructing a "generative model" in which a single variable, herd composition, is held to determine "herd management, camp composition and the socio-structural features of affinal relations and marriage patterns". The attempt fails, partly through the inappropriateness of the empirical data used, but mainly through a fundamental misreading of Barth's instructions (1966) for the construction of such generative models.

The social implications of nomadic mobility have also received some attention in the comparative literature (e.g. Johnson 1969). Just as pastoralism is not exclusive to nomads, so a mobile life is not exclusive to pastoralists. Spooner suggests that for anthropologists the significant feature of nomadism lies in "lack of interest in fixed property and fixed resources", but this particular criterion would exclude some pastoral nomads which do have such interests (see my other paper pp. 95—114) and include hunter-gatherers and gypsies. The type of movement which distinguishes pastoral nomads as such might be characterized as involving the residential mobility and economic autonomy of household productive units, mobile but intensively exploited resources, and mobility with a degree of political autonomy among co-operative local groupings.

The social significance of nomadic mobility is that it gives the opportunity for continual choice and change in residential association, within a wide but limited and relatively homogeneous social field, an opportunity inherently denied to settled peoples. Not only does this enable nomads to cope with the demands of a herding way of life, but as Spooner has pointed out, "The fluidity of nomadic society renders it ideal subject matter for the study of politics — which is otherwise tied in some way to fixed economic interests" (Spooner 1973: 33); more crucially for this paper, it will be among nomads rather than settled peoples that we can expect the emergence and evidence of any inherent social dynamic processes generating interactional communities of a certain size and character.

It is in the analysis of actual face-to-face communities that the comparative study of pastoral nomadic social organization seems to me to be still deficient.

In this respect, two theoretical approaches have had considerable influence, the one deriving from social structural analyses of segmentary lineage models developed outside the Middle Eastern context, the other arguing from the logic of ecological relations. These approaches concur in their insistence that neither the structure of certain nomadic societies, nor the ecology of pastoral nomadism, will permit the formation of corporate groups.

The inadequate material on the Bedouin led Bacon in 1958 to state that they, like the Central Asian peoples from whom her model was drawn, were characterized by "tribal genealogical" or "obok" structure, the components of which are "sliding lineages" concerned with vengeance (and exogamy in Central Asia), and fixed lineages of which she argues that "all groups, at whatever level, are of the same order". A year later, Murphy and Kasdan published a rather more elaborate examination of Bedouin social structure, in which the main elements were a segmentary lineage system after the African model, the *khamsa* kindred vengeance group, and a rule (or "system") of patrilateral parallel cousin marriage. The implications of this model, they conclude, are that "there are no corporate segments in Bedouin society, except for the pasture-owning tribe". More recently, N. Swidler (1972: 119) has maintained that "the emergence of formal corporate groups on the residential level" is inhibited by nomadic ecology; while other writers such as Spooner continue to stress the essential instability and fluidity of nomadic local groupings.

Patai (1965) found fault with Murphy and Kasdan on a number of counts, for example the organizational relevance of the notion of a "system" of patrilateral parallel cousin marriage. He was also able to show that corporate "endogamous unilineal descent groups" are widespread in Middle Eastern society, though his evidence and argument mainly concern settled villages. He further criticizes Murphy and Kasdan for misrepresenting the nature of the *khamsa* by an analogy with the bilateral kindreds found elsewhere. He fails himself, however, to stress that as a patrilateral kindred, or "sliding lineage" in Bacon's more graphic phrase, the *khamsa* is not focussed on the sibling group, as they state, but on the cousins of a generation, and is thus relatively capable of forming or at least coinciding with a "bounded and stable group" (cf. Black-Michaud 1975: 44ff). In their riposte, Murphy and Kasdan (1967) are not slow to point out Patai's own errors and misapprehensions, but they do not comment on his important establishment of the general phenomenon of localized corporate descent groups in Middle Eastern society.

Meanwhile, another critic of Murphy and Kasdan's findings, using much the same limited range of data as was available to them and to Patai and Bacon, was able to identify "a relatively stable social unit smaller than a tribe" among the Rwala, Shammar and Mutair Bedouin (Sweet 1965). This unit, the tribal section (*fakhd*), "governs a number of aspects of the techniques and economics of camel pastoralism in north Arabia, and it shows features of corporate structure and process in relation to the control of productive resources". It is an econ-

omic group, concerned with the distribution of grazing within the tribal territory; a residential group, also frequently migrating as a body; the group which
organizes raiding parties and often forms a "petty chiefdom". Tribal sections
vary in size: in the south and east, Mutair sections range from 20 to 200 tents,
but mostly from 50 to 100; west and north of them, the Shammar tribes of the
Nefud have sections of between 200 and 300 tents; the Rwala tribe is divided
into sections ranging from 150 to 800 tents, but mostly 300 to 500. As for
other social characteristics, and the internal composition of the sections, there
is scanty information. They are divided into ranked lineages, which form compact tent clusters, sometimes move independently, and may or may not
coincide with the *khamsa* vengeance unit. But Sweet is forced to note that "at
this point there is a regrettable gap in the data needed to relate this lineage
structure to the actual camping units and economic activities". Unfortunately,
she seems to have missed the main source on the Shammar (Montagne 1947)
which includes additional data on the sections and suggestions as to their basis
(see below). She concludes that apart from the joint family, "three other units
of organization within the tribal boundary are functionally significant: the section, composed of a core of ranked lineages; the separate or 'fixed' lineages
themselves; and the 'sliding lineages' or egocentric (sic) vengeance unit
(*khamsa*)". She relates the section, the "minimal camping unit" on which her
article focusses, to ecology; variation in size "probably reflects to a considerable extent ecological differences among the tribal territories which are significant for breeding camels".

All the above structural and ecological arguments, as attempts to provide
adequate models of nomadic society, must be modified or abandoned in the
light of more recent ethnographic work. Peters, Barth, Cunnison, Cole and
others, writing on a variety of nomadic peoples, have described in detail basic
communities of a more or less corporate nature, whose organization can in no
way be accounted for by the kinds of mechanical models of "tribal genealogical structure" or complementary opposition put forward in the 1950s (cf.
Black-Michaud 1975: 54ff; but see also Gellner 1969, and two recent papers
suggesting that there are nomadic societies where the "native model" of complementary opposition may approach reality: Gellner 1973 and Salzman 1978).
At least two of these ethnographers relate the size of the communities they
observed to the carrying capacities of pastures and wells (Peters 1960: 40; Cole
1975: 80, 90). A comparative perspective, however, suggests that processes
other than ecological may be operating here.

Few writers have followed Sweet in comparing local, residential, interactional
groups among nomads. Herding units have been analysed, as responses to ecological, economic and demographic demands, but the different degrees to which
such units are also basic communities or political groups have not been discussed. Spooner (1972: 126) states that among "most nomads in the Iranian
area . . . the primary sociological unit . . . — the herding group — is also the basic

political unit", but the social and political significance of such groups has not been well established in this area or elsewhere. Certainly, the material on camp organization among Baluch and Brahui nomads indicates that the camps are not only herding associations but may also be termed "communities" (see Pehrson 1966: ch. 6; Pastner 1971; W. Swidler 1972; Salzman n.d.a); however, given the instability of these groups, and the comparative stability and other features reported of the wider "camp clusters" (Pehrson 1966: 100ff) or "micro-pastoral orbits" (Pastner 1971), the latter seem better candidates for the role of "primary sociological unit", "basic political unit", or indeed "basic nomadic community".

Among nomads elsewhere in the Iranian area and beyond, herding units are more often distinctly economic associations, socially and politically of minor importance compared with larger groupings. Moreover, the organization of larger groupings that frequently camp and move together, particularly those forming below the tribal and sectional level discussed by Sweet, has received little comparative study. Dyson-Hudson appears to have such groups in mind when he points out that:

a prominent organizational feature of nomadic societies is the local exploitation group — a set of domestic *and herding units* periodically drawn together by a temporary mutual interest in the peaceful exploitation of local resources. Its composition and operation must be grasped to comprehend the functioning of any particular nomadic society: it offers a useful means of comparing nomadic societies (1972: 11, my emphasis),

but he is in fact referring to the Brahui *halk*, as analysed by W. Swidler, which is basically a small herding camp; and he clearly stresses the economic basis of such groups without considering their possible community nature. Meanwhile Spooner has compared the different structural principles according to which nomadic societies do form groups at higher levels: genealogy, kindred, contract, class, age grading, exogamy/endogamy. He concludes that "instability at the level of local grouping is balanced by conceptual stability at the level of larger social grouping (the native model of social organization)" (Spooner 1973: 41), but he does not attempt a systematic comparison of the actual groupings so formed, and hence does not notice the considerable degree of stability in size and composition frequently exhibited by localized collections of "local subsistence groupings".

A comparison of nomadic social groups

The cases compiled below are confined to certain of the more centrally located nomadic societies of the Middle East. Clearly the net could have been spread wider to include other peoples in Africa, Central Asia and elsewhere, but neither my time nor the space here available allowed this. I should note, however, that in the cases I did examine, certain ethnographic lacunae regularly impeded the exercise: first, a lack of statistically presented data on the range of size and average sizes of social groups, from camps upwards; secondly, a general concentration on the two themes of camp organization and descent structure, frequently taking precedence over consideration of actual, as opposed to ideological and marital, patterns of interaction and association at higher levels.

Bedouin

A! Murrah – camel herders (Cole 1975: esp. 23ff., 85ff.)

a. The "basic unit of society" is the lineage (*fakhd*), a summer camp group which gathers around its own wells. Camps which form at other times of the year are highly flexible associations of lineage members, with no herding basis, as each household herds separately. Lineages are relatively equal in size and status, this equality being related by Cole to ecological limits, the capacity of the wells and surrounding grazing for supporting animals and tents in certain numbers (Cole 1975: 90). They average 50 households of seven members each, though some households may reside apart from the rest, sharing only in collective responsibility with other members of the lineage. It used to be a military unit, with a war leader; now it has no leader, nor council of elders; but each lineage has its own camel-brand, war-cry, and other symbols.

b.c. Four to six lineages form a clan (*gabila*), averaging nearly 300 households. Sometimes a clan has its own wells, but usually no shared resources. Most clans have chiefly lineages; they are politically important units, but no other particular functions are reported of them.

d. Seven clans form the Al Murrah tribe, which totals over 2000 households (15 000 people). The tribe has its own territory, though it is freely shared with others. Traditionally it was politically autonomous, headed by military leaders, who now act as intermediaries. Apart from the chiefly families, the tribe is virtually endogamous. Consonant with this, its boundary is socially and culturally important, and marked by a variety of customs and symbols.

On other Bedouin groups in Arabia, I have not had access to information other than that collated in the article by Sweet (1965) discussed above. The most relevant information comes from Montagne (1947) on the Shammar tribes, whose organization appears similar to that of the Al Murrah.

The Shammar of northern Arabia – camel herders (Montagne 1947: 48ff.)

a. The summer camp (*getin*), usually a subsection, sometimes a section of a tribe, gathers around wells. It subdivides into *megtir*, spring camps (about five tents) based on *hamula*, the fundamental kinship units. The subsection in theory is a *khamsa* vengeance group, and is led informally by an old man as Shaykh (Montagne 1947: 51–55).

b.c. The section is the basic social and political unit in nomadic society, a miniature state led by a chief; it has territorial unity, sometimes gathers as a summer camp around a well; it has a single *wasm* brand and was the unit mobilized for war. It comprises 100 or 200 to 300 tents, mainly agnates, with some strangers present (Montagne 1947: 55—58).

d. The tribe is a relatively flexible cluster of five to ten sections (around 2000 tents), with a powerful and numerous dynastic section providing the Shaykh, who is however *primus inter pares* compared with other Shaykhs in the tribe (Montagne 1947: 58—59).

e. The Shammar confederation comprises from 100 000 to 150 000 people (20 000 tents?), including the settled sections. Sections of a tribe and tribes of the confederation exhibit the same tendency to "moiety" division that Montagne found among the Berbers (1947: 60ff.; and cf. 1973: 37).

Awad notes that among the nomads in the Arab Lands of the Middle East:

The size of a tribe varies considerably, according to environment and occupation, and tends to increase under sedentary or semi-sedentary conditions. Absolute nomadism has a restrictive influence on size, because of the need for maintaining a certain amount of contact among members while pursuing a nomadic existence. A nomadic tribe is usually counted by tents; and while some very powerful tribes, such as the Ruwala, may consist of some 3500 tents, a much more modest figure of about one thousand or even a few hundred is more generally the rule . . . The nomads . . . usually travel in rather small bands of about twenty to thirty tents, in order to avoid overcrowding at wells and pastures . . . (Awad 1962: 333).

Saadi Bedouin of Cyrenaica — camel and sheep herders (Peters 1960, 1965, 1967, 1975, 1976)

a. Peters describes the organization of the "tertiary section", "corporate group", or community, the dry-season camp (*bayt*) which has its own homeland, resources in land and water. Eighty per cent or more of members belong to an agnatic minimal lineage, members are '*amara dam*, sharing collective blood responsibility, and form a ritual congregation. Subgroups such as spring camps are cognatic in composition. The data on the size of tertiary sections are inconsistent: 150—200 souls (30—40 tents?) in Peters 1960; an example of 524 souls (85 tents?) in Peters 1965 (the relevant passage on p. 140 is quite confused); 200 to 700 souls (40 to 100 tents?) in Peters 1967 and 1976.

b.c. Several tertiary sections make a secondary section, the group which is supposed to unite in feuding relations against collaterals. No figures given, but 400 tents seems a likely average size. In practice it is the tertiary sections which are involved in feud; patterns of marriage between different secondary sections, and the competition between collateral and neighbouring tertiary sections, produce a "chequer-board" pattern of blocs or "confederacies" of several thousand souls, which inhibit the coalescence of collateral groups according to principles of segmentary opposition.

d. Two or more secondary sections form a primary section (*qabila*) with no specific functions reported other than possible raiding organization; size — 1000 tents or more?

e. There are nine Saadi tribes (*qabila*), typically numbering 10 000—30 000 individuals (2000—5000 tents?). Potential war relations.

Sudan Arab groups

Humr Baggara — cattle herders (Cunnison 1966)

a. Ideally, agnatic minimal lineage (*surra*) coincides with camp (*ferig*), but often in fact occupies more than one. Camps are also cooperative herding groups, though herds may divide for grazing purposes. Strong ideal of lineage and camp solidarity, but actual groups often unstable in size and composition. Camps number up to 20 tents, but one of more than 15 is admired as large — further numerical data lacking. Camp of lineage led by unofficial *reis*, who may have more official status as leader of larger segment. Preference for endogamy, but only 36% of marriages are within *surra*. *Surra* united by common sentiments of honour, blood responsibility, some have distinct drumbeat, brand, ear-clip.

b. Larger descent groups (*khashm bayt*, at all levels) localized in that agnates tend to camp near each other, but no division of land rights within Humr. Most significant *khashm bayt* appear to be primary segments of *omodiya* (see below); there are 42 such segments in the Humr, averaging 1300 people (250 tents?).

c.d. There are 11 *gabily*, nowadays distinguished administratively as tribal sections (*omodiya*) under leaders (*omda*). They range from 2000—9000 people, averaging 5000 (1000 households). They appear to be of diverse origins, and often to be regarded as culturally distinct from each other. Also each is associated with a different migratory tract.

e. The Humr tribe (*gabily*) numbers some 55 000 people, divided into two roughly equal sections, each under a *nazir*.

Kababish — camel and sheep herders (Asad 1970)

a. Camp clusters of up to 15 tents (?) not necessarily close kin but usually same clan, form an interactional community (Asad 1970: 128ff, numerical data lacking). Households (5 members each) form different kinds of herding associations, but partners may not even camp together (Asad 1970: 122ff). Close agnates form taxation groups (Asad 1970: 133).

b. Administratively created sections (under Shaykhs) coincide with subclans (*khashm bayt*); they have no territory, are not corporate. There are 60-odd subclans/sections (Asad 1970: 142), averaging 1000 members (200 households). Marriage patterns are not clear.

c.d. The 20 clans (*gabila*) average 3400 people (700 households); have no terri-

tory, are not corporate; but appear to exhibit continuity and not to be prone
to fission (Asad 1970: 172ff).
e. Kababish nomads number 68 000, under a Nazir. Were a loose confederation
of tribes; some became independent after administrative reorganization,
others became clans of present Kababish.

Rufa'a al Hoi – mixed sheep, cattle, camel herders (Ahmad 1974)

a. Camps (*fariq*) of 30 to 50 tents (200 to 300 people) are administratively
recognized and led by Shaykhs. They are migratory units, based on descent,
have considerable ideological importance as groups (Ahmad 1974: 60ff).
The camp is highly endogamous, and comprises 3–4 tent clusters (*nazla,
fariq*), herding groups of 10 to 15 tents (70 to 100 people) (Ahmad 1974:
35ff).
b.–e. There are about 70 camps among the Rufa'a al-Hoi, who number 26 890
nomads (3600 tents), under one Nazir. The Nazirate divides into two main
sections, but further intermediate groups or communities are not recorded.

Mountain and plateau areas of Southwest Asia

Jaf Kurds – sheep herders (Barth 1953)

a. Nomad camps (*khel*) vary in size and composition; usually 20 to 30 tents,
which "may roughly be regarded as a lineage segment", led informally by an
elder; camps subdivide into herding units based on extended families.
b.–e. Beyond the camp level the position is unclear, mainly because at the time
of study only 2000–3000 of the 60 000 Jaf tribesmen were still nomads.
The Jaf confederacy (*ashiret*) is led by a Beg or Pasha, head of a chiefly
dynasty, the Begzada, which constitutes one of the 12 (18?) component
tribes (*tira*). If we take this to be the total of all Jaf tribes, rather than just
the 2000–3000 nomads, then tribes average 4000 people (800 families?),
but no doubt effective nomadic sections were much smaller. The tribe is
based on a maximal lineage (*hoz*); it is the primary political group, led by a
hereditary Raiz; it has "traditional rights to specific pastures and camping
sites", and its migration is regulated by the Raiz. It is also highly endogamous.

Bakhtiari Lurs – sheep herders (Ehmann 1975: 59–64, 88)

a. Camps (*mal?*) of 2–5 tents in winter, 10–15 tents in spring, 4–10 tents at
other times; may be based on *oulad*, minimal lineages which average 11
families; *oulad* are headed by elders (*rish-sefid*), have their own pastures,
access to which is acquired by birth. Migratory groups (*tash*) comprise from
one to 6 *oulad*, and average 35 families. Other data on *tash* not available.

b.c. The *tireh* is mainly a political group, headed by a subchief (*katkhuda*), but with a common territory and based on descent ties; it averages up to 200 families.

d. The main political and social group in Bakhtiari society is the *tayfeh*. One set of related *tayfeh* (in the Duraki *il*) varies from 50 to over 4000 families (Ehmann 1975: 88). The data so far have come from the clearest example discussed, the small Bamadi *tayfeh* (500–600 families, Ehmann 1975: 61). The large Mouri *tayfeh* (4180 families) of the same *il* appears to subdivide differently, having 11 *tireh* averaging 380 families, and 60 *oulad* averaging 70 families (Ehmann 1975: 62). A *tayfeh* shares a common territory and migratory route, thinks of itself as a descent group, and is led by a *kalantar* from a dynastic family.

e. There are 105 *tayfeh* (Ehmann 1975: 60), which group into ten *il*, heterogeneous political groups led by a *khan*, and then into the two major branches of the Bakhtiari. The estimated total of 27 400 nomad and 10 600 settled families indicates that most *tayfeh* must be smaller even than the Bamadi. The general picture of Bakhtiari political segmentation and the nature of their nomadic communities remains unclear to me.

Basseri of Fars – sheep herders (Barth 1961)

a. The "primary communities of nomadic Basseri society" are the camps (Barth 1961: 25, 46) of between 10 and 40 tents (though cf. Barth 1960: 10, "30–60 tents, or 200–400 individuals"). Tents group into herding units of 2–5, which separate in winter, congregate in summer, the whole camp migrating as a unit in spring and autumn. Camps and herding units are associations of bilateral kin and affines; camps are headed by unofficial elders and not formally recognized as political groups. Two-thirds of marriages are within the camp.

b. There are usually two or three camps in an *oulad*, a patrilineal descent group with a joint pasture estate; as the sole political subdivisions of the tribe, *oulads* are led by appointed subchiefs (*katkhuda*). In the 1950s the 3000 Basseri tents grouped into 32 *oulad*, which thus averaged nearly 100 tents, ranging however from 13 to 200 or more.

c. Tribal sections (*tireh*) appear to average 200 or so tents. Members are reputedly of common origins; the section is the primary reference group. Section names exhibit considerable continuity, "insulated from most processes of petty politics, factionalism and fission . . . section names and traditions can serve the tribal population as stable and unchanging anchors of identification under changing circumstances" (Barth 1961: 68). Marriage outside the section is regarded as shameful; section has compact territory of adjacent pastures and migratory schedules, but no leader as such, and no political functions, though many sections coincide with *oulads* and have recognized headmen.

d. The Basseri tribe (*il*) of around 300 tents is a historically varying collection of heterogeneous sections, united under one chief (*kalantar*, *khan*).

e. The Khamseh confederacy (*il*) was an administratively created union of 5 tribal groups under a paramount chief (*ilkhani*); it totalled between 10 and 20 000 tents.

The Qashqai of Fars — sheep herders (Marsden 1976, Beck n.d.)

a. Usual migratory unit is *bonkuh*, descent group of 30—40 tent-families led by elder; divides into herding groups (*beyleh*) of flexible and varying composition.

b.c. Tribal section or subtribe (*tireh*) "has a territorial basis; most of its members share common pasture areas. The *tireh* is the main unit of identification for the individual Qashqai. Most of those identifying with the *tireh* claim common patrilineal descent. The *tireh* is the main endogamous unit" (Beck n.d.: 4). It is also an administrative unit headed by a *katkhuda*. Nomadic *tireh* appear to average 80 tents (500 people) (Marsden 1976: 13).

d. The main tribes (*tayfeh*) are collections of 12 to 71 sections; the nomadic branches of the tribes average 3000 families. Each tribe is attached to a dynastic chiefly section, which intermarries only with other chiefly dynasties.

e. The Qashqai confederacy (*il*) comprises 5 or 6 tribes, divided into 250 sections, and a total of 25 000-odd families, of which at least one third are settled (Marsden 1976: 13).

Shahsevan of Azerbaijan — sheep herders (Tapper 1971, and see below pp. 95—114)

a. The main nomadic community is the tribal section (*tirä*), usually based on single descent group (*göbäk*); numbers commonly 20—30 households. Each section migrates as unit, and until recently exploited joint pasture estate. Nowadays the main administrative and political grouping, led by elder (*aqsaqal*) who has political, economic, religious and social responsibilities. As a community, it is a ritual congregation on major religious occasions (Muharram, Ramazan). About 40% of marriages are within section, but males control marriages of daughters of the group.

b. Sometimes an effective elder of a sizeable section also has influence over smaller and weaker sections — not necessarily close neighbours or agnates; thus forming a "section cluster" of up to 100 tents.

c. The main political group used to be the tribe (*tayfa*), a territorially compact collection of sections with common allegiance to a chief (*beğ*) and family. Tribes are highly variable in size, but average 200 tents. Even with formal removal of chiefs from authority, the tribe remains the primary reference group among the nomads. Up to 90% of marriages within the tribe. Each tribe feels itself in many ways culturally distinct and indeed most have shown considerable historical continuity as unified groups, above the level at which fission and fusion processes operate.

d. The largest of the tribes, from 500 to 1000 tents, were often known as *el*. In past times when government control was weak, the chief of such an *el*, known as *khan*, had a following of smaller tribes forming part of his *el*. Such "tribal clusters", usually compact territorially but unstable in composition, might total up to 2000 tents.

e. Shahsevan nomads in Ardabil/Meshkin area numbered 10 000—12 000 tents in the 19th century, divided administratively into two confederations (*el*) of 5000 and 7000 tents, each headed by a paramount chief (*elbeği*) and dynasty. Confederacies broke up by 1900 as effective units, since then 5000—10 000 remaining nomad families have been informally united in single confederation, at one stage administered by an army officer appointed as *elbeği*.

Yomut Turkmen of Gurgan — sheep herders (Irons 1972, 1974, 1975)

a. Basic community appears to be the *oba*, "a group of twenty-five to one hundred households, which share joint rights to pasture and water in reference to a defined territory" (Irons 1972: 92). The *oba* is dominated by a single patrilineage (*tireh*), but includes a number of attached "neighbours" (*gongshi*) from other groups. The *oba* has a spokesman. Members of patrilineage are united in common blood responsibility, though relevant concept of seven-generation patrilateral kindred (*qan dushar*) may extend beyond the single *oba*. Within *oba*, fluid herding units of 2—10 tents (usually 4—5) camp separately.

b.c. Neighbouring *oba* on peaceful terms constitute tribes (*il*), and share residual rights in each others' territories. They may act together on basis of consensus; respected elders coordinate opinion. There appear to be ten effective tribes, highly variable in size, about 1000 households, most including both nomads and settled.

d. The only larger groupings among the Yomut are two blocs, confederacies (also called *il*) of allied tribes, the Sherep and Choni; each comprises 5 tribes and over 100 *obas* (5000 households), and is distributed "chequer-board" fashion across Yomut territory.

Pashtuns of Afghanistan — sheep herders (my field notes on Durranis in Turkistan; Ferdinand 1969a on eastern Afghanistan)

a. Migratory camps (*khel, keli*), roughly 20—50 tents, based on lineages (*aulad*) with assorted "neighbours" (*hamsaya*), kinsmen and clients sometimes from other tribal and ethnic groups. Led by headman (*sarkhel*); commonly co-incides with vaguely (at present) stated notion of seven-generation blood kindred; lineage as such is over 50% endogamous. Herding units of close agnates, plus some *hamsaya*, camp separately.

b.c. The major reference group is the subtribe (*tayfa, tol, khel*); based on ideology of common descent and origins, but the few hundred families prob-ably includes large number of *hamsaya* attached. Usually associated with area of pastures, though these are commonly subdivided among component camps. May be politically unified under a petty *khan* or *malik*, but com-munal decisions are properly made in the subtribe (as at every level) by a *jirga*, assembly of family heads, influenced by elders (*mashar*).

d. Localized nomadic branch of a recognized Pashtun tribe may number 1000 or more families, with allegiance to a dynasty of khans.

e. Major confederacies such as Durrani and Ghiljai include both nomad and settled elements; only occasionally united for common action. All Pashtun tribes (and some subtribes) are connected by written genealogies.

Baluch of Pakistan — sheep and goat herders (Pehrson 1966; cf. Pastner 1971, Salzman n.d.)

a. Camp clusters based on agnates, but with strong tendency to endogamy pro-ducing matrilateral web; comprise several camps (*halk*) herding groups of 3—4 tents, ideally based on minimal lineage (*waris*) but of flexible com-position; in fact, most mobility between camps occurs within cluster, giving it continuity over generations. Clusters also have ceremonial expression in various contexts. They contain the "few strands of regular interaction" between the "small residential communities", the camps (Pehrson 1966: 71ff, 100ff). There is no indication of the size of clusters among the Marri (20 tents?), but data from other Baluch groups, though presented differ-ently, suggest a similar picture. See, among Shahnawazi of northern Iranian Baluchistan, coincidence of minimal lineage (*brasrend*) with preference among different camps for camping together as "neighbours" in face-to-face communities (Salzman n.d.: 16f., 25ff.). See also, Baluch in Pangur where several camps, totalling 200 individuals (40 tents?), identify primarily with a territory known as "homeland", called by Pastner (1971: 176) a "micro-pastoral orbit".

b.—e. The Marri form a tribe (*tuman*) under a Sardar, and number about 60 000 people. The tribal system regarded as based on descent, but without unifying genealogy; military structural idiom also used. Tribe divides into 3 sections (*saiyak, takar*), administered by *wadera*; recruitment to section by patrilineal descent and allegiance to the leader. Subsections (*shakh, takar, firqa*), known to be of diverse origins, number 20 to 25 and average 500 tents (2500 people). Many divide even further into units referred to as *khel* or *khanadan*,

80 to 90 in all, averaging 150 tents (Pehrson 1966: 110ff). From Pehrson (1966: 178) it may be inferred that subsections and their divisions are the major reference groups within the tribe. Other functions of these different levels of grouping are not discussed in detail.

A brief analysis

I shall draw out only a few of the possible points of comparison in the material summarized above. I have tried to separate the different social groupings in each case into five levels, (a)–(e). Of course the data often do not fit precisely, and in no sense does the compilation demonstrate anything like a rigidly uniform pattern of groups and levels. However, among the kinds of groupings identified I suggest the general existence of two particular types of community, which I shall call types A and B.

A-type communities are all found at level (a). Although such communities sometimes display wide variation in size within particular societies, the average sizes recorded are remarkably uniform, i.e. somewhere between 20 and 50 tent-households, or 100 to 300 souls (average households vary from about 5 to nearly 8 persons). The largest communities were among the Yomut Turkmen and the Cyrenaican Bedouin, where they can reach 100 households; the smallest among the Kababish and the Baggara, where a community of 15 to 20 households appears to be on the large side — though there is a lack of precision in the published data on such communities in all four societies. It should be noted, however, that communities in the first two have joint estates, while those in the two latter enjoy unrestricted grazing throughout the tribe.

The usual pattern is for an A-type community to be based on a dominant lineage, with a greater or lesser proportion of temporarily resident affines, matrilateral kin, unrelated clients or herdsmen. The connexion between community composition and rights in grazing and water resources is obvious. When a community does not have its own estate (the manner of allocating grazing rights tends to be controlled at higher levels), then its composition is unstable, though usually confined mainly to kinship ties, with an agnatic emphasis: see the Kababish, Basseri, Rufa'a al-Hoi, Baluch, Baggara, Jaf, Qashqai cases. It is difficult to tell from the sources, in view of the lack of hard data, but it would appear that the least agnatically based communities are found among the Basseri, and the most unstable among the Kababish; communities in other societies are more heavily agnatic in character and have greater stability. The most corporate and agnatic of all are among the Bedouin, where they have joint rights in water resources, and the Shahsevan, Yomut and Pashtun, where they have joint or fixed grazing rights. It is among the last category — Shahsevan, Turkmen and Pashtun, but particularly the various Bedouin groups — that there is a strong tendency to stratification within the community based on differentiation of core members (agnates) who share joint rights to community resources, and outsiders (clients, "neighbours") whose rights are contingent on acceptance or payment of fees. In these cases, the outsiders, like the Cyrenaican Bedouin clients, "constitute a socially mobile group; they are the pawns in the annual readjustment of men to their resources" (Peters 1960: 43) and give these more corporate communities the minimum degree of flexibility necessitated by their pastoral nomadic adaptation.

In all cases, as Evans-Pritchard's studies of the Nuer taught us to expect (cf. 1940: 204), there is a terminological and ideological distinction between the physical community and the descent group on which it is based, but the more corporate the community the more the two terms are likely to be confused in the vernacular, on the assumption that they are coincident. Unfortunately many writers on nomad societies ignore the Nuer example and tend to subjective statements of how far local group composition is agnatically based, rarely specifying the ratio of agnatic as opposed to other links among residents; a notable exception is Peters on Cyrenaica (1965: 132). Other writers accept the stated norm of agnation and indicate a general conformity to it as a dominant and significant pattern; or, surprised that actual composition deviates from 100% agnation, they deny the ideal any validity and stress other factors as determinants; while, for all the reader can tell, the percentage of agnatically related members may be the same in each case.

There seems to be some notion of an ideal size of community in each society, related not simply to resource availability, as Cole and Peters have suggested, but possibly also to ideas of an optimal size for a vengeance group (cf. Black-Michaud 1975: 44ff). In almost all groups the limit of blood responsibility coincides with at least the agnatic core of the community, whether or not the former is associated ideologically with a patrilateral kindred of a certain depth. Frequently also it is recorded that the community forms an exclusive congregation on certain ritual occasions, including e.g. the migrations (cf. Barth 1961: 147ff.). In most groups too, members have a measure of control over the marriages of daughters of the group.

Even the more stable and corporate communities are subject to fission and fusion processes, in response to demographic change. Occasions for fission are crises involving honour or blood responsibility; what previously (since an earlier crisis) was regarded as a single vengeance group may have grown to the extent that now one branch can argue that it is not involved in the affairs of the other; or such crises may precipitate fusion of declining groups. The elements of population size, residence, descent, and blood responsibility are clarified in relation to each other only when such a crisis occurs, or is engineered. At other times, apparent disparities do not disrupt the daily life of the community.

I am suggesting that descent principles and ecological constraints in varying degrees affect the composition and sometimes the variations in size of these communities, but they do not account for the statistical fact that it is at this precise level of organization that more or less corporate primary communities regularly emerge, often forming ritual congregations and with associated ideologies concerning the limits of blood responsibility, honour and the control of women.

Issues of just this nature have preoccupied students of non-pastoral societies, from Radcliffe-Brown through Steward and Service to the contributors to the symposia *Man the Hunter* (Lee & Devore 1968) and *Man, Settlement and Urbanism* (Ucko, Tringham & Dimbleby 1972).

Among hunter-gatherer specialists there seems to have been agreement on the following. If such societies are considered particularly "close to nature" and culturally and socially isolated from other peoples, then it becomes interesting to ask what kinds of social groupings emerge among them. Two main kinds have been identified: first, the "primary subsistence band" (Steward) of 25 to 50 individuals, fluid in composition though sometimes with a patrilocal-patrilineal emphasis and with exogamy as a prime feature, the maximum size seemingly being constrained by the food supply of a convenient area. Secondly, there is the "regional band" (Steward) or "dialectical tribe" (Birdsell) of 300 to 500 individuals, which is the largest group within which individuals can be well enough acquainted with each other to keep some linguistic uniformity, and also, it seems, the smallest possible genetic or marriage isolate. The factors limiting these groups seem to be the relation between population, food supply and territory, and the relation between convenience of communication, a "marry-out" rule, and certain genetic principles.

Similar factors operate in the pastoral groups we have discussed, but with different results. Thus, patterns of resource control and population density are usually very different from hunter-gatherer societies, and in almost all the pastoral cases considered minimal group endogamy is permitted if not encouraged. These differences might be put into a model which we would expect to produce clear differences in group size; but does it? The "primary subsistence band" is the same size as the pastoral "herding unit", which often forms a separate camp, and which I have hardly mentioned in my survey; while the "regional band" is not far from A-type communities in size. But the model derived from hunter-gatherer societies is clearly inadequate to deal with other general features of A-type pastoral nomadic communities.

More light is thrown on the matter, however, by a paper in the second symposium mentioned. Forge discusses the possible reasons for the widespread existence in New Guinea and Melanesia of a basic, face-to-face, residential and ritual community of 250 (±100) persons, very similar, in other words, to A-type pastoral nomad communities. He dismisses ecological determinants in favour of a normative factor which he holds to be "basic to the very nature of New Guinea society, or perhaps even to all Neolithic cultivators without hierarchical institutions" (1972: 373), that is, the premise of equality within the community. This can only be maintained at the cost of eternal vigilance, which implies highly aggressive competition within and between units.

It seems not unlikely that for such systems to work the numbers of competing adult males must fall within a certain range. If there are too few, less than thirty over a range of age of say twenty to sixty, personality factors would, I suggest, tend to dominate, there would be an insufficiency of challengers to men of strong personality. Over seventy-five to eighty adult men the numbers of players in the game become too many and each player having deficient information the game becomes disorganized and unbalanced and the players split into two games of manageable size. This hypothesis is basically sociological and states that when the players in the game (of prestige) are all defined as potentially equal the game becomes static, i.e. unplayable, if the numbers are too low, and impossible if the numbers are too high. (Forge 1972: 374)

In bio-genetic terms the hypothesis becomes:

Homo sapiens can only handle a certain maximum number of intense face to face relationships, successfully distinguishing between each. When the number of relationships he is involved in rises above this figure he can only continue by classification of relationships to cut down the total number of different relationships he has to act in and carry information about around in his head. (Forge 1972: 375)

The hypothesis implies that if the community is to persist at a size larger than the norm, some element of hierarchy is likely to emerge.

I would suggest that very similar bio-genetic if not sociological factors must be in operation in the pastoral nomadic communities discussed here. The same factors may operate also in settled societies (cf. Coon 1964: 175–176), but it is sooner in mobile and flexible than in stationary and fixed societies that we can expect them to express themselves in social groupings.

B-type communities are often harder to identify, being hidden within a more obvious structure of political and ethnic allegiances. Moreover, unlike those of type A, they may include settled elements which obscure any specifically nomadic principles in their organization. Given these difficulties, it is clear that these communities too vary widely in size within particular societies, while average sizes are remarkably uniform, with two extreme exceptions: the Qashqai *tireh* averaging 80 families, and the *omodiya* in the Sudan which averages near 1000 families. A more usual size is between 150 and 500 families, or 1000 to 3000 individuals (see discussion of Sweet 1965, above).

Thirty years ago Montagne observed that communities of this kind ("fractions"), which he considered basically political, were nearly universal among populations of the arid zone from the Persian Gulf to the Atlantic. He found the reason for this mysterious: "Qu'il s'agisse de nomades ou de sédentaires berbères ou arabes, ils se grouperont en minuscules petits Etats, formés de quelques campements ou de quelques villages, dont l'ensemble n'excédera pas quelques centaines de feux. Bien souvent, ce groupement politique élémentaire sera à leurs yeux la seule forme réelle que puisse prendre l'Etat." Why such a minimal cellular political organization in these cultures? The cause must be sought in the fact that the elementary State constituted by the "fraction" represents the maximum extension on the political plane of the strict maintenance of kinship solidarity (Montagne 1947: 57). It should be noted that Fortes later (1953) asked similar questions of African unilineal descent groups.

These B-type communities are not necessarily politically centralized, however. Their community characteristics appear independent of political processes. They are the "primary reference groups", tend to a high degree of endogamy, almost constituting "marriage isolates", and exhibit considerable historical continuity, being formed above the level of shuffling, fission, fusion and structural amnesia in genealogies. Although sub-groups of these communities may be demonstrably and often admittedly not of common origins, there is usually a pretence that they are, and certainly a great degree of cultural (and biological?) homogeneity and distinctiveness among the members as a result of intermarriage and interaction patterns. It is in these cultural features of endogamy and identity, and not in political characteristics, that I incline to look for the key to these communities. My hypothesis in this case is that groups of this size constitute an organizational optimum as marriage isolates and primary reference groups; but I am unable to suggest what genetic, social psychological or other principles might underlie this.

The nomadic societies I have examined are tribally organized, encapsulated into the national states concerned either only nominally or by a policy of "indirect rule" (Bailey 1969). If the state intrudes to the level of B-type communities, or even to those of type A, it is usually just to ratify already existing groups and leaders. But in some other nomadic societies, such as the Yörük of southeastern Turkey (Bates 1973), integration into the state has gone further. Tribal groups and leaders as such are not recognized, pastures are not allocated to groups but are acquired by individuals or extended families, often by renting from settled villages. The formation and maintenance of groups larger than extended families then becomes difficult, and we might expect the break-down of tribal and descent group organization (cf. Barth 1973: 18). The Yörük case appears to cast doubt on this argument. Although, indeed, both the tribe (150 families) and the lineages (averaging under 20 families) are smaller units than among other nomadic groups, the tribe might be regarded as a B-type community, and the lineage-based camp (Bates 1973: 114, 124, 140), limited as it is by ecological pressures, may be a community of A-type; but the relevant information is lacking.

My attention was recently caught by a case which, though from outside the Middle East, seems to provide better evidence than many of the others for the operation of the hypothesized principles. In Mongolia (Humphrey, personal communication), pastoralists are now organized into collectives (*nigdel*); these average up to 500(?) families, and have fixed centres; they are economic units; they coincide with an administrative region (*sum*). A *nigdel* subdivides into brigades (100 families?), one of which stays at the centre for special duties, while the other three or four do the main herding. Brigades divide into *khisig* (20 to 40 families?), which, like brigades, have fixed territories, each with several separate seasonal pastures; they are usually self-sufficient productive units, though some specialize, e.g. in cows. *Khisig* subdivide into stable herding units (*suur*) of 2 to 15 households, with specialized herding tasks contributing to the *khisig* economy. This hierarchy of groups is an administrative creation; however, interactional communities have emerged spontaneously on different principles. Thus, *nigdel* centres are not used as regular meeting places as planned; rather communities appear to form as follows: (a) the *khisig* is a basic face-to-face community (type A?); (b) the winter fodder storage base, used by several neighbouring *nigdel*, tends to become a social centre, where various services are provided and where permanent settlements are founded and grow (type B community?).

Finally, this last point reminds us that the existence of such communities needs careful consideration in the study and implementation of nomadic sedentarization processes.

References

Ahmad, A.G.M. 1974. *Shaykhs and followers. Political struggle in the Rufa'a al-Hoi Nazirate in the Sudan*. Khartoum: Khartoum University Press.

Asad, T. 1970. *The Kababish Arabs. Power, authority and consent in a nomadic tribe*. London: C. Hurst.

Awad, M. 1962. Nomadism in the Arab lands of the Middle East, pp. 325–339 in *The problems of the arid zone: The proceedings of the Paris Symposium*, Arid zone research 18. Paris: UNESCO.

Bacon, E.E. 1954. Types of pastoral nomadism in central and southwest Asia, *Southwestern journal of anthropology* 10: 44–57.

    1958. *Obok. A study of social structure in Eurasia*, Viking Fund Publications in Anthropology 25. New York: Wenner-Gren Foundation.

Bailey, F.G. 1969. *Stratagems and spoils. A social anthropology of politics*. Oxford: Blackwell.

Barth, F. 1953. *Principles of social organization in Southern Kurdistan*. Oslo: Jørgensen.

    1959–1960. The land use pattern of migratory tribes of South Persia, *Norsk geografisk tidsskrift* 17: 1–11.

    1961. *Nomads of South Persia. The Basseri tribe of the Khamseh confederacy*. London: Allen and Unwin.

    1962. Nomadism in the mountain and plateau areas of South West Asia, pp. 341–355 in *The problems of the arid zone: The proceedings of the Paris Symposium*, Arid zone research 18. Paris: UNESCO.

    1966. *Models of social organization*, Occasional Paper 23. London: Royal Anthropological Institute.

    1973. Descent and marriage reconsidered, pp. 3–19 in J. Goody (ed.), *The character of kinship*. Cambridge University Press.

Bates, D.G. 1971. The role of the state in peasant-nomad mutualism, *Anthropological quarterly* 3: 109–131.

    1973. *Nomads and farmers: A study of the Yörük of Southeastern Turkey*, Anthropological Papers, Museum of Anthropology 52. Ann Arbor: University of Michigan.

Beck, L. N.d. Local organization in nomadic societies: Qasqa'i pastoralists of Iran. Paper presented at annual meeting of American Anthropological Association, San Francisco, 2–6 Dec. 1975.

Black-Michaud, J. 1975. *Cohesive force. Feud in the Mediterranean and the Middle East*. Oxford: Blackwell.

Cole, D. 1975. *Nomads of the nomads. The Al Murrah Bedouin of the Empty Quarter*. Chicago: Aldine.

Coon, C.S. 1964. *Caravan: The story of the Middle East*, revised edition. New York: Holt, Rinehart and Winston.

Cunnison, I. 1966. *Baggara Arabs. Power and the lineage in a Sudanese nomad tribe.* Oxford: Clarendon.

Dyson-Hudson, N. 1972. The study of nomads, pp. 2—29 in W. Irons & N. Dyson-Hudson (eds.), *Perspectives on nomadism* International studies in sociology and social anthropology 13. Leiden: Brill.

Ehmann, D. 1974. *Baḫtiyāren — Persische Bergnomaden im Wandel der Zeit*, Beihefte zum Tübinger Atlas des Vorderen Orients B 15. Wiesbaden: Dr. Ludwig Reichert.

Evans-Pritchard, E.E. 1940. *The Nuer.* Oxford: Clarendon Press.

Ferdinand, K. 1969a. Ost-Afghanischer Nomadismus — ein Beitrag zur Anpassungsfähigkeit der Nomaden, in W. Kraus (ed.), *Nomadismus als Entwicklungsproblem.* Bielefeld: Universitätsverlag, Mohn.

1969b. Nomadism in Afghanistan. With an Appendix on Milk Products, in L. Földes (ed.), *Viehwirtschaft und Hirtenkultur*, Ethnographische Studien. Budapest: Akadémiai Kiadó.

Forge, A. 1972. Normative factors in the settlement size of neolithic cultivators (New Guinea), pp. 363—376 in P.J. Ucko, R. Tringham & G.W. Dimbleby (eds.), *Man, settlement and urbanism.* London: Duckworth.

Fortes, M. 1953. The structure of unilineal descent groups, *American anthropologist* 55: 17—41.

Gellner, E. 1969. *Saints of the Atlas.* London: Weidenfeld and Nicolson.

1973. Introduction: Approaches to nomadism, pp. 1—9 in C. Nelson (ed.), *The desert and the sown. Nomads in the wider society*, Institute of International Studies, Research Series 21. Berkeley: University of California.

Goldschmidt, W. 1971. Independence as an element in pastoral social systems, *Anthropological quarterly* 3: 132—142.

Irons, W. 1972. Variation in economic organization: A comparison of the pastoral Yomut and the Basseri, pp. 88—104 in W. Irons & N. Dyson-Hudson (eds.), *Perspectives on nomadism.* Leiden: Brill.

1974. Nomadism as a political adaptation: The case of the Yomut Turkmen, *American ethnologist* 1: 635—658.

1975. *The Yomut Turkmen: A study of social organization among a Central Asian Turkic-speaking population*, Anthropological papers, Museum of Anthropology 58. Ann Arbor: University of Michigan.

Johnson, D.L. 1969. *The nature of nomadism: A comparative study of pastoral migrations in southwestern Asia and northern Africa*, Department of Geography, Research paper 118. Chicago: University of Chicago.

Krader, L. 1959. The ecology of nomadic pastoralism, *International social sciences journal* 11: 499—510.

Lattimore, O. 1940. *Inner Asian frontiers of China*, New York: American Geographical Society.

Lee, R.B. & I. De Vore (eds.), 1968. *Man the hunter.* Chicago: Aldine.

Marsden, D.J. 1976. The Qashqā'i nomadic pastoralists of Fars province, pp. 9—18 in *The Qashqā'i of Iran*, World of Islam Festival 1976. Manchester University Press.

Montagne, R. 1947. *La civilisation du désert: nomades d'Orient et d'Afrique.* Paris: Hachette.

1973. *The Berbers. Their social and political organization*, translated and with an introduction by D. Seddon. London: Frank Cass.

Murphy, R.F. & L. Kasdan 1959. The structure of parallel cousin marriage, *American anthropologist* 1: 17—29.

1967. Agnation and endogamy: Some further considerations, *Southwestern journal of anthropology* 1: 1—15.

Musil, A. 1928. *The manners and customs of the Rwala Bedouins.* New York: American Geographical Society.

Pastner, S. 1971. Ideological aspects of nomad-sedentary contact: A case from Southern Baluchistan, *Anthropological quarterly* 3: 173—184.

Patai, R. 1951. Nomadism: Middle Eastern and Central Asian, *Southwestern journal of anthropology* 7: 401—414.

1962. *Golden river to golden road. Society, culture and change in the Middle East.* Philadelphia: University of Pennsylvania Press.

1965. The structure of endogamous unilineal descent groups, *Southwestern journal of anthropology* 21: 325–350.

Pehrson, R.N. 1966. *The social organization of the Marri Baluch.* Compiled and analyzed from his notes by F. Barth. Chicago: Aldine.

Peters, E.L. 1960. The proliferation of segments in the lineage of the Bedouin of Cyrenaica, *Journal of the Royal Anthropological Institute* 90: 29–53.

1965. Aspects of the family among the Bedouin of Cyrenaica, pp. 121–146 in M.F. Nimkoff (ed.), *Comparative family systems.* Boston: Houghton Mifflin.

1967. Some structural aspects of the feud among the camel-herding Bedouin of Cyrenaica, *Africa* 37: 261–282.

1975. Foreword, pp. ix–xxvii in J. Black-Michaud, *Cohesive force.* Oxford: Blackwell.

1976. From particularism to universalism in the religion of the Cyrenaica Bedouin, *Bulletin of the British society of Middle East studies* 3: 5–14.

Rubel, P. 1969. Herd composition and social structure: On building models of nomadic pastoral societies, *Man* 4: 268–273.

Salzman, P. 1967. Political organization among nomadic peoples, *Proceedings of the American Philosophical Society* 111: 115–131.

1971. Introduction, *Anthropological quarterly* 3: 104–108.

1972. Multi-resource nomadism in Iranian Baluchistan, pp. 60–68 in W. Irons & N. Dyson-Hudson (eds.), *Perspectives on nomadism.* Leiden: Brill.

1978. Does complementary opposition exist? *American anthropologist* 1: 53–70.

N.d. Kin and contract in Baluchi herding camps. MS.

Spooner, B. 1972. The status of nomadism as a cultural phenomenon in the Middle East, pp. 122–131 in W. Irons & N. Dyson-Hudson (eds.), *Perspectives on nomadism.* Leiden: Brill.

1973. *The cultural ecology of pastoral nomads.* Reading, Mass.: Addison-Wesley Publishing Co.

Sweet, L.E. 1965. Camel pastoralism in North Arabia and the minimal camping unit, pp. 129–152 in A. Leeds & A.P. Vayda (eds.), *Man, culture and animals: The role of animals in human ecological adjustments.* Washington, D.C.: American Association for the Advancement of Science.

Swidler, N. 1972. The development of the Kalat Khanate, pp. 115–121 in W. Irons & N. Dyson-Hudson (eds.), *Perspectives on nomadism.* Leiden: Brill.

Swidler, W.W. 1972. Some demographic factors regulating the formation of flocks and camps among the Brahui of Baluchistan, pp. 69–75 in W. Irons & N. Dyson-Hudson (eds.), *Perspectives on nomadism.* Leiden: Brill.

Tapper, R.L. 1971. The Shahsevan of Azerbaijan. A study of political and economic change in a Middle Eastern tribal society, Ph.D. thesis, University of London.

1974. Shahsevan in Safavid Persia, *Bulletin of the School of Oriental and African Studies* 2: 321–354.

N.d. The tribes in 18th and 19th century Iran, in P. Avery & G. Hambly (eds.), *The Cambridge history of Iran.* London: Cambridge University Press, forthcoming. Vol. VII.

Ucko, P.J., R. Tringham & G.W. Dimbleby (eds.). 1972. *Man, settlement, and urbanism.* London: Duckworth.

II. Pastoral production and environmental constraints/Production pastorale et contraintes du milieu

4. Le contrôle du milieu naturel et du troupeau par les éleveurs touaregs sahéliens

EDMOND BERNUS

This text shows how the Twareg herdsmen developed a rational exploitation of their sahelian pastoral milieu, taking into account the discontinuities of its potential in space and in time.

One can distinguish stable resources and variable resources in the domains of forage and of water. In the former category belong the arboreal pastures and the permanent surface waters (rivers, lakes, springs) or deep underground waters (wells). The latter consists of herbaceous pastures, composed in the majority of "annual" species and surface waters (ponds) or shallow underground waters (draining wells) that reflect the conditions of rainfall throughout the year and therefore vary in time and in space. During two months of the rainy season the nomads exploit pastures with high but ephemeral yield, and mineralized waters ("salt cure") in a micro-region that can receive, during a brief period, innumerable herds while the ponds have water. For the other nine to ten months, they exploit pastures with a lower yield, but whose arboreal resources permit a permanent utilization.

Twareg herd management is the result of choices that are reflected in the types of stock adopted, the variety of animals sought by means of more or less supervised crossbreeding, and the prestige accorded to the camel. The births of small stock are controlled according to pastures and movements. Twareg herd management, rich in diversity, allows for a good reconstitution of the ecosystem (after the recent drought), better than would a total restriction of access.

Akonak iggat esɔk ɔn tɔst ayu iyɔn, "la pluie frappe habituellement la corne d'une vache et laisse l'autre", dit un proverbe touareg. L'irrégularité des pluies est un thème qui a été souvent développé depuis la récente sécheresse en zone sahélienne. Ce phénomène se traduit par une grande variabilité des ressources pastorales tant en pâturage qu'en eau: il s'agit ici de montrer très brièvement comment les éleveurs ont mis au point une exploitation rationnelle de leur domaine pastoral en tenant compte des discontinuités de son potentiel, dans l'espace comme dans le temps.

Les ressources en pâturages et en eau

Les pâturages de la zone sahélienne se composent de deux strates, l'une herbacée, au ras du sol, l'autre ligneuse et aérienne. Ces deux strates parfois dissociées jouent un rôle très important du fait de leur complémentarité. Les cartes agrostologiques des zones pastorales (Rippstein & Peyre de Fabrègues 1972) distinguent des pâturages utilisables en saison sèche, c'est à dire en fait toute l'année, de ceux utilisables en seule saison pluvieuse et situés généralement au nord des précédents. Cette différence de potentialité est due à ce que la zone méridionale porte les deux strates, l'herbacée et la ligneuse, de sorte que lorsque les graminées annuelles, qui constituent l'élément dominant des pâturages herbacés, sont transformées en pailles desséchées à très faible teneur en matières azotées et à valeur énergétique médiocre, la strate ligneuse abondante vient la relayer. "Par leurs parties vertes et leurs fruits, la plupart des ligneux possèdent une valeur fourragère 'excellente' à 'supérieure' pendant toute l'année. Les feuilles des espèces 'toujours vertes' et les fruits des espèces à feuilles caduques sont recherchés pendant la saison sèche et au cours de la période pré-humide. Ils sont, en saison sèche, les uniques sources en matières azotées indispensables à la constitution d'une ration équilibrée" (Rippstein & Peyre de Fabrègues 1972: 199). On sait que les agrostologues classent les espèces fourragères en six catégories, de zéro à cinq, de nulle (zéro) à excellente (quatre) et supérieure (cinq). Les espèces herbacées ont en général des valeurs variables atteignant une valeur nulle en saison sèche. Cette dissymétrie zonale entre les potentiels fourragers du nord et du sud du Sahel pastoral constitue un des éléments de base de l'exploitation de l'espace par les pasteurs.

Les ressources en eau connaissent une même variation saisonnière d'une région à l'autre. Les eaux de surface, dans la très grande majorité des cas, ne fournissent que des ressources temporaires qui noient les bas-fonds dès le début de la saison des pluies et qui s'assèchent plus ou moins vite selon des critères fixes, tel la situation topographique des mares, et des critères variables, tel l'importance des précipitations. Les nappes des formations superficielles qui relaient les mares évaporées, sont également tributaires de la précédente saison des pluies, ce qui signifie que les puisards, qui permettent leur exploitation, sont parfois asséchés avant la fin de la saison sèche et que leur alimentation

comme celle des mares varie d'une année à l'autre : autrement dit, la durée
d'exploitation des puisards, le lieu de leur implantation peuvent se modifier,
dans la mesure où ces nappes superficielles sont régies par des facteurs variés :
sites privilégiés, tels que confluence de vallées, pied de falaise et conditions
pluviométriques de la saison précédente. A côté de ces ressources variables et
discontinues les sources, fleuves, lacs, puits profonds et depuis une quinzaine
d'année les forages et stations de pompage représentent des éléments permanents et l'ultime recours avant le retour des pluies.

En simplifiant à l'extrême, on pourrait distinguer des ressources stables de
ressources variables et discontinues. Les premières sont formées, pour les
pâturages, de la strate arborée et, pour l'eau, des éléments permanents cités
plus haut ; les unes et les autres ne sont pas exclusivement tributaires des pluies
annuelles et se prolongent tout au long de la saison sèche. Les secondes appartiennent à la strate herbacée composée en zone sahélienne d'une grande
majorité d'espèces "annuelles" et de l'eau des mares et des nappes superficielles.
Ces ressources fourragères et hydrauliques reflètent fidèlement les conditions
pluviométriques de l'année et de ce fait sont variables dans le temps et discontinues dans l'espace.

L'exploitation de l'espace

Reste à examiner comment les éleveurs touaregs utilisent ces ressources. Le
nomadisme estival et le mouvement général vers le nord des pasteurs sahéliens
avec leurs troupeaux en saison des pluies permettent l'utilisation successive des
pâturages utilisables en saison sèche durant dix mois et de ceux utilisables
pendant les deux mois pluvieux. Si l'on se réfère au cas du Niger, les pâturages
de la plaine argileuse de l'Eghazer wan Agadez, qui entoure le massif de l'Aïr
au sud-ouest, portent des pâturages herbacés, variables selon les conditions pluviométriques, mais qui peuvent atteindre des valeurs extrêmement élevées, de
l'ordre de 2000 kg de matière sèche par hectare, permettant pendant la courte
saison des pluies à un hectare de nourrir de 1 à 2 UBT[1] et parfois plus encore,
alors que la plus grande partie des parcours septentrionaux supportent une
charge théorique de 1 UBT pour 2 à 3 ha. Dans une microrégion, pendant une
brève période, des pâturages à hauts rendements porteurs d'espèces spécifiques
attirent d'innombrables troupeaux : parmi ces herbages dominent les annuelles
Sorghum aethiopicum, *Schoenefeldia gracilis*, *Aristida funiculata*, *Aristida
adscensionis*, *Ipomoea verticillata* et les vivaces *Sporobolus helvolus* et *Panicum
turgidum* sur les îlots dunaires. *Sorghum aethiopicum* ou sorgho sauvage
(Chevalier & Reznik 1932) couvre d'immenses étendues argileuses et les animaux s'enfoncent dans ces pâturages atteignant plus d'un mètre de hauteur : on
estime que *Sorghum aethiopicum* peut atteindre dans les meilleures conditions
un rendement de 4000 kg de matière sèche par hectare. *Ipomoea verticillata*
passe pour fournir des vitamines A aux animaux et beaucoup d'éleveurs ont

constaté des maladies telle l'héméralopie (vue faible et absente la nuit et à la tombée du jour) dont les animaux sont victimes lorsqu'ils ne peuvent effectuer ce mouvement estival. Ce déplacement est appelé traditionnellement "cure salée" en raison des fortes concentrations en chlorure et sulfate de sodium présentes dans les couches superficielles du sol et dans les eaux des puits et des sources. La région privilégiée des Teguidda au Niger, dans la plaine argileuse (Eghazer), donne aux troupeaux des eaux et des terres salées qui apportent aux animaux non seulement des éléments minéraux, mais provoquent une action purgative et un déparasitage intestinal.

En année bonne ou normale, les éleveurs méridionaux utilisent successivement ces deux types de pâturage. Mais les ressources en eaux de surface sont éphémères et les éleveurs ne peuvent occuper la région septentrionale que pendant quelques semaines: c'est donc une exploitation temporaire, et viable seulement lorsque les mares permettent de relayer le bref séjour de deux ou trois jours aux sources et puits aux eaux minéralisées. Si ces conditions ne sont pas remplies, la "cure salée" avorte: le déplacement est différé, mené à un rythme accéléré ou abandonné. Les éleveurs du sud laissent la place aux seuls occupants permanents, Kel Aïr ou Kel Ahaggar.

Cette "cure salée" est une donnée importante de la vie des pasteurs touaregs: la région septentrionale appartient à leur écosystème, au point qu'après les premières tornades, les animaux doivent être surveillés car ils ont tendance à se diriger d'eux-mêmes vers les plaines de Teguidda sans attendre leurs bergers. Pour les hommes également l'abandon de cette nomadisation est considéré comme le renoncement à une cure qui vivifie les organismes et permet les relations sociales les plus riches et les plus vivantes: les tâches d'abreuvement sont alors supprimées et la concentration des campements venus de tous les horizons permet des contacts humains variés. Les Touaregs pensent que de nombreuses maladies humaines et animales, comme la baisse de production du bétail, sont liées à l'abandon de la "cure salée". Si certaines familles renoncent, en raison d'une moins grande mobilité ou de nouvelles activités agricoles, à se rendre au complet dans le nord, les troupeaux continuent souvent à effectuer le déplacement avec les jeunes hommes et les jeunes garçons. D'autres, au contraire, doublent la "cure salée" collective d'un retour des seuls chameaux au mois de novembre ou décembre avec leurs bergers.

Cette exploitation estivale dépend donc de ressources en eau et en pâturages directement liées aux pluies et de ce fait connaît une participation quantitative variable, dans un cadre et selon des itinéraires relativement fixes.

De retour dans leur région de saison sèche, de nombreux campements s'installent auprès des mares et se regroupent après leur assèchement autour des puits profonds. Pendant la période des mares, les troupeaux, regroupés pendant la cure salée, sont dispersés: les moutons, sous la conduite des bergers, s'éloignent des campements, fidèles à leur vallée favorite, pour parcourir, de nuit le plus souvent, les pâturages herbacés que les pluies ont fait lever, et ils ne reviennent qu'en fin de saison froide: les chamelles sont également conduites dans les vallées les plus favorisées et participent au regroupement général des mois de janvier ou février. Pendant la saison sèche, les troupeaux se dispersent sur les pâturages éloignés, tant que les ressources en eau autorisent cet éparpillement qui permet, dans un cadre fixe, de mettre à profit des ressources fourragères variables d'une année à l'autre et qui diffèrent selon les types d'animaux: les moutons recherchent *Blepharis linariifolia*, et bien d'autres herbes, les chameaux, les acacias (*Acacia raddiana, Acacia ehrenbergiana*), ou *Maerua crassifolia* et *Balanites aegyptiaca* par exemple. A partir d'un campement qui reste attaché à une vallée, et à quelques puits, les troupeaux utilisent toutes les possibilités en eau et en pâturages. La productivité de ces parcours est plus faible que celle du nord et de l'Eghazer surtout: mais grâce à la strate arbustive, ces pâturages sont utilisables en saison sèche: on estime que la majorité d'entre eux peuvent supporter 1 UBT pour 8 à 15 ha. Si leur charge potentielle est plus faible que dans certains points du nord, leur valeur est plus constante dans toute la zone pastorale nomade méridionale, et en toute saison.

L'écosystème d'un campement nomade touareg comporte une exploitation diffuse pendant la saison sèche et froide, groupée pendant la saison chaude. En saison des pluies, l'exploitation peut être mobile et groupée pour ceux qui participent en bloc à la "cure salée", ou scindée pour les familles qui laissent aux jeunes et aux bergers la charge d'accompagner les troupeaux.

Le contrôle du troupeau

Le berger permet d'exploiter toutes les ressources de l'espace pastoral, en scindant les troupeaux en fonction des pâturages et des ressources en eau. Il permet également l'exploitation rationnelle du troupeau, en contrôlant son développement, en pratiquant des croisements, en orientant volontairement un type d'élevage. Par le berger se manifestent les choix plus ou moins conscients qui, dans un même contexte écologique, peuvent varier d'une société pastorale à l'autre. L'élevage touareg, en ce domaine, obéit à certaines options: le chameau reste l'animal de prestige, auquel on apporte des soins constants, par la recherche de croisements contrôlés, par des techniques très élaborées de soins vétérinaires. Le bovin, qui appartient à une petite race peu cornue, n'est par contre guère surveillé. On ne cherche pas à développer systématiquement un type génétique particulier, et les vaches portent des robes de couleur et de disposition aux variétés infinies, qui permettent de reconnaître relativement facilement chaque individu. Tout différent, le zébu Bororo,[2] qui vit dans la même zone, est un animal façonné par l'homme, avec sa robe invariablement acajou foncé et ses immenses cornes en lyre: il fait partie d'un troupeau dont aucun élément ne dépare l'uniformité. Le troupeau Bororo a un comportement collectif qui fait dire à son berger: "La vache touarègue n'a pas d'esprit. Elle ne reste pas en groupe, elle ne répond pas à l'appel du berger. Elle ne revient au campement que lorsqu'elle a un veau, sinon elle reste en brousse." La vache touarègue, du type Azawak, est un animal individualiste, qu'on n'a jamais habitué à la présence continuelle d'un berger.

On n'exerce guère de contrôle des naissances sur le gros bétail dont la gestation dure environ un an. De ce fait les naissances ont lieu toute l'année, avec une pointe en saison des pluies: les Touaregs ont remarqué que les chameaux mâles, avant même la reprise végétale, sont excités par l'approche des pluies, alors que les taureaux deviennent plus entreprenants à la fin des pluies, vivifiés par les pâturages nouveaux. Une enquête (Coulomb 1970–1971) menée en 1970–1971, sur un troupeau bovin peul bororo de la région d'Agadez, donne des résultats qui peuvent être tenus pour comparables à ceux d'un troupeau azawak touareg.

	Naissances	%
janvier, février, mars	37	7,6
avril, mai, juin	164	33,4
juillet, août, septembre	190	38,7
octobre, novembre, décembre	99	20,2
Total	490	99,9

(Source: Coulomb 1970–1971: 56)

Cette répartition, relativement étalée dans l'année, permet d'éviter les périodes sans production laitière: seule la saison sèche et froide (en fait le tableau indique une baisse du taux des naissances de novembre à avril) et le début de la saison chaude connaissent une réelle baisse du taux des naissances.

Le contrôle des naissances s'exerce donc exclusivement sur le petit bétail, qui, sans surveillance, pourrait avoir deux portées annuelles, ce qui serait souvent préjudiciable au rendement ou à la santé des femelles; de plus on s'efforce de faire coïncider les mises bas avec les périodes les plus favorables. Béliers et boucs sont attachés, une cordelette (en chiffon torsadé pour ne pas meurtrir les chairs) reliant le pénis au scrotum pour empêcher tout monte intempestive. Souvent une entrave latérale modère encore leurs ardeurs. Les boucs sont ainsi attachés à partir de la saison froide (janvier–février) et libérés au début des pluies, en juillet: les naissances ont ainsi lieu depuis la fin des pluies jusqu'au début du froid, à l'époque où les acacias portent des fleurs et des gousses qui donnent aux chèvres en lactation une nourriture riche. Les béliers, au contraire, sont attachés depuis la fin des pluies jusqu'en avril: les mises bas se situent alors en août alors que les pâturages herbacés sont reconstitués. De plus, les agneaux sont capables de marcher avant les cabris, quelques jours après la naissance, ce qui cause moins de gêne au cours de la nomadisation estivale. Le contrôle des bergers sur la reproduction s'exerce aussi par la castration dont les techniques

varient: castration au couteau par section du canal, ou au bâton par martellement des testicules. Les deux méthodes sont complémentaires, et utilisées selon
l'âge, le type d'animal ou la saison. On estime en général que la castration par le
couteau fait grandir, alors que la technique du martellement fait grossir: boucs
et béliers sont donc castrés au bâton, chevaux et chameaux au couteau. La castration par le couteau doit être évitée en saison des pluies, car la plaie peut alors
s'infecter avec l'humidité.

L'élevage touareg reste marqué par le prestige du chameau: certains d'entre
eux ont acquis une telle notoriété, par leur beauté, leur rapidité ou leur résistance, que des poèmes célèbrent leurs qualités. Dans la région de Tchin Tabaraden,
un chameau nommé Ighisharet appartenant à Matafa, chef des Tiggirmat, fut
chanté dans un poème devenu classique:

> Ighisharet, parmi les chameaux
> est comme une biche parmi les rats-palmistes
> Ighisharet, parmi les chameaux
> est comme un capitaine parmi ses goumiers
> Ighisharet, parmi les chameaux
> est comme Bazo parmi les paysans
> Ighisharet, parmi les chameaux
> est comme Sidi parmi les Arabes . . .[3]

Ighisharet se distingue à tel point des chameaux ordinaires, et cette phrase
revient comme une ritournelle, qu'on peut le comparer à une biche par son élé-
gance, à un chef militaire et à deux chefs traditionnels: ceux-ci sont choisis
parmi les plus prestigieux: Bazo, fils du dernier amenokal des Iullemmeden Kel
Dinnik, beau et racé à côté des bouseux méridionaux, et Sidi, amenokal des Kel
Fadey, à la taille immense, dominant les groupes arabes qui l'entourent.

Si les techniques du berger et de l'éleveur touaregs font notre admiration, il
peut sembler étonnant qu'une telle civilisation pastorale n'ait jamais utilisé le
chien dans la garde des troupeaux. Le chien, sorte de lévrier à la taille élancée,
est présent dans tous les campements, mais n'est utilisé que pour la chasse où
sa vitesse naturelle fait merveille. Il semble qu'aucune tentative de dressage de
chien de garde n'ait jamais été faite, ni aucun essai de croisement approprié
avec d'autres races canines plus malléables. On a apparemment cherché à préserver les traits génétiques d'un chien, compagnon de chasse capable seulement
d'un effort bref et violent, mais non d'une tâche réclamant une vigilance prolongée.

Conclusion

Ces brèves remarques ont tenté de montrer que l'élevage touareg sahélien, riche
de la diversité des espèces animales, permet une exploitation rationnelle de son
écosystème; mieux même, dans de bonnes conditions, il en assure la reproduction. Le couvert végétal arboré, si atteint par la récente sécheresse, ne se
reconstitue que grâce aux troupeaux, surtout bovins. Les animaux opèrent de

véritables sarclages en éliminant partiellement par broutage la strate herbacée, ils dispersent les semences dont le pouvoir germinatif a été accru par transit dans leur tube digestif, ils les enfouissent par piétinement (Granier 1975). Le petit bétail accroche à son pelage les graines épineuses des pâturages herbacés et les disperse sur ses parcours. Autrement dit, les hommes et les troupeaux, sous certaines conditions, participent plus à la reconduction du milieu naturel qu'une mise en défens total: ils font partie intégrante de l'écosystème.

Notes

1. UBT ou Unité Bovin Tropical: unité de référence adaptée aux races africaines, soit un animal de 250 kg de poids vif — 1 camelin : 1 UBT; 1 bovin : 0,75 UBT; 1 ovin ou 1 caprin : 0,10 UBT.
2. Peuls nomades, les WodaaBe sont communément appelés Bororo. Refoulés du sud depuis une quarantaine d'années, ils vivent sur les mêmes pâturages que les Touaregs.
3. En tamasheq:

> *Ighisharet dagh rigganən*
> *Ener əhan kuragaytən*
> *Ighisharet dagh rigganən*
> *Zund ghas kaptən dagh gumeytən*
> *Ighisharet dagh rigganən*
> *Zund ghas Bazo dagh winnanən*
> *Ighisharet dagh rigganən*
> *Zund ghas Sidi dagh Arabən . . .*

Références

Chevalier, A. & A. Reznik. 1932. Un sorgho fourrager des régions désertiques du Sahara central, *Revue de botanique appliquée et d'agriculture tropicale* 131: 525–530.

Coulomb, J. 1970–1971. *Zone de modernisation pastorale. Économie de troupeaux.* Paris: SEDES; Maisons Alfort: IEMVT.

Granier, P. 1975. *Notes sur l'introduction des techniques d'amélioration de la productivité de l'élevage en zone sahélienne.* Maisons-Alfort: IEMVT; Niamey: Laboratoire d'élevage.

Rippstein, G. & B. Peyre de Fabregues. 1972. *Modernisation de la zone pastorale du Niger,* Etude agrostologique 33. Maisons-Alfort: IEMVT; Niamey: Laboratoire d'élevage.

5. Nomadisme et sécheresse en Afghanistan: l'exemple des nomades Paštun du Dašt-e Nāwor

DANIEL BALLAND & CHARLES M. KIEFFER

The Dašt-e Nāwor Basin (eastern Afghanistan) is the summering center of from 4 to 5000 nomads belonging to three distinct Paštun tribes (Taraki, Xarōṭi and Dawtāni). Corresponding to this summer concentration is the winter dispersion of these human groups among five wintering districts, one situated in Pakistan and four in the south of Afghanistan. The authors study the repercussions of the serious drought of 1970—1971 on this nomadic economy. Aside from the immediate, non-negligible effects (modifications of detail in migratory itineraries, general but unequal impoverishment, accentuating pre-existing social contrasts within the nomadic society), it is the deferred effects that prove to be the most decisive: general diminution of the nomads' control over land, partial changeover from pastoral nomadism to a nomadism of agricultural workers with readjustment of migratory itineraries and calendars; the essential fact is that the climatic crisis of 1970—1971 inaugurated on a wide scale the process of spontaneous sedentarization by impoverishment, which had remained until then rather exceptional in eastern Afghanistan. This singularity testifies to a crisis of Afghan nomadism whose real foundations are the decline of traditional recourse-activities (caravan trade) and the increasing saturation of the milieu since 1961 (restriction of access to winter pastures situated in Pakistani territory). In sum, the recent drought played only a secondary, albeit spectacular, revelatory role in this crisis situation.

L'ensemble de la zone tropicale aride et subtropicale de l'hémisphère nord a enregistré au début de la présente décennie une oscillation climatique caractérisée par un important déficit de précipitations. Les conséquences de cette sécheresse furent souvent dramatiques pour les pasteurs nomades qui, dans l'Ancien Monde au moins, jouent un rôle essentiel dans l'occupation humaine de ces terres. Jusqu'a présent, la situation a surtout été étudiée en Afrique sahélienne et orientale. Avec l'analyse des répercussions de cette crise climatique sur un groupe de nomades afghans, c'est une contribution asiatique que nous versons au dossier des rapports entre les facteurs écologiques et l'évolution socio-économique du nomadisme.[1]

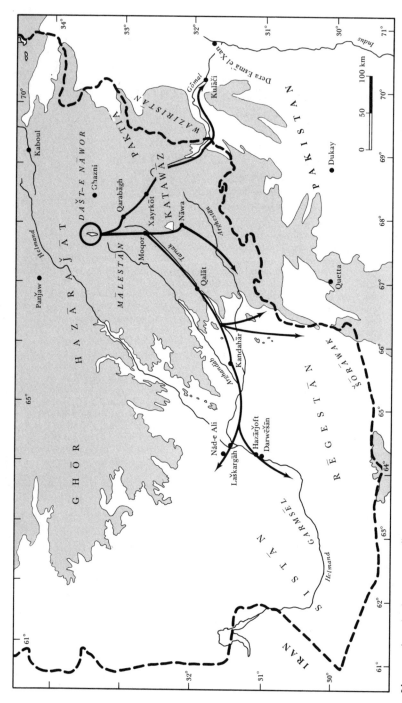

L'espace migratoire des nomades Paštun du Dašt-e Nāwor.
—————— Courbe de niveau de 1500m. ⟶ Itinéraire de migration. La flèche est dirigée vers le quartier d'hiver (garmsēr).

Les nomades du Dašt-e Nāwor

Dans l'Hazārajât oriental, à une quarantaine de kilomètres à l'ouest de Ghazni, le Dašt-e Nāwor est une vaste dépression endoréique d'origine volcano-tectonique allongée sur 60 km selon un axe subméridien et large de 20 km en son centre. Située entre 3100 et 3200 m d'altitude, elle est entourée de tous côtés par des montagnes sculptées dans le socle paléozoïque quartzo-schisteux sur lequel reposent en discordance plus de 50 appareils volcaniques plio-quaternaires dont le plus élevé atteint 4559 m.[2] Son nom provient de l'existence, dans sa partie méridionale, d'un *nāwor*, lac peu profond (1 m au maximum) de type sebkha,[3] qui présente sa plus grande extension au moment de la fonte des neiges et qui, en saison sèche, se résorbe partiellement, découvrant des terrains salés plus ou moins marécageux.[4] Sur le piémont occidental sourdent les eaux douces de nombreuses sources qui entretiennent, là aussi, de vastes secteurs marécageux. Dans les deux cas ces sols humides conservent en plein été un tapis herbeux dense et verdoyant qui contraste avec la steppe alors jaunie qui tapisse les terres insubmersibles.

Médiocrement peuplé sur ses seules bordures sud et surtout ouest par des Hazāra sédentaires qui vivent d'un petit élevage et d'une agriculture irriguée à base céréalière,[5] le Dašt-e Nāwor s'anime pendant l'été d'une intense vie pastorale. Sa richesse en herbe à la fin du printemps attire les nomades Paštun en route vers leurs quartiers d'été de l'Hazārajât central (haut Helmand, Panjaw, Mālestān . . .).[6] Ceux-ci ne font cependant qu'y passer, à la différence d'autres groupes de grands nomades qui, eux, y séjournent pendant deux mois ou deux mois et demi, de fin mai–début juin à fin juillet–début août.[7] Ces derniers sont les véritables détenteurs des droits d'usage sur les parcours du Dašt, dont une partie reste officiellement propriété d'Etat et soumise de ce fait au paiement d'une redevance annuelle proportionnelle au nombre d'animaux qui y paissent. Quant aux éleveurs de passage, leurs droits sont régis par de strictes régles coutumières: la traversée doit se faire en une seule journée pendant laquelle l'accès aux points d'eau leur est concédé.

Un comptage effectué par l'un d'entre nous (Daniel Balland) pendant l'estivage de 1974, du 16 au 19 juillet, a dénombré dans le fond de la cuvette 569 tentes, soit une population de l'ordre de 4000 à 5000 nomades. Ceux-ci appartiennent à trois tribus Paštun distinctes. Avec 223 tentes, les Taraki sont les plus nombreux; membres de la grande confédération Ghilzay, ils sont représentés ici par les fractions Bādinxēl, Mirzay et Idalwāl, ainsi que par deux fractions Sādāt,[8] les Muryāṇi (ou Mēryāṇi) et les Lalizi; leur domaine couvre le sud et le sud-est du Dašt. A l'ouest, leurs voisins sont les Xarōṭi de la fraction Zakoxēl (155 tentes); contrairement à ce qu'ils prétendent, ce ne sont pas des Ghilzi authentiques, mais d'anciens *hamsāya* (clients, protégés) des Hōtak, qui ont fini par les adopter dans leur structure généalogique (Robinson 1935: 141).

Quant au nord du Dašt, il est occupé par les fractions Hasanxēl et Libizay des Dawtāni (ou Daftāni), de la confédération Lōdi (191 tentes).

Tous sont des éleveurs moutonniers: chaque *kōr* (foyer) disposait, au moment de l'enquête de 1974, d'un cheptel pouvant varier entre 30 et 400 ou 500 moutons. Le nombre des autres animaux est très faible: quelques chèvres toujours, qui servent de guides au troupeau et qui, en outre, assurent chaque année une production laitière pendant un laps de temps plus long que les brebis, et des animaux de portage: entre 3 et 20 dromadaires par famille, quelques ânes, exceptionnellement un cheval ou une vache, un peu de volaille enfin.

Dans le Dašt, le campement (*mēna, kəlay*) présente une grande dispersion. Deux sites sont particulièrement recherchés: le piémont et la périphérie immédiate des pâturages halophiles du centre de la cuvette. Une telle dispersion est en accord avec la fréquence des points d'eau: outre le lac résiduel où l'on abreuve le gros bétail, la très faible profondeur de la nappe phréatique (douce) multiplie localement les sources (*čina*) et facilite partout le creusement de puits (*kōhey*, pl. *kōhyān*). Chacun d'eux peut, en général, abreuver 100 à 500 moutons et 5 à 10 ânes: un puiseur[9] tire l'eau à l'aide d'un seau (*səwlāgha*) et d'une corde (*rasəy*) et la verse dans un abreuvoir.[10] Le puits lui-même est creusé par les hommes à l'aide de trois outils: *kayi* (sorte de pic), *kara* (pelle, bêche) et *bēlča* (petite pelle < persan *dari*). Quand un puits s'écroule, on ne le restaure jamais, on en creuse un autre. L'emplacement d'un puits répond à deux impératifs: il ne doit pas être trop éloigné du campement à cause de l'eau du ménage, mais en même temps il ne faut pas qu'il en soit trop proche pour que le bétail assoiffé ne vienne pas démolir ou salir les tentes et leur périphérie ou ne les plonge dans un nuage de poussière.

En l'absence de précipitations estivales notables (voir plus bas), l'appauvrissement rapide des pâturages, tant sur le plan quantitatif que qualitatif, détermine l'abandon de ce haut bassin dès le milieu de l'été; plus tard, seuls les nomades redescendant de l'Hazārajāt central en parcourent encore les solitudes pendant un jour ou deux.

Une partie des Dawtāni, les plus riches, hiverne sur le piémont nord-occidental des monts Solaymān, dans la région de Kulāči (Pakistan, district de Dēra Esmā'el Xān, ou Dērajāt) via le Katawāz et la vallée de Gōmal (fig. 1). Les autres occupants du Dašt ont désormais tous leur quartier d'hiver dans les basses terres de l'Afghanistan méridional:[11] Dawtāni dans la région de Nād-e Ali (moyen Helmand, vers 800 m d'altitude), Taraki Idalwāl et Muryāni dans le nord-est du Rēgestān (Arghestān, vers 1200 m), Mirzi et Bādinxēl dans le sud-est de ce même désert, de part et d'autre de la vallée du Lōra, aux confins de la frontière pakistanaise (Šōrāwak, vers 950—1100 m), Xarōṭi enfin dans le Garmsēl (= *garmsēr*)[12] qui s'étend vers 600—700 m d'altitude de part et d'autre de l'Helmand, entre Darwēšān et le Sistān. Avec une distance de 550 km entre quartier d'été et quartier d'hiver, ce sont ces derniers qui effectuent la migration la plus longue; la plus courte est celle des Taraki Idalwāl (300 km environ).

Ainsi l'hivernage amène-t-il la plus grande partie des nomades du Dašt-e Nāwor au contact de leurs homologues Durrāni et Baluč. Les conditions dans lesquelles se passent les cinq mois d'hivernage, entre octobre et mars, sont très mal connues: aucun de nous n'a pu mener d'enquête pendant cette saison pour laquelle on dispose seulement de deux brèves monographies, très utiles mais assez peu précises (Scott s.d. et 1971). A la fin de l'automne s'observe une concentration des tentes dans un rayon de quelques centaines de mètres autour des puits, dont la profondeur ne dépasse pas 20 ou 30 m et qui sont habituellement munis d'un dispositif de traction animale. Après les premières pluies, qui surviennent normalement en novembre ou décembre, les pâturages reverdissent,[13] et les points d'eau se multiplient jusqu'au coeur de Rēgestān: dépressions naturelles à fond argileux ou impluviums aménagés par l'homme (mares artificielles appelées elles aussi *nâwor*,[14] retenues rudimentaires aménagées dans les talwegs, etc.). On observe alors une plus grande dispersion, avec des groupes de trois à cinq tentes autour d'un même point d'eau qui ne sont pas sans évoquer la structure du campement estival.

C'est courant mars, au moment où les points d'eau superficiels s'assèchent avec l'arrêt des précipitations, mais bien avant que les pâturages ne soient normalement épuisés,[15] que les quartiers d'hiver sont abandonnés. La montée vers le Dašt-e Nāwor ne s'effectue pas de façon continue et régulière; elle est en effet interrompue par l'agnelage qui, pendant plusieurs semaines, plus d'un mois souvent, immobilise les troupeaux dans la région de Kandahār pour les nomades estivant dans la vallée de l'Helmand, ou dans celle de Xayr Kôt pour les Dawtāni de Kulāči. Entre le moment où l'on quitte le quartier d'hiver et celui où l'on arrive au Dašt-e Nāwor, il peut ainsi s'écouler jusqu'à trois mois, alors que la descente, elle, ne prend pas plus de deux mois.

Certains éléments constitutifs du cycle annuel que nous venons de décrire, et notamment les itinéraires de migration, sont de mise en place récente et traduisent la grande flexibilité du nomadisme. Comment celle-ci s'est-elle manifestée face à la crise climatique de 1970—1972?

La crise climatique de 1970—1972[16]

Il convient tout d'abord de rappeler que le réseau de stations météorologiques de l'Afghanistan est de création récente. Pour la plupart d'entre elles, les observations ne remontent pas au-delà d'une dizaine d'années. Tel est notamment le cas de celles qui sont situées à proximité des districts de nomadisation des groupes étudiés ici: Okak, dans le nord du Dašt-e Nāwor, fonctionne depuis 1970 seulement; dans les basses terres méridionales, des relevés réguliers sont effectués à Laškargāh depuis 1961 et à Kandahār depuis 1964.[17] Dans ces conditions, l'analyse des climats régionaux reste entachée d'une certaine imprécision, les moyennes calculées étant d'autant plus profondément affectées par la crise exceptionnelle de 1970—1972 que la période d'observation est courte.

La cuvette du Dašt-e Nāwor connaît un climat original. L'altitude élevée explique la fraîcheur des étés: la moyenne du mois le plus chaud (juillet) ne dépasse guère 15 °C, et le maximum absolu enregistré jusqu'à présent est de 29 °C seulement; par ailleurs, les nuits sont franchement froides: aucun mois de l'année n'est exempt de gel et on a relevé −3, 8 °C en plein mois de juillet 1972.[18] En raison d'une situation abritée, la région constitue d'autre part un îlot de sécheresse relative à l'intérieur des montagnes médianes de l'Afghanistan (Lalande, Herman & Zillhardt 1973): les précipitations annuelles atteignent 173 mm seulement (moyenne quinquennale 1970−1974; la médiane de la période d'observation est de 206 mm), dont l'essentiel tombe sous forme neigeuse. La saison humide, amorcée en novembre, culmine en effet en hiver et se prolonge jusqu'en avril—mai. Un maximum pluvial secondaire mais aléatoire se place en juillet et traduit l'influence de la mousson indienne.

L'état des pâturages du Dašt et les conditions de vie des troupeaux qui le parcourent en été dépendent donc avant tout de l'importance du manteau nival des montagnes bordières dont les eaux de fonte se concentrent dans la cuvette; ce n'est qu'une année sur deux en moyenne que des pluies d'été appréciables prolongent la vie végétale et peuvent retarder de quelques semaines la descente en hivernage. Sur ce double plan, l'année 1970 fut catastrophique: Okak n'a reçu au total que 91 mm de précipitations, soit un déficit de 47% par rapport à la moyenne quinquennale, avec un enneigement réduit[19] et des orages estivaux négligeables (2 mm). La steppe prit précocement l'allure d'un paillasson répulsif, et, bien que l'abreuvement des animaux ait pu continuer à être assuré dans de bonnes conditions, puits et sources n'étant pas taris, la descente des nomades se fit beaucoup plus tôt qu'à l'accoutumée. Sur la route, la récolte de céréales, partout médiocre, n'offrit que peu de chaumes à brouter. Mais la situation allait être pire encore sur les pâturages d'hiver.

L'Afghanistan méridional, où les précipitations de saison froide représentent l'unique apport d'eau dans l'année,[20] connut en effet une sécheresse dramatique pendant l'hiver 1970−1971: le déficit pluviométrique fut de 66% à Kandahār et de 43% à Laškargāh;[21] il n'y eut que 9 jours de pluie contre 18 (Laškargāh) ou 26 (Kandahār) en moyenne. Surtout, les premières pluies furent très tardives (février): les conditions pastorales furent donc éprouvantes pendant la plus grande partie de l'hivernage, surtout dans la région de l'Helmand où cet épisode s'inscrit à l'intérieur d'une phase de sécheresse qui a commencé en 1967 et s'est prolongée jusqu'en 1973: sur six hivernages, deux seulement reçurent des précipitations satisfaisantes. A Kandahār par contre, l'hiver 1970−1971 est un accident au milieu d'années bien arrosées.[22]

C'est donc un troupeau très affaibli qui regagna le Dašt-e Nāwor au printemps 1971. Là, il trouva à nouveau un pâturage très pauvre: la couverture neigeuse avait été encore plus mince que l'hiver précédent (32 cm). Au début de juillet, le lac était même totalement asséché,[23] et ce ne sont pas les importants orages estivaux (26 mm, soit presque ¼ du total des précipitations de l'année: 111 mm) qui ont pu améliorer beaucoup la situation.

Celle-ci ne redevint normale qu'au cours de l'hivernage de 1971–1972: des précipitations copieuses (139 mm à Laškargāh en 24 jours, 186mm à Kandahār en 23 jours), précoces (novembre) et prolongées jusqu'en avril redonnèrent vie à la steppe et nourriture aux troupeaux. Encore faut-il nuancer. L'hiver 1971–1972 pâtit en effet d'une vague de froid tardif qui amena la thermomètre à −7,5 °C à Kandahār et −6,6 °C à Laškargāh en février.[24] Pendant ce temps, de fortes chutes de neige sur toute la région du Dašt-e Nāwor étaient le gage d'un pâturage abondant pour l'été suivant.

La crise était passée; ses séquelles subsistaient. Il est commode de distinguer les effets immédiats qu'elle eut sur la vie et l'économie nomades, souvent passagers, et ses effets différés, beaucoup plus durables et parfois même irréversibles.

Le nomadisme face à la crise climatique

Parmi les *effets immédiats*, on retiendra surtout des modifications de détail dans les itinéraires migratoires, une dépendance inhabituelle des nomades à l'égard des sédentaires et une brutale réduction des troupeaux.

Les contraintes de l'abreuvement des animaux et surtout la recherche de pâturages point trop appauvris ont conduit les Dawtāni et les Xarōṭi à déserter temporairement leurs quartiers d'hiver traditionnels pour se rapprocher des rives de l'Helmand et des terroirs agricoles irrigués qui en ourlent le cours moyen. Là subsistaient des pâturages humides au statut foncier pas toujours très clair; sur certains d'entre eux, propriété d'Etat, une redevance d'hivernage fut perçue: 10 *afghāni* par tête de bétail par exemple à l'ouest de Laškargāh, entre Nād-e Ali et Mārǰa (Scott s.d.). D'autres nomades, Taraki essentiellement, poussèrent au-delà de la frontière, en territoire pakistanais, où ils ne semblent pas avoir trouvé des conditions de vie sensiblement meilleures.[25]

En outre l'entretien du cheptel obligea la plupart des nomades à acheter, au prix fort, des compléments fourragers aux paysans sédentaires ou à des intermédiaires (paille, luzerne, orge, etc.). Cette contrainte parfaitement inhabituelle en conduisit beaucoup à l'endettement.

Ces palliatifs ne réussirent pourtant pas à éviter une surmortalité animale dont les causes sont complexes. Si le froid tardif de 1972 a pu avoir des effets directs, notamment sur l'agnelage, la sécheresse semble avoir eu surtout des effets indirects, maladies et parasites décimant les bêtes affaiblies par la faim. Le séjour sur les pâturages ripuaires de l'Helmand, infestés de douves du foie, déclencha notamment une grave épidémie de distomatose ovine et provoqua une hécatombe (Scott s.d.).

A cette surmortalité d'origine climatique il convient d'ajouter les conséquences de ventes anormalement massives d'animaux, y compris des femelles et des jeunes, destinées à alléger un cheptel dont la nourriture n'était plus assurée ou à rembourser les dettes contractées lors des achats de fourrages. Sur le bazar de Xalaǰ, à une dizaine de kilomètres au sud de Laškargäh, on recensait, le 18 février 1972, 136 vendeurs de petit bétail, dont 103 nomades (76%) et 38 vendeurs de dromadaires, dont 28 nomades (74%), chiffres très élevés pour la saison (Scott s.d.). De tels apports paraissent avoir été assez généralisés et ils entraînèrent évidemment l'effondrement des cours. A Ghazni, grand centre de commercialisation d'animaux fréquenté en été par les nomades du Dašt-e Näwor, l'approvisionnement était en juillet 1971 trois à quatre fois supérieur à la normale et le prix d'un mouton vif oscillait entre 250 et 600 *afghāni*, soit moitié moins que le cours normal.[26]

Il est bien difficile de chiffrer avec précision la chute des effectifs animaux ainsi causée. Nos enquêtes sont en effet postérieures au traumatisme de 1970—1972 et nous sommes réduits aux estimations des nomades eux-mêmes, évidemment sujettes à caution. Une diminution globale de l'ordre de 50% ne paraît pas invraisemblable pour les groupes étudiés ici,[27] étant bien entendu que certains cas d'espèce peuvent être très éloignés de ce taux: tel nomade, malchanceux ou trop pauvre pour acheter de la paille, a tout perdu ou presque; tel autre, plus aisé, a pu conserver la majorité de ses bêtes. Les contrastes sociaux présents à l'intérieur de la société nomade sont exacerbés par une crise climatique de ce type, et ce n'est sans doute pas là une de ses conséquences les moins importantes.

Les *effets différés* d'un appauvrissement qui a été général même s'il fut inégal ont eu des répercussions beaucoup plus profondes qui touchent à l'essence même de la vie nomade et qui se sont parfois traduites par une désaffection à l'égard du genre de vie ancestral. Celle-ci est particulièrement prononcée chez les Dawtäni et les Xarôṭi qui sont, on l'a vu, ceux qui ont connu la conjoncture climatique la plus continûment défavorable depuis 1968.

Pour les éleveurs les plus appauvris, c'est-à-dire ceux qui ont à peu près tout perdu, le nomadisme s'est maintenu mais il a changé de nature et, parallèlement, les itinéraires de migration se sont contractés. Depuis 1972, un certain nombre de Xarôṭi ne montent plus au Dašt-e Näwor, où l'on montre encore la trace fossilisée de leur ancien campement sous la forme des petits murets de terre qui constituaient le soubassement du velum de la tente. Ils estivent désormais dans la vallée du Tarnak, où ils s'emploient comme *lawgar* (= persan *darawgar*, moissonneur salarié), et, en hiver, ils se louent sur les exploitations agricoles de la vallée de l'Helmand. Dans ce cas, nullement exceptionnel en Afghanistan, de transformation régressive du nomadisme pastoral en un nomadisme d'ouvriers agricoles, il est remarquable que l'appauvrissement n'entraîne pas l'arrêt des déplacements. Ceux-ci s'effectuent désormais en camion, un homme seul suffisant pour accompagner, le long de l'ancien itinéraire de nomadisation, les quelques animaux survivants que plusieurs familles groupent pour l'occasion.

La même chose s'observe chez des Dawtāni et Taraki qui passent aujourd'hui l'été dans la région de Moqor ou de Nāwa auprès de contribues sédentarisés depuis longtemps qui les embauchent pour les récoltes; l'hiver, une migration masculine de travail est apparue au sein de ces groupes, les hommes allant fréquemment s'employer comme transporteurs avec le seul dromadaire qui leur reste. Il paraît clair que l'on se trouve ici en face d'un abandon définitif du nomadisme pastoral, les revenus procurés par le travail agricole journalier excluant toute perspective de reconstitution substantielle du cheptel.

Tel n'est pas le cas de certains Dawtāni appauvris qui continuent cependant à monter en *sardsēr*[28] au Dašt-e Nāwor avec les animaux qui leur restent. Arrivés parmi les tout premiers, puisque l'agnelage les retarde peu de temps, ils n'y séjournent plus qu'un mois et demi environ, redescendant dès la fin juin pour participer à la moisson dans la vallée du Tarnak. Leur cycle migratoire associe ainsi les impératifs purement pastoraux, traditionnels, à la nécessité nouvelle de revenus complémentaires obtenus par le travail agricole saisonnier. C'est probablement parmi eux que la renaissance du nomadisme pastoral exclusif sera la plus aisée.

Seuls les moins touchés par la crise continuent à fréquenter le Dašt comme par le passé. Une impitoyable sélection sociale a donc abouti, pour l'instant au moins, à amoindrir la charge humaine et pastorale du Dašt-e Nāwor en été. Toutefois ces nomades relativement prospères ont eux aussi souffert. Rien ne prouve mieux la gravité du mal qui les a frappés que l'étude des variations de leur emprise foncière. Ils possédaient en effet, tout le long de leur itinéraire de migration et, pour les Xarōṭi et Dawtāni seulement, dans les villages hazāra du Dašt-e Nāwor, des terres *gerawi* obtenues par un système de vente à réméré (*geraw*).[29] Ce processus d'accaparement foncier, révélateur d'un équilibre de forces favorable aux nomades, est actuellement stoppé et a même régressé dans notre région, où un certain nombre de nomades *gerawidār* ont exigé la remboursement de leur créance pour reconstituer leur cheptel décimé. Pour se libérer, les paysans ont bien évidemment dû s'endetter, le plus souvent auprès d'un nouveau créancier, grand propriétaire terrien ou commerçant de Ghazni, devenu à son tour *gerawidār*.

Enfin, la conséquence la plus spectaculaire de la crise climatique a été l'abandon pur et simple du nomadisme, sous quelque forme que ce soit, par certains nomades.

Des Taraki, que la sécheresse de 1970–1971 avait contraints à abandonner leur quartier d'hiver traditionnel de Šōrāwak pour chercher refuge au Pakistan, s'y seraient fixés comme *mazdur* (ouvriers agricoles); en 1974 ils vivaient encore sous la tente, mais, celle-ci désormais immobilisée, ils ne conservaient plus qu'une illusion amère de la vie nomade qui fut la leur.

Chez les Xarōṭi l'évolution a été beaucoup plus massive. Huit cents familles estivant dans le Dašt-e Nāwor, le Mālestān et la région du haut Tarnak ont obtenu, sur leur demande, des terres dans le périmètre d'irrigation moderne de l'Helmand. D'après nos informateurs, ce chiffre représenterait environ le sixième de tous les nomades Xarōṭi. L'attribution s'est faite durant l'été 1974, pendant le séjour de l'un d'entre nous chez eux, entraînant en plein estivage un contre-courant migratoire des chefs de famille concernés. Chacun d'eux reçut un lot de 10 ǰerib (environ 2 ha) au prix de 12 000 afghāni le ǰerib, payable en 20 ans avec un délai initial de 5 ans. Aucune maison n'est livrée avec la terre. L'ensemble des terres est localisé à Hazārǰoft, partie septentrionale de la région de Darwēšān, elle-même située à l'extrémité méridionale du périmètre de l'Helmand, à proximité immédiate par conséquent des quartiers d'hiver des Xarōṭi (Garmsēl). Dans ce canton agricole, le canal-maître d'amenée d'eau a été ouvert dès 1954—1955, mais la mise en valeur avait progressé très lentement car de coûteuses installations de drainage s'étaient avérées indispensables (Caudill s.d.). Sur une superficie irrigable de 20 000 ha, 7650 seulement étaient cultivés en 1964, 11 400 en 1969, et on prévoit 15 500 pour 1977.[30] En 1969 l'exploitation moyenne de Darwēšān avait 7,6 hectares. Les lotissements de sédentarisation sont, on le voit, très nettement en-dessous de cette taille. D'ailleurs les Xarōṭi se plaignent de l'exiguïté de leur exploitation et prétendent que, sous l'ancien régime, au moment du dépôt de leur demande, on leur avait promis 30 ǰerib (environ 6 ha) par famille et cela, ajoutent-ils, gratuitement (ce qui est peu vraisemblable).[31]

Sur ces nouvelles terres agricoles, le degré de sédentarisation varie selon les cas. La fixation n'est totale que pour les plus appauvris, notamment ceux des 800 bénéficiaires qui s'étaient déjà convertis à un nomadisme lawgari depuis 1972. Ceux qui, au contraire, ont conservé des animaux en quantité appréciable et qui n'avaient jamais abandonné le nomadisme pastoral, ont développé un semi-nomadisme régressif: en 1975, seuls quelques membres de chaque kōr sont montés au Dašt-e Nāwor avec les troupeaux, laissant le reste de la parenté s'occuper à Hazārǰoft de la première récolte de blé, suivie, sur certaines parcelles, d'une culture d'été, maïs ou coton.[32]

Des Dawtāni nous ont déclaré avoir fait la même demande que les Xarōṭi, mais, en 1974, ils n'avaient encore obtenu aucune réponse. Ils attribuaient le traitement privilégié dont, selon eux, avaient bénéficié les Xarōṭi au fait que le dossier de ces derniers avait été fortement appuyé en haut lieu par un de leurs contribules les plus influents, Sarwar Nāšer, ex-président de la puissante compagnie cotonnière Spinzar. Quant aux Taraki, ils n'ont fait aucune démarche comparable, ce qui n'est guère étonnant puisque d'une part la localisation de leurs quartiers d'hivernage ne leur a pas permis d'acquérir la connaissance personnelle des périmètres de mise en valeur moderne de l'Afghanistan méridional, née chez les Xarōṭi et les Dawtāni d'une plus ou moins longue fréquentation saisonnière de ces secteurs, et que d'autre part ils ont connu dans le Rēgestān oriental une conjoncture climatique globalement moins défavorable au cours de la dernière décennie que les nomades de l'Helmand (voir plus haut).

Les mutations contemporaines que nous venons de décrire au sein d'un groupe nomade numériquement restreint témoignent éloquemment d'une phase de crise du nomadisme dont tout porte à croire qu'elle a une grande ampleur en Afghanistan. Crise climatique, crise du nomadisme: le rapprochement est tentant, et la chronologie des événements incite à établir un lien de causalité immédiat entre les deux faits. Doit-on cependant s'en contenter? Il ne le semble pas.

Les rares témoignages oraux que nous avons recueillis sur des sécheresses passées montrent qu'elles ne paraissent pas avoir conduit aux mêmes résultats que celles de 1970—1971, sans que l'on puisse assurer que celle-ci ait été beaucoup plus grave que ses devancières. Il ne semble pas, en particulier, que les sécheresses passées aient engendré des sédentarisations en masse analogues à celle des Xarōṭi aujourd'hui. Les reconstitutions auxquelles on peut procéder tendent au contraire à prouver que la sédentarisation spontanée des nomades Paṣtun a beaucoup plus fréquemment été une conséquence de l'enrichissement, avec investissement foncier puis immobilier, que d'un appauvrissement de quelque nature qu'il soit. Les exemples en ce sens abondent dans tout l'Afghanistan oriental,[33] où la tendance à la fixation a toujours été plus forte qu'ailleurs (Jentsch 1973: 184). Dans cette optique, la sécheresse de 1970—1971 aurait inauguré sur une grande échelle le processus de sédentarisation par appauvrissement, resté jusqu'alors plutôt exceptionnel et individuel.

Les raisons de cette spécificité de la période contemporaine ne sont pas très difficiles à dégager. Elles sont doubles: en premier lieu, la sécheresse est survenue peu après un traumatisme qui, en 1961, avait déjà durement frappé les nomades de l'Afghanistan oriental en général et ceux du Dašt-e Nāwor en particulier. Jusqu'en 1960, la grande majorité de ces derniers hivernait au Pakistan: Taraki et Xarōṭi dans le Balučestān, les seconds sur les pâturages réputés de la région de Dukay (district de Lōralāy), à l'est de Quetta; Dawtāni dans le Dērajāt. Seuls les Taraki Bādinxēl hivernaient déjà dans le Rēgestān afghan, et ce dès le début du XXe siècle (Robinson 1935: 113), cependant que certains clans Dawtāni avaient dû se replier près de Nād-e Ali vers 1920—1930 à la suite d'un violent conflit avec les Wazir dont ils traversaient le territoire tribal.[34] Ce tableau devint subitement caduc lorsqu'à la fin de l'été 1961 l'Afghanistan et le Pakistan rompirent leurs relations diplomatiques et fermèrent leur frontière commune. Si le nomadisme transfrontalier ne disparut pas alors complètement — une partie des Dawtāni continua à hiverner au Pakistan (voir plus haut) et ce n'est pas là un cas unique[35] — du moins déclina-t-il dans une très large mesure. De nombreux groupes nomades durent se redéployer en catastrophe sur des quartiers d'hiver situés à l'intérieur du territoire afghan, dans un milieu souvent déjà plus ou moins densément occupé par d'autres éleveurs[36] et qui, en outre, enregistrait au même moment une progression spectaculaire des cultures, particulièrement dans la vallée de l'Helmand. C'est à ce moment que se sont fixés les itinéraires actuels des Xarōṭi et des Taraki. Les difficultés des premiers hivernages (Dupree 1973: 169—170) les contraignirent à des ventes importantes d'animaux, et leur cheptel ne paraît pas avoir été totalement reconstitué en 1970, si bien que c'est une économie pastorale encore convalescente que frappa la crise de 1970—1972.

La sécheresse est d'autre part survenue dans un contexte économique défavorable aux nomades. Il y a peu d'années encore, les nomades afghans trouvaient dans les transports locaux ou le commerce lointain, ce dernier beaucoup plus rémunérateur, une activité "noble" de repli qui leur permettait de surmonter les effets d'une épizootie meurtrière ou d'un accident climatique sans remettre en cause leur mode d'existence. Pour certains, l'activité commerciale devenait même l'occupation principale, reléguant l'élevage à un rang secondaire (Ferdinand 1962, 1969a, 1969b). Aujourd'hui, la diffusion des transports automobiles dans tout le pays, y compris progressivement dans les montagnes médianes, condamne à terme le commerce caravanier et en restreint d'ores et déjà les profits. Dans ces conditions, la reconstitution d'un cheptel décimé devient beaucoup plus difficile que par le passé.[37]

Des activités-refuges traditionnelles en décadence dans un milieu de plus en plus saturé depuis 1961, tels sont les fondements réels d'une crise du nomadisme afghan restée latente jusqu'à la sécheresse de 1970—1971. Celle-ci n'a eu en définitive qu'un rôle, secondaire mais spectaculaire, de révélateur.

Notes

1. Ce travail présenté en commun expose un certain nombre de résultats obtenus au cours de deux missions effectuées indépendamment l'une de l'autre. Daniel Balland a travaillé au Dašt-e Nāwor en juillet 1974; son approche fut celle de la géographie humaine (occupation de l'espace, évolution économique et sociale des groupes nomades); il est responsable de l'essentiel du texte. Charles Kieffer a séjourné dans la même région en juillet 1975, et son point de vue était dialectologique et ethnolinguistique (culture matérielle, toponymie); il a ajouté quelques compléments et revu toutes les transcriptions. Les termes transcrits restent invariables à l'exception des ethnonymes paštō en -ay qui font leur pluriel en -i (un Ghilzay, des Ghilzi).
2. Sur les conditions géologiques régionales, on verra en dernier lieu Bordet 1975.
3. On rappelle qu'une sebkha est un bassin évaporatoire naturel "caractérisé par des efflorescences salines en périodes sèches et inondable par les eaux de crue ou des remontées d'eaux souterraines salées en saison pluvieuse" (George 1970: 382); le terme est d'origine arabe maghrébine. Des mesures de la salinité des eaux lacustres afghanes ont été publiées par Förstner & Bartsch (1970).

    Le terme de *nāwor* est d'origine mongole (cf. Doerfer 1963: 515 (381), article ناوور/ناور *nāvur* > moyen mongol occidental *na'ur* "See"). Il est attesté aussi en toungouze, en azeri et dans les langues du Caucase. La graphie et parfois aussi la prononciation (hypercorrection) *nāwar* proviennent de la lecture du nom en écriture arabo-persane non vocalisée ناور. Elles sont surtout fréquentes chez les chercheurs étrangers, ou des Afghans en contact avec eux. Comme elles ne correspondent ni à l'usage local (*nāwār/nāwur/nāhor/nāhur*), ni à la tradition savante d'Afghanistan (Nāhez 1339: 99: *nāwor/nāhor*), il faut les éviter. Sont à recommander les formes: persan *nāwor*, paštō *nāwər*; toutes les formes que nous avons relevées en sont des variantes phonétiques.
4. Un important gibier aquatique vit tout autour de cette nappe d'eau, ainsi que plusieurs milliers de flamands roses (Nogge 1974).

5. Le peuplement de la cuvette est ancien (Dupree 1975). Le rapport du Central Statistics Office permet d'estimer par recoupement la population masculine adulte sédentaire du pourtour immédiat du lac à un millier d'individus (Central Statistical Office 1975, I: 258—271, liste des villages du *woloswāli* de Nāwor). La marge d'incertitude reste cependant très importante.
6. La meilleure introduction au nomadisme afghan dans son ensemble est celle de Ferdinand 1969a. Voir aussi les études plus récentes de Jentsch 1973 et de Tapper 1974.
7. L'exposé de la genèse de la bédouinisation du Dašt-e Nāwor échappe à notre propos présent. Des recherches que nous publierons ailleurs montrent que, pour l'essentiel, elle illustre la phase ultime d'expansion du grand nomadisme paštun de la fin du XIXe siècle. C'est aussi l avis de Fussman (1974: 5, n. 3).
8. Les Sādāt (sg. Sayed) sont réputés descendre du Prophète. En l'occurrence, il s'agit plus problablement de fractions Taraki numériquement faibles qui s'attribuèrent une ascendance propre à leur assurer une relative immunité à l'égard des Durrāni Acəkzi, ennemis traditionnels des Taraki (Robinson 1935: 115).
9. *Awb^{u}azan*: ce terme est une formation analogique mixte persan—paštō qui permet de supposer un contact, dans le passé, avec des persanophones, peut-être des Hazāra des environs, engagés comme puiseurs(?).
10. *awxōr*: persan *darɩ* "mangeoire" (cf. Darmesteter 1883: 136, article *avô hvarena*).
11. Ce n'était pas le cas au début du XXe siècle (voir plus bas).
12. Le terme persan *garmsēr* est l'équivalent exact du turc *kɩšla(k)*: il désigne le quartier d'hivernage où la clémence de la température permet d'attendre les beaux jours qui verront la remontée des nomades vers les hautes terres d'estivage, *sardsēr* (persan) ou *yayla* (turc).
13. Leur richesse est alors très grande et frappa beaucoup H.W. Bellew lorsqu'il traversa la région de Laškargāh (Bellew 1874: 179).
14. Déjà signalés par Bellew 1874: 164.
15. Ce point a été mis en lumière par Lalande 1970. Dans l'optique d'un aménagement des pâturages estivaux de l'Hazārajāt et du Ghōr, où se manifeste une tendance à la surpécoration, l'auteur tire parti de cette observation pour préconiser un allongement de l'hivernage jusqu'en mai grâce au creusement de puits plus nombreux ou au transport d'eau par camion-citerne.
16. La sécheresse de 1970—1972 et ses conséquences agricoles en Afghanistan ont été rapidement présentées par Rathjens 1975. Les répercussions sur le nomadisme n'ont à ce jour fait l'objet d'aucune étude spécifique.
17. Des relevés pluviométriques et thermométriques ont été réalisés dans cette ville dès 1940 (Herman, Zillhardt & Lalande 1971). Nous n'avons malheureusement pas pu les reconstituer, et seules les valeurs moyennes en ont été publiées (Stenz 1946; trad. française par J. Zillhardt: Stenz 1971). Aucun compte n'en est donc tenu dans les paragraphes qui suivent, lesquels s'appuient exclusivement sur le dépouillement des archives de l'Institut de Météorologie de Kaboul ainsi que du *Meteorological Yearbook* publié par ses soins depuis 1969. Nous remercions M. Nour Mohamed Herman, directeur de cet Institut, pour son accueil bienveillant.
18. Une illustration de ce fait est fournie par les mesures de Breckle & Reshad 1971.
19. L'épaisseur de la couverture neigeuse ne dépassa pas 48 cm alors qu'elle devait atteindre 96 cm en 1972 et 120 en 1973.
20. Quelques ondées de queue de mousson peuvent se produire en été, mais elles sont ici tout à fait inhabituelles et quantitativement négligeables.
21. A Kandahār la moyenne décennale des précipitations hivernales est de 140 mm; l'hiver 1970—1971 ne reçut que 47 mm. A Laškargāh la moyenne calculée sur 14 années s'établit à 91 mm et l'hiver 1970—1971 reçut 55 mm.
22. Les données de janvier 1969 manquent pour cette station et ne permettent pas de prendre en compte l'hiver 1968—1969.
23. Nogge 1974, qui ajoute que les flamands roses avaient quitté l'endroit . . .
24. A Laškargāh on a enregistré —8 °C en février 1968, mais ce fut là un coup de froid exceptionnel qui n'eut pas l'ampleur de la vague de février 1972: la moyenne de février 1968 s'établit à 7,6 °C contre 3,5 °C pour février 1972.

25. Sur ce point, voir aussi Janata 1972: 6.
26. Ministère de l'Agriculture s.d. A l'époque, 1 *afghāni* valait 7 à 8 centimes français.
27. Étudiant les nomades du Paktiā, où les conditions climatiques de 1970—1972 furent très comparables, Janata (1972) avance la même estimation. Dans le nord du pays, la diminution fut par contre beaucoup plus importante (Tapper 1974: 138). Les données numériques compilées par Hakimi (1976: 9) font état d'une diminution globale de l'ordre de 42% pour le cheptel ovin afghan, 6% pour le cheptel caprin et 8% pour le cheptel bovin entre 1969 et 1971.
28. Cf. note 12.
29. Le *geraw* diffère du réméré *stricto sensu* dans la mesure où le rachat ne doit pas nécessairement intervenir au terme d'un délai déterminé. De fait, le *geraw* est fort mal vu par les musulmans de stricte observance, car il n'est qu'une forme déguisée de prêt à intérêt usuraire: on prête une somme très inférieure à la valeur de la propriété (maison, champ, pâturage) donnée en garantie par l'emprunteur; on dispose de l'usufruit de cette propriété, qu'on exploite comme on l'entend. C'est une façon de faire fructifier son capital dans des conditions extrêmement avantageuses et de tourner ainsi l'interdiction islamique du prêt à intérêt. Le *geraw* est pratiqué sur une grande échelle par les nomades Paštun commerçants, peu stricts en matière d'observance religieuse; c'est le procédé essentiel de leur colonisation foncière dans l'Hazārağāt comme l'a lumineusement montré Ferdinand 1962. Dans un contexte différent, la pratique de la vente à réméré se retrouve à l'autre extrémité du monde musulman, chez les Chleuhs de l'Atlas marocain, sous le nom de *rahen* ou *rahnia* (Adam 1972: 27).
30. D'après A.R. Baron 1972.
31. Trente *ğerib* fut la superficie attribuée aux premiers colons de l'Helmand, à Nād-e Ali en 1954 (Stevens & Tarzi 1965: 50). Ceux qui furent installés à Mārğa à partir de 1957 reçurent entre 20 et 30 *ğerib* (L. Baron 1973: 36). Les variations s'expliquent dans une large mesure par les différences de fertilité des sols; à cet égard ceux de Darwēšan seraient parmi les meilleurs de tout le périmètre de l'Helmand (Caudill s.d.: 57).
32. La part de la double récolte annuelle, parfaitement possible dans une région où la saison végétative s'étend sur 10 mois et où l'approvisionnement en eau ne pose pas de problème, était très faible en 1969: 5% des terres cultivées de Darwēšan d'après A.R. Baron 1972. Il semble qu'elle ait progressé récemment pour se rapprocher de l'objectif fixé pour 1977: 25% des terres.
33. Ferdinand 1969a: 145—146, 1969b; Janata 1972: *passim*. La fidélité des groupes appauvris aux mouvements migratoires est de même soulignée par Castelli Gattinara 1970: 175. Pour une position contraire, voir Fröhlich 1970: 211—212, qui n'apporte cependant aucun argument précis en faveur de son affirmation.
34. L'hostilité entre Dawtāni et Wazir est ancienne et tenace: son origine remonterait au milieu du XIXe siècle, lorsque les seconds ont chassé les premiers des pâturages qu'ils fréquentaient dans la vallée de Wana (sud du Waziristān) (Government of India 1910, voir article "Dotani").
35. Voir par exemple Dupree 1973: 553, et Janata 1972: *passim*.
36. Les Xarōti ont ainsi été accueillis sur les parcours du Garmsēl déjà occupés par des clans de la tribu qui avaient abandonné depuis beaucoup plus longtemps la migration transfrontalière et qui estivent aujourd'hui dans la région de Qalāt.
37. Des africanistes ont abouti à des conclusions semblables, mais dans un contexte postcolonial qui, bien sûr, n'est pas transposable à l'Afghanistan: par exemple Swift 1973 (version française du même: Swift 1975: 98).

Références

Adam, A. 1972. Les Berbères à Casablanca, *Revue de l'Occident musulman et de la Méditerranée*, 23—44.
Baron, A.R. 1972. Helmand Arghandab Valley. Project area analysis. S.1. [Kabul]: United States Agency for International Development.

Baron, L. 1973. Sector Analysis: Helmand Arghandab Valley region. S.1. [Kaboul] : United States Agency for International Development.

Bellew, H.W. 1874. *From the Indus to the Tigris*. London: Trubner and Co.

Bordet, P. 1975. *Les volcans récents du Dacht-e Nawar méridional (Afghanistan Central)*, Annales scientifiques de l'Université de Clermont-Ferrand 53. Clermont-Ferrand: Université de Clermont-Ferrand.

Breckle, S.W. & M. Reshad. 1971. Ökophysiologischer Tagesgang des Halophyten *Krascheninnikovia* in der Dasht-i-Nawor (Zentral-Afghanistan) an einem Strahlungstag, *Biologia plantarum* 5–6: 402–404.

Castelli Gattinara, G.C. 1970. *I nomadi Kuci dell'Afghanistan*. Roma: Edizione Abete.

Caudill, S. S.d. [1974]. Helmand Arghandab Valley. General overview, project areas, past and present irrigation, cost estimates for completion. S.1. [Kaboul] : United States Agency for International Development.

Central Statistics Office. 1975. *A provisional Gazetteer of Afghanistan*, Demographic research report series 1. Kaboul.

Darmesteter, J. 1883. *Etudes iraniennes*. Paris. Vol. II.

Doerfer, G. 1963. *Türkische und Mongolische Elemente in Neupersischen*. Wiesbaden: Franz Steiner. T.I.

Dupree, L. 1973. *Afghanistan*. Princeton: Princeton University Press.

1975. New Palaeolithic localities near Dasht-i Nawur, *Afghanistan Journal* 3: 105–107.

Ferdinand, K. 1962. Nomadic expansion and commerce in Central Afghanistan. A sketch of some modern trends, *Folk* 4: 123–159.

1969a. Nomadism in Afghanistan, pp. 127–160 in L. Földes (ed.), *Viehwirtschaft und Hirtenkultur. Ethnographische Studien*. Budapest: Akadémiai Kiádo.

1969b. Ost-Afghanischer Nomadismus. Ein Beitrag zur Anpassungsfähigkeit der Nomaden, pp. 107–130 in *Nomadismus als Entwicklungsproblem*, Bochumer Schriften zur Entwicklungsforschung und Entwicklungspolitik 5. Bielefeld: Bertelsmann Universität Verlag.

Förstner, U. & G. Bartsch. 1970. Die Seen von Bande-Amir, Dasht-i-Nawar, Ob-i-Istada und Hamun-i-Puzak (Zentral- und Südwestafghanistan). Messungen der Wassertiefen und der Salzgehalte, *Science* [Kaboul] 3–4: 19–22.

Fröhlich, D. 1970. *Nationalismus und Nationalstaat in Entwicklungsländern*, Afghanische Studien 3. Meisenheim am Glan: Verlag Anton Hain.

Fussman, G. 1974. Documents épigraphiques kuchans, *Bulletin de l'école française d'Extrême-Orient* 1–66.

George, P. (ed.). 1970. *Dictionnaire de la géographie*. Paris: Presses universitaires de France.

Government of India. 1910. *Gazetteer of Afghanistan* vol. IV, *Kabul*, 4th ed. Calcutta.

Hakimi, M.Y. 1976. The nature of livestock marketing and meat consumption per capita in Afghanistan. Kaboul: United States Agency for International Development.

Herman, N.M., J. Zillhardt & P. Lalande. 1971. *Recueil de données des stations météorologiques de l'Afghanistan*. Kaboul: Institut de météorologie.

Institut de météorologie. 1969 et suiv. *Meteorological yearbook*. Kaboul.

Janata, A. 1972. Nomadismus, in Planungsteam Paktia. Grundlagen und Empfehlungen für eine Perspektivplanung zum regionalen Entwicklungsvorhaben Paktia/Afghanistan Bd. 7, Sozialökonomie Teil V. S.1. [Berlin] : S.n.

Jentsch, C. 1973. *Das Nomadentum in Afghanistan*, Afghanische Studien 9. Meisenheim am Glan: Verlag Anton Hain.

Lalande, P. 1970. Modernisation du nomadisme pastoral afghan. Kaboul: S.n.

Lalande, P., N.M. Herman & J. Zillhardt. 1973. *Cartes climatiques de l'Afghanistan* vol. 2, *Cartes*. Kaboul: Institut de météorologie.

Ministère de l'agriculture. S.d. Report of livestock survey mission. S.1. [Kaboul 1971].

Nâhez, M.H. 1339. *Qâmus-e Joghrâfiyâ'i-ye Afghânestân* [Dictionnaire géographique de l'Afghanistan]. Kâbul [1960]. T. IV.

Nogge, G. 1974. Beobachtungen an den Flamingobrutplätzen Afghanistans, *Journal für Ornithologie* 2: 142–151.

Rathjens, C. 1975. Witterungsbedingte Schwankungen der Ernährungsbasis in Afghanistan, *Erkunde* 3: 182–188.

Robinson, J.A. 1935. *Notes on nomad tribes of Eastern Afghanistan.* New Delhi: Government of India.

Scott, R.B. S.d. [1973]. Herds, pastures and nomads in the Lashkar Gah area. S.1. [Kaboul]: United States Agency for International Development.

1974. Notes on herding, pastures and nomads in the North Central Registan. S.1. [Kaboul]: United States Agency for International Development.

Stenz, E. 1946. *The climate of Afghanistan. Its aridity, dryness and divisions.* New York: Polish Institute of Arts and Sciences in America.

1971. *Le climat de l'Afghanistan. Son aridité, sa sécheresse, ses divisions,* trad. J. Zillhardt. Kaboul: Institut de météorologie.

Stevens, I.M. & K. Tarzi. 1965. *Economics of agricultural production in Helmand Valley, Afghanistan.* Denver: United States Department of the Interior, Bureau of reclamations.

Swift, J. 1973. Disaster and a Sahelian nomad economy, pp. 71–78 in D. Dalby & R.J. Harrison Church (eds.), *Drought in Africa.* London: School of Oriental and African Studies.

1975. Une économie nomade sahélienne face à la catastrophe: les Touareg de l'Adrar des Iforas (Mali), pp. 87–101 in J. Copans (ed.), *Sécheresses et famines au Sahel* t. II, *Paysans et nomades.* Paris: Maspéro.

Tapper, R.L. 1974. Nomadism in modern Afghanistan: Asset or anachronism? pp. 126–143 in L. Dupree & L. Albert (eds.), *Afghanistan in the 1970s.* New York: Praeger.

6. Ayacucho (Pérou): le premier nomadisme pastoral andin

ANTOINETTE NELKEN TERNER

A central Andean form of nomadic pastoralism, tied to practices of animal domestication is studied from the perspective of prehistoric archaeology.

From as early as 10 000 BC, the development of a tendency toward mobility is visible within a population that, by the time of the Spanish conquest, gained control over a maximum of ecological storeys; there is, very early, evidence of seasonal exploitation of natural resources; diverse "subsistence strategies" with variable complementarities are noted in the zones observed: traces of hunting, fishing, gathering, horticultural, and agricultural and pastoral activities can be found. A dichotomy between nomadism and sedentarism is apparent in the configuration of the human settlements: these seem to call into question and establish a relationship between two subsystems: a minor one, with seasonal residence at high altitudes − grazing during the dry season, cultivation and harvesting of tubers during the wet season: and a major one, with permanent residence in hamlets: agriculture involving the detachment of some inhabitants of the home-territory to peripheral complementary zones. It remains difficult to identify precisely the supporting social structure of this system.

An example of adjustment specific to the environment, independent of agriculture, is provided by a present-day pastoral community of the southern Andes: the Q'eros organize their mobility by establishing their hamlets close to zones which favor the raising of Alpaca and if "transhumance" does occur, it is in relation to the dispersion of the territories devoted to agriculture.

Fuller exploration of certain regions situated at an elevation of between 4000 and 5200 meters could enrich the history of the pastoral economy of the Andean zones and of their specific constraints.

Une variété de nomadisme pastoral dont il est rarement question, le nomadisme pastoral andin, doit pouvoir être évoquée dans le cadre de ce colloque. Nous pensons en avoir détecté les premières manifestations, liées à la domestication des camélidés, dans la vallée d'Ayacucho (Andes centrales péruviennes), au cours de fouilles archéologiques intensives menées entre 1969 et 1972 par le PABAH.[1] Nous avions eu affaire à une modalité du nomadisme américain, non lié au pastoralisme, lors de travaux précédents entrepris au Mexique au cours des années soixante (Nelken Terner & MacNeish 1971).

91

Les informations sur ce mode particulier de l'occupation du territoire andin proviennent de trois sources de documents hétérogènes: les monographies, peu nombreuses, des ethnographes (Webster 1973; Flores Ochoa 1974—1976); les récits des premiers chroniqueurs (Diez de San Miguel 1964; Ortiz de Zúñiga 1967—1972; Garcilaso de la Vega 1959; Guaman Poma de Ayala 1936; Matienzo 1910); les matériaux archéologiques. C'est de l'analyse de textes portant sur les taxations incaïques qu'ont été dégagées les informations suggérant un système de subsistance marqué par une tendance à la mobilité d'une population qui semblait effectuer un contrôle vertical d'un maximum de paliers écologiques andins (Murra 1972). Mais c'est grâce à l'analyse des vestiges archéologiques, entre autres celle des panoplies d'instruments lithiques et des milliers de restes osseux, que nous avons pu retrouver les éléments d'un schéma mettant en cause, pour une période très ancienne, une stratégie des activités de subsistance qui comporte la circulation des biens et des hommes à travers le Pérou, et ce dès 10 000 av. J.C. (Nelken Terner & MacNeish 1975).

Que faut-il entendre par "stratégie de subsistance"? C'est l'un de nos concepts opératoires, qui désigne la mise en oeuvre, consciente ou non, d'un certain mode de subsistance ou de divers modes de subsistance complémentaires. Cette complémentarité est souvent saisonnière ou cyclique et, selon ses aménagements, on peut être tenté de relever des priorités dans le choix des moyens de subsistance repérés: chasse, pêche, cueillette, horticulture et, vers 500 av. J.C., pastoralisme et agriculture. La notion de stratégie de subsistance s'appuie sur celle de "capacité de sustentation" offerte par les diverses écozones centre-andines; elle met en jeu le potentiel en ressources naturelles de chaque micro-zone, ainsi que la structure socio-économique des groupes humains qui la parcourent et y trouvent leur alimentation pendant une période de longue durée. Cette notion fait appel à une certaine perception du milieu environnant, plus particulièrement à la perception qu'ont les populations du comportement différentiel des animaux qui les entourent: petits mammifères, cervidés et camélidés; parmi ces derniers, les lamas et les alpacas, susceptibles d'être chassés, bien sûr, mais aussi d'être apprivoisés puis domestiqués.

Le milieu naturel de ces camélidés est l'Altiplano andin (Dollfus & Lavallée 1973), au-dessus de 4000 mètres d'altitude, qui marque, encore de nos jours, la limite supérieure des cultures de tubercules alimentaires (Flores Ochoa 1975). En fonction des gisements que nous avons fouillés, il apparaît, pour la période ancienne, que la chasse, un peu de piégeage et la cueillette conduisaient les groupes nomades dans les parties les plus élevées de la région pendant la saison sèche, puis, pendant la saison humide, dans les parties les plus basses où ils pratiquaient une cueillette intensive de graines et de fruits. Dans la vallée d'Ayacucho comme dans d'autres zones du Pérou, pour cette période ancienne, nous avons postulé une *stratégie de subsistance satisfaisante*[2] qui acquiert des aspects saisonniers. Elle est marquée par l'apparition entre 5000 et 4000 av. J.C. d'une dichotomie nomade/sédentaire (nombre, dimension, aspects des gise-

ments fouillés). En effet, au cours de cette période, nous avons décelé des "configurations" de "campements de base", sorte de hameaux transitoires situés à
la jonction de plusieurs milieux écologiques. Il s'y manifeste, par la suite, une
stratégie de subsistance efficiente,[3] fondée principalement sur la cueillette
intensive, sur l'horticulture et, dans les hautes terres, sur le pastoralisme, marqué
pour nous par la présence, dans les strates archéologiques caractérisant la phase
nommée PIKI (5900—4500 av. J.C.) de restes d'os de lamas — domestiqués au
dire des zoologues travaillant avec nous — et par la localisation d'enclos situés
dans les parties les plus hautes de la vallée. A partir de ce moment, nous détec-
tons des implantations humaines de plus en plus nombreuses; elles mettent en
cause et en relation deux "sous-systèmes": un sous-système mineur à résidence
saisonnière en haute altitude: pâturage de saison sèche, culture et récolte de
tubercule en saison humide; un sous-système majeur à résidence permanente en
hameau: agriculture avec détachement de résidents du territoire de base vers les
zones périphériques d'appoint. Ces configurations pourraient être liées par des
échanges ponctuels, à périodicité X et/ou par un réseau d'échanges s'articulant
sur un support social qu'il nous est difficile, pour le moment, de caractériser
avec précision.[4]

A ce schéma des déplacements effectués sur un territoire donné par une
population préhistorique agro-pastorale, ajoutons, toujours dans une perspective
diachronique et pour enrichir un tableau dont il ne nous est pas possible de
rendre ici la complexité, une indication empruntée à Webster (1973). Cet
ethnologue, qui travaille actuellement dans une communauté pastorale des
Andes méridionales, a constaté que l'alpaca y est considéré comme l'élément le
plus important et le plus délicat des troupeaux mixtes: il dépend, pour sa survie
et sa reproduction, de conditions écologiques très contraignantes, de la présence,
notamment, dans des zones très humides, de plantes vertes très dures propres à
un mode particulier de mastication. Ceci semble devoir impliquer la transhumance. Toutefois, les membres de la communauté étudiés, les Q'éros, ont
aménagé leur mobilité en installant leurs hameaux près des zones de pâturage
favorables à l'alpaca et, s'ils se déplacent, c'est en fonction de la dispersion des
territoires consacrés à la culture.

D'une façon générale, pour ce qui est de l'étude des communautés traditionnellement classées comme agro-pastorales et sur l'origine desquelles nous manquons d'informations, nous pourrions proposer de reformuler les termes de
l'approche en fonction de l'existence possible d'un mode d'adaptation à
l'environnement, indépendant de l'agriculture. Avant d'analyser les conditions
d'une économie pastorale de camélidés qui aurait pu constituer un écosystème
particulier andin, il est indispensable que les chercheurs explorent les régions
non cultivées, peu connues, qui se situent au-dessus de 4000 mètres dans le
nord du Chili, le nord-ouest de l'Argentine, dans la Sierra méridionale et centrale du Pérou en passant par la Bolivie. Des éléments de réponse pourraient
bien être fournis au cours de recherches effectuées en archéologie préhistorique

94   Antoinette Nelken Terner

dans la mesure où des équipes interdisciplinaires pourraient aussi compter sur les apports — encore peu fiables — de la démographie préhistorique américaine.

Notes

1. PABAH: Projet archéologico-botanique Ayacucho-Huanta, R.S. Peabody Foundation; groupe de recherches international et interdisciplinaire qui, sous la direction du Dr. R.S. MacNeish, étudie dans la région du Huamanga-Ayacucho (Pérou) les conditions de la domestication des plantes et des animaux, ainsi que celles de l'origine de la civilisation andine. Ce projet, prévu pour cinq ans, a commencé ses travaux en 1969; il prend la suite de recherches similaires effectuées sous la même direction à Tehuacan (Mexique) de 1961 à 1964.
2. Stratégie de subsistance satisfaisante sans aspect saisonnier: sous-exploitation des ressources naturelles offertes par le milieu; on se satisfait d'objectifs limités par la considération des risques afférents à l'entreprise.
3. Stratégie de subsistance efficiente: celle qui cherche à atteindre et à maintenir le plus longtemps possible, compte tenu des risques impliqués, le plus haut niveau possible de rendement de l'objectif qu'elle se propose.
4. Au moment de la Conquête espagnole, les pasteurs, dans l'Empire Inca, constituaient des groupes permanents qui maintenaient leurs liens avec les communautés agricoles dont ils provenaient et au sein desquelles ils conservaient leurs droits sur des terres que leurs parents cultivaient en leur absence.

Références

Diez de San Miguel, G. 1964. *Visita hecha a la provincia de Chucuito por Garci Diez de San Miguel en el año 1567* Ediciones de la casa de la cultura del Perú. Lima: Talleres Gráficos Quiroz S.A.
Dollfus, O. & D. Lavallée 1973. Ecología y ocupación del espacio en los Andes Tropicales durante los últimos veinte milenios, *Bulletin de l'Institut français d'études andines* 3: 75—92.
Flores Ochoa, J.A. 1974—1976. Enqa, Enqaychu, Illa y Khuya Rumi. Aspectos mágico-religiosos entre pastores, *Journal de la société des américanistes* 63: 245—262.
  1975. Sociedad y cultura de pastoreo en la Puna alta de los Andes, *América indígena* 2: 297—318.
Garcilaso de la Vega, I. 1959. *Commentarios reales de los Incas.* Lima: Librería internacional del Perú.
Guaman Poma de Ayala, F. 1936 [1614]. *El primer nueva corónica y buen gobierno.* Paris.
Matienzo, J. de. 1967. *Gobierno del Perú 1567.* Paris-Lima.
Murra, J.V. 1972. El control vertical de un máximo de pisos ecológicos en la economía de las sociedades andinas, pp. 429—468 in Ortiz de Zúñiga, *Visita de la Provincia de León de Huánuco en 1562* t II, Huánuco Universidad Nacional Hermilio Valdizan.
Nelken Terner, A. & R.S. MacNeish 1971. La vallée de Tehuacan (Mexique). 12 000 ans de préhistoire, *Annales: économies, sociétés et civilisations* 6: 1141—1178.
  1975. Les origines de la civilisation andine: le Pérou central et les interactions régionales anciennes, *Annales: économies, sociétés et civilisations* 5: 1186—1222.
Ortiz de Zúñiga, I. 1967—1972. *Visita de la Provincia de León de Huánuco en 1562.* Huánuco: Universidad Nacional Hermilio Valdizan. T.2.
Webster, S. 1973. Native pastoralism in the south Andes, *Ethnology* 2: 115—133.
Wheeler Pires-Ferreira, J., E. Pires-Ferreira & P. Kaulicke. 1976. Preceramic animal utilization in the central Peruvian Andes, *Science* 4264: 483—490.

III. Access to natural resources and social organization/Accès aux ressources naturelles et organisation sociale

7. Individuated grazing rights and social organization among the Shahsevan nomads of Azerbaijan

RICHARD L. TAPPER

Cet article traite un problème du nomadisme pastoral qui, bien que concernant d'une façon ou d'une autre toutes les sociétés nomades, a été, semble-t-il, curieusement négligé par la littérature. Il s'agit de la nature des droits de pâturage, de la taille et de la composition des groupements sociaux auxquels ils sont alloués et de la façon dont ils sont aménagés par ces groupements. On commence par considérer en particulier les conséquences de la contradiction entre le principe commun, qui consiste à allouer des territoires de pâturages à de larges sections tribales, et la nécessité, pour des raisons pratiques, de mécanismes de sous-allocation des troupeaux à l'intérieur des sections tribales. A ce problème, les Shahsevan de l'Azerbaïdjan iranien ont apporté une solution assez extrême et exceptionnelle, qui ne manque pas d'avoir des répercussions importantes sur leur organisation sociale.

In this paper I address myself to a problem of pastoral nomadism which, although in one form or another it concerns all nomadic societies, seems to me to have been surprisingly neglected in the literature. I discuss in some detail the rather extreme and exceptional solution to the problem practised by a particular nomadic society, the Shahsevan of Iranian Azerbaijan. Finally, I consider some of the important implications of the Shahsevan solution for their social organization. The problem, briefly, is the nature of grazing rights, the size and composition of social groupings to which they are allocated, and how they are managed as an estate by such a social unit.

95

The problem

The condition of the natural resources exploited by pastoralists in a given territory is subject to three kinds of more or less unpredictable variation: annual, seasonal and localized. These variations are all largely due to the unreliable incidence of rainfall, while both annual and seasonal variations may also be affected by differences of temperature, and localized variations are also partly due to differences of topography.

Traditional pastoralists have provided themselves with little insurance against unpredictable *annual* fluctuations in their environmental conditions, and indeed these can be so violent as to make theirs a highly insecure way of life. *Seasonal* variations in water and grazing resources are more predictable and have been met by techniques of nomadism and transhumance. The degree of *localized* variability appears to affect the size of the nomadic group to which a joint territorial "estate" can be allocated. Of these three features of traditional pastoralism, the first two (insecurity, and the techniques of nomadism and transhumance) have received considerable attention in the literature, while the third (the nature and size of the pastoral "estate") has hardly been discussed: this paper attempts to explore it.

The major types of animal husbandry in the arid and semi-arid zones have been summarized as four strata "in relation to the availability of water for plant growth . . . with of course, all manner of combinations and permutations between them" (Food and Agriculture Organization 1962: 358). The transhumant and nomadic types are covered by two of the four, as follows:

3. Flocks and herds maintained for most or all the year on a system of free-range grazing, but following definite migratory routes from the *communal centre to reliable seasonal pastures* elsewhere when grazing at the centre is no longer available. 4. The *truly nomadic* flocks and herds which have no fixed centre, but which follow seasonal routes to grazing areas, the annual availability or condition of which is governed by the occurrence of the *geographically and seasonally spasmodic and unreliable rainfalls* characteristic of regions in which nomadism is the only practicable method of animal husbandry (ibid., my emphasis).

In his well-known contribution to the same symposium, F. Barth accounts for the different combinations of these two ideal types found in the mountain and plateau areas of Southwest Asia, and finds that "effective utilization of the pasture resources" in these areas depends on the coexistence of various types of transhumance (i.e. based on stable settlements — "communal centres") and long-range nomadism (without such settled bases). In fact, each of the ethnic and political groups ("tribes") dominant in the pastoral sector in these areas tends to include both transhumant and nomadic elements (Barth 1962: 342–343).

There is much variation as regards the nomads' rights in, and access to, pasture areas. In general, it can be said that a number of traditional rights are recognized and in many areas have been confirmed by successive central governments of the States concerned. Such rights to pastures are held collectively by the members of a tribe or section of a tribe (defined by acceptance, or patrilineal descent); where there is a question of ownership to land, title is usually held by the tribal chief with no clear definition of the respective rights of title-holder and tribe. Traditional pasture rights include the right to draw water from public wells and from irrigation channels, and grazing rights on uncultivated lands to within reasonable distance of cultivated fields. It does not imply any reservation of uncultivated areas — the landowner is free to extend his irrigated or dry land fields and bring any virgin land he wishes under the plough. With increasing population, and mechanization of farming, this is being done, and reduces the pastures available to nomads in many areas. (Barth 1962: 345)

Some ten years later another anthropologist wrote that among Middle Eastern nomads,

It is clear that some form of corporate access to pastures is the rule, and that individual ownership of pasture land would be intolerable under free-ranging conditions. In a system which requires unimpeded access to grazing territories we would not expect rights of allocation and alienation to be held by individuals or family units. (Swidler 1973: 25)

Generalizations concerning the allocation of pastures as joint estates to large tribal groups seem valid for most pastoral societies in the area; but in this respect too there is great variation. Two considerations are relevant here: To the extent that pastures are characterized by "geographically and seasonally spasmodic and unreliable rainfalls", the allocation of estates to fairly large social groups is ecologically desirable to allow freedom of movement within a wide area. This is the case, for example, with the Baggara (Cunnison 1966: 25ff) and Kababish (Asad 1970: 13) Arabs of the Sudan, and the Marri Baluch (Pehrson 1966: 8) and Brahui (Swidler 1972: 72−73) of Pakistan. The converse of this is that, generally speaking, the more reliable and evenly spread the rainfall, the less need be the freedom of movement and the smaller the estates and the social groups to which they are allocated. There is, however, a contrary tendency which preserves the larger size of estate even where pastures are both relatively reliable and comparatively lush. Under such conditions, according to arguments put forward by F. Barth (1961: 128ff and elsewhere) and P.C. Salzman (1967), the population density of pastoralists will be higher and it will be both easier and more likely for them to be controlled effectively by autocratic chiefs, among whose powers there is likely to be title over at least the right to allot the pastures. I am not sure of the general validity of these arguments — for example, I do not believe that sufficient account is taken of either historical factors or the influence of central government on indigenous political organization. For whatever reasons, however, there is some correlation, in the Iranian area at least, between lush and predictable pastures, high population density, and strong chiefly control.

Among the major centralized confederations of the Zagros, regardless of the relatively high quality of pastures, the estate-holding groups appear regularly to be major tribal sections and descent groups of roughly 50 to 100 families: the Basseri *oulad* (see below), the Jaf Kurd *tira* (see below), the Qashqai *tireh* (Marsden 1976: 13), the Lur "section" (Black-Michaud 1976).[1] However, there is at least one centralized confederation where this is not so, but where exclusive individual grazing rights are recognized — the Shahsevan of Azerbaijan, to be discussed below.[2]

In any case, the nature of the allocation of grazing rights is rather more problematic than Barth, Swidler and others seem to have realized. In almost every pastoral society, whatever the size of the estate, the associated social group subdivides into smaller groups for camping or herding purposes or both. How is the estate managed among these different groups? Particularly in an estate where the grazing varies in quality, which herding group or groups are to have access to the choicest pastures? Or if all groups are to have intermittent access to them, how is this scheduled? What are the boundaries at any one time within the estate between any given camps or herding units, and how are they maintained?

Among pastoralists in the more arid areas, there is often a certain degree of localization of groups within the estate by the recognition of private rights to artificial water sources such as wells and cisterns; as for example with the Al Murrah Bedouin (Cole 1975). In other cases, a rule of "first come first served" appears to operate, particularly where both pasture and water resources are scattered in relation to a thin population, as with the Baggara and Kababish Arabs (see also Sweet 1969: 176–177); but also in more densely populated societies, with smaller estate-holding groups, such as the Yomut Turkmen (Irons 1975: 47), the Lurs (Black-Michaud: personal communication), and the Saçı-kara Yörük (Bates 1973: 136). Where such a rule obtains, one assumes that there is adequate pasture available for all would-be users, and that the superiority of the better pasture is not such as to induce late-comers to contest squatters' rights; or that in fact access to particular grazing and water does become the focus of competition, and some kind of pecking-order based on relative power is established between competitors.

Alternatively, and especially where there is pressure on available resources, or where only a limited amount is considered of acceptable quality, there are other possible ways in which they might be allocated so as to restrain competition: mutual agreement between competitors, e.g. by drawing lots; or allotment by a leader who has the authority to ensure acceptance of his decision — this might be the chief of a tribe, or the leader of the section to which the estate is allocated, or again the leader of a camp which comprises several herding units. Then, the allotment or agreement may be for different periods: permanent, i.e. virtually exclusive rights — this may be only in terms of a schedule, and exclusive rights to the same grazing may be held by different groups with different schedules (cf. Barth 1960); annual, i.e. seasonal in the case of nomadism and transhumance, and again perhaps in terms of a schedule; or very short-lived, i.e. daily or weekly.

Generally, the more predictable the local variations in conditions within the estate, the more permanent can be the allocation of parts of it to particular groups. Since it is a distinct advantage for any herdsman to have an intimate knowledge of the territory he is using, and since there is a limit to the size of territory of which he can preserve such knowledge (cf. Gulliver 1955: 35), the interests of efficiency recommend the allocation of an estate among the major subdivisions of the associated group on a comparatively long-term basis, i.e. at least seasonal if not semi-permanent. However, the allocation among herding units within such a subdivision might be on a more temporary, possibly daily basis, given that a shifting of camps need not be involved.

In the foregoing paragraphs I have set out very broadly what appear to be the logical implications of the conflict between, on the one hand, the principle of allocating pasture estates to large tribal sections, and on the other the necessity, for grazing purposes, for mechanisms for suballocating the estate to the component camps and herding units within the tribal sections. The nature of such mechanisms, and their relationship with the organization of the groups involved, are surely crucial problems of pastoral nomad sociology; however, it is hard to find relevant empirical information in the literature.

For example, Barth, a major authority on nomadic societies, writes: "As between members [of estate-holding tribal groups], there is also a need for mechanisms for internal distribution and allocation of temporary pastures, and for the solution of conflicts relating to the use of pastures between members of the group. The tribal organization serves also these functions." (Barth 1962: 348) Yet in his own ethnographic accounts of the Basseri and the Jaf Kurds, he does not specify what these mechanisms might be, or how the tribal organization is relevant.

Among the Basseri all pastures are owned, but rights are of usufruct, not of absolute property, and are not individuated. "Though the nomads themselves usually speak of pasture rights as if they were immutable through time and based on age-old usage, they are in fact subject to arbitrary reallotment by the chief" (Barth 1961: 54). The unit which is allocated such an estate, rights to which are basic to the existence of the Basseri shepherd, is the *oulad*, a non-exogamous unilineal descent group varying much in size but averaging 90 tents (Barth 1961: 51). The oulad estate is not subdivided, and a man's rights to graze on it depend on being able to trace his genealogy back the 8 or 10 generations to the oulad apical ancestor (Barth 1961: 55). The migratory unit is a camp of between 10 and 40 tents, two or three such camps comprising an oulad. Herding units of a camp, each of 2 to 5 tents, disperse in winter but congregate in summer (Barth 1961: 55). Camps are clearly delineated by locality: "though they move independently of each other, this can be ignored [by the chief] so long as they remain within the limits prescribed by the chief for their oulad" (Barth 1961: 61). Camps are the primary communities of Basseri nomad society (Barth 1961: 25, 46), but "the oulad is an internally unstructured aggregate of persons" (Barth 1961: 59). "Because of the processes by which they are built up . . . camps will never constitute patrilineal descent segments of a large oulad — they are recruited by principles entirely different from the rule of patrilineal succession defining the oulad" (Barth 1961: 59). A member of an oulad is free to make any camp or herding unit associations he likes, and in fact the composition of such units is irregular and liable to change (Barth 1961: 23—56).

How the pastures of an estate are allocated between camps and herding units is not specified. There appears to be considerable pressure on the pastures, and yet the different camp communities are said to remain isolated from each other with very little interaction:

the group is rarely mobilized as a corporate unit in conflict situations with other groups. The prevailing fear and suspicion keep groups at a reasonable distance from each other, and violent conflicts occur only rarely. Fights with sticks and stones may occasionally develop over pastures between shepherds from different camps . . . (Barth 1961: 47)

But what is the nature of the boundaries and rules they are fighting over? There may be some mechanism which escaped Barth's notice, for allocating pastures between camps and maintaining boundaries between them. In fact he writes elsewhere: "There is a significant difference between agriculture and grazing with respect to how land is utilized; for grazing, the estate need not be subdivided and plots allocated — all owners may exercise their rights simultaneously" (Barth 1966: 29).

These observations on the nature of the oulad and its estate lead Barth into the following comments on a recent Army practice of adopting camp leaders as responsible headmen:

But there is no stable way whereby communally held pastures can be allocated systematically to camp units, since there is no way of delimiting camp membership through time to make them permanent groups. The recognition of camps as separate administrative units, instead of as fractions of a larger unit, spells the end of the whole tribal schema for ordering pasture rights and migrations, and leads rapidly to organizational, and thereby economic, collapse (Barth 1961: 67—68).

Barth's own material on the Kurds (see below) would seem to suggest that these conclusions are unduly pessimistic (though see Lambton's endorsement, 1962: 620), being perhaps based on erroneous assumptions.

Barth's failure to identify the mechanism in question among the Basseri may be related to his fieldwork situation. First, he was unfortunate in that most of his three months with the Basseri were spent, not in the seasonal pastures where oulad rights are held, but on the migration between them, so the question of allocation need not have come to his observation. Moreover, this was in spring, when pastures are plentiful and disputes over them might be expected to be few. Thirdly, he lived in the chiefly Darbar camp (Barth 1961: 36); he claims that in the absence of the chief this camp "is indistinguishable from any other *oulad*" (Barth 1961: 76, my emphasis), yet it does diverge from his own model of the social structure, in that as an *oulad* it comprises only one camp, and indeed it is also a tribal section, thus combining three different structural levels. As a consequence, it must be questioned whether it is the camps that are isolated groups (see above); more likely, it is the estate-holding *oulads* (or perhaps the sections). Most importantly, since the Darbar camp, as *oulad*, has its own estate, which it does not have to share with any other camp, this may

explain why Barth did not record how the estates of ordinary oulads are allocated among component camps; though not why he fails to report exactly how
pastures are allocated among herding units within the camp, whether Darbar or
not.

The clear evidence of continual freedom of camp and herding unit association enjoyed by the Basseri supports Barth's implication that allocation of
pastures to such units is "unsystematic", i.e. on a short-term basis, possibly
seasonal at most. It seems likely that headmen or camp leaders have the responsibility for such allocations, a power delegated to them by the chief, but in the
absence of further evidence, speculation on this point is fruitless.

Among the Jaf Kurds, the tribal section to which a pasture estate is allocated
is the *tira*, which approximates a maximal lineage, though Barth gives no clear
indication as to its size (Barth 1953: 36ff). The *tira* divides into several separate
camps (*khel*) of some 20 to 30 households each (i.e. like the Basseri camps).
"Any member of the *tira* has unlimited grazing rights for his flocks, so there is
no legal limit to the accumulation of wealth" (Barth 1953: 39), and indeed personal flocks vary greatly in size, from 2000 to less than 50 animals. They are
tended in herds of 500 or so, by a single herdsman; but Barth does not mention
the size and composition of herding units, nor how the pastures of a *tira* are
allocated among *khel* camps and among herding groups within them. The *khel*
"may be roughly regarded as a lineage segment" (Barth 1953: 38), though it
may include a number of hired herdsmen of foreign origin. The leader of the
tira (the *raiz*) and the elder of the *khel* both appear to be figures of greater economic and political power than their Basseri counterparts, and one may easily
assume that allocations of pasture within the group are done by them. The pattern whereby Jaf camps, unlike Basseri, tend to be based on agnatic ties, seems
to be related to the high rate of parallel cousin marriage (Barth 1953: 40).

The Shahsevan of Azerbaijan

The Shahsevan are tribally organized, tent-dwelling pastoral nomads and semi-
nomads inhabiting various parts of Iran. The groups discussed here live in the
region of northeast Azerbaijan, which covers a rectangle of about 200 by 100
km between the Soviet frontier in the north and east and the Savalan and other
mountain ranges to the south and west. The population of the region is about
half a million, a large majority being settled peasant farmers. Ardabil, on the
eastern fringes of the Shahsevan tract, is the largest town, with about 80 000
inhabitants. Most of the tribal lands fall in the governorate of Meshkin, whose
centre Khiow (Meshkinshahr), with a population of 9000, is the main market-
town of the Shahsevan. Where water can be provided, the region is fertile for
agriculture, but dry-farming too is widespread. Cultivation is developing in
modern conditions, especially in the Mughan irrigation project to the north.

Of the Shahsevan tribesmen, a good proportion now conduct a dual econ-

omy, farming at least part of their land from fixed dwellings and sending flocks
to the mountains in summer. Non-tribal villagers often send flocks to pasture
with Shahsevan friends, others own or rent pastures inside tribal territories.
Settled and nomadic populations are exclusively Turki-speaking Shi'ite Muslims,
and the "ethnic boundary" between villager (Tat) and nomad (Shahsevan),
though often strongly maintained and expressed by both sides with reference to
supposedly distinct cultural features, is objectively hard to define in other than
economic terms.

The nomadic sections of the Shahsevan, those who "customarily migrate
with flocks and tents in spring and autumn between Mughan and Savalan",
numbered from 5000 to 6000 families in the mid-1960s when I did fieldwork
among them. They keep camels, donkeys and some horses for transport, but
they specialize in raising sheep (and a few goats) in a market economy. They
rely on the sale of wethers, wool and milk for cash and credit with merchants
and markets in the area, enabling them to buy supplies of flour, tea, sugar, oil,
etc. and to spend lavishly on special occasions.

The Shahsevan were organized in the later eighteenth century in two confederations (*el*), one associated with Meshkin and the other with Ardabil. In the
mid-nineteenth century the former numbered about 7000 families and the
latter 5000. Each was ruled by a paramount chief (*elbeği*), held responsible by
government for the maintenance of order and for collecting taxes and military
levies, and each comprised a number of tribes (*tayfa*), headed by chiefs (*beğ*),
appointed by the *elbeği*.

A series of drastic changes in the economic and political environment over
the last hundred years has resulted in both reorganization and breakdown of
the tribal structure. The *elbeği* and their dynasties lost effective control of the
tribes in the decades following the establishment of the Russian frontier in
Mughan (1828). This was finally closed to the Shahsevan in 1884, depriving
them of their best winter pastures. During the resultant confusion, and until
disarmed by Reza Shah in 1923, individual tribes formed clusters under the
more powerful chiefs, who maintained virtual independence of central government. Today most of the Ardabil tribes are settled and detribalized; the rest,
together with most of the Meshkin tribes, still live in tent-camps all or part of
the year. Thirty or forty such tribes today form a loose confederation under
the effective administrative control of government, with the army, gendarmerie
and court system as sanctions for the maintenance of order. Individual chiefs
still wield considerable local influence, but the last foundations of their power
are being undermined by Land Reform, and the significance of the tribe as
political and social unit is declining.

Each tribe has from two to over twenty sections (*tirä*). The section nowadays
is a political and administrative unit, headed by an elder (*aqsaqal*, "grey-beard");
usually it is also the primary nomadic community, and coincides in composition with a maximal lineage (*göbäk*). Most often it comprises 20 to 30 house-

holds, heads of which are agnates tracing descent from an ancestor three to six generations back, after whom the section is usually named, but it probably also includes a few unrelated or affinally related retainers, servants and hired herdsmen. Different sections often claim common descent, but only in a few tribes do all sections do so. Occasionally a section's traditions indicate that it has changed affiliation in the past, by migrating from one tribe to another.

Tribe and section are territorially defined in both winter and summer quarters. Their present distribution dates mainly from 1884, when the winter pastures in Iranian Mughan were redistributed by government, following the closure of the Russian frontier. Within large tribes, sections claiming common descent are not always neighbours, and neighbours do not always claim common descent, even when on the best of terms.

The nomads spend four to five months of the year (November to March) in fixed winter campsites or villages in the Mughan plains, but the rest of the year they are comparatively mobile. In late March they leave the winter camps, remaining within winter pastures until early May, when they leave Mughan for the mountains to the south. The migration of between 150 and 200 km takes two to four weeks. The month of June is spent grazing the flocks in the foothills of the Savalan range, where most nomads possess spring pasture, then from July to September they occupy their summer quarters in the high meadows at up to 4000 metres. In October they make their way back to Mughan, where they should arrive by early November. After a few weeks in autumn quarters, spent rebuilding the corrals and stables in the nearby winter campsites, they settle in for the winter.

The Shahsevan pastures — the high meadows on Savalan, and the plains of Mughan where winter and early spring rains usually bring excellent grazing — have long been famed throughout Iran, though they are probably now much overgrazed. I doubt, however, if the climate could be regarded as more predictable or the pastures more lush than those of Zagros groups such as the Qashqai and some Kurds, so that the origins of the peculiar Shahsevan grazing system to be described below must be sought not in ecological circumstances but in the historical events alluded to above.

The Shahsevan system of grazing rights

After the Russian frontier was closed to the Shahsevan in 1884, the Governor-general of Azerbaijan is said to have divided the lands within Iran available to the nomads for winter grazing into 364 named pastures, and to have distributed them among the elders of the tribal sections, which then formed winter camps. Today (i.e. the mid-1960s), between 100 and 150 of the pastures are under cultivation and the remaining 250-odd are mostly occupied and used by descendants of the original assignees, in spite of the upheavals in the decades following the distribution. The pastures now amount to some 300 000 hectares and average 1200 hectares each. They vary widely in size and quality, in accord with differences in terrain and the size and power of the groups to which they were allotted. To a great extent, however, differences were equalized by the fact that the poorer pastures, e.g. in the hills in southern Mughan, were much larger than the better ones to the north and west.

The Mughan steppe was Crown Domain (*xalisä*), "legally" at the disposal of government. State control has varied in effectiveness over the last decades, but until recently seldom conflicted with the tribesmen's own use and disposal of the pastures. The government collected a grazing tax as the nomads came south in spring: this was officially a rent for pasturage in Mughan, but as it was levied at a specific rate for each kind of livestock, the nomads were able to see it as a cattle-tax rather than a grazing-due, and considered that they held inviolable "ancestral" rights in the Mughan pastures, dating from the redistribution of the 1880s. Hence in the 1950s, when the government started to take over large parts of Mughan in connexion with current agricultural projects, much resentment was felt by nomads evicted from their pastures. In fact, on various occasions since the end of last century, lands in Mughan have been legally transferred to tribesmen on the understanding that they were to be cultivated, and most Shahsevan have recognized that their rights of usufruct applied only to the grazing (*ot*), and were subject to the State's ultimate right to dispose of the land (*torpax*).

At the same time as the distribution in Mughan, the names of the mountain pastures occupied by members of each winter camp are also said to have been recorded, though no redistribution or formal registration took place. Many nomads claim ownership of their present summer quarters by referring to their ancestors' recorded occupation of named pastures at that time. These lands too were officially Crown Domain, but this was never recognized by the Shahsevan, who consider them private property (*mülk*), and many wealthy tribesmen hold deeds of some kind relating to them. No tax was collected for the Savalan rangelands, and villagers from the south of the region who took flocks up there avoided paying any grazing or cattle tax, though pastoralists using other nearby mountain pastures did pay such a tax.

The total area of Shahsevan summer pastures is probably around 250 000 hectares; I know of no complete record of the number and extent of these mountain pastures, but they are more numerous and much smaller than those of Mughan. They are lusher, grazed for shorter periods, and at a higher density and by smaller herds — traditionally, livestock was bought in autumn for fattening in Mughan and sale in spring. The expansion of cultivation in Mughan and the consequent nomad settlement and reduction of pastures and flocks there might be thought to have left mountain pastures vacant; village-based flocks have increased, however, and recently nomads have been postponing sales of livestock to mid-summer, so the grazing on Savalan is fully if not excessively utilized.

Along the migration routes (*elyolu*) followed in spring and autumn, the nomads had customary rights to settle unmolested for 24 hours in any spot. Each camp had a number of traditional stopping places (*düšälgä*) along the trail, commonly near villages where it had contacts or perhaps land-rights. Needless to say, the 24-hour rule was only reluctantly recognized by the villagers, particularly in spring, when their crops and pastures might suffer heavily from nomad incursions. Now that Land Reform has reversed the former nomad dominance over the villagers, the customary right has almost been forgotten. However, apart from the lands owned privately by villagers or by tribesmen themselves, some uncultivated areas through which the nomads pass are common land (*omumi*), undeveloped and unused and in effect free grazing.

In 1964, after a particularly disastrous winter, Mughan grazing dues were not collected. Indeed they were abolished and all transactions in grazing rights were officially banned pending investigation of claims to ownership. Although principles and conditions described here were thus formally invalid at the time of my fieldwork in 1965–1966, they were still the basis on which grazing rights among the tribesmen were allocated.

The grazing lands are divided into named pastures, classified as winter quarters (*qïšlax*), summer quarters (*yaylax*) or spring quarters (*yazlax*). Many *yazlax* lands are also occupied in autumn, but the term for autumn quarters (*güzäk*) refers rather to the campsite within the *qïšlax* which is first occupied on arrival there in late autumn. The boundaries of every pasture are common knowledge and may be marked by various natural or artificial features: rivers, canals, streams, gullies, hills, rocks, piles of stones or pits at regular intervals, a continuous ditch, sometimes a path or track. But this comparatively fixed territorial grid of named pastures does not correspond exactly with the present distribution of grazing rights.

Every pasture is divided, like villages in the area, into six *axča* (or *dang*), each *axča* into four *čäräk*, and each *čäräk* into four *istil*. In principle, rights in pasture, like rights in cultivated land, are inherited from a father by all his children. A daughter customarily transfers her share, half that of a son, to one or all of her brothers, or, if she has none, to other close agnates — never to her husband. The amount of each share (*haqq*) in a particular pasture, in *axča*, *čäräk* and *istil*, can be calculated, and a man is free in principle to demand that his share be divided from the rest to be disposed of as he pleases. Further, at any moment, any given stretch of grazing is measurable not only as a certain fraction of a named pasture or of several pastures, but also in terms of its cash value.

In practice, rights are usually managed and used collectively as an estate (*yer*) by the owners who reside in a camp (*oba*), which is by definition an estate-management unit. The term *oba* often takes on a wider meaning and may refer not only to the campsite (*yort*), the tents and the members of the camp, but also to the estate and the herds which graze on it, or to any one of these items. Thus, when members of a camp have bought or rented some pasture for their herds, they may say they have "bought an *oba*"; at other times they refer to themselves as an *oba*; sometimes only those members of the camp with inherited or bought rights to the estate are counted, at other times the *oba* is held to denote all residents, including hired herdsmen and visitors. An estate is rarely shared by two camps, nor does a camp subdivide to manage two different estates. Sometimes estates, like pastures, are divided into *axča*, *čäräk* and *istil*, and since seldom if ever does one estate coincide with one named pasture the distribution of shares in estates and pastures becomes highly confusing. The camp leader (*aqsaqal*) administers the use of the estate, and residence in a camp implies acceptance of his authority in this matter; the camp is known by his name.

In summer and winter quarters, after a camp has used all the fresh uncropped grazing (*xam*) within its estate, any other group may then, usually after seeking permission as a matter of courtesy, enter the estate and use the cropped or second-growth grazing (*örän*). Thus, exclusive rights apply only to fresh grazing each season, so an important aim of any camp's grazing programme is to maintain as long as possible a reserve (*qorux*) of *xam*, for gradual consumption by weaker and younger animals in the herds, thereby also prolonging their exclusive use of the second-growth.

In winter quarters, each estate consists of a single stretch of pasture which is grazed over methodically throughout late autumn and winter. Normally the *xam* reserve is not finished, and the consequent free-for-all situation does not arise, until well into the spring, by which time the *örän* second-growth should be abundant. When late winter rains have failed and the *örän* is hence sparse, boundary disputes between neighbouring camps are frequent around the New Year (late March).

In the mountains, where estates usually comprise a succession of two or more grazing areas, favourably situated meadows (*čämän*) are naturally watered by springs or snow-melt, or artificially irrigated by channels led from them. In a bad year the last *xam* may be finished well before the end of summer without being replaced by usable *örän*. Further disputes occur at this time and are likely to be more violent than in Mughan, where the camps are within closer reach of the gendarmerie. Disputes are commonest, however, in late spring when early arrivals in the mountains try to sneak a few days' lush grazing off estates of still-absent neighbours, to bring their own sheep to peak condition for sale, and again in late autumn on arrival in Mughan when any grazing is likely to be scarce until the rains come.

Various factors constrain the size of estates and camps, which have changed in recent Shahsevan history as the impact of these factors has altered. First, there has always been a varying need for nomadic groups to unite in defence of their homes and flocks. In Mughan up to a few decades ago, the combination of biting winds sweeping over the open steppe with the dangers of wolves and raiding parties in the long winter nights kept large compact camps together, with high wind-screens and central corrals. Secondly, the need to defend an estate from trespass makes the optimum shape a circle with the camp itself as centre, and a maximum radius of about 8 km., the distance a flock of sheep can cover in a day's grazing out and back (cf. Spencer's model, 1973: 15ff). The more elongated the estate, the more difficult it is to protect and the smaller the maximum area. Mughan terrain makes the ideal shape hard to achieve. Most parts that I visited comprised broad stretches of each kind of grazing, bare hills, lusher gullies and open plain; and the original winter pastures were in many cases already long thin strips, approaching the maximum size and at the same time not easily divisible into yet thinner strips, given the rule that when an estate is partitioned, shares are reckoned not only in size but in quality. Nonetheless, now that organized raiding no longer occurs and the dangers of wolves and small-scale rustling are diminished, the former large winter camps have broken apart into smaller groups, and the estates have been divided, often into elongated and indefensible strips. Present estates sometimes measure 10 km by 500 m and are thus continually subject to trespass, actual or suspected. The average estate of 400 to 500 ha is grazed by 1000 to 2000 sheep and goats and 50 to 100 larger animals, the herds of a winter camp of 10 to 15 households, divided into two to four herding units. Very few estates, if any, are capable of further division. The extreme fragmentation is due to conflicts within and between camps, as discussed below.

In summer quarters, although the nights are shorter and milder and the shepherds stay awake all night on guard, wolves and raiders were more of a danger than in Mughan, and camps were often as substantial, comprising whole tribal sections or major parts of them. As political conditions have improved, so the summer camps too have broken up; but the mountain terrain is much more varied than in Mughan, meadow, valley, and hill-top stretches being found in close association, so that compact subdivisions of equal value can more easily be formed. The minimum size of summer camps and estates is not now set by the terrain but by demands of herding efficiency. Camps are now almost always minimal herding units, with estates of around 100 ha, comprising shares in two or three named pastures and amounting to nearly half a pasture in extent. The units average four to five families and 400—500 head of sheep and goats.

In Shahsevan theory, grazing rights may be bought or sold as hereditary freehold property, or rented for a limited period. In the mid-1960s however, when government measures connected with Land Reform were beginning to affect pastures, particularly as a form of investment, the authorities were said to be intending to register all pastures in the names of user-occupants, and had tried to freeze the situation by banning transactions in grazing rights. This meant that prices and values at the time were somewhat lower than they had been a few years before, when the freehold grazing rights in a named winter pasture of about 1200 ha varied between 200 000 and 400 000 *toman* (at the time one pound was worth twenty *toman*), or 250 *toman* a hectare. Summer pastures, a quarter the size (200 to 300 ha), cost less than a tenth as much, i.e. about 20 000 *toman*, or 80 *toman* a hectare. Sales of pasture on this scale, with such large amounts of money changing hands, had probably ceased at this time, but renting was still a frequent practice.

Grazing may be rented in two ways: a. pastures *or* subdivisions thereof may be rented by area, the seasonal fee being one-tenth the freehold value, i.e. a winter pasture rented at 20 000—40 000 *toman* for the 6—7 month season, and a summer pasture for 2000 *toman* for 2—3 months. Such payments are called "grass-money" (*küdö-pulu*); b. grazing may be rented per head of animals put onto it; in this case the payment, known variously as "mouth-money" (*ağïz-pulu*), "mouth-grazing" (*ağïz-otu*), or "grazing-head" (*ot-baši*), is at the rate of 5 to 10 *toman* per sheep in Mughan and 2 to 3 *toman* in the mountains.

Some social implications of the grazing system

The individual ownership and alienability of grazing rights has important implications for the social organization of the Shahsevan nomads; only a few can be considered here.

The first is that the acquisition of extra grazing by a camp with expanding flocks may involve a considerable cash outlay; conversely a camp with flocks that are declining naturally or have been struck by climatic or other disaster retains a valuable resource intact, grazing rights, part of which may be disposed of by rent or sale and the proceeds used for restocking.

An expanding camp may attempt to rent or buy grazing in neighbouring areas. The leader collects funds from all members of the camp according to their means, and in case of purchase divides the shares in proportion to the contributions made. Rental in such a case is likely to be by method *a*, which is the preferred one, since tenants have independent control over the pasture they have rented.

If an area is overcrowded, individual camp members or (in Mughan) a whole herding unit may leave for a season to rent grazing elsewhere, this time by method *b*, which is followed wherever tenants do not have enough flocks to form a separate camp of their own, and thus have to put themselves under the leader of the land-owning camp, at least in regard to grazing management. This can lead to friction, and is less popular than the first method.

The most likely absentees are from sections of the camp that own flocks which have grown disproportionately to their share in the estate. They may be compensated by those who stay behind and use the estate, or different members of the camp may take turns to move in successive seasons. In extreme cases, departing members sell their shares to the rest, and settle for good; or they buy or rent grazing in a new area, to become assimilated into a different nomadic group. Individuals or groups may thus have quite different neighbours in summer and winter quarters.

As a rule, section and tribal membership are determined by residence in Mughan, and nomads who move elsewhere in summer, even to the territory of another tribe, retain their original affiliation so long as they return "home" every winter. A change in winter quarters entails a transfer of section membership. In fact, transactions in grazing rights have always been commoner in summer quarters, where as a result there is less correlation between estates and named pastures. Those who fail to retain grazing rights in a Mughan pasture are considered, and consider themselves, to have no proper section or tribal membership — they have become detribalized.

Ordinary nomads much prefer transactions in grazing rights, whether sale or rental, between kinsmen and neighbours. But a declining camp may well sell to strangers. Moreover, pasture can be a highly productive form of investment capital, on the exploitation of which there is in theory no restriction. Excess pasture can be used for raising further flocks or for rent to others. Members of chiefly families and some others control large areas of excess pasture, particularly in Mughan, which they rent each season to fellow-tribesmen, to local villagers, sometimes to non-Shahsevan tribal groups from elsewhere in Azerbaijan, and sometimes to non-tribal, city-based stockmen. In the uncertainty accompanying government measures of the mid-1960s, it was clear that those who cultivated their pastures were more certain of retaining ownership. So long as they used mechanical methods, there was no limit yet fixed on the amount of newly cultivated land which individuals could own. So, in 1965—1966 there was a considerable area of the lowlands newly opened to irrigated and dry cultivation, much of the latter not only proving less productive than stock-raising on the same land had been, but also destroying the natural grazing capacity of the land.

So far, the composition and internal organization of nomadic camps has not been discussed. Here too, the system of grazing rights is a dominant factor; but we must add another important feature of Shahsevan culture that distinguishes them from people such as the Basseri: strong notions of solidarity and a clear authority structure among close agnates. The herding units used to be the only subdivisions of the tribal section. They did not camp separately, had no separate estate, and were essentially the kind of cooperative but non-corporate herding units described for other pastoral peoples. Nonetheless, according to present informants, they formed even then, as they do now, around minimal lineages, sets of full-brothers or other close agnates, and not primarily on the basis of bilateral and affinal ties as, for example, among the Basseri.

When the flocks of a subgroup of the section, like a herding unit core of full-brothers, grew disproportionately to its recognized share in the section's estate, adjustment ought properly to have been made in the shares: a declining segment should be persuaded to sell part of its share. In fact expansion usually occurred among the leading families who tended to usurp the shares of weaker elements. Pasturage thus placed little effective limitation on expansion of flocks or personnel within the section.

So it was important for a man to father as many sons as possible, to provide him with not only political support but also a degree of self-sufficiency in labour. Although sons might individually inherit only small shares, if they were many, they might avoid dependence on cousins for herding cooperation and in time form their own unit and perhaps claim more pasture than properly was their due.

A man without brothers or father's brothers of his own would normally remain attached to the unit in which his father left him, and if this came to partition his choice of which new unit to join was influenced by other kinship ties. Such a man was unlikely to be able to form a separate herding unit or to attract followers of his own unless he commanded resources of wealth, reputation and genealogical seniority in the section, which might render such ambitions more realistic, but he could well hope to raise sons who could do so. Otherwise he was liable to oppression, to counter which a good strategy was to avoid committing himself to one herding unit leader and to join different units for different seasons.

Most of these considerations are still relevant. But now herding units have separate estates in summer at least, and it is more difficult for them to expand, as access to extra grazing must be bought or rented. Their composition too is probably more stable than before, since changes of membership properly entail a complicated and disruptive reordering of estate boundaries. The same applies in principle to the new winter camps.

Formerly, when the section estate was undivided, the elder supervised the grazing and allotted parts of it to each herd on a daily basis. Within each herding unit, assuming the absence of resentment based on an imbalance of flocks and labour, there was no material cause for dissension, as members' flocks were herded collectively and none had preferential access to better grazing, no matter what the size of the flock or the owner's share of the estate. Between units, on the other hand, there was often mutual suspicion in these respects, taking the form of resentment of the elder and accusations of his cornering the better grazing for his own (or some other) unit. Once political conditions permitted, these suspicions quickly led to fragmentation of camps and estates into the smallest possible independent subdivisions. There is evidence that the recent fragmentations were sometimes preceded by a period of *de facto* partition, when subgroups separated from the main camp but were not yet able to establish formal independence from the elder by claiming their shares of the estate.

We have seen how a combination of ecological and political factors now permits maximum dispersal of herding units in summer but still compels two or more to camp together in winter and to cooperate in exploiting their joint estate then. The association of herding units in a winter camp follows an almost invariable rule: when the former, section-based winter camp broke up, the shares of the estate were divided according to descent lines, each new winter camp forming a segment of the original maximal lineage on which the section was based, while herding units, themselves based on minimal lineages, form genealogically defined segments of the new winter camp. Thus the winter camp involves the continued subordination to a leader and cooperation in pasture management of those very collateral segments which have just experienced either fission, through expansion and division of the herds of a former unit, or partition of a common summer estate. Neighbours in summer remain partners in winter. At the same time, neighbours in winter continue to cooperate as a section-community, not least in the arduous experience of the migration.

Partnership of herding units in estate-management in the former section-based camps gave rise to suspicions and resentments between them. These sentiments persist both among the herding units of the modern winter camp and between the different winter camps of a section. They are liable to be aggravated in both summer and winter quarters by the relations characteristic of enforced neighbourhood.

After the partition of an estate, a residue of resentment between the newly formed camps may be unavoidable, turning into suspicions of an unfair division of the pastures. But the new camps now remain perforce as neighbours and their relations may well degenerate into semi-permanent hostilities or open aggression, of which accusations (and perhaps the practice) of pasture-trespass and animal theft are the obvious manifestations.

The values of agnatic kinship, which still include a preference for transactions within the tribal section whenever members need to buy or sell grazing rights, act strongly to prevent the open expression of hostilities between related camps. But the product of the two-stage partition of the former section estate, the suspicions generated by continued partnership in winter and on migration, and the enforced neighbourhood of partners and coparceners, is a complex pattern of political relations within the present section, which still forms the basic nomadic community. As with the former section elder, the winter camp leader may now be accused by herding units other than his own of unfairness in grazing management. Relations between different winter camps of a section are probably also embittered, for the following similar reasons: suspicion of an unfair division of the winter estate; difficulties between neighbours; questioning of the elder's competence and impartiality on the migrations, when the whole section is still obliged for various reasons to unite under his leadership.

In summary, the section is characterized by structural conflicts between the various principles on which it and its parts are organized, notably the system of grazing allocations. These conflicts generate hostilities at two levels: between the herding units of a winter camp, focussing in resentment of the leader of the latter; and between winter camps, focussing in resentment of the section elder. Political relations within the section, between the elder, the winter camp leaders and their subordinate herding unit leaders, form a familiar bloc/chequer-board pattern, which is expressed in the spatial ordering of the section camps during the migrations, the only periods in the year when this ordering is not constrained by land rights.[3]

The Shahsevan solution to the problem of allocating grazing rights among herding groups, involving the recognition of inheritable individual rights and the alienability of these for cash by sale or rental, is not unique. I recently collected information on a similar system among Durrani nomads in northern Afghanistan. Here all pastures are formally state property, but customarily they are often individually owned. When they arrived in the plains of Afghan Turkistan several decades ago, these nomads established grazing rights by occupying what were relatively empty pasture lands. Camps were then, it seems, single herding units of a few families of close agnates with 500 to 1000 sheep, as they still are, and each such camp through its leader established rights to a particular stretch of the steppe. In some areas, within reach of the main cultivated river valleys, grazing rights were officially recognized, recorded and protected about 20 years ago, and appeal may now be made concerning them to the courts; but transactions in them are quite illegal, as they are not supposed to have a value but to be allocated according to need. Nonetheless, the grazing rights are often rented out, and sometimes sold, for cash or produce, to kinsmen or to complete outsiders, such as Turkmen karakul specialists, or Aimak herdsmen from the mountains. The grazing lands of a tribal section or subtribe are still usually adjacent, but there is no very strong sense of an "estate" larger than that of the herding unit.

In their mountain pastures in the Hazarajat, the Durrani nomads have to pay "illegal" grazing fees for each flock to their chiefs or sometimes to local Hazara landlords, who maintain control there. The herding units of a subtribe or tribal section are frequently widely separated from each other, but most of them are allowed to return each year to "traditional" summer quarters (cf. Ferdinand 1969: 135).

Notes

1. Estate-holding groups of a similar size, but in rather different environments, are the *oba* of the Yomut Turkmen (Irons 1975), the "corporate group" of the Saadi Bedouin (Peters 1967), and the *fakhd* of the Al Murrah Bedouin (Cole 1975).
2. Cf. the Sarakatsani of northern Greece (Campbell 1964) and the Yörük of Southeastern Turkey (Bates 1973), where individuals or small groups have to buy grazing rights from villagers and other landowners.
3. These matters are the subject of a monograph in press (Tapper forthcoming). Support and assistance during fieldwork with the Shahsevan, gratefully received from numerous bodies and individuals, will be duly acknowledged in the monograph.

References

Asad, T. 1970. *The Kababish Arabs. Power, authority and consent in a nomadic tribe.* London: C. Hurst.

Barth, F. 1953. *Principles of social organization in Southern Kurdistan.* Oslo: Jørgensen.

— 1959—1960. The land use pattern of migratory tribes of South Persia, *Norsk geografisk tidsskrift* 17: 1—11.

— 1961. *Nomads of South Persia. The Basseri tribe of the Khamseh confederacy.* London: Allen and Unwin.

— 1962. Nomadism in the mountain and plateau areas of South West Asia, pp. 341—355 in *The problems of the arid zone: The proceedings of the Paris symposium*, Arid zone research 18. Paris: UNESCO.

— 1966. *Models of social organization*, Occasional paper 23. London: Royal Anthropological Institute.

Bates, D. 1973. *Nomads and farmers: a study of the Yörük of southeastern Turkey*, Anthropological papers, Museum of Anthropology 52. Ann Arbor: University of Michigan.

Black-Michaud, J. 1976. The economics of oppression: ecology and stratification in an Iranian tribal society. Ph.D. thesis, University of London.

Campbell, J.K. 1964. *Honour, family and patronage: A study of institutions and moral values in a Greek mountain community.* Oxford: Clarendon Press.

Cole. D.P. 1975. *Nomads of the nomads. The Al Murrah Bedouin of the Empty Quarter.* Chicago: Aldine.

Cunnison, I. 1966. *Baggara Arabs. Power and the lineage in a Sudanese nomad tribe.* Oxford: Clarendon.

Ferdinand, K. 1969. Nomadism in Afghanistan. With an appendix on milk products, pp. 127—160 in L. Földes (ed.), *Viehwirtschaft und Hirtenkultur. Ethnographische Studien.* Budapest: Akadémiai Kiadó.

Food and Agriculture Organization. 1962. Nomadic pastoralism as a method of land use, pp. 357—367 in *The problems of the arid zone: The proceedings of the Paris symposium*, Arid zone research 18. Paris: UNESCO.

Gulliver, P.H. 1955. *The family herds.* London: Routledge and Kegan Paul.

Irons, W. 1975. *The Yomut Turkmen: A study of social organization among a Central Asian Turkic-speaking population*, Anthropological papers, Museum of Anthropology 58. Ann Arbor: University of Michigan.

Lambton, A.K.S. 1962. Review of Barth 1961, *Bulletin of the School of Oriental and African Studies* 25: 618—622.

Marsden, D.J. 1976. The Qashqā'i nomadic pastoralists of Fars province, pp. 9—18 in *The Qashqā'i of Iran.* World of Islam festival 1976, Whitworth Art Gallery. Manchester: University Press.

Pehrson, R.N. 1966. *The social organization of the Marri Baluch*, compiled and analyzed from his notes by F. Barth. Chicago: Aldine.

Peters, E.L. 1967. Some structural aspects of the feud among the camel-herding Bedouin of Cyrenaica, *Africa* 37: 261—282.

Salzman, P. 1967. Political organization among nomadic peoples, *Proceedings of the American Philosophical Society* 111: 115—131.

Spencer, P. 1973. *Nomads in alliance. Symbiosis and growth among the Rendille and Samburu of Kenya.* London: Oxford University Press.

Sweet, L. 1969. Camel pastoralism in North Arabia and the minimal camping unit, pp. 157—180 in A.P. Vayda (ed.), *Environment and cultural behaviour.* New York: Natural History Press. Originally in A. Leeds & A.P. Vayda (eds.), *Man, culture and animals: The role of animals in human ecological adjustments*, American Association for the Advancement of Science 78.

Swidler, W. 1972. Some demographic factors regulating the formation of flocks and camps among the Brahui of Baluchistan, pp. 69—75 in W. Irons & N. Dyson-Hudson (eds.), *Perspectives on nomadism.* Leiden: Brill.

1973. Adaptive processes regulating nomad-sedentary interaction in the Middle East, pp. 23–42 in C. Nelson (ed.), *The Desert and the sown. Nomads in the wider society*, Institute of International Studies, Research series 21. Berkeley: University of California.

Tapper, R.L. Forthcoming. *Pasture and politics. A study of economics, conflict and ritual among Shahsevan nomads of northwestern Iran*. London: Academic Press.

8. Accès aux ressources collectives et structure sociale: l'estivage chez les Ayt Atta (Maroc)

CLAUDE LEFÉBURE

This contribution invites a re-examination of the anthropological hypotheses according to which the authority structure at the top of the lineage-based societies of the mountain pastoralists of Zagros is a direct result of environmental constraints. Faced with comparable constraints a semi-nomadic pastoralist tribe, the Ayt Atta, and their neighbors of the central Upper Atlas (Morocco) did not superimpose a similar structure upon their lineage system. Control of access to pasture resources is kept in the hands of the collectivity, all the while remaining efficient and flexible. It would thus seem that variables other than natural and demographic factors should be called upon to account for the differentiations resulting in the hierarchy that can be observed in the Turco-Iranian world.

On ignore trop généralement le degré de précision et le caractère contraignant que peut atteindre, particulièrement en milieu montagnard, la réglementation des conditions d'utilisation des ressources naturelles chez les pasteurs semi-nomades du Maghreb.[1] L'autonomie relative des producteurs pastoraux y joue cependant, comme ailleurs, dans un cadre communautaire auquel correspondent des droits d'accès à des ressources dispersées dans un plus ou moins vaste espace et soumises, au niveau des possibilités d'abreuvement comme à celui du producteur primaire, à des cycles de disponibilité ou d'accessibilité. Dans le Haut-Atlas central, au Maroc, la neige notamment recouvre chaque hiver les terres de parcours et ferme les cols: elle peut tomber dès octobre, même sur le versant sud (1958), tandis que la dernière chute est à craindre jusqu'à fin mai (1965); si la neige ne persiste tout l'hiver que sur les reliefs dépassant 3000 m, au vrai nombreux, elle peut tenir plusieurs jours, voire certaines années quelques semaines, partout au-dessus de la côte 2000, minimale dans cette région (Couvreur 1968:9). La montagne est de surcroît difficile d'accès avec ses vallées rares (*aQa*, *asif*),[2] souvent taillées en gorges aux parois subverticales (*taġia*, *imi*), et ses cols (*tizi*, *agṛd*) de haute altitude — un peu plus de 3000 m pour tous les cols permettant d'estiver depuis le Sud, ce qui impose des itinéraires pastoraux à peu près immuables et en nombre limité.

Ce sont là des conditions tout à fait proches de celles qui président à la vie pastorale dans le monde montagnard turco-iranien, en Iran par exemple (Johnson 1969). Or, certains auteurs voient dans de telles conditions, dont découle en partie la caractère de haute prévisibilité (*high predictability*) des ressources pastorales, les raisons déterminantes de l'apparition de rôles et d'appareils d'autorité dont sont souvent coiffées dans le Zagros des sociétés réputées segmentaires, mais qui ne sont plus, en conséquence, "acéphales"; place est plus ou moins faite, dans ces interprétations, aux effets de la densité de population des sociétés considérées.[3] Significativement, le pouvoir du tout puissant *il-khan* assisté de ses agents s'exerce surtout à propos des affaires pastorales.

Dans la montagne pastorale marocaine, cependant, dans un contexte géographique qui n'admettrait certes pas la pression exercée sur les pâturages iraniens, l'hypothèse ne se vérifie pas. Les sociétés agro-pastorales organisées selon le modèle segmentaire ne font jamais place qu'à des leaders éphémères, dépourvus de relais institutionnels et dont les volontés concernent assez peu les questions pastorales. N'est-il pas notable que l'ascension rapide et l'hégémonie de certains chefs locaux se soient produites, au Maroc, à la faveur de l'instauration du Protectorat et sur des bases essentiellement foncières à la proximité de grandes villes (voir Montagne 1930)? Dans ces conditions, ne faudrait-il pas donner un poids décidément excessif à la variable démographique pour maintenir l'hypothèse née du terrain iranien? Ou serait-il préférable de la revoir, en prenant en compte d'autres variables et en substituant un point de vue plus dialectique au point de vue dont cette hypothèse est née? C'est dans l'espoir de contribuer à un approfondissement de ces questions que je présenterai ici quelques éléments propres à justifier l'introduction d'un exemple maghrébin dans l'ensemble de ces sociétés pastorales montagnardes dont les structures lignagères segmentaires s'avèrent très inégalement exclusives de rôles d'autorité — ensemble qui équivaut à un véritable groupe de transformation offert à l'analyse des processus de centralisation du pouvoir.

Les Ayt Atta (*ayt 3Ṭa*) du Sud-Est marocain présaharien sont un groupement berbérophone de dialecte *tamaziǧt* méridional (moins différent de la *tašlḥyt* parlée à l'ouest que ne le sont les parlers de la *tamaziǧt* du Moyen-Atlas). Leur effectif approximatif doit être aujourd'hui compris entre 120 000 et 150 000 individus, la part des populations noires — dont se distinguent vigoureusement les Ayt Atta blancs — restant à établir, qui n'est pas faible.

Géographiquement (voir carte 1), cette population s'inscrit pour l'essentiel dans un vaste quadrilatère dont
— les limites verticales, les mieux repérables, correspondent aux deux moyennes vallées des oueds pérennes Draa à l'ouest, Ziz à l'est
— et les limites horizontales, pour l'inférieure, sur la hamada des Kem-kem, enfoncée en coin entre les grandes hamada du Draa et du Guir, à une frontière algéro-marocaine plutôt incertaine mais rendue progressivement étanche

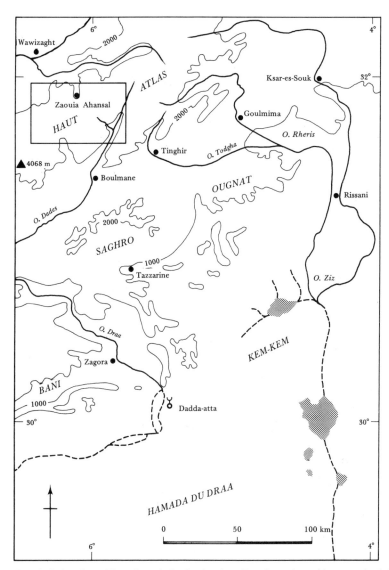

Carte 1. Cadre géographique du territoire des Ayt Atta. Dans la partie supérieure gauche de la carte, le cadre délimite la région des hauts pâturages d'été des Ayt Atta qui fait l'objet de la carte 2.

ces trente dernières années; pour la supérieure, au sillon sud-atlasique par-
couru par les affluents du Draa et du Ziz, les oueds Dadès et Todgha.
Au nord-ouest cependant, en s'élevant au-dessus de l'oasis froide de Boulmane
par la haute vallée du Dadès, puis en pénétrant l'Atlas calcaire jusqu'à son faîte
le long des rives cultivées des torrents Imdghas et Oussikis, le territoire des Ayt
Atta s'étire en un pédoncule pour eux vital, puisqu'il leur donne accès à la
région de hauts-pâturages comprise entre les contreforts du Mgoun (4068 m),
deuxième sommet du Maroc, et la cuvette de Talmest (de 2600 à 2000 m) sur
le versant Nord.

Si jusqu'au *dir* de Beni-Mellal (*ayt 3Ṭa n umalu*, "Ayt Atta de l'ombre",
c'est-à-dire de l'ubac, près de Wawizaght), il se trouve quelques établissements
fixes des Ayt Atta au nord de leurs pâturages du Haut-Atlas pour attester de la
poussée du groupement vers les plaines atlantiques — poussée qui n'a rien
d'original au Maroc — ceux-ci sont en vérité peu nombreux, plus ou moins
isolés les uns des autres et tous séparés du territoire *3Ṭawi* homogène par des
espaces non *3Ṭawi*.

On sait qu'en milieu arabo-berbère traditionnel les groupes les plus vastes
auxquels les acteurs sociaux puissent se référer se divisent et se subdivisent très
généralement selon le principe généalogique patrilinéaire jusqu'à atteindre
l'unité sociale élémentaire, la famille. De son point de vue, le groupe social le
plus vaste acquiert en conséquence la structure d'un arbre, tandis que chaque
individu se retrouve au centre d'autant de cercles concentriques qu'il y a de
branches à cet arbre. Idéalement, à chaque niveau de segmentation, tous les
segments sont égaux et il n'y a entre eux aucune division du travail de nature
économique ou politique. Seules sont spécialisées et peuvent être socialement
situées "au-dessus" ou "au-dessous" les lignées religieuses et d'artisans noirs — ou
juifs naguère — qui précisément ne font pas partie de la "tribu".[4] Que toute la
dynamique des sociétés auxquelles peut s'appliquer ce modèle se résolve à
l'équilibre entre la fission et la fusion des éléments du système, les segments
lignagers, reste cependant une approximation dont il convient de ne pas s'aveugler,
quand bien même, constamment, le discours indigène y invite.

Le groupement des Ayt Atta illustre un thème segmentaire fréquent au
Maroc et peut-être de quelque antiquité au Maghreb[5] — celui des "cinq cinquièmes": *ḫams ḫmas* en lesquels se subdivise immédiatement la communauté.
E. Laoust (1942: 130) pensait que "l'emploi des noms de nombre dans la constitution de certains ethniques correspond souvent à des divisions administratives établies par le Makhzen, en vue du recouvrement des impôts, ou par les
Berbères, en période de Siba, afin de faciliter les tours de garde, de corvées, les
levées de bans, la perception des taxes, etc." En vérité cet emploi, de même que
la désignation de segments sociaux par des noms de nombre fractionnaire, ne
sauraient surprendre dans le cas de sociétés segmentaires.[6]

Il convient de relever ici que tous les Ayt Atta se reconnaissent un ancêtre commun: *daDa 3Ta* (grand-père *3Ta*), du point de vue de la légende l'un des cinq fils de *yalut* (Goliath) dont descendraient tous les Berbères, et du point de vue d'une histoire à peine moins légendaire un disciple de Moulay Abdallah bel Hassayn, l'ancêtre des chérifs Idrissides de la *zawya* de Tamesloth,[7] près de Marrakech, disciple qui aurait rassemblé au XVIe siècle les fractions berbères, soumises depuis près de trois cents ans entre les vallées du Ziz et du Draa aux exactions des Maqil Ouled Hossayn de la deuxième invasion. Cette référence à l'ancêtre éponyme différencie le groupement *3Tawi* du seul groupement de taille comparable auquel il soit confronté: le bloc dit des Ayt Yafelman (Ayt Morghad, Ayt Hadiddou, Ayt Izdeg, etc.) formé en 1645 (1055 de l'Hégire) (Henry 1937), probablement à l'instigation des Sultans qui ont su l'utiliser, en tous cas, contre les Ayt Atta.

Le "cinquième" des Ayt Wahlim regroupe à lui seul plus du tiers de l'effectif total des Ayt Atta, les quatre autres *hmas* étant par ordre d'importance numérique décroissante: le *hûms* des Ayt Ounir-Ayt Wallal, celui des Ayt Yazza, les *hmas* des Ayt Ounebgi et des Ayt Isfoul-Ayt Alwan. Chaque "cinquième" compte un certain nombre de *tiqbilin* (sg. *taqbilt* "tribu"), elles-mêmes composées d'*ihsan* (sg. *ihs* "os"), parfois dissociés en deux niveaux emboîtés: *ihs ahatr* (grand os) et *ihs amZan* (petit os), sous lesquels on atteint les *tašatin* (sg. *tašat < takat* "foyer") ou *tihamin* (sg. *tahamt* "tente"). Ces deux derniers termes sont éminemment susceptibles d'acceptions plus ou moins compréhensives, depuis la désignation du segment lignager de profondeur agnatique encore maîtrisée par la mémoire généalogique jusqu'à celle de la famille élargie et même conjugale. Au-delà de la *tašat/tahamt*, on le voit, la solidarité des instances élargies ne tend à procéder des liens de consanguinité que par analogie.

Ces niveaux de segmentation sont des niveaux d'exercice, donc de contrôle, des fonctions pratiques assurant la production et la reproduction de la société des Ayt Atta. Ainsi, aux degrés "familiaux" du système correspondent les activités de production et de consommation, tant pastorales qu'agricoles: par exemple, conduite et gestion du troupeau pour la *tašat/tahamt stricto sensu*; partage d'un même tour d'eau d'irrigation pour la *tašat/tahamt lato sensu*. Aux degrés intermédiaires correspondent des formes de coopération économique plus ou moins affectées de connotations politiques: mise en place et respect du système de rotation des tours d'eau entre *ihsan*, par exemple. Aux degrés supérieurs enfin correspondent les fonctions les plus politiques: défense et exploitation des pâturages de tribu ou de "cinquième" pour ces unités, élection annuelle du responsable suprême du groupement, fourni successivement par chacun des cinq "cinquièmes" et élu par les représentants des quatre autres (la dernière fois en 1927), défense par tous les Ayt Atta de tout le territoire des Ayt Atta. Il résulte de cela un étagement des tensions potentielles entre segments qui paraît favorable à leur résolution par niveau et constitue donc, en

l'absence d'appareil spécialisé de maintien de l'ordre propre à la société segmentaire, une garantie relative contre l'embrasement social généralisé.

Vu les étages supérieurs de segmentation auxquels renvoie l'appropriation
collective des pâturages, et l'articulation générale des types de segments ayant
été indiquée, il n'est pas utile que soit toute reproduite ici la débauche d'ethniques qui l'incarne.[8] Le schéma ci-dessous mentionne les seuls noms nécessaires à la lecture des lignes qui vont suivre.

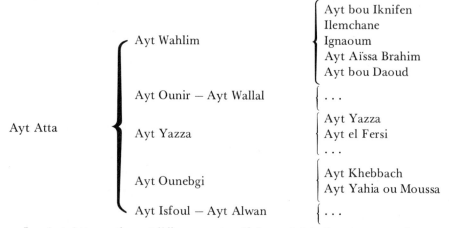

Les Ayt Atta pratiquent l'élevage extensif du petit bétail: ovins et caprins, en
proportion variable selon la base hivernale plus ou moins froide du pasteur (les
chèvres supportent moins bien le froid que les brebis) et selon ses capacités en
travail (le gardiennage des chèvres est plus contraignant que celui des brebis).
Cet élevage extensif se caractérise par des déplacements en altitude au rythme
des saisons: hiver entre 1000 et 2000 m plus ou moins loin vers le Sud, été vers
3000 m dans l'Atlas calcaire. "Des poissons aux mouflons" (*sg islman ar udadn*),
comme disent les gens pour parler de leur pays, étagé entre ses oueds pérennes
effectivement poissonneux et des sommets dont certains abritent des mouflons.[9]
Il s'agit donc d'un nomadisme "montagnard" ou, dans l'originale classification
de D.L. Johnson (1969), d'un nomadisme "vertical à oscillations strictement contrôlées", ce qui exprime le fait que les itinéraires pastoraux sont à peu près
invariables, passant par le canal obligé de certains cols et de certaines vallées.
Les horizons tabulaires et le découpage tribal du Sud-Est marocain peuvent
imposer à certains pasteurs un considérable allongement des parcours, par quoi
l'on ne doit pas se laisser abuser lors de la définition du type de ce nomadisme
— 180 km au moins pour ces quelques Ayt bou Daoud d'Amrad, au sud de
Tazzarine, rencontrées l'été 1976 sur les hauts-pâturages.

Les Ayt Atta ne sont pas tous nomades, loin de là. On peut même affirmer
que, globalement, une minorité le sont aujourd'hui sans qu'il faille voir là pour
autant le produit d'un renversement historique récent.[10] Les autres sont séden-

taires: agriculteurs de fonds de vallées irrigués ou des quelques palmeraies dispersées sur tout leur territoire. Mais certains groupes disposant de peu de terres cultivables, tels les Ilemchane du Saghro et ceux des Ayt bou Iknifen dont les bases hivernales se situent entre le Saghro et le sillon sud-atlasique, comptent une forte proportion de familles nomades — semi-nomades plutôt, car l'on doit tenir compte de ce qu'elles peuvent disposer d'une, et parfois même de plusieurs maisons amies ou parentes près desquelles elles possèdent souvent en indivision quelques parcelles ou des palmiers.

Les Ayt Atta les plus méridionaux élèvent, outre du petit bétail pratiquement réduit aux caprins, des chameaux de transport: Ayt Isfoul—Ayt Alwan à l'ouest, Ayt Khebbach à l'est.

L'appropriation des pâturages dans le Haut-Atlas calcaire est gentilice et elle l'est d'une manière plus ou moins poussée selon celui des cinq "cinquièmes" considéré. Davantage pour le *ḫûms* dominant démographiquement, et naguère politiquement, des Ayt Wahlim que pour chacune des trois autres unités comparables qui ont accès à l'Atlas — les Ayt Isfoul—Ayt Alwan, uniquement présahariens, n'y allant pas.

L'appropriation communautaire des terrains de parcours acquiert ici d'autant plus de signification que les Ayt Atta ont élaboré pour certains d'entre eux une réglementation précise d'utilisation, avec période de mise en défens, ce qui en fait des *igudlan* (sg. *agudal* "ce qui est réservé, réglementé" — d'une racine berbère GDL, vivante en touareg de l'Aïr et des Ioullemmedden, où elle a le sens de "refuser, ne pas vouloir donner" [Foucauld 1951: 398]). Dans le sud, la distribution des parcours d'hiver, comme des terrains de culture, est également gentilice mais on n'y a pas instauré d'*igudlan*.

La carte 2 situe les cinq *igudlan* conservés de nos jours par les Ayt Atta dans le Haut-Atlas central, soit d'ouest en est:

A. *agudal n tamda*, également dénommé *igurdane*
  — ouverture: le 17 *mayû* (mai) du calendrier julien en usage chez les berbérophones pour les opérations agricoles (1er juin de notre calendrier grégorien)
  — ayants droit: les Ayt Ounir, venus pour la plupart du piémont sud du Saghro, mais aussi des établissements sédentaires des Ayt Ounir dans le Haut-Atlas, en amont de l'agglomération d'Aït Mehammed
    des membres des tribus bordières de l'*agudal*, Ayt Mehammed et Ayt bou Guemmez

B. *agudal n tlmst*
  — ouverture: le 24 *yunyû* (juin), jour de la fête du solstice d'été (*l3nsṛt*), dit aussi "jour de la fumée" (*aS n wagu*) parce que l'on enfume longuement ce soir-là le petit bétail pour le déparasiter (7 juillet grégorien)
  — ayants droit: les Ayt bou Iknifen, venus en majorité du sillon sud-atlasique, de la très haute vallée de Dadès, mais aussi des établissements sédentaires installés à demeure dans la partie nord de la cuvette, interdite au pacage

C. *agudal n tilmsin*
 — ouverture: le 17 *mayů* (1er juin grégorien) pour les Ayt Atta
 — ayants droit: les Ihansalen, pour une durée maximale de deux mois qui
   semble devoir se terminer le 17 *yunyů* (30 juin grégorien) et commence-
   rait donc le 17 *ibril*
      tous les Ayt Wahlim sauf les Ilemchane — les quatre *tiqbilin* bénéfici-
   aires du pâturage auraient établi naguère une rotation interannuelle telle
   que le tour de chacune d'elles revenait tous les trois ans (les Ayt Aïssa
   Brahim étant associés avec les Ayt bou Daoud ou peut-être avec les
   Ignaoun); de nos jours les Ayt bou Iknifen fréquentent pratiquement
   seuls le pâturage, en même temps qu'une infime minorité d'Ignaoun et
   d'Ayt bou Daoud — tous viennent du sillon sud-atlasique et, pour quelques Ayt bou Iknifen, de la très haute vallée du Dadès (*asif n* Imdghas,
   asif n Oussikis)
D. *agudal n ilmšan*:
 — ouverture: à une date variable, généralement proche du 10 *yulyuz* (23
   juillet grégorien), décidée par consensus lors d'une réunion des pasteurs
   Ilemchane jusqu'alors dispersés sur les pâturages de la partie est de la zone
   2; lors de cette réunion, les Ilemchane procèdent aussi, par tirage au sort
   (*taguri n ilan*), à l'affectation des emplacements de campement
 — ayants droit: en période d'estivage, les seuls Ilemchane, qui viennent tous
   des pentes septentrionales du Saghro; du 1er octobre au 10 mars (grégorien) les Ihansalen peuvent fréquenter le pâturage, dans la mesure
   évidemment où la neige ne leur en interdit pas l'utilisation
E. *agudal n ayt Yaḥia u Musa*, dit plus souvent *n ayt unbgi*
 — ouverture: 24 *yunyů* (24 juillet grégorien)
 — ayants droit: les Ayt Yahia ou Mousa de la retombée saharienne du Saghro,
   qui l'ont loué/vendu/cédé (?) à leurs co-lignagers de *ḥůms* établis le long
   de l'*asif n* Oussikis à proximité du pâturage
Dans les péripéties de l'occupation de l'Atlas central par les Français (1923—
1933) et suite aux revendications que les tribus du versant nord, plus tôt soumises, exprimèrent au détriment des Ayt Atta encore en dissidence, deux
igudlan ont disparu:
— *agudal n ayt waLal* (*a* sur la carte 2), qui, mis en culture par des Ihansalen
  et des Ayt bou Iknifen de Talmest, leur a été progressivement reconnu acquis
  en propriété privative; les pasteurs n'y ont plus accès
— *agudal n ayt lfrsi* (*b* sur la carte 2), qui, s'il n'appartient plus à ses propriétaires, fixés au sud de Tinghir, ni n'est même fréquenté par eux quoiqu'il
  leur ait été reconnu un droit de jouissance tolérée (*b-lḫir*), profite au moins
  aux Ayt Atta du caïdat de Msemrir.
   Au contact des *igudlan* existent des pâturages que l'on pourrait dire d'attente
si de nombreux ayants droit des *igudlan* ne s'en satisfaisaient tout l'été et si les
pasteurs de certains segments dépourvus d'*igudlan* n'étaient pas dans l'obligation
de s'en contenter. Dans l'ordre de ma numérotation sur la carte, ce sont:

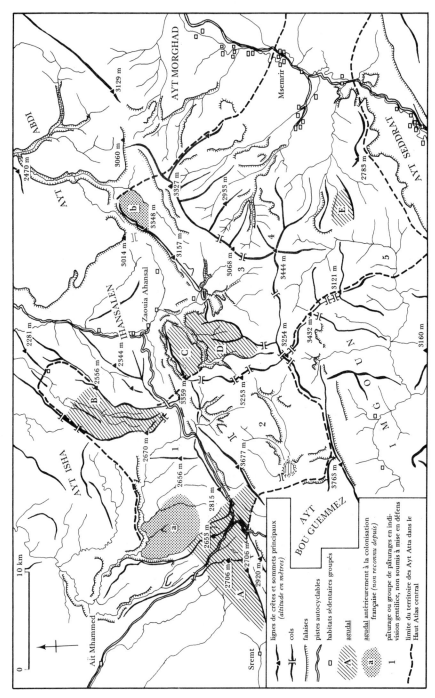

AYT MORGHAD

3129 m

Msemrir

AYT SEDDRAT

ABDI

AYT

2470 m

3060 m

3327 m

2783 m

2933 m

b

3348 m

3014 m

3157 m

IHANSALEN

Zaouia Ahansal

3068 m

3

4

E

2933 m

3444 m

5

2281 m

2344 m

3121 m

2556 m

3160 m

B

3254 m

3432 m

I M G O U N

2670 m

C

D

3359 m

3253 m

AYT ISHA

2656 m

I

II

2

Aït Mhammed

3677 m

2815 m

a

3763 m

2653 m

2706 m

2706 m

2920 m

A

**AYT
BOU GUEMMEZ**

Sremt

	lignes de crêtes et sommets principaux *(altitude en mètres)*
	cols
	falaises
☐	pistes autocyclables
☐	habitats sédentaires groupés
▨ A	agudal
░ a	agudal antérieurement à la colonisation française *(non reconnu depuis)*
1	pâturage ou groupe de pâturages en indivision gentilice, non soumis à mise en défens
– – –	limite du territoire des Ayt Atta dans le Haut Atlas central

0   10 km

Carte 2.

— la région 1, parcourue par les Ayt bou Iknifen du nord comme du sud;

— la region 2, fréquentée par tous les Ayt Wahlim, avec, pour les Ayt Ounir en chemin vers leur *agudal*, un droit de passage de trois jours dans la cuvette au pied de l'Izoughar; on rencontre aussi dans cette cuvette ces pasteurs sans tentes que sont les Ayt bou Guemmez, et les fractions les plus montagnardes des Imgoun y ont droit;

— la région 3 où viennent les Ayt bou Iknifen de l'*asif n* Imdghas et de l'*asif n* Oussikis;

— la région 4, exploitée par les Ayt Yazza du haut *asif n* Oussikis rejoints par leurs co-lignagers du sillon sud-atlasique et des pentes nord du Saghro;

— la région 5, lieu de passage d'une énorme majorité des pasteurs Ayt Atta venus du sud pour l'estive, la région a été très disputée aux tribus voisines et il arrive encore qu'on s'y batte.

Quelques caractères généraux du système mis en place méritent d'être soulignés. D'abord la précision et la fermeté des règlements d'*agudal*. En organisant à la fois l'espace et le temps, on semble être arrivé ici à satisfaire à peu près équitablement les intérêts compétitifs des nomades méridionaux, concurrents des pasteurs du nord et du sud, et antagoniques des éleveurs et des agriculteurs. C'est ainsi que des groupes d'origines plus ou moins différentes peuvent se succéder sur un même espace, selon une rotation semble-t-il inter-annuelle naguère — entre *tiqbilin* Ayt Wahlim, en C — dans la même saison aujourd'hui — Ihansalen et Ayt Wahlim, en C également. Le problème du contact avec les cultivateurs sédentaires a été traité d'une façon plus fruste: la délimitation matérialisée des terrains respectifs, qui n'exclut pas les accrochages mais les localise aussi bien (en 2, en B). C'est au prix d'une certaine fermeté que de tels résultats sont atteints. Le respect de la mise en défens est assuré dans l'*agudal* des Ayt Ounir par un gardien à demeure, pratique dont tire probablement son origine le plus ancien établissement fixe de la cuvette de Talmest. Dans les autres cas, les segments propriétaires envoient des observateurs en inspection. Qui enfreignait naguère la mise en défens s'exposait à se faire saisir *tamigdult*, une tête de son troupeau (géniteurs et bête-guide exclus); il reste aujourd'hui passible d'amende. Précision et fermeté des règlements d'*agudal* n'excluent cependant pas la souplesse. En 1963, la date d'ouverture aurait été retardée à la demande des pasteurs du sud parce que la neige leur barrait encore la route fin mai. Et l'on a vu que les Ilemchane, plutôt que d'avoir adopté une date d'ouverture fixe, la discutent chaque année. La conjonction dans un même secteur de deux types de pâturages, à réglementation calendaire d'accès pour l'un, sans cette contrainte pour l'autre, constitue elle-même un facteur de souplesse.

La question de l'égalité/inégalité d'accès aux ressources naturelles mérite aussi d'être abordée. On a vu qu'hormis le *ḥûms* des Ayt Isfoul—Ayt Alwan, éleveurs plutôt chameliers, les quatre autres ḥmas pouvaient estiver dans l'Atlas. Qu'ils le fassent très inégalement est une donnée à soi seule insuffisante mais non pas dépourvue de signification. Il est clair en effet que le ḥûms des Ayt Wahlim s'est taillé la part du lion, et, en son sein, la *taqbilt* des Ayt bou Iknifen, qui dispose avec la cuvette de Talmest du plus beau pâturage de la région. Cependant, cette *taqbilt* est la plus nombreuse, et les Ïlemchane qui exploitent leurs terrains de parcours avec un plus grand nombre d'animaux par tente arrivent probablement à d'aussi bons résultats pastoraux. Du point de vue du nombre, donc, la question est difficile. Mais on ne peut manquer de rappeler le système de la rotation inter-annuelle des usagers d'un pâturage, au moins présent à la conscience collective, et surtout la pratique de l'allocation par tirage au sort des places de campements, donc des secteurs de pacage, vivante de nos jours chez les Ilemchane: voilà bien mis en acte le principe de l'équivalence structurelle des unités de production.

On ne conclura pas sans évoquer ces Ihansalen qui peuvent exploiter, au côté des Ayt Atta — en C, en 1, en 3 — ou en leur absence — en D — éventuellement après avoir contribué à les évincer — en a — les pâturages du Haut-Atlas calcaire. Le rôle politique de cette lignée maraboutique n'a pas été mince. On en a de bonnes études (voir Drague 1951; Gellner 1969; Morsy 1972). Qui permettent de dire, je crois, qu'il serait illusoire de rechercher chez ces arbitres l'équivalent des appareils pyramidaux attachés à la direction de la vie pastorale dans le monde turco-iranien, appareils dont la théorie qui les voit directement produits par les conditions du milieu me paraît réductrice.

Notes

1. Indications évocatrices pourtant dans Couvreur 1968: 32. Beaudet (1969) permet d'appréhender une situation à quelque titre comparable dans son état ancien mais qui a beaucoup évolué depuis 1920.
2. J'userai ici modérément — c'est-à-dire peu ou pas pour les ethniques, anthroponymes, toponymes — du système de notation phonologique proposé par L. Galand, professeur de berbère à l'Institut national des langues et civilisations orientales. Voir Galand 1960.
3. Voir Barth 1964; Salzman 1967. Barth paraît le plus attentif à l'importance de la saturation démographique du milieu (pp. 123 et suiv.).
4. Pour une présentation récente du modèle segmentaire dans le contexte maghrébin, voir Gellner 1969: ch. 2, "The Problem".
5. Galand (1970) suggère avec prudence un rapprochement entre ces "cinq cinquièmes" et ce que l'on peut entrevoir des *quinquegentanei*, habitants de la Grande Kabylie au IIIe siècle ap. J.C., qui inquiétèrent Rome pendant un demi-siècle. Sur la fréquence de cette formule segmentaire au Maroc et pour un essai d'interprétation, voir Hart 1967.
6. Sans outrepasser les limites du cadre comparatiste de notre propos, relevons qu'en Iran les Bakhtyâri se divisent en deux sections, Haft-Lang et Chahâr-Lang, dont les noms signifient en persan "sept jambes" et "quatre jambes" (fractions) —Digard 1973: 1427; les Basseri appartiennent, eux, à une confédération quinaire, ce que son nom, d'origine arabe, souligne: les Khamseh — Barth 1964: 86.
7. Pour une étude du rôle politique de ces chérifs auprès des Ayt Atta, et plus généralement de l'action des lignages et confréries religieux dans le processus de centralisation étatique, voir Lefébure 1975.

8. D'autant que s'il est aisé d'obtenir de tout *3Ṭawi* adulte l'arrangement et les noms des *ḥams ḥmas* et de leurs *tiqbilin*, il devient plus difficile de rencontrer le porteur d'une connaissance exhaustive des niveaux inférieurs — en quoi serait-elle opérative? — et plus délicat de parvenir à un tableau indiscutable — sans doute parce qu'est discutable cette présentation.

9. Description morphologique, bioclimatique et phytogéographique de ce pays dans Lefébure 1977.

10. Au XIVe siècle déjà, Ibn Khâldoun mentionne dans la région un partage des activités agricoles et pastorales: "Les Berbères de la classe pauvre tirent leur subsistance du produit de leurs champs et des bestiaux qu'ils élèvent chez eux, mais la haute classe, celle qui vit en nomade, parcourt le pays avec ses chameaux et, toujours la lance à la main, elle s'occupe également à multiplier ses troupeaux et à dévaliser le voyageur" (cité par Couvreur 1968: 19). Sur la généralité dans le Maghreb antique de ce "vieux genre de vie agro-pastoral des montagnes sèches", voir Planhol 1968, ch. 3.

Références

Barth, F. 1964. *Nomads of South Persia. The Basseri tribe of the Khamseh confederacy.* Oslo: Universitetsforlaget/London: Allen and Unwin/New York: Humanities Press.

Beaudet, G. 1969. Les Beni Mguild du nord: étude géographique de l'évolution récente d'une confédération semi-nomade, *Revue de géographie du Maroc* 15: 3—80.

Couvreur, G. 1968. La vie pastorale dans le Haut-Atlas central, *Revue de géographie du Maroc* 13: 3—54.

Digard, J.P. 1973. Histoire et anthropologie des sociétés nomades: le cas d'une tribu d'Iran, *Annales: economies, sociétés, civilisations* 6: 1423—1435.

Drague, G. 1951. *Esquisse d'histoire religieuse du Maroc.* Paris: Peyronnet.

Foucauld, C. de 1951. *Dictionnaire touareg-français*, 4 vols. Paris: Imprimerie Nationale.

Galand, L. 1960. Article "Berbères", section V, Langue, pp. 1215—1225 in *Encyclopédie de l'Islam*, 2e édn. Leiden: Brill.

— 1970. Les Quinquegentanei, *Revue d'archéologie algérienne* 4: 297—299.

Gellner, E. 1969. *Saints of the Atlas.* London: Weidenfeld and Nicolson.

Hart, D.M. 1967. Segmentary systems and the role of "five fifths" in tribal Morocco, *Revue de l'occident musulman et de la Méditerranée* 3: 65—95.

Henry, R. 1937. Une tribu de transhumants du Grand-Atlas, les Aït Morhad. *Documents du centre des hautes études d'administration musulmane* 147.

Johnson, D.L. 1969. *The nature of nomadism. A comparative study of pastoral migrations in Southwestern Asia and Northern Africa*, Department of geography, Research papers 118. Chicago: University of Chicago.

Laoust, E. 1942. *Contribution à une étude de la toponymie du Haut-Atlas.* Paris: Geuthner.

Lefébure, C. 1975. Pasteurs nomades dans l'État: les Ayt Atta et le Makhzen, *Les cahiers du centre d'études et de recherches marxistes*, Études sur les sociétés de pasteurs nomades 3. 121: 1—18.

— 1977. Des poissons aux mouflons (*seg iselman ar oudaden*): vie pastorale et cohésion sociale chez les Ayt Atta du Maroc présaharien, pp. 195—205 in *L'élevage en Méditerranée occidentale, actes du colloque international de l'Institut de recherches méditerranéennes, Sénanque, mai 1976.* Paris: CNRS.

Montagne, R. 1930. *Les Berbères et le Makhzen dans le sud du Maroc.* Paris: Alcan.

Morsy, M. 1972. *Les Ahansala. Examen du rôle historique d'une famille maraboutique de l'Atlas marocain.* Paris/La Haye: Mouton.

Planhol, X. de 1968. *Les fondements géographiques de l'histoire de l'Islam.* Paris: Flammarion.

Salzman, P.C. 1967. Political organization among nomadic peoples, *Proceedings of the American Philosophical Society* 2: 115—131.

9. De la nécessité et des inconvénients, pour un Baxtyâri, d'être baxtyâri. Communauté, territoire et inégalité chez des pasteurs nomades d'Iran

JEAN-PIERRE DIGARD

Contrary to the groups closest to them culturally and geographically, the Lor to the North and the Boyr-Ahmadi to the South, who demonstrate neither political nor spatial unity, the Baxtyâri of the Iranian Zâgros constitute a relatively homogeneous social group, occupying one and the same territory, claimed as such by all and possessed collectively. This parallel existence of so large a circle of social membership and of the corresponding territorial unit should be interpreted as an instrument of communal management of natural resources adapted to the practice of pastoral nomadism in the particular conditions of milieu saturation which are the rule here.

But this common territory does not prevent certain actual disparities in the occupation of space from occurring, notably to the detriment of the groups located in the center, whose land is crossed twice a year by all the others. These disparities are certainly at the origin of the very great inequalities of access to natural resources on which is based the genesis of a state apparatus like that of the Baxtyâri. Moreover, they can be both the driving force and the end result of more or less cyclic centrifugal pressures, bringing certain groups successively to power and then to decline. Such movement is possible only because of the spatial mobility that the existence of a common territory provides the different constituents of the tribe; it tends to prove that, in the case of the Baxtyâri, as in many other pastoral societies, both the access of all to natural resources, and the development of inequalities share a common basis.

De la nécessité et des inconvénients, pour un Baxtyâri, d'être baxtyâri[1] ... Il n'y a pas, dans ces mots, qu'une simple formule. Pour l'éclairer, il convient cependant de poser assez longuement le problème, d'abord en situant rapidement ces pasteurs, puis en exposant comment, à partir de la constatation empirique et de l'interprétation d'une double originalité — de leur organisation sociale et de leur organisation territoriale — notamment par rapport à ceux de leurs voisins qui sont aussi nomades, on en est arrivé à concevoir un lien nécessaire entre ces deux niveaux d'organisation et à en tirer certaines conclusions relatives en particulier à la différenciation sociale.

127

Les Baxtyâri

Avec plus d'un demi-million de personnes, dont près de la moitié de nomades,[2] les Baxtyâri constituent encore actuellement l'un des plus importants groupes tribaux d'Iran.[3] Ils sont de religion musulmane shiite et parlent le lori, langue iranienne du sud-ouest commune, en gros, à plusieurs autres populations de cette région (une partie des Xamse, les Mamasani, les Boyr-Ahmadi, et les Lor proprement dits).[4] Le territoire des Baxtyâri, d'une superficie approximativement de 75 000 km², chevauche les chaînes du Zâgros, entre Esfahân et Ahvâz (voir carte). Leur nomadisme se fonde sur l'utilisation successive au cours de l'année de deux étages altitudinaux différents: l'estivage (eylâq), le plus élevé (point culminant: 4548 m au Zarde-Kuh), situé à l'ouest de Šahr-e Kord et du Cahâr-Mahal, de mai à septembre; et l'hivernage (garməsir), sur les piémonts occidentaux du Zâgros, à la limite des plaines du Xuzestân, d'octobre à mars. Les deux principaux déplacements saisonniers — dont l'amplitude, variable selon les groupes, peut atteindre 300 km — ont lieu au printemps dans le sens ascendant, et en automne.

Sur ce cycle de nomadisme s'articulent les activités de production du groupe. Outre les équidés (ânes, chevaux, mulets) utilisés pour le transport et l'équitation, les Baxtyâri élèvent principalement des moutons et des chèvres, dont ils tirent pour la plupart l'essentiel de leurs revenus (vente de beurre clarifié et, surtout, d'agneaux de boucherie), une part importante de leur alimentation (laitages et, très exceptionnellement, viande), ainsi que des matières premières (laine, poil, cuir, etc.) pour l'artisanat. Agneaux et chevreaux naissent à l'hivernage, vers février, et sont vendus en automne, après engraissement sur les alpages de l'eylâq; leurs mères sont traites jusqu'en juin; les moutons sont tondus en juillet, après la nomadisation de printemps. Aujourd'hui, un grand nombre de Baxtyâri cultivent peu ou prou du blé, qui constitue, sous forme de pain, la base de l'alimentation humaine, et de l'orge, qui permet de fournir éventuellement au bétail, lorsque les pâturages naturels viennent à manquer, une nourriture d'appoint. Les nomades réalisent d'ailleurs deux récoltes annuelles, l'une à l'estivage, l'autre à l'hivernage: au premier endroit, ils sèment début septembre, juste avant le départ de la nomadisation d'automne, et effectuent la moisson et le dépiquage l'année suivante, en juillet, à leur retour; à l'hivernage, au contraire, les semailles ont lieu fin octobre et la récolte à la fin du même séjour (il s'agit ici de céréales précoces qui viennent à maturité en cinq mois), le dépiquage seul étant effectué l'année d'après. Jouent un rôle non négligeable, enfin, la cueillette et le ramassage de plantes et de produits végétaux sauvages, à usage alimentaire ou artisanal (matières tinctoriales, gomme adragante, manne, etc.), ainsi surtout que le tissage de la laine et du poil des animaux domestiques qui donne lieu à une production variée: vêtements, lanières, bissacs pour le transport et le rangement, etc., jusqu'aux tentes (bohon) en poil de chèvre noir qui constituent l'habitation régulière des nomades. Toutes ces activités,[5] qui s'articulent avec une extrême précision sur le cycle de nomadisme, témoignent de l'étroite adéquation de la société baxtyâri à son environnement et de l'efficacité technique, dans ces conditions particulières, de son genre de vie.

Quant à son organisation sociale, la tribu baxtyâri (*il-e Baxtyâri*) est divisée en deux sections (*baxš* ou *buluk*): Haft-Lang et Câr-Lang, elles-même subdivisées en *bâb* (Dureki, Bâbâdi, Behdârvand, etc.), puis en *tâyefa* (Zarâsvand, Gandali, Mowri, etc.; voir tableau 1), puis en *tira*, en *taš*, en *owlâd* et en *xânewâda*. Cette segmentation très poussée est censée correspondre à une organisation lignagère de type patrilinéaire, avec mariage préférentiel entre cousins parallèles paternels (préférence effectivement réalisée dans 18 à 43% des cas selon les fractions).[6] En fait, comme souvent en pareil cas, il s'avère pratiquement impossible d'obtenir des informateurs baxtyâri des généalogies cohérentes dépassant les limites du *taš* ou, au mieux, du *tira*; au-delà, les arbres sont manipulés et ne révèlent plus que le souci de traduire *a posteriori* les alliances politiques en termes de filiation.

Autonomie et dépendance

Toutes ces unités sociales ne sont pas non plus fonctionnelles au même titre. Les niveaux inférieurs de la segmentation, étroitement déterminés par la parenté, apparaissent comme le lieu privilégié, quotidien pourrait-on dire, de l'économique. Le *xânewâda*, famille conjugale (5 personnes en moyenne), correspond à la tente (considérée cette fois comme entité sociale: *vârga*) et peut être défini comme l'unité de consommation; c'est aussi le lieu de l'appropriation — individuelle — du bétail. La famille élargie, *owlâd* ou *taš*, est l'unité la plus large au sein de laquelle s'exerce, en temps normal, la coopération directe dans le travail; elle donne lieu à la formation d'un ou de plusieurs campements (*mâl*) dont la taille (3 à 12 tentes) varie en fonction des besoins en main-d'oeuvre.[7] Le *taš* parfois, le *tira* plus généralement, correspondent au regroupement maximum, en période de nomadisation, de plusieurs campements apparentés. Ce mode d'organisation en unités sociales plus ou moins autonomes, de faibles dimensions, est d'ailleurs commun à tous les pasteurs nomades du Zâgros,[8] ainsi, à quelques variantes près, qu'à tous ceux du Moyen-Orient.

L'originalité principale des Baxtyâri tient par conséquent à l'existence, chez eux, de ces unités que sont les *tâyefa*, les *bâb*, l'*il* surtout, dont il a déjà été fait mention, qui englobent de proche en proche toutes les autres, et dont les dimensions sont considérables: certains *tâyefa* (Gandali, Mowri, Bâbâdi 'Ali-'anvar) peuvent compter jusqu'à 25 000 membres; quant à l'*il*, sa taille est de l'ordre, nous l'avons vu, du demi-million de personnes. Contrairement aux niveaux inférieurs de la segmentation, ces niveaux supérieurs de l'organigramme tribal semblent, à première vue, privilégier le politique et ne "fonctionner" somme toute qu'assez exceptionnellement, par exemple en cas de conflit grave et élargi. Pourtant ils existent, et tous les Baxtyâri ont même de cette existence une conscience très vive: tout individu est situé au centre d'une série de cercles emboîtés, qui vont en s'élargissant lorsqu'on passe de la famille nucléaire à la tribu, et qui sont perçus comme autant de cercles d'appartenance; se dire Baxtyâri n'est donc pas un vain mot.

Or, il y a là, répétons-le, une situation profondément originale, qui n'a son équivalent, ni chez les Lor, ni chez les Boyr-Ahmadi, groupes les plus proches culturellement et géographiquement (respectivement situés au nord et au sud) des Baxtyâri. En ce qui concerne les premiers, il n'existe pas de tribu, ni même de confédération de tribus Lor, mais plusieurs groupes indépendants économiquement et politiquement les uns des autres. Parmi les membres de ces groupes, le terme lui-même de Lor n'a pas cours: on est Sagvand, Papi, Širavand, etc.[9] Chez les Boyr-Ahmadi (que l'on appelle aussi parfois, improprement, les Kuh-Giluye, du nom de la région qu'ils occupent), la situation n'est pas très différente: il s'agit en réalité de plusieurs tribus distinctes (Bâvi, Âqâcâri, Lirâvi, Cahâr-Panje), sans unité réelle. Comme pour les Lor, l'habitude qui a été prise de les désigner par le terme générique de Boyr-Ahmadi (qui est en réalité le nom d'une des fractions des Cahâr-Panje) ou par celui de Kuh-Giluye, est due principalement aux étrangers à ces groupes eux-mêmes.[10]

Espace nécessaire et territoire

De plus, les tribus en question, tant dans le Lorestân que dans le Kuh-Giluye, occupent chacune un territoire propre, nettement délimité et distinct des autres. Certains sont situés plutôt dans la zone chaude, la plus proche du Golfe Persique (cas des Bâvi, chez les Boyr-Ahmadi)[11] ou sur la façade mésopotamienne du Zâgros (Lor du Pošt-e Kuh — Minorsky 1945: 77), d'autres plutôt à l'intérieur des montagnes (Bahme'i du Kuh-Giluye — Afšar-Nâderi 1346; Löffler & Friedl 1967; Lor du Piš-e Kuh — Edmonds 1922), et c'est dans les limites relativement étroites de leur territoire propre que chacun de ces groupes effectue ses déplacements saisonniers. Le Lorestân comme le Kuh-Giluye apparaissent donc comme des univers cloisonnés, qui ne laissent de place que pour des mouvements de faible amplitude.[12]

Chez les Baxtyâri au contraire — et c'est là le deuxième des traits principaux par lesquels ils se distinguent de leurs voisins — la presque totalité de la région occupée (soit environ 75 000 km^2) constitue un seul territoire, revendiqué comme tel par l'ensemble de la tribu (*xâk-e Baxtyâri*). Autrement dit, les possibilités qu'a un éleveur d'accéder ici aux ressources naturelles indispensables à la pratique de son activité découlent de son appartenance aux Baxtyâri.

Cet accès est d'ailleurs garanti par l'appropriation collective, ou indivise selon les cas, des pâturages et des terres de parcours. Ce mode d'appropriation n'implique cependant pas que quiconque, pourvu qu'il ait accès au territoire, puisse y stationner ou s'y déplacer n'importe où, n'importe comment ou n'importe quand. Bien au contraire, les pâturages et les itinéraires de nomadisation sont strictement répartis, dans l'espace et dans le temps, entre les fractions et les lignages, en vertu de droits d'usage traditionnels, souvent sanctionnés par des actes écrits (*boncâq*), qui mentionnent d'ailleurs expressément la vocation pastorale des terres en question et leur caractère inaliénable. En effet, comme bien souvent, en raison de la conformation physique du terrain, les pâturages se chevauchent, les itinéraires s'enchevêtrent, se superposent, il suffirait qu'un groupe puisse, par exemple, vendre à un étranger à la tribu une des portions du territoire dont il a plus particulièrement l'usage pour que plusieurs autres groupes se voient interdire l'accès de voies de passage ou d'aires de dépaissance qui leur sont vitales. D'ailleurs, les seules terres privées qui existent en pays baxtyâri, et dont la vocation est agricole, correspondent, soit à de très anciens centres de culture, irrigués le plus souvent — il s'agit alors d'enclaves de dimensions et de nombre réduits (Gotvand, Ive = Susan, Ize = Mâlamir), toutes situées à l'hivernage (Xuzestân) — soit aux grands domaines fonciers constitués par les chefs par conquête ou par achat, ou encore, plus anciennement, à partir d'attributions de terres de la couronne (*xâlese*), domaines qui se sont d'ailleurs surtout développés à l'extérieur (Xuzestân, Cahâr-Mahal, Feridân) du territoire tribal proprement dit.

Sur les terres tribales, donc, appropriées collectivement pour une utilisation pastorale, chaque lignage, chaque fraction se voit attribuer, tant à l'estivage qu'à l'hivernage, des emplacements qui lui sont propres. Mais, contrairement à la situation qui prévaut dans le Lorestân ou dans le Kuh-Giluye — situation que l'on pourrait exprimer par la formule: $T_1 + T_2 + T_3 \ldots = (e_1 + h_1) + (e_2 + h_2) + (e_3 + h_3) \ldots$, où: T = territoire tribal, e = estivage, et h = hivernage — chez les Baxtyâri, la somme des terres d'estivage de tous les groupes d'une part, la somme de leurs terres d'hivernage d'autre part, forment deux zones continues entre lesquelles on peut repérer une ligne de partage, telle que: $T = (e_1 + e_2 + e_3 \ldots) + (h_1 + h_2 + h_3 \ldots)$.

Appartenance sociale, organisation territoriale et gestion des ressources naturelles

L'émergence et le maintien chez les Baxtyâri, parallèlement, d'un cercle d'appartenance aussi large que l'*il* notamment et de l'unité territoriale correspondante peuvent certainement être mis en rapport avec la présence dans la tribu d'un pouvoir politique fort, concentré entre les mains d'un *ilxân*, puis distribué hiérarchiquement, aux divers niveaux de la segmentation, entre les *kalântar* des *tâyefa*, les *katxodâ* des *tira*, etc., en un véritable appareil d'Etat tribal dont l'apogée se situe dans la seconde moitié du XIXe siècle et au début du XXe siècle.[13]

Sans écarter totalement l'hypothèse d'un poids unificateur de telles structures politiques, il existe cependant plusieurs fortes raisons de ne pas se contenter du type d'explication que celle-ci peut suggérer. La première est qu'un pouvoir analogue, à quelques différences près, a également existé dans le Lorestân (*vâli* de Xorramâbâd)[14] sans y entraîner des effets similaires. La seconde raison réside dans le fait que l'unité politique et territoriale des Baxtyâri a survécu, survit encore aujourd'hui, à l'élimination progressive des *xân* et de leur appareil politique, surtout à partir de 1933, par la dynastie actuellement au pouvoir en Iran (voir Digard 1973c: 1432 et suiv.).

Le non-cloisonnement du territoire des Baxtyâri et son inaliénabilité, les dimensions même de la tribu, doivent plutôt être interprétés comme des instruments de gestion communautaire des ressources naturelles adaptés à la pratique du nomadisme pastoral dans les conditions particulières de saturation du milieu (densité supérieure à 8 habitants au km[2]) qui sont ici la règle. Ils apparaissent en effet, dans ce contexte précis, comme les meilleurs garants d'une exploitation à la fois uniforme et souple des pâturages, notamment en procurant aux petites unités semi-autonomes que sont les campements la marge de manoeuvre indispensable pour procéder aux réajustements que nécessitent périodiquement les variations dans la taille des troupeaux et dans l'état du tapis végétal.

Ils favorisent en outre la solution des problèmes que pose, deux fois par an, le franchissement des chaînes du Zâgros et notamment du massif du Zarde-Kuh (4548 m) pour les quelques 100 000 nomades et le nombre dix fois supérieur d'animaux qui estivent sur le versant oriental. La présence d'obstacles naturels, crêtes ou cours d'eau, disposés perpendiculairement au sens des déplacements, entraîne, au voisinage de la limite de l'estivage et de l'hivernage, un resserrement du faisceau des itinéraires de nomadisation vers un nombre très réduit de points de passage possibles (voir tableau 2) — resserrement qui a suggéré à Douglas Johnson l'expression de "constricted oscillatory" pour qualifier le nomadisme des Baxtyâri.[15] La plupart de ces points consistent en cols ou en défilés, tous situés à plus de 2500 m d'altitude, parfois même à plus de 4000 m (*g* et *h*, voir carte), et fermés par la neige de novembre à mars; certains ne sont d'ailleurs praticables qu'en automne (*d, g, i*). Pour les cours d'eau, qui coulent souvent au fond de gorges profondes aux parois abruptes, les points de traversée sont déterminés en fonction des facilités d'accès aux rives.[16] Ces passages sont donc toujours le lieu et l'occasion de très fortes concentrations d'hommes et d'animaux, qui constitueraient autant de risques de surcharge des pâturages et de conflits si chaque groupe n'avait pas la ressource, en cas d'encombrement de son lieu de passage habituel, de se rabattre immédiatement sur un autre, également prévu par l'usage (voir tableau 2). Or, là encore, une telle solution n'est rendue possible que par l'existence d'un regroupement aussi large que possible d'hommes au sein d'une même tribu correspondant à un territoire unique, conçu comme le bien commun de l'ensemble — d'où la formule, qui donne son titre à cet article, de la "nécessité", pour un Baxtyâri, d'être baxtyâri.

Occupation de l'espace et inégalité sociale

Qu'en est-il, maintenant, des "inconvénients", toujours pour un Baxtyâri, d'un tel système? Barth (1964: 76 et suiv., 123 et suiv.), à propos des Bâseri, a souligné à juste titre l'importance du rôle des chefs dans le déroulement des déplacements saisonniers, en suggérant que la mise en place de structures politiques centralisées et hiérarchisées répondait au besoin d'organiser et de contrôler, dans l'espace et dans le temps, l'occupation d'un territoire donné par une nombreuse population nomade, en présence de forts noyaux sédentaires. Il est cependant probable que ce "besoin" n'a pas suffi — on ne saurait en tout cas le considérer comme une cause — et que d'autres facteurs sont à l'origine des formidables inégalités sur lesquelles s'est fondée la genèse d'un appareil d'Etat comme celui des Baxtyâri.

Un examen attentif de la répartition des principales fractions de la tribu sur le territoire (voir carte et tableau 1)[17] montre qu'à la plupart des groupes correspondent deux emplacements, un à l'estivage, l'autre à l'hivernage: il s'agit, dans ce cas, des fractions comportant une majorité de nomades. Les quelques groupes qui ne disposent que d'un seul emplacement, soit à l'estivage (9, 19, 22), soit à l'hivernage (23) sont entièrement sédentarisés. On remarque, pour les nomades, que les distances qui séparent, d'une part le centre d'estivage, d'autre part le centre d'hivernage de chaque groupe, de la limite des deux zones d'occupation saisonnière sont sensiblement égales; autrement dit, que les différents groupes sont disposés à l'estivage et à l'hivernage presque symétriquement par rapport à cette limite: un groupe qui sera placé à l'estivage près (loin) de la limite s'en trouvera proche (éloigné) également à l'hivernage. Il existe donc des disparités considérables entre les distances que les différents groupes doivent parcourir lors des déplacements saisonniers. Ainsi, les Mowri (3), dont les terres d'estivage et les terres d'hivernage sont adjacentes, n'ont au plus qu'une trentaine de kilomètres à franchir et peuvent être rendus en quelques jours. Par contre, leur position centrale les condamne à voir leurs terres traversées, deux fois par an, par un grand nombre d'autres nomades, avec tout le cortège de dégradations aux pâturages et aux cultures que cela suppose.[19] A l'inverse, des groupes comme les Astereki (6) ou les Sohoni (7), dont les emplacements d'estivage et d'hivernage sont situés aux deux extrémités opposées du territoire, doivent couvrir 250 à 300 km pour se rendre d'un endroit à l'autre, ce qui représente au minimum 35 à 45 jours de route au printemps et, en automne, une marche forcée de quelques 25 jours. Entre ces deux situations extrêmes et également défavorables, il semble que les groupes dont le nomadisme "se porte bien" soient ceux qui occupent une position géographique intermédiaire.

L'existence de ce type d'inégalités de fait dans l'occupation de l'espace et l'accès aux ressources naturelles pourrait être à la fois le moteur et l'aboutissement de poussées centrifuges périodiques, conduisant certains groupes au pouvoir puis au déclin. Cette hypothèse, qui demande à être approfondie, paraît en tout cas justifiée par le fait que tous les groupes qui se sont succédé au pouvoir chez les Baxtyâri (Astereki jusqu'en 1566 — Minorsky 1936: 46; Bitlisi 1868—1875, I: 1—69; Câr-Lang jusque vers 1850 — Curzon 1892, II:

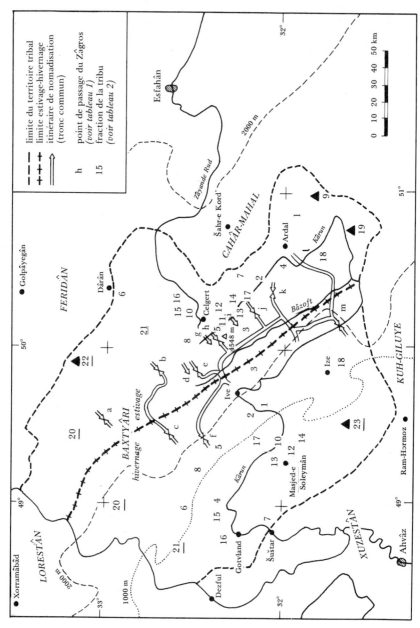

Carte du territoire de la tribu Baxtyâri.

Tableau 1 Principales subdivisions de la tribu Baxtyâri

Les chiffres de la colonne de droite renvoient à la carte. Sur celle-ci, les nombres coiffés d'un triangle correspondent aux groupes entièrement sédentaires; les nombres soulignés correspondent aux groupes Câr-Lang.

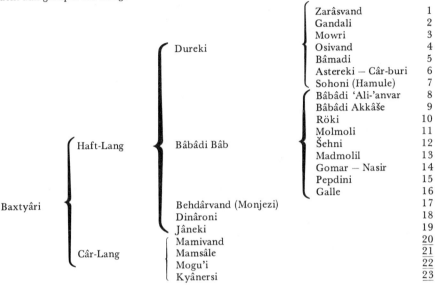

		Zarâsvand	1
		Gandali	2
		Mowri	3
	Dureki	Osivand	4
		Bâmadi	5
		Astereki — Câr-buri	6
		Sohoni (Hamule)	7
		Bâbâdi 'Ali-'anvar	8
		Bâbâdi Akkâše	9
		Röki	10
		Molmoli	11
Haft-Lang	Bâbâdi Bâb	Šehni	12
		Madmolil	13
		Gomar — Nasir	14
		Pepdini	15
		Galle	16
Baxtyâri	Behdârvand (Monjezi)		17
	Dinâroni		18
	Jâneki		19
	Mamivand		20
Câr-Lang	Mamsâle		21
	Mogu'i		22
	Kyânersi		23

Tableau 2 Principaux points de passage du Zâgros

Les lettres de la colonne de gauche renvoient à la carte. Les chiffres de la colonne de droite correspondent au groupes qui empruntent les points de passage en question (voir tableau 1)

a	Taksoni	20
b	Gallegâ	6, 21
c	Timbi/Keynow	6, 21
d	Tiz (*fermé au printemps*)	8, 10
e	Pambekâl	8, 10, 15, 16
f	Monâr	4, 8, 15, 16
g	Il-e vak (*fermé au printemps*)	5, 8, 10, 15, 16
h	Zarda	2, 5, 7, 10, 11, 12, 15, 16, 17
i	Kolonci (*fermé au printemps*)	11, 12, 13, 14, 17
j	Carri	2, 4, 5, 7, 11, 13, 14, 17
k	Qorâw	1, 2, 4
l	Desbâr	1
m	Šâlu	1, 10, 13, 18

300 et suiv.; etc.), et dont la position centrale était attestée, se retrouvent maintenant repoussés vers les marges, avec les fractions sédentarisées (comme deux des quatre principales sections Câr-Lang, écrasées au milieu du siècle dernier par les Haft-Lang). Ces poussées périodiques auraient pu être liées à la volonté de certains groupes de s'écarter des régions centrales du territoire de la tribu, trop exposées aux dégâts causés par le transit des autres nomades, pour se rapprocher de sa périphérie; une fois celle-ci proche, l'allongement démesuré des parcours, le contact des sédentaires voisins, etc. auraient constitué autant de facteurs d'affaiblissement, préparant l'éviction de ces groupes par d'autres, engagés à leur suite dans un processus analogue.[19]

Peut-être faut-il voir dans l'existence de pressions et de mouvements centrifuges de ce type, si celle-ci devait se trouver confirmée, l'un des mécanismes par lesquels la société nomade procède à l'expulsion, vers les zones sédentaires périphériques, de son excédent démographique, ainsi que Barth (1964: 103 et suiv.) en a montré la nécessité. De tels mouvements, en tout cas, ne sont possibles ici que grâce à la mobilité et à l'autonomie relatives que procure aux unités de production la disposition d'un espace suffisamment vaste, possédé collectivement. Or, il n'est pas sans intérêt de constater que, chez les Baxtyâri d'Iran comme dans bien d'autres sociétés, pastorales ou non, c'est sur les mêmes bases, les mêmes institutions que reposent à la fois l'accès de tous aux ressources nécessaires, à la richesse en général, et le développement des inégalités, les facteurs d'identité et les facteurs de différenciation sociale.

Au terme de ce trop rapide exposé, c'est une double conclusion qui semble donc s'imposer. D'une part, le regroupement de plus d'un demi-million de personnes en une même tribu (*il-e Baxtyâri*), sur un territoire unique de quelques 75 000 km^2, conçu comme le bien commun de l'ensemble (*xâk-e Baxtyâri*), apparaît bien, dans ce cas précis, comme une nécessité dictée par les conditions naturelles et techniques de l'utilisation de l'espace, liées à la pratique du pastoralisme nomade dans un milieu de haute montagne à la limite de la saturation: appartenance sociale et organisation territoriale larges sont des instruments de la gestion collective des ressources naturelles. On se trouve donc ici en présence d'un bon exemple d'une communauté qui n'est pas le "présupposé" (*Voraussetzung*) mais plutôt le "résultat" (*Ergebnis*) de ce que Marx a appelé "l'*appropriation* réelle par le procès de travail" (Marx 1970: 183). D'autre part, si les formes et les moyens de la gestion communautaire des ressources naturelles semblent servir en quelque sorte de tremplin privilégié au développement d'inégalités et de différenciations internes à la société baxtyâri, c'est en raison du rapport dialectique qui les lie aux institutions tendant par ailleurs à préserver l'autonomie relative des unités de production au sein de cette société, rapport complémentaire, éventuellement contradictoire, qui se trouve au coeur de la notion même de détermination économique chez les pasteurs nomades.

Notes

1. Les noms et termes vernaculaires sont ici transcrits phonétiquement suivant le système dont l'usage est le plus répandu parmi les iranisants de formation française. Voir Lazard 1957: 3—18.
2. C'est du moins à cet ordre de grandeur que parvient la seule tentative sérieuse de recensement des Baxtyâri effectuée à ce jour (Daftar 1348).
3. Les Baxtyâri ont déjà fait l'objet de plusieurs études d'ensemble: Trubeckoj 1966; Varjâvand et al. 1346; Digard 1973c; Ehmann 1975.
4. Sur quelques-uns de ces groupes, voir, entre autres travaux: Barth 1964; Löffler & Friedl 1967; Feilberg 1952; Black-Michaud 1974.
5. Pour une analyse détaillée, voir Digard 1973a. A comparer avec des études d'un genre voisin, consacrées à des groupes proches: Löffler, Friedl & Janata 1974; Feilberg 1952.
6. Pour une étude sur ce point dans un groupe voisin, voir par exemple Barth 1954.
7. Sur l'organisation sociale et la composition des campements, voir Digard 1973a: 11—19, 173 et suiv., 275—277; 1973b: 48—49; 1975.
8. Barth (1964: 11 et suiv., 49 et suiv.), pour les Bâseri du Fârs, a bien distingué ces unités et analysé leurs fonctions.
9. Cf. Feilberg 1952; Black-Michaud 1974 ainsi que Edmonds 1922; De Bode 1845; Rabino di Borgomale 1969; Minorsky 1945.
10. Cf. Löffler & Friedl 1967 ainsi que Monteil 1966; Demorgny 1913; Harrison & Falcon 1936.
11. Bahman-Bagi 1324 (traduction française dans Monteil 1966: 99—152).
12. Cf. notamment Feilberg 1952: 41 et suiv.
13. Voir Digard 1973c; Garthwaite 1972. Des descriptions vivantes et de première main ont été données de cet appareil d'état par Layard 1846, 1887; Curzon 1892, II: 300 et suiv.
14. Edmonds 1922: 347 et suiv.; De Bode 1845, II: 244 et suiv.; Curzon 1892, II: 278—281; Rawlinson 1839. Sur l'organisation politique des tribus du Lorestân contemporain, voir Black 1972; Nadjmabadi 1976.
15. Johnson 1969: 59 et suiv. Toutefois, les points de passage et leurs noms (mentionnés par l'auteur d'après Sawyer 1894; Harrison 1932) sont en partie inexacts.
16. Les difficultés des nomadisations saisonnières des Baxtyâri ont été décrites de façon saisissante par Cooper 1925.
17. Cette carte et les tableaux qui l'accompagnent ont été dressés dans le cadre de la réalisation du Programme d'établissement de cartes ethnographiques de l'Iran entrepris conjointement par le Centre National de la recherche scientifique (Recherche coopérative sur programme no 362) et le Centre iranien d'ethnologie de l'Iran. Voir Bromberger & Digard 1975; Digard & Karimi 1975.
18. Sur les problèmes de la succession dans le temps de groupes différents sur les mêmes pâturages, voir l'article désormais classique de Barth 1959—1960.
19. Cf. une analyse du même type dans Lattimore 1951.

Références

Afšâr Nâderi, N. 1346 [1968]. *Monogrâfi-ye il-e Bahme'i* [Monographie de la tribu Bahme'i]. Tehrân: Moasse-ye Motâl'ât va Tahqiqât-e Ejtemâ'i, Dânešgâh-e Tehrân [Institut d'études et de recherches sociales, Université de Téhéran].

Bahman-Bagi, B. 1324 [1945]. *Orf va 'âdat dar ašâyer-e Fârs* [Droit coutumier et moeurs dans les tribus du Fârs]. Tehrân: s.n.

Barth, F. 1954. Father's brother's daughter marriage in Kurdistan, *Southwestern journal of anthropology* 2: 164—171.

1959—1960. The land use patterns of migratory tribes of South Persia, *Norsk geografisk tidsskrift* pp. 1—11.

138   Jean-Pierre Digard

1964. *Nomads of South Persia. The Basseri tribe of the Khamseh confederacy*. Oslo: Universitetsforlaget/London: Allen and Unwin/New York: Humanities Press.
Bitlisi, E.S.K. 1868—1875. *Sheref-Nāmeh*, vol. I. Saint-Petersbourg: Charmoy, F.B. ed.
Black, J. 1972. Tyranny as a strategy for survival in an "egalitarian" society: Luri facts versus an anthropological mystique, *Man* 4: 614—634.
Black-Michaud, J. 1974. An ethnographic and ecological survey of Luristan, western Persia: Modernization in a nomadic pastoral society, *Middle Eastern studies* 2: 210—228.
Bromberger, C. & J.-P. Digard 1975. Pourquoi, comment des cartes ethnographiques de l'Iran?, *Objets et mondes* 1: 7—24.
Cooper, M.C. 1925. *Grass: An account of the migration of a Bakhtiari tribe in search of pasture*, New York: G.P. Putnam's Sons.
Curzon, G.N. 1892. *Persia and the Persian question*, 2 vols. London: Longmans, Green and Co.
Daftar-e Âbâdâni-ye Manâteq-e 'Ašâyeri [Bureau du Développement des Régions Tribales]. 1348 [1969]. *Barresi-ye ilât-e 'ašâyer-e Baxtyâri, pišnahâdâti barâ-ye âbâdâni-ye sarzamin-e ânhâ* [Etude des tribus Baxtyâri, propositions pour le développement de leur territoire]. Tehrân: Vezârat-e Âbâdâni va Maskan [Ministère du développement et du logement].
De Bode, C.A. 1845. *Travels in Luristan and Arabistan*, 2 vols. London: J. Madden.
Demorgny, G. 1913. Les tribus du Fârs. *Revue du monde musulman* 13: 1—109.
Digard, J.-P. 1973a. *Techniques et culture des nomades baxtyâri d'Iran*, Archives et documents 75. Paris: Institut d'ethnologie.
    1973b. Contraintes techniques de l'élevage sur l'organisation des sociétés de pasteurs nomades, pp. 33—50 in J. Barrau et al., *Etudes sur les sociétés de pasteurs nomades*. vol. 1, *Organisation technique et économique*, Cahiers du centre d'études et de recherches marxistes 109. Paris: Centre d'études et de recherches marxistes.
    1973c. Histoire et anthropologie des sociétés nomades: le cas d'une tribu d'Iran, *Annales: économies, sociétés, civilisations* 6: 1423—1435.
    1975. Campements baxtyâri, *Studia Iranica* 1: 117—129.
Digard, J.-P. & A. Karimi. 1975. Documents pour l'étude de la répartition de quelques traits culturels dans le Zâgros central, Programme d'établissement de cartes ethnographiques de l'Iran vol. I, fasc. 2. Paris: Recherche coopérative sur programme No 362 du Centre national de la recherche scientifique. Multigr.
Edmonds, C.J. 1922. Luristan: Pish-i Kuh and Bala Gariveh, *Geographical journal* 59: 335—356.
Ehmann, D. 1975. *Bahtiyāren — Persische Bergnomaden im Wandel der Zeit*, Beihefte zum Tübinger Atlas des Vorderen Orients B. 15. Wiesbaden: Dr Ludwig Reichert.
Feilberg, C.G. 1952. *Les Papis, tribu persane de nomades montagnards*, Nationalmuseets Skrifter, Etnografisk Roekke 4. Kφbenhavn: Gyldendalske Boghandel, Nordisk Forlag.
Garthwaite, G.R. 1972. The Bakhtiyāri Khāns, the government of Iran, and the British, *International journal of Middle East studies* 1: 24—44.
Harrison, J.V. 1932. The Bakhtiari country, southwestern Persia, *Geographical journal* 3: 194—210.
Harrison, J.V. & N.L. Falcon. 1936. Kuhgaly, southwestern Iran, *Geographical journal* 8: 20—36.
Johnson, D.L. 1969. *The nature of nomadism. A comparative study of pastoral migrations in southwestern Asia and northern Africa*, Department of geography, Research papers 118. Chicago: University of Chicago.
Lattimore, O. 1951. *Inner Asian frontiers of China*. New York: American Geographical Society.
Layard, A.H. 1846. A description of the province of Khúzistán, *Journal of the Royal Geographical Society* 16: 1—105.
    1887. *Early adventures in Persia*, 2 vols. London: J. Murray.
Lazard, G. 1957. *Grammaire du persan contemporain*. Paris: Klincksieck.

Löffler, R. & E. Friedl. 1967. Eine ethnographische Sammlung von den Boir Ahmad, *Archiv für Völkerkunde* 21: 95–207.

Löffler, R., E. Friedl & A. Janata. 1974. Die materielle Kultur von Boir Ahmad, Südiran. Zweite ethnographische Sammlung, *Archiv für Völkerkunde* 28: 61–142.

Marx, K. 1970. Formes qui précèdent la production capitaliste, pp. 180–226 in Centre d'études et de recherches marxistes, *Sur les sociétés précapitalistes*. Paris: Editions sociales.

Minorsky, V. 1936. Lur, pp. 43–48 in *Encyclopédie de l'Islam III*. Leiden: E.J. Brill.

1945. The tribes of western Iran, *Journal of the Royal Anthropological Institute* 75: 73–80.

Monteil, V. 1966. *Les tribus du Fârs et la sédentarisation des nomades*, Le monde d'outre-mer, Ecole pratique des hautes-études, VIe Section. Paris/La Haye: Mouton.

Nadjmabadi, S.R. 1976. Die Širavand in West-Lorestan. Mit besonderer Berücksichtigung des Verwandtschaftssystems. Inaugural-Dissertation zur Erlangung der Doktorwürde der Wirtschafts- und Sozialwissenschaftlichen, Fakultät der Universität Heidelberg.

Rabino di Borgomale, H.L. 1916. Les tribus du Loristan, *Revue du monde musulman* 3–46.

Rawlinson, H.C. 1839. Notes on a march from Zoháb [. . .] through the province of Luristan to Kermánshá, *Journal of the Royal Geographical Society* 9: 26–116.

Sawyer, H.A. 1894. The Bakhtiari mountains and upper Elam, *Geographical journal* 6: 481–505.

Trubeckoj, V.V. 1966. *Bahtiary: osedlokočevye plemena Irana* [Les Baxtyâri: tribus rurales d'Iran]. Moskva, Izdatel'stvo Nauka.

Varjâvand, P., et al. 1346 [1968]. *Bâmadi, tâyefe'i az Baxtyâri* [Bâmadi, une tribu des Baxtyâri]. Tehrân: Moasse-ye Motâl'ât va Tahqiqât-e Ejtemâ'i, Dânešgâh-e Tehrân [Institut d'études et de recherches sociales, université de Téhéran].

10. Structure de classe, pouvoir politique et organisation de l'espace en pays touareg

ANDRÉ BOURGEOT

The purpose of this article is to analyse the utilization and organization of space in Saharian and Sahelo-Saharian Twareg societies with respect to ecological, technical, social, and ideological constraints.

The utilization of space is a fundamental part of the actualization of the process of production and intervenes simultaneously as one of the elements of the structure of this process that takes form through the social organization. Access to natural resources refers to two strategies. One is characterized by competition manifested at the level of the descendance group or at that of the political group. This system is based on a peaceful coexistence, on cooperation reinforced by unitary ideology and by the existence of areas of communal nomadisation. The other strategy is characterized by the transformation of competition into cooperation, implying the existence of relations of dependence and of classes. This transformation is realized either in the relations between ethnic groups with contradictory political and economic interests, or within the same ethnic group in which certain factions quarrel with one another over power.

Cooperation aims at political expansion and the generation of relations of dependence that are consolidated through the structure of the process of production, characterized, notably at its ultimate moment, by the social appropriation of the product (collection of tribute).

A series of examples drawn from Twareg societies with comparable social structures, evolving under different ecological conditions, confirms that social organization is not determined by ecological conditions, but that the latter are integrated into the social relations of production and utilized politically. In the Twareg region, spatial segregation responds to the conditions of the control of space by the aristocrats, and one of its explanations lies in the necessity of exerting political and economic control over the dependents, which corresponds to one form of appropriation of space.

Depuis quelques années, particulièrement depuis la sécheresse des années 1969 à 1973 en Afrique sahélienne, l'étude de l'espace constitue un pôle d'intérêt autour duquel se cristallisent de multiples recherches destinées à améliorer les conditions de la gestion de l'espace, notamment en milieu nomade. Bien souvent, cette notion est réduite à celle de "milieu" ou d' "environnement", autant de notions floues qui ne permettent pas de mieux cerner ce qu'est l'espace dans sa réalité.

Le propos de cet article est double: il s'agit d'une part de préciser la notion d'espace au niveau du mode d'investigation de celui-ci et, d'autre part, de présenter les modes d'utilisation et d'organisation de l'espace dans les sociétés touarègues sahariennes et sahélo-sahariennes. Pour ce faire, nos exemples seront choisis parmi quatre groupements politiques: les Kel Ahaggar (Algérie), les Touaregs de la boucle du Niger (Mali), les Kel Owey des Montagnes de l'Aïr (Niger) et les Kel Adagh (Touaregs de l'Adghagh-n-ifoghar — Mali). Dans ces conditions, cette étude se limite aux sociétés hiérarchisées.

Approche méthodologique

La tentative de caractériser la notion d'espace pose un certain nombre de problèmes d'ordre théorique et méthodologique. Pas plus qu'il n'existe de production en général, ni de symbolisme en général, l'espace n'a de généralité. Adjoindre à la notion d'espace des qualificatifs tels que "pastoral", "géographique", etc. ne concourt pas à définir plus rigoureusement cette notion. En effet, ces expressions descriptives tendent à caractériser l'espace en tant que facteur autonome (voire comme une "strate" indépendante) correspondant implicitement soit au tapis végétal (le producteur primaire, écriraient les écologistes), soit à un cadre physique englobant les conditions naturelles *stricto sensu*.

Certains écologistes ont cru dépasser ce point de vue réductionniste par un élargissement de leur problématique, analysant alors l'espace comme un des éléments composant la biocénose. Cette démarche, issue d'une conception binomique (végétal—animal) exclut l'homme (et, a fortiori, la société) de l'étude de l'environnement. Or, l'homme est le facteur le plus dynamique, qui intervient d'une manière déterminante dans l'utilisation des conditions naturelles et dans la transformation des ressources naturelles.

Bien que les conditions naturelles n'apparaissent pas directement comme constituant le point d'application du travail humain, elles sont néanmoins nécessaires à l'existence de l'homme d'une part, et de l'autre, au développement de la production pastorale. Quant aux ressources naturelles (climatiques, minérales, végétales, animales, etc.) elles jouent un rôle majeur dans les interconnexions qui se nouent entre la production sociale et la nature. Une approche fondée sur les apports du matérialisme historique et dialectique débouche sur une conception trinomique de l'espace qui se caractérise par l'équation nature—homme—société (Bonte, Bourgeot, Digard & Lefébure, sous presse). Il s'agit alors de faire émerger la liaison dialectique de ces trois éléments dans leur mouvement et d'expliquer les formes concrètes de leur combinaison à une époque historique déterminée.

A partir de cette problématique générale, il parait possible d'aborder la notion d'espace, non pas en tant que facteur autonome mais comme un des éléments constitutifs de l'écosystème. L'objet de cet article se fonde sur la nécessité d'analyser l'utilisation et l'organisation de l'espace en fonction: des contraintes écologiques (conditions et ressources naturelles), techniques (les techniques pastorales), sociales et idéologiques (perception de l'espace terrestre, accès aux ressources naturelles, finages pastoraux, territorialité, etc.), autant de contraintes à réintégrer dans le processus historique. En d'autres termes, il s'agit d'envisager la notion d'espace dans son utilisation et son organisation comme étant un résultat des rapports sociaux de production d'une part, et, par ailleurs, d'intégrer également la conception idéologique de l'espace au niveau de sa perception.

Pour ce faire, le recours à l'histoire dans l'analyse des écosystèmes pâturés est nécessaire car les éléments d'explication résident dans:

— la nature des formations sociales précoloniales. L'inscription spatiale des sociétés nomades s'élabore sur des conditions naturelles qui préexistent à la formation des différents modes d'organisation sociale. Ainsi, l'organisation et l'utilisation spatiales varient selon qu'il s'agit de sociétés nomades au pouvoir centralisé, aux stratifications sociales fortement hiérarchisées, ou bien de sociétés nomades au pouvoir politique diffus où règne apparemment une "égalité". En résumé, le rapport à l'espace varie selon:

— les formes de l'organisation sociale;

— la mise en place des structures coloniales sous des formes variables adaptées aux conditions économiques et politiques des sociétés autochtones qui préexistent à la pénétration du capitalisme;

— les luttes engagées contre la domination coloniale;

— la nature du rapport entre les sociétés nomades et les gouvernements mis en place lors de la décolonisation. Ce rapport varie en fonction de l'orientation politique des régimes.

Compte tenu de la place qui nous est impartie et de l'objet de cette étude, l'analyse se limitera à traiter le premier point (l'espace dans son rapport avec l'organisation sociale). Cependant, il sera nécessaire d'utiliser des références concernant les autres aspects. Dans ces conditions, notre méthode d'investigation tend à analyser la notion d'espace comme étant un produit social déterminé par un processus historique qui se déroule, en ce qui concerne les Kel Ahaggar, de la fin du XVIIe siècle au début du XXe siècle.

La notion d'espace: essai de définition

Le titre de cette deuxième section opère implicitement une distinction entre notion et concept. En effet, l'espace ne caractérise pas l'essence d'une réalité concrète comprenant un certain nombre de propriétés générales qui constituent la nature d'une chose. Par contre, l'emploi du terme notion se fonde sur la constatation que l'espace se présente comme étant le lieu privilégié de l'expression d'un ensemble de processus[1] (productivité, modes de production, appropriation, lutte de classes, etc.) qui visent à décrire la réalisation de multiples pratiques déterminées par un système économique, c'est-à-dire par un ensemble de structures (techniques, politiques, juridiques et idéologiques) relativement stables et hiérarchisées qui se combinent organiquement.

Les représentations spatiales

Bien que l'espace ne se réduise pas aux perceptions de celui-ci, et afin d'éviter de donner dans une déviation utilitariste et économiste de la définition de l'espace, il semble nécessaire d'intégrer les représentations que les nomades (notamment les Kel Ahaggar) se font de l'espace. La prise en considération de la conception autochtone de l'organisation spatiale (au niveau des représentations) constitue un des éléments qui visent à définir cette notion, d'autant plus qu'elle est partie intégrante dans l'utilisation de l'espace. L'intervention de facteurs surnaturels participe à l'organisation de l'espace et fixe en même temps certaines limites dans l'accès et l'utilisation des ressources naturelles.

Les Kel Ahaggar du Sahara central considèrent que l'espace terrestre se compose d'un théâtre peuplé d'êtres humains et de puissances supérieures et surnaturelles incontrôlables par l'homme (Bourgeot, sous presse). Ils établissent une distinction entre les mauvais esprits tentateurs et ceux qui ne provoquent pas. Ces "génies diablotins" (*djinn* en arabe et *alhin*, pl. *alhinen* en tamahaq) nuisent aux humains sans pour autant les tenter. Les "génies" se répartissent en quatre catégories qui s'opposent toutes à l'oekoumène. Ce sont:

— les *kel asuf*: "ceux de (les gens de) la solitude"[2] c'est-à-dire ceux qui évoluent dans les endroits où l'être humain ne peut pas survivre. L'expression *akal-n-kel asuf* ("le pays des *kel asuf*") définit un espace occupé par les esprits, caractérisant ainsi l'opposition oekoumène/abiotique;

— les *kel ténéré*: "ceux du désert ou de la plaine", identifiables aux *kel asuf*, accentuent la nature abiotique du milieu;

— les *kel amadal*: "ceux du sol" (les "intraterrestres") émergent de l'écorce terrestre sous la forme de volutes poussiéreuses. Leur localisation n'est pas toujours fixe et ils peuvent apparaître n'importe où;

— les *kel ehod*: "ceux de la nuit". Ils apparaissent sous diverses formes, notamment sous celle d'une jument blanche qui rôde au galop dans un endroit que l'on ne veut pas localiser,[3] autour des campements.

Ces quatre types de génies manifestent leur présence dans des endroits (voire des portions territoriales) qui obligent les Touaregs à faire quelquefois de longs détours afin d'éviter leurs méfaits. Cependant, ces diablotins outrepassent leur territoire pour agresser la chevrière isolée qui garde son troupeau. Dans ces conditions, cet espace terrestre, champ clos des représentations spatiales, détermine certaines limites dans les possibilités d'utilisation du producteur primaire. Ces limites se situent hors de l'organisation sociale et agissent sur l'ensemble de la société: leur effet est d'atténuer les conditions d'inégalité dans l'accès aux ressources naturelles.

Dans le même ordre d'idée, les nomades peuvent utiliser le "mauvais oeil" (*tehot*) dans le cas où un troupeau devient trop important. La crainte du mauvais oeil oblige le propriétaire soit à scinder son troupeau, soit à le faire pâturer sur de nouvelles niches écologiques. Ces deux éléments surnaturels (diablotins et mauvais oeil) apparaissent comme deux facteurs, mineurs certes, de régulation et de répartition dans l'utilisation de la couverture végétale. Par ailleurs, ils donnent également les moyens de restaurer, très partiellement mais d'une manière individuelle, sociale et occulte, un contrôle sur les pâturages appropriés collectivement et sur le bétail, propriété individuelle. Ce type de contrôle économise des conflits sociaux ouverts qui peuvent dégénérer à propos de la gestion des pâturages et de la dimension des troupeaux. En résumé, ces mécanismes surnaturels freinent ou détournent partiellement le développement des inégalités.

Utilisation et organisation de l'espace

Ecrire que les sociétés nomades subissent des contraintes écologiques spécifiques est un lieu commun. Il s'agit néanmoins de les repérer, puis de les resituer dans leur contexte historique afin de déterminer leur influence dans l'installation des rapports sociaux de production.

La précarité et la rareté des ressources naturelles entraînent une compétition entre pasteurs d'une part, entre agriculteurs et pasteurs d'autre part, notamment en zone sahélienne où les imbrications ethniques sont plus fortes qu'au Sahara. Par ailleurs, les activités productives, tant pastorales qu'agricoles, y sont plus diversifiées et mettent en jeu des intérêts contradictoires. Dans ces conditions, l'utilisation de l'espace s'inscrit fondamentalement dans la réalisation du procès de production et intervient simultanément comme un des éléments de la structure de ce processus qui prend forme à travers l'organisation sociale.

Cette rareté particulière des ressources entraîne deux types de stratégies pour accéder aux ressources naturelles. Le système économique et les niveaux sociaux auxquels se réalisait le procès de travail déterminent ces stratégies qui se manifestent à travers la compétition et la concurrence. On peut prendre comme niveau social significatif celui du groupe de descendance au sein duquel intervient la compétition. Lorsque les groupes domestiques composant les unités résidentielles (ou unités de nomadisation) exploitent simultanément des niches écologiques différentes ou successivement les mêmes pâturages, il s'engage alors une compétition permanente entre les pasteurs d'un même groupe de descendance pâturant sur un même terrain de parcours. Dans les sociétés nomades où les agriculteurs occupent une place de dépendants (par exemple les Harratin en Ahaggar), évoluant sous la tutelle politique et économique des pasteurs, les relations nouées entre pasteurs et agriculteurs impliquent une compétition interne et seconde caractérisée par la dominance de la production pastorale. Dans ces conditions, l'insertion des agriculteurs dans l'espace pastoral n'entraîne pas de rivalités conflictuelles, car elle est régulée par les rapports sociaux de production.

Le système compétitif se fonde sur une coexistence pacifique facilitée par les relations de parenté et d'alliance entretenues dans le groupe de descendance. Par ailleurs, il s'inscrit au sein d'une coopération renforcée par une idéologie unitaire et par l'existence d'aires de nomadisation communes. Une autre forme de compétition se manifeste, particulièrement chez les Kel Adagh (Touaregs Ifoghas) de Kidal (Mali), dès les premières précipitations atmosphériques de la saison humide. En effet, quelques jours après les premières pluies, la surface craquelée du sol se transforme en un tapis de pousses aux qualités nutritives exceptionnelles et recherchées par toutes les catégories de bétail. La compétition engagée pour la consommation de ce type particulier de pâturage tend à définir l'espace par sa productivité. Cependant, la compétition dans la consommation de l'*akadamo*[4] peut dépasser les limites du groupe de descendance pour s'élargir à d'autres groupes au statut social équivalent et situés dans la même unité politique. La système compétitif s'inscrit également dans les différentes activités de la production pastorale (trafic caravanier, pastoralisme du petit bétail), ce qui recoupe l'occupation des écosystèmes et l'exploitation du producteur primaire par les différentes catégories de bétail. L'occupation de l'espace et la distribution territoriale organisées politiquement en Ahaggar (Algérie) soulignent l'influence des contraintes naturelles et leur utilisation politique dans la répartition des unités territoriales imposées par les groupes conquérants. En effet, les groupes défaits militairement, contraints de se replier dans les massifs montagneux, furent obligés de s'y cantonner ou alors furent rejetés dans les dépressions périphériques les plus déshéritées. La qualité de ces pâturages paraît convenir essentiellement aux besoins des caprins, assurant la survie économique des nouveaux asservis, survie associée à une économie résiduelle de chasse et de cueillette. Si la qualité alibile des pâturages de montagne est effectivement propice aux caprins, il faut alors se poser simultanément le problème des possibilités de répartition et de fréquence des points d'eau sur les terrains de parcours d'altitude et sur ceux des plaines. Il serait nécessaire de vérifier si les régions occupées par les tributaires possèdent plus de points d'eau que celles contrôlées par les groupes dominants. Dans l'hypothèse où la fréquence des points d'eau serait plus grande, ceci pourrait être un des facteurs permettant d'expliquer les raisons pour lesquelles les tributaires ont été cantonnés pendant longtemps dans le pastoralisme du petit bétail. En effet, celui-ci nécessite un abreuvement quotidien ou, au minimum, une fois tous les deux jours, ce qui oblige à un certain nombre de points d'eau à proximité des pâturages. Toutefois, ce problème peut être résolu par l'utilisation des ânes à des fins de transport d'eau. Par contre, le pastoralisme chamelier n'exige pas un abreuvage aussi régulier et permanent; de ce fait, il ne nécessite pas une multiplication des points d'eau.

Il apparaît que les contraintes naturelles interviennent dans la mise en place des rapports de domination qui se manifestent également à travers la répartition des unités territoriales. Les aristocrates, partiellement dégagés de leurs besoins alimentaires, garantis par leurs tributaires,[5] pouvaient se livrer au pastoralisme chamelier. Le rapport tributaire fondé sur la conquête et la victoire des grands chameliers venus de l'ouest s'inscrit aussi dans des conditions naturelles particulièrement contraignantes, facilitant l'installation des rapports de domination. Les ressources naturelles, la différenciation de l'espace en fonction de son utilisation (banco salé, qualité alibile des plantes, points d'eau, pistes caravanières, etc.) et les différentes catégories de bétail facilitent la mise en place de la division sociale et technique du travail.

La seconde stratégie se situe dans la transformation de la compétition en concurrence, impliquant l'existence de rapports de dépendance et de classes. Cette transformation se réalise, soit dans les relations inter-ethniques (entre éleveurs appartenant à des ethnies différentes, et/ou entre éleveurs et agriculteurs) entraînant des intérêts politiques et économiques contradictoires, soit à l'intérieur d'une même ethnie dont certaines fractions se disputent le pouvoir suprême afin d'élargir leur réseau de tributaires ou de "protégés". La concurrence se situe au niveau des rapports de force en présence entre pasteurs appartenant à des unités politiques différentes. Elle contient en elle-même des potentialités conflictuelles violentes et vise à affaiblir politiquement et économiquement les rivaux potentiels.

Chez les Touaregs de l'Ahaggar, l'apparition de la concurrence se manifeste dès que les deux groupements politiques (Kel Ghela et Taytoq) les plus forts militairement se livrent à la course au pouvoir politique afin de créer une nouvelle répartition de tributaires, de s'attribuer le maximum de dépendants et de contrôler le maximum de moyens de production. En d'autres termes, l'apparition de la concurrence se concrétise dès que se pose l'élargissement de l'appropriation des moyens de production, de leur contrôle et des produits du travail. La concurrence vise à une expansion politique et génère des rapports de dépendance qui se réalisent et se consolident à travers la structure du procès de production, notamment à son moment ultime, caractérisé par l'appropriation sociale du produit (dans le cas présent, sous forme de prélèvement en nature et/ou en travail: le tribut). Dans le cas des Touaregs, en particulier chez ceux où il existe des pasteurs tributaires, tels que les Kel Ahaggar, ces pasteurs tributaires étaient propriétaires de moyens de production *limités* (le petit bétail). Le contrôle exercé sur ces moyens de production mineurs était contrecarré par l'extorsion d'un surplus en nature et/ou en travail, surplus accaparé par les aristocrates qui *maîtrisent réellement* le procès de production, car sa reproduction se réalise, en dernière instance, sous la tutelle des groupes dominants. Par ailleurs, comme chez les autres pasteurs, le producteur primaire appartient au domaine public et constitue une appropriation collective, inaliénable et non dévolue. Cependant, les conditions d'utilisation du tapis végétal reposent sur des bases inégalitaires. En effet, les groupes dominants exercent une prééminence dans l'utilisation et dans l'accès aux ressources naturelles, leur permettant ainsi de détenir la maîtrise globale du procès de production. Là où, en Ahaggar, les pasteurs tributaires nomadisent sur des terrains de parcours circonscrits politiquement (et théoriquement délimités), les troupeaux des groupes aristocratiques peuvent occuper sans discrimination l'ensemble du territoire. Là où, dans l'Adghagh-n-ifoghas (Mali), les troupeaux des *ilellan* (les aristocrates) pâturent et séjournent sur les meilleurs pâturages pendant l'hivernage, les troupeaux de leurs tributaires rôdent et paissent à la périphérie de ces pâturages.

Etudiant les Touaregs du Gourma (Mali), Jean Gallais souligne que

la répartition d'ensemble des tribus et le recoupement de leurs territoires pastoraux peuvent être examinés en tenant compte de leur statut traditionnel tamacheq . . . Les superpositions sont limitées entre tribus de même statut . . . Les tribus imajeren . . . possèdent des territoires ayant des bases riveraines au fleuve et s'enfonçant comme des coins vers l'intérieur . . . L'ensemble de ces dispositions permet d'avancer l'idée d'un partage de fait du Gourma intérieur entre tribus de même statut. Corrélativement à ce partage, les associations spatiales sont la règle entre tribus de statuts différents. Elles traduisent l'organisation quasi féodale du monde politique Tamacheq sous l'autorité des tribus imajeren, et mettent en évidence la division du Gourma en "mouvances guerrières" (Gallais 1975b: 71–72).

Par ailleurs, l'auteur souligne que l'organisation spatiale est mouvante. Elle se modifie sous l'effet des enjeux et des alliances politiques. Un autre facteur détermine cette mouvance quasiment organique, à savoir la plus ou moins grande stabilité dans le temps de l'écosystème pâturé, considéré comme système fonctionnel et structurel participant aux enjeux et alliances politiques. Ces trois exemples issus d'une ethnie aux structures sociales comparables, évoluant dans des conditions écologiques différentes (Ahaggar – Sahara, Adghagh-n-ifoghas, Nord Sahel: isohyète 100 mm avec hivernage; Gourma: 300 mm, présence du fleuve Niger) présentent un schéma identique de l'occupation et de l'organisation de l'espace. Ces trois exemples que l'on pourrait compléter par les Touaregs de l'Aïr, traduisent le fait que l'organisation sociale n'est pas déterminée par les conditions écologiques, mais que celles-ci sont intégrées dans les rapports sociaux de production et utilisées politiquement. Ces exemples tendent à montrer que l'écosystème apparaît fermé quand il s'agit d'y exercer son contrôle entre gens de même statut social, et qu'il s'ouvre dès qu'il s'agit d'utiliser l'énergie végétale et animale.

Il s'ensuit que l'inscription territoriale, qui correspond aux terrains de parcours sillonnés par des groupes de descendance, n'est pas rigide. Cette absence de rigidité est déterminée par la nature spécifique du système technique pastoral et par la nature de sa production, qui exigent une flexibilité et une fluidité des aires de nomadisation délimitées, cependant, par des zones d'influence politique. A titre d'exemple, il faut citer "l'année de la *tawit*"[6] (*awatay-n-tawit*) située entre 1905 et 1910, pendant laquelle pasteurs et agriculteurs de l'Ahaggar se rendirent dans l'Atakor (massif central de l'Ahaggar) entre le pic Ilaman et le centre de cultures de Tazeruk, afin d'y faire paître leurs troupeaux et d'y cueillir les graines minuscules produites par cette plante. L'utilisation de noms de plantes pour désigner certaines années souligne que le descripteur végétal est en même temps un descripteur spatial qui renvoie à un espace physique et à des conditions géographiques précises. L'exemple de "l'année de la *tawit*", auquel il faut en ajouter bien d'autres (Foucauld 1951: 1539—1545), caractérise une organisation de l'espace physique connue de tous, ce qui implique un ensemble de relations sociales qui se réalisent dans et par les pratiques de gestion et d'utilisation de l'espace.

Quoi qu'il en soit, l'accès et l'exploitation du tapis végétal étant ségrégatifs, discriminatoires dans la jouissance de celui-ci (bien qu'il n'y ait pas d'appropriation privative des pâturages), cette inégalité caractérise deux choses:

— l'inégalité dans la distribution du cheptel tant dans le type de bétail (gros bétail: bovins, camelins/petit bétail: caprins, ovins) que dans la dimension du troupeau (plus on a de bétail, plus on occupe de pâturages);
— l'existence de rapports de dépendance jetant les bases de la formation de rapports de classes (Bourgeot 1975a: 22).

La prééminence foncière, l'inégalité dans l'utilisation des pâturages assurent simultanément la reproduction élargie et la reproduction des rapports de domination politique. En d'autres termes, l'espace de production correspond dans le cas des Touaregs à l'espace de reproduction politique, ce qui implique un maintien et une persistance des rapports de production dominants.

L'organisation économique et, a fortiori, le système politique fournissent la structure dominante du système territorial en matérialisant l'espace et en limitant l'accès aux ressources naturelles. Le problème de l'utilisation de l'espace souligne la manière par laquelle les écosystèmes pâturés sont exploités et révèle l'organisation spatiale déterminée par le système social dont les effets engendrent la conception que se fait la société de son espace.

En pays Touareg, la ségrégation spatiale répond aux conditions du contrôle de l'espace par les aristocrates et trouve une de ses explications dans la nécessité de contrôler politiquement et économiquement les dépendants, ce qui renvoie en définitive à une forme d'appropriation de l'espace dont l'expression politique est le rapport tributaire. Il apparaît ainsi que l'organisation spatiale se structure en fonction du procès de production mais également en fonction de la forme que prennent les rapports de production pour réaliser le prélèvement et l'accaparement du surplus.

Dans l'ensemble du monde touareg, la domination de l'homme et la domination politique passent par le biais de la domination de l'espace et de son contrôle. Dans ces conditions, l'organisation de l'espace telle qu'elle existait et telle qu'elle se maintient, mais en s'aggravant, ne correspond pas aux besoins de la société dans sa globalité, mais répond fondamentalement aux intérêts de la classe aristocratique dominante.

L'accaparement du surplus se révèle par l'accumulation en bétail (stockage des moyens de production) et en produits alimentaires issus de la production pastorale ou agricole, permettant le maintien et la reproduction des rapports de dépendance. Ce surplus ne peut être redistribué, très partiellement et d'une manière irrégulière, qu'à travers les rapports de protection, les rapports de clientèle, les réseaux de parenté et d'alliance, ainsi que par le système de dons et de prêts. La production, l'accaparement et la redistribution éventuelle du surplus empruntent les réseaux déterminés par l'organisation économique liée au système politique. Ces deux derniers fournissent les bases de l'élaboration d'un système territorial déterminant une forme spécifique d'organisation spatiale. Le mode d'utilisation de l'espace apparaît comme la sphère où se réalise l'ordre social imposé par les groupes aristocratiques.

La notion de territoire

La notion d'espace en implique une autre, à savoir celle de terrain de parcours, voire de territorialité. A cet égard, il faut souligner qu'une organisation territoriale structurée bien que mouvante et capable d'établir un contrôle sur l'accès aux ressources naturelles est spécifique aux sociétés nomades hiérarchisées et fondées sur un pouvoir militaire. On peut citer le cas des Peuls du delta intérieur du Niger (Gallais 1967), ceux de l'Adamawa au Cameroun, ainsi qu'en régions sahariennes, le cas des Tubu, chez qui chaque vallée du Tibesti est appropriée collectivement au niveau clanique (Capot-Rey 1963: 83). Chez les Touaregs de l'Ahaggar, l'installation et la généralisation des rapports de domination entraîna une distribution territoriale décrite précédemment. Dans ces conditions, il semble erroné de discourir sur l'individualisme, la liberté et l'indépendance du nomade. Il s'agit, sans nier ces particularités, de savoir de quel nomade on veut parler. En pays touareg, un esclave est un nomade: maîtrise-t-il pour autant sa propre personne? Dans ces conditions, l'espace, dans sa perception et dans son utilisation, est déterminé par les rapports sociaux de production, par la place que le nomade occupe dans la réalisation du procès de production. C'est en ce sens que l'espace doit être considéré comme un produit social. A cet égard, Gallais (1976) insiste sur le fait suivant: " . . . j'en reviens à examiner comment la hiérarchie socio-politique entre groupes peut modeler la perception de l'espace de chacun d'eux" et "je retrouve le rapport de force politique dans un second fait qui est le 'seuil d'inutilisation du milieu naturel' ", lequel varie en fonction des catégories sociales d'éleveurs.

Dans d'autres sociétés pastorales, la notion de territoire n'apparaît pas. Cependant, l'intervention des contraintes écologiques détermine des itinéraires précis qui se modifient selon les saisons (saison sèche/saison humide). C'est ainsi que chez les Peuls du delta intérieur du Niger, dans la région de Mopti (Mali) "l'espace pastoral est structuré par un véritable réseau: celui des *burti* et des *bilé*" (Gallais 1975a: 358).

Pour conclure et synthétiser la démarche, l'organisation de l'espace se fonde sur des structures et des processus spatiaux déterminés politiquement.

Les structures spatiales s'inscrivent en Ahaggar dans un contexte de conquêtes territoriales engagées par des guerriers chameliers venus de l'ouest. Ces conquêtes caractérisées par l'utilisation de l'énergie animale, par une supériorité militaire (pratique des armes blanches et rapidité dans la mobilité) établissent un rapport de force qui s'incarne spatialement dans et par une inscription territoriale. A celle-ci se superposent des activités de production distribuées dans l'espace selon des concentrations précises: les populations tributaires reléguées dans les montagnes se livrent davantage aux soins du petit bétail. A la conquête correspond une nouvelle distribution territoriale à laquelle s'ajuste une plus grande division technique et sociale de la production pastorale (tributaires associés à l'élevage du petit bétail et aristocrates associés à l'élevage du chameau). *Les processus spatiaux* créent les capacités d'adapter les structures spatiales aux besoins économiques et politiques favorisant l'apparition de nouvelles structures spatiales, influençant et modifiant à leur tour les processus spatiaux (écosystèmes ouverts et fermés).

La gestion de l'espace caractérisée par des fondements politiques qui délimitent des terrains de parcours constitue un des éléments composant le système technique pastoral en relation avec le type de bétail. Il existe en effet une sorte d'"éducation du troupeau" qui contribue à fixer la division technique du travail dans un espace donné et procure un des éléments favorisant la spécialisation dans la production. Cette éducation du troupeau réside, d'une part, dans la consommation de certaines catégories de plantes composant le couvert végétal et, d'autre part, dans les parcours utilisés par des caprins. En effet, les habitudes alimentaires dans la consommation du producteur primaire par les animaux permettent de détecter et, le cas échéant, d'écarter les plantes toxiques. Dans ces conditions, l'accès à de nouveaux pâturages inconnus accentue les risques d'empoisonnement. Dans l'ensemble, les bergers préfèrent rester sur des pâturages connus.

Cependant l'ouverture de nouveaux pâturages sans risque d'empoisonnement peut être envisagée par l'introduction d'un troupeau local ou de quelques têtes de bétail qui en connaissent la flore. Dans cette dernière éventualité, l'accès à de nouveaux pâturages se réalise à travers des rapports d'alliance souvent instables et évoluant au sein des "mouvances guerrières".

Par ailleurs les parcours pâturés par les caprins participent eux-mêmes à l'éducation du troupeau considérée comme un des éléments du système technique pastoral. Le petit bétail est habitué à certains parcours. Hors de ceux-ci, les chèvres s'enfuient la nuit afin de retrouver les terrains connus. Une bonne gestion des troupeaux caprins consiste à utiliser successivement les mêmes niches écologiques.

Lors de la sécheresse de 1969—1973 qui a provoqué un exode massif vers le sud, de nombreux troupeaux de caprins se sont perdus et ont disparu car terrains et flore leur étaient inconnus. Il ne s'agit pas pour autant de réduire la mobilité spatiale au système technique pastoral, mais de considérer celui-ci comme un des éléments qui participe à l'organisation socio-économique et au développement de la hiérarchisation politique.

Notes

1. Nous rejoignons ici le point de vue exprimé par François Chatelet (1976) dans la revue *Hérodote*: "L'espace, non comme *représentation* (comme à l'âge classique selon M. Foucault) mais comme *lieu* où s'exerce la stratégie des concepts, a conquis droit de cité".
2. *Asuf* signifie également "la brousse". L'expression *kel asuf*, ainsi que les suivantes, est organisée sur le mode des relations filiales en cours chez les humains. Ainsi, *agg asuf*, "fils de la solitude"; *ult asuf*, "fille de la solitude"; *chet asuf*, "filles de la solitude". Cependant, les génies sont désignés par le pluriel (*kel asuf*) et lorsqu'on parle d'eux ou sur eux le pluriel est toujours utilisé (notre propos n'est pas de discuter du sexe des génies).
3. Cette imprécision est le résultat d'une volonté de ne pas nommer précisément l'endroit où se manifestent les *kel ehod* afin de ne pas les provoquer.
4. *Akadamo* chez les Kel Adagh désigne un ensemble de niches écologiques d'hivernage (*akasa*) qui apparaissent quatre à sept jours après les premières pluies, période pendant laquelle les Touaregs Ifoghas se livrent à une véritable course à l'*akadamo* (Bourgeot 1975b: 13).
5. Garantie "librement" consentie ou extorquée par force.
6. *Tawit* dénomme une plante non persistante qui pousse abondamment après les pluies dans certaines parties de l'Ahaggar situées entre 2000 et 3000 m d'altitude (Foucauld 1951: 1448). Ce même auteur donne une chronologie des années 1860 à 1906 (chronologie probablement recueillie chez les tributaires Dag Ghali de l'Atakor) parmi lesquelles figure un certain nombre d'années caractérisant les déplacements massifs des Kel Ahaggar sur de riches pâturages localisés dans leur sphère d'influence politique.

Références

Bonte, P., A. Bourgeot, J.P. Digard & Cl. Lefébure, sous presse. Economie pastorale et société, l'occupation humaine des écosystèmes pâturés tropicaux, in A. Sasson (ed.), *Rapport sur l'état des connaissances concernant les écosystèmes pâturés tropicaux*. Paris: UNESCO.

Bourgeot, A. 1975a. La formation des classes sociales chez les Twareg de l'Ahaggar, Etudes sur les sociétés de pasteurs nomades III *Les cahiers du Centre d'études et de recherches marxistes* 121: 19—41.

1975b. Relance des coopératives et réhabilitation des pasteurs nomades en 6ème région — Cercle de Kidal (République du Mali). Rapport de mission, multigr. (Laboratoire d'ethnologie et de sociologie comparative de l'université de Paris X).

sous presse. L'éclipse totale de soleil du 30 juin 1973 chez les Twareg. Publication du laboratoire d'ethnologie et de sociologie comparative de l'université de Paris X-Nanterre.

Capot-Rey, R. 1963. Le nomadisme des Toubou, pp. 81—92 in *Nomades et nomadisme au Sahara*, Recherches sur la zone aride 19. Paris: UNESCO.

Châtelet, F. 1976. Pourquoi Hérodote? *Hérodote* 1: 23.

Foucauld, Ch. de 1951. *Dictionnaire Touareg-Français*, 4 vol. Paris: Imprimerie nationale.

Gallais, J. 1967. *Le delta intérieur du Niger. Etude de géographie régionale*, Mémoire de l'IFAN. Dakar: IFAN.

1975a. Problèmes actuels dans la région de Mopti (Mali), pp. 354—368 in Th. Monod (ed.), *Les sociétés pastorales en Afrique tropicale*. Oxford: International African Institute.

1975b. *Pasteurs et paysans du Gourma. La condition sahélienne*, Mémoire du Centre d'études de géographie tropicale (CEGET). Paris: Centre national de la recherche scientifique.

1976. Contribution à la connaissance de la perception spatiale chez les pasteurs du Sahel, *L'espace géographique* 5: 33—38.

II. Conceptions de l'espace, division territoriale et divisions politiques chez les Mongols de l'époque post-impériale (XIVe–XVIIe siècles)

JACQUES LEGRAND

This article proposes first to criticize the arguments advanced about the egalitarian and non-centralizing character of nomadic societies and the non-pertinence of the criteria upon which these arguments are based. To this end, attention is drawn to the history of the Mongols between the downfall of the empire of Genghis Khan (end of the fourteenth century) and the submission of the Mongols to the empire of the Qing (seventeenth—eighteenth centuries). After touching on the methodological conditions of our choice of the post-imperial period for examining the problems under consideration, the connection is made between social and political hierarchization and appropriation of nomadic space, in particular by the establishment and fixation of territorial limits. It is the very relationship to space of the entire nomadic society that is implicated here. Therefore it is necessary to look for categories of space, of its perception and its appropriation, other than those — issuing directly from the sedentary experience — that too often still serve to describe nomadic societies. As a hypothesis and a perspective of study, a typology of the dynamics of nomadic space (expansion and contraction), based on the data drawn from Mongol history, is proposed in conclusion.

Problématique générale

L'idée a été avancée, et semble avoir acquis une certaine audience dans la littérature anthropologique récente, de la double incapacité des sociétés pastorales nomades à se hiérarchiser et à se doter de structures politiques centralisées. Les phénomènes de hiérarchisation et l'irruption du centralisme politique ne constitueraient que la traduction de l'impact sur la société nomade de forces extérieures, pour être plus précis, de l'impact de sociétés sédentaires à structures étatiques. Deux points essentiels semblent sous-tendre ces hypothèses: la faible densité démographique et la mobilité géographique.

Sans doute cette hypothèse, égalitaire et non centralisatrice, a-t-elle été élaborée en réponse aux besoins de la description empirique de telle ou telle société nomade. Nous voudrions pour notre part la confronter, en tant qu'historien, à l'expérience de la société mongole et soulever dans le même temps quelques problèmes théoriques que semblent appeler cette hypothèse, ses présupposés et ses implications.

Un point nous semble devoir constituer un préalable important sur le plan méthodologique: le refus de la fausse théorisation que nous nommerons vision générative de l'histoire. En d'autres termes, la gêne extrême que nous éprouvons en face d'un placage sur l'histoire de modèles plus ou moins formels (mais le problème n'est pas dans leur caractère formel) issus non d'une élaboration qui parte de l'expérience historique concrète et la généralise en abstractions destinées à une nouvelle confrontation, élargie, aux réalités de l'histoire, mais résultant d'une axiomatique abstraite, au départ même de la démarche, d'universaux aprioristes. En ce sens, il nous semble évident que le maniement de notions comme celles de densité démographique ou de mobilité spatiale ou géographique appelle une ou des définitions fondées historiquement, et que ces notions ne sauraient sans grand danger apparaître implicitement, "innocemment", comme des catégories universelles.

Ce refus de l' "histoire générative" implique son corollaire: s'écarter du danger qui consiste à sacrifier aux apparences de la logique en abordant l'étude d'un phénomène historique ou d'un processus social par leur genèse. Le lien est en effet étroit, quoique rarement élucidé, entre une axiomatique aprioriste, entre l'imposition de généralités anhistoriques au cours de l'histoire, et une vision de celui-ci mécaniquement évolutionniste. A prétendre aborder l'étude d'un processus par sa genèse, on se condamne en effet à introduire subrepticement à son point de départ les seuls déterminations qui découlent de la constatation empirique implicite des manifestations du processus développé. On procède dès lors incidemment à rebours de ce qu'on croit poursuivre et les seules "causes" retenues du processus sont celles dans lesquelles ont été reconnus des "effets" ultérieurs, leur lien dialectique, non linéaire, ne pouvant que se trouver altéré, voire radicalement faussé. De plus, il est rare que les sources contemporaines d'un phénomène social et l'information historique contemporaine de sa genèse soient à même de permettre l'appréhension et l'élucidation de cette dernière. Les témoins ne s'avèrent qu'exceptionnellement aptes à saisir et à comprendre l'apparition d'une réalité nouvelle avant l'émergence de traits caractéristiques majeurs dénotant une relative maturité du phénomène. Cette myopie du témoignage historique immédiat ne tient pas essentiellement à des caractéristiques propres à ce témoignage, mais bien plus au caractère nécessairement contradictoire de toute genèse. Celle-ci est le fruit des contradictions de la phase précédente et apparaît le plus normalement comme le jeu de contradictions internes à une situation d'ensemble dont, sur le moment, on perçoit plus aisément les éléments de continuité et de permanence que de rupture (ces derniers pouvant apparaître comme, et dans une certains mesure être, des conflits ou des tensions passagers et provisoires).

C'est donc bien d'une étude du phénomène développé que peut naître non seulement une appréciation d'ensemble correcte, mais encore une connaissance réellement satisfaisante de la genèse elle-même. Ainsi seulement se trouveront isolées des moteurs réels du mouvement les "fausses pistes", potentialités non retenues par le mouvement de l'histoire, et les incidences de contradictions annexes, ainsi se dégagera à la fois dans sa multiplicité et dans son unité d'orientation (mais une unité d'orientation qui ne signifie pas prédétermination mécaniste dont les accidents historiques ne seraient que des variantes plus ou moins facultatives) le faisceau, le réseau de contradictions au sein de la société, entre la société et le cadre des contraintes écologiques et économiques dans lequel elle se meut, entre la société et ses voisins, partenaires et concurrents, etc. Il va de soi que la détermination au sein de ce réseau de la maturité relative d'un processus n'est pas chose aisée et que la continuité dialectique de l'histoire d'une société entretient des rapports extrêmement complexes avec les apparences de la simple successivité chronologique. L'histoire des peuples mongols nous offre une multitude d'exemples de cette complexité et le choix d'un maillon de la continuité sociale en tant que phase "développée" s'avère crucial. En d'autres termes, est posée comme impérative la détermination d'un "laboratoire" de l'histoire sociale mongole qui permette une démarche pertinente tant régressive, vers la genèse, que progressive, vers le devenir ultérieur du réseau de contradictions qui forme une époque historique déterminée. Ce devenir est en effet essentiel à la compréhension des relations internes, des tensions et des rapports de forces internes à ce réseau, voire à leur simple perception. Eléments importants de cette détermination, l'état, le niveau, l'origine des sources et moyens d'investigation et d'information, les problèmes de leur orientation d'ensemble, de leur degré de validité et d'implication dans le jeu même des contradictions sociales, de questions en apparence purement méthodologiques, deviennent essentiels à la problématique historique elle-même.

Il est tout a fait évident que l'étude de l'histoire mongole est partie intégrante du cadre plus général que constitue l'étude d'ensemble des sociétés nomades d'Asie centrale, et en particulier l'étude des structures de classe et du centralisme politique et de l'Etat dans ces sociétés. A ce titre, les approches des sociétés nomades anciennes et de leurs structures (appuyées essentiellement sur les données de l'archéologie soviétique des dernières décennies) ne peuvent laisser indifférent. Toutefois, pour ce qui concerne l'histoire proprement mongole, le tournant essentiel, le fait majeur, est bien entendu l'épopée cinggisqanide et l'empire, accentué encore par le déferlement des guerres de conquête, leur aspect spectaculaire, leur rôle de coupure plus ou moins durable et plus ou moins profonde dans l'histoire de nombreux peuples eurasiatiques (ce qui exerce une influence d'autant plus lourde sur les approches "de l'extérieur" que la conscience en est voilée et obscurcie). Ce n'est pourtant pas cette période qui nous semble devoir constituer le "laboratoire" évoqué plus haut. Nous penchons pour notre part à considérer l'époque impériale, en y incluant la phase d'unification de la fin du XIIe siècle, la mise sur pied d'un pouvoir impérial centralisé, l'expansion impériale des conquêtes et l'effondrement de l'empire, comme étant dans son ensemble une phase initiale, une phase de genèse dont les contradictions et les implications ne peuvent être complètement appréhendées qu'au regard du devenir de la société mongole après l'effondrement de l'empire. Il nous semble en effet que la compréhension des rapports entre hiérarchisation sociale et centralisation politique gagne à ne pas se voir occulter, alors même qu'il s'agit de rapports en gestation, par le masque massif des institutions impériales, par le tourbillon des conquêtes et par les problèmes spécifiques de la domination d'un empire nomade sur des sociétés sédentaires conquises. En centrant notre examen sur la société mongole telle qu'elle survit à l'épopée impériale, nous pensons mettre mieux en évidence les rapports dialectiques qui unissent hiérarchisation et centralisme, à la fois dans les structures sociales elles-mêmes, dans la matérialisation de ces rapports au sein d'un ou de modes de production à déterminer et dans la permanence d'une idéologie centralisatrice (à laquelle l'héritage impérial, même déchu, n'est évidemment pas étranger, mais qui ne saurait s'y réduire). Cette période post-impériale et son issue, la soumission des terres et des peuples mongols à l'empire mandchou, puis sino-mandchou aux XVIIe et XVIIIe siècles, dominent enfin très largement le devenir ultérieur de la société mongole sous la domination sino-mandchoue et même au-delà, quand on constate que les frontières actuelles entre la République populaire de Mongolie, l'URSS et la Chine populaire reposent sur des clivages sociaux et territoriaux remontant précisément à l'histoire de cette époque post-impériale. En outre, d'un point de vue historiographique, cette période constitue le poste d'observation souhaité: c'est en effet le moment où naît une littérature historique proprement mongole (et l'héritage impérial est certes encore ici omniprésent), cependant que les conditions sociales qui voient cette naissance nous sont transmises par la conjonction de sources narratives et documentaires partageant une vision "de l'intérieur", ce qui n'était évidemment pas le cas des annales chinoises qui constituent pour les siècles précédant la période impériale notre ressource documentaire quasi exclusive. Enfin, l'irruption du lamaïsme et la conversion des Mongols, les conditions mêmes qui président à cet important événement à la fin du XVIe siècle, ne sont pas le fait du hasard et contribuent à dessiner les contours d'une phase clef, charnière essentielle de toute l'histoire des Mongols, et qui s'étend de la fin du XIVe à la soumission aux Mandchous. Cette soumission même n'est pas qu'un épisode événementiel, identifiable aux seules dates historiques marquantes (1634, 1691, 1754), mais constitue à son tour une période entière, irréductible aux seules incidences de l'intervention extérieure, et dont la substance est au contraire, pour l'essentiel, le jeu des forces et des contradictions propres de la société mongole.

La Mongolie à l'effondrement de l'empire

En 1368, la convergence des soulèvements populaires disloque d'un coup, après quelques années de troubles croissants, le mince couvercle de la domination mongole en Chine, ouvrant une époque majeure et complexe des relations entre la Chine et ses voisins nomades. En 1370, Timour arrache aux Mongols Čagataïdes, dans le Maverannakhr, le reste de leur pouvoir sur l'Asie centrale des oasis et édifie en quelques années un empire qui doit beaucoup au prestige cinggisqanide sans pour autant être son héritier légitime. En 1380, enfin, lors de la bataille de Kulikovo, les troupes russes commandées par le grand-prince de Moscou Dmitri Ivanovitch (qui tire de cette victoire le surnom de Donskoï), si elles ne détruisent pas la Horde d'or, donnent un coup d'arrêt très sensible à la pression mongole en Russie. Les conséquences furent essentiellement politiques, accélérant l'unification des principautés russes autour de Moscou, et permettant par exemple à Dmitri Donskoï, en dépit des tentatives de retour offensif de la Horde en 1382, de transmettre la grande principauté à son fils Vassili I Dmitrievitch sans se soumettre à la sanction, imposée depuis le milieu du XIIIe siècle, des *qan* de la Horde. Le tournant politique de la fin du XIVe siècle, d'une extrémité à l'autre de l'immense empire (mais l'unité de celui-ci n'était plus depuis longtemps qu'une pieuse fiction), semble ainsi radical. En fait, ce qui se démembre ainsi, suivant des clivages déja anciens, est moins la société mongole que le système de domination des conquérants nomades, fragmenté à la fois par les contradictions internes à la base sociale de leur empire et, plus encore peutêtre, par l'insertion de cet empire dans des réalités étrangères à la société mongole et étrangères entre elles. L'effondrement de ce système, le repli de la société mongole sur elle-même se traduisent par la manifestation de phénomènes importants, en particulier des faits de régression économique dans le monde de la steppe à la suite des conquêtes. Celles-ci s'étaient principalement traduites pour l'ensemble de la population mongole par une longue suite de ponctions en hommes et en richesses diverses (bétail et, en particulier, chevaux), aggravées des effets et du poids des prélèvements fiscaux ou para-fiscaux de l'administration impériale et des couches dominantes. De nombreuses sources font état d'un sensible appauvrissement des éleveurs nomades sous l'empire (Munkuev 1965a). La régression et la crise sociale de la fin du XIVe siècle constituent, dans un contexte fait à la fois du reflux en Mongolie d'une fraction importante des Mongols de la conquête, coupés depuis longtemps d'activités productives, et de l'interruption brutale des échanges culturels et commerciaux entre la Mongolie et les sociétés voisines, l'aggravation de tendances ainsi décelables dès l'époque impériale, souvent dès l'apogée des conquêtes. Ainsi, alors que la dissolution de la forme de nomadisme en grands groupes consanguins (*kürij-e*) au profit du nomadisme par unités restreintes fondées sur la propriété privée du bétail (*ajil*) avait constitué une des conditions essentielles de l'unification politique dans le courant du XIIe siècle (l'émergence de forces sociales et politiques fondées à la fois sur une appropriation inégale du cheptel, sur la maîtrise des pâturages nécessaires à ce type de nomadisme et sur la constitution de la force militaire assurant cette maîtrise tant à l'intérieur du groupe que vis-à-vis des groupes voisins — le lieu n'est pas ici de s'étendre sur les faits de développement inégal qui conduisent, au cours du XIIe siècle et à la charnière des XIIe et XIIIe siècles, d'une situation que tout indique assez uniformément répandue dans l'ensemble du monde de la steppe, à l'empire mongol proprement dit, tant dans ses superstructures politiques que dans sa base aristocratique), la fin du XIVe siècle et le XVe siècle voient la réapparition du nomadisme en *kürij-e*, résurrection qui témoigne d'ailleurs plus de l'insécurité que font peser sur les terres mongoles le retour d'armées débandées et l'effritement de l'autorité impériale que d'une sorte de retour à la situation sociale qui avait vu les *ajil* se dissocier des *kürij-e*. En d'autres termes, la présence d'un type résidentiel identique n'indique que les apparences d'une continuité, les implications sociales en ayant radicalement varié.

Le système social et les classes

L'activité essentielle de la population de la Mongolie post-impériale consiste en un élevage extrêment extensif, le cheptel présentant une grand diversité: chevaux, bovins (espèces pures et hybrides), chameaux, ovins, caprins. Cette diversité et la variété subséquente des formes d'exploitation des pâturages rendent difficile, y compris pour ses réalités modernes et contemporaines, l'approche des rapports entre économie et société dans le nomadisme mongol. La résidence est de deux types étroitement apparentés: la tente de feutre montée à demeure sur un chariot, selon une tradition déjà ancienne, et la tente, assez semblable à la précédente, mais démontable et posée à même le sol. Le passage de la tente sur roues à la tente démontable semble avoir accompagné le mouvement général de régression économique et technologique déjà évoqué, l'artisanat ayant notablement souffert des troubles politiques et militaires (nombre d'artisans, en Mongolie même, étaient d'ailleurs originaires des pays conquis, d'où ils avaient été déportés). Il faut toutefois noter que l'effet négatif de la raréfaction des transports sur roues se trouva alors notablement atténué par la diffusion, alors encore récente, du chameau à tout le territoire mongol. Outre l'élevage nomade, et alors que celui-ci avait acquis une position absolument dominante dans la société mongole, éliminant en particulier l'agriculture comme activité sociale organisée, la population continuait à s'adonner à la chasse, tant sous forme d'une activité auxiliaire assurant un complément permanent de ressources (viande et fourrures) que sous forme de battues saisonnières, généralement automnales, sous les ordres et pour le compte de l'aristocratie dominante.

La société est alors rien moins qu'égalitaire: la descendance directe et collatérale de Činggis qan fournit les tenants d'une pyramide hiérarchique, censée procéder du *qaγan*-empereur et des princes héritiers et organiser les liens de dépendance personnelle de diverses couches de la population vis-à-vis du *qaγan*, des princes et des seigneurs héritiers des anciens commandements d'unités décimales impériales. Le membre de l'aristocratie (*nojan*) est le maître (*eǰen*) à la fois de la population placée dans sa mouvance et des terres sur lesquelles cette population est autorisée à nomadiser, c'est là un point capital sur lequel nous reviendrons sans tarder. L'autre point capital à noter est que la propriété privée du bétail, dont nous avons évoqué l'importance dans les origines de l'empire, n'ait pas régressé, mais se soit au contraire développée et fixée tout au long de l'empire. La petite exploitation "familiale", nonobstant les avatars de certaines formes de groupement face à l'insécurité des temps, devient ainsi, avec son opposé la grande propriété du bétail, un des pôles essentiels de la vie sociale mongole. La grande propriété était pour sa part le fait des mêmes couches qui avaient hérité de l'empire, outre ces richesses, les moyens de contrainte extra-économique (et nous allons voir le rôle déterminant, au sein de cet arsenal, joué par la fixation territoriale). La petite exploitation individuelle, astreinte à divers prélèvements en nature et en travail (la garde des troupeaux plus nombreux des *eĵen* et la responsabilité du petit éleveur devant ces derniers étant une charge des plus pesantes) se trouve en outre enserrée dans un réseau de contraintes personnelles (concernant la transmission des héritages, le mariage des enfants, etc.) qui fixent des limites étroites à la liberté juridique de l'éleveur, à la libre disposition du troupeau qui lui appartient en propre et de ses biens. Si les clivages au sein de la couche dominante obéissaient encore largement en apparence aux relations et aux luttes héritées de l'histoire dynastique des siècles précédents (toute l'aristocratie étant censée procéder de Cinggis qan lui-même ou à la rigueur de ses frères, et les chroniques mongoles postérieures s'évertuant à préciser la place du moindre maillon dans cette glorieuse filiation), les découpages sociaux au sein des populations non aristocratiques semblent s'être opérés suivant des critères liés à la fois à la richesse en bétail et, permanence de l'héritage politique de l'empire, à l'accès ou à l'association au pouvoir. Les éleveurs riches (*saĵin kümün*, litt. "homme bon") trouvaient dans leurs rangs et à leur niveau les "privilégiés" (*ĵambatu, ĵambatan*), c'est-à-dire les personnages investis par l'aristocratie de fonctions de contrôle sur la population des éleveurs. On trouvait ensuite les éleveurs aisés (*dumdadu kümün*, litt. "homme moyen"), mais n'ayant pas accès aux rouages politiques (*ĵamba ügei*) et enfin la "populace" (*qar-a kümün, qaracus*, litt. "homme noir" ou "les noirs"). L'esclavage (*boγol*), peu développé, ne concernait qu'une frange de la population presque exclusivement adonnée aux tâches domestiques auprès de l'aristocratie. Une institution quelque peu excentrée par rapport à cette pyramide mérite une mention rapide: certains individus s'étant acquis des mérites particuliers auprès des empereurs mongols s'étaient trouvés, quelle que soit leur classe d'origine, protégés (*darqan*) contre l'arbitraire et contre la pression des prélèvement fiscaux et para-fiscaux. Le fait intéressant est que cet élément de relative mobilité sociale ait joué un rôle certain dans le processus de division sociale du travail, fournissant l'embryon d'une couche adonnée principalement à l'artisanat, et plus spécialement à l'artisanat des métaux. Le terme *darqan*, en même temps qu'il a gardé son sens de protection, de mise à l'abri (*darqan caγaĵitu/caγaĵatai γaĵar*, "un lieu protégé, une réserve"), signifie également "un maître en travail des métaux", qu'il s'agisse d'un orfèvre ou d'un forgeron.

Le problème se pose d'une caractérisation de la société dont nous avons ainsi indiqué rapidement quelques traits majeurs, d'une définition du mode de production qui prédomine dans les steppes mongoles à partir de la fin du XIVe siècle. C'est en dernière analyse cette question qui détermine les réponses à fournir concernant la capacité ou l'incapacité de la société mongole à la hiérarchisation et au centralisme. Sa formulation implique à notre sens certaines précautions de caractère, ici encore, méthodologique. Il est certain que le tableau des rapports de production et des rapports sociaux chez les Mongols post-impériaux permet d'exclure le recours à la notion de "mode de production nomade", en ce qu'elle s'avère inapte à un usage plus profond qu'une simple dénomination, qu'un strict étiquetage de données empiriques. Ce rejet ne signifie en rien se contenter de puiser dans l'inventaire des modes de production disponibles et reconnus. Il implique au contraire que, tout en recherchant les implications dialectiques essentielles qui permettent de rattacher les réalités du nomadisme mongol aux XIVe–XVIIe siècles à un mode de production défini, l'accent essentiel soit mis sur cet aspect dialectique. En d'autre termes, la recherche d'un mode de production ne saurait prendre les allures d'une errance dans un rayon de prêt-à-porter historique. Il doit être évident que, pour parvenir à intégrer à un mode de production donné l'expérience historique d'une société, il est capital de prêter la plus grande attention à la spécificité de l'insertion de rapports de production et de rapports sociaux réels, concrets, dans des réalités généralement étrangères à celles qui ont justifié l'élaboration théorique de tel ou tel mode de production. Ainsi se trouvent simultanément posés les problèmes de la spécificité de l'intégration d'une expérience particulière à un mode de production et de la formulation générale du mode de production lui-même. Une grande attention doit être portée, à notre sens, à ce que nous appellerons la trajectoire propre de l'observateur relativement à la trajectoire propre du phénomène observé, ainsi qu'à la formation massivement "sédentaro-centrique" des modes de production précapitalistes, d'une part du fait du champ expérimental/empirique qui s'est trouvé délimité jusqu'à une période récente par l'histoire des sciences sociales (les sociétés européennes terriennes et paysannes), et d'autre part en raison des biais imposés par le propre arrière-plan socio-culturel des chercheurs impliqués. Ainsi nous semble-t-il peu approprié de réduire le déplacement nomade à un "modèle de résidence" (*residence pattern*), alors même qu'il s'agit pour la société nomade d'une occupation globale de l'espace, sous forme de pâture du troupeau, et que cette occupation aboutit à la définition d'une aire/trajet qui dans la grande majorité des cas fait entrer l'éleveur ou le groupe en contact en concurrence, voire en conflit, avec des voisins. (Dans la fréquence des conflits et tensions pour le contrôle des pâturages, apparaît, nous semble-t-il, la fragilité de la notion de faible densité démographique; et ce qui semble peu dans l'absolu ne l'est que relativement à notre expérience de sédentaires: moins d'un habitant au km^2.)

La spécificité de l'insertion d'une société nomade dans les concepts d'un mode de production déterminé tient précisément à la place qu'occupent concrètement dans le jeu des forces sociales le poids de réalités matérielles propres et, concurremment, l'appropriation par la conscience sociale de la traduction psycho- et sociolinguistique de ces réalités, leur intégration symbolique et magique. Pour en rester à l'exemple abordé plus haut, on ne peut approcher séparément, pour comprendre le nomadisme et interpréter son organisation sociale à une époque donnée en termes de plus large validité théorique, la réalité concrète que constitue l'occupation chronologiquement discontinue de l'espace par déplacements périodiques, celle que constituent les distances, la présence de barrières naturelles qui isolent souvent de façon hermétique l'éleveur nomade, etc. et l'ensemble de notions, de représentations et de symboles par lequel l'éleveur appréhende, et maîtrise ainsi, cet espace. Mesure-t-on la rupture que représente avec nos habitudes mentales de paysans inscrits dans leur paysage immuable le fait qu'en mongol les localisations "devant", "derrière", "droite", "gauche" soient dénommées, non pas relativement au locuteur, mais en empruntant la terminologie des points cardinaux — respectivement "sud", "nord", "ouest", "est"? De même, sur un autre plan, ne peut-on faire abstraction de l'ensemble de l'héritage proprement historique. Dans le cas de l'histoire mongole post-impériale, l'omniprésence de l'héritage est évidente. Sur un plan spectaculaire d'abord, par l'irruption et la poursuite de luttes aux sein de la classe dominante pour s'arroger le monopole de cet héritage et restaurer le pouvoir impérial, soit par usurpation, comme le tente l'aristocratie — non cingisqanide — des Mongols occidentaux tout au long du XVe siècle, soit par restaurations légitimistes successives, qui vont de l'instauration de la "dynastie" des Bei Yuan, au lendemain de l'effondrement de l'empire en Chine, aux dernières tentatives en 1634, face à la conquête mandchoue; en ce sens, ensuite, que l'empire apparaît bien comme étant dans son ensemble lié a la genèse d'une société de classes déterminée, qu'il continue d'exercer une influence profonde sur le devenir de cette société, et précisément au point nodal que constituent les rapports entre hiérarchisation et centralisme. Une contradiction très forte s'établit entre une tradition étatique, centralisatrice, d'autant plus résistante à l'érosion du temps qu'elle a été mise en place et développée consciemment comme moyen de destruction des vestiges de la société sans classes fondée sur le "clan" (*oboγ*), et le vide politique qui accompagne l'effondrement du pouvoir central. La "réponse" de la société de classes est dans le parachèvement de l'identité entre maintien politique de la tradition impériale et rapports sociaux de domination, dans l'émergence de pouvoirs de fait, à même d'assurer le contrôle de la population face à la décadence des unités décimales désormais privées de leur raison d'être centrale et à la carence des anciennes structures claniques. Ici, nous retrouvons la question de la domination et de la conception de l'espace. En effet, ces pouvoirs de fait des représentants les plus puissants de l'aristocratie cinggisqanide ne sont pas perdus entre ciel et terre, mais bel et bien ancrés à des réalités territoriales que le renforcement des prérogatives du prince aboutit rapidement à délimiter, tout au moins dans les grandes lignes, donnant naissance à des frontières encore actuelles (XVIe siècle).

Pour ce qui est du centralisme politique, il serait tentant d'objecter que nous faisons état ici d'une fragmentation, d'un émiettement, et non d'une centralisation. Il est de fait que la situation des terres et des peuples mongols à la fin du XVIe–début du XVIIe siècle semble fort éloignée de l'unité impériale du XIIIe siècle. En rester à la simple formulation statique des termes de cette réelle contradiction serait cependant s'attarder à l'apparence du phénomène. S'il est vrai qu'aucun des princes s'étant arrogé un pouvoir de fait n'est en mesure de reconstituer à son seul profit l'ancienne unité *territoriale* de l'empire, support matériel du centralisme politique (rappelons le soin mis par Cinggis qan et ses successeurs à faire fonctionner leurs relais de poste — que bien des Etats sédentaires leur empruntent par la suite), ceci ne signifie nullement qu'à l'intérieur de ses possessions chaque prince ne mette en place des institutions politiques qui, compte tenu des effets de la régression économique et culturelle qui se fait sentir jusqu'aux XVe–XVIe siècles, reproduisent les rapports centralisés de l'empire. L'échec des reconstitutions de l'unité impériale doit beaucoup, outre à cette régression économique et culturelle qui met en cause les instruments mêmes d'un éventuel centralisme, aux données socio-politiques de la structure de classe, en particulier à l'ascendance commune revendiquée par la totalité de l'aristocratie cinggisqanide et à la forte pression mentale que faisait peser cette commune revendication sur la question de la légitimité politique. Il en découle alors régulièrement un rejet massif des tentatives d'unification, les princes refusant la soumission à un concurrent dont les forces ne présentent généralement pas une suprématie disproportionnée, aussi bien qu'à un parent dont les titres de priorité dynastique ont peu de chances d'être reconnus suffisants pour susciter le déséquilibre charismatique susceptible d'entraîner la rupture de l'équilibre des forces réelles au profit du prétendant. Celui-ci n'a pas la possibilité de faire l'économie des démonstrations de sa force, cette dernière s'avérant le plus souvent insuffisante. C'est ce double rejet, nettement exprimé, qui scelle par exemple le trépas des ambitions du Qan des Čaqar, Ligdan, en 1634, ses pairs de Mongolie du Sud s'en remettant à une suzeraineté mandchoue pour rejeter et fuir la mongole.

La question se pose naturellement de la nature et de l'origine de ces rapports politiques centralisés. La formulation de W. Irons (p. 362 dans ce volume): "among pastoral nomadic societies hierarchical political institutions are generated *only* by external relations with state societies" (souligné par nous) pose en termes insuffisamment dialectiques le vaste problème des emprunts entre sociétés inégalement développées (au sens où elles ont connu des développements différents et non au seul sens de "plus" ou de "moins" développées). Un principe essentiel est que, les phénomènes d'emprunts étant généraux et constants dans l'histoire des sociétés humaines, ces emprunts ne se matérialisent en effets sociaux perceptibles que pour autant qu'ils répondent à une nécessité objective interne à la société "emprunteuse". Bien que cet emprunt initial échappe largement au cadre chronologique de la présente étude (fin du Ier millénaire av. n. è.), et que donc l'empire mongol naissant se soit beaucoup plus nettement référé à ses prédécesseurs nomades qu'aux Etats sédentaires voisins, ceci ne signifie nullement inexistence des problèmes de relations avec les voisins sédentaires et d'emprunt. Lawrence Krader montre a juste titre par ailleurs que ces échanges et emprunts constituent pour une part importante des faits de division sociale du travail entre groupes spécialisés (éleveurs/agriculteurs). Dans cette perspective, nous voudrions souligner que, outre la constitution d'une force de contrôle du territoire et des pâturages à son propre profit, l'aristocratie mongole, dès les premiers temps de l'empire poursuit le but d'assurer, au besoin par la force, la permanence d'échanges dont la suspension ou la rupture lui est particulièrement préjudiciable. Ainsi en est-il des entreprises très précoces menées par Cinggis qan pour s'assurer le contrôle de la Route de la soie. De même ses lointains descendants entretiennent-ils avec la dynastie des Ming des rapports fortement contradictoires, une longue succession de guerres et d'expéditions ayant pour objectif permanent le rétablissement de relations normales, les princes mongols exigeant régulièrement l'ouverture ou la réouverture de marchés frontaliers avec la Chine. En définitive, et ici encore, la politique de Cinggis qan confirme sa nature de genèse de rapports qui n'arrivent à maturité qu'au cours des siècles suivants, et les conquêtes mongoles apparaissent marquées du double caractère de l'étroitesse de la base intrinsèque de la domination de classe de l'aristocratie mongole et de la nécessité d'assurer l'ouverture de voies de contact avec les économies voisines complémentaires. En d'autres termes, la dualité des conquêtes mongoles réside dans la double recherche d'un élargissement tant interne qu'externe de sa base par et pour l'aristocratie mongole. En ce sens, et bien que les deux mécanismes présentent des traits nettement distincts, le mouvement d'unification des peuples de Mongolie sous l'égide de Cinggis qan et de ses compagnons à la fin du XIIe siècle et les grandes conquêtes des décennies suivantes apparaissent dialectiquement liés. Ici encore, nous rencontrons les notions de territoire et d'espace.

Nouvelles hypothèses

Les divers angles sous lesquels est réapparue cette notion d'espace nomade (et j'appelle de mes voeux une authentique sociolinguistique du nomadisme) manifestent clairement à nos yeux l'impossibilité dans laquelle nous nous trouvons de considérer cet espace comme une entité statique. Suivant la variation de nombreux paramètres, en effet, les modalités d'organisation sociale se trouveront fortement différenciées, et parmi elles les notions de densité et de mobilité. Quoi qu'il en soit, la permanence et même le renforcement d'une définition territoriale, d'une assise territoriale permanente, associée aux rapports de classe tels que nous les avons décrits pour la phase post-impériale, nous font fortement pencher en faveur d'une appartenance du nomadisme mongol de cette époque au mode de production féodal. Encore ne faut-il pas projeter ceci comme un voile sur la continuité indistincte d'une Mongolie qui serait féodale des origines à nos jours.

Les variations apparues nous semblent appeler en conclusion une hypothèse typologique relative à l'espace nomade et à sa dynamique. Cette hypothèse nous a été inspirée par une remarque d'André Bourgeot (pp. 141—153 dans ce volume) à propos de l'histoire du peuplement en Ahaggar et des conquêtes territoriales qui la marquent, et selon laquelle "à la conquête correspond une nouvelle distribution territoriale à laquelle s'ajuste une plus grande division technique et sociale de la production pastorale". Cette remarque et nos propres observations relatives à l'histoire mongole nous conduisent à proposer la présentation de schémas variables de l'occupation de l'espace, qu'il nous semble possible, dans l'état actuel de notre hypothèse, de réduire à quatre figures elles-mêmes associées en deux tendances principales: espace nomade en expansion ou espace nomade en contraction. A ce point de notre démarche, nous réservons provisoirement les incidences d'un rapport pourtant essentiel des nomades à l'espace et à sa variabilité, en l'occurence la double dialectique du caractère structurel ou conjoncturel et du caractère causal ou consécutif de cette expansion ou de cette contraction. Rapport essentiel, toutefois, que la suite de notre élaboration ne pourra que prendre en compte et réintégrer, en ce sens que les cas de figure que nous allons dégager ne sont scientifiquement significatifs que s'ils n'apparaissent pas comme une formalisation vide, mais bien comme une modalité historiquement déterminée et déterminante des relations entre rapports sociaux en général et rapports de production directs et, en particulier, entre ces derniers et la nature et le contenu des rapports politiques.

Premier cas: espace nomade en expansion absolue, c'est-à-dire situation historique (conquêtes, par exemple) aboutissant à l'élargissement du territoire embrassé par la pastoralisme nomade. Les exemples historiques en sont sans doute relativement nombreux et, sous réserve d'une meilleurs connaissance de notre part, le cas de la conquête opérée en Ahaggar par les guerriers chameliers nous semble pouvoir être rattaché à cette figure. Dans l'histoire mongole, un épisode, trop souvent évoqué sur un mode anecdotique, nous semble riche d'information: la proposition avancée en 1229—30 par une faction de l'aristocratie mongole de massacrer la population de Chine du nord, alors déjà conquise, et de transformer les terres agricoles en pâturages (voir Munkuev 1965b). L'expansion absolue de l'espace nomade ici projetée apparaît comme le simple élargissement, mécaniquement quantitatif, de la base socio-économique de la domination aristocratique. C'est précisément dans son caractère mécanique qu'elle entre fortement en contradiction avec la complémentarité et la nature nécessaire et permanente des échanges entre nomades et sédentaires. Ainsi s'explique à notre sens, autant que par les instances du *kitan* sinisé Yelü Chucai, le rejet final de la proposition par l'empereur Ögödei.

Plus généralement, cette contradiction nous semble d'ailleurs limiter assez étroitement l'ampleur potentielle de cette expansion absolue. C'est sous cet angle que doivent être reconsidérées les conquêtes de l'empire cinggisqanide, en particulier en Chine. L'image commode de la "sinisation" des Mongols dans la Chine des Yuan doit être abandonnée tant parce qu'elle ne correspond qu'à un aspect superficiel des données historiques (mode de vie d'une partie de l'aristo- cratie mongole en Chine et de la cour impériale), que, surtout, parce qu'elle masque cette réalité essentielle des rapports d'échange entre nomades et sédentaires. L'autonomie du moment politique dans l'élargissement de sa base de classe par l'aristocratie mongole tient précisément à assurer l'hégémonie d'un pouvoir nomade sur ces échanges, ce qui ne signifie nullement que, faute d'avoir "mongolisé" la Chine, les Mongols ne pouvaient que se siniser. Entreprise impli- quant un projet stratégique et la concentration de moyens à même de rompre des résistances profondément ancrées (l'aspect militaire des conquêtes, tactique- ment capital, nous semble en définitive secondaire ici), l'expansion absolue de l'espace nomade appelle, nous semble-t-il, la présence d'éléments centralisateurs, d'une structure politique unificatrice. L'exemple mongol, en outre, lie cette structure à l'affermissement d'une domination de classe.

Deuxième cas: espace nomade en expansion relative. Si l'expansion absolue implique, comme nous venons de le voir, l'existence même d'une volonté et de structures centralisatrices, cette implication nous semble démontrer la caractère interne à la société nomade divisée en classes d'une organisation politique hié- rarchisée, sa nature intrinsèque. Les faits d'emprunt, en particulier de formes politiques particulières, sont dès lors à resituer, en tant que facteurs initialement extrinsèques, dans le réseau global des relations interne/externe, nomades/séden- taires, et ne peuvent plus apparaître comme une simple irruption, dans un domaine nomade auquel elles seraient consubstantiellement étrangères, des réalités étatiques des sociétés sédentaires.

La formation même des structures centralisatrices chez les nomades, c'est-à- dire la manifestation dans l'organisation sociale et dans les mentalités de cette exigence centralisatrice, nous semble être à rattacher à une deuxième figure, où la hiérarchisation politique apparaît dans un rapport très étroit à la constitution de la domination hégémonique d'une classe dominante associant la grande pro- priété privée du cheptel à la maîtrise, en particulier la domination militaire, de l'espace nomade. C'est ce phénomène auquel nous attribuons l'appellation d' "expansion relative", en ce sens qu'il s'agit d'une expansion interne à l'espace nomade lui-même, l'émergence de forces de domination sociale et politique se traduisant par une redistribution territoriale s'accompagnant, pour reprendre l'expression de Bourgeot, d'une "plus grande division technique et sociale de la production pastorale". L'exemple le plus frappant, dans l'histoire mongole, de cette phase semble être l'unification des groupes et peuples nomades de la steppe et de la steppe boisée par l'aristocratie mongole à la fin du XIIe siècle.[2] C'est alors que se constituent chez les nomades des institutions et instruments politiques centralisateurs spécifiques, liés en particulier à la domination de l'espace, tel le réseau des relais de poste. Ici encore, il nous semble essentiel d'appréhender le caractère interne des transformations politiques centralisatrices.

Troisième cas: espace nomade en contraction absolue, c'est-à-dire situation historique où l'espace embrassé par la production pastorale nomade subit, généralement du fait de son refoulement par l'expansion territoriale des sociétés sédentaires paysannes, des amputations plus ou moins sévères. Un bon exemple nous en semble fourni par le recul des pâturages devant l'extension des terres agricoles et la colonisation paysanne chinoise chez les Mongols du sud et de l'est (Mandchourie) à l'époque moderne et contemporaine, la destruction de ce fait des équilibres de l'élevage nomade et la fréquente sédentarisation forcée de la population mongole (voir Lattimore 1969).

Quatrième cas: espace nomade en contraction relative, dans lequel les effets d'un reflux global des nomades ne s'accompagnent pas d'un rétrécissement notable de l'étendue des pâturages. Ainsi, l'effondrement de l'empire, qui ne s'était accompagné que d'une extension territoriale négligeable du nomadisme en tant qu'activité économique, n'entraîne à son tour qu'un repli spatial insignifiant dans l'immédiat. La politique des Ming face aux Mongols est moins en effet une stratégie de conquête "en retour" qu'une politique de stabilisation et de fixation des marches sino-mongoles, ce qu'atteste l'expérience des *wei*, commanderies frontalières mongoles soumises, plus ou moins solidement et durablement, à la nouvelle dynastie chinoise, se traduisant en termes de modifications structurelles au sein de la société nomade. Ces modifications, pour l'essentiel, nous semblent liées à la réinsertion des rapports de domination de classe, élaborés et formalisés en termes expansionnistes, dans un contexte général de repli et de régression. On le voit, les diverses phases proposées ne sont pas à notre sens des entités figées et mécaniquement isolées entre elles. La remarque, pour triviale qu'elle puisse paraître, n'est pas totalement innocente: autant il nous semble évident que le temps se mêle consubstantiellement à l'espace, du fait même des activités nomades, dans la perception de cet espace, autant ces phases structurelles de rapport de la société nomade à son espace global nous semblent devoir être envisagées sous l'angle d'un temps atypique, c'est-à-dire déterminé historiquement, contradictoirement, excluant l'hypothèse mécaniste de leur successivité linéaire et leur formulation en termes de retour cyclique. C'est cette exclusion que nous avions en vue en opposant plus haut la continuité historique à la simple successivité chronologique. Les conséquences en sont multiples. Le point le plus important nous semble être que les problèmes de domination, de maîtrise et d'appropriation de l'espace, ne peuvent ni évacuer bien entendu les rapports de classe et la réalité de la domination de la classe aristocratique, ni faire oublier que ces rapports se sont forgés dans une situation de maîtrise des ressources, et en particulier des échanges, qui impliquait leur insertion dans des structures politiques centralisatrices. La permanence d'une idéologie née de cette nécessité de la centralisation comme soutien et instrument de la domination aristocratique alors même qu'a disparu le maillon central de la centralisation (l'appareil d'Etat impérial) joue dès lors un rôle considérable d'instrument de la domination de classe dans un contexte de contrôle et d'appropriation des ressources "densifiés" par le repliement de l'espace nomade sur lui-même. C'est cette association contradictoire de l'idéologie centralisatrice et de la base morcelée de la domination de classe de l'aristocratie, privée de son centralisme "réel", qui nous semble largement déterminer, dans l'exemple de la Mongolie post-impériale tout au moins, les formes et les limites de la hiérarchisation politique propre à la société nomade. Cette association entraîne à la fois, sous la forme des pouvoirs de fait dont nous avons évoqué la constitution, la fixation de possessions territoriales plus ou moins définitives et le maintien, à l'intérieur de ces dernières, de rapports économiques et extra-économiques de domination largement façonnés par la tradition centralisatrice et la persistance de l'idéologie impériale ou de ses succédanés: apparition des *Qan*, substituts de l'ancien *Qaɣan*, en Mongolie du nord dans le premier tiers du XVIIe siècle.

Les implications ultérieures de cette situation sont considérables. Au delà des aspects politiques et stratégiques immédiats de la soumission des Mongols à l'empire mandchou, la politique menée par celui-ci en Mongolie: assurer la solidité de son contrôle par la multiplication des découpages territoriaux et l'utilisation de la domination aristocratique locale pour faire respecter l'intangibilité de ces découpages, aboutit simultanément à pousser à l'extrême la logique de l'appropriation territoriale et à en faire éclater les contradictions. En même temps que la politique mandchoue multiplie les unités territoriales (en Mongolie du nord: de 8 en 1691 à 86 en 1765), l'interdiction faite aux éleveurs de franchir les frontières de ces unités manifeste l'étroitesse de la base sociale de l'aristocratie en mettant en contradiction les limites territoriales politiquement définies et les besoins objectifs de l'accès aux ressources de l'économie pastorale. Cette contradiction prend la forme très concrète de violations permanentes et régulières de l'interdiction du franchissement des frontières. En d'autres termes, le mode normal de fonctionnement de la société "civile" est ici sa propre illégalité.[3] On notera au demeurant que le rapport entre le territoire et l'accès aux ressources n'est pas lui-même un rapport figé et intemporel, mais qu'il est susceptible de se modifier, sous l'effet d'une division variable du travail social, intégrant entre autres éléments la variable démographique et le niveau technologique (par exemple, l'introduction des transports automobiles dans la steppe mongole à l'époque contemporaine), en termes d'extensivité ou d'intensivité variables de la production pastorale.

Dernière implication, que nous n'abordons ici que pour souligner la complexité des questions posées: il nous semble possible de lier à ce rapport entre fixation territoriale à modalités politiques et permanence d'une idéologie centralisatrice comme à la crise de cette dernière face à une réalité divisée, le succès de l'implication du bouddhisme lamaïque et la coloration particulière prise par cette religion en Mongolie à partir de la deuxième moitié du XVIe siècle.

D'introduction aristocratique (mais c'est là un trait majeur commun à toute la diffusion continentale du bouddhisme), le lamaïsme apparaît au premier degré, en particulier par sa justification de la qualité des réincarnations, comme un appui des divisions et de la domination de classe établies. Plus encore, peut-être, la lamaïsme intervient comme substitut partiel à une idéologie impériale qui ne répond plus qu'à une partie des besoins sociaux en tant qu'idéologie dominante, ce qui ne signifie nullement que le lamaïsme intervienne globalement comme une idéologie de "remplacement". Une synthèse s'opère, qu'exprime très clairement à notre sens la réécriture lamaïsante de l'historiographie mongole des XVIIe et XVIIIe siècles, et dont la tendance majeure consiste en une recherche délibérée et soutenue de la légitimité bouddhique de l'empire (les généalogies de Cinggis qan remontent dès lors aux rois mythiques de l'Inde), et une identification de la tradition impériale et de la foi lamaïque, en une assimilation, en définitive, des deux légitimités de la domination aristocratique sur les terres mongoles et de la prédominance de la foi lamaïque, qui conduit celle-ci, tout au long du XVIIIe et du XIXe siècle, à s'intégrer toujours plus profondément aux structures sociales mongoles, au point de prendre, en 1912, la relève politique de l'aristocratie chancelante. Toujours l'espace et ses divisions.

Notes

1. La seule tentative réussie, celle de Dajan qan (1488–1543) ne survit pas à son vainqueur.
2. Se reporter pour notre interprétation de cette phase à Legrand 1976: 31–43.
3. Multiples exemples de cette réalité dans les volumineuses archives judiciaires et pénales de la dynastie des Qing, dont une partie a été publiée: voir Nacagdorž & Nasanbalžir 1968.

Références

Lattimore, O. 1969. *The Mongols of Manchuria*. New York:
Legrand, J. 1976. *La Mongolie*. Paris: Presses Universitaires de France.
Munkuev, N.C. 1965a. K voprosu ob ekonomičeskom položenii Mongolii i Kitaja v XIII–XIV vv [Sur la situation économique de la Mongolie et de la Chine aux XIIIe et XIVe siècles], *Kratkie soobščenija Instituta Narodov Azii* 76: 137–142.
    1965b. *Kitajskij istočnik o pervyx mongol'skix xanax* [Une source chinoise sur les premiers *qan* mongols]. Moscou.
Nacagdorž, S. & N. Nasanbalžir. 1968. *Ardyn Zargyn bicig* [Livre des plaids du peuple]. Ulaanbaatar: Editions de l'Académie des Sciences.

IV. Segmentarity, social classes, and power/ Segmentarité, classes sociales et pouvoir

12. Segmentarité et pouvoir chez les éleveurs nomades sahariens. Eléments d'une problématique

PIERRE BONTE

The pastoral nomadic Saharian societies present segmentary forms of organization often associated with a complex social stratification and with a developed political centralization. In this essay, data gathered from within these societies will be approached with reference to the theoretical mode of "stateless" societies in which the political structure is identical with the lineage relations of complementary opposition. This theory reduces kinship structures to the relations of descent exercising this political function, neglecting other factors and confusing the systems of complementary opposition established by lineal exogamy with the systems of competitive opposition peculiar to lineal endogamy ("Arab" marriage). Failing to pose clearly the problem of the pluri-functionality of the kinship structures which, aside from their proper functions, regulate relations in production, political relations, etc., it looks for the characteristics of political organization outside of kinship and stumbles upon the transformations of this political organization. This "theory of segmentarity" leads to the accentuation of the features of balanced functioning in these societies and even masks social stratification and political centralization where they exist. In the emirates of Adrar, the Kel Gress Twareg; two strongly stratified populations with non-identical degrees of centralization, the segmentary structures are transformed while continuing to subsist. In the case of the Kel Gress Twareg, certain structural characteristics of kinship (utilization of two forms of descent) appear to be an obstacle to political centralization. In the Moorish emirates, on the other hand, the mechanisms of segmentarity appear to be determined by centralized political structures.

Ce travail porte essentiellement sur les sociétés d'éleveurs nomades sahariens et sahéliens que j'ai personnellement étudiées. Avant de proposer une interprétation du fonctionnement de leurs structures sociales et politiques, il m'est apparu nécessaire de re-poser le problème des rapports entre segmentarité et pouvoir. Ce texte correspond à un premier stade d'élaboration de cette nouvelle problématique; il en a les imperfections. De ce fait la réflexion déborde le cadre des sociétés précitées; j'ai tenté de résumer au maximum l'examen critique des problématiques antérieures. Il était cependant utile de présenter les principaux aspects de cette démarche critique qui m'a déterminé à poser autrement l'analyse des rapports entre segmentarité et pouvoir. Je m'excuse à l'avance d'avoir ainsi couru le risque de mal interpréter la pensée des intéressés et de traiter de sociétés dont je n'ai pas de connaissance directe.

La théorie de la segmentarité

Il faut avant tout s'entendre sur une définition minimale de ce que l'on entend par les caractéristiques segmentaires d'une société. Il me semble que, par delà la multiplicité des sens et des utilisations de ce terme, on peut considérer que la *segmentarité* est le caractère que présentent certaines sociétés de constituer, par fission et combinaison des segments dans des séries d'emboîtement successifs, des unités sociales et politiques plus larges.

Je distingue fondamentalement de cette caractérisation d'un certain nombre de sociétés la *théorie de la segmentarité* qui s'est constituée à partir de leur analyse et qui est associée aux théories fonctionnalistes les plus classiques. L'oeuvre pionnière d'E.E. Evans-Pritchard jette les bases pour une élaboration ultérieure de cette théorie et lui fournit son cadre, l'analyse des sociétés lignagères segmentaires, à propos des Nuer (Evans-Pritchard 1968, 1973). Sous sa forme achevée, se présentant comme une explication globale du fonctionnement de l'organisation sociale, la théorie de la segmentarité est exposée dans l'introduction de J. Middleton et D. Tait (1958) à l'ouvrage collectif *Tribes without rulers* dont on peut résumer les thèses principales:

- la théorie de la segmentarité est une théorie de l'organisation politique d'un certain type de sociétés, "acéphales", "anarchiques" ou "sans Etat";
- cette organisation politique est fondée sur les lignages, groupes de filiation unilinéaire qui constituent les segments de base dans un système de différenciation et d'opposition complémentaire des segments lignagers, système défini en termes généalogiques. A l'inverse, l'existence de lignages ne suffit pas à justifier que l'on parle de système lignager segmentaire lorsqu'ils sont intégrés dans un système hiérarchique par exemple;
- le lignage est constitué sur la base de relations de parenté (filiation) comme une structure juridique et politique (*corporate-group*), plus particulièrement en rapport avec l'organisation territoriale. Cette distinction constitue, de

l'aveu même de ceux qui l'ont élaborée, l'apport essentiel de la théorie de la segmentarité.[1]

La constitution de cette théorie de la segmentarité à partir de l'analyse des sociétés lignagères segmentaires me semble reposer sur une *sélection réductrice* de certains traits de l'organisation sociale, qui s'est opérée à partir d'une série de déplacements du champ théorique et historique de l'analyse. E.E. Evans-Pritchard est d'ailleurs l'un des initiateurs d'un tel déplacement, qui applique aux sociétés bédouines de Cyrénaïque les principales conclusions de l'analyse des Nuer,[2] et qui contribue à faire de la théorie de la segmentarité un "modèle" auquel on va soumettre l'analyse de l'organisation de sociétés très variées en y reconnaissant des formes plus ou moins "pures". Il serait indispensable de considérer l'ensemble des conditions théoriques, idéologiques et même politiques qui ont présidé à l'élaboration de ce "modèle"; ce n'est pas ici mon propos et je me contenterai d'une série d'observations critiques.[3]

La théorie de la segmentarité repose fondamentalement sur l'hétérogénéité du domaine de la parenté: l'une des relations de parenté, la filiation, jouant de manière unilinéaire, n'a pas les mêmes fonctions que les autres, elle a en plus une fonction politique et définit une structure politique. "Un lignage Nuer, écrit E.E. Evans-Pritchard (1973: 218), n'est pas seulement un groupe de filiation, c'est un groupe de filiation à fonction politique. Il n'est donc pas fantaisiste de suggérer que les relations sociales de type agnatique sont associées avec l'autonomie des segments politiques et leur opposition structurale mutuelle: les relations non agnatiques sont associées grâce à un réseau de liens similaires et complexes à un système social plus large qui lie ensemble ces segments et les contient." Cette analyse d'E.E. Evans-Pritchard est importante car, tentant de rendre compte de manière fine de la réalité Nuer, elle n'esquive pas le problème posé par le fait que l'organisation lignagère segmentaire ne fait qu'exprimer, fournir "l'armature conceptuelle" de l'organisation territoriale et que d'autres types de rapports de parenté interviennent pour définir les relations territoriales, de voisinage, etc. Il en conclut: "Un lignage ne reste un groupe agnatique exclusif que dans des situations rituelles. Dans les autres il se fond dans la communauté, et la consanguinité (*mas*) prend la place de l'agnation de lignée (*buth*) comme forme d'expression des relations mutuelles des gens vivant ensemble." Dans une remarquable analyse de l'oeuvre d'E.E. Evans-Pritchard, L. Dumont note justement à ce propos que "le fait de présenter la parenté non agnatique et la parenté mythique, agnatique ou non, comme de simples moyens pour établir la relation entre groupes agnatiques et groupes territoriaux ne laisse pas d'apparaître comme arbitraire. C'est dans une grande mesure le résultat d'une considération exclusive, ou plutôt d'une accentuation privilégiée des groupes, qui relègue au second plan les relations entre ces groupes quand elles ne sont ni territoriales ni agnatiques" (Dumont 1971: 68). Encore faut-il noter que d'autres qu'E.E. Evans-Pritchard iront beaucoup plus loin dans cet arbitraire. En même temps qu'ils accentuent les caractères spécifiques des groupes de filiation unilinéaire, ils leur subordonnent les relations de consanguinité[4] et celles d'affinité.

Le choix n'est pas seulement arbitraire, il infléchit les conditions d'interprétation du fonctionnement du système social. Cela apparaît clairement à propos de l'interprétation des effets de l'alliance. Le groupe de filiation unilinéaire était défini par W.H.R. Rivers par la règle d'exogamie. Celle-ci n'est plus considérée par la théorie de la segmentarité comme fondamentalement constitutive du lignage. Il n'est donc pas surprenant d'assister à une assimilation des caractéristiques de sociétés à lignages endogames et de celles à lignages exogames, considérées comme de simples variantes d'un même système segmentaire et manifestant la souplesse adaptative de cette organisation.

Il en résulte immédiatement une difficulté pour interpréter les effets de l'endogamie (mariage arabe par exemple avec la fille du frère du père dans une société à lignages agnatiques). Le dilemme dans lequel s'est enfermé le débat sur le "mariage arabe" a été depuis longtemps souligné. Pour les uns,[5] ce mariage renforce la cohésion des lignages et renforce les relations lignagères en liant oncle et neveu par une nouvelle relation d'affinité qui empêche un clivage potentiel. Pour les autres,[6] ce mariage favorise au contraire la fission de ces groupes dont la filiation est en réalité indifférenciée, en dessinant les points de clivage fixés par l'idéologie agnatique. Ce n'est pas le lieu de reprendre ce débat, dont j'ai rappelé les termes pour souligner l'impossibilité de déduire ces effets de l'alliance de la structure des groupes de filiation unilinéaire qu'elle contribue au contraire à définir. Dans une discussion qui suivait de peu la mise en place de ce débat, qui s'est depuis considérablement développé, C. Lévi-Strauss soulignait déjà qu'il s'agissait d'un faux dilemme correspondant aux termes — qui ne sont qu'en apparence antagonistes — d'un rapport dialectique entre les propriétés structurelles d'un système matrimonial et la dynamique du pouvoir.[7] Mais dans un tel système segmentaire fondé sur des segments endogames, les rapports entre lignages ont une autre dimension que dans les systèmes à segments exogames. D'une part, les structures d'opposition complémentaire sont définies par le seul schéma généalogique à l'exclusion des réseaux d'alliance qui recoupent l'organisation segmentaire et fonctionnent pour renforcer l'exclusivité des groupes de filiation unilinéaire dans les sociétés à lignages exogames: l'agnatisme est ici très clairement une idéologie qui se superpose aux conditions de filiation réellement indifférenciées. D'autre part, l'utilisation des potentialités matrimoniales — et à cet égard, dans ces systèmes endogamiques, les mariages préférentiels dans le lignage ne sont pas exclusifs, mais s'assortissent de mariages hors du lignage ayant des fonctions identiques — s'inscrit dans un contexte de rapports entre les lignages qui s'étendent à d'autres formes de la pratique sociale et définissent une structure globale d'opposition compétitive: compétition pour les biens économiques, pour le contrôle et l'intégrité des hommes et des femmes du groupe, pour le pouvoir, etc. Ces structures d'opposition compétitive dessinent l'armature globale de la société beaucoup plus que les règles d'opposition complémentaire que semblent immédiatement définir les schémas généalogiques intégrant l'ensemble de ces lignages, et auxquelles se réfèrent (parfois) les idéologies des sociétés concernées. En fait, à côté de ces idéologies, d'autres plus opératoires mettent l'accent sur cette caractéristique essentielle de l'armature sociale: les idéologies de l'honneur qui expriment dans le monde arabe cette compétition entre lignages en sont un bon exemple.[8]

Il apparaît en fait difficile d'intégrer dans une même théorie de la segmentarité toutes les sociétés lignagères ayant des caractéristiques segmentaires. L'exemple, que je connais mieux, des sociétés touarègues dans lesquelles les structures des groupes de filiation sont elles aussi endogames, mais ne répondent pas de cette stricte idéologie agnatique, souligne cette complexité. J'ai tenté de montrer, en analysant les systèmes de parenté et de mariage d'un certain nombre de sociétés touaregues, que la filiation apparaissait comme une variable déterminée, et qu'on pouvait assister à des transformations en fonction d'impératifs politiques de ces règles de filiation, ces transformations ne posant pas de problèmes majeurs dans des sociétés réellement indifférenciées (Bonte 1975a).

Mon propos n'est pas ici de présenter une critique en soi de la théorie de la segmentarité, mais d'introduire à une nouvelle problématique des rapports entre segmentarité et pouvoir; le détour était nécessaire puisque la problématique actuelle est fondée sur cette théorie. Il nous faut même essayer d'aller plus loin et de comprendre non seulement *comment*, mais aussi *pourquoi* cette théorie est inadéquate.[9]

J'en reviens à cette fin à la notion centrale de *corporate-group* pour désigner un certain nombre de caractéristiques de ces groupes de parenté que sont les lignages. Cette notion est centrale, car sur elle repose la distinction faite par E.E. Evans-Pritchard (1973: 71) entre deux aspects de la parenté, dont l'un renvoie au système de parenté proprement dit et l'autre à la structure politique des lignages; il est très clair à ce propos: "le système politique et le système de parenté ne sont pas seulement deux choses différentes, mais ils se situent à des niveaux d'abstraction différents. On peut considérer toute la société comme le réseau des liens de parenté qui régularisent les relations entre tous les Nuer; on peut encore les considérer comme un ensemble de relations entre les divers groupes locaux dans lesquels ces liens s'agencent selon le système lignager en collectivités constituées sur la base de la répartition territoriale." En fait, montre L. Dumont (1971: 71), loin d'apporter une explication satisfaisante, cette distinction complique l'interprétation, et il suggère: "Ne vaudrait-il pas mieux les réunir? On reconnaîtrait alors simplement que l'assemblage lignager, et au delà celui des clans, quelque peu sacrifié ici, à une fonction politique, on étudierait comment la dimension politique, loin d'être dégagée pour elle-même, est ici un attribut du système des groupes patrilinéaires."

Je reviendrai sur cette suggestion de L. Dumont qui me semble extrêmement fructueuse. Après E.E. Evans-Pritchard, la difficulté soulignée par L. Dumont n'a fait que s'accentuer du fait de l'accent mis sur le fonctionnement politique des lignages définissant une structure politique spécifique, sur la caractéristique exclusivement politique de la filiation unilinéaire. Il est notable que les tentatives ultérieures pour fournir une interprétation nouvelle du fonctionnement des systèmes lignagers segmentaires, même lorsqu'elles critiquent partiellement cette théorie de la segmentarité, se situent dans le même champ, reposent sur la même distinction d'un niveau politique de fonctionnement de la parenté irréductible aux autres niveaux de fonctionnement de la parenté, sur la même distinction du politique et de la parenté.[10]

Le problème majeur sur lequel butte la théorie de la segmentarité, du fait de cette distinction, est celui d'expliquer les conditions de transformation des sociétés lignagères segmentaires. En effet, la "structure politique" des lignages correspond à une armature rigide que ne modifient qu'en apparence les mécanismes de la fission et de la fusion, lesquels au contraire la reproduisent. Le modèle d'organisation sociale que définit la théorie de la segmentarité est un modèle en équilibre, sauf intervention de facteurs extérieurs qui en modifieraient le fonctionnement. Comme le notait Leach (1961: 3 et suiv.), la théorie des groupes de filiation unilinéaire se dissout dans une typologie formelle et aussi peu opératoire que des collections de papillons. La théorie de la segmentarité fonde une typologie des sociétés segmentaires et des sociétés à centralisation politique, mais cette typologie apparaît bien comme une coupure radicale, et l'on ne trouve jamais de tentatives d'interprétation du passage de l'un à l'autre type de société. Ce passage n'est pas pensable dès lors que la distinction du politique et de la parenté et la dominance du politique ont circonscrit le lien du politique hors des effets de détermination interne au système social (en particulier bien sûr des structures économiques) et ont limité son efficacité à la reproduction d'un certain type d'ordre social.

Il est temps désormais de sortir de ces développements théoriques introductifs pour passer à une analyse critique de l'application de la théorie de la segmentarité à des situations sociales particulières. Avant, je dirai quelques mots de l'analyse de L. Dumont pour en souligner à nouveau l'intérêt. En considérant que les formes concrètes de la segmentarité (quels qu'en soient les mécanismes) correspondent en dernière analyse à la réalisation de fonctions politiques des structures de parenté, L. Dumont permet de comprendre leur diversité. Il ouvre aussi la voie à une compréhension des capacités de transformation de ces sociétés segmentaires, y compris de leur compatibilité avec des structures stratifiées ou centralisées. Il suffit en effet de prolonger l'analyse des fonctions des structures de parenté pour s'apercevoir que leur place dominante dans les sociétés segmentaires correspond au fait qu'elles fonctionnent simultanément comme rapports de production, sans perdre pour autant leur statut et se transformer mystérieusement en rapports uniquement économiques. Là me semble résider la condition d'une interprétation d'ensemble de ces sociétés segmentaires, des fonctions politiques et autres assumées par la parenté, des possibilités de développement d'autres structures sociales sur ces bases, en l'occurrence de rapports de production fondés sur une structure de classe, et d'une structure politique autonome; enfin, de la compatibilité des fonctions assumées par la parenté avec ces développements.[11]

Segmentarité et pouvoir. Position du problème

J'ai déjà montré que la constitution d'une théorie de la segmentarité reposait en partie sur un déplacement des concepts et théories élaborés lors de l'analyse de sociétés à groupes de filiation unilinéaires exogames désormais appliqués à l'analyse des sociétés où ces groupes sont endogames. Si l'initiative en revient à E.E. Evans-Pritchard, passant des Nuer aux Bédouins de Cyrénaïque, il faut reconnaître la place importante d'E. Gellner, le premier à souligner le champ privilégié que constituaient les sociétés segmentaires maghrébines.

Je résumerai rapidement les thèses d'E. Gellner avant d'envisager la manière dont — en s'en réclamant — C.C. Stewart les applique à la société maure saharienne. Nul n'a mieux que Gellner (1970: 205) souligné les différences entre sociétés segmentaires et Etat, et même leur irréductibilité, sans doute parce que ces différences sont immédiatement données dans l'histoire maghrébine sous forme de l'opposition entre la zone sous administration étatique (*bled makhzen*) et la zone de dissidence (*bled siba*). Il souligne immédiatement l'originalité des formations segmentaires marocaines, qu'il rapproche de celles du Moyen Orient. "Middle Eastern and Maghrebin tribes are generally marginal or dissident groups within a wider cultural and moral continuum which embraces both other tribes and non tribal, urban groups." Il ne me semble pas cependant qu'il en tire toutes les conséquences possibles.

Avant d'y revenir, je rappelerai les caractéristiques des sociétés segmentaires marocaines selon E. Gellner et ceux qui l'ont suivi:
— Ces sociétés représentent des formes achevées de segmentarité. D. Hart (1973: 28), étudiant les tribus rifaines, reprend un certain nombre des expressions d'E.E. Evans-Pritchard: "balanced opposition between tribes and social sections", "authority distributed at every point of the tribal structure", "any absolute authority vested", "no state and no government". C'est cet équilibre, cette balance des segments, cette absence de positions d'autorité qui permettent de parler de forme "pure".
— Conformément à la théorie de la segmentarité, la caractéristique essentielle de ces sociétés serait le système d'opposition complémentaire des segments tel qu'il est défini par la structure généalogique constituant l'armature des groupes de filiation agnatique. Les autres caractéristiques de la consanguinité et de l'alliance ne sont pratiquement pas traitées.
— Une fois posé que le "modèle" de la segmentarité est ici relativement "pur", E. Gellner (1973: 18) remarque qu'il ne se réalise cependant qu'imparfaite-

ment. La stabilité et la reproduction des structures segmentaires dans les ensembles plus larges au sein desquels elles se situent (relations politiques intertribales, échanges et commerce, insertion dans une société plus large à Etat) sont assurées grâce à l'existence d'une différence de statuts au sein du système segmentaire entre les lignages du commun et les lignages assumant des fonctions religieuses. Le statut supérieur de ces lignages religieux correspond au rôle d'arbitres, de médiateurs qu'ils assument, et qui a pour effet d'empêcher des déséquilibres stables de saper les bases de la segmentarité.

The maintenance of order hinged everywhere on the presence of local groups generally (though not universally) self-defined in kin terms, in which virtually all adult males were warriors and which maintained order by a complex system of balance of power, or rather balances, operating simultaneously at various levels of size. *To function properly, the system required mediators and arbitrators* [souligné par moi] and these were provided by religion in the form of holy lineages or personages, who were exempt from the warrior or at least feuding ethos of the tribes. (Gellner 1973: 18)

Ce point est important bien qu'E. Gellner n'établisse pas toujours clairement s'il s'agit d'une caractéristique des systèmes segmentaires en général ou seulement des systèmes marocains. Analysant les Aïth Wariaghar du Rif, D. Hart (1973: 44) est plus affirmatif et parle de "the whole socio-political system as a paradox: a system of disequilibrium in equilibrium". Le rôle régulateur n'est plus ici assumé à travers la différenciation et la spécification des fonctions religieuses, il résulte du développement des factions politiques, *leff*, qui rétablissent des conditions d'équilibre segmentaire et intégrent partiellement les alliances politiques dans un système intertribal.

L'analyse d'E. Gellner me semble expliquer beaucoup des conditions de fonctionnement des sociétés segmentaires marocaines, mais je lui reprocherai, d'une part, de rester prisonnière du "modèle" général de la segmentarité et de se fonder en conséquence sur une certain sélectivité des faits, d'autre part, et cela n'est qu'en apparence contradictoire, de suggérer un développement nouveau de cette théorie qui accentue encore le fonctionnement en équilibre des systèmes segmentaires.

Reprenons d'abord le premier point: en mettant l'accent sur la structure généalogique et les règles d'opposition complémentaire des segments, E. Gellner néglige d'autres types de relations sociales, d'autres types de rapports entre lignages. Pour continuer à prendre mes références dans le même ouvrage collectif, *Arabs and Berbers*, je reprendrai à mon compte l'approche par D. Seddon (1973: 122) du fonctionnement du lignage: "We must consider the smallest arena for political power defined in terms of the ideology of agnatic descent, the lignage. For it was here that a man's struggle for power began and it was here that disputes over land, water, animals, women and honor were most heated and most acrimonious." La compétition interlignagère dont D. Seddon accentue la dimension politique passe plus particulièrement par la manipulation des alliances, des alliances matrimoniales tout d'abord, en contrôlant les mariages contractés à l'intérieur et à l'extérieur de groupe, mais aussi des alliances politiques entre leaders lignagers.[12]

Ces systèmes de compétition, de défis et d'alliances débordent en fait le système lignager. A cet égard, au simple vu de la littérature, l'analyse qui est faite par D. Hart (1973: 33) des fonctions du *leff* me semble problématique: selon celui-ci, "the moiety thereby created are in essence one variant form of the segmentary system". En fait, le *leff* apparaît comme un prolongement des systèmes de compétition lignagère, en particulier comme un instrument de mobilisation et de revendication du pouvoir politique. D. Seddon fournit quelques indications à ce sujet:

The *leff* as faction in a pervasive competition for power appears to have been a specific aspect of a more general and loosely defined phenomenon: any association of persons in a conflict situation. Quarrels over rights to land or as a result of raiding and thefts; family or lineage disputes over property or questions of honor; antagonism over access to water-holes or wells, and arguments arising our of differences of opinion with regard to economic agreements might all result in all inter-groups or inter-personal hostility and subsequently in the development of significant political cleavages. Divisions of this sort were intrinsically of a different kind from the longer term, essentially political coalition, though they could and often did provide some of the action-sets from which the *leff* quasi-groups or factions were built-up. (Seddon 1973: 125)

Sans s'y réduire, la compétition politique s'inscrit donc en partie dans les *leff*. Il est difficile de considérer que la fonction de ces factions est de rétablir l'équilibre segmentaire,[13] même si l'on considère que les positions de pouvoir ainsi définies restent précaires. Si l'on considère en outre que dans nombre de ces sociétés les systèmes d'alliance politique se développent sous une forme inégale,[14] il apparaît impossible de réduire les caractéristiques du système politique à celles définies par la théorie de la segmentarité.

Sans peut-être reprendre totalement en compte les thèses de Montagne, il est du moins nécessaire de revenir sur l'idée que la structure segmentaire des sociétés marocaines ne permet pas de définir des postes d'autorité. L'émergence de leaders locaux dont certains peuvent acquérir une dimension nationale semble ne pas être exceptionnelle dans l'histoire marocaine.

Il reste, bien sûr, le problème de la position des lignages religieux dans certaines sociétés tribales, de ce "maraboutic state" qu'étudie E. Gellner. Elle rend bien compte d'une certain stabilisation de la société segmentaire, mais cette stabilité correspond-elle à une caractéristique structurelle des sociétés segmentaires ou renvoie-t-elle aux conditions conjoncturelle de l'insertion de ces sociétés dans un système plus large? D'autres analyses, dans d'autres conjonctures, montrent que la différenciation et la spécification de la fonction religieuse dans des sociétés segmentaires peuvent avoir d'autres significations. En Libye saharienne, elle s'explique dans le cadre des relations compétitives entre lignages et correspond à une recherche du pouvoir au sein d'une société non stratifiée (Mason 1973: 390—405). En Mauritanie comme dans les villes du Sud de l'Arabie, elle constitue un cadre de référence de la stratification sociale.[15] Elle constitue ailleurs encore la base d'une mobilisation à finalité politique brisant les cadres tribaux: c'est le cas du mouvement wahhabite en Arabie (Cole 1975) ou du mahdisme au Soudan (Holt 1958).

Au Maroc il est difficile de ne pas faire entrer en ligne de compte les caractéristiques religieuses du pouvoir dont manifeste l'origine *shurfa* de la dynastie et surtout les conditions de création et de diffusion des confréries, leur rôle historique dans la compétition pour le pouvoir. Pour ne prendre qu'un exemple parmi ceux que je connais le mieux, la dernière lutte nationale pour le pouvoir dynastique apparaît centrée sur l'activité, le développement et les revendications d'une confrérie d'origine saharienne, les Ahel Shaikh Ma el 'Ainin, qui sera bien près de contrôler le *makhzen*.

Je me demande donc si E. Gellner ne met pas l'accent de manière exclusive sur un aspect des fonctions politiques de l'organisation religieuse, justifiant ainsi les caractéristiques égalitaires et équilibrées des sociétés segmentaires qu'il étudie comme des conséquences de la "pureté" du modèle segmentaire et non comme l'effet du rapport entre deux types de structures sociales stabilisant le développement possible d'autres aspects du modèle lignager segmentaire.[16] Il ne s'agirait là que d'un biais secondaire si, ce faisant, E. Gellner n'introduisait de nouvelles conditions d'inflexion de la théorie de la segmentarité dans le sens d'une théorie de l'équilibre. Il n'en apparaîtra que plus difficile d'étudier, là où ils se trouvent associés, segmentarité et pouvoir: c'est cette difficulté que je me propose maintenant de relever à propos de l'étude par C.C. Stewart de la société maure.

Pour C.C. Stewart (1973a: 380), au-delà d'apparences immédiates ou d'interprétations faussées par l'idéologie, il ne fait pas de doute que "the political structures of Moorish society were segmented in the early nineteenth century and the dominant principle of social cohesion among the Moors may be likened to the segmentary societies of other Bedouin peoples". Il introduit cependant un certain nombre de nuances pour rendre compte d'aspects originaux de cette société.

Plutôt que d'une société, il s'agit selon lui de la juxtaposition de deux sociétés segmentaires: l'une organisée autour des lignages dominants, *hassani*, généalogiquement rattachés aux arabes *Maqil*, l'autre composée de lignages *zawaya*, ayant des fonctions religieuses plus ou moins spécifiées, d'origine berbère. La charte mythique de la supériorité des *hassani* sur les *zawaya* est la référence à la guerre Shurr Bubba qui vit les berbères descendants des almoravides être battus par les guerriers arabes.

Chacune de ces sociétés segmentaires est composée de segments de rangs différents; les groupes dominants utilisent leur arbitrage religieux ou militaire pour contrôler l'équilibre général du système et ils imposent, en retour, des redevances aux segments subordonnés à ce pouvoir d'arbitrage. S'agissant des groupes *zawaya*, C.C. Stewart (1973b: 380) fait appel aux activités de médiateurs de ces "marabouts" pour justifier cette fonction d'arbitrage. Le problème est plus délicat s'agissant des *hassani*: "The means by which a dominant hassani lineage exerted its authority was through its ability to raid rivals or to protect allies and this ability was dependent upon the strength, fighting ability, and loyalty of the dependents and tributaries of the dominant lineage." Ces tributaires, souvent eux-mêmes guerriers *zenaga*, sont dans un rapport d'opposition complémentaire avec les *hassani* auxquels ils sont rattachés lignages par lignages.

Enfin les conditions de fonctionnement équilibré du système segmentaire sont garanties par la balance du pouvoir entre *hassani* et *zawaya*.

Traditional Moorish society was directed by two theoretically separate segmentary, patrilineal groupings each dependent upon the other for its physical or spiritual security. Nobles from the zawaya enjoyed a life of greater care and comfort than did the hassani, yet they were in constant need of hassani protection. The hassani whose security was assured by their allies and their fighting ability but who were in minority, lived a more mobile life, yet were dependent upon the zawaya for their water, gum revenues and religious instruction [. . .] Thus the segmentary principles of opposition and complementarity balanced the numerically superior zawaya against the militant hassani, the pastoral against raiding economies, and spiritual against physical protection. (Stewart 1973: 383)

La centralisation politique aux mains des *amir* n'est qu'un leurre, une supériorité mythique qui compense le pouvoir réel des *shaikh* des groupes *zawaya* dominants. Elle résulte aussi de la colonisation qui, objectivement et dans ses représentations, a favorisé une certaine concentration du pouvoir aux mains de ces simples chefs des guerriers, premiers parmi leurs pairs.

L'analyse de C.C. Stewart appelle un certain nombre de remarques; celles-ci ressortissent généralement de l'incapacité de la théorie de la segmentarité, dont il tente d'appliquer le modèle à la société maure, à expliquer les conditions de stratification sociale et les formes d'organisation politique.

Je reviendrai à cet égard au dernier point, car il me semble le plus difficilement soutenable. Autant je suis d'accord pour juger que la centralisation politique des émirats est en partie déterminée par les relations avec le capitalisme marchand français implanté à l'embouchure du Sénégal, autant il me semble impossible de nier la réalité de cette structure politique nouvelle;[17] et il faut bien en expliquer les conditions *internes* d'apparition. S'il y a, parfois, compétition pour le pouvoir entre religieux et militaire, il ne me semble pas qu'on puisse parler d'équilibre du pouvoir, sinon dans des circonstances précises (telle l'intervention française au *gebla* pour soutenir Shaikh Siddiya), bien que la séparation relative des sphères d'intérêts et les différences dans les structures sociales rendent effectivement la compétition secondaire. Hors ceux installés à la périphérie, tels les Ahel Barikallah, les groupes religieux sont sous la domination des *amir* auxquels la plupart versent des redevances *ghaver*. La contestation réelle du pouvoir émiral provient de la dissidence de ses parents proches; elle est un effet de la structure segmentaire sur le pouvoir.

Il me semble tout aussi impossible d'analyser les relations de dépendance dans le cadre des structures segmentaires. C'est bien évidemment le cas des relations esclavagistes qui prennent la forme de l'esclavage domestique. Les relations tributaires *hurma*, dans leur contenu même, débordent le système segmentaire, puisqu'elles établissent un réseau de relations interpersonnelles (plus particulièrement lorsqu'une famille verse la *hurma* à plusieurs ayants droit, ce qui n'est pas rare) renvoyant non aux rapports de lignages rangés mais d'ordres; il faut ajouter que ces redevances peuvent être cédées et même vendues. Leur statut de tributaires tend d'ailleurs à favoriser un certain éclatement et éparpillement des structures segmentaires des *zenaga*. Seules les relations de clientèle peuvent être analysées en termes d' "alliances inégales" dans le cadre de structures segmentaires; leur rôle n'est cependant important que dans les sociétés les moins stratifiées des zones périphériques du Nord. La *targiba* et la *debiha* chez les Reguebat par exemple (sacrifice d'un animal scellant l'alliance) sont la source de l'établissement de réseaux de clientèle susceptibles de transformer profondément la structure segmentaire qu'a conservée cette société.

Il est d'ailleurs impossible de séparer l'analyse de la structure politique centralisée émirale et le système des redevances. Ainsi les redevances *hurma* et *ghaver*, les droits sur les caravanes, etc. sont en partie centralisés autour de la fonction émirale. C'est là un aspect parmi d'autres de la réalisation concrète de cette structure centralisée. J'en rappelle quelques autres. Le territoire bien délimité de l'émirat constitue le cadre du parcours des troupeaux; ceux-ci le débordent cependant en utilisant les systèmes de contrôle et de protection qui consistent dans le versement de redevances provisoires lorsqu'un propriétaire gagne le territoire d'un autre émirat. La *hella*, campement émiral groupant jusqu'à plusieurs centaines de tentes, parcourt régulièrement ce territoire. On y trouve même l'embryon d'un *makhzen*, pour la gestion en particulier du *beyt el-mal*, bien émiral attaché à la fonction, et pour la transmission des ordres et messages; un groupe social, les Abid Ahel Etman, constitué sur le modèle segmentaire, remplit cette fonction. Il faut enfin tenir compte de la *baraka* spécifique des Ahel Etman, lignage émiral.

Comment se situent dans ce contexte les rapports entre *hassani* et *zawaya*? J'ai déjà rejeté l'idée d'une opposition segmentaire de ces deux groupes. L'opposition entre berbères et arabes n'explique pas grand chose dans ce cas, même pour justifier des statuts.[18] La véritable opposition et la justification d'une dualité du pouvoir — dans certaines limites — se situent plutôt au niveau des structures économiques et sociales de ces deux groupes. Une interprétation récente de la guerre de Shurr Bubba et de son contexte nous fournit à cet égard un éclairage nouveau (Barry 1972). Les groupes *zawaya* dominaient traditionnellement la commerce saharien par l'intermédiaire des mouvements religieux d'obédience *qadiriyya*[19] qui contrôlaient les routes commerciales et la production marchande. Les groupes *hassani* opéraient une ponction tributaire sur la production pastorale et marchande. L'alliance des lignages *hassani* avec les marchands européens fournisseurs d'armes contre les *zawaya* permit le détournement du commerce caravanier transsaharien vers le commerce maritime atlantique dominé par le capitalisme marchand étranger. Elle contribua aussi à la centralisation des lignages *hassani*. Dans ce contexte s'expliquent les orientations divergentes des systèmes socio-économiques soulignées par C. Hamès: chez les *zawaya*, importance de la production pastorale et de l'esclavage, chez les *hassani*, dominance de la structure tributaire.[20]

La tentative qu'effectue C.C. Stewart d'utiliser le modèle fourni par la théorie de la segmentarité pour expliquer l'organisation et le fonctionnement de la société maure me semble en définitive difficilement recevable. Elle laisse intact le problème de la nature et de la place des structures segmentaires que l'on observe dans la société maure, structures dont j'ai au passage relevé les effets au niveau de la constitution même du pouvoir (dissidence, constitution des Abid Ahel Etman, etc.). Si, en définitive, j'ai jugé nécessaire ce détour par l'analyse et la critique de la théorie de la segmentarité, c'est bien pour montrer que les défauts de son application par Stewart ne remettent pas en question l'existence de caractéristiques segmentaires de la société maure. C'est aussi parce que j'ai en même temps introduit les éléments d'une nouvelle problématique que je vais développer maintenant à partir d'un autre exemple, celui des Touaregs Kel Gress, avant de revenir à la Mauritanie. Le problème désormais posé (celui-là même qui ne peut être réellement pensé par la théorie de la segmentarité) est tel: dans quelle mesure et comment les fonctions politiques assumées par les structures de parenté rendent-elles compte de formes développées de stratification sociale et sont-elles compatibles avec une organisation politique autonome?

Je rappellerai ici les conclusions d'analyses présentées par ailleurs (Bonte 1975c, 1975d, 1975e, 1976). On se trouve dans le cas des Touaregs Kel Gress devant un exemple privilégié qui permet de mettre en évidence le fonctionnement politique des structures de parenté et les conditions d'autonomisation des structures politiques.

Je rappelle que les Kel Gress constituent une des principales confédérations tribales touarègues. Ils sont localisés au Niger, au limites méridionales de ce monde touareg, dans une région où est possible une agriculture céréalière extensive. De ce fait, et sans que soient modifiées fondamentalement les caractéristiques d'organisation sociale qu'ils partagent avec d'autres sociétés touarègues, les rapports de dépendance fondés sur l'exploitation du travail agricole prennent chez eux une grande importance. En simplifiant considérablement, on peut dire que la structure sociale est fondée sur l'opposition de deux groupes: les *imajeghen*, aristocrates guerriers restés longtemps exclusivement éleveurs, et les *ighawelen*, agriculteurs dépendants versant un tribut en céréales. Le rapport démographique entre ces deux groupes est environ de 1 à 10. La dépendance s'inscrit dans une situation de domination politique des *imajeghen* qui ont l'exclusivité du pouvoir politique et contrôlent la production grâce à un droit prééminent sur le sol, qui n'était d'ailleurs en rien un droit privatif, et qui n'était pas exclusif des droits d'exploitation des *ighawelen*.

Si la production agricole est organisée dans le cadre des groupes familiaux, c'est-à-dire en fonction de l'organisation et du rôle spécifique des rapports de parenté, la relation tributaire de dépendance lie chaque famille d'*ighawelen* aux *imajeghen* dans un rapport hiérarchique impliquant l'existence de ces groupes en tant qu'ordres distincts. On ne peut en aucun cas avoir l'illusion d'une opposition complémentaire entre segments distincts, dominants et dominés, puisque ce rapport tributaire inscrit les uns et les autres dans un même groupe, la *tawshit*.[21] Les *tawshit* apparaissent d'une part comme des groupes de filiation intégrés dans une structure généalogique commune qui définit immédiatement entre elles des rapports d'opposition complémentaire. Mais elles constituent d'autre part des groupes politiques au sein desquels fonctionnent les rapports tributaires (c'est-à-dire des rapports de dépendance correspondant à l'établissement d'une relation politique). Elles comprennent ainsi chacune un groupe d'*imajeghen* apparentés en fonction d'une filiation utérine commune et un groupe beaucoup plus important d'*ighawelen* politiquement subordonnés, sans aucune relation généalogique et matrimoniale avec les *imajeghen*, et versant le tribut au chef de ce groupe de filiation qui en assure la redistribution parmi les autres *imajeghen*.

On se trouve devant un double problème lorsqu'il s'agit d'interpréter cette structure originale: comment les positions politiques au sein de la classe dominante peuvent-elles rester déterminées par les structures de parenté? Pourquoi, à l'inverse, les nouvelles conditions politiques correspondant à l'établissement et au développement de la structure de classe tributaire restent-elles circonscrites dans leurs effets, subordonnées à la perpétuation d'une organisation segmentaire de la classe dominante? Ces problèmes sont d'autant plus aigus que le développement de cette structure de classe transforme à terme en profondeur les conditions de reproduction de l'organisation sociale.

Avant de tenter d'y répondre, il faut revenir un peu en arrière, aux conditions de fonctionnement du système segmentaire. A cet égard les Kel Gress, comme d'autres groupes touaregs présentent une caractéristique fondamentale:[22] la possibilité de distinguer une filiation utérine réglant les statuts sociaux et politiques, l'appartenance à une *tawshit* et les droits à la chefferie, la domination des *ighawelen*, d'une filiation agnatique déterminant généralement la transmission des biens et des moyens de production (esclaves, bétail, champs, etc.).[23] Cette distinction a des effets immédiats.

— Elle empêche toute accumulation au sein des lignées d'*imajeghen*: les biens obtenus à partir de l'exercice des différentes positions d'autorité ne sont pas transmis selon les mêmes règles que celles qui fixent la transmission de ces positions. Les positions de pouvoir (dans le groupe de filiation *tawshit*, ou au niveau d'un groupe plus large dirigé par le *agholla*) correspondent elles-mêmes

aux niveaux de contrôle des droits fonciers (formes communautaires d'appropriation foncière chez les *imajeghen*) et des droits politiques tributaires.
— Dans ces conditions cette distinction explique que les formes d'exercice du pouvoir restent collectives. Les *agholla* et les chefs de *tawshit* sont élus et révocables; leur pouvoir est limité. C'est la classe des *imajeghen* qui exerce collectivement le pouvoir et dispose collectivement des droits politiques. En outre, les caractères segmentaires du système restent relativement stables (semble-t-il) durant le XIXe siècle, avant une nouvelle dynamique de fission des segments (dont j'expliquerai les causes) à la fin de celui-ci.
Cette "stabilisation", loin d'apparaître comme un attribut de la segmentarité, est une conséquence du fait que les fonctions politiques réglées par les rapports de parenté jouent encore un rôle dominant dans l'organisation de la classe des *imajeghen*. La structure de parenté fonctionne pour régler les contradictions résultant du développement des rapports de classe. Ces contradictions sont d'ailleurs déplacées au sein même des structures de parenté. Ainsi s'explique par exemple la difficile relation entre les fils et les neveux utérins dans les comportements de parenté.

Dans ces conditions, nous assistons donc au maintien des structures segmentaires de la classe dominante et à une restructuration limitée de l'organisation sociale en fonction de la nécessité que ces structures segmentaires s'articulent avec la structure politique de la dépendance. Cette nécessité apparaît en particulier dans la forme nouvelle de la *tawshit*.

Il me semble que nous avons là les éléments de réponse au premier problème soulevé précédemment: comment les positions politiques dans la classe dominante sont-elles déterminées par les structures de parenté? Il nous faut maintenant aborder le second problème: celui de la compatibilité de ces structures segmentaires avec le développement des structures politiques autonomes. L'intérêt de l'exemple des touaregs Kel Gress est de nous fournir aussi une situation "expérimentale" permettant de dégager les variables déterminantes.

Le développement des rapports de classes introduit tout au long du XIXe siècle des conditions nouvelles dans la société Kel Gress: le nombre d'agriculteurs dépendants croît sans cesse du fait des mécanismes d'affranchissement,[24] la richesse des *imajeghen* en bétail et en esclaves augmente parallèlement. Les contradictions entre le développement de cette accumulation domestique[25] et le maintien de formes communautaires d'appropriation foncière et de contrôle politique deviennent plus aiguës. C'est dans ce contexte qu'éclate durant la seconde partie du XIXe siècle une grave crise politique qui va bouleverser la société Kel Gress jusqu'au moment de la colonisation. Les détails de cette crise ne peuvent être exposés dans ce cadre; je soulignerai simplement qu'elle est marquée par la tentative d'instauration d'une structure politique centralisée et par son échec.

Ce qu'il est essentiel de rappeler ici, par contre, c'est que cet échec se manifeste sous la forme d'un conflit de succession opposant ayants droit utérins et agnatiques, et qu'il est suivi d'une évolution importante des règles de transmission, puisque de cette époque date la possibilité d'une transmission en ligne agnatique des statuts et droits politiques,[26] comme une possibilité, entendons bien, et non comme une règle. Dans ces conditions et dans un contexte d' "anarchie" politique profonde,[27] on assiste à une série de transformations de la structure segmentaire, transformations qui seront brutalement bloquées par la conquête coloniale: la structure généalogique des *tawshit* tend à devenir indifférenciée; du fait de la variabilité des prestations matrimoniales, la catégorie des *imajeghen* elle-même se stratifie et se hiérarchise, de même que le rang des *tawshit*.

Pouvoir et richesse se concentrent dans certaines lignées, dans certaines *tawshit*. La compétition qui se renforce parallèlement à ces possibilités nouvelles d'accaparement du pouvoir favorise le fractionnement des *tawshit* et de nouvelles allégeances politiques.

Telle est la situation au moment de la conquête et telle qu'elle s'est perpétuée à peu près jusqu'au milieu du XXe siècle. Après la conquête, un aspect essentiel de cette évolution est cependant modifié: la possibilité de formation de nouvelles structures politiques centralisées a disparu, l'administration coloniale s'accommodant bien mieux de cet émiettement du pouvoir et même le favorisant.

Il est clair que la transformation des structures politiques dans le sens d'une autonomisation croissante et de la centralisation[28] s'est accompagnée dans ce cas d'une transformation des formes de segmentarité. Il fallait que les structures de parenté ne suffisent plus à définir les positions politiques pour que cette évolution intervienne. Je ne parlerai pas cependant des effets de la parenté (segmentarité) comme d'un frein au développement des structures politiques; encore moins en tirerai-je la conclusion d'une irréductibilité de la segmentarité et du pouvoir (sous ses formes autonomisées). La nécessaire transformation des structures segmentaires au cours du processus de formation de l'Etat correspond en fait à la réduction préalable des fonctions politiques définies par les structures de parenté et à la subordination de ces structures aux structures politiques dominantes. L'intérêt de l'exemple des Kel Gress est de nous présenter cette transformation comme une rupture, alors que dans d'autres sociétés elle apparaît comme une perpétuation du système segmentaire. En fait, cette perpétuation est toujours relative et correspond souvent, comme je tenterai de le montrer à propos des Maures, à une pratique politique et, surtout, idéologique, dont le but est de masquer l'approfondissement des inégalités, le développement de rapports d'exploitation. Dans tous les cas, ce sont les conditions de fonctionnement réelles des structures segmentaires qui se trouvent modifiées.

On voit ainsi comment se dessine la problématique nouvelle que j'envisage d'utiliser pour l'analyse des rapports entre segmentarité et pouvoir. Je reprocherai surtout à la théorie de la segmentarité d'avoir, après E.E. Evans-Pritchard, fixé la différence entre les fonctions politiques et les autres fonctions de la parenté en terme de niveaux irréductibles, s'interdisant ainsi de penser et d'interpréter les transformations des systèmes segmentaires.[29] Elle crée le "modèle" d'un système politique acéphale, stable, qui doit contenir toutes les conditions de son propre équilibre, au besoin en introduisant un facteur d'équilibre, les médiateurs par exemple. Je me propose au contraire de montrer que les systèmes segmentaires peuvent être le support de formes développées de stratification sociale et de centralisation politique. Cependant, ces développements doivent être simultanément pensés à l'intérieur des structures segmentaires mêmes (dans la mesure où ils renvoient aux transformations des fonctions assumées par les structures de parenté, en particulier de la fonction qui consiste à régler les rapports sociaux de production) et, à l'extérieur, comme un processus d'autonomisation des structures politiques. C'est là toute la difficulté de l'analyse de ces systèmes.[30] Il ne peut y avoir une solution unique, mais une série de solutions en fonction de la forme des structures de parenté et des conjonctures. Ces solutions diverses correspondent cependant à un problème unique du point de vue de la théorie: celui des formes et des limites de la compatibilité de deux types de structures (parenté et politique) et de leurs fonctions respectives. Il apparaît immédiatement que les structures segmentaires pourront jouer pendant un temps très long et dans des situations historiques très diverses un rôle politique (dynasties et lignées par exemple) et idéologique. On ne peut cependant déduire de la théorie, comme avait tenté de la faire la théorie de la segmentarité, toutes les possibilités de compatibilité ou non, toutes les formes de transformations historiques. Après avoir défini avec assez de précision pour qu'elle soit opératoire cette nouvelle problématique, il est donc temps de revenir à l'analyse historique, en l'occurence celle de la société maure.

Segmentarité et pouvoir chez les éleveurs nomades maures

J'utiliserai ici la documentation recueillie sur une tribu maure de l'Adrar, les Awled Ghaylani.[31] Il s'agit d'une tribu (*qabila*) de *hassani*, d'un statut un peu inférieur à celui des *qabila* directement liées au lignage émiral (Awled Amonni et Awled Akshar); cette infériorité est marquée par la distance entre ces divers groupes qui se rattachent tous à Hassan. C'est une *qabila* nombreuse et puissante dont le rôle politique est important.

Il n'est pas question de reprendre tous les aspects de cette étude monographique, mais de traiter plus exclusivement des conditions d'articulation de l'organisation segmentaire qu'est la *qabila* avec la structure politique centralisée émirale. Cette structure segmentaire est profondément modifiée à tous les niveaux de son fonctionnement.

Au niveau global, la *qabila* est définie par une structure généalogique globale qui traduit des relations d'opposition complémentaire entre les segments constitutifs. On peut immédiatement se demander ce qu'est la *qabila* des Awled Ghaylani.

Au sein de la *qabila* il y a deux niveaux principaux de segmentation sociale: celui des *fakhad* (traduit par fractions en langage administratif) et celui des lignages (Ahel, suivi du nom de l'ancêtre éponyme). On compte 9 fractions principales: 1. Naghmusha M'haymed; 2. Naghmusha Teggedi; 3. Naghmusha Khteyra; 4. Deyratt; 5. Smamne; 6. Awled Selmun; 7. Ahel Mentallah; 8. Torsh; 9. Awled Silla. Ces fractions sont d'importance inégale: la fraction 9 regroupe près de la moitié de la *qabila*; les fractions (4) et (7) avaient presque disparu au moment de la conquête coloniale par suite de guerres malheureuses; l'autonomie de la fraction (5) est relative, elle est parfois rattachée à la fraction (1). Il n'y a pas de regroupement au delà des fractions, sinon un certain lien territorial permettant de distinguer les Awled Silla, les Awled Ghaylani du Baten — (1) à (5) — et ceux du Dar — (6), (7) et (8) — ; ces regroupements reflètent aussi les pactes *'asub* pour le paiement du prix du sang (*dya*).

Il existe une généalogie commune reliant les différentes fractions et les lignages à l'ancêtre Ghaylan. Il faut faire à ce propos deux remarques.

D'une part cette généalogie présente des variantes significatives selon les groupes. Le seul schéma à peu près stable est celui qui met en place les relations entre les fractions, du moins les relations entre les lignages dominants dans ces fractions.[32]

D'autre part il existe une première exception notable à cette intégration généalogique. L'ensemble des lignages dominants chez les Torsh, regroupés sous l'appellation Torsh Esseyed ne sont pas intégrés dans cette généalogie: ils sont considérés comme étant originaires des Awled M'barek du Brakna (*qabila* de *hassani*). Cette situation, qui correspond à un changement de chefferie dans cette fraction, répond à une stratégie d'affirmation du pouvoir politique correspondant elle-même aux fortes contestations internes durant tout le XIXe siècle dans cette fraction dont se détachent les Awled Selmun et les Naghmusha Khteyra.

Le cas n'est pas isolé. Les Smamne sont les descendants d'une tribu marocaine et se disent *shurfa*. Au XIXe siècle, ils étaient rattachés à la *qabila* des Awled Amonni. Un meurtre les en sépara et ils demandèrent protection au lignage des Ahel M'haymed. Cette protection leur fut accordée collectivement, et ils constituent une quasi-fraction qui a obtenu de l'administration coloniale un statut politique autonome. De même, la moitié environ des Deyratt et le groupe intitulé Lumllalqa chez les Naghmusha Khteyra, est considérée comme ne descendant pas de Ghaylan.

Si l'on se place au niveau des fractions, l'hétérogénéité s'accentue encore, car hors un noyau dominant — la *fakhad* — comprenant le lignage de chefferie et ses lignages collatéraux, on se trouve devant un ensemble de lignages d'origines diverses: (1) lignages d'autres fractions *ghaylani* alliés au lignage dominant la *fakhad*; (2) lignages d'origine extérieure aux *ghaylani*, eux aussi en situation d'alliance; (3) lignages clients de statuts inférieurs (*zawaya*, *tyab*, affranchis, etc.); (4) lignages de forgerons et de tributaires *zenaga*.

Avant de revenir sur ces divers cas en examinant les mécanismes de fission et de fusion dans le cadre de la fraction, je concluerai sur la structure généalogique. Ses caractéristiques idéologiques sautent aux yeux, et les *ghaylani* eux-mêmes ne s'en cachent pas, qui plaisantent, disant: "Les uns descendent de Musa, les autres de Isa".[33] La généalogie justifie des intérêts communs minima, le plus important étant la participation des différents chefs de fractions *ghaylani* à la *jema'a* nommant l'*amir*. Si, renversant la perspective, on met l'accent, non plus sur la structure segmentaire de la *qabila*, mais sur sa constitution, les données de la tradition orale et écrite font apparaître l'élaboration progressive d'une unité politique à partir de groupes d'origines très diverses qui ont un statut guerrier et pastoral commun et des intérêts politiques convergents. Un moment essentiel à cet égard est la série de guerres menées par les *ghaylani* dans les dernières années du XIXe siècle contre les R'geybat en particulier: ils pèsent à cette occasion d'un poids décisif dans les affaires émirales.[34]

La structure de la *fakhad*, qui est l'unité politique la plus cohérente, va nous éclairer sur les formes nouvelles que prend la segmentarité dans la société maure. La *fakhad* se constitue et fonctionne à partir de l'exercice du pouvoir politique par un lignage de chefferie. Ces lignages contrôlent la totalité des relations tributaires — directement ou du fait de leur redistribution par l'*amir* — et ils se constituent des clientèles mouvantes. Ou peut considérer dès à présent que l'exercice du pouvoir politique se réfère perpétuellement au pouvoir politique central, à l'émirat: les chefferies se constituent autour des positions de notables dans la *jema'a* émirale et de conseillers de l'*amir*; en retour ces positions permettent de lever les *hurma*, d'accumuler les richesses et surtout les clients.

En dehors des Smamne, chaque fraction était dominée par un lignage de chefferie dont le pouvoir est plus ou moins ancien. Le pouvoir réel est exercé par un chef choisi par la *jema'a* de la fraction; en fait, le pouvoir tend à se concentrer dans des lignées en éliminant les collatéraux qui constitueront des lignages n'ayant plus accès à la chefferie, sauf situation de rupture dans la transmission, où le pouvoir peut passer à un lignage de tout autre origine. Le chef ne dispose d'aucun attribut particulier, mais il gère les *hurma* et *ghaver*, qui ont généralement été obtenus par les ancêtres du lignage de chefferie — des tributs en petit nombre peuvent cependant être détenus dans les lignages collatéraux. Il bénéficie aussi de cadeaux, de contributions volontaires de sa clientèle politique et d'une part du butin, mais ses charges sont lourdes: il doit recevoir les hôtes de passage, secourir ses clients, etc. La principale des fonctions me semble être de regrouper les hommes, en particulier pour les guerres: là se situe l'efficace de cette chefferie; le chef est un chef politique et militaire qui peut mobiliser une force offensive et défensive, qui peut intervenir de ce fait dans les affaires politiques.

Ces positions de notable, de conseiller, ne sont pas stables et reflètent le jeu global du politique dans le cadre de l'émirat. La constitution des fractions, la variation de leur répartition va d'abord manifester leur fonctionnement politique à ce niveau. Je vais tenter d'en présenter quelques exemples; il n'est pas facile cependant de résumer la complexité de cette histoire politique. Les circonstances troublées qui entourent la succession de Etman, un des premiers émirs dans la seconde partie du XVIIIe siècle, voient une première référence aux *ghaylani* avec la constitution des chefferies des trois Mohamed qui regroupent à cette époque la *qabila* en trois fractions, Awled Silla, Naghmusha et Torsh. Ces trois chefs, "les piliers de l'émirat", renversent 'Lgra'a, frère et successeur d'Etman, et mettent à sa place Sidi Ahmed, fils d'Etman. Si nous considérons la situation au milieu du XIXe siècle, au moment de la succession elle aussi très troublée de l'émir Ahmed weld Hayda, de nouveaux clivages politiques sont apparus ou commencent à se manifester. La première des fractions évolue peu — il est intéressant de noter que cette chefferie des Awled Silla conserve une influence stable à travers les siècles en développant parallèlement à sa fonction militaire une fonction religieuse.

Au sein des Naghmusha, qui comprennent quatre sous-groupes, la chefferie des Ahel M'haymed a été contestée. Les lignages d'un sous-groupe, les Lehayni, se sont détachés et, se déplaçant vers l'est, ont créé une nouvelle chefferie, celle des Ahel Teggedi, qui attire de nombreux guerriers d'origine r'geybat. Un de leurs chefs, Sidi Ahmed weld Teggedi allié à Sidi Ahmed weld Mogeya, chef des Awled Selmun, qui se sont détachés dans les mêmes conditions des Torsh, va peser d'un poids décisif dans cette succession. Autour de ces deux chefferies, se remodèlent les relations politiques et les structures segmentaires.

Un peu plus tard un nouveau clivage intervient chez les Torsh autour de la famille des Ahel Khteyra qui regroupe un des ensembles de lignages de cette fraction (*meshuri*), refusant, comme précédemment les *selmuni*, la chefferie "étrangère" des Torsh Esseyed. Sidi Horma weld Khteyra se réfugie auprès de ses parents maternels, les Ahel M'haymed des Naghmusha, et profite de l'affaiblissement de cette chefferie et de son influence auprès des émirs pour susciter un nouveau partage des Naghmusha, associant les lignages d'origine Torsh qui l'ont suivi, et l'ensemble des lignages *naghmusha lehmanni* et *lumllalqa*.[35]

Ces analyses schématiques ne rendent pas compte de la complexité du mouvement historique. Ce qu'il importe de souligner, c'est que les conditions de segmentarité s'expliquent essentiellement par la structure politique centralisée, et que, si les mécanismes semblent en apparence les mêmes que dans tout système segmentaire, le fonctionnement en est en fait très différent. La segmentarité intervient le plus souvent comme une idéologie et un aspect de la pratique politique, justifiant dans le cours de la compétition pour le pouvoir, ou après coup, les relations entre les groupes.

En fonction de ces premières analyses, je vais reconsidérer les effets de la fission et de la fusion, les mécanismes de la segmentarité tels qu'ils fonctionnent réellement au niveau des fractions. Je rappelle que j'ai distingué plusieurs types de statut des lignages regroupés dans la *fakhad* :

— Le lignage détenant la chefferie et ses lignages collatéraux progressivement écartés du pouvoir, mais qui peuvent continuer à détenir certains des droits sur les tributs associés au pouvoir. Les mécanismes de la segmentarité fonctionnent ici essentiellement en fonction de la localisation de la chefferie.

— Les lignages d'autres fractions *ghaylani* alliés au lignage dominant de la *fakhad*. Il faut distinguer ici plusieurs situations. Ce rattachement peut résulter d'un déplacement collectif d'un certain nombre de lignages dans des situations de conflit avec la chefferie à laquelle ils étaient antérieurement rattachés; j'ai montré une situation de ce genre dans le cas des *meshuri* se déplaçant avec Sidi Horma weld Khteyra auprès des *naghmusha*. Ce rattachement peut résulter d'un transfert d'une relation de clientèle d'une chefferie déclinante à une chefferie montante: ainsi les Naghmusha lehmanni passent de l'allégeance aux Ahel M'haymed à celle aux Ahel Khteyra.

Il faut faire une place à part au rattachement à travers les relations affinales ou maternelles d'un groupe ou d'un individu. Le cas déjà evoque est celui des Ahel Khteyra qui se réfugient auprès des Ahel M'haymed, leurs parents maternels. L'existence dans les diverses fractions de lignages qui se réclament d'une appartenance agnatique autre que celle du lignage dominant s'explique le plus souvent par des mariages avec des femmes des lignages dominants et le rattachement du groupe qui est issu de ce mariage à cette fraction.

Cette situation est particulièrement courante lorsqu'il s'agit de lignages alliés aux lignages dominant la fraction mais d'origine non *ghaylani*. Ainsi les lignages d'origine r'geybat associés aux Awled Selmun l'ont été grâce au mariage de guerriers *r'geybat*, compagnons (ou adversaires) de *ghezzou*, avec des femmes *selmuniya*. Les *ghaylani* ont la réputation d'être des "donneurs de femmes", et cette réputation ne semble pas démentie par les observations.

A côté de ces lignages d'origine étrangère alliés, on en trouve d'autres qui ont été intégrés avec un statut relativement inférieur (alors que, dans le cas précédent, ces lignages alliés avaient un statut équivalent et pouvaient même revendiquer la chefferie, comme en témoigne le cas des Torsh Esseyed, descendants d'un guerrier qui a épousé une femme Torsh. Il peut s'agir de lignages d'origine *zawaya* exclus de leurs tribus ou cherchant une meilleure protection. Il s'agit aussi de lignages *tyab* (parfois d'origine *ghaylani*) ayant perdu leur statut guerrier dans des circonstances sur lesquelles je reviendrai. Il s'agit enfin de lignages d'affranchis *harratin*, esclaves libérés et intégrés à la *qabila* avec un statut qui rappelle plus ou moins leur origine servile.

Je n'insiste pas sur cette hiérarchisation qui renvoie aux relations de clientèle et de dépendance à l'intérieur de la société globale et demanderait une analyse spécifique. C'est évidemment à ces mêmes relations que renvoie le statut des forgerons et des tributaires *zenaga* dont les lignages sont rattachés à la *qabila*.

Précisons cependant que cette relation segmentaire directe entre lignages bené-
ficiaires et lignages tributaires dans la même *qabila* n'est pas la règle, contrairement à la situation observée chez les Touaregs Kel Gress. Dans la société maure,
l'établissement des rapports tributaires aboutit dans certains cas à une sorte
d'éclatement de la structure segmentaire des groupes tributaires, mais qui reste
limité, laissant en particulier intacte la structure lignagère proprement dite. Là
encore, c'est un double problème qui est posé : quelle est la part des caractéristiques spécifiques de la segmentarité et celle de la forme et des fonctions des
structures politiques dans cette structuration spécifique de la parenté et du
politique ?

Avant de clore cette rapide introduction aux mécanismes de segmentarité au
niveau de la fraction, je soulignerai qu'à côté des dimensions politiques et militaires de la *fakhad*, intervenait autrefois une dimension résidentielle, sinon
territoriale (puisque l'unité territoriale était l'émirat proprement dit). Avant la
colonisation, il semble qu'elle ait constitué le cadre d'une association résidentielle
assez souple pour se plier aux nécessités de la transhumance et du pâturage.

J'examinerai, pour conclure, les effets de ces conditions nouvelles de segmentarité (effets du politique sur la segmentarité) au niveau du lignage proprement
dit.

Le lignage   constitue une réalité extrêmement vivace qui couvre généralement
cinq à sept générations de descendants d'un ancêtre commun, hors les lignages
de chefferies qui peuvent remonter jusqu'à dix générations et plus. Ces différences soulignent comment le schéma généalogique épouse les nuances des
statuts. Sa fonction essentielle reste cependant de justifier en termes de col-
latéralité (ce qui n'est pas incompatible avec le rang des lignages) les rapports
politiques entre lignages. Lorsqu'ont à être définies les relations sociales et politiques entre deux groupes, deux familles, deux individus, la lecture immédiate
sera telle que sur le diagramme ci-dessous. Les deux lignages sont actuellement
associés politiquement au sein du groupe Torsh meshuri des Naghmusha Khteyra
sous la chefferie des Ahel Khteyra.

On s'aperçoit à partir des descriptions précédentes que les règles d'opposition
complémentaire entre lignages ne fonctionnent plus, même au sein du schéma
généalogique (sauf peut-être entre lignages détenant le pouvoir et lignages collatéraux, mais alors d'un point de vue politique et idéologique pour définir les
conditions de la dissidence, c'est-à-dire entériner la fission). Par contre, la
compétition entre lignages prend une dimension nouvelle du fait de leur hiérarchisation, de leur rang dans la structure globale — le rang supérieur étant
occupé par le lignage détenant la chefferie. Ces rangs sont variables, non seulement parce qu'ils font intervenir un facteur extérieur, les structures centralisées
du pouvoir, mais aussi et surtout parce que la compétition entre lignages se
poursuit dans le cadre des relations de parenté et d'alliance. Cela justifie
l'efficace de la segmentarité pour définir la structure lignagère et la perpétuation
de certaines fonctions politiques de la parenté dans ce contexte politique nouveau.

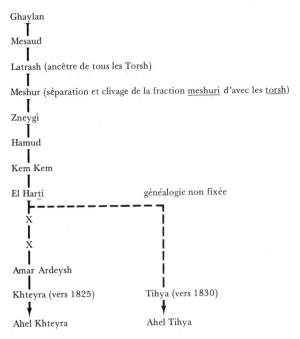

Ghaylan

Mesaud

Latrash (ancêtre de tous les Torsh)

Meshur (séparation et clivage de la fraction meshuri d'avec les torsh)

Zneygi

Hamud

Kem Kem

El Harti   généalogie non fixée

X

X

Amar Ardeysh

Khteyra (vers 1825)   Tihya (vers 1830)

Ahel Khteyra   Ahel Tihya

Je me contenterai d'un exemple: les pratiques matrimoniales. Leur efficacité propre est subordonnée à celle des structures politiques dominantes. Sans préjuger des résultats d'analyses plus précises et plus approfondies,[37] les premières observations permettent de cerner deux types de politiques matrimoniales qui ne sont en rien incompatibles, mais se différencient plus ou moins en fonction de conjonctures politiques: on observe dans certains lignages un endogamie forte avec des mariages avec la fille du frère du père ou une collatérale dépassant 30% des mariages. Dans ce cas, les structures résidentielles s'alignent sur le segment de lignage. Dans d'autres lignages, ce type de mariage diminue fortement au profit d'autres types de mariage, avec la fille du frère de la mère en particulier, correspondant à l'établissement de relations d'alliance stables. Les structures résidentielles sont alors marquées par l'utilisation des relations d'affinité pour justifier la corésidence.

Ces pratiques matrimoniales utilisant les potentialités démographiques des lignages et se coulant dans le réseau des alliances politiques qu'elles créent ou prolongent, jouent un rôle essentiel dans la compétition des lignages pour le pouvoir. Elles débordent constamment ce cadre et caractérisent plus généralement une politique de la *qabila* dans son ensemble pour renforcer son unité et son pouvoir. Cette réflexion de l'un des chefs des Awled Ghaylani exprime avec beaucoup de pénétration la nature de cette politique: "Quand un étranger vient chez les Awled Ghaylani, il devient l'un d'entre eux, à la différence des Awled Amonni et des Awled Akshar.[38] Celui qui vient les voir doit commencer le premier matin par verser la *hurma*. Chez les Awled Ghaylani, celui qui vient de l'extérieur est intégré. Nous avons ainsi noué de nombreuses alliances nées de la fréquentation et de la solidarité des mariages. Nous sommes ainsi devenus la tribu la plus importante de l'Adrar, mais nous sommes moins nobles que les Ja'avriya. Par contre nous sommes forts et puissants, et nous pouvons introniser celui de la famille émirale que nous avons choisi."

L'examen de ces politiques matrimoniales révèle clairement la nature de l'articulation nouvelle des structures segmentaires et des structures politiques, les fonctions politiques et bien sûr idéologiques que continuent à remplir les structures de parenté, leur subordination aux structures politiques dominantes. Il circonscrit le lieu de l'efficacité de la parenté: la compétition entre les lignages débouche et se prolonge sur l'insertion dans la structure politique émirale.

La lutte pour le pouvoir et pour modifier le rang des lignages n'aboutit pas seulement à une mobilité vers le haut ou à une redistribution des positions politiques. Elle aboutit aussi à une perte de statut pour un nombre considérable de lignages qui deviennent *tyab*, adoptent certaines modalités culturelles propres aux tribus *zawaya*, et surtout renoncent à la compétition politique. Cette situation s'accompagne souvent d'un enrichissement en bétail (à moins qu'elle ne le favorise). Les lignages *tyab* restent parfois dans la *qabila* en se plaçant sous la protection d'un chef; ils sont nombreux par exemple chez les Awled Silla. Le plus souvent, ils entrent dans le champ de protection et d'assurances d'une tribu *zawaya*: les *tyab* d'origine *ghaylani* sont nombreux chez les Idaw'ali.

Lorsqu'il s'agit de lignages pauvres, la perte de statut se manifeste par l'établissement de rapports de clientèle. Il peut même arriver, surtout lorsque sont brisées les solidarités agnatiques et territoriales, que ces lignages soient obligés de verser la *hurma* à un protecteur. Plus souvent, des pratiques sociales favorisant une certaine redistribution, la guerre en particulier qui jouait un rôle considérable, permettent à ces groupes de "capitaliser" à nouveau des biens, du prestige, d'ouvrir des alliances et de rentrer dans le jeu du pouvoir.

J'ai tenté de présenter très rapidement les caractéristiques de la structure segmentaire des maures Awled Ghaylani. Cette description trop schématique pour rendre compte de la richesse de la pratique sociale aura, du moins je l'espère, illustré la problématique que j'ai précédemment définie. Les fonctions des structures de parenté, fonctions politiques et idéologiques, mais aussi leurs fonctions pour régler les rapports sociaux de production dans la famille, le campement, le voisinage, ces fonctions subsistent, mais sont subordonnées à la structure politique, à la structure de classe dominante. Ces structures de parenté contribuent ainsi à la reproduction des formes du pouvoir politique, mais elles entraînent aussi une perpétuation des processus de différenciation et de stratification sociales. Cependant, sous leur forme immédiate et dans leurs fonctions idéologiques, les structures segmentaires masquent les rapports d'exploitation, à moins qu'elles ne les justifient par un biais quelconque (conquête, différences culturelles, raciales, etc.). Il importe tout autant d'éviter de tomber dans le piège des apparences que de réduire la parenté à exprimer, à refléter autre chose qu'elle-même.[39] Il importe au contraire de poser à partir d'une analyse concrète les rapports exacts entre ces deux types de structures. L'identification des différences entre les sociétés permettra de dégager des lois de transformation plus précises. La comparaison entre Touaregs et Maures met dès à présent l'accent sur un facteur important, la forme même des structures de parenté et d'alliance, mais il est sans doute beaucoup d'autres facteurs. L'exploration minutieuse de ces processus de transformations que l'on ne peut déduire d'une théorie préalable, répétons-le, pas plus de la théorie du matérialisme historique que de celle de la segmentarité, est une étape nécessaire avant toute théorisation plus large des conditions de formation de l'Etat: ceci est un autre problème qui déborde largement celui des rapports entre segmentarité et pouvoir.

Notes

1. "What is the main methodological contribution of the study of unilineal descent group? In my view it is the approach from the angle of political organization to what are traditionally thought of as kinship groups an institutions that has been specifically fruitful. By regarding lineages and statuses from the point of view of the total social system and not from that of an hyperthetical Ego we realize that consanguinity and affinity, real or putative, are not sufficient in themselves to bring about these structural arrangements. We see that descent is fundamentally a jural concept . . . , we see its significance as the connecting link between the external, that is political and legal aspects of what we have called unilineal descent groups, and the internal or domestic aspect." (Fortes 1953: 17)
2. "The tribal system, typical of segmentary structures everywhere, is a system of balanced opposition between tribes and tribal sections from the largest to the smallest division, and there cannot therefore be any single authority in a tribe." (Evans-Pritchard 1949: 59)
3. J'ai jeté quelques éléments pour une telle analyse globale dans Bonte 1974, 1975a.
4. Regroupées par exemple par M. Fortes sous l'intitulé de "filiation complémentaire" assurant la segmentation du système.
5. C'est le cas en particulier de Barth 1954.
6. Ces thèses sont défendues par Murphy & Kasdan 1959, 1967.
7. "Dans l'hypothèse de Barth le mariage avec la cousine patrilinéaire renforce la lignée et la met dans une position plus favorable en vue des compétitions futures. Dans l'hypothèse de Murphy et Kasdan, la solidarité sociale serait compromise si elle ne s'accrochait pas à la continuité historique . . . Dans les deux cas il s'agit d'une relation dialectique entre le système du mariage et l'histoire politique." (Lévi-Strauss 1959: 19)
   Depuis, M. Dupire a développé à propos des Peuls l'étude des rapports entre structures endogames et compétition pour le pouvoir — sans qu'existent d'ailleurs des règles préférentielles aussi strictes. Je renvoie à cette étude (Dupire 1970, en particulier chapitre XIV, "Stratégies matrimoniales et pouvoir politique").
8. L'honneur du groupe assimilé plus particulièrement à l'intégrité physique des hommes et au contrôle de la sexualité des femmes est à la fois une référence absolue et inaliénable, et le lieu de défis et de compétitions qui modifient constamment le rang des lignages. Sur ce point, on consultera Bourdieu 1972. Dans d'autres circonstances, ces idéologies de

l'honneur justifieront des différences d'ordre entre ces lignages et peuvent masquer de réelles différences de classes.

9. Une analyse identique mais ayant d'autres finalités a été développée par Abélès 1974. Nos conclusions, me semble-t-il, se recoupent largement.

10. C'est en particulier le cas de la tentative d'un certain nombre d'anthropologues se réclamant d'Althusser pour concilier le marxisme et la théorie de la segmentarité en parlant d'un "mode de production lignager". L'armature lignagère est assimilée par eux à la superstructure politique et idéologique d'un ensemble spécifique de rapports de production. P.P. Rey parle par exemple de la parenté comme d'un langage exprimant des rapports de production, des rapports de classe et qui n'a guère d'autre fonction que de masquer ces rapports; il parle aussi de la structure lignagère comme d'une structure politique fondée sur les relations de réciprocité entre aînés de lignages (Rey 1975). Ces anthropologues éprouveront les mêmes difficultés à penser la transformation des sociétés lignagères segmentaires. J'ai développé ce point par ailleurs (voir Bonte 1977).

11. Je me situe là dans le cadre de la théorie du matérialisme historique, mais en faisant mienne la position de M. Godelier qui marque une rupture avec les courants essentiels de l'analyse marxiste antérieure: "A la différence du marxisme habituellement pratiqué et qui tourne très vite au matérialisme vulgaire, nous affirmons que Marx, lorsqu'il a distingué infrastructures et superstructures et supposé que la logique profonde des sociétés et de leur histoire dépendait en dernière analyse des transformations de leur infrastructure, n'a rien fait d'autre que de mettre pour la première fois en évidence une hiérarchie de distinctions fonctionnelles et de causalités structurales, sans préjuger aucunement de la nature des structures qui dans chaque cas prennent en charge ces fonctions (parenté, politique, religion . . .), ni du nombre de fonctions que peut supporter une structure." (Godelier 1973: 11)

12. Je suis tout à fait d'accord avec cette proposition de D. Seddon qui rejoint mes observations précédentes: "Dimensions of marriage pattern in North Africa and the Middle East by sociologists have with some exceptions tended to pay too little attention to the dynamic and constantly changing relationship between lineage endogamy and lineage exogamy in terms of responses by individuals in position of power to changes in the political and economic environment." (Seddon 1973: 123)

13. "In theory, the *leff* system was designed to control local warfare. Though there are those who disagree, the system seems to have encouraged solutions by war. Berber values stressed the preservation of one's honor. Knowledge that one's community had the support of other members of the *leff* rendered compromise difficult in cases involving a significant breach of these values." (Hagopian 1964: 49)

14. Sur ce point voir Dunn 1973.

15. Bujra 1971; je reviendrai sur le problème mauritanien.

16. Cette voie de l'analyse me semble d'autant plus importante à explorer qu'il semblerait que, dans les zones sous administration étatique, le système segmentaire sous la forme tribale se développe à une époque historique donnée (XVe ou XVIe siècle) comme un mode d' "administration", comme un modèle d'organisation sociale sous contrôle de l'État (Laroui 1975). On pourra rapprocher les analyses de la société maure présentées dans cet article pp. 295—304.

17. Il n'est pas question de parler de sociétés féodales comme l'ont fait les colonisateurs, ou d'appliquer n'importe quel schéma ethno-centriste pour rendre compte de cette structure complexe. Mais n'est-ce pas une autre idéologie ethnocentriste — celle des lettrés *zawaya* eux-mêmes que C.C. Stewart développe ici sans le savoir?

18. L'émirat du Tagant était occupé par un lignage d'origine berbère idawish. Mes propres renseignements sur l'origine de l'émirat de l'Adrar montrent un jeu politique complexe d'alliances et de mariages entre ces groupes berbères et arabes — du moins réputés tels.

19. On trouve une bonne analyse chez C.C. Stewart à propos des Kunta et des Ahel Shaikh Siddiya. Il montre en particulier, dans ce dernier cas, le soutien mutuel des activités religieuses et temporelles dans la construction d'un pouvoir politique.

20. Seules des études ultérieures permettront de juger de la place exacte des échanges et d'une production marchande dans la formation sociale maure du XIXe siècle.

21. Je garde le terme vernaculaire, plutôt que d'employer celui de "tribu" qui recouvre des réalités trop diverses.
22. Qui, je l'ai souligné précédemment, est une caractéristique propre aux structures de parenté. On notera au passage que, dans des situations de ce genre, la théorie des groupes de filiation unilinéaire, qui identifierait là des sociétés bilinéaires, se révèle peu féconde.
23. Il s'agit plutôt d'une filiation indifférenciée à tendance agnatique forte.
24. Ainsi de l'asservissement progressif des communautés agricoles hausaphones. Je n'introduis pas cet aspect de l'évolution historique pour simplifier l'analyse.
25. Certaine groupes familiaux détenaient encore, lors de mes enquêtes sur le terrain (entre 1967 et 1972), des dizaines d'esclaves, des dizaines de chameaux.
26. Il est intéressant de souligner que les historiens Kel Gress datent eux-mêmes de cette période l'introduction de la filiation agnatique.
27. Il s'agit en fait de la liquidation des formes de stabilisation antérieures.
28. C'est en fait le problème de la formation de l'Etat qui est posé.
29. Qui doivent s'interpréter en se référant à l'ensemble des conditions de fonctionnement et de transformation de la parenté, et en particulier à sa fonction (expliquant sa dominance dans le système global) qui consiste à régler les rapports sociaux de production.
30. Les difficultés seront moindres, me semble-t-il, pour analyser les transformations des systèmes "à classes d'âge" que l'on peut observer dans des sociétés africaines voisines, parce que les fonctions politiques sont initialement situées hors des structures de parenté.
31. Cette documentation, recueillie au cours de nombreux séjours entre 1968 et 1971, puis à nouveau en 1975 et 1976, est encore inédite sauf une publication ronéotypée (Bonte 1972).
32. En particulier au sein de la *jema'a* qui choisissait l'émir.
33. La situation n'est pas rare dans l'Adrar; les Agzazir, une *qabila* dépendant des Kunta, comparent leur unité à un boubou rapiécé avec des pièces de couleurs différentes, raccomodé par les Kunta qui sont les rassembleurs et protecteurs de la *qabila*.
34. Un cas plus frappant encore est celui de la *qabila* des 'Abid Ahel Etman dont j'ai souligné qu'elle remplissait des fonctions administratives et politiques spécifiques auprès des émirs. Elle se constitue sur la base de cette fonction et des avantages qu'elle peut en retirer, au XIXe siècle, en élaborant un schéma généalogique englobant (d'ailleurs assez mal, compte tenu de la proximité des faits).
35. Ce clivage ne fut réellement sanctionné que lors de la conquête coloniale, Sidi Horma utilisant habilement son prestige pour négocier avec les Français et obtenir d'eux la reconnaissance de son statut politique.
36. Utilisées comme des relations d'affinité nouées antérieurement dans la lignée agnatique.
37. Qui doivent être menées par une équipe rassemblée sous la responsabilité de M. Dupire dans le cadre d'une équipe du CNRS (Paris). Les premiers résultats d'un traitement informatique de ces problèmes sont attendus pour 1979.
38. *Qabila* auxquelles se rattache la famille émirale et qui ont effectivement une politique endogame de mariage des femmes dans le groupe préservant la noblesse (rang généalogique) et évitant l'élargissement de la compétition pour le pouvoir.
39. Ce que font les théoriciens du "mode de production lignager" qui parlent de la parenté comme d'une illusion, d'un masque voilant mal les rapports sociaux.

Références

Abélès, M. 1974. Pouvoir, société, symbolique: essai d'anthropologie politique, *Dialectiques* 6: 32—54.

Barry, B. 1972. *Le royaume du Waalo*. Paris: Maspéro.

Barth, F. 1954. Father's brother's daughter's marriage in Kurdistan, *Southwestern journal of anthropology* 10: 164—171.

Bonte, P. 1972. Étude monographique d'une tribu de l'Adrar: les Awled Gaylani. Paris: Collège de France, laboratoire d'anthropologie sociale, multigr.

1974. From ethnology to anthropology: on critical approaches in the human sciences, *Critique of anthropology* 2: 33—67.

1975a. From ethnology to anthropology: on critical approaches in the human sciences, *Critique of anthropology* 3: 1—26.

1975b. Hypothèses sur la parenté touarègue. Paris: Communication du séminaire du laboratoire d'anthropologie sociale.

1975c. Esclavage et relations de dépendance chez les Touaregs Kel Gress, pp. 49—76 in C. Meillassoux (ed.), *L'esclavage en Afrique*. Paris: Maspéro.

1975d. Le problème de l'Etat chez les Touaregs Kel Gress, pp. 42—62 in P. Bonte et al., *Etudes sur les sociétés de pasteurs nomades* vol. 3, *Classes sociales et Etat dans les sociétés de pasteurs nomades*, Cahiers du centre d'études et de recherches marxistes 121. Paris: Centre d'études et de recherches marxistes.

1975e. L'organisation économique des Touaregs Kel Gress, pp. 166—215 in R. Cresswell (ed.), *Eléments d'ethnologie* vol. 1, *Huit terrains*. Paris: Armand Colin.

1976. Structures de classe et structures sociales chez les Kel Gress, pp. 141—162 in *Dix études sur l'organisation sociale chez les Touaregs*, numéro spécial *Revue de l'Occident Musulman et de la Méditerranée*.

1977. L'analyse anthropologique de la parenté: mystification scientifique ou problème réel du matérialisme historique. Paris: manuscrit.

Bourdieu, P. 1972. Le sens de l'honneur, pp. 13—44 in P. Bourdieu *Esquisse d'une théorie de la pratique, précédé de trois études d'ethnologie kabyle*. Paris: Droz.

Bujra, A.S. 1971. *The politics of stratification. A study of political change in a South Arabian town*. Oxford: Clarendon Press.

Cole, D.P. 1975. *Nomads of the nomads. The Āl Murrah Bedouins of the empty quarter*. Chicago: Aldine.

Dumont, L. 1971. *Introduction à deux théories d'anthropologie sociale*. Paris/La Haye: Mouton.

Dunn, R. 1973. Berber imperialism: The Ait Atta expansion in southeast Morocco, pp. 85—107 in E. Gellner & C. Micaud (eds.), *Arabs and Berbers*. London: Duckworth.

Dupire, M. 1970. *Organisation sociale des Peul*. Paris: Plon.

Evans-Pritchard, E.E. 1949. *The Sanusi of Cyrenaica*. Oxford: Clarendon Press.

1968. *Les Nuer*. Paris: Gallimard.

1973. *Parenté et mariage chez les Nuer*. Paris: Payot.

Fortes, M. 1953. The Structure of unilineal descent groups, *American anthropologist* 55: 17—41.

Gellner, E. 1970. Saints of the Atlas, pp. 204—219 in L.E. Sweet (ed.), *Peoples and cultures of the Middle East* vol. 1, *Cultural depth and diversity*. New York: The Natural History Press.

1973. Introduction, pp. 11—21 in E. Gellner & C. Micaud (eds.), *Arabs and Berbers*. London: Duckworth.

Godelier, M. 1973. *Horizon, trajets marxistes en anthropologie*. Paris: Maspéro.

Hagopian, E.G. 1964. The status and role of the marabout of protectorate Morocco, *Ethnology* 1: 42—52.

Hart, D. 1973. The tribe in modern Morocco: Two case studies, pp. 25—58 in E. Gellner & C. Micaud (eds.), *Arabs and Berbers*. London: Duckworth.

Holt, P.M. 1958. *The Mahdist state in the Sudan 1881—1888*. Oxford: Clarendon Press.

Laroui, A. 1975. *L'histoire du Maghreb. Un essai de synthèse*. Paris: Maspéro.

Leach, E.R. 1961. *Rethinking anthropology*. London, Althone Press.

Lévi-Strauss, C. 1959. Le problème des relations de parenté, pp. 13—20 in *Systèmes de parenté, Entretiens interdisciplinaires sur les sociétés musulmanes*. Paris: Ecoles pratique des hautes études. VIe section.

Mason, J.P. 1973. Saharian saints: Sacred symbols or empty forms, *Anthropology quarterly*: 390—405.

Middleton, J. & D. Tait (eds.). 1958. *Tribes without rulers. Studies in African segmentary systems*. London: Routledge and Kegan Paul.

Murphy, R. & L. Kasdan. 1959. The structure of parallel cousin marriage, *American Anthropologist* 1: 17—28.

1967. Agnation and endogamy: Some further considerations, *Southwestern journal of anthropology* 23: 1—14.

Rey, P.P. 1975. The lineage mode of production, *Critique of anthropology* 3: 27—79.

Seddon, D. 1973. Local politics and state intervention: Northeast Morocco from 1870 to 1970, pp. 109—139 in E. Gellner & C. Micaud (eds.), *Arabs and Berbers*. London: Duckworth.

Stewart, C.C. 1973a. *Islam and social order in Mauritania*. Oxford: Clarendon Press.

1973b. Political authority and social stratification in Mauritania, pp. 375—393 in E. Gellner & C. Micaud (eds.), *Arabs and Berbers*. London: Duckworth.

13. Pastoralisme nomade et pouvoir: la société traditionnelle des Kel Ahaggar

MARCEAU GAST

The society of the Kel Aghaggar or Hoggar Twareg was traditionally organized into a political, territorial, and moral unit: the *ettebel*, at the head of which was placed a chief elected from among the uterine descendents of a mythic ancestor, Tine Hinane. The corporate-group that the warriors formed exploited the class of the tributary nomadic pastoralists who raised goats and dromedaries. At the same time they provide these pastoralists with a necessary contribution: that of booty from raids. The analysis of this matrilineal society proves that it was kinship that functioned from within as a relation of production.

Contact with the French colonial force, which apparently did not want to destroy this society, was extremely disruptive in terms of secondary effects, affecting first the psychic and moral cohesion of the group (the Battle of Tit in 1902) and then displacing the poles of political and economic decisions.

The interdiction of pillage (raids, forays) seems to have struck deeper than at the economic and cultural levels. Such wars were one of the dynamic axes of the society which, along with kinship structures, ensured its real perpetuation.

Les Kel Ahaggar ont été l'une de ces sociétés touarègues qui ont contrôlé l'espace et les relations économiques durant plusieurs siècles de la Libye aux frontières de la Mauritanie, c'est-à-dire dans tout le Sahara central et la zone sahélienne. Cette zone de prédilection climatique d'hommes voilés, qu'il est convenu d'appeler aujourd'hui "Touaregs", a été aussi un échiquier stratégique sur le plan économique pour toute l'Afrique de l'Ouest, comme elle l'est encore dans un autre contexte politique aujourd'hui, avec des points d'ancrage défensifs dans les massifs montagneux: l'Ajjer, l'Ahaggar, l'Aïr, l'Adrar des Iforas. En sorte que les plus nombreux d'entre eux n'ont pas toujours été les plus importants. A toutes les époques les Kel Ahaggar, comme les autres Touaregs, ont joui auprès des étrangers du prestige de l'inconnu que représentaient leur territoire et leur société. Mais leur efficacité et leur pouvoir, qui dépassaient très largement les frontières de leur territoire, étaient surtout les résultats d'une organisation socio-économique complexe et élaborée à partir de données historiques, écologiques, technologiques et surtout parentales, dont ils ont su tirer profit grâce à une idéologie qui leur est propre.

Après un inventaire rapide des conditions de vie et de l'organisation sociale de cette population, nous montrerons comment la parenté a été, dans cette société, l'élément dominant qui a fonctionné de l'intérieur comme rapport de production.[1] Nous essaierons ensuite de savoir si la connaissance des modalités de fonctionnement de cette société à travers ce schéma d'analyse suffit pour nous faire appréhender la totalité de sa dynamique.

Une société hiérarchisée

Ce qui différencie le plus les Kel Ahaggar (comme les autres sociétés toua-règues) des autres populations maghrébines, c'est leur organisation socio-politique en deux classes:
— une classe aristocratique de guerriers méharistes formée de plusieurs groupes d'affiliation
— une classe "tributaire" d'éleveurs de chèvres, nomades dépourvus à l'origine de montures de transport rapide (cheval, dromadaire) et composée d'un nombre variable de *tausit* qui sont des groupes de filiation.
Alors que, chez les autres musulmans, se situent au sommet de la hiérarchie sociale ceux qui se réclament d'une filiation religieuse (en patrilinéarité), ici l'ascendance aristocratique est définie par rapport à un ancêtre féminin, pôle de référence du pouvoir "touareg" (c'est-à-dire en matrilinéarité). Au milieu de ces deux classes vivait aussi la caste des artisans (moins de 2% de l'ensemble démo-graphique dans une endogamie quasi totale — cf. Jemma 1972) et des esclaves qui n'avaient d'autre existence sociale qu'à travers celle de leurs maîtres.[2]

A une époque récente (fin du XIXe siècle), les Kel Ahaggar, asphyxiés par les conquêtes coloniales et la diminution progressive des espaces qu'ils contrô-laient, ont invité des agriculteurs d'In Salah à venir cultiver leurs terres. Ces agri-culteurs, auxquels les nomades auraient voulu assimiler certains de leurs esclaves, ont formé un groupe social juxtaposé à la société des Kel Ahaggar, régi par des rapports politico-économiques sans aucun lien de consanguinité.[3] Leur groupe social, sur lequel nous reviendrons, n'a pas pu être complètement assimilé par les structures de la société touarègue à cause de la colonisation qui est intervenue au début du XXe siècle.

La question se pose de savoir dans quelles conditions cette société est née et s'est organisée ainsi. Ces populations sont-elles héritières des Garamantes "Chas-seurs d'Ethiopiens", montés sur des chars attelés de chevaux que nous a décrits Hérodote et dont les peintures rupestres du Sahara central nous donnent une image? Peut-on établir un parallèle et une continuité entre les chars de chevaux opposés aux éleveurs de bovidés de la protohistoire et les *Imŭhar*[4] méharistes, conquérants des pasteurs de chèvres archaïques réfugiés dans les monts du Hoggar (Issebeten)? L'hypothèse est assez séduisante mais nous n'avons pas assez de données scientifiques aujourd'hui pour l'argumenter solidement (cf. Camps 1970: 51—57).

Nous constatons seulement que le mode de conquête (la razzia), d'une part, et la nature des forces productives (troupeaux), d'autre part, n'ont, semble-t-il, pas changé depuis l'époque protohistorique dans cette zone géographique.[5] Exutoire permanent des populations venues de l'est ou du nord, l'Afrique sahélienne a offert ses espaces disponibles et ses richesses naturelles à ceux qui possédaient un moyen de transport leur permettant de traverser les zones désertiques, véritables remparts de protection naturelle. Les relais vers cette zone ont toujours été l'Ajjer, l'Ahaggar, l'Aïr. La rencontre des conquérants et des populations préexistantes a engendré un ensemble de relations sociales et de règles qui permettaient aux premiers de garder le pouvoir et l'accès permanent aux ressources économiques.

Qu'apportaient les conquérants pour s'instaurer en maîtres des lieux?
— un moyen de transport rapide, instrument technique de conquête adapté au milieu écologique: le dromadaire;[6]
— leur idéologie de conquérants établissant des rapports de classe; cette idéologie a comme premier critère la parenté en filiation maternelle;
— cette mystique de la parenté aiguisée par d'impérieux besoins de survivre, une éducation morale et psychologique de dominants, des exploits physiques exaltés par la poésie et les chants, aboutissaient, avec toute cette trame culturelle, au maintien d'une agressivité permanente à l'égard des "Autres" c'est-à-dire des non-parents. La concrétisation de cette agressivité, c'était la guerre de pillage et de harcèlement.

Quelles faiblesses offraient en revanche les territoires et les populations qui subissaient l'assaut des *Imūhar*?
— un climat aride et chaud dans des espaces immenses, un milieu écologique précaire: ravitaillement en eau difficile, déplacements rapides et massifs impossibles, recherche problématique de pâturages, etc. L'espace aride protecteur devenait une menace permanente dès qu'il était franchi et surmonté par des étrangers ennemis;
— une grande vulnérabilité matérielle au niveau de leurs forces productives (troupeaux), de leur habitat (à proximité des zones pâturées en plaines ou dans des vallées);
— l'absence de places fortes défensives leur appartenant: milieu urbain, citadelle, zone organisée contre les raids comme l'avaient imaginé les Romains avec le *limes*;[7]
— des structures sociales certainement différentes de celles des Touaregs et que ceux-ci ont su probablement maîtriser à leur avantage.

Les conquérants avaient su d'abord maîtriser le rapport espace—temps mieux que toute autre population dans les lieux où ils vivaient, et tant qu'ils ont su garder cette maîtrise et celle des armes, ils ont été invulnérables et même redoutables. Mais cette maîtrise en quelque sorte militaire, n'est que l'aspect extérieur, visible et grossier, d'un contrôle bien plus profond: celui des rapports de production, issu d'une organisation sociale complexe dont nous donnerons ici les principaux caractères. Cependant, il ne suffit pas de constater que les suzerains maîtrisaient les rapports de production et les conditions de reproduction de leur société; nous voudrions expliquer par quels processus ils arrivaient à cette maîtrise.

Nous examinerons tour à tour les structures sociales et politiques, les conditions économiques et les relations de parenté, ainsi que les effets de la religion pour comprendre comment le pouvoir était organisé.

Le cadre social et politique

Dans un territoire commun (*eṭṭebel* ou *tobol*) totalement inaliénable[8] un certain nombre de groupes de parenté (*tausit*) vivent autour d'un chef suprême: l'*amenūkal*.

Les *tausit* se définissent en deux catégories: celle des suzerains (Ihaggaren), celle des tributaires (Imrad ou Kel Ulli). Aucun lien d'alliance n'unit les premiers aux seconds. Leurs relations sont d'ordre social, politique et économique. Les suzerains sont de deux sortes:
— Ceux du groupe de fonction qui comporte:
  1. les utérins d'un ancêtre féminin mythique: Tine Hinane, et parmi lesquels est choisi l'*amenūkal*. Ce dernier est élu par une assemblée formée de tous les hommes suzerains et de tous les *amghar* Kel Ulli, chefs élus par chaque *tausit* ou segment lignager de *tausit* dans certains cas.
  2. les alliés et consanguins incorporés au groupe de fonction, qui peuvent comme les précédents exploiter les biens des Kel Ulli ("gens de chèvres" — pasteurs de chèvres), mais qui sont écartés du pouvoir suprême.
— Ceux acceptés comme "nobles" (en fait hommes libres non tributaires et Imūhar), mais non assimilés au groupe de fonction car *non parents*. Ils ont un nom collectif, une filiation propre, mais aucun droit sur les biens des Kel Ulli et par conséquent n'accèdent pas au pouvoir suprême. Le groupe de fonction récupère en somme la force militaire de ces marginaux non tributaires (ex: Ikadeyènes, Ikenbibènes). En fait, dans la mesure où ils acceptent de perdre leur identité originelle, les individus issus de ces groupes peuvent pratiquer des alliances avec les premiers et s'incorporer dans la deuxième catégorie des alliés et consanguins; on constate nettement ici le cadre d'autorité et d'accès aux biens collectifs que représentent l'alliance et la parenté.
Les tributaires, bien qu'apparemment homogènes dans leur statut, offrent aussi deux cas dont les nuances méritent d'être relevés.
— Tributaires issus des populations anciennement soumises et appelés Imrad (ou Imghad) par les Ihaggaren (suzerains). Le terme Imrad connotant la vassalité, ces tributaires lui préfèrent celui de Kel Ulli, connotant uniquement la fonction pastorale. Ces *tausit* sont celles par exemple des Dag Rali, Aït

Loaiènes, Kel Ahnet, qui savent être descendants des mêmes ancêtres (ils sont tous issus d'une ancienne *tausit* appelée Imesselitènes). Ces tributaires payaient annuellement une redevance en nature au retour des caravanes et au moment des récoltes: la *tiuse*. Cette *tiuse* n'est pas décomptée par individu mâle ou femelle, mais par unité de redevance (sac en peau rempli de céréales) payable collectivement par les héritiers masculins des "mères" dans chaque matri-lignage. Ce système de redevance favorise donc les utérins les plus nombreux.

— Les *tausit* qui ont rang de tributaires mais rejettent totalement l'épithète d'*Imrad* et disent ne pas payer de *tiuse* sous la contrainte. Ce sont en particulier les Isseqqamarènes, les Ireğenatènes, les Ibottenatènes. Ceux-ci considèrent les biens qu'ils offrent à l'*amenūkal* comme des cadeaux exprimant leur allégeance plutôt qu'un impôt. Leur attitude marque bien leur résistance au modèle social imposé par les suzerains. Cela se traduit parfois par des tentatives de fuite ou d'affranchissement pas toujours suivies de succès.[9]

Notons encore que toutes les *tausit* de cet ordre sont d'incorporation récente (entre un siècle et demi à deux siècles et demi environ), et que perdure dans leurs structures sociales une bilatéralité qui, dans le cas des Ireğenatènes, devient bilinéarité.

Toute tension grave dans ce système tend à engendrer des scissions, soit au niveau du commandement, soit au niveau des tributaires qui fuient le plus loin possible. Historiquement, l'on connaît deux importantes transformations au point de vue du commandement: l'une au XVIIe siècle, entre l'Ajjer et l'Ahaggar, l'autre au XVIIIe siècle entre les suzerains de l'Ahaggar qui se séparent en trois *tobol* (cf. Benhazera 1908: 107; Gast 1973, 1976; Bourgeot 1976). En Ahaggar, c'est cependant l'*amenūkal* des Kel Rela, qui regroupe le plus vaste territoire et le plus de gens, qui a véritablement rang de chef suprême. Les deux autres chefs (Taïtoq et Tedjehe Mellet), qui lui ont fait souvent la guerre, ont été davantage considérés comme des *amghar* (chef de *tausit*). (Cf. Gast 1976)

Le cadre politico-économique

Dans cette structure apparemment pyramidale, le chef suprême jouit d'un certain nombre d'avantages liés à sa fonction. Il reçoit:

— le tribut annuel (*tiuse*) des *tausit* Kel Ulli de son *eṭṭebel*
— des droits sur les caravanes étrangères traversant son territoire
— des parts sur les butins des rezzous (raids) des Kel Ulli vainqueurs (et non pas des autres suzerains)
— une redevance sur tous les jardins de son territoire
— le profit du troupeau de l'*eṭṭebel*: trésor public inaliénable affecté à sa fonction et issu des biens en déshérence.

A titre personnel il reçoit:

— les profits accordés à son lignage par sa *temazlait* ou "part spéciale" chez un ou plusieurs matrilignages de Kel Ulli, moyennant sa protection en tant que suzerain.

— de nombreux cadeaux complémentaires aux revenus ci-dessus et offerts soit par des étrangers, soit par des Kel Ulli qui veulent s'attirer ses bonnes grâces pour toutes sortes de raisons.

L'*amenūkal*

— rend la justice: arbitre les différents des plaignants à tous les niveaux;
— fait la charité aux pauvres, aux nécessiteux de toute classe qui le sollicitent;
— intervient au niveau des associations économiques: lignage suzerain/lignage tributaire (*temazlait*) pour permettre à certains segments lignagers, exclus du commandement et membres de son groupe de fonction, de survivre avec les mêmes moyens que les autres;
— décrète la guerre collective avec l'accord et l'appui des autres suzerains en cas de menace, de besoin, ou pour défendre l'honneur et la cohésion morale du groupe.

L'*amenūkal* est donc la grille de sécurité qui permet un bon fonctionnement des institutions et de la vie collective, qu'elle soit politique, économique, morale. Cependant, ses pouvoirs ne peuvent s'exercer qu'en fonction de la cohésion morale de son *eṭṭebel*. Les cas d'indiscipline de ses pairs sont nombreux; il n'a aucun moyen direct de faire prévaloir son autorité sur ces derniers, sinon de faire jouer les uns contre les autres, en invoquant toujours les règles coutumières dont il est le principal garant, et en faisant référence à leur idéologie, et aussi en acquérant un ascendant par son courage au combat, ses qualités morales, sa générosité (Moussa ag Amastane fut un exemple accompli de ce modèle — cf. Gast 1974).

Les segments lignagers du groupe de commandement

Ils sont nourris en partie par la production des troupeaux des lignages Kel Ulli avec lesquels ils sont en contrat de protection (*temazlait*), en partie par leurs propres troupeaux dont ils assurent eux-mêmes l'exploitation; mais il s'établit un échange permanent de bestiaux entre les groupes domestiques suzerains et les groupes domestiques tributaires en contrat de protection (*temazlait*). Ceux-ci envoient des femelles en lactation qu'ils récupèrent ensuite (prêts appelés *tiyit*) ou qu'ils offrent définitivement.

Ils reçoivent les quatre cinquièmes des récoltes des agriculteurs sous contrat avec eux — dans certains cas, reçoivent des redevances particulières sur des terres, des jardins; redevances coutumières spéciales ou concédées par l'*amenūkal* aux suzerains les plus pauvres. Les suzerains assurent:

— la protection des Kel Ulli et des *tausit* (qui les nourrissent) contre les autres prédateurs (du même *eṭṭebel* ou d'un *eṭṭebel* étranger);
— à leurs Kel Ulli, le gardiennage du surplus de leurs prises en rezzous;
— des prêts alimentaires (viande et céréales) à leurs Kel Ulli et aux agriculteurs quinteniers en contrat avec eux.

Les suzerains appellent les Kel Ulli *tamekšit*, c'est-à-dire "la nourriture".[10] On ne saurait être plus clair.

Les segments lignagers chez les suzerains n'ont pas de territoire propre. Ils déplacent leur habitat soit en fonction des pâturages ou de la proximité des jardins les plus productifs, soit en relation avec la proximité des segments lignagers tributaires qui sont leurs nourriciers.

Les Kel Ulli, quant à eux, ont des attributions d'espaces bien définis en Ahaggar, par *tausit* et par segment lignager dans chaque *tausit*. Mais en période de pâturages abondants, après la récolte des graines sauvages pour la nourriture des hommes, l'accès est libre à tout le monde, même aux étrangers à l'*ettebel*.[11]

Cependant le contrôle total exercé par les suzerains sur les productions internes à leur *ettebel* ne suffisait pas à maintenir en équilibre leur économie. Historiquement, les productions des troupeaux de l'ensemble de l'*ettebel* ont toujours été enrichies par les pillages extérieurs à l'*ettebel*:[12] pillages d'autres troupeaux, rapt d'enfants et d'adultes pour servir d'esclaves renforçant la capacité de production des groupes domestiques. La création de jardins et l'organisation de caravanes commerciales n'ont jamais arrêté les rezzous qui avaient aussi une motivation psychique et idéologique bien plus profonde que celle des gains matériels.

Ainsi, après s'être assuré par la force, du contrôle de la production dans leur propre *ettebel*, les suzerains assuraient aussi les conditions de maintien de cette production en évitant les déperditions internes, c'est-à-dire que *les rezzous assuraient véritablement la reproduction économique de leur système*.

L'observation synchronique que nous pratiquons ici pour les besoins de l'analyse ne doit pas nous laisser ignorer que, malgré la permanence des rapports de classe et de la maîtrise des rapports de production par les suzerains, les Kel Ulli ont constamment évolué et que des éléments nouveaux sont intervenus dans l'ordonnance sociale (agriculteurs quinteniers) sans changer apparemment le mode de production. Mais ce sera en rapport avec cette évolution et à partir de ces introductions nouvelles à la faveur de la colonisation, qui fut très particulière en Ahaggar (voulant sauvegarder le statu quo), que les suzerains perdront finalement tous leurs pouvoirs (nous verrons plus loin suivant quel processus).

D'abord simples pasteurs de chèvres, les Kel Ulli ont élargi leurs compétences comme éleveurs de camélidés (ils ont toujours eu quelques bovidés en semi-liberté dans les oueds herbeux). Possédant ces montures, ils ont pu participer progressivement aux raids guerriers. Leur nombre étant supérieur à celui des Ihaggaren,[13] ils sont devenus de plus en plus nécessaires aux entreprises guerrières. Cet apprentissage de la guerre d'agression a contribué à libérer ces hommes de la terreur qu'entretenaient autrefois en eux leurs suzerains pour mieux les dominer. A la limite, beaucoup de Kel Ulli pouvaient déjà au cours du XIXe siècle se défendre eux-mêmes contre les attaques inconsidérées de leurs propres suzerains ou d'étrangers sans avoir recours à la protection suscitée par la *temazlait*.[14] Cependant, si les Kel Ulli acquéraient les moyens de s'affranchir des pressions psychiques et physiques qu'exerçaient sur eux leurs suzerains, ils ne contestaient jamais l'idéologie commune qui faisait la force morale de leur société. Car si les suzerains les exploitaient, ils exploitaient à leur tour, et avec l'aide de leurs suzerains, tous les étrangers à leur *eṭṭebel* dans les raids qu'ils organisaient ensemble et qui leur rapportaient troupeaux frais et esclaves. Ils exploitaient ensemble aussi les quinteniers qui mettaient en culture leurs terres. Ils avaient également besoin de dominer moralement et physiquement leurs esclaves qui assumaient les tâches domestiques les plus dures.[15] Ainsi les Kel Ulli avaient besoin du système dans lequel ils vivaient car en définitive *ils en étaient bénéficiaires.*

Il nous est nécessaire de voir cependant de quel ordre étaient les productions des Kel Ulli. Celles-ci se répartissaient dans trois secteurs:

— les productions des troupeaux: viande, lait, femelles en lactation, beurre, fromages, peaux pour la confection de nombreux objets en cuir et des tentes, cordes de poils et nattes de paille tressée avec des lanières de cuir
— le commerce caravanier: échange sel/mil avec les territoires nigériens, au sud. Echange ou vente de produits des troupeaux ou de céréales contre dattes du Tidikelt, au nord
— la culture des jardins avec les quinteniers du Tidikelt: production de céréales (blé, orge, un peu de mil), des fruits d'été (raisins, pêches, figues, dattes).

Non seulement les Kel Ulli vivaient de tous ces revenus, non seulement leurs suzerains s'en nourrissaient en partie selon les processus examinés précédemment, mais encore ces mêmes Kel Ulli pouvaient vendre une partie de leurs produits sur les marchés d'In Salah tout en pratiquant, presque toute l'année, des dons de nourriture à des passagers quêtant pour leur propre compte dans les campements (qu'ils aient été suzerains ou vassaux et religieux musulmans en particulier). Il leur arrivait à eux aussi d'aller quêter des dons alimentaires un peu partout, là où une abondance quelconque pouvait se manifester. Il leur arrivait aussi d'emprunter à leurs suzerains de la viande de boucherie et des céréales, ou de solliciter une aide sans retour à l'*amenūkal*. En sorte qu'il s'établissait constamment, bien qu'inégale, une circulation des biens alimentaires à tous les niveaux. Néanmoins, le schéma était le suivant:

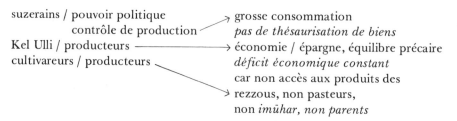

suzerains / pouvoir politique → grosse consommation
        contrôle de production → *pas de thésaurisation de biens*
Kel Ulli / producteurs ————————→ économie / épargne, équilibre précaire
cultivateurs / producteurs → *déficit économique constant*
        car non accès aux produits des
        → rezzous, non pasteurs,
        non *imūhar, non parents*

Quant aux esclaves, ils travaillaient comme des bêtes de somme, étaient les moins bien nourris; ils n'avaient pas d'existence sociale (voir Bourgeot 1975).

Les relations de parenté

Ce qui précède nous a déjà éclairé sur l'importance de la parenté dans l'exercice du pouvoir et le contrôle de l'économie. Examinons d'abord les implications de l'idéologie de la parenté touarègue au niveau des suzerains puisqu'ils sont à la fois les générateurs et les premiers bénéficiaires de ce système.

Les utérins du groupe de commandement n'invoquaient pas un droit divin comme les rois en Europe médiévale, ni l'ascendance du prophète musulman comme les dynasties arabes, mais l'ascendance d'un personnage charismatique féminin dont ni l'existence quasi mythique, ni l'autorité n'ont jamais été mises en cause par qui que ce soit.[16] La référence à un ancêtre féminin est d'ailleurs constante chez tous les Touaregs; tous les suzerains des différents groupes prétendent descendre de la même femme. En Ahaggar, cette femme porte un nom (qui n'est d'ailleurs pas un patronyme véritable), son tombeau a été désigné par la tradition, et les archéologues ont en effet tiré de ce tombeau en 1926 un squelette de femme qui devait claudiquer, comme nous en informait déjà Ibn Khaldoun au XIVe siècle. La Tine Hinane des Kel Ahaggar d'aujourd'hui (ce nom signifie: "celle des tentes") est-elle bien *Tiski la boîteuse* d'Ibn Khaldoun? La part de légende ou de vérité dans cette histoire nous importe moins que les conséquences politiques de la force psychique qu'elle a engendrée.[17] Nous constatons que l'origine du pouvoir ne fait référence ni à la religion, ni à l'histoire ou à une institution quelconque préexistante, mais uniquement à une *parenté*. Cette mythologie avait assez de force avec ses implications, pour faire résister cette société à l'accaparement du pouvoir par des religieux musulmans, pourtant si prestigieux en pays berbère. Ceux-ci, par des alliances répétées et en faisant jouer certainement la bilinéarité, avaient instauré des règles d'héritage du pouvoir en patrilinéarité à la moitié du XVIIIe siècle en Ahaggar. A la faveur de tensions internes, la primauté de la filiation maternelle dans l'accès au pouvoir a été de nouveau instaurée (cf. Bourgeot 1976; Gast 1976, 1977).[18]

Les utérins seuls ont le droit d'accès au commandement; leurs alliés et leurs descendants peuvent profiter des biens des Kel Ulli grâce aux relations engendrées par la *temazlait* et à l'arbitrage de l'*amenükal* dans des réajustements qui permettent la parité de droits économiques entre tous les membres reconnus comme parents. Une analyse des alliances nous apprend l'absorption des consanguins issus de mères étrangères à la *tausit* dans le groupe de commandement (voir Gast 1976). En sorte que sous l'apparence de manifestations exogamiques, le groupe de fonction ne fait que renforcer son endogamie, c'est-à-dire sa cohésion et sa puissance physique et politique. Cette flexibilité dans l'alliance et la filiation a un double avantage: d'une part ces absorptions suppléent à la déperdition constante d'hommes provoquée par la guerre, d'autre part elle évite que ne se créent sur place des groupes marginaux de second rang non inscrits dans les relations de dépendance, qui concurrencent et menacent les premiers par leur accroissement et leur manque d'accès aux droits économiques. C'est ce que nous appelons avec P. Bonte l'*endo-exogamie* des groupes touaregs (cf. Bonte 1975), notion qui reste à approfondir encore avec les exemples fournis par ces sociétés.[19]

L'héritage des biens collectifs en revanche se pratique toujours en matrilinéarité: droit au commandement, droit d'exploiter les *Kel Ulli*, droits spéciaux concernant l'usufruit de certaines terres, droits de chasse. L'épée et le bouclier d'un homme reviennent aussi, comme le droit au commandement, au fils aîné de la soeur aînée. Tous les biens individuels (troupeaux, drains en activité, domestiques, argent, autres armes, bijoux, vêtements, objets usuels) s'héritent suivant les règles coraniques: la veuve perçoit le huitième de la totalité des biens, le reste est partagé entre les enfants: les fils ont deux parts, les filles une part chacune.[20] Le pré-héritage ne se pratiquait guère en Ahaggar, nous n'en connaissons pas d'exemple. En revanche, certains biens individuels étaient parfois rendus collectifs, les utérins et leurs mères en avaient l'usufruit (*akh iddaren* ou "lait vivant").

Ainsi, sont exclus du contrôle du commandement tous les non-utérins; sont exclus du contrôle de l'économie les non-parents: les dépendants, les étrangers non alliés, les religieux acceptés sur le plan social et même nourris par des dons alimentaires mais sans aucun pouvoir politique, les cultivateurs qui apportent leur force de travail mais qui ne disposent pas librement du produit de leur travail, enfin les artisans-bijoutiers (*Inaḍen*) qui sont payés de leurs travaux de bijouterie et approvisionnés en nourriture pour entretenir en permanence les armes et les outils nécessaires à l'ensemble de la communauté (suzerains, tributaires et cultivateurs).

La parenté chez les Kel Ulli est régie suivant les mêmes règles mais engendre

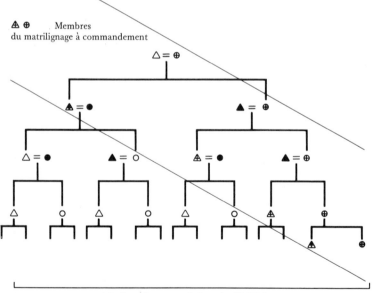

Le mariage le plus recherché est celui avec la fille de la soeur de la mère, héritière du droit d'accès au commandement.

un comportement plus restrictif. L'*amghar*, chef et représentant de la *tausit*, est choisi parmi les utérins issus de l'ancêtre féminin fondateur du lignage. La plupart des *tausit* de Kel Ulli respectent une endogamie assez stricte,[21] mais leur objectif est différent de celui des suzerains: il consiste à défendre aux non-parents l'accès à leur patrimoine en augmentant le plus possible les capacités de production de la *tausit*. Le souci de l'épargne et de l'économie est propre aux Kel Ulli parce qu'ils sont "la nourriture" de tout le système.

Le mariage souhaité ("prescriptif") est celui d'Ego avec la fille du frère de la mère (cf. Keenan 1970, Bourgeot 1976, Gast 1976). Tout le système des relations socio-économiques entre Ego, le frère de sa mère et les enfants de celui-ci, favorise le rapprochement affectif entre Ego et la fille du frère de sa mère. (Ego trouve durant toute la vie de son oncle maternel une assistance économique de droit; il est l'héritier de ses armes, l'héritier de son pouvoir, et il hérite en quelque sorte aussi de la fille de celui-ci, qui, lorsqu'elle se marie avec un autre, le dédommage d'une paire de sandales.) Car cette dernière n'est pas héritière de biens collectifs et se trouve destinée à partir hors du groupe de parenté (ce que le groupe veut éviter à tout prix). En revanche, la fille de la soeur de la mère, détentrice du droit d'accès au commandement qu'elle transmet à ses fils avec l'usufruit des biens collectifs, est très recherchée (mariage "préférentiel"). Encore faut-il qu'il existe comme motivation dans le groupe un commandement et des biens collectifs. Les études statistiques entreprises jusqu'ici nous démontrent la différence de stratégie engendrée par cette motivation: chez les suzerains, le mariage avec la fille de la soeur de la mère (ou des "mères") est prédominant (cf. Gast 1976: 57–58), alors que chez les Kel Ulli, c'est l'union avec la fille du frère de la mère qui l'emporte.[22]

L'endogamie engendre des relations de concurrence et de tension entre toutes les *tausit* de Kel Ulli, relations désignées sous le terme général de *tamaṅhēq* (cf. Gast 1976).[23] Mais si l'endogamie des *tausit* Kel Ulli sauvegarde leur potentiel économique, elle renforce du même coup le pouvoir des suzerains qui représentent avec l'*amenūkal* l'autorité de tutelle arbitrant toutes leurs dissensions. Les Kel Ulli n'ont jamais de relations de tension ni de concurrence avec leurs suzerains.[24] Observés sous l'angle de leurs rapports avec les suzerains, les Kel Ulli sont en quelque sorte prisonniers de leur *endogamie* qui est un élément du système organisationnel du pouvoir et de l'économie, au sein de l'*eṭṭebel*.[25]

La religion

Probablement islamisées massivement une première fois au XIe siècle sous la poussée almoravide et une seconde fois par l'invasion lente et progressive des Beni Hilal et Beni Soleim (avec des poussées fanatiques comme celle d'El Meghili au XVe siècle), les populations du Sahara ont presque toujours fait référence après ces époques au pouvoir religieux musulman, sauf en pays touareg. Cependant, l'Ajjer et l'Ahaggar ont connu un groupe de commandement (les

Imenanes) qui prétendait associer une filiation paternelle islamique avec une matrilignée touarègue (voir Duveyrier 1864, Gast 1977). Cette double filiation unilinéaire n'a pu se maintenir comme système organisationnel du pouvoir et de l'économie que dans la mesure, semble-t-il, où l'autorité religieuse des sultans du Maroc offrait à ce groupe un appui politique et idéologique. Dès que cet appui a disparu au cours du XVIIe siècle (cf. Capot-Rey 1953: 190—191), les Imenanes ont été déchus de leur pouvoir et remplacés en Ajjer par un groupe de commandement proclamant la dévolution du pouvoir en matrilinéarité. En Ahaggar, un autre groupe qui semble aussi tirer son pouvoir de la religion, crée un commandement en patrilinéarité au XVIIIe siècle; mais il est aussi remplacé par un lignage se réclamant de Tine Hinane en matrilinéarité (voir Gast 1976: 51—55). Dans les deux cas, le retour aux traditions locales a engendré une redistribution des pouvoirs en annulant les effets du pouvoir religieux. Les religieux (*chorfa* et *tolba*) sont restés hors des circuits d'autorité politique et économique et, quand ils arrivaient à s'allier aux *Imūhar*, leur qualité spécifique ne prévalait pas sur les règles d'héritage des biens collectifs, le droit d'accès au commandement et les ressources économiques. En d'autres termes, la religion qui, dans ces institutions commençait à prendre le pas sur la parenté touarègue pour régir les rapports de production, a été brusquement éliminée comme pôle de référence du pouvoir. Cette porte ouverte aux étrangers "arabes" qui pouvaient ainsi s'emparer pratiquement des structures du pouvoir, des populations et du pays a été vite refermée.[26]

Ainsi, si les Kel Ahaggar n'ont pas cédé, dans leur société, à l'accaparement du pouvoir par les lignages religieux musulmans, c'est parce qu'ils ont opposé à ceux-ci une structure de parenté et une idéologie qui leur faisaient échec. Ceci étant la raison fondamentale, nous remarquerons encore que le pouvoir religieux dans cette région n'a jamais pu s'appuyer sur une infrastructure rurale ou urbaine pouvant héberger confrérie, zaouia, mosquée d'où aurait rayonné ce pouvoir. L'agressivité, l'intransigeance, le peu de besoin religieux de ces nomades[27] n'ont jamais permis cet ancrage, sauf à partir de la fin du XIXe siècle à Darmuli (où fut installée par un mouley d'In Salah une petite confrérie très discrète près des jardins qui la faisaient vivre avec les dons de la population de sédentaires, originaires eux aussi d'In Salah).

L'isolement géographique de l'Ahaggar, les difficultés d'approche et de subsistance que trouvaient les étrangers ennemis, interdisaient une conquête par la force ou le maintien d'une armée de conquête dans ces territoires où les habitants connaissaient une telle frugalité que même les bédouins arabes ne devaient pouvoir la supporter.

Nous pensons avoir montré comment la parenté fonctionnait à tous les niveaux comme une infrastructure dans cette société de classe où les suzerains maîtrisaient tous les pouvoirs à leur profit. Ces *rapports sociaux de parenté* n'engendraient pas d'institution séparée, chargée de la gestion et de l'appropriation des produits du travail des Kel Ulli; c'est la raison pour laquelle nous dirons avec M. Godelier "qu'ils fonctionnaient de l'intérieur comme rapports de production". L'apport complémentaire du butin des rezzous permettait à un système socio-économique, qui aurait été naturellement en déperdition constante, de se reproduire lui-même au bénéfice de tous les Kel Ulli qui étaient à la fois des victimes, des complices et des collaborateurs de leurs suzerains, car ils demeuraient prisonniers de ce système tant sur le plan idéologique que sur les plans politique et économique.

Il est temps d'expliquer comment cette société nomade a perdu ses pouvoirs et a été en quelque sorte vidée de son contenu idéologique.

La situation des Kel Ahaggar après 1905[28]

L'administration militaire française connaissait l'importance de la maîtrise de l'espace et des armes au Sahara. Le premier souci du général Laperrine a été de créer des unités d'intervention légères et rapides: les compagnies méharistes, avec le concours de tous les turbulents nomades auxquels on offrit localement un cadre d'autorité et de prestige, des occasions de se battre, mais dans un ensemble politique dont les objectifs finaux leur échappaient. Les guerriers nomades, qui ignoraient ce qu'était une armée de métier, devenaient ainsi les agents et les collaborateurs d'un pouvoir qui leur permettait de croire qu'ils ne faisaient que renforcer leur propre société. Si les Chaânba ont accepté facilement et avec un certain enthousiasme ce rôle dans tout le Sahara,[29] il n'en a pas été ainsi des Touaregs de l'Ahaggar qui ont boudé très longtemps cet engagement militaire qui ne leur convenait pas. Les Touaregs gardaient donc leurs guerriers, mais l'arme au pied pour ainsi dire, car les pelotons méharistes formés par leurs anciens ennemis allaient désormais leur interdire tout raid de pillage. C'est à partir de 1920 que la société traditionnelle des Kel Ahaggar a commencé à se figer, à ressasser les mêmes chansons et à parler de la gloire au passé. Pourtant, apparemment, rien n'était changé: ni les structures du *tobol*, ni l'autorité de l'*amenūkal* et des *amghar*, ni les règles d'alliance et de parenté, ni les rapports économiques entre les suzerains et les Kel Ulli, ni ceux entre les Touaregs et les cultivateurs qui restaient des quinteniers. Laperrine avait voulu et obtenu un régime apparemment spécial pour l'Ahaggar; on gardait le statu quo des "tribus" et l'*amenūkal* comme garant de cette continuité. Mais en fait ce dernier émargeait au budget des Affaires indigènes comme caïd (terme jamais employé en pays touareg), et ses *khalifat* et "goumiers", qui formaient une petite cour pour ce roi d'opérette, touchaient aussi quelques subsides.[30] Une antenne administrative créée d'abord à Tarhaouaout (près de Tazrouk, dans la montagne), puis à Tamanrasset, allait vite devenir l'embryon d'une sous-préfecture sous le contrôle de Ouargla, capitale administrative des territoires sahariens. L'*amenūkal*, jusqu'en 1955, était consulté et sollicité par l'administration de Tamanrasset dans toutes les grandes décisions. Il ne manquait pas de manifester éventuellement son désaccord, mais il savait qu'il n'avait plus le pouvoir.

Les suzerains ne maîtrisaient plus les rapports de production de la société qui s'était créée en marge de la leur. Chaque chef de famille payait un impôt direct que l'*amenūkal* collectait lui-même et qu'il remettait à l'administration française; toutes les caravanes payaient un droit de passage pour aller au Niger ou au Mali désormais délimités par des frontières; une infrastructure économique totalement nouvelle s'installait à Tamanrasset avec les boutiquiers vivant des salaires des militaires qu'ils ravitaillaient de produits venus du nord (Ghardaïa, Alger); la création de routes, d'aérodromes, de liaisons postales et radio allait déclasser le véhicule traditionnel qu'était le dromadaire. Ce phénomène de renouvellement social s'est accentué singulièrement après 1953, date du début de l'exploration pétrolière et minière au Sahara central.

La société traditionnelle des Kel Ahaggar ne se reproduisait plus. L'arrêt des rezzous et l'établissement de frontières avaient signifié l'asphyxie des nomades confinés sur les mêmes espaces, obligés de pratiquer le surpâturage, de même que les troupeaux des communautés villageoises qui agrandissaient sans cesse le désert autour de leur habitat (exploitation permanente des plantes et du bois). Les Kel Rela avaient bénéficié cependant des prises de guerre du dissident Kaocen après 1917.[31] Ils avaient alors cantonné ces troupeaux au Tamesna et les défendaient grâce aux fusils distribués par l'armée française. Mais ces réserves camelines se situaient à 1000 km environ de l'Atakor. *C'est grâce à ces réserves d'animaux que les Dag Rali, les Isseqqamarènes et les Kel Rela ont pu cependant garder l'équilibre économique de leur vie pastorale jusqu'en 1970* (après quoi la sécheresse du Sahel a détruit tous ces troupeaux). L'idéologie touarègue vivifiée par la dynamique des rezzous, les poésies, les chants et les danses allait sombrer dans une neurasthénie collective dont l'expression la plus spectaculaire était le campement de l'*amenūkal* entre 1950 et 1960, véritable musée vivant de valeurs anachroniques. A peu près satisfaits sur le plan économique, les Touaregs avaient fini par accepter une vie le plus souvent désoeuvrée où le principal travail des hommes consistait à rechercher quelque bête égarée, les esclaves et les femmes s'occupant des tâches domestiques et du gardiennage des troupeaux.

Une autre société naissait et se reproduisait à partir des sédentaires cultivateurs, des religieux du Touat, des boutiquiers venus de Ghardaïa et des personnels administratifs et militaires de Tamanrasset.[32] Mis à part quelques rares exceptions, ces immigrés ne pratiquaient pas d'alliance matrimoniale avec les *Imūhar*. Ils formaient une société qui vivait en parallèle avec celle des nomades. Ces derniers n'accédaient donc pas aux nouveaux circuits économiques (gain des boutiques, salaires administratifs, etc.). Les cultivateurs, qui étaient entièrement maîtrisés avant la colonisation par les suzerains avec lesquels ils étaient liés par des contrats au cinquième, fournissaient peu à peu une masse de main d'oeuvre dans les chantiers de construction des routes, des habitations et autres emplois. Puis les contrats agricoles dits "par moitié" ont remplacé en partie ceux au cinquième, enfin tout cultivateur qui créait un nouveau drain sur une terre jamais cultivée était entièrement propriétaire des produits de son travail. C'était une porte ouverte vers la liberté totale pour les cultivateurs, ainsi encouragés à agrandir les surfaces cultivées. C'est durant la première moitié du XXe siècle que ces apports nouveaux et cette société non touarègue se sont rapidement développés. Les *tolba*, les *chorfa* sont arrivés en masse en Ahaggar, vivant en véritables parasites de dons alimentaires des nomades et des cultivateurs.

L'administration française fut parfaitement consciente de ce déclassement de la société touarègue et fit parfois beaucoup d'efforts pour intégrer ceux sur lesquels son pouvoir s'appuyait: écoles nomades, visites médicales dans les campements, recrutements militaires, postes administratifs, etc. Mais les nomades étaient particulièrement hostiles et imperméables à toutes ces propositions qui les poussaient à devenir autre chose que ce qu'ils étaient et voulaient demeurer. Un véritable mouvement d'intégration économique est né seulement à partir de 1960 et surtout à la faveur de l'embauche massive qu'offrait la station atomique d'Inîker jusqu'en 1966. Nous arrêtons cependant nos observations à 1962, date de l'Indépendance de l'Algérie, qui offrait un modèle politique, une idéologie nationale révolutionnaire, qui ont permis à ces populations de s'affranchir dans le même temps des structures périmées de leur tradition et du modèle colonial.[33]

L'on peut s'interroger sur les raisons profondes autres que celles que nous avons citées, qui ont véritablement bloqué cette société. Car il n'a suffi à l'armée française que du seul combat de Tit (1902) pour jeter définitivement le désarroi et la panique chez les Kel Ahaggar qui perdirent cent morts dans cette bataille (chiffre considérable pour le pays et ce genre de guérilla).

Après cette défaite, ces nomades auraient pu défendre encore leur société et ses prérogatives, *ils en avaient les moyens*. Attici, l'*amenŭkal* à l'époque (en concurrence avec un autre amenŭkal: Mohamed ag Ourzig), partisan d'une lutte acharnée mais désordonnée, n'a pas eu l'accord de la majorité. C'est le conciliateur Moussa ag Amastane qui l'a emporté sur tous les tableaux (il a fait la paix en 1904 à In Salah, s'est imposé comme amenŭkal à la place des deux autres, restaurant l'unité morale et politique de l'*eṭṭebel*).

Pour comprendre cette "démobilisation" brutale de gens si agressifs auparavant, il faut connaître un peu la psychologie de ces nomades:

— Véritablement vaincus, ils décrochent immédiatement et même se mettent sous la protection de leurs vainqueurs en l'acceptant comme chef. Un proverbe touareg dit: "la main que tu ne peux couper, baise-la".[34]

— Choqués psychologiquement par leur défaite qui brisait définitivement en eux le mythe de l'invulnérabilité qu'ils entretenaient à l'égard d'eux-mêmes et des autres, ils ont été frappés de "honte".

— Bloqués dans la pratique des rezzous, ils ne pouvaient à la fois retrouver ce dynamisme conquérant à partir de nouvelles victoires qui leur auraient permis de dépasser cette phase de dépression d'une part, et de renouveler d'autre part leur propre société qui, comme nous l'avons vu plus haut, était maintenue en équilibre grâce aux rezzous.

— Enfin, nous devons reconnaître l'incapacité de ces nomades à appréhender les structures du monde rural et urbain dès lors que des phénomènes nouveaux pour eux entrent en jeu: mise en circulation de monnaie et de produits d'importation qui supplantent ceux de leur économie, administration et gestion des communautés rurales, vie religieuse, juridiction des cités, etc. Leur société n'a pu engendrer un Etat.

Nous retrouvons les phénomènes de destructuration des sociétés qui rendent tout d'un coup le groupe social et les individus très vulnérables sur tous les plans, période transitoire qui est le prélude à l'instauration d'un ordre nouveau, d'un pouvoir nouveau. Cette période fut assurée par la colonisation. L'intégration dans les structures d'un Etat se fit tout naturellement après l'Indépendance de l'Algérie, surtout à partir de 1963–64.

Conclusion

Il est difficile de trouver un schéma d'analyse qui puisse faire entrer en ligne de compte simultanément tous les facteurs pertinents du fonctionnement d'une société nomade. Nous avons montré comment, chez les Kel Ahaggar, la parenté fonctionnait de l'intérieur comme rapport de production, c'est-à-dire comme une infrastructure qui permettait aux suzerains la maîtrise des pouvoirs politiques et économiques.

Cependant, dans cet ensemble complexe que représentait cette société, il a suffi d'une bataille perdue et l'arrêt des rezzous pour ruiner ses fondements. Par ailleurs, l'action subreptice de la colonisation a été plus dissolvante qu'une coercition brutale qui aurait suscité refus et révolte, c'est-à-dire une affirmation de soi. Ainsi a été désamorcée la dynamique de cette société d'abord atteinte au niveau de son psychisme collectif, ordinairement entretenu par les exploits guerriers à travers la littérature orale, la poésie et les chants, et enfin dans son organisation politique, économique et sociale qui n'assurait plus sa propre perpétuation.

Notes

1. Notre étude se distingue de celle de Bourgeot 1973. L'auteur, dans cet article, met essentiellement l'accent sur les rapports entre pasteurs et agriculteurs, aspect que nous ne développerons pas ci-dessous.

   Nous adopterons ici le schéma méthodologique proposé par Maurice Godelier dans ses recherches concernant l'analyse du fonctionnement des sociétés, au-delà des études inachevées de K. Marx (cf. en particulier Godelier 1970, 1973 a et b).
2. Pour de plus amples détails, voir Bourgeot 1972, 1975a, 1975b.
3. Comme le fait remarquer Bourgeot 1973: 311.
4. *Imūhar* ou *imuhaġ* ou *imoûhar*, pluriel de *amāhar*, nom par lequel se désigne tout homme voilé parlant tamāhaq ou tamachek dans les confins sahariens et la zone subtropicale.
5. Les hypothèses d'une agriculture néolithique dans le Hoggar sont encore très fragiles. La découverte de deux grains de pollen de 64μ à 1,40 m de profondeur dans le gisement d'Amekni, que les botanistes attribuent à un *Pennisetum* cultivé, est un indice qui devrait être normalement corroboré par de multiples autres preuves (cf. Camps 1969: 188).

6. On peut très bien imaginer le passage, chez les mêmes populations, du cheval au dromadaire, l'assèchement du Sahara rendant le premier peu à peu inadapté.

7. Nous parlons ici essentiellement de la zone sahélienne et de la zone tropicale nord. Dans la zone tropicale centrale et sud, ces problèmes étaient différents: les Touaregs contrôlaient tous ces territoires entre les villes et aussi les villages, mais ils n'ont jamais su maîtriser et gérer à leur profit un milieu urbain.

8. A. Bourgeot a plusieurs fois parlé de terres acquises par héritage et même vendues (voir Bourgeot 1973: 69; 1975b: 24). Il n'y a jamais eu en Ahaggar de terres vendues ou acquises par héritage (voir Nemo 1963: 123—144). En revanche, le drain construit sur une terre est une propriété transmissible par héritage, ainsi que le sont les arbres fruitiers plantés par un homme, les palmiers, quels que soient les changements de gestionnaires de la terre sur laquelle ils sont plantés.

9. En 1927, deux familles d'Ireǧenatènes s'installent dans l'Adrar des Iforas, refusant la tutelle de l'*amenūkal* du Hoggar. C'est l'administration militaire française de Gao, en accord avec celle de Tamanrasset, qui a refoulé en décembre 1939 ces deux familles au Tamesna (Nord Niger) pour les contraindre de revenir sous la tutelle du chef des Ahaggar (cf. Florimond 1940: 73 bis). Sans le secours des militaires français, les Kel Ahaggar seraient allés piller ces campements pour les contraindre par la force.

10. Il est intéressant de constater que ce terme subsiste en tamāhaq dans d'autres situations qui ne représentent pas des rapports de vassalité. Un oncle, fonctionnaire à Tamanrasset, et qui revient dans son village à Idèles en apportant quelques soutiens financiers et matériels à sa famille, est appelé par ses neveux *tamekšit*.

11. Le contrôle de l'exploitation du tapis végétal était parfaitement assuré en régime traditionnel. Des pénalités sévères étaient prévues contre les abus de toute espèce: une chèvre pour une branche cassée, un mouton pour divagation de troupeau de chèvres mal gardé, un chameau pour divagation de troupeau de camelins mal gardé, une partie ou le tout du gibier abattu sans autorisation. C'est ainsi qu'une certaine régulation des besoins respectait l'écologie locale, contrairement à l'image de prédateur abusif qu'on a voulu faire du nomade.

12. Il y avait aussi de fréquents et nombreux pillages internes à l'*eṭṭebel*. Ils représentaient à la fois une discipline et la recherche d'un équilibre obligeant les biens à circuler sans cesse, car tout pillage interne était toujours arbitré et tempéré par le retour d'une partie des prises au propriétaire; le prédateur vainqueur ayant toujours "sa part" de prestige et de gain.

13. Souvent affectés de morts en rezzous qui diminuaient dangereusement leur capacité de conquête.

14. Ceci explique peut-être la raison pour laquelle, aujourd'hui, il y a très peu d'interlocuteurs (même parmi les plus âgés) capables d'évoquer des exemples datant du début du siècle concernant les rapports engendrés par la *temazlait* en Ahaggar.

15. Nous ne pouvons passer sous silence un exemple tragique de la défense de cette idéologie par les Kel Ulli qui ont prétendu un moment dépasser les choix politiques des suzerains. En mai 1963, un groupe de Dag Rali et d'Agouh-n-tahlé (d'environ 50 guerriers), montés à chameaux, fait irruption au centre de culture d'Outoul à 5 h du matin. Il intime l'ordre aux cultivateurs d'un drain de renoncer à l'exploitation de ce drain à leur seul profit. Ce drain leur appartient et ils doivent en avoir, eux Dag Rali, l'usufruit. Du côté des cultivateurs, anciens esclaves et Harratines, l'idéologie proclamée par l'Algérie indépendante, "la terre est à ceux qui la travaillent", a complètement modifié leur comportement. Ils se savent soutenus par les troupes de l'ALN stationnées à Tamanrasset, et qui ont été introduites par le commandant Ahmed Draïa. De l'autre côté, les Touaregs Kel Ulli ont cru trouver dans l'indépendance, avec l'appui moral du colonel Chaâbani, la reprise du pouvoir touareg affranchi de la tutelle coloniale. Ils viennent donc punir "les esclaves" de cette tentative de libéralisation. Des coups de feu et des coups d'épée sont échangés: deux morts chez les cultivateurs et plusieurs blessés, cinq ans d'emprisonnement pour quelques Touaregs et un procès qui finit par un non-lieu, car on n'a jamais su qui avait tué. Les deux parties ont gardé le secret sur ce qui s'est passé réellement, estimant que la justice du Nord n'avait rien à voir dans cette histoire. L'*amenūkal* de l'époque a toujours récusé cette affaire dans laquelle les Kel Ulli ne l'avaient pas consulté.

16. Cependant, le recours au droit divin a été utilisé une fois au Niger par un chef Kel Gress au XIXe siècle. Budal Inchelkim, guerrier pauvre, exclu du pouvoir en matrilignée, se proclame *amenūkal* de droit divin grâce à l'appui de nombreux guerriers.

17. Sur Tine Hinane, voir Gauthier/Reygasse 1934; Reygasse 1950; Gast 1973; Camps 1965, 1974.

18. Il est intéressant de noter au sujet de la résistance psychique des Touaregs devant le prestige de l'Islam, le parallélisme de situation qu'on peut établir avec les Persans qui se dénomment eux-mêmes *'ājam*, substantif qui, par extension, désigne les musulmans non arabes. Les *'ājam* ont tenté d'adapter l'Islam à leur mentalité, et c'est ce qu'ont fait, en quelque sorte, les Touaregs qui, eux aussi, se désignent comme *'ājam* (cf. sur cette conception Butler 1975).

19. "Il faut prendre soin de distinguer . . .les variations de la filiation comme structure . . . et celles des idéologies de la filiation qui peuvent se constituer sur ces bases — non pas que ces deux aspects ne soient pas liés, mais les idéologies de la filiation expriment essentiellement, dans ces sociétés de classes où les fonctions politiques sont dominantes, des fonctions politiques qui se situent hors des structures de la parenté proprement dite" (Bonte 1975). Il est intéressant de noter que l'étude de P. Bonte concerne les Kel Gress patrilinéaires, et que ses conclusions sont tout à fait adéquates aux Kel Ahaggar matrilinéaires.

20. Ces règles sont éditées dans un livre connu sous le nom de *Risāla* (la "lettre"); voir Ibn Abi Zayd Al Qayrawani 1960.

21. Voir Keenan 1970 à propos des Dag Rali.

22. Cf. Keenan 1970 pour les Dag Rali. Il est certain que nous n'avons pas la prétention ici de démontrer une fois pour toutes la cohésion définitive entre les rapports socio-économiques et les stratégies matrimoniales respectives des suzerains et des tributaires. Une analyse d'autres *tausit* de Kel Ulli sera nécessaire pour corroborer ces observations qui sont déjà plus qu'une hypothèse de travail.

23. Tous les rapports de tension et de concurrence entre les groupes ne sont pas issus de la seule segmentarité des lignages. L'ensemble le plus caractérisé par cette segmentarité de type oriental, mais basé sur la matrilinéarité, est formé par les Isseqqamarènes. Chaque segment lignager d'Isseqqamarènes ou *aghref* s'oppose aux autres *aghref*, qu'il pille éventuellement, alors qu'ils ont le même ancêtre féminin.

24. Les relations de crainte et de respect ne sont pas considérées comme celles de *tamañhēq*.

25. Nous nous proposons de montrer ailleurs comment les *tausit* les plus récemment assimilées, comme les Ireğenatènes ou les Isseqqamarènes, représentaient un véritable danger pour les suzerains, car elles conservaient comme en réserve une double filiation unilinéaire que je qualifierai de "récurrente" ou "d'occasionnelle", en sorte qu'elles pouvaient, sous l'effet d'une forte tension interne, subir une mutation déplaçant brusquement les pôles de référence de leur structure de parenté en échappant par ce biais à l'autorité qu'elles avaient décidé de rejeter. Les Kel Rela n'ont-ils pas conquis le pouvoir au XVIIIe siècle suivant le même procédé, récupérant en matrilinéarité l'héritage du pouvoir précédemment transmis en patrilinéarité?

26. C'est probablement suivant le même processus que "l'arabisation" des structures socio-économiques s'est pratiquée dans tout le Maghreb en réussissant cette substitution. En sorte que pour éviter leur complète élimination du pouvoir, les Maghrébins se sont de tout temps ingéniés à concevoir des généalogies faisant remonter leurs ascendances au prophète Mohammed lui-même.

En Ahaggar, un islamisateur célèbre, connu sous le nom de Ağağ Alemine (dont le tombeau se situe sur la route d'Hirhafêq à Idelès) n'a pu s'immiscer dans les structures du pouvoir de cette société malgré ses nombreuses alliances matrimoniales. L'histoire orale n'a jamais parlé de ses descendants.

27. Voir Association des Amis de Sénanque 1975. Ce colloque a prouvé que le désert n'était pas créateur de "religiosité", et que toutes les mystiques semblaient naître en milieu urbain. Nous connaissons des ruines de mosquées à Silet, à Tit, mais nulle part des édifices religieux permettant une organisation permanente ne semblent avoir résisté à ces populations.

28. Cette date n'est pas choisie au hasard. En 1902, les Kel Ahaggar subissent une vive défaite à Tit devant un contre-rezzou mené par le lieutenant Cottenest. A la fin de l'année 1904, Moussa ag Amastane vient demander la paix à In Salah au capitaine Métois, qui le consacre comme "interlocuteur valable" en lui remettant le burnous rouge qu'on remettait ordinairement aux caïds dans l'Algérie du Nord. C'est ensuite de retour en Ahaggar que Moussa est proclamé *amenükal* par les siens.

29. Ce qui représentait pour eux un enrichissement certain et une expansion géographique spectaculaire.

30. Notons au passage qu'aucun cadre juridique n'accordait une véritable légalité au régime particulier dont jouissaient les Touaregs de l'Ahaggar: ils gardaient leurs esclaves alors que l'esclavage était interdit, ils gardaient leur chef qui prélevait la *tiuse* alors que l'impôt légal de l'administration de tutelle était perçu; tout le droit coutumier persistait malgré quelques interventions sauvegardant l'autorité militaire française; enfin, aucun statut foncier n'a existé jusqu'à l'indépendance de l'Algérie; l'administration comme les particuliers sollicitaient l'accord verbal ou écrit de l'*amenükal* pour construire des bâtiments sur les espaces dont il était encore le mandataire selon la coutume. Cette confusion a été si bien entretenue qu'en 1962, quelques chefs touaregs demandèrent à effectuer des recherches dans les archives pour connaître la "Convention d'In Salah", soit-disant signée en 1904 entre Moussa ag Amastane et le représentant des Français qu'était le capitaine Métois (chef de poste à In Salah). Or, cette "convention" n'a été qu'une légende lancée en 1962, justement par des militaires français qui rêvaient d'un "royaume touareg" dont les vélléités ont été tragiquement réprimées au Mali à partir de 1962.

31. Troupeaux razziés dans tout l'Aïr par Kaocen, récupérés par l'armée française après la défaite de ce dernier. Moussa ag Amastane, l'*amenükal* de l'Ahaggar, qui avait ménagé ses alliances avec les Français, en fut le grand bénéficiaire.

32. Vers 1970 ceux qu'on appelle encore les Touaregs ne représentent plus que 24% de la population totale de l'Ahaggar. Cf. Gast 1977.

33. En fait, cette "armée française" qui a brisé le moral des Kel Ahaggar était composée de 130 méharistes, Mrabtines d'In Salah pour la plupart, armés de mousquetons ou de carabines 1874 et commandés par un seul Français, le lieutenant Cottenest. Voir Cauvet 1945.

34. Il y avait encore à la fin du XIXe siècle, dans la péninsule arabe, tout un code dans les combats, à ce sujet. Il suffisait à un guerrier du groupe qui se voyait exterminé de crier le nom d'un guerrier ou d'un chef ennemi en se mettant sous sa protection. Le combat cessait immédiatement, et les vaincus étaient reçus comme des hôtes, aidés et confortés pour retourner librement chez eux. Voir Jaussen 1948. La célèbre Kahena n'a rien fait d'autre avant sa mort, qu'elle avait prévue, en demandant à ses fils d'aller se mettre sous la protection d'Okba, son vainqueur, dans l'Est maghrébin.

Références

Association des Amis de Sénanque. 1975. *Les mystiques du désert dans l'islam, le judaïsme et le christianisme.* Sénanque.

Benhazera, M. 1908. *Six mois chez les Touareg du Ahaggar.* Alger: Jourdan.

Bonte, P. 1975. Hypothèses sur la parenté touarègue, Communication au séminaire du laboratoire d'anthropologie sociale. Paris.

Bourgeot, A. 1972. Idéologie et appellations ethniques: l'exemple touareg, analyse des catégories sociales, *Cahiers d'études africaines* 48: 533—554.

1973. Analyse des rapports de production chez les pasteurs et agriculteurs de l'Ahaggar, *Libyca*: 303—313.

1975a. Rapports esclavagistes et conditions d'affranchissement chez les Imuhaġ (Twareg Kel Ahaggar), pp. 77—97 in *L'esclavage en Afrique pré-coloniale.* Paris: Maspéro.

1975b. La formation des classes sociales chez les Twareg de l'Ahaggar, pp. 19—41 in P. Bonte et al., *Études sur les sociétés de pasteurs nomades* vol. 3, *Classes sociales et état dans les sociétés de pasteurs nomades*, Centre d'études et de recherches marxistes 121. Paris: Centre d'études et de recherches marxistes.

1976. Contribution à l'étude de la parenté touarègue, *Revue de l'Occident musulman et de la Méditerranée* 21: 9—32.

Butler, A.R. 1975. Penseurs musulmans contemporains, influences non arabes et purification de l'Islam selon le Pakistanais Ghulân Ahman Parwêz, *Institut des belles-lettres arabes* 136: 219—259.

Camps, G. 1965. Le tombeau de Tin Hinan à Abalessa, *Travaux de l'Institut de recherches sahariennes*: 65—83.

1969. *Amekni, néolithique ancien du Hoggar*, Mémoire du Centre de recherches anthropologiques, préhistoriques et ethnographiques 10. Paris: Arts et métiers graphiques.

1970. Formation des populations méditerranéennes de l'Afrique du Nord, pp. 51—70 in Biologie et génétique de l'homme méditerranéen, Colloque organisé par la Société de biologie humaine et de transfusion sanguine, 24—26 oct. 1968. Tunis: Centre culturel international de Hammamet.

1974. L'âge du tombeau de Tin Hinan, ancêtre des Touaregs du Hoggar, *Zephyrus* 25: 497—516.

Capot-Rey, R. 1953. *Le Sahara français*. Paris: Presses universitaires de France.

Cauvet, G. 1945. *Le raid du lieutenant Cottenest au Hoggar*. Marseille: Raoul et Jean Brunon.

Duveyrier, H. 1864. *Les Touareg du Nord*. Paris: Challamel.

Florimond (Capitaine). 1940. *Rapport annuel*. Aix-en-Provence: Archives d'Outre-Mer.

Gast, M. Sous presse. Histoire du commandement chez les Kel Ahaggar (Sahara algérien), Communication au IXe congrès international des sciences anthropologiques et ethnologiques, 1—8 sept. 1973. Chicago.

1973. Témoignages nouveaux sur Tine Hinane, ancêtre légendaire des Touaregs, *Revue de l'occident musulman et de la Méditerranée* 13—14: 395—400.

1974. Amastane (Moussa ag), p. 11 in *Encyclopédie berbère*. Aix-en-Provence: Laboratoire d'anthropologie préhistorique et d'ethnologie de la Méditerranée occidentale.

1976. Les Kel Rela: historique et essai d'analyse du groupe de commandement des Kel Ahaggar, *Revue de l'occident musulman et de la Méditerranée* 21: 47—63.

1977. Les influences arabo-islamiques dans la société des Kel Ahaggar (Sahara algérien), pp. 203—219 in Centre de recherches et d'études sur les sociétés méditerranéennes, *Annuaire de l'Afrique du Nord 1975*. Paris: CNRS.

Gauthier, E.F. & M. Reygasse. 1934. *Le monument de Tin-Hinan*. Paris: Société d'éditions géographiques, maritimes et coloniales.

Godelier, M. 1970. Préface, in Centre d'études et de recherches marxistes, *Sur les sociétés précapitalistes*. Paris: Editions sociales.

1973a. *Horizon, trajet marxiste en anthropologie*. Paris: Maspéro.

1973b. Modes de production, rapports de parenté et structures démographiques, *La pensée* 172: 7—31.

Ibn Abi Zayd Al Qayrawani 1960. *La Risâla ou épître sur les éléments du dogme et de la loi de l'Islam selon le rite malikite*, présenté par Léon Bercher. Alger: J. Carbonel.

Jaussen, A. 1948. *Coutumes des Arabes au pays de Moab*. Paris: Adrien-Maisonneuve.

Jemma, D. 1972. Les artisans de l'Ahaggar, *Libyca* 20: 269—290.

Keenan, J.H. 1970. The social consequences of Algerian development policies for the Tuareg of Ahaggar (Sahara). University of Exeter.

1976. Some theoretical considerations on the 'temazlayt' relationship, *Revue de l'occident musulman et de la Méditerranée* 21: 34—46.

Nemo, J. 1963. Le régime juridique des terres au Hoggar, *Travaux de l'Institut de recherches sahariennes* 22: 123—144.

Reygasse, M. 1950. *Monuments funéraires préislamiques de l'Afrique du Nord*. Paris: Arts et métiers graphiques.

14. The origin of the state among the nomads of Asia

LAWRENCE KRADER

Cette contribution envisage les conditions historiques d'apparition de l'Etat et ses principaux caractères chez les pasteurs nomades de l'Asie intérieure. Après de brefs rappels sur la théorie générale de l'Etat, l'auteur évoque l'organisation socio-économique des éleveurs de la région et insiste sur les rapports commerciaux qu'ils ont noués avec le monde sédentaire. La période considérée couvre les deux derniers millénaires. Pendant toute cette période, Turcs et Mongols ont connu la société de classes. Les chroniques impériales mongoles tenues du XIIe au XIVe siècles permettent de définir ce qu'était alors l'Etat et en particulier de reprendre la question du féodalisme mongol. Une mise au point méthodologique conclut l'article.

Theory of the state in general

1. The state is the product of that society which is divided into two classes of people, a class composed of those directly engaged in social production, and a class of those who are not so directly engaged. The social product is conformably divided into two parts, a part which is applied to the reproduction of the direct producers as a social class, and a surplus which is appropriated to the maintenance of the class of those whose relation to production in the society is other than direct. The direct producers in the society perform labor, work and toil both for themselves and for those others, whose relation to social production is either indirect or nonexistent; it is these others that the social surplus accrues. The state is the organization of society for the regulation of the relations both within and between the social classes. Yet the relations of the two social classes to the state differ; it is in the interest of that class in the society which appropriates the social surplus produced that the agencies of the state are active. The class-divided society is composed of the rulers, who have appropriated the social surplus, and the ruled, who are the direct producers in the society.[1]

2. The social class of the direct producers had and has no immediate interest in

221

the formation of the state. On the contrary, as we shall see, this social class maintained a number of archaic collective institutions, which had been evolved long before the formation of the state. These institutions, as gentes, sibs, clans, kin village communities, continued in being among them long after the state was formed as the overarching power in the society. These institutions of the collectivity had long maintained the functions of keeping the peace, resolving conflicts both within and between the clans and villages, etc., attacking and defending in war, and continued to do so after the formation of the state. The agencies of the state, when established, took over these same functions of the administration of justice and the conduct of war and diplomacy; at this point the interests of the social classes were divided. The archaic collective institutions had formerly resolved conflicts or maintained the peace internally in the interests of the social whole, in this case the whole community, clan or tribe. The agencies of the state now defended and warred, both in the interest of the state and that of the social whole. It is a double interest, conflicting internally within itself; on the one side, it is the interest of the state as the representative of the social class in whose interest it is organized, on the other, the interest of the social whole.

3. The state is formed by and out of the relations of these classes in society to one another and to the social whole, it is formed as the society is divided and internally opposed. It is not formed by the ruling class, for that class has to be established in the first place by the process of social division in order to fulfill its ruling function. It would be an error to take the interest of the ruling class to be the determinant of the process of formation of the state itself, for that class did not form the state in its own interest. On the contrary, the interest of the ruling class emerged out of the formation of the ruling class. The two are mutually supportive, and reinforce each other; they are not identical. To hold that the ruling class formed the state in its own interest would be a teleological interpretation of history.

4. It is sometimes held that the state is identical with the society in which it is found, that the state is composed directly of people. This usage merely multiplies terms without necessity. The state is identical neither with human society in general nor with any particular society. It is not identical with class-divided society. The state is the organization of a particular kind of society, which is class-divided society: the state is in its abstract meaning the principle of organisation of that society, concretely it is the organization itself.

  4.1 Human societies have been classified according to habitat, whether tropical, desert, temperate or polar; they have been classified according to their mythologies, whether solar or lunar; they have been classified as matriarchal or patriarchal. Here one principle will be applied: human societies are of two types, on the one hand they are nondivided, forming an undifferentiated whole; on the other they are divided into classes according to the relations of the members of the society to social production, to the surrounding nature and to the technology of the society. The nondivided, undifferentiated society is the primitive society; the divided society is civilized society, or civil society, it is the society with the state, or political society. The primitive society is founded on the primitive economy, primitive relation to nature and technology, whose principle is that the unit of production coincides with the unit of consumption; the relations of production are such that each works for the other, and this work relation is reciprocated by the other. The civil society is founded on the division and opposition between the social classes, whereby one of these classes does labor and work in the society and on the natural surroundings both for its own maintenance and reproduction as a class; at the same time it does labor and work for another social class, which labor and work is not returned. The latter relationship between the social classes represents the principle of nonreciprocity, which is the principle of the political as opposed to the primitive economy; it is on this principle that the state is founded, and is presupposed by the latter.

4.2 The society with the state is a small part of the number of societies of the human kind, and covers an extremely small time period of the entire history of humanity. It is a recent phenomenon, perhaps no more than five thousand years old, but has engulfed virtually the entirety of the human kind during the few millennia since its inception. It has come to dominate the history of mankind because no power on earth is comparable to it. (There have been those in the past, such as Eduard Meyer or Wilhelm Koppers, and the present, such as E.A. Hoebel, who would make the state identical with human society as a whole.[2] Not only is this the multiplication of terms without necessity, as in the preceding case: it further confuses the issue of government versus the state. The element of self-government may be found in any human society, however informal that government may be. The mode of government of the Eskimos, Pygmies, Andaman Islanders, Tierra del Fuegians, is informal, discontinuous, detectable with difficulty, and scarcely vested, but it is government, and as such is concerned with the resolution of conflict, maintenance of internal and external peace of the society, and the conduct of war.)[3]

5. In the society with the state the distinction between authority and power is made. Power lies with the organization of society that has centralized its internal means of regulation and control; authority lies with the people as a whole. (This distinction was affirmed by Cicero, in ancient Rome.) The centralization of the public power in turn is negated in civil society. On the one hand, it is there negated by the division and opposition between the social classes that make it up: an external negation. On the other hand, it is internally negated by the opposing interests of the individuals within the ruling class, who make it up. These latter individuals have in common their private interests as a class, which is their class interest; the individuals are class-individuals. These class interests come into

conflict with each other. The means of social regulation by the state are directed to the overcoming of the oppositions between the social classes as they are to the overcoming of the oppositions between the individual interests within the ruling class. The social organization is thus made into the political regulation and control of the society in this case: it is above all regulation and control through the political economy. The opposing interests between and within the classes that make up the society of the political economy are the subject of the political regulation and control.

6. The state is the formal organization of the society of political economy; the informal elements of the organization of the human being and human society fall outside its purview. The human individual exists only as a formal being in relation to the state; the human individual extrudes the formal being, as the legal person, civil person, *persona civilis* or *moralis*, *Rechtsperson*, etc., to meet the relation required of and to the state. The human society extrudes the formal side of its organization as the state to define and relate to the legal or civil personality of the individual human being.

6.1 The state is the formal organization of class-composed and class-opposed human society. On the one side, we have seen, it is the abstract principle of this formal organization, whether it be the society of the Asiatic mode of production, of the slave or servile modes of production, or that of the modern society of production of capital. On the other side, the state is concretized in particular states, ancient and modern.

The state in nomadic society

1. The nomadic societies of central and middle Asia developed the state, both in its abstract and concrete forms, in the course of their history over the past three millennia. The states of these nomads first appeared during the first millennium prior to the modern era on the margins of the history and territory of the agricultural peoples of China, India, Persia. It is sometimes maintained that the Turks, Mongols and other nomads of inland Asia had not developed the state. That they had developed the state a thousand or more years after the agricultural peoples had done so is clear; that they had developed the state in relation to, and in opposition to, the state formation of the agricultural peoples, no less so. But this is not to say that the nomads developed no state at all. On the contrary, they developed the state, at first as a marginal and emergent historical phenomenon in Eurasia and in Africa, and later developed it into a full-fledged element of the history of these regions of the world.

2. In order to comprehend the place of the nomads in world history, it is first necessary to grasp the division of labor in society between nomads and agricultural peoples, which will be here set forth in the light of the history of east and

central Asia. The nomads of central Asia make their historical appearance in the confederation of the Hsien Pi during the latter part of the first millennium before the modern era, in conflicts with the Chinese of the early Ch'in dynasty. The records from the annals of this early Chinese dynasty mention briefly its relations with the nomads. At a later time, during the course of the first millennium of the present era, the relations were made firm, were deepened and extended between the Chinese on the one side, the Turks, Mongols, Manchus on the other.[4] With the subsequent development of writing among the latter, we have come to have not only the viewpoint of the ruling class of the Chinese but also that of the nomads.

3. The inhabitants of the Mongol steppes during the past two millennia have been sometimes Turks, sometimes Mongols. Their main economic basis has been pastoral nomadism. It is sometimes claimed that they also practiced agriculture. It is difficult to deny this, but that is not the point. The inhabitants of Mongolia were mainly pastoralists, supplementing their subsistence by a minor amount of agriculture, and by exchanging their pastoral (also hunting and gathering) products against the products of their agricultural neighbors. The forces that held the Tatars to the major economic concern, pastoralism, were both internal and external. The internal force was the weight of tradition, or customary practice; the external was the weight of the production by the agricultural neighbors and the exchanges with them. The transcontinental network of exchanges held both sets of practices in place.

4. Behind and underlying this exchange network lies a vast system of the division of labor in society in Asia, such as is comprehended with difficulty within European history, extending quantitatively and qualitatively beyond European historical experience and categories of history. The nomads of Asia lived and still live in tents, being without fixed abode, breeding domesticated livestock in herds, primarily sheep, goats, cattle (bovine), horses, camels, and moving from one pasture to the next, according to the season, with them. They exchanged the surplus products of their nomadic life with those of the agricultural peoples, livestock on the hoof, also the products thereof, wool, peltries, leather, felt, against the agricultural products. The Chinese exchanged their products, such as rice, tea, cotton, to meet the wants of the nomads. The nomads met the wants of the Chinese, providing sheep flesh for their diet, cavalry for the armies, post horses, ceremonial steeds, and transport camels.

4.1 In other parts of Eurasia there is a division of labor within the village, or within the producing unit, whether the country, province, or the nation as a whole, whereby the exchange of the herding against the agricultural products is carried through. In north China and neighboring central Asia, however, there has been a great specialization of social production on either side of the Great Wall of China, whereby the nomadic Turks and Mongols have had a major concern with stockbreeding, and but a minor concern with agriculture, and the Chinese, predominantly agricultural, devoted only a small part of their social labor and land to cattle, camel, sheep or horse raising. Each side was dependent to this degree on the exchange of the indigenous product for that of the other.

4.2 The agricultural production is intensive, the pastoral extensive. The herds of the nomads extend over vast areas, the agricultural production by comparison is concentrated. In consequence, the same number of people live by the pastoral production in a territory which is one hundred times greater in extent than that of the agriculturalists. The nomadic peoples of Turkestan, in middle and west Asia, have a pattern that is neither as extremely specialized as the pastoralism of Mongolia nor as diversified as the European pastoralism. The traditional European rural economy was maintained by agricultural and animal husbandry practices generally within the village, from the Iberian Peninsula to the Alps and Russia. The Kazakhs and Uzbeks of middle Asia, traditionally pastoralists, had an appreciable if limited amount of agriculture in their winter camps and pastures. These peoples, together with the neighbouring Kirgiz and Turkmens, were engaged historically in exchanges of their pastoral product with their agricultural neighbors, just as were the Mongols. The social division of labor in traditional European practice fell thus within the ethnic groups. In west Asia the social division of labor was maintained between the ethnic groups; in east Asia there was developed to a greater extreme the division of labor between these ethnic groups and peoples.

5. This vast, continent-wide exchange system in Asia was frequently interrupted; it was defective. The institutions which were engaged in the exchanges were not well or efficiently developed, as compared to the world-wide oil, coal, steel, cotton, rice, meat, and wool markets of the modern period of the production of capital. The interruptions of the great exchanges produced raids and wars, indeed they led to conquest of either side by the other, thence to conquest dynasties which appear from time to time in Chinese history: the T'o-pa Wei, Chin, Liao, Yuan (Mongol) and Ch'ing (Manchu). Our attention frequently has been drawn to the wars of conquest between nomadic Tartars and Chinese; this is the abnormal condition. Customarily the Chinese and the nomadic Tartars exchanged surplus products with one another; they did so over a period of thousands of years.

6. The Turks and Mongols had a class-divided society during the period of our concern. The social class of direct production, the herdsmen and their families, were engaged in part in the production of their own maintenance, and in part in the production of a surplus. A part of this surplus was accumulated for the purpose of exchange. These immediate producers, *arat* in Mongol, at the same time produced a surplus which was applied in part to the maintenance, in traditional times, of their ruling class, the Khans, the military leaders, the ministers,

courtiers and retinue of the princes or Khans. The ancient and modern Tartars were alike divided into two social classes, the class of herdsmen, who were direct producers, in the society, and the class of aristocracy, or nobility, for whom a social surplus was produced. We have seen that the social surplus was circulated in two directions: to the neighbouring agricultural peoples and to the ruling class of the Tartars. The product of the exchange from the agricultural side was in turn converted in part to the use of common people and in part to that of the ruling class: silks, jewels and other sumptuary wares went to the use of the ruling class, the aristocracy, while the tea, rice, etc. were consumed by both classes in society. Slaves are also found in the old, or traditional Tartar polity, but their economic importance was minor.

7. The ancient Hsien Pi had a ruling stratum of princes, or aristocracy. Whether they actually formed a social class or not is difficult to perceive from the written record, which has come to us only from the Chinese side. The chiefs of the Hsien Pi may have been the leaders of a confederation of tribes, or alternatively they may have been an actual ruling class. If the former, then we have a case of an emerging state, a state *in statu nascendi*. If the latter, then the state was already in being. Without stirring up this problem of the early form of the Tatar polity, we note that the state amongst these peoples has undergone its historical development. It is of interest to observe that the state amongst them can be traced from its early beginnings, in the period of its coming into being, through its full historical florescence during the past two thousand years among the Turks, Mongols, and Manchus (who were originally nomads of a different type from the others).

7.1 The historical records of Blue (Kök) Turks, the Orkhon and Yenisey Turks, the Mongols, and the Manchus provide good accounts of the formation of particular states among the nomadic peoples. The best known of these, in the European accounts, is that of the Mongol empire of the twelfth to fourteenth centuries. The Mongol society at the beginning of this period, in the twelfth century, was already a society divided into hereditary classes. The father of Chingis Khan, Yesügei Bagatur, belonged to the lower stratum of the nobility. Mongol society was divided into social classes of rich and poor; Chingis Khan himself in the course of his life passed from the extreme of poverty to that of wealth. During this period, the classes in Mongol society were stabilized and the oppositions between them were carried forward principally in the same form, with certain modifications to be mentioned below, down to the beginning of the twentieth century.

7.2 The Mongol empire in that period was founded on the conquests effected over neighboring parts of east, south, and west Asia and eastern Europe by the Mongol state. That state was the product of a class divided society, the classes of the society having mutually opposed relations to the means of production. On the one side, there were the direct producers in the society, the herding people and their families; these had been organized from time immemorial into kin villages, lineages, and clans. The Secret History of the Mongols, a document compiled in the thirteenth century, traces the genealogy of the emperor Chingis Khan, over twenty-three generations: the Secret History constitutes the transition from myth to history, and from the transition of the Mongols prior to the formation of the state. The twenty-three generations of the genealogy are not to be taken in the literal sense, in which five centuries of human history are covered, but indicate that the transition had been made by them from a primitive forest people to the pastoral society of the steppes, with a political economy and the state. At the same time, the social organization of kin village communities, clans, and clan confederations was maintained by them from the prehistorical period through the empire of Chingis Khan, recorded in the Secret History; this organization survived even into the twentieth century, although it was much disrupted latterly. The folk-historical element of the Secret History bears both upon the ancient past and the recent history of the Mongols.

8. The social class of the Mongol herding families maintained its traditional communal and consanguineal organization down to the period of state formation among them, indeed long after the first introduction of the state, after the stabilization of the relations between the social classes, and even into the period of its disruption of the tradition economy and society in the early twentieth century. The institutions of collective life survived among the clans of herdsmen; the institution of individualism was developed but in a very minor degree among this class.

9. The ruling class of traditional Mongol society, on the contrary, was early formed in the lines of individualism; central to this formation was the figure of the Khan, who personified the state. Chingis Khan gathered about himself in the last decades of the twelfth and the beginning of the thirteenth centuries warriors who had given up their occupation as herdsmen, had been torn forth from their kin villages by economic and social circumstances. They swore their allegiance to the Khan, served him as soldiers, advisers, and ministers, and bore a personal relation to him, which was formalized as the relation of *nöxüt*, "friends". Much has been written about the *nöxüt*, retainers of the emperor. It has even been thought that they were feudal lords. That of course they were not. They took their oath as the followers of the Khan, and stood in a relation that was bound to his person. They maintained a private relation as the intimates of the emperor; each side knew the strengths and weaknesses of the other. This is the subjective aspect of their relation. Objectively, their relation was a formal one; it is a relation to the state personified in the Khan, the oath of allegiance was to the personification of the state. The state is the sum of the formal relations of the individual human being, just as it is the sum of the formal relations of the society. For their service to the state, the retinue received

great rewards, and punishments as great for their disservice: for negligence, misfeasance, malfeasance or non-feasance in office. It is for this public career that they had formally broken with their birthright. They were the broken men on the one side, the men torn forth from the villages on the other.

10. These retainers were individuals; their individuality was expressed within the framework of the thirteenth century Mongol society and state. The brief statements of the Secret History recount their names, their characteristic traits, whether bravery or cunning, and the particularities of their relations to the Khan, whether of jealousy, generosity, zealous service, fear, or pride. The Secret History is an account in the service of the state, and the individualism is that of the ruling class in the service of the state through its self-service. This contradiction was no more overcome in the history of the particular form of the state among the Mongols than it was in the history of the particular form of the state in nineteenth century European capitalism. At that later time the ideology of individualism achieved one of its high points of expression in philosophy, romance, poetry and song, again centered on the figure of the emperor (Napoleon and Napoleonism). Yet one of the functions of the state is to contain the extreme forms of individual interests as they conflict with each other within the ruling class.

11. The formation of the state is therefore asymmetrical in the history of the Mongols, as it is in the history of the state in Europe, Africa, and elsewhere in Asia. On the one side, the tradition of the collectivity is carried forward in the communal organization of the villages and clans of the Mongols; this is the characteristic of the herdsmen, laboring among the herds. On the other side, the individuality is developed among the warriors, the great men, ministers in the service of the prince, as it is among the nobility and the princes themselves.

12. We have said that a modification was introduced into the Mongol class structure. Following the conversion to Buddhism in the late sixteenth century, many herdsmen entered into the service of the Buddhist lamaseries, serving there not as monks or disciples, but as herdsmen. These families of herders no longer served the traditional princes and clan chiefs, but labored in the monasteries, tending, herding, milking, shearing wool, making butter, or *kumys*, etc. Their relations were new, and at the same time traditional. The lamaseries profited from the surplus produced, exchanged and sold by the herdsmen; the herdsmen paid a form of tithe or tribute to the lamaseries, but were freed from imposts to the secular authorities by this means. They were bound to the service of the lamaseries, just as the traditional herding families were bound to the service of the princes, *noyot*. Both forms of labor in the Mongol society were unfree.

13. The theory has been circulated that the Mongol *arat* were feudal serfs. This may be true, but if so, then feudalism is given a different interpretation and meaning thereby. The feudalism of the European model, in the Middle Ages, had a number of characteristic features in common with the Mongol system. Each society was divided into classes; each had formed a state. The state sovereignty in each was acknowledged and personified in a ruler, or overlord. Social labor in both cases was unfree. The laboring class in each society produced a surplus that was appropriated by the ruling class, the surplus being in the form of surplus labor or a surplus product which was extracted in kind: money played virtually no role whatsoever in either case. The ruling class in Mongolia as in European feudalism was an aristocracy; the overlord was a prince, king or emperor, frequently elected by his retainers, the broken men in both societies. The overlord had a personal relation to his vassals, in the European society, to his retinue in both. They stood, in one sense, in relation to him as clients to patron.

13.1 The difference between traditional Mongol and European feudal society and the state is no less profound. All Mongols, commoners and nobility, had a common descent. This was not so in European feudalism, where it was a grave insult to impute common blood to a noble family. The opposition between town and countryside, as between the product of town industry and the product of the land, which was present in European feudalism, was absent in the traditional Mongol economy. In both the traditional Mongol economy and in that of European feudalism a surplus was extracted from the direct producers, as we have seen. Most surplus was appropriated, whether in labor or in kind, by the representatives of the ruling class acting at once as landowners and as landlords in feudal Europe. As landowners they extracted the surplus, whether in labor or in kind, in their private capacity as ground-rent; in their public capacity as landlords they extracted the surplus labour or surplus product as tax. Rent and tax coincided in feudal Europe during the Middle Ages, the relation of landowner and landlord coincided, the public sphere was nondifferent from the private sphere. In traditional Mongolia, the private and public spheres were *at first* nondifferent, rent and tax coincided, landowner and landlord were one and the same person. But during the nineteenth and twentieth centuries, an important distinction is to be noticed in the traditional herding economy of the Mongols. The secular princes had private herds as opposed to the herds of the state treasure: the relation of the herding families of the commons to the one differed from the relation to the other. Social labor of the Mongol herdsmen in the private capacity, *xamjilga*, in the service of the prince, was distinct from the social labor of the *arat*, which was neither distinctively public nor private. It was, in either case, bound labor, unfree labor.

13.2 In fine, what is shared between the Mongol society in its traditional form and European feudal society is not in any way specific to the two of them, but is shared with society in ancient Rome, and in the traditional civil society and the state in Africa. These questions have to be first resolved if feudalism is to be imputed to the medieval Mongol society.

14. The traditional Mongol nomadic society was a society with a form of political economy, civil society and the state. The economy underwent an inner evolution, particularly in regard to the appropriation and distribution of the surplus produced in the society. That surplus, at first nondifferently private and public, later came to be differentiated as private on the one side, and public on the other, in one sector of the economy, while at the same time, the non-difference of the two sides was maintained in another sector of the Mongol economy. It was been sometimes held that the surplus produced in the political economy and society is not different from that produced in the primitive economy and society. Thus, in the latter "something extra, for a guest, or for a feast" is offered in proof that the surplus is found in both primitive and political economies. That is not relevant to our matter, for in the primitive economy no differentiation is made between production in the family and production in society, just as no differentiation is there made between the division of labor in the family and the division of labor in society. In the political economy, on the contrary, a family may produce and set aside for a guest or a feast, but this surplus is distinct from the production in society of surplus value as surplus labor or product. The distinction between the two forms of surplus was maintained in the traditional Mongol society, just as the division of labor in the family was distinct from the division of labor in society, in the form of the division of labor between the agricultural and pastoral societies. These differentiations were maintained in the traditional Mongol political economy and society, where they continued to exist side by side from the era of the Mongol empire down to the beginning of the twentieth century.

15. The state among the nomads underwent its inner evolution. Consider the beginnings of the state in the first millennium before the present era among the nomads of Asia: there it is barely evolved. The records pertaining to its existence are few, the nomads themselves had no writing, their state was ephemeral, and soon disappeared from view. The state among the later nomads was more stable, and, from the beginning of the first millennium of the present period on, was almost continuously in existence. The history of the state among the nomads is epitomized in the history of the indigenous written records and of the script among them. (The relation between the formation of the state and the development of the script, of writings, is not a chance correlation, but a coordination with interacting consequence in the service of the former.) The script and records of the ancient Uygurs, the "runic" inscriptions of the Orkhon and Yenisey Turks, the writings of the Mongols in the scripts which are derived from the Indo-Tibetan (Phagspa, Indic Devanagari) and from the Uyguric, the Manchu records in a script derived from the latter, together make

up a thesaurus of the activities of the nomadic state in the first and second millennia of the present era. The nomads evolved the state in relation to the more stable and continuous, more advanced, more ancient, more "civilized" state of the agricultural neighbors. The two sides together formed a great, barely integrated, defective economic and social unity in the past, which was composed of an interconnected network of economic, political, and bellicose relations, that of the specialized agricultural and herding peoples. This network spread over the larger parts of east, central, west and south Asia, determining the formation of the state as abstractum in its several parts, and as concretum in the history of the particular peoples, agricultural on the one side, nomadic on the other.[5]

16. Historically, the state was not discovered by the nomads of central and middle Asia, nor was it invented by them; the state is no one's discovery, no one's invention. The state is the product of particular social conditions, whereby society, divided into opposed social classes, produces a central organism of political authority within its midst, the entity in its abstract form which arches over the entire society. Concretely, historically, the state controls and regulates the relations between and within the social classes by means of particular agencies. The state does not exist for the purpose of this control and regulation; that is a false teleology. The state is the abstract expression of this centralized control and regulation. The means for that control and regulation are the concrete social agencies of extraction of surplus labor and surplus product from the immediate producers in society, the distribution thereof, the collection of rent and tax, juridical administration, military and police actions, the maintenance of records and archives, post and communication at home and abroad. The state in concrete-historical form was developed among agricultural people in the Old World and the New, and among nomadic peoples of Eurasia and Africa. The state is older, more stable, and associated with more complex development and undertakings among certain agricultural peoples in ancient Egypt, China, or Persia than among nomadic peoples. Yet it is false to consider the latter as the reflex of the former, or as merely occupying the interstices between the agricultural spaces. On the contrary, the state, in its inner nature, form, content, and function is the same abstract entity throughout its various concrete-historical changes in external form.

Comment on theory and method in the origin of the state among the nomads

The history of nomadism and of the state among the nomadic societies of Asia is complex, for, just as there are many nomadic societies, so there are many histories, which are in interaction with each other and with the neighboring agricultural and hunting societies. In order to elucidate the historical process of state origin and formation, one may take as the point of departure those societies wherein the state has not been formed historically by inner moments, or insufficiently formed, e.g. among the Tuvinians; or one may take as the point of departure those societies in which the state has been formed by inner moments of their history, e.g. the Kök Turk, the Orkhon and Yenisey Turks, and the Mongols. It is from the latter history that the analysis made here has taken its point of departure. The formation of the state has been led from its foundation in history, the formation of the opposed social classes in the nomadic societies. Plainly, one does not start with the history of those nomadic societies in which the state has not been developed, if one proposes to write the history of the formation of the state; on the contrary, classless societies are introduced into the analysis in order to demonstrate the presence or absence of the historical conditions necessary for the phenomenon under investigation.

Next, the hypothesis is sometimes advanced that the state, if formed among nomadic societies, is formed only in conjunction with the formation of the state among the agricultural societies. Such a hypothesis is founded on the theory of diffusionism, which has little to offer to the present stage of the discussion of the theory of the state and the history of the same. The state was first formed in Asia, in all probability, first among the agricultural peoples. The nomadic societies stand in both direct and indirect relation to this early state formation. However, to limit the discussion to these historical phenomena is to focus the attention only on the surface, the superstructure, and to withdraw it from its proper object, the foundation. The presence of class-divided societies among nomadic Turks and Mongols in ancient and medieval times is historically attested; these societies have formed the state among themselves. The historical moments of state formation among them, issuing from the formation and opposition of the social classes there, as between the common herding families on the one hand, and the nobility on the other, are different from the historical moments of state formation among the agricultural Chinese, Persians, or peoples of India. The first thing to be said therefore is that the state in the nomadic societies had a different historical origin and course than it had among the agricultural peoples. The second is that all these historical phenomena are variants of a single institution, the state, whose variant forms are in interaction with each other and with the whole.

The theory of the origin and nature of the state in general has been well developed in the nineteenth and twentieth centuries. The historical process of state formation among the nomads of middle, central (inner) Asia in particular has been brought out by the orientalists, historians and ethnologists. Here the general theory and the particular historical process are brought together.

Notes

1. The nature of the class interest and the class oppositions is a matter that must be explored in another context. The relation of the individuals of the ruling class to the interest of this social class and to the state will be considered in the following pages.

2. There are those such as David Easton and A.R. Radcliffe-Brown who would suppress the idea of the state by the elimination of the term. Their main reason appears to be that the term has proved too complex. This is the opposite of the multiplication of terms without necessity: it is its diminution or reduction, likewise without necessity. The fact that a term has been misused, or that its object is too complex is no reason it itself to discard it.
3. Government is a function of the state. Government is conducted, however, outside the limits of the state. In the matter of justice, there is, moreover, a contradiction between government and the state, for while justice is concretely the concern of government, it is not concretely the concern of the state. On the contrary, the state is in the abstract concerned with justice as abstractum.
4. These Tatars are social groups which comprise the Altaic language community. Among them are the Uygurs, Kök Turks (Blue Turks), Orkhon and Yenisey Turks, T'o Pa, T'u-chüeh, Yüeh-chih, Kyrgyz, Jou-Jan (Juan-Juan?), Mongols proper, Naiman, Kereit, Kara Kitan, Pohai, Chin, Liao, and Manchus. They were commonly termed Tatars singly or collectively. The Hsien Pi were perhaps a confederation of the ancestors of some of these, together with non Altaic speakers whose descendants live in Siberia, or lived there.
5. This network was, to begin with, an exchange system of the specialized farming and herding production unities. The social division of labor between them was integrated in a great market and tribute system that spread over the entire continent. The evolution of the market system over the world to the point attained in the present capital market can be traced. The religious and political systems over Asia reinforced this defective unity of exchange.

15. The uses of genealogy: A historical study of the nomadic and sedentarised Buryat

CAROLINE HUMPHREY

A partir de l'étude de deux groupes Buryat avant la collectivisation, les Ekhirit-Bulagat et les Khori, on tente dans cet article de montrer comment s'élaborent différents types de généalogies.

Après avoir examiné les conditions écologiques, économiques, politiques et démographiques, et après avoir indiqué le rôle joué par les généalogies dans ces deux groupes, on analyse comment dans ces conditions spécifiques l'usage de la généalogie détermine la forme de celle-ci.

Chez les Ekhirit-Bulagat, l'économie pastorale et nomade était très limitée. Le rôle principal de la généalogie dans cette société était de régler les droits sur des pâturages peu abondants. Chaque ligne cadette devait faire reconnaître ses liens généalogiques avec la ligne aînée pour avoir accès au sol, tout en évitant de lui reconnaître un trop grande supériorité afin de préserver ses propres droits. Il en résulte des généalogies contradictoires et incohérentes.

Chez les Khori, l'économie était fondée presque exclusivement sur l'élevage extensif. On ne trouve pas l'antagonisme exacerbé entre sections lignagères observée chez les Ekhirit-Bulagat. Leurs généalogies ne servaient pas à revendiquer des droits sur les pâturages mais à définir les statuts politiques de prince ou de sujet. Ceci entraînait la formation de généalogies coniques avec reconnaissance de la séniorité. Le lamaïsme a pu aussi représenter un facteur constituant d'une telle structure généalogique.

In the activity of making unilineal genealogies, selection amongst the ancestors is virtually a necessity. There are many well-known formulations of particular mechanisms by which this takes place. The legal fictions described by Evans-Pritchard (1941, 1951) concern the preservation of lineal descent, despite real ties through non-members of the lineage; or, according to the "size factor" theory of I.M. Lewis (1961: 149), numerically large lineages count more generations to the same ancestor than do small ones because they have more levels of segmentation to account for. The best-known formulation of these mechanisms in general is probably that of "structural amnesia" (Gulliver 1955: 113–117). When groups of people claim unilineal descent from single ancestors, lines perceived as collateral are "forgotten" if it is wished to preserve the unity of a

235

particular group, but they are "remembered" if, for one reason or another, the group has occasion to split up. This makes it clear that the selectivity of genealogies is not simply a matter of the impossibility of remembering and recording all ancestors; it is a function of the conceptual framework of causality in which genealogies are used to account for actual relations by explaining them.

A question immediately arises; if genealogies necessarily involve the forgetting of certain ancestors — or the complete rearrangement of the social relations which a given ancestor actually had — then do they not also on occasion require the dredging-up, if not the invention of ancestors? In that case, it would be wrong to regard genealogies simply as lists of survivors, as what is remembered of actual kinship. Studying the variety of Buryat-Mongol genealogies has led me to think that we should see a more radical distinction between the representation (the genealogy) and the relations it is supposed to represent (the real kinship relations of the past) than that implied by "structural amnesia". This is because day to day decisions at the most basic social level, families and groups of families, force people in varying real conditions to create genealogies in different ways, despite the ideological weight of a general idea or cultural model of society defined in any particular genealogical idiom.

It is clear that mechanisms such as "structural amnesia" do not work in a uniform way in all societies nor even within the same "society". Particular social groups produce characteristic genealogies of their own. The Berber herdsmen, for example, cite only the ancestors necessary to account for present lineages, while Berber saints introduce a multitude of prestigious-sounding ancestors for effect (Gellner 1967: 38—40). As texts, genealogies have different characteristic shapes, determined not only by the extent of the operation of mechanisms such as "structural amnesia" and the invention of ancestors, but also by the range of acceptable and describable relationships: the recording of different mothers in a patrilineal genealogy, illegitimate births, adoptions, magical conceptions, and so on. There is always a reason why a particular person (or group) should record or not record such ties. The genealogical types thus established persist over time, being reproduced in the same form by different members of the group, as long as the conditions remain which made it useful to make these distinctions.

The shape of genealogies is important in practice because genealogical thinking is causal thinking: the past gives birth to the present, and the present gives birth to the future. Looking at genealogies from outside, from the point of view of the analyst, we may see that people are defining themselves only by reference to other people. But from inside, as Ego, positions are not relative but absolute. It is from this basis of belief in genealogies as though they were given, not created, and of the standing of every single person in a genealogically defined society as an Ego, that decisions are taken which affect practical life in the present and future. Thus genealogical decisions made for practical reasons in the past, producing a certain "shape" of genealogy which includes or excludes people from amongst the ancestors, have a certain force with regard to present and future practical decisions (for example in inheritance) by virtue of the existence of the genealogy and people's belief in it.

But before looking at the effects in society of different kinds of genealogy, it is necessary to see how types of genealogy are produced. It does not seem to me to be the case that there are Platonic ideals of total genealogies, to which social groups refer. Rather, there are rules by which genealogies are made which create a particular "language". Genealogies are required to perform certain specific functions in a given society and these are relatively constant in time. But genealogies differ when the real conditions establishing the constraints on these functions differ, and it becomes necessary to change the rules for making genealogies so that they can continue to perform the same role. For example, if it becomes necessary to limit the number of people being absorbed into a genealogically-based society, a differentiation may be introduced among the genealogical principles in order to establish a ranking of claims; thus, to the rules "son of X" and "brother of X" there may be added "adopted son of X", "illegitimate son of X", etc.

In this paper I shall look at the conditions of the creation of genealogies among the nomadic and sedentarised Buryat in the eighteenth—nineteenth centuries. All Buryat groups had the same ideas about what genealogies were for and what they should do: they should map everyone in Buryat society by reference to patrilineal descent groups; they should delimit the extent of exogamy; they should establish rights to inherited positions — political offices and occupational specialisations such as smith, shaman, or herbalist; and they should establish rights to pasture and other categories of land, and to water resources. But although Buryats had a common view of what genealogies should or could do, which stemmed essentially from the Mongolian nomadic pastoral culture from which they emerged, this does not mean that their genealogies were identical in shape. Different groups of Buryats in fact lived in varying ecological situations, and they were subject to different demographic, economic and political conditions. These led to sedentarisation of some groups by the nineteenth century while others were still nomadic and yet others in the process of sedentarisation. In order for genealogies to be put to the same practical use in these different conditions, the genealogies themselves were actually required to be different.

Economic, social and political conditions

A controlled comparison of this kind could be made within the whole range of Buryat groups, from the most sedentarised and agricultural in the Balagansk region west of Lake Baikal, to the furthest offshoots of the nomadic Khori Buryats in the Barga steppes in Manchuria. On a larger scale the analysis could encompass neighbouring peoples, such as the herdsmen of the Altai and Sayan mountains, the Evenkis, and the Khalkha Mongols; in many senses the north Asian steppes and forests comprise one culture zone. However, in the present paper I shall limit the analysis to two contrasted groups of Buryat, who are numerically and culturally the most important. These are the Ekhirit and Bulagat tribes or "clan-families" (Lewis 1961: 7), often known as the "western Buryat" because their homelands are on the north-western side of Lake Baikal, and the Khori clan-family, the main group of the "eastern Buryat". I characterise the Ekhirit-Bulagat as "sedentarised", and the Khori as "nomadic", but it should be remembered that these labels are historically specific to the nineteenth century. In fact, both groups originally belonged to the early nomadic pastoralist Mongolian culture and underwent processes of sedentarisation at different times, the western Buryats in the nineteenth century, and the Khori in the first half of the twentieth century (a process in this case speeded up by collectivisation in the 1930s). Strictly speaking, it is even incorrect to describe the nineteenth-century Ekhirit-Bulagat or Khori as uniformly and totally sedentarised or nomadic, since there were uncharacteristic minority groups within each of them, for example the Christianised *ulus* (village) of Khori Buryats which was totally sedentary even at this time.

In general, besides the Ekhirit-Bulagat and the Khori, the Buryat consisted of numerous smaller tribes and clans which had migrated into the Baikal area from other parts of Mongolia, and by the end of the nineteenth century the economies of those within the Russian State were somewhere between the two "types" described below. The Buryats remaining on the Mongolian and Chinese sides of the border, on the other hand, were mostly even more nomadic than the Khori and in any case were subject to very different social and political conditions. The materials on which this paper is based refer to the Buryats of the Russian State; the source data consists of Buryat, Russian, and a few Mongolian historical and ethnographic writings, and the oral accounts of informants (Barguzin and Selenga Buryats, 1967 and 1974) talking about the past.

Material conditions of production

Territorial extent of resources

1. Pastures

Ekhirit-Bulagat
Pastures were clearly limited by forest to the north and west, by mountains to the south, and by the presence of other groups (Khori, Khongodor, southern Buryats). During the 19th century pasture became even scarcer as increasing numbers of Russian

Khori
Although blocked by the presence of Ekhirit-Bulagat to the west, pastures were unlimited to the east even as far as Manchuria, and effectively to the south; reasons for not crossing the border into Mongolia were political rather than economic. North Mongolian

peasants settled here. In some cases the Tsarist government simply annexed the summer pastures used by Buryats and gave the land to Russian settlers, thus forcing these Buryats to turn away from large-scale herding.

pastures were not overstocked. There were fewer Russian settlers here than in the west, mainly because the land was less suitable for agriculture.

2. Agriculture and hay-making

Ekhirit-Bulagat

Agriculture was generally subsidiary to pastoralism in 18th century. But by the 20th it had increased to the extent that for many subgroups of Ekhirit-Bulagat it had become the main means of subsistence, although no group gave up herding entirely. Agricultural land was scarce, being limited to river-valleys, and because of the settlement by Russians it grew scarcer, even though new land was being taken over and converted from pasture. Rich Buryats turned increasingly towards production for the market.

During 19th and 20th centuries there was a great increase in hay meadows for winter feeding, until by the 1920s virtually all animals were fed on hay from November to May. Pastures were consequently further reduced.

Khori

Not much land was suitable for agriculture, and there was little competition for what land there was. During the 19th and 20th centuries there was an increase in the amount of hay cut for winter feeding, but still much less was used than in the west. In some regions all herds were on the pastures right through the winter; in others, cattle and young animals were fed on hay while horses, sheep and goats, and camels were on pasture.

Demography

Ekhirit-Bulagat

The Ekhirit-Bulagat population seems to have been significantly expanding during the 18th century when some valleys east and south of Lake Baikal were colonised. But after then the average population was not rising excessively (1.5% per year), and in some places declined (Kulakov 1898: 50–53); in Yangut clan, of normal economic prosperity, there was a population drop of 13.36% from 1897 to 1912. The greatest losses were in areas of more emphasis on pastoralism, whereas in regions with more agriculture the population was rising (Kulakov 1898: 42–48; Manžigeev 1960: 174).

Khori

Population figures are not known to me for Khori Buryats, but they are likely to be similar to those of the Selenga Buryats: average increase of 1.7% per year over the period 1800–1850 (Razumov & Sosnovski 1898). During the 19th century there was a huge increase in the number of supposedly celibate lamas; by the 1920s, lamas were 1 in 5 or 6 males.

The number of Russians within Khori territory is not known.

Herds

Ekhirit-Bulagat
The main type of herd was cattle, in the

Khori
The main type of herds were sheep and horses.

sense that no one could do without them, and the poorest people kept them in preference to other animals. An average family had 5–6 milking cows, 30–40 sheep, and 1–3 horses, and the richest had 100 cows and 300 sheep (Manžigeev 1960: 130–134). The most prestigious herds, as among the Khori, were horses, and rich people might have several herds of 15 or so head. Generally, the herds in the Ekhirit-Bulagat region were decreasing rapidly by the end of the 19th century.

A very rich owner had 8000 sheep, 4000 horses, 3000 cattle, and 1000 camels, and the Khori *head taisha* (prince) is said to have owned 10,000 horses, 3000 cattle and 4000 sheep at the beginning of the 19th century (Manžigeev 1960: 131). At the same time there were poor herdsmen, though not so many nor so poor as in the west. The totality of herds was increasing during the 19th century.

Social organisation of production

Dispersal of productive units

Ekhirit-Bulagat
The main unit of production and consumption was the family or domestic group. These were grouped in permanent winter settlements (*ulus*) along river valleys. The *ulus* consisted of one or more minimal lineages (which I call *urag* A) of 3–4 generations depth. *Urag* means "kin group". Usually such minimal lineages were segments of the same minor lineage. Autumn and spring pasturing virtually ceased to exist during the 19th century. At summer pastures a wider group of patrilineal kin joined together, perhaps a minor lineage of 6–8 generations (*urag* B). The summer pastures of major and even maximal lineages were traditionally adjacent. The cattle economy was dependent on the fertilised hay fields, which were in river valleys at the winter sites; agricultural fields were on hills perhaps 5 km from there. In places where Russian settlement was heavy, summer pastures were sometimes annexed and the population became effectively sedentarised, based only on the winter *ulus*. The end of summer pasturing thus meant the end of the structural need for stable genealogy at the higher lineage levels.

Khori
The main unit of production and consumption was again the domestic group, but settlement was more scattered than in the west. One–three domestic groups (*ail*) moved together and co-operated in herding. Most people lived in tents throughout the year, and were able to, and often did, move right across Khori territory during annual migrations. Winter camps were the most stable. During the 19th century more houses came to be built for winter, and hay was cut from the fertilised area round the winter house. The scattered houses at a winter site came to be called *ulus*. There were very few settled groups; most used at least four seasonal pastures.

Mobility

Ekhirit-Bulagat
There was very little mobility; average distance to summer pastures was 10–20 km at the end of the 19th century (Kubakov 1898: 60–65). There was virtually no free land for

Khori
Mobility was great, not only in terms of the annual movements to various kinds of pasture, but also in expansive migrations eastwards and southwards. During the 19th and

expansion, and previously unacceptable narrow stony valleys were filled up during the 19th century. The Ekhirit-Bulagat peoples had expanded into valleys east of Lake Baikal during the 18th century, but by the end of the 19th this was no longer possible as the valleys were full and themselves cut off from further expansion by forests or by Khori and other peoples.

20th centuries Khoris continued to move into the Aga Steppes, Manchuria, and Northern Mongolia.

Exclusivity of access to resources

Ekhirit-Bulagat
Land was owned by lineages collectively and was subject to reallocation periodically. Reallocations at the major lineage level (10—11 generations) took place rarely, but at the *urag* B level they occurred every few years, and at *urag* A level every year in some places (Asalxanov 1963: 134—149; Ščapov 1875). Land-use was based on genealogical claims to descent within the given group. Pasture was used in common. The main item of reallocation was common hayfields, the shares depending on the number of adult males in the domestic group. Households with larger herds used the hayfields of poor families in return for gifts of animals or grain. Agricultural land was in fact owned in perpetuity by the man who cleared it and his descendants, and the same came to be true of the fertilised hayfield around the winter house.

Herds were owned individually by men and women, but managed within a domestic group.

Khori
As in the west, land was owned in common by the lineage, but in this case the operative unit was the entire Khori clan-family. This made it possible for individuals from any of the clans or lineages to use any land, provided someone else was not there first. Hayfields came to be cleared by the end of the 19th century, but there was no clear rule as to rights in them. In some places they were administered in common by the *ulus* or *buluk* (see below), in others they were owned by individuals as long as they were needed. Generally, labour gave the right to continued use of fields (the same was true of the small amount of agricultural land).

The same.

Fluidity of groups

Ekhirit-Bulagat
Groups were not fluid because of lack of land for expansion. The large family, with sons and their wives and children included in the domestic group, was more common than in the east (Basaeva 1974: 13—28). Fissioning of lineages was complicated by fixed assets in land and in frequent reallocations at higher levels: poorer groups objected to division of lineages since this removed the chance of a beneficial reallocation of land.

Khori
Groups were fluid at both domestic group level (with early fissioning into nuclear families) and at lineage levels. Territorial expansion made it possible for a fissioning group to reproduce the original group in the same form.

Autonomy of production units

Ekhirit-Bulagat
There was a comparative lack of autonomy in that members of the *urag* A were obliged to see that no one lagged behind in work in the fields, winnowing, felt-making etc. Agricultural tasks were done on a mutual help basis at given times of the year. Summer herding was done in common by rotation among members of *urag* A or B.

Khori
There was comparative autonomy of domestic groups in all production, although herding tasks were shared by the *ail* (2—3 domestic groups). Poor families herded the animals of the rich in return for a share of the milk and wool, but such arrangements were on a seasonal basis and could be broken by either party when they felt like it.

Reciprocity

Ekhirit-Bulagat
Reciprocity was very strong at level of *urag* A: any slaughtered animal's meat was shared; guests were entertained in common; bride-price and wedding expenses were in common; there was an obligation to help poor. There were large numbers of rituals and sacrifices, at which a major part of the meat diet and alcoholic drink was consumed; these occurred at all levels, including *urag* B and major lineage. There was general reciprocity up to the level of major lineage, but also strong competition (i.e. negative reciprocity) between different *ulus* for land, and even stronger antagonism, amounting to fighting and stealing sometimes, between sections of major and maximal lineages for the same reason.

Khori
There was a comparative lack of reciprocity amongst neighbourhood groups since these do not necessarily coincide with kin, and virtually no kin-based rituals; anyone in neighbourhood could take part in festivals at *obo* (ritual cairns) or at lamaseries. Reciprocity was generally weak between all clan members, and between all Khoris.

Marriage alliances

Ekhirit-Bulagat
The exogamous group was *urag* B or even larger. Alliances were made between *urags* at either A or B level belonging to different maximal lineages; alliances, sometimes involving exchange of women, were carried on over several generations (Manžigeev 1960: 50—51). The range of possible marriages was thus restricted by a genealogically deep interpretation of exogamy, and traditional alliances between small groups.

Khori
Little is known about marriage alliances with particular groups; probably the range of possible marriage partners was wider than in the west. Exogamy was in theory 11 generations, but in practice 7 or less (Linxovoin 1972: 44—46).

Differentiation of wealth

Ekhirit-Bulagat
The western Buryats were poorer on aver-

Khori
There was a great differentiation of wealth

age than the Khori people. The differentiation of wealth between rich and poor was also less. But wealth in herds and grain was convertible here into money, and thus manufactured goods, buildings, etc. The market was increasingly used by rich western Buryats during the 19th century.

in herds, which were not so easily converted into other forms of wealth as in the west, partly because of the lack of towns and urban Russian settlement. Khori Buryats did not enter the market to any great extent. The only major conversion was of herds to religious merit (building monasteries, financing rituals, giving herds direct to holy men, etc). The many lamaseries were supported by the surrounding Khori population.

In the few areas with agriculture, there was a smaller differentiation of wealth, the population was more static, was more likely to consist of agnatic kinsmen alone, and consequently there was more reciprocity in the neighbourhood group (Asalxanov 1960: 68–83).

Political organisation

Strategic position and defense of political groups

Ekhirit-Bulagat
In the pre-Russian period the western Buryats were sheltered from attack by the Mongolians by Lake Baikal and the Sayan Mountains. To the west there were only small hunting tribes, and so at this period there was no need for the Ekhirit-Bulagat to join together for defence. When the Cossaks arrived in the 17th century with superior arms (guns as opposed to bows and arrows) the west Buryat clans were easily defeated one by one and never subsequently united politically.

Khori
The history of the Khori in the Chingghis period is not clear, but by the 16th century they were feudal subjects of the Mongolian Altan-khan in South-Eastern Mongolia. They were given in the dowry of Altan Khan's daughter when she married the Solongut Bübei-Beile in the 1590s, but subsequently fled into Trans-Baikal, their present homeland. Here they were always open to attack from the east, from Bübei-Beile's army and from Tungus tribes. In the early 1600s they fled westwards to the other (western) side of Baikal, returning to the east 40 years later.

In fleeing from Bübei-Beile the Khoris *requested* protection from the Cossak fortresses and offered to pay taxes in furs to the Russian government. Mongolia at this time was rent by internal wars, and more and more groups of Khoris (and other tribes) fled northwards to become subjects of the Tsar. The border was not finally closed until the mid-18th century.

The need to act as a defensive unit against attack by the Mongolians made the Khoris a united group from the start, and this continued in their relations with the Russians.

Leadership

Internal relations

Ekhirit-Bulagat
Administration was carried out by the leaders of "clans" (Russian *rod*, of which some members were not actually kinsmen, see below) — *taisha* or *shülenge*; divisions of "clans" — *darga* or *zaisan*; and local groups of *urag* B level — *darga*.

Political leadership was inherited by virtue of primogeniture in genealogically senior lines, but all appointments had to be ratified by the agreement of (later, election by) the elders of the lineage. Election of minors, with a regenthood, was common. The occasional choice of a younger rather than an elder son as heir (for reasons of disability, drunkenness, etc.) by the elders gave rise to the possibility of dispute in further generations, i.e. two lines claiming descent from an office-holder. When lineages fissioned and the office of leader in the junior lineage was recognised by the Russians, a new "aristocratic" line was created which sometimes was able to challenge the original senior line for the highest post. Sometimes completely non-aristocratic but powerful lineages challenged elections. Thus there were almost always disputes about the appointment of leaders, despite the hereditary principle (Zalkind 1970: 289).

The main tasks of leaders were: collection of taxes, organisation of hunting for furs, general regulation of the economy so that all tax-payers were enabled to pay (taxes were payable in nature, not money), settlement of disputes.

Khori
Leadership positions were inherited in the same way as in the west, but challenges to the aristocratic lines were far fewer. The hierarchy of posts was more complex than in the west, and was accompanied here by a system of titles on the Mongolian model. Titles were inherited on a wider scale than the official posts, and so more people came to hold titles than actually performed the associated duties of political leader. Even titles however were only inherited by one of a group of sons, while other sons would have lesser signs of rank. Titles and ranks were carefully marked by differently coloured buttons (*jins*) on hats. They were acquired by birth, while the political posts had to be ratified also by agreement of the elders.

The duties of leader, besides those mentioned for the western Buryat, were: allocation of border duties, prevention of trade or marriages with Mongolians, collecting together and keeping a check on nomadic groups (in theory Khoris were not allowed to camp in distant places in groups less than 20). Leaders however had no armed force at their command to check disobedience on a large scale but would have to call on Russian help.

External relations

Ekhirit-Bulagat
Since political leaders were exempt from tax, the Russians wished to keep their numbers to a minimum, and therefore they supported (by edict) the inheritance of office. The Russians desired Buryat leaders to be strong enough to gather the tax and keep order, but not powerful enough to challenge Tsarist authority. They did not usually interfere in internal Buryat matters, but reserved the right to dismiss leaders and ratify new appointments when appealed

Khori
Because of the relative lack of internal challenge to Khori leaders in comparison to those of the west, the Tsarist officials treated them with more respect, thus contributing in turn to their greater authority. The Khoris were in fact in a more independent position, being highly nomadic and living close to the Mongolian border.

Buryat leaders were used by the Russians to advertise the Russian way of life; thus the Khori *taisha* (princes) were offered money to. There was thus large-scale bribery of the Russian officials responsible for these matters.

The western Buryats were not united in their representations to the Russians. Conflicts between Buryat leaders were endemic; on the communal level they were usually about land, on the individual level they concerned competition for office (Zalkind 1970: 333). Leaders of clans never met together to discuss common policy, and even the Russian annexation of land in the late 19th century brought no unity among the traditional leaders.

and Tsarist court ranks to build houses and sow corn.

From the start there was a recognised hierarchy of Khori leaders, with the Galzuut *taisha* at the head. Despite the fact that the Khoris consisted originally of two groups of clans, one of these groups always acknowledged the seniority of the other. This was expressed genealogically in the myth of origin, one group of clans descending from the sons of Khoridoi's first wife and the other from his second.

Unlike the western Buryat, the Khori acted in a united way in relation to the external world. Matters of law, taxes, land, border-service and relations with the Russians, were discussed at meetings of the elders of the entire clan-family. Measures were taken in respect of the entire group.

To summarise: in both Ekhirit-Bulagat and Khori society there was an ideology of patrilineal descent, but in practise this worked in different ways in the two groups. In the east, since the possession of land by individuals was not an issue, land-rights continued to be held at the highest level (clan-family of Khori) and households were more or less free to nomadise where they wanted. In the west on the other hand, a combination of factors (natural conditions suitable for hay/agriculture economy and not suitable for all-year-round pasturing, and definite limits to territory) led to the comparatively intensive use of land. This, combined with the arrival of increasing numbers of settlers, made land scarcer and more valuable during the nineteenth century. The solution to the problem of collectively owned but scarce land was periodic reallocation. But because of the shortage of land, reallocation was nearly always at someone's expense, and the result was antagonism at every level where reallocation occurred. In general, unlike the Khori economy which had been greatly expanding until the end of the nineteenth century, the Ekhirit-Bulagat economy was in decline. The increasing reliance on hay did improve the milk yield of cattle (Manžigeev 1960: 89), but it did not halt the decrease in total numbers of the herds due to lack of pasture for extensive herding. The greater reliance on agriculture had the effect of further reducing the possibility of extensive herding.

These economic conditions had a certain effect on the political situation of the two groups, which differed considerably despite their identical position within the Tsarist administration. Both were governed by indirect rule, by means of hereditary/elected leaders of "clans" (Russian *rod*) and divisions of "clans".

Politically, the Khori clan-family was a single, centralised unit under a single *head-taisha* (prince). In 1837, when the Khori Buryats living in the Aga region separated off and asked to be given their own *head-taisha*, a second identical structure was created. The Khori clan-family consisted of eleven clans, conceptualised as the descendants of the 11 sons of Khoridoi by three different wives. The line producing the *head-taisha* was the senior line of Galzuut clan, i.e. the descendants of the eldest son by the first wife. The Galzuut clan was not numerically the largest, and we may support that without the institution of the Tsarist government-backed *taisha*-ships, the recognised hierarchy of clans might have been challenged. However, Tsarist backing cannot have been the only factor since it operated also for the Ekhirit-Bulagat clan-families which existed in perpetual discord and had no acknowledge head.

The Khori Buryats' early political unity is clear; in 1702 they sent a common delegation, consisting of a representative of each of the eleven clans, to Tsar Peter I, requesting official recognition of their pastures. This they received. Again in 1804 they successfully negotiated with the Russians: they ceded the valley of the Ingoda River to settlers but in return received the extensive pastures around the Onon River. In the 1880s representative Khori *head-taisha* again went to Moscow to discuss the question of settlers on their land. Frequently Khoris contributed as a single group to government funds, e.g. in the early 1800s, when they gave 1000 horses to Moscow to compensate for those lost in the Napoleonic wars (Pučkovskij 1957: 111).

Although the Khori *head-taisha* represented his clan to the Russians, his control over the members of his clan was minimal. People who did not want to pay taxes or perform services could easily move far away to the east, even outside the borders of the Russian state. As a result, when refugees from wars among the Khalkha Mongols arrived in Khori lands, they were welcomed as subjects by the Khori princes. Pastures were allotted to them readily and they were "adopted" into Khori clans, since by definition only clan members were subjects of the princes. This democratic treatment was necessary, given the fact that the Mongol refugees could instantly move back over the border if they were dissatisfied. The Buryat historian Tsydendambaev has estimated that a large proportion of "Khoris" were in fact Mongolian refugees who arrived in the early 18th century before the border was closed.

The Ekhirit and Bulagat clans were never politically unified (except for a probably mythical common stand against the Russians in the seventeenth century). After their inclusion in the Russian state, the largest political grouping was the maximal lineage or major lineage which the Russians identified as *rod*. It was from these units that the *taisha* were drawn. In these western regions the *rod* came more and more to have a territorial dimension, and in many cases fissioned off sections of lineages were administratively included in foreign *rody* if they were settled too far away from the main lineage. Some groups were thus forced to struggle for land rights not only vis-a-vis their own agnatic kin, but also against non-kin lineages.

The continuous and unresolved battle between lineages for control of land made an acknowledged political hierarchy impossible: populous lineages with little land were always demanding reallocations, while lineages with comparatively low population density tried to avoid them. It is also true that the absence of previously established political hierarchy in the west, such as that which had been created among the Khori for defensive reasons, must have been a factor in keeping the competition for land unresolved.

The situation was complicated by the presence in Ekhirit-Bulagat territories of many "foreign" groups of refugees from Mongolia. These people, if at all numerous, were thought of as enemies who had forcibly settled themselves a long time ago on Buryat land; the small and insignificant groups were reckoned to be descended from lone refugees who had been kindly given a widow to marry and allotted an undesirable bit of land. None of these "foreigners" were ever adopted into Ekhirit or Bulagat clans in an acknowledged and unequivocal way as happened among the Khoris.

Genealogies

Buryat society was seen in terms of clans and lineages, and these were represented or explained by genealogies and not in any other way. The idea that the Buryat were a single people (an idea which seems to have occurred fairly infrequently) was therefore represented by a common father of Bulagat, Ekhirit and Khoridai — Bargu-Baatur. An even more inclusive genealogical myth made Bargu-Baatur the father of three different sons, Ilyuder-türgen, ancestor of the west Mongol Ikinat and Zungar clans, Gur-Buryat, ancestor of the Ekhirit and Bulagat clans, and Khoryodoi-Mergen, ancestor of the Khori clan. This version was found among the Kudinsk Buryat, i.e. Ekhirit-Bulagat people amongst whom were living large groups of "foreign" Mongols of the Ikinat and Zungar clans. Other myths link the Buryats as a whole with other Mongol peoples. In other words, there were a series of myths of lesser or greater inclusivity, none of which had absolute authority over the others.

For the purposes of this paper, which deals with the comparison of Ekhirit-Bulagat groups with the Khori, I shall discuss genealogical myths at the level of the clan-family and below. This is the level from which Buryats themselves usually start when giving a genealogy.

Ekhirit-Bulagat and Khori genealogies are very different from one another, and this can be summarised as follows:

Ekhirit-Bulagat	Khori
Many origins	Single origin
Prolific (many versions)	Standardised (few versions)
Contradictory (within single genealogy)	Internally consistent
Illegitimate links between people included	Illegitimate links not recorded

"Umbrella" shape   "Pyramid" shape or "broom" shape

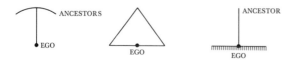

Oral   Written or oral

Despite the important differences between Ekhirit-Bulagat and Khori we find that characteristic patterns were present in the genealogies of each group, so that it makes sense to talk of an "Ekhirit-Bulagat type" or "Khori type" of genealogy (whereas the category of "Buryat genealogy" does not exist).

The fact that genealogies regulated rights to land is crucial in establishing these different patterns. The Russian administrative system did concentrate land conflicts at certain levels of segmentation, particularly the *rod* level (approximately maximal lineage) and the *inorodnaja uprava* level (a group of related *rody*). This imposed a certain inflexibility and non-relativity on the fissioning off of lineages, but it did not alter the fact that genealogies continued to be used to define groups and relations between groups.

The Ekhirit-Bulagat situation was as follows: the genealogically based social system with inherited political office meant that while clans as wholes owned land, the allocation was in fact controlled by senior lines within the clan. Land allocation to a junior segment within the clan could at any time be rescinded by "the clan as a whole" directed by the senior line. This meant that any junior line firstly wanted to be able to demonstrate a genealogical link with the senior line in order to be able to claim any land at all, but at the same time had a strong interest in being able to declare that it was in some way different and superior to the senior line — because in this way it could resist the threat of take-over of its land by reference to seniority. In other words, every group had to claim a long genealogy up to the most senior lines *but* simultaneously in some way not recognise the unequivocal right of these lines over their land. This was one of the reasons why there was no lineage among the Ekhirit-Bulagat clans which was totally accepted as being legitimately senior. It also resulted in nearly every group having internally inconsistent versions of their genealogy: one showing regular patrilineal descent in the male line from a famous ancestor, the other introducing some magical non-lineal element into the story, usually one which tied an ancestor to a particular place in a supernatural way. These genealogies established the claims of a "junior" line in relation to a "senior" line. But at the same time there were genealogies put out by "senior" lines which embraced or smothered the claims of "juniors". Such an account might be either admitted or denied by the "junior" group depending on their strategy at the time.

We can thus isolate two reasons why the Ekhirit-Bulagat never developed an over-arching, all-inclusive genealogy: firstly because land-claims were *actually* made by relatively low-level groups in competition, and secondly because scarcity of land forced groups to multiply their claims in such a way as to negate the legitimacy of higher-level genealogies.

This multitude of conflicting versions mainly occurred at the top level of genealogies, that is over eleven generations from Ego. Although there seems at first to have been only confusion in the higher relations of lineages to one another, it is possible to discern a few regularities if one looks at the numerical size of a lineage and its advantages or disadvantages in territorial position. According to these criteria there are two main categories: the extensive clans living in broad river valleys, and the numerous small lineages living in marginal or disadvantageous places. The first group consisted of a related group of "original"-descendant clans of the Bulagat or Ekhirit clan-families linked together by various conflicting and contradictory kinship ties: elder brothers — younger brothers, uncles — nephews, half-brothers with different mothers, illegitimate sons of a sister, and so on. In this group it is noticeable that the only clan which had anything like an established claim to seniority among the Bulagat was the Alagui, a rather small clan living somewhat on the fringes of the main system of river valleys. The other clans in this category were larger and at the same time tended to inhabit more advantageous territories, and all of their genealogical claims were disputed. As a group they claimed to have been driven out of their first homeland in the Kuda Valley by enemies, or to have left it because their herds multiplied, and then to have spread out into their present territories which were then uninhabited. The other category of clans, the small, disadvantaged ones, tended to have separate and different genealogies: they did not usually claim direct *descent* from the large clans, nor did they have any relationship with one another. They seemed rather to be relegated to acknowledged illegitimate links with the large clans (i.e. through women or disgraced men); alternatively they admitted to "foreign" origins from the Khori clan or from the enemy Ikinat and Zungar clans. But while admitting defective ancestry in one way or another in terms of patrilineal descent, this group of small lineage retaliated by introducing powerful shaman ancestors into its genealogies. This was directly relevant to the matter of territory because shaman (or shamaness) ancestors were amongst those most likely to be transformed after death into *ejid*, the spirit-owners of particular places. It was in this "magical" way that these small clans chose to legitimise their claims to land.

There were thus several kinds of claim to territory: one through legitimate descent from an ancestor who was the first to take over uninhabited land; another through magical, autochtonous origin at a particular place; a third through kinship, not necessarily patrilineal, with shaman ancestors who had become spirit-owners of the land; and finally there was a fourth type, perhaps the weakest, in which "foreign" ancestry was admitted, but it was claimed that the ancestors either won or were allotted particular bits of land from the original inhabitants.

The situation in which all of these claims and counter-claims were made concrete was the sacrifice to the ancestors and spirit-owners (*tailgan*). Sacrifices occurred annually, and they were held at all levels of segmentation from the lowest (*urag* A, 3–4 generations) to the highest (maximum lineage, about 11 generations or more). This meant that any one group of agnates would attend several sacrifices during the year at different levels of inclusiveness. A *tailgan* sacrifice was conducted by the elders of whatever group was gathered together, and each component segment of the group was spatially arranged from right to left in order of genealogical seniority. The sacrifice was held at a ritual site, usually on a mountain, within the territory claimed by that group. The ancestors and spirit-owners of that place, without whose blessing life would have been impossible on that territory, were invoked in a long speech by the officiating elder. Thus, the placing of agnatic kin-groups at one site and the process of the ritual necessarily made clear one rank of lineages at that moment. Not surprisingly, the *tailgan* was sometimes the occasion for fierce quarrels.

All of the larger lineages of the Ekhirit-Bulagat segmented in the course of time, and sections of them were to be found living in various places, often at some distance from the ritual site and "original" clan territory. Since attendance at the *tailgan* meant membership of the lineage, and exclusion from it entailed loss of rights, junior, fissioned-off groups attempted to attend as many sacrifices as possible at higher levels in order to preserve the right to claim land in the original territory. Conversely, senior lines, particularly if things were going badly for them, tried to prevent the fissioned-off groups from appearing. This was justified on the grounds that "they [the junior groups] are taking away the ancestors' blessing from us".

At the same time, of course, the senior group strenuously maintained the right to go and settle amongst any segmented kinsmen by virtue of the myth in which the apical ancestor in his original wanderings visited all of these places, which were thereby available to all of his descendants. This was the same myth which the fissioned-off groups themselves used when justifying their presence in lands away from the "original" clan territory which were claimed by other people.

The relativity of genealogies of the Ekhirit-Bulagat is clear. Every group seemed to have a less aggressive and a more aggressive version depending on the situation. Only for an acknowledged senior line of the senior clan (and this did not exist) would there have been a point in maintaining a pure genealogy with a single ancestor. For everyone else it was better to confuse things.

The tiny, marginal groups living at the head of valleys near the forests had purely "defensive" genealogies: "foreign" origin meant that they were not likely to claim anyone else's land, but powerful shaman ancestors meant that anyone taking their land was likely to be supernaturally punished. For everyone else — the fractious inhabitants of the well-populated river valleys — the aggressive version of a genealogy contained many ancestors at the higher levels. The links between these ancestors were as legitimate as one group could claim and another would admit. Everyone had at least one other fall-back genealogy at this upper level. The result was a teeming confusion, in which famous ancestors of various kinds ("warrior", "father-in-law", "shaman", "huntsman") proliferated, some even being claimed by quite separate groups in different regions. The warrior ancestor Uxaa Shara, for example, was claimed by both the Shono clan in Verkholensk and the Hergelder clan in Barguzin (Baldaev 1970: 211–215, 244–245).

The proliferation of ancestors at upper levels gave the Ekhirit-Bulagat genealogies their characteristic top-heavy "umbrella" shape. It is clear that this was connected not only with quarrels over land but also to the separation of political from religious (shamanist) roles. Shamans during the 19th and 20th centuries were not the same people as clan or lineage headmen, and shaman lines were invariably either from small marginal groups or, more rarely, from deviant sections of the larger clans. Since it was frequently shaman ancestor-spirits which became spirit-owners of the land, it was necessary to establish some kind of link with these also, if one was to live in peace and prosperity in that place. Droughts, epidemics, attacks by wolves, and even outbreaks of thieving or cattle-rustling were all attributed to the displeasure of spirit-owners of the region. Since the spirits were occasionally women and shaman-lines often originated with women, this gave a further diversity to the links traced to the "ancestors".

Thus West Buryat people asked not only the question, "Who are the descendants of X?" but also, "Who are my ancestors?", and young boys were instructed in their genealogies not only from ancestor X downwards, but also from Ego upwards. At lower levels only a list of names was given, but among the distant ancestors it was also necessary to know a complex of genealogical myths.

The greater the decline of the West Buryat economy during the 19th century and the more severe the "disasters" which occurred, the greater the accumulation of ritually important shaman ancestor-spirits. The process of "discovery" of them is described in many sources (Manžigeev 1960: 187). In a situation not of expansion but of retrenchment it was important not only to have direct lineal ancestors validating rights to land but also to have protection from shaman spirits on the land on which one was settled. Also, as the land-base shrank in relation to population and competition intensified, appeals to shaman-line ancestors (perhaps inherently more flexible than agnatic claims) must have become more important. The close connection between land-use and ritual is shown by the fact that when the common summer pastures of the four major Gotol lineages were annexed by the Russians in 1860, new spirits were immediately discovered at the different winter sites which remained to these lineages, and communal summer sacrifices to the lineal ancestors were discontinued, i.e. when new relations were established between kin-groups and land it was found necessary to validate these immediately by new deities, and vice versa, to protect the separate rights of each group against claims by the other three it became expedient to "forget" the previous common deity.

Eastern Buryat Khori genealogies were quite different. They formed a consistent hierarchy with a single apical ancestor (Khoridoi) and included only legitimate males. The hierarchy of clans and lineages was established through standard patrilineal criteria of seniority: (1) by generation; (2) by age between brothers. The latter was extremely important. Darbaev's official genealogy (1839) of the Galzuut clan, for example, lists men always at "X's 1st son A", "X's 2nd son B", "X's 3rd son C", etc. The only other criterion used, and this occurred only at one level, the differentiation between the eleven original clans of the Khori clan-family, was the distinction between first, second and third wives as mothers of Khoridoi's eleven sons and one daughter.

Genealogies were never used among the Khori Buryats to validate territorial claims, since land and water of all types was held in common by the entire clan-family and not allocated to sections of it. There was an early tendency for clansmen to live in the same region, but this was not so much because of particular bits of land held in common as for reciprocity of other kinds for example, in pasturing. The nineteenth century shows a continuous process of intermingling of members of different clans and a dispersion of the Khoris in general over wider and wider areas. The more suitable a region was for pastoralism, the more individuals of various clans went to exploit it, and so we find that the most prosperous areas from the herding point of view were also the most mixed in population. When, by the second half of the nineteenth century, hay began to be used in winter and some pressure on land began to be felt, neighbourhood populations everywhere were so heterogeneous that genealogical reckoning could in no way deal with the situation. Instead, a totally new system of local groups (*buluk*: Buryat "division", "section") emerged. These consisted of a few hundred people of mixed origin who banded together to protect certain land and water rights, chiefly rights to irrigated and fenced hay-meadows. However, even in this situation movement was very free and individuals could become members of a *buluk* quite easily, simply by right given by participation in the work of clearing and fencing the meadows. Many households continued hardly to use hay fodder at all.

Genealogies however did not cease to be of immense importance to the Khori Buryat. During this entire period (seventeenth—twentieth centuries) political offices, ranks, and titles, together with herds and other wealth continued to be inherited by reference to genealogies. (If offices were not directly inherited from father to son, then office-holders continued to be elected from amongst a narrowly defined lineal group within the clan.) The genealogies of

princely lines were written down in Mongolian script, and in fact it is probably
true to say that writing in secular life was used almost exclusively for this purpose: the recording of historical chronicles of the Khori in general, and princely
genealogies in particular.

Probably, the central myth of Khoridoi and his eleven sons was definitively
formalised in the early 18th century. The word "Khoridoi" is in fact a title
meaning "leader of the Khori" and not a personal name (Tsydendambaev 1972:
188–190), and there is evidence that at an earlier period some people thought
there were thirteen, not eleven, clans ("the five Sharaldai, and the eight
Nagatai"), which was later explained away by genealogists on the grounds that
two of Khoridoi's son had died in infancy, or migrated to the west. Careful
studies by Tsydendambaev have shown that many of the "Khori" clans in fact
had unclear origins and some may have been included among the Khori only
after the latter had chosen to become Russian subjects. It is clear that, as subjects of the Tsar, the Khori were much more independent than they had been
under the Mongolian Khans. Moreover, they were freed, as Siberian "natives",
from the obligation to do military service in the Russian army, whereas in
Mongolia feudal ties implied before all else the obligation to fight. It is not surprising, therefore, that many groups and individuals from northern Mongolia
decided to join the Khori, and since "being a Khori" was defined genealogically
it was necessary somehow to establish the necessary ancestry. There is evidence
of considerable manipulation of the genealogies at this period, primarily
insertion of groups at the level of a lineage (*xüxüür*) into the eleven clan framework. It was only after the border was closed to large-scale migration (mid-
eighteenth century) and genealogies began to be written down that the stan-
dardised Khori version appeared. The writing down of genealogies clearly was a
move to consolidate the power of the leaders.

The political allegiance of ordinary subjects in the nineteenth century was
ascribed on the basis of genealogical position, according both to Buryat customary law and the Russian system of the *rod*. However scattered they were, a
prince's tax-paying subjects were defined as the members of his clan, and the
same was true at lower levels (lineage chief, headman of lineage segment). The
Tsarist support of the "traditional" hereditary principle (e.g. in the *Položenie*
of 1812 – Zalkind 1970: 284–285) may indeed have enhanced the importance
of genealogies which had in fact less significance in feudal Mongolia (except
among the aristocracy) where commoner clans were deliberately broken up and
sent to serve in different parts of the country. In contrast the Russians tried to
keep clan members together for ease of tax collection.

Genealogical knowledge was thus necessary, at least to some extent, for
ordinary herdsmen to operate politically. But after the closing of the Russian–
Mongolian border the Khori ceased to be warlike, and political units, especially
those at higher levels, never actually physically gathered together for any activity. There were few, if any, clan-based ritual occasions among the Khori after

their massive conversion to Lamaism in the eighteenth century. Weddings, with their large exchanges of property, were the primary occasion for corporate activity on the part of lineages, and at a rather higher level of segmentation (7–11 generations) the most important function of genealogies was in determining the limits of exogamy. Even if not all the kinsmen within the exogamous limits would participate in the expense of a wedding (or any other occasion in fact), it was still necessary to know who they were, in other words to know a very wide circle of living people – including some generations on the mother's side – who would almost certainly be living scattered in different places. This gave Khori genealogies what I call a "broom" shape, i.e. a line from a single ancestor and then proliferation of agnatic kin in present generations.

It is possible that the conversion of the Khori to Lamaism was related to the cessation of large-scale military activity and provided a new focus for leadership and prestige. Each Khori *taisha* was associated as patron with his own monastery. Society as a whole related to the lamaseries, and thus supported them, in much the same way as it had previously supported a body of fighting men.

During the nineteenth century more and more genealogies were written down, usually by scribes or lamas working for the princely families, but with the aim of recording not only chiefly lines but all the members of the clan. The writing-down of genealogies among the Khori coincided with the expansion of population and pastoral production and the dispersion and intermingling of kin groups. Written genealogies were added to and kept up to date, and could be used as legal documents. The aim of recording all the names of all the members of a whole clan was of course never realised, even though some of the genealogies contained several thousand names. Realising that his own knowledge and the information collected from friends would be patchy, the scribe usually gave an over-all *resumé* of the clan's divisions before setting out his own detailed record of a particular section of it. A clan was divided into sections called *xüxüür*, named after founding ancestors from 7 to 8 generations distant. Each clan within the Khori clan-family had from 5 to 25 *xüxüür*, some of these being themselves internally subdivided: groups based in Khori lands proper, the Aga steppes, or even North Mongolia or Manchuria. A genealogist would attempt to cover fully the members of his *xüxüür*, and then would add notes on other scattered lines of his acquaintance; for example, a man belonging to the Khodonts *xüxüür* of the Sharait clan of the Khori clan-family and writing the genealogy of this section would add a note that "from the descendants of the Akhaidai *xüxüür* of the Sharait clan there are the Püskhei and Torgoboi living in the Aga steppes" (Tsydendambaev 1972: 93).

The writing-down of genealogies had certain consequences. It can be assumed that, at the initial point of writing-down, when the accounts of knowledgeable old men were compared and the most common version recorded, "structural amnesia" must have been operating, as in oral genealogies; we can see this because, although the Khori population did greatly increase during the 18th and

19th centuries, there are still nothing like enough ancestors in the early parts of the genealogy to account for the present. This gives Khori genealogies their characteristically pyramidal shape. But once the names were written down, it was impossible to ignore them, and furthermore, since genealogies were held to be true, all names were recorded, even people with no descendants. Unlike the Ekhirit-Bulagat, the Khori had no reason to exclude or deny their kinsmen; on the contrary, the more kinsmen scattered over the steppes, the better. From the generations where the genealogies were written down "structural amnesia" virtually ceased to exist.

Writing in general in Mongolia was sacred in the sense that something of the essence of the thing written was thought to adhere to the writing itself. The setting-down and periodic updating of genealogies was a ritual act accompanied by offerings to the Lamaist deities. It is clear that writing had some kind of precedence over the spoken word, and that genealogies were supposed to agree with other written texts. Thus we find that Khori genealogies, when they cover the same ground, tend to be identical or very similar to one another; but this does not mean that they correspond to reality.

Although "structural amnesia" of the kind operating in oral genealogies ceased to exist, other factors stemming directly from the method of writing genealogies and the attitude towards writing made it inevitable that the records would diverge from real kinship. The method of writing a genealogy was to set down the name of the apical ancestor first, enclosed in a circle, and then put down the names of his sons enclosed in further ovals joined to the father's name by direct lines. Grandsons' names were attached to the sons in the same way. Seniority between brothers was indicated by joining the eldest brother to the right of the father's oval and younger brothers successively to the left. The system of writing itself left no room for many of the elements recalled most frequently in the oral genealogies of the Ekhirit-Bulagat: links through women, illegitimacy, adoption, magical birth, and so on. It would have been possible to record, even within the framework of a strictly agnatic system, the complexities of the real composition of the lineage, the adoption of sons, for example, which was extremely common among the Khori and almost *de rigueur* in a family without an heir, but this was only done in exceptional cases, by means of additional notes. Khori genealogies were thus idealisations. Even if the names of all males in the lineage were recorded, the actual relations resulting from adoption, levirate marriage, and so on were not set out.

In part this may have been the consequences of the fact that genealogies were written by scribes of princes and constituted registers of subjects. Either someone was a subject, or he was not; ambiguities were not required. If the Russians recognised a man as a subject, the prince was required to collect his tax. There was a clear motive for having more subjects since both Buryat and Russian officials frequently took a rake-off from the collected furs, herds, etc. Comparison of genealogies with the historical chronicles also found among the

Khori shows that it was fairly common for small separated groups of one lineage to be taken in as members of another by a prince who desired more subjects; in this case, the incoming group could only be inserted into the genealogies as "sons", and only independent inquiry could show that the process had happened. A short Khori chronicle accompanying the genealogy of Bübei (of the Khudai clan) shows that people realised this process occurred but had no way of recording it: "Khori had eleven sons whose descendants multiplied and these sons came to be called the 'eleven fathers', ancestors of the eleven clans making up the Khori people. But amongst the Khori there mingled in the sons of others fathers, in such a way that it is impossible to distinguish or separate them."

This raises the question of why a centralised, acknowledged hierarchy based on patrilineal descent could arise and remain amongst the nomadic Khori when it did not among the sedentarised Ekhirit-Bulagat.

In the case of the Ekhirit-Bulagat the need to possess particular bits of land created an essential dislocation between the land-holding groups and genealogical units. Competition was actually between land-holding groups, but was conceptualised — because society itself was so conceptualised — in terms of lineages and clans which did not coincide with them. The operation of land-claims was carried out by reference to genealogical criteria. This use of genealogy was essential because production was organised on the basis of low-level kin (i.e. genealogically structured) units. The reality of land-holding split the ideological unity of higher level genealogical groups, because these groups had no common interest which overrode that of possession of land. This can be seen from the exclusion of genealogically qualified kinsmen from lineage sacrifices if they seemed to threaten the existing land allocation. Thus one can see conflict of the Ekhirit-Bulagat type as constituting a true "contradiction" of the forces and relations of production.

The greater the level of inclusiveness of clans the more they were likely to diverge from territorial groups. The uneven growth of kin-defined population in relation to land could be dealt with more easily at lower levels because reallocations were more frequent. At the higher levels, certain splits in clans and maximal lineages became petrified by the boundaries of the administrative *rod* and *inorodnaja uprava*. But the tendency was for greater, not lesser, conflict between these groups as land became scarcer.

In the Khori case, on the other hand, there were no internal reasons for clans to oppose one another as long as further pastures were available, and there were good external motives for presenting a unified front: i.e. their early subjection to Khalkha Mongol princes, and constant threat from that quarter, the need to obtain a grant of land from the Tsar when they came to Russia, and the more recent repeated waves of Russian settlers on their land. Of course a "united front" could only be shown by the representatives (princes, headmen) of the clans, since the members themselves were dispersed over large areas.

Sometimes, in fact, the Khoris also had religious representatives (e.g. a shamaness in the delegation to Tsar Peter I, or high lamas in relations with the Mongolians), but they never *replaced* genealogically defined representatives.

Clan-based rituals, including the sacrifices to ancestors and spirit-owners, became relatively unimportant among the Khori by the mid-nineteenth century (although they continued to some extent in places, such as the Aga steppes, where lineage dispersal was limited). Much more significant was Lamaism, adopted on the Tibetan and Mongolian model, which itself had a centralised, hierarchical organisation based on the ranking of the head-lamas of monasteries. By contrast, although repeated attempts were made by missionary lamas, the Ekhirit-Bulagat people never took up Buddhism. The Khori were so enthusiastic that by the beginning of the twentieth century at least one in six adult males was a lama. It is interesting that the hierarchy of the Lamaist church, though having no formal connections with the Khori clan system, did in fact coincide with it at the level of the heads or representatives; thus the head of the church, the Bandido Khambo-lama, was repeatedly from the aristocratic line of the Khori *head-taisha*, and on occasion the same man took both offices. Younger sons of princes frequently took high monastic office, which solved succession problems also, since Lamas were in theory celibate. The Russians encouraged this convergence: because Lamas were exempt from taxes, as were princes, it minimised loss of revenue to have the same people occupying both roles.

An important aspect of Lamaism was that rather than rely on attachment to specific local places (as contrasted with the Ekhirit-Bulagat shamanic and spirit cults) it concentrated people, regardless of provenance, into places or monastic institutions. This gave a purchase for hierarchical authority and control over the highly mobile population. The shift to Lamaism thus correlated with the different Khori demographic distribution of descent groups and with the different political significance of place.

This convergence between religious and political centralisations was expressed genealogically. A single line of ancestors was traced back through Khoridai to the Mongolian Khans, and even further to Indian and Tibetan sages who were also "kings" (Tsydendambaev 1972: 59).

Although the Khori continued to give offerings to local deities, this cult too assumed a Lamaist form and had a quite different significance from the Ekhirit-Bulagat. Spirit-owners of particular places had several transformations: as ancestors, sons of "Khoriokh"; as mythical Mongolian khans; as Lamaist deities with Tibetan names. By the twentieth century the Lamaist version was probably the most commonly used.

In the north-central Asian area in general we can see a series of variations between two extremes in the cult of locality-spirits: on the one hand, genealogically based clan sacrifices to ancestors, and on the other neighbourhood-based worship of standard Lamaist deities. The Khori Buryats were never as extreme as the feudal and territorially dispersed Khalkha Mongols in their conversion to the latter, since ancestral and mythical names were never entirely forgotten. But, in any case, the crucial close link between ancestors, spirit-owners, and lineage-communities, which existed among the Ekhirit-Bulagat, was broken: among the Khori, clan and lineage-communities were not territorial groups even in a notional sense; Khori deities, whether ancestors, "Khans", or bodhisatvas, were not actually in residence at unique particular spots but were more generalised "owners of the land" who could be worshipped from many different ritual sites which they protected; it is perhaps relevant that for the Khori as well as the Khalkha Mongols there was not a very developed idea of particular places as unique — place-names were descriptive ("Red Rock", "Rich Valley", etc.) and recurred all over the Khori lands. This contrasts with the specific link of Ekhirit-Bulagat ancestors with particular sites.

Thus, although there are one or two episodes in Khori genealogical myths which correspond exactly to Ekhirit-Bulagat myths about land — for example, the ancestor who travels and drops off followers, or bits of property, at certain places and thus establishes them as mystically "his" — in the Khori case this was not at all developed, explored, or contradicted, because it did not matter in everyday life. Not until the most recent times (i.e. after collectivisation) were Khori people dependent on the fertility (seen as the "blessing" of the spirit-owner) of particular places.

Conclusion

The same conceptual elements existed for both the Ekhirit-Bulagat and the Khori in making genealogies, but these were emphasized differently because the genealogies were put to different use. The crucial factor was the different ways in which genealogies were used to validate rights to land.

In using genealogies and ancestral myths to attach groups to particular bits of territory, the sedentarised Ekhirit Bulagat made certain that their genealogies would be both contradictory and internally inconsistent. This example demonstrates that the holding of communal property does not necessarily cause "kinship" relations to be unambiguously defined, but may have the reverse effect: when property becomes scarce, this leads to a confusion in the genealogy because people are motivated to put forward conflicting claims. Unilineal genealogies become internally inconsistent when they are required simultaneously to fulfill two functions: legitimising claims to property by virtue of descent from the original holder, and defending the interests of junior lineage segments against the claims of senior groups declaring themselves to be more directly related to the first ancestor. Because land objectively was held by competing groups at relatively low levels of segmentation (in particular the *ulus* or winter settlement), no higher-level group could attain a dominant position and thus no dominant all-embracing genealogy could emerge. This made it impossible for genealogies to form the conceptual basis of a centralised political hierarchy of clans and lineages.

In the case of the Khori Buryat, on the other hand, the extensive nomadic method of pastoralism necessitated collective possession of large tracts of land within which herdsmen could move fairly freely, and there was no need therefore for genealogies to determine rights to land below the level of the clan-family as a whole. But in order for rights to wide pastures to have any functional meaning, herdsmen maintained a wide network of agnatic ties which were established on the basis of a shared concept of Khori society as a whole. And such communal rights could only be maintained in the face of the outside world by virtue of the existence of acknowledged representatives of this collectivity, who could negotiate politically with the Russians. The legitimacy of these representatives was established on the same basis and by the same instrument as that which mapped the Khori people as a whole, i.e. genealogies. The strictly hereditary principle of succession to leadership positions was consciously supported by the Russian government since it limited the number of office and title holders who were exempt from tax. Thus, if the emergence of a centralised leadership took place originally in a military context (wars in Mongolia), it was maintained, more or less unchallenged, by a combination of factors: the economic need for wide and undivided pastures, the necessity for repeated negotiation on the subject of these lands with the Tsarist government by representatives of a unified community, and finally Russian official support for leaders, and hence *de facto* for a system of leadership, on whose loyalty they were dependent both for substantial tax revenues and for security in the border area with Mongolia. The internal mechanism by which leaders were recruited and tax-paying subjects defined was the use of genealogies, in this case in a written, consistent, and semi-legal form.

Note

I would like to thank Terence Turner and Ernest Gellner for comments on an earlier draft of this paper.

References

Asalxanov, I.A. 1960. O burjatskix rodax v XIX v. [On Buryat clans in the 19th century] *Etnografičeskij Sbornik* 1: 68—83.
  1963. *Social'no-ekonomičeskoe razvitie jugo-vostočnoj Sibiri vo vtoroj polovine XIX v.* [The socio-economic development of south-east Siberia in the second half of the nineteenth century]. Ulan-Ude.
Basaeva, K.D. 1974. *Preobrazovanija v semejno-bračnyx otnošenijax Burjat* [The transformation of family and marriage relations of the Buryat]. Ulan-Ude.
Baldaev, S.P. 1970. *Rodoslovnye predanija i legendy burjat* [Genealogical traditions and legends of the Buryat]. Ulan-Ude.

Evans-Pritchard, E.E. 1940. *The Nuer*. London: Oxford University Press.
　　1951. *Kinship and marriage among the Nuer*. London: Oxford University Press.
Gellner, E.A. 1969. *Saints of the Atlas*. London: Weidenfeld and Nicolson.
Gulliver, P.H. 1955. *The family herds*. London: Routledge and Kegan Paul.
Kulakov, P.E. 1898. *Ol'xon, xozjajstvo i byt burjat elancinskogo i kutul'skogo vedomstv* [Ol'xon, the economy and way of life of the Buryats of Yelantsinsk and Kutulsk districts]. St. Petersburg.
Lewis, I.M. 1961. *A pastoral democracy*. London: Oxford University Press.
Linxovoin, L. 1972. *Zametki o dorevoljucionnom byte aginskix burjat* [Notes on the pre-revolutionary way of life of the Aga Buryat]. Ulan-Ude.
Manžigeev, I.M. 1960. *Jangutskij burjatskij rod* [The Yangut Buryat clan]. Ulan-Ude.
Pučkovskij, L.S. 1957. *Mongol'skie rukopisi i ksilografy instituta vostokovedenija* [Mongol Manuscripts and Xylographies of the Institute of Oriental Studies], vol. 1. Moskva, Leningrad.
Razumov, N. & I. Sosnovskij. 1898. *Komissija dlja izučenija zemlevladenija i zemlepol'zovanija v zabajkal'skoj oblasti* v. 6, Materialy: naselenie, značenie roda i lamaizm [Commission for the study of land-ownership and land-use in the Trans-Baikal region, vol. 6, Materials: population, the importance of the clan, and lamaism]. St. Petersburg.
Rinčen, B. 1965. Ob odnoj xori-burjatskoj rodoslovnoj [A Khori-Buryat genealogy], *Acta Orientalia Hungarica* 18: 222–223.
Ščapov, A. 1875. Burjatskaja ulusnaja rodovaja obščina [The Buryat village-clan community], Izvestija Sibirskogo Otdelenija Imperatorskogo Rossijskogo geografičeskogo obščestva (ISOIRGO) 5: 3–4.
Sum'yaabaatar, 1966. *Buriadyn ugiyn bichgees* [Selected works in Buryat]. Ulaanbaatar xot.
Tsydendambaev, Ts. 1972. *Burjatskie istoričeskie xroniki i rodoslovnye* [Historical Chronicles and Genealogies of the Buryats]. Ulan-Ude.
Zalkind, E.M. 1970. *Obščestvennyj stroj burjat XVIII i pervoj poloviny XIX vv* [The social structure of the Buryats in the eighteenth and first half of the nineteenth centuries]. Moskva.

V. Age-sets, social classes and power/Classes d'âge, classes sociales et pouvoir

16. Ecology and equality: The Boran case

GUDRUN DAHL

Cet article tente de mettre en évidence les relations qui existent entre, d'une part, l'égalitarisme et l'égalité souvent avancés comme typiques des pasteurs de l'Est africain et, d'autre part, les contraintes écologiques à l'oeuvre dans ces sociétés. Le cas particulier envisagé est celui des Borana du Kenya et de l'Ethiopie. On montre que, si les Borana ont été capables de maintenir pendant longtemps une sorte de relative égalité entre groupes domestiques et sous-groupes de la société, cela est dû à la fois aux limites des possibilités d'accumulation des biens et aux obstacles qui s'opposent à la transmission indivise de ces biens à travers les générations. L'existence de ces obstacles s'explique par la dépendance dans laquelle se trouve l'élevage nomade vis-à-vis du travail domestique et par la nécessité de disperser les animaux sur le territoire. Ces deux facteurs peuvent, à leur tour être rapportés à un certain nombre de déterminations écologiques, qui, elles-mêmes, découlent en grande partie de l'absence de toute autre possibilité d'investissement qui a pendant longtemps entravé l'accumulation des richesses. Cette entrave n'a été levée que depuis peu, par l'introduction de la technologie occidentale et d'une administration nationale. Et maintenant que les barrières qui s'opposaient à l'accumulation sont neutralisées, on ne peut guère s'attendre à autre chose qu'à la mise en place rapide d'une stratification.

The Problem: Equality, ecological explanations, reductionism

The pastoral societies of East Africa have often been called "egalitarian", it being implied that they have an egalitarian ideology and that there is relative equality between the access that different societal subunits have to power and material resources.[1] The relation between an egalitarian ideology and actual equality of access to strategic resources is complex. In this article I do not attempt to deal with all facets of this relationship but to show the importance of analysing concrete restrictions in the system of production, if one strives to achieve an understanding of pastoral equality and egalitarianism.

Many researchers on East African pastoralism have been ecologically oriented. This has been criticized by Maurice Godelier as an exaggerated preoccupation with the material aspects of production. In an article on economy and anthropology he mentions British and American anthropologists, such as Gulliver, Deshler, Jacobs and Dyson-Hudson, classifying them with other cultural ecologists who pursue

un matérialisme "réducteur" en ce sens qu'il réduit l'économie à la technologie et aux échanges biologiques et énergétiques des hommes avec la nature qui les environne et qu'il réduit la signification des rapports des parenté ou des rapports politico-idéologiques à être avant tout celle de moyens fonctionnellement nécessaires à cette adaption biologico-écologique et offrant divers avantages sélectifs . . . (Godelier 1973: 47)

In a recently published book, *Having herds: Pastoral herd growth and household economy* (Dahl & Hjort 1976), I have, together with Anders Hjort, attempted to assess the "biological and energy exchanges between man and nature" that Godelier mentions. In our book we take the opposing position that if anthropologists wish to use "ecology" as an explanatory variable in the context of pastoral systems, it must be taken far more seriously and be qualified with precise data. The variations between different pastoral ecologies are so great that generalizations about the "pastoral ecology" and its effects on social organization tend to be of extremely limited value. In our opinion anthropology would gain considerably if anthropologists made a habit of always looking for explanations at the level of the economic base before turning to other types of explanations. Taking an interest in ecology is one step towards this. But of course economy is not a simple function of ecology. Kinship relations, as well as political and ideological conditions, influence the relations of production in ways that are sometimes quite independent of a natural setting. "Ecology" is therefore only meaningful when seen in the light of a specific technology. A particular mode of production is the outcome of a dialectic process between the economic base and its superstructure. On the other hand, one can ask whether "ecological reductionism" is more justified in the study of nomads than in other cases. What is there in Salzmann's suggestion that, "Perhaps more than peoples with other adaptations, nomads are limited and conditioned in their social organization and culture by ecological factors . . . " (Salzmann 1967: 121)? Continuing he states that

On two bases, such an evaluation is not ecological reductionism. First, recognition of the importance of ecological factors is not the same as asserting that they are the only causes of social organization and culture . . . Second it is quite possible to assert that one adaptation, such as nomadism, limits and conditions to a greater extent than does another adaptation such as agriculture. (Salzmann 1967: 121)

However, this is not necessarily true for all forms of nomadism. Bonte (1974: 1) and others have noted that among the East African pastoralists as compared with pastoral nomads e.g. in North and West Africa, it is easier to identify those aspects of social organization that are directly determined by the pastoral form of production.

Far from proposing "ecological reductionism" as a general research strategy, one may conclude that under certain circumstances, notably those in pastoral East Africa, ecology has made a greater impact on society than in other contexts. Despite the recognition of this, despite that many general — and often vague — references are made in the literature to the "harshness of nature", and even though specific constraints occasionally enter into the anthropological analysis, little has been done in the way of a systematical study of the exact nature of these constraints. Much work remains both in the identification of such constraints and in the description of their restricting effects on society. Rather than providing an exhaustive study, this article attempts to contribute to a framework for research on this subject, by trying to identify those features of pastoral subsistence that tend to minimize permanent inequalities.

The concept of egalitarian pastoralism has itself been criticized by Godelier. In the same article quoted above he also writes:

Chacun sait . . . que chez les peuples pasteurs, la coopération dans la production est beaucoup moins nécessaire que chez les agriculteurs, que le bétail, moyen de production dominant, est une richesse mobilisable immédiatement, ou presque, et qui circule dans des formes non marchandes ou marchandes à une vitesse et dans des proportions sans commune mesure avec la terre dans les sociétés agricoles; que l'adoption de formes marchandes d'échange en est d'autant facilitée chez les éleveurs, et que ces conditions permettent également des phénomènes d'accumulation rapide et immense de richesses entre les mains d'individus ou de quelques groupes familiaux et des phénomènes d'inégalité sociale qui se retrouvent chez les agriculteurs lorsque des formes de propriété privée ou féodale ou étatique du sol se sont développées. (Godelier 1973: 21)

This truly "reductionist" statement by Godelier is itself a good example of how references to ecology can be misleading when they are phrased too simplistically. Even though the quotation can be applied to many pastoral societies, this may not be the case everywhere. Godelier goes on to condemn all those who claim that specific pastoral societies can be egalitarian: "Dans ces conditions il est naïf et absurde, scientifiquement, de vouloir masquer les faits de compétition et les faits d'échange marchands au sein d'une société d'éleveurs pour maintenir à tout prix l'idée que les rapports sociaux y sont égalitaires et communautaires" (Godelier 1973: 21). Generalizations cannot be made on this level. Pastoralism is not one single type of ecological adaptation. It is fallacious to equate all livestock-oriented societies, even all pastoralists who must move regularly. Godelier (1973) clearly makes this mistake, when, in the same context, he refers to the agro-pastoral Wahi Wanyaturu as "nomadic pastoralists". The Wahi, as is quite clear from Schneider (1970) are from a subsistence point of view predominantly farmers; cattle are important from an economic point of view, but in ways other than those among the Maasai for example. If the Wahi are more stratified than the Maasai it is easy to relate this to differences in material circumstances.

Stratification and equality can only be understood from a basis of thorough knowledge about the resources that are of strategic importance for day-to-day subsistence. Such a standpoint gives rise to questions such as: What particular assets are fundamental for household independence? In what way are these resources distributed in the population? Are there opportunities for particular groups to monopolize resources of vital importance to others, in either their daily life or in crisis situations? What opportunities are there to transfer assets over generations? What opportunities are there to convert access to one type of resource – e.g. cattle – into other assets – such as land, money, or control over wells? Obviously these conditions are not identical in different pastoral situations. The relative ease with which animals can circulate is in itself not enough to create the required link between pastoralism and trade, in the way that Godelier leads us to believe in the passage quoted above. In order to answer the question about how inequality arises in pastoral societies, each society must be assessed on detailed knowledge of its ecological and economic bases. Hence my general aim is to show the societal consequences of a certain ecological type, illustrating my argument by referring specifically to the Borana of Northern Kenya and Southern Ethiopia.

The Borana

The Borana are thought to represent the original core population of the Oromo people. Being traditionally pure cattle pastoralists, their central area is in the hilly grasslands of Southern Ethiopia. Since the 1870s or 1880s they were also to be found in the arid lowlands of Northern Kenya, but nowadays mainly in the Isiolo and Marsabit districts. Associated with the cattlekeeping Borana are a number of related "vassal tribes" who are regarded as distinct tribal entities and have different ecological adaptations, i.e. the camel-keeping Gabbra and Sakuye and the hunting and gathering Wata who have had a longer continuous period of residence in Northern Kenya. To distinguish themselves from these groups, who are also referred to as Borana, the "proper" Borana sometimes refer to themselves as "Borana Gutu", thereby alluding to a ritual emblem belonging to the *gada* system. This system is the institution which has contributed most to Borana's fame in ethnographic literature, and consists of a number of generation classes that succeed each other in power every eighth year, and to which the responsibility for juridicial and ritual matters is allocated. Membership in these classes does not depend on biological age but on a kind of "quasi-age" defined by the class affiliation of a person's father. Each man belongs to a *gada* class initiated 40 years later than the one his father belongs to. The *gada* classes are led by officers who are selected on the basis of "personal qualities, achievements, mystical attributes and public services" (Legesse 1975: 220). The mystical attributes involved can be said to be the accumulated personal merit of their ancestors in terms of achievement and public service. The main juridicial tasks of these officers are to solve conflicts occurring between households or clans about the misuse of pastures or the grazing of cattle close to camps and to settle claims about water resources. Into this system are built a number of mechanisms, the explicit aim of which is to control the power held by one group by balancing it against another group (Legesse 1975: 85). Despite the temporal allocation of power between a restricted number of men, Boran society can be regarded as a "highly egalitarian" one (Hultin 1976). In theory all members of Boran society are able to obtain a position of power, but since the period during which this may be held is limited, "no man can build up a position of permanent power and authority" (Hultin 1976). However, while under ideal conditions the life career of a man, as governed by the *gada* system, would approximate his biological life-cycle, demographic processes have led to an increased number of men being born too late to be given a chance of joining their class during its ruling period (Legesse 1973: 135—162). Since several decades those Borana who live in the southern periphery of Boranaland have not been involved in tribal politics, as governed by the *gada* system, mainly because they were effectively cut off from contacts with central Borana during periods of colonial rule. The majority of the Isiolo Borana are Muslims, but their cultural identification with Boran values is strong and they still see themselves as "Borana Gutu". While a complex construction like the *gada* system certainly cannot be explained in ecological, deterministic terms, I would like to put forward the argument that the economic structure of Boran society should not contain too many inequalities if the *gada* system is to continue to function in an egalitarian fashion. The objective of this paper is to show why such inequalities were unlikely to occur.

My information on the Borana is based mainly on fieldwork[2] carried out in the Isiolo district of Kenya in 1973—1974. In spite of the oversimplification implied I have regarded this society in a mainly precommercial context. Although colonial administration posts were established early in this century in the Boran area, the commercial economy introduced by the British did not make any real breakthrough until after the second world war. The nascent stratification of the Borana in post-war Isiolo will be the subject of another study intended for publication in the near future.

Ecological explanations and reductionism

This is fundamental to the question regarding the degree to which the Boran society has been constrained by factors related to keeping cattle and will, in turn, illustrate what opportunities have been available for transferring surpluses from pastoralism to other economic areas.

First, it should be emphasized that Northern Kenya is an area of pastoralists who did not traditionally practice agriculture to any great extent. In all Boran areas there are two major rain seasons although one is rather unpredictable. In areas with monoseasonal rains calf births and milk yields are concentrated during one half of the year (Dahl & Hjort 1976: 148–153). Seasonal shortages of milk in such areas must of necessity be eked out with subsidiary non-pastoral food sources. The Karamojong (Dyson-Hudson 1970), combining small scale farming in the river valleys with pastoralism based on monoseasonal rains, provide one example of this. On the other hand, in an area with biseasonal rains the need for subsidiary farming is often less. Due to scarcity of water, it is difficult to carry out agriculture in Northern Kenya. The probability of years with adequate rainfall is less than that required for regular agriculture. In certain places limited irrigation cultivation can be carried out, but only to the detriment of sufficient water supplies for pastoral activities, the soil being damaged by salt after only a few years. For people who have lost their cattle small scale attempts at irrigation based cultivation can only be a temporary solution subject to almost the same risks, if not worse, as pastoralism.

The impact of agriculture on Boran social structure is surely negligible. To what extent did trade traditionally influence the daily subsistence of the Borana? From a nutritional point of view a fully pastoral diet represents a kind of latent surplus. The pastoral diet contains more protein than is needed for human requirements. A pastoralist herd which is big enough to support a family with a fully "pastoral" diet is also big enough to allow the sale of a certain proportion of stock for grain (Dahl & Hjort 1976: 167–168, 179–180). Even when the exchange rate between grain and meat is as unfavourable as one to one per unit of weight, this proportion can be disposed of without creating a protein deficiency. But in general meat prices are usually better than grain prices and the cattle trade offers considerable potential for profit.

It is only during the last few decades that trade on any large scale has taken place. Pastoralism itself is not a sufficient basis for trade. Traditionally, many East African pastoralists were involved in dry-season trade with agriculturalists. This usually took the form of direct local trade between neighbouring households (Van Zwanenberg & King 1975: 149). For example, the Isiolo Borana carried out such trade with the agricultural Meru, exchanging goats and sheep for grain. Problems of security, related to the difficulties of bushland travelling, the lack of adequate transport animals and underdeveloped storage techniques probably all contributed to the absence of any large-scale specialized trade in agricultural produce. When long-distance trade was expanded at the end of the 19th century, the goods imported were mainly luxury consumer goods such as perfume, cloth, beads, tea, etc. which involved little alteration of traditional subsistence (Van Zwanenberg & King 1975: 173). These goods were also less perishable and bulky than foodstuff. In addition the pragmatic type of migratory pattern followed by the pastoralists did not lend itself to a combination of long distance trade and pastoralism in the same way as regular transhumance.

Although trade and agriculture were only to a limited extent possible, Boran ecology offers some alternatives to cattle keeping, such as hunting and gathering, and in particular areas even the keeping of camels. Gathering and hunting activities do not appear to play any significant role in the normal diet of Boran cattle-keepers. However, as is the case in other pastoral areas of East Africa, groups of hunters and gatherers can be found who speak the same language as the herdsmen, but have a different kind of ecological adaptation. Thus, while the ideology of the cattle-owning Borana may be termed "egalitarian", this equality has not extended to the Wata endogamic hunting "caste", who were traditionally barred from cattle-owning but have had specific rights to dogs and game. One expression of these rights has for example been that if a Borana sees an elephant, without informing the Wata, he can be fined an ox. The two groups live in a partly ritual symbiosis, where the Wata are experts in rites related to fertility. There is the possibility that impoverished Borana Gutu may sometimes have turned Wata. This has a bearing on the relation between the two groups, but not necessarily on the internal equality of the Borana. In addition to the existence of a hunting "caste", there are separate Oromo-speaking subgroups who are mainly camel-herders. Today, people can be found who combine cattle and camel herding, but generally there are both ecological and other problems involved in such a combination (Dahl & Hjort 1976: 238–251).

In the present context I think it is reasonably justified to concentrate on cattle-keeping as such, which like other pastoral activities can be said to be based on the combination of three sets of tangible resources. These are land coupled with the availability of salt, pasture and water; animal herds; and labour.

When referring to constraints, I will mainly consider constraints related to these factors, but a brief reference will also be made to a less material asset that is required for successful pastoralism, i.e. information and knowledge. I will attempt to answer the two following questions. Are there any tangible assets that could form the basis for large-scale inequalities within the Boran society with regard to power and access to subsistence resources? And what ecological factors can be said to lead to a redistribution of wealth over time? In answer to the first question, it will be necessary to discuss the relation between the Borana and their pasture areas as well as their access to water resources.

Climate, land and power

As stated earlier, rain is generally concentrated in two seasons in Boranaland. Where and when rainfall occurs is however very unpredictable. A direct adaptation to this is that grazing is owned communally by the members of the tribe, or rather, open to anyone who is not one of the Borana's enemies. The dominant pattern of migration is what Salzmann (1967: 121) refers to as "epicyclical", a movement in adjustment to an unpredictable distribution of pasture and water. Sometimes the Borana camp can stay in one place for six years, sometimes it must be moved after a number of months or weeks. It is not really possible to predict in which direction movement will take place. The general direction of movements season by season may be regular, but the households do not follow permanent routes as in areas with several different dependable climatic zones.

Salzmann (1967: 122) has compared the two nomadic migration types, the "epicyclic" and the transhumant or "oscillineal", and noted that the transhumant pattern is more often associated with a centralized structure of power and authority. This he relates to a better general access to resources and to the presence of non-pastoral groups. In order to regulate the migration routes and in order to avoid conflicts about them as well as handling the relations with farmers, it is necessary, according to Salzmann, to have a structure of authority. Better conditions create opportunities for a dense population and minimize the social hardships which are a frequent result of competition for scarce resources in areas where people tend to migrate epicyclically. Furthermore, a surplus can be created which can support an unproductive class or "status groups" as he terms it. Salzmann (1967: 123) does not talk in terms of exploitation or control over strategic resources but mentions only *en passant* that control of pastures (at specific points along the migratory route) can be used for negative sanctions against herdsmen. This is a crucial point, as it would seem that the main difference between these two types of nomadic migration is that in the case of transhumance a regular route facilitates the control of people through the control of land by landowners either recruited from sections of the nomadic population itself or from sedentary non-pastoralists.

The main point to be made here is, however, that in an area with a very unpredictable climate, as in the Boran case, land which is useful today may be wasteland tomorrow. Therefore, political and economic dominance cannot be based on control over parts of the migratory route. In the colonial and postcolonial periods changes in land control have created problems for the Borana and similar nomads, but then the problem has rather been one of total expulsion from certain areas. This particularly concerns areas which are normally of little importance for pastoral production but which could be of increased significance in years of drought when they become famine refuges.

Wells and social sanctions

Something should also be said about the possibilities of using wells as a strategic power resource. If water is only available at a few wells, these can easily be usurped by certain individuals or classes. Hauling water from very deep wells and continuously repairing such wells is also an undertaking that really requires co-operation. The nature of the waterpoints available to a pastoral group is therefore of significance in the understanding of overall societal organization. Similarly, the question of control over salt can also be essential if salt is located in narrow pockets in the pastoral area. As far as I know, this is not the case in Boranaland. Although the power wielded by the *gada* officers over the economic life of the common Borana is very limited, it is interesting to note that the traditional home area of the Borana is a region where a prominent feature is deep wells requiring considerable labour input for the drawing of water. These wells are however not the only source of water available to the herdsmen of central Boranaland, who can also use streams and riverbeds. Legesse finds it puzzling that the Borana prefer the wells to the river valleys, but the Isiolo Borana say that the water of wells is better for cattle as it contains mineral salts and that the river valleys are risk zones for animal and human diseases transmitted by flies and mosquitoes. If this is true it probably also holds good for central Boranaland. Legesse mentions that the *gada* elders of central Boranaland could use the influence of "well elders" to punish offenders who were unwilling to submit to their authority:

According to one district governor, the *gada* council can punish criminals by barring them completely from using any of the clan-owned wells in Borana. The governor believed that such a penalty would be as severe in its consequences as the death penalty that a government court might impose. (Legesse 1973: 87)

Mentioning this punishment, which according to Legesse is rarely put into practice, the author gives almost the only clue to there being any relation between the *gada* system and the production system of the Borana. The Isiolo Borana, nowadays completely outside the reach of any effective political or juridical influence from the *gada* system, do not recognize the refusal of access to wells as a traditional form of punishment. A person who does not conform to moral norms risks only the withdrawal of others' co-operation at the well. The efficiency of "well sanctions" is certainly related to the number of alternative watering places available to the pastoralist, and the difficulty for each individual to obtain water. In the Isiolo district, although there is a general scarcity of water, it would be very difficult to *completely* bar anyone from water. To dig a hole in a river bed or to bring the cattle to a permanent stream *is* possible, even if it involves increased risks. Even the wells are not that deep. Access to water can be gained without the co-operation of a large number of people. This is also true for large parts of Northern Kenya. Many of my informants assured me that "proper Borana" (as opposed to camel-owning and hunting client tribes) were not allowed by *gada* rules to pass south of the Ethiopian Escarpment until during the last two decades of the 19th century. This raises the question of whether *gada* judicial authority was regarded as being more difficult to enforce in the North Kenyan ecological zone. Clearly more information is needed on this point.

Limits to the accumulation of wealth

It has been concluded earlier that trade on a large scale with commodities required for pastoral subsistence met with considerable difficulties in the traditional Borana setting. We have also seen that control of land could not be a realistic basis for inequalities within the pastoral society. Control of wells could give only limited opportunities for sanctions against herd-owners. In this section we will consider those features of the ecological dependence that tend to redistribute livestock wealth relatively evenly between households. This will also involve an analysis of the character of livestock capital. Many of the factors relevant to an understanding of cattle pastoralism are similar to points made by Barth (1964) in his well-known article about the small stock economy of Basseri in Fars. Comments will be made together with an attempt to develop them within the East African context. Most of the points are, of course, also valid for other cattle-keepers than the Borana.

The first characteristic of livestock capital (also referred to by Barth) is that, unlike land, animal herds can reproduce and multiply. Cattle herds do not increase at the same rapid rate as small stock. The difference can be as great as between a 3% (the normal cattle rate) and 20—40% annual increase (Dahl & Hjort 1976: 259, 262). As a result the value of each unit of cattle becomes much larger than that of a sheep or goat (cf. Spencer 1965: 23) while the production capacity of each cow is greater. An economy based on small stock certainly has greater flexibility: temporarily available investment alternatives can be more easily exploited by the pastoralist, and the expenditure of a goat or sheep is only a minor decision. This is an important factor that should be taken into consideration when comparing East African and Middle Eastern forms of pastoralism. In Northern Kenya small stock are kept principally as a subsidiary to cattle or camel raising. Having herds consisting only of sheep and goats is often regarded as a temporary solution, whereby a man can rapidly increase his stock. When flocks are big enough they are exchanged for cattle, which are normally less risky than small stock in this environment. Although the possible rate of growth in cattle herds has often been exaggerated, someone with relatively few animals can develop a considerable herd over time, especially if he is lucky enough to have a favourably biased sex-ratio among his calves. Other herd-owners see their herds dwindle as a result of too many bull births. In spite of luck there are, however, limits to the number of cattle that can be owned and handled by the same person. Practical and ecological constraints make it impossible to keep more than 200—300 animals in the same herd, and the maximum number of separate herds is dependent on the access to labour (Dahl & Hjort 1976: 251, 256). I will develop this below.

A second characteristic trait of the herd as capital is that there is a continuous risk for total or partial loss (Barth 1964), due to the mobility of cattle which makes them easy prey for thieves and also to the unpredictability of climate and disease. One reason commonly quoted for a kind of equality between economic units is that nature strikes in random fashion affecting the poor and rich alike. Although it is true that someone who is rich today may be poor tomorrow, such a statement must be qualified. To begin with, when a man has many animals, he will avoid placing all his eggs in the same basket by keeping all animals in the same area. Instead, he will try to spread them so that if local epizootic disease kills some of them, he will still have cattle left elsewhere. This applies not only to the strategy of individual herd-owners. In all pastoral societies in Northern Kenya, cattle are inherited patrilineally and there is always some recognition that agnates are wardens of a common patrimonium of livestock. Gulliver (1955: 164) in his classic study of the Turkana noted a most salient point — that good husbandry meant that those who have the most direct corporate interests in herds, i.e. close agnates, should not stay in the same risk areas with their animals. Cases such as the Samburu, where agnatic groups are to some extent localized, provide a more interesting puzzle than hitherto recognized, but may perhaps be related to more favourable climatic conditions.

In an ecology which permits agriculture and a social and ecological setting where trade is another alternative to pastoralism, the wealthy herd-owner can escape the risks of pastoralism by transferring some of his resources into projects that are not vulnerable to drought or disease. In a fully pastoral situation he is mainly restricted to herd dispersing practices and to institutionalized insurance against risks in the form of reciprocal friendship exchanges, marriage alliances, etc. There are several different ways to avoid localized disasters wiping out the total herd of a family. Each pastoral group has its own variant of spreading the animals or sharing the risks — and here we would certainly have to look for other decisive factors than the ecological ones. Sometimes, like among the Samburu, the risks are spread to others by initiating reciprocal exchange relations (Spencer 1965: 27ff). A gift of cattle puts the recipient in a debt that the giver can exploit, either in an acute crisis, or at a period of time suitable to him, e.g. in terms of his marriage career. The reciprocity involved is one which is generalized; it does not concern the return of any specific animal but rather the return of an animal of corresponding value. There are also forms of stock friendship which are based on the borrowing and lending of specific, named animals and of any offspring that they may give birth to. This is the major form of stock friendship found among the Borana. Baxter (1966) has argued that, among the Borana, one important factor regulating the stockholding sizes at a rather egalitarian level is just this practice of placing cattle with stock friends. When a man dies, the outstanding debts and the cattle that have been borrowed from others are transmitted to his elder son with the rest of the inheritance, i.e. those cattle that the father has not allotted to any specific child during his lifetime. Over time, these transactions are forgotten, "there is a period past which memory is not stretched . . . a point at which 'our' herd as it were becomes 'my' herd" (Baxter 1966: 126). This, according to Baxter, is one of the reasons why no distinct aristocracy of wealth exists among the Borana, despite the fact that primogeniture would lead one to expect a concentration of stock, and hence prestige and status, in the line of eldest sons of eldest sons. Although I agree in principle with Baxter, I do not think that it is necessary to refer to "amnesia" as an explanation of equality. In my opinion, there is a kind of demographic adjustment between the size of the herd and the amount of labour available to a certain herd-owner. This balance makes Baxter's explanation redundant. How then does this adjustment work? I will attempt to answer this below.

Transactions with stock friends alienate the actual authority over management decisions from the owner of the animals. The most direct way of keeping both property rights and authority over the physical handling of one's own animals is to station parts of the herd with subunits of the household. A general ambition of the wealthy herd-owner is therefore to place himself in a position that enables him to minimize ecological risks in this way (which does not exclude a certain number of exchanges with stock friends). Legesse (1973: 174) writes that "wealthy Boran own several kraals of cattle, each kraal normally being estimated at about 250 head of livestock". In practice, such wealthy people may not exist very extensively. What is important here is that it is ecologically favourable to be able to duplicate the herd units under one herd-owner, not only by dividing them into separate groups of milk stock and dry stock, but also by having several herds of each kind. It is obvious that the access to labour is of immediate significance for the herd-owner who wants to split his herd in this way.

The question of the advantages and disadvantages of employing labour external to the herd-owner's immediate family is worth consideration. Here the problem of animals being both mobile (Barth 1964) and edible enters into the picture. An alien employee is in a good position to escape with part of his employer's herd,[3] but there are also other, more subtle forms of misappropriation. Potentially productive cattle are generally not slaughtered by the herd-owner except in extreme situations when it may be necessary to consume part of the capital in order to survive (Spencer 1965: 4). The herd-owner who entrusts his animals to others who are not under his immediate control runs the risk that animals may be falsely claimed as sick, and eaten. If too much milk is consumed at the expense of the calves, the regrowth of the herd may be endangered (Henriksen 1974). Apart from the direct risk of theft or overconsumption of milk, there is also the cost of a herdsman's salary. In Northern Kenya the traditional salary of a herdsman employed to look after cattle was one heifer per year. This norm was accepted by both Somali and Borana. Among the Rendille (Spencer 1973: 40) one heifer camel was paid every second year. The difference reflects the different relative value of cattle versus camels, which from the point of view of productivity are worth as much as two and a half times a cow (Dahl & Hjort 1976: 224ff). To the heifer was added the milk that the herdsman needed for his personal consumption during periods of employment. One can perhaps debate whether this mode of employment was ecologically determined, but however that may be, it is important to note that labour was not only exchanged for means of consumption but directly for means of production. It is important here to think of the cow not merely as a milk producer but also as a reproducer of capital. One aspect of this was that the poor herdsman having a certain amount of skill and luck, could establish himself as an independent herd-owner. During the colonial period client-herdsmen, who on an individual basis affiliated themselves with wealthy herd-owners of other tribes, caused continuous trouble to the British administration by simply not remaining clients.[4] By expending a reproductive animal on the employment of a herdsman, the herd-owner loses the animal and her offspring and gains only a temporary solution to his labour shortage problems. From the point of view of the continued economic viability of the family, each animal spent in a reciprocal friendship transaction or as bridewealth is better spent then than used to employ a herdsman, because the former does not involve a complete loss of the reproductive value of the cow, and the latter brings about a greater supply of labour in the long run. The exception to this general rule would be if the herdsman was adopted and incorporated into the herd-owner's clan, which seems to have occurred frequently, especially when the employee was recruited from another ethnic group. One of the reasons for British worry was that, if a sufficient number of alien people were incorporated into a group, they could join forces and expel their former masters, thereby spoiling the neat British division of Northern Frontier district into separate tribal areas. Despite the costs and risks of employing herdsmen, it has sometimes been advantageous for herd-owners to recruit labour in this way, especially in situations with an excess of reproductive cattle and a shortage of family members. The common thing is to entrust herds to people over whom the herd-owner has a direct control, either presumptive heirs or people with whom he stands in a reciprocal relationship of obligation and solidarity. In the postcolonial situation, contacts with the new central administration or police have contributed to making it easier for a privileged minority to use employed labour.

From the above discussion, it should be clear that the access to labour within the herd-owner's family is vital. One major goal in the pastoral strategy is to achieve a balance between the size of the household and the herd. But from the point of view of insurance against risks, a large family with a large herd is certainly to be preferred to a small family with a small herd; thus one strives towards a balanced growth of both. The implication of this is that a wealthy man can meet ecological hazards better. Note that this is a slight modification of the theory that pastoralists amass so many animals because so many are likely to die if disease or a drought occurs. When he maximizes the herd size, he also makes it easier to minimize risks through herd dispersion. In the same way, an accumulated surplus of animals can be fruitfully converted into a new household through the mechanism of bridewealth. To quote Goody (1973: 12): "Even when differentiation occurs, polygyny dissipates." A man may be immensely successful as a herd-owner, but there are also limits to how many subhouseholds he can manage. Even when religious rules do not limit the number of wives, children and subhouseholds, practical considerations certainly do. To conclude then: in order to manage a large herd, the herd-owner is to a very large extent dependent on having access to such labour as is directly available in his household or can be recruited from closely related families. A man who is wealthy in terms of animals will strive to enlarge his own family and there are several ways of doing this: by marrying several wives who produce children, by adopting children, by marrying away daughters to relatively poor men who can be recruited to live uxorilocally, etc. A man who is rich in terms of animals is therefore also likely to be rich in terms of people, many of which are heirs who aspire to a share in his herd, either at his death or at some earlier stage. In the next section of this article I will briefly discuss the forms of transmission of property between generations specific to the Borana. Here I think that it is sufficient to show that the dependence on household labour for herd management, and the ecological advantages of herd dispersion in themselves place a limit on accumulation by one single herd-owner, and to opportunities of transferring capital from one generation to the next in a non-egalitarian manner.

Even though ecological conditions tend to create differences in wealth all the time, factors related to the type of productive activity itself tend to redistribute wealth in the long run. This limitation, rather than an egalitarian ideology, enforces a relative economic equality between different households. Equality is in itself not essential to the functioning of pastoralism. On the contrary, the above-mentioned limit is very much dependent on the prevailing lack of investment alternatives which are less vulnerable to climatic and epizootic hazards than herds. When such alternatives arise, a surplus from the pastoral economy can be transferred into trade, land ownership, etc. in the way that Barth (1961: 103ff) has described from South Persia. In this way inequality can become permanent. The major changes in Boran society during the British occupation of Northern Kenya and after independence can be related to the introduction of alternative investment opportunities, e.g. the opening of large scale trade in cattle and grain, which gave rise to new forms of internal stratification among the Borana of the Isiolo district.

Now, even if it can still be said that wealthy herd-owners do not generally acquire a better standard of living than less successful ones, because they have a larger labour force to feed, this could probably give little consolation to an unfortunate herd-owner who is less well off and therefore has less prestige and influence. Even though there are certain ways of gaining a nucleus of a herd, i.e. by raids, employment, clan support, it is in most cases a slow process to reestablish a herd which is large enough to live off. In conclusion, I will briefly deal with some aspects of interpersonal relations and the unequal distribution of wealth, i.e. to what extent access to cattle also entails power over people. This aspect actualizes the relations between fathers and sons as well as between patrons and clients. I will discuss each of these aspects below.

Inheritance, information and independence: The relation between fathers and sons

Much of the discussion on equality and inequality in the pastoral societies of East Africa has followed the lines indicated by Spencer in his valuable study on Samburu gerontocracy and concerned the competition over resources between fathers and sons. Legesse thus writes on the Borana:

One of the major sources of strife in Borana is the fact that there are no hard and fast rules for the transmission of the family estate from generation to generation. There are a great many adult Borana who never get the opportunity to marry and to become independent household heads. A jealous father who is not willing to give up part of his estate so as to allow his children to marry can effectively prevent them from becoming adults, regardless of their age. The father may continue to marry younger and younger brides and deprive his aging children of bridewealth cattle. (Legesse 1973: 111)

In opposition to Legesse's standpoint, I would like to claim that the matter of bridewealth cannot be decisive for the timing of independence among the Borana. The traditional size of bridewealth is comparatively low: only four cattle. It would be easy for a man who is eager enough to gain independence to get four head of cattle through raids or temporary employment. Independence is more a matter of having enough cattle to feed the new household with.

The traditional pattern of inheritance among the Borana is based on primogeniture. During his lifetime, a Boran father allots parts of his herd to specific children. At the father's death the elder son gains those cattle who have not yet been allotted to any child. From these cattle he has the duty to supply brothers who have not yet been allotted enough cattle. In the Isiolo district, the father's residual herd is split in equal shares for all brothers, in accordance with the Islamic law. The allocation of cattle to children is partly dependent on the will and whims of the father, partly regulated by certain rituals connected with the life cycle of the child. If the individual animals acquired by a boy in his childhood multiply at a "normal" rate, their number may be sufficient to form a nucleus herd for him when he reaches his twenties (Dahl & Hjort 1976: 71–75). On the other hand, irregularities especially in the early stages of the development of this subherd may delay its growth considerably. In central Boranaland the time for the transmission of the full property rights to allotted cattle is regulated by the *gada* system, for those who follow the "normal" life career of the *gada* classes. In the Isiolo district, marriage is the occasion for taking over such rights. A discussion of delayed independence on the part of adult Boran sons should take into account that the father does not have to give away just any "part of his estate" but a subherd of specific animals which must have grown to a reasonable number. Both the son's subherd and the father's remaining herd must be large enough for the respective households to subsist from. What may appear to be a generation conflict concerning authority and control can be explained in economic terms and it is easy to see why there cannot be any "hard and fast rules".

There is another aspect of independence which cannot solely be explained in terms of "jealous fathers". Stenning (1966: 104), in his article on household viability among the pastoral Fulani, points out the difference between the role of carrying out actual herding tasks and the role of carrying out herd-managing decisions and collecting the necessary base of knowledge for these decisions, knowledge which is vital in an unpredictable environment. As will be shown below, obtaining information is an economic matter and not just a question of breaking a paternal monopoly through defiance. Among the Isiolo Borana, marriage in itself is considered to be the stage that defines adulthood. When a man marries the first time, he is supposed to act like an adult, to be somebody to be seriously listened to in discussions on communal affairs, etc. He has the formal right to carry out management decisions over his cattle, i.e. those that he has in his "allotted herd" and those that he may have acquired on his own. But in order to fulfil the complete role of herd manager, he must have access to somebody to carry out the task of herding. Stenning (1966: 105) considers a small boy of seven or nine to be sufficiently old to look after cattle under Fulani conditions. In the Boran context, where game and raiders abound, and where the work of watering cattle often requires physical strength, young herd-boys are useful, but much of the work must be carried out by older boys or young men. Separating the cattle into a dry and a lactating herd further increases the demand for labour. Without a herdsman, the young herd-owner is often forced to carry out the actual herding or watering himself, and to rely on his father to collect the information. It is not until he also has enough cattle to support a dependent brother, son or client, that he can be relieved of the daily burden of looking after the herd. If he has too small a herd, he may even have to remain as a herdsman for his father-in-law, who as a part of marriage negotiations has a right to demand the employment of a herdsman or the son-in-law during a period of one year, if he lacks sons himself. Having somebody to look after the cattle is what *de facto* defines social adulthood, because it is first then that the young man can spend his day with elders, visiting other camps or going to the market to exchange news about weather conditions, political affairs, etc. Until then, even if he has the societal sanction to act as an adult and mature herd-owner, he is through his work not allowed to collect the required information by himself. The young man cannot fulfil the role expectations of an independent herd-owner, not take part in meetings on issues of interest for the community at large.

If we now consider the general possibility of obtaining full independence from a senior herd manager, we will find that not only does the junior herd-owner have to have somebody to assist him, but that the senior one must also have somebody to replace the help that he earlier acquired from the junior man. I have applied the question of independence and access to information to the relation between sons and fathers (and fathers-in-law), but it is possible that a kind of "information" clientship could also be defined, i.e. a relationship where someone who has not enough labour to remain independent has to rely on either the herding work of a fellow manager or on the information collected by this manager. Having access to labour depends, on the other hand, on owning a large enough herd to support labour. This patron—client relationship resembles the relation between father and son: the difference being that the client has no filial right to succession or inheritance from the patron.

Food redistribution, "bigmanship" and formal recognition of prestige

It was suggested above that in a subsistence economy based on cattle rearing, a wealthy cattle-owner may not have a higher general standard of living than a poor man. The reasons for this are partly related to the general need of a large labour force, and partly to the characteristics of pastoral produce and to the difficulties in storing such produce, given the simple technology and the need for the household to be continuously ready to move. One can claim that even if wealth is not evenly distributed throughout the population, food must be. Take for example meat and milk. The work involved in butchering deceased or slaughtered cattle, as well as in drying and storing them, is usually too burden-some for one single household to carry out in the short time available before the meat putrefies (Dahl & Hjort 1976: 193). It is more convenient to redistribute it, either for immediate consumption or for each recipient to store at his or her own pleasure. Although this is not the only aspect of communal sharing, it is certainly one of the reasons why cattle are slaughtered mainly for ritual reasons in these societies. Some societies, like the Turkana (Gulliver 1971: 34), share meat on a formalized rotational basis. The most common form is probably an *ad hoc* sharing in the generalized reciprocity fashion. Small stock on the other hand can more easily be stored or consumed by the household of the owner, which leads one to expect small stock based societies to be less equitable in the distribution of nutrients than those based on cattle.

When a cattle economy is commercialized and less beef is consumed in the pastoral community, one of the major effects on general living standards is likely to be that the total volume of food shared outside the immediate family of a herd-owner diminishes. Milk on the other hand can be stored perfectly well. The continuous day by day storage of excess milk involves a lot of work with the preparation of milking pots, but the real limitation to large scale storing of milk lies not in the household's access to labour, but rather in the difficulty of keeping many bulky milkpots and still remaining mobile. In most Borana camps there is a substantial redistribution of meat and milk. Paul Baxter (1975: 216) has noted that the maximum manageable size of a herd may considerably exceed the number of cattle needed to support the persons looking after it. The redistribution of food is to some degree an insurance investment and to some degree a necessary adjustment to storage difficulties, but it is also a social transaction. The difference between the management maximum and the minimum requirement represents a kind of extra social asset. This is the real advantage of a rich man. Baxter (1966: 125) points out that redistribution of milk is often carried out secretly, since such gifts imply that the recipient is a client. The wealthy man attracts both clearly distinguishable dependants from incomplete households (widows, orphans etc.) and people who are not overtly clients, but have opted to join a camp where they are more likely to get support than to be asked for support themselves. Although such information is hard to get at, it appears that also among the Borana an equitable distribution of food is maintained at the cost of an unequal distribution of influence. The wealthy cattle-owner can be thought of as a "big man" who, like his Melanesian colleague (Sahlins 1963) builds up personal power from a number of informal links with people who owe him solidarity in return for food and other help. In an age- or generation-set system, power is theoretically vested in a corporate group which is recruited in an egalitarian way so that all (male) members of the society have a chance to arrive there sooner or later. Too much preoccupation with the formalities of these systems easily obscures the fact that real influence within such a council may not be egalitarian. To what extent can one say that bigmanship is given formal recognition in Boran society? One can regret that so little interest has hitherto been given to the day-to-day economic life of Borana and the "action" aspect of Boran local politics, especially compared with the attention focused on the structure and rules of the *gada* system. Attention will therefore be drawn to some of the links between the distribution of wealth and the formal system of honour and authority.

Despite their egalitarian ideology, Borana do not try to mask differences in influence and wealth. When a camp is established in a new location, the "most important man" is given the honorary title of *abba ola* "father of the camp". The post as such does not really involve any considerable powers, except that of refusing people who wish to settle in the camp or ordering people to leave if there are too many cattle in the area. Anybody who establishes an independent camp, however small, can be an *abba ola*. If the camp is small the *abba ola* has little prestige. But when the camp is large, the nomination can to a certain extent be seen as the public acknowledgement of bigmanship, a recognition that the relative standing of the elected man is higher than those of other men in the camp. Present day Borana in Isiolo rank elders in this way according to their "importance", and there is no reason to believe that the earlier situation was any different. "Importance" does *not* here mean simply ritual seniority based on clan affiliation or *gada* status. When it comes to the offices of the *gada* system, Borana vigorously deny that they are ever given to a person on grounds other than wisdom and a hospitable heart. "Rather a poor man whose wife is generous with what little they have than a rich and miserly man", it is argued. Despite of this conscious model, it is clear that generosity in terms of immediate gifts of food or contributions of stock for communal use — or gifts to poor clan relatives — is easier to achieve with a certain amount of wealth. The higher officers (*hayu*) were elected at an early stage in the career of the *gada* class. Therefore, it was mainly their fathers' relative merits that were considered. At each eight-year period only a restricted number of men were chosen and political competition was intense. Haberland (1963: 230) makes the interesting observation that since the ritually senior officer (*hayu*) was often younger than his deputy assistants (*jaldaba*), the latter were often more powerful. The *hayu* were further not allowed to pass south of the Ethiopian border, which meant that for those sections living south of it, the *jaldaba* were the only links to *gada* politics. In this context it is worth commenting on the status of the *jaldaba*. The appointments to the rank of deputy officers for the different grazing areas of Borana were not restricted in numbers, but appear to have worked as a way of formally integrating local "big man" into the larger Boran political system, by a *post facto* ritual acknowledgement of their power.

Conclusion

In this article I have tried to relate pastoral equality and egalitarianism to ecological constraints rather than to discuss them in terms of ideology. If a pastoral society like the Borana has been able to maintain over time a kind of relative internal equality between households and subgroups of the society, this has been a result both of limits to the possible accumulation of wealth and obstacles to the transmission of undivided wealth over generations. These obstacles lie in the pastoral dependence on household labour and in the need to disperse animals geographically, factors which themselves can be related to a number of ecological determinants. A major condition for such ecological dependence has been absence of alternative objects for investment, which has traditionally put a further lid on the amassment of riches, a lid that generally has been lifted by the introduction of western technology and national administration. When the barriers to accumulation are neutralized, there is little reason to expect anything else than rapid stratification.

It has also been argued that actually existing differences in wealth, even if they tend to shift in the long run, may play a more important role in the internal power structure of "egalitarian" societies such as the Borana than has been recognized earlier. If it is so, a study of the tactics applied by "grassroot politicians" working within the context of a particular production system would probably contribute more to the understanding of power in this type of society than formal descriptions of "central institutions".

Although I have specifically referred to the Borana, this has been done mainly as a way of illustrating a number of more general principles. Much of what I have said on the Borana equally applies to other pastoral groups in East Africa. Even if these societies have often been compared from a structural point of view, we still miss a systematic comparison between them from an ecological point of view. Such a comparison should start from questions such as : To what extent do the differences between areas with one or two rain seasons have effects on social structure? Do we find a correlation between the character of watering facilities and societal institutions? Of what consequence is the difference between watering at ponds and watering at deep wells? Does it at all matter for social structure if salt is found evenly over the pasture areas or available only at certain restricted localities? It is evident that many pastoral societies are shaped the way they are as an adaptation to a certain kind of environment. One does not have to be an "ecological reductionist" to agree with this statement. Ecology does not decide social form, but a fruitful adaptation to ecology raises certain demands on social structure, makes some types of social arrangements imposs-ible, and restricts the economical relations from developing in certain directions. Given a certain technology, the possible range of cultural variation is wider when alternative subsistence strategies are available to the members of the society. The traditional mode of production of the East African pastoralists did not allow large scale inequalities to occur. One might argue that stratification can be shrouded in many more institutional and cultural forms than equality. Finally, that a certain type of factor is singled out as decisive in the analysis of a certain societal formation does not necessarily mean that the model is given an enhanced status of general explanatory model, valid for all societies.

Notes

1. I would like to express my gratitude to Maurice Bloch, Morrie Fred, Martin and Birgitta Percivall, and Anders Hjort, who all gave me valuable comments to early drafts of this paper.
2. Funds for my research were provided by SIDA, The Scandinavian African Institute and the Swedish Social Science Research Council.
3. The topic of pastoral reliance on household labour and its relation to the ease of theft was raised at the conference by professor Goldschmidt.
4. See for example Kenya national archives: PC NFD 4/1/8 "Pease: Notes on the Gurreh 12/4/1927"; PC NFD 4/1/8 "DC Telemugger 21/11/1930 to Questionnaires from Lord Passfield of Passfield Corner on tribes and tribal custom"; PC NFD 1/4/2 Annual report 1939; PC NFD 7/3/3 Annual report 1925.

References

Barth, F. 1961. *Nomads of South Persia* Oslo: Universitetsforlaget.
    1964. Capital, investments and the social structure of a pastoral nomad group in South Persia, pp. 69—81 in R. Firth & B.S. Yamey (eds.), *Capital, savings and credit in peasant societies*. London: G. Allen and Unwin.
Baxter, P. 1966. Stock management and the diffusion of property rights among the Boran, pp. 116—127 in *Proceedings of the Third international conference of Ethiopian studies*. Addis Ababa: Haile Salassie University.

1975. Some consequences of sedentarization for social relationships, pp. 206—228 in
T. Monod (ed.) *Pastoralism in tropical Africa*. London: International African Institute.

Bonte, P. 1974. Organisation économique et sociale des pasteurs d'Afrique Orientale, *Etudes
sur les sociétés de pasteurs nomades* 2, Les cahiers du centre d'études et de recherches
marxistes 110. Paris: Centre d'études et de recherches marxistes.

Dahl, G. & A. Hjort. 1976. *Having herds, pastoral herd growth and household economy*,
Stockholm studies in social anthropology 2. Stockholm: Department of Social
Anthropology, University of Stockholm.

Dyson-Hudson, R. & N. Dyson-Hudson. 1970. The food production system of a semi-nomadic
society: The Karimojong, Uganda, pp. 91—123 in MacLoughlin (ed.), *African production
systems, cases and theory*. Baltimore: Johns Hopkins Press.

Godelier, M. 1973. *Horizon, trajets marxistes en anthropologie*. Paris: Maspéro.

Goody, J. 1973. Bridewealth and dowry in Africa and Eurasia, pp. 1—58 in J. Goody & S.J.
Tambiah *Bridewealth and dowry*. Cambridge: Cambridge University Press.

Gulliver, Ph. 1955. *The family herds: A study of two pastoral tribes in East Africa: The
Jie and the Turkana*. London: Routledge and Kegan Paul.

1971. Nomadism among the pastoral Turkana of Kenya: Its natural and social environment, *Society of social change in Eastern Africa*. Nkanga: Makerere Institute of Social
Research.

Haberland, E. 1963. *Galla Süd-Äthiopiens. Völker Süd-Äthiopiens. Ergebnisse der Frobenius-
Expeditionen 1950—52 und 1954—56* Band 2, Universität Frankfurt am Main, Frobenius
Institut. Stuttgart: Kohlhammer Verlag.

Henriksen, G. 1974. *Economic growth and ecological balance: Problems of development in
Turkana*. Institutt for Socialantropologi, Bergen, Occasional paper no 11.

Legesse, A. 1973. *Gada: Three approaches to the study of African society*. London: Collier
MacMillan/New York: The Free Press.

Sahlins, M. 1963. Poor man, rich man, big-man, chief: Political types in Melanesia and Poly-
nesia, *Comparative studies in society and history* 3: 285—303.

Salzmann, Ph.J. 1967. Political organization among nomadic peoples, *Proceedings American
Philosophical Society* 111: 115—131.

Schneider, H.K. 1970. *The Wahi Wanyaturu: Economics in an African society*. Chicago:
Aldine.

Spencer, P. 1965. *The Samburu: A study of gerontocracy in a nomadic tribe*. London:
Oxford University Press.

1973. *Nomads in alliance: Symbiosis and growth among the Rendille and Samburu of
Kenya*. London: Oxford University Press.

Stenning, D. 1966. Household viability among the pastoral Fulani, pp. 92—119 in J. Goody
(ed.), *The developmental cycle in domestic groups*. Cambridge: Cambridge University
Press.

Van Zwanenberg, R.M.A. & A. King. 1975. *An economic history of Kenya and Uganda
1800—1970*. Atlantic Highlands: Humanities Press.

17. Political structure and the development of inequality among the Macha Oromo

JAN HULTIN

Chez les Macha Oromo du XVIe et du XVIIe siècle, aucun homme ne pouvait se constituer une position permanente de pouvoir et d'autorité. Les affaires tribales dans les sphères politique, juridique et rituelle étaient réglées dans le cadre du système gada, qui se composait d'un certain nombre de grades, couvrant chacun une durée de huit ans. Les détenteurs d'un grade donné, qui constituaient à eux tous une classe gada, se voyaient attribuer différents droits et devoirs à mesure qu'ils passaient d'un grade à l'autre. Avant qu'une classe n'atteigne le sixième grade, certains de ses membres étaient élus aux fonctions politiques. Au bout de huit ans, ils se retiraient et laissaient la place à leurs successeurs.

Vers la fin du XIXe siècle, le système gada n'existait plus que sous une forme érodée, et l'autorité de ses dignitaires déclinait. A leur place, des chefs permanents jouaient un rôle de plus en plus important. Dans certaines régions, des chefferies et des formations étatiques centralisées apparaissaient. Cette évolution se laisse expliquer en fonction des propriétés structurales du système gada. Les règles prescriptives du système et, plus tard, l'abandon d'une de celles-ci donnèrent naissance à deux processus distincts, tendant chacun à exclure un nombre d'hommes toujours plus grand des grades politiquement actifs. Et, à mesure que le nombre de groupes de filiation dépourvus de représentation politique croissait, les fonctions se transmettaient de plus en plus au sein d'un petit nombre de lignages qui les monopolisaient. Dans cette situation, les justifications juridiques et morales des privilèges et des attributs constitutifs du statut dans le système étaient elles-mêmes érodées et, par conséquent, l'autorité de la classe dirigeante gada ne pouvait plus se maintenir.

The Oromo[1] of Ethiopia and Kenya are spread over a very vast area from the province of Tigre in the north to the Tana river in the south, and from Somalia in the east to the border of the Sudan in the west. They entered into much of their present territory as the result of their great expansion in the sixteenth century and their continued, but less dramatic, expansion in the following centuries. The expansion brought far-reaching changes in the ethnic and cultural map of Ethiopia, but it also caused deep-going changes in the Oromo society. At the beginning of the sixteenth century the Oromo were a rather small and culturally

283

homogenous people. Today, however, the Oromo speaking peoples number ten to fifteen million and display a wide sample of Ethiopian cultures.

This paper deals with one of the major Oromo groups, the Macha, who live in Wollega, Illubabor, western Shoa and northern Kaffa. At the time of the expansion the Macha constituted one of the major tribal segments of the Oromo. Tribal affairs in the political, judicial and ritual sphere were regulated through the central institution of the Oromo society, the *gada* system. According to the rules of the *gada* system, holders of the most important political offices were elected for a period of eight years, after which they had to retire and hand over their offices to their successors. Hence, no man could build up a position of permanent power and authority. The Oromo society of that time was a highly egalitarian society of the same type as the Oromo of southern Ethiopia represent today. However, towards the end of the nineteenth century, when the Macha were conquered and brought under the rule of emperor Menelik, we could, with regard to political structures within their territory, find a wide variety of chiefless groups, chiefdoms and centralized state formations, the so-called Gibe states, the largest and most developed being the kingdom of Jimma Abba Jifar (Lewis 1965). The *gada* system existed in most regions only in a more or less eroded form, being increasingly reduced to the performance of ritual functions. The authority of its officers, where they still existed, was waning away and instead war leaders, local leaders and big men were playing an increasingly important part, in some regions even establishing themselves as rulers and kings. This paper will discuss some features of the process which led to this situation.

We know from Ethiopian records that the Oromo pastoralists began to make predatory incursions into some of the states in southern Ethiopia during the first part of the sixteenth century. They continued their attacks from their original homelands in southern Ethiopia throughout the sixteenth and seventeenth centuries and penetrated deep into the central parts of Abyssinia and expanded over very vast areas, at times threatening the very survival of the Abyssinian state. We have a contemporary account of the earliest phase of these dramatic events in Bahrey's *History of the Galla* written in 1593 (Bahrey 1954). This document is also a valuable ethnographic record which enables us to get a picture of the Oromo at that time.

It is possible that the Oromo had made war raids into the territory of other peoples also before the sixteenth century, but never before in history had they been able to attack and ravage a large number of south Ethiopian state formations and launch raids into the central parts of Abyssinia nearly a thousand kilometers away from their original homeland. But these events must not be seen in isolation. The long medeival history of competition and conflict between central Abyssinia and the Muslim states in the south east over the control over trade routes and supply areas culminated with the so called "Granj" wars. These wars, which began in 1527 (at about the same time as we hear of the first Oromo attacks) and lasted for about two decades, were probably the most devastating in the history of Ethiopia and left many states and districts destroyed and weakened. It was in this situation that the Oromo extended their war raids in an unprecedented way.

We can distinguish two aspects of the expansion: the actual attacks on new areas were made on a massive scale and were organized within the framework of the *gada* system, while the penetration and migration into new areas was made by smaller groups (Hultin 1975). The *gada* system "can be described as a ritual-political system regulating participation in tribal administration and the most important rituals" (Knutsson 1967: 161). It consists of a number of grades, each of which covers a period of eight years. The members of a grade may be called a *gada* class, which in its passing through the grades holds different corporate rights and duties, the most important one being to give political leadership in grade six, the "ruling" grade. One of the basic rules of the system is the rule of a forty year interval between paternal and filial classes, which means that a son must always enter the system five grades after his father (Legesse 1973: 50ff). Warfare was in important ways connected with *gada* ceremonial requirements and Bahrey (1954: 115) reports that in the sixteenth century each new *gada* class used to "attack a country which none of their predecessors have attacked". Each new *gada* class could, during the centuries of expansion, mobilize a maximal segment of one or more tribal groups for a war raid. These expeditions should, at least ideally, be undertaken against a territory which no earlier *gada* class had attacked. In accordance with the Oromo conception of time and history, each new *gada* class had, as a group, to match in deeds the reputation of its historical antecedents and to set an example for future classes. But there was also an individual motivation for the warriors of the lower grades of the *gada* cycle to build up their reputation and status by heroic deeds in campaigns of war; such achievements allowed them to compete for offices later on in the higher grades (Legesse 1973: 194ff, 220ff). Both of these motives may be said to refer to the system of values of the Oromo. Hence, the war raids were organized on a large scale and within the framework of the *gada* system. But the actual migration into new areas was undertaken on an individual basis or by small groups. The expansion of the Macha, which is our main concern here, was not a rapid conquest, but a process which lasted for more than two hundred years. It was the result of a continuous process of fission generated by a contradiction within the minimal patrilineage, i.e. by features in the social structure.[2] Bahrey (1954: 113), in the sixteenth century, stated that when the Oromo leave their country "they do not all go, but those who wish to stay do so, and those who wish to leave do so". Data from the Macha show that those who wished to stay were generally the eldest sons and those who wished to leave were the younger sons (Bartels 1970: 139). We may relate these facts to the rule of primogeniture, which generates strong tensions and conflicts within the minimal patrilineage. Among the pastoral Borana of southern Ethiopia, for example, the privileged position of the first-born son and the correspondingly weak position of the younger sons tend to create serious conflicts. There is always a tendency to fission, with younger brothers leaving the patrilineal core group, either when they have got their patrimony and married, or because they are not in a position to claim their rights (Legesse 1973: 35). This basic contradiction within the minimal lineage played its part in the fission and expansion also among the Macha.

Over the centuries fission and expansion has resulted in a highly complex state of grouping. In the earliest phase of the expansion the Oromo consisted of a number of patrilineal descent groups, and Bahrey gives a picture of segmentary structure in a continuous process of fission and fusion. He describes the major tribal groups, such as the Tulama and Macha. He also states that the Macha consisted of a number of patrilineal descent groups (which he enumerates) and his account indicates that the genealogical relation between them could be established, as well as the genealogical relationship between the Macha as a whole and the Tulama.[3] Today, however, it is impossible to elucidate the relationship between the very large number of segments which together constitute the Macha group; sometimes they have an idea of a common ancestor, but very often such an eponymous founder is missing. The complex picture which the social landscape in Macha displays is the result of the expansion and migration in earlier centuries and the particular form in which it took place. We have stated above that the expansion into new areas was rarely made by whole tribal segments, but by individuals or small groups, and that it was generated by conflicts within the minimal patrilineage. Bartels gives the following tradition from the south-western Macha:

When we moved westwards, it was like this: the eldest son always remained on his father's land; the other sons went in search of new land for themselves. Later, the sons of those eldest sons, in their turn, followed their relatives who went before, and joined them in the new country . . . It is thus that you find our names everywhere in the country between Ghimbi and Dembidollo. (Bartels 1970: 139)

Traditions from the author's field of research among the Sibu subtribe in western Macha indicate the same tradition for the Oromo penetration. The first immigrants were Sibu who came there about seven generations ago, and they were later followed by others. Today, the Sibu constitute the largest group in western Macha and their territory covers some 120 times 150 kilometers. They are subdivided into a great number of patrilocal, exogamous patrilineages. These, usually, have the name of a lineage in eastern or central Macha from where the first immigrants came. It was usually individual men and their households or groups of individuals who left their homes and kinsmen in the east, never whole lineages or segments of lineages. The immigrants settled and became founders of new, local lineages, which later, in their turn may have fissioned. The kind of segmentation resulting from this is of the type which has been called drift method of segmentation (Fox 1967: 124). However, a new lineage did not after some time take the name of the lineage founder, but retained the name of the old lineage in the east. It seems, for example, that several men of one and the same lineage emigrated at different times and settled in different places within the present Sibu territory in the west. Thus, there are several lineages which share the same name and which all are comprised by the same rule of exogamy, and where the members agree that their respective genealogies merge somewhere in the distant past. They constitute what Fox designates "merging segmentary series of lineages" (Fox 1967: 126). Again, there are also many lineages which share the same name, and are found in many different places in Sibu, where the common descent is not clearly demonstrable. Some of these lineages, but not all, constitute exogamous units. Such groups can be said to constitute "linear series of lineages" (Fox 1967: 126). There is thus a large number of both merging and linear series of lineages, each one with its own territory, who all regard themselves as Sibu and refer to their common territory as Sibu. There is also a group and a territory in central Macha called Sibu from where the Sibu in the west once came. Both groups recognize that they earlier were one and the same. For such divisions we shall here use the term tribe and refer to larger groups like Macha and Tulama as tribal groups. We find branches of the same tribe both in eastern Macha and in the west. Each tribe had its own territory and when people migrated into new areas they again settled in such a way that the tribes formed discrete territorial units; the tribes were, so to speak, replicated in the new areas.

So far we have given an outline of the Macha expansion and the resulting tribal and lineage grouping. We now wish to examine how the social consequences of this, in their turn, affected the *gada* system. Originally all the Oromo probably had a common center for the most important *gada* rituals. Some time after their northward expansion the Tulama and Macha established their own, common *gada* center or *čaffe*, and later this one was split into two when the Macha set up their own *gada* center in the upper Gibe river region some 250 kilometers west of the former one. The word *čaffe* literally means "low-lying meadow", but in *gada* terminology it referred to the place where the most important *gada* rituals took place and where the assembly of the *gada* class in power held their meetings. It also referred to the ruling assembly as such. There was thus a central *čaffe* which was common to all the Macha, but besides there were lower, tribal ones from where delegates were sent to the central *čaffe*. With the continued expansion and segmentation new tribal *čaffe* were established and the importance of the central one decreased. The process of fission and the accompanying split up of the *čaffe* brought about great strains on the operationality of the *gada* system and contributed to its deterioration.

Knutsson (1967: 181), who has studied the *gada* system of the Macha, states that the system disintegrated faster and more completely among the Macha than among the Tulama. He mentions some factors which may have contributed to this process. One important difference between the two areas lies in topography. Macha is more mountainous and inaccessible than the Shoan plateau where the Tulama live. Communication between different areas is often more difficult in Macha and this has probably contributed to the division of the area into smaller units. Again, the *gada* system is extremely complicated and a great deal of time is needed to transmit the knowledge pertaining to it from one generation to another, i.e. to educate people. But the character and effectiveness of the education and training depend, among other things, on the settlement pattern and environmental factors which influence the mobility and communication within the region (Knutsson 1967: 181, 203). Intensive communication is also necessary to counteract tendencies to deviation in the system and thus to preserve its uniformity. Knutsson (1967: 181, 202ff) has in his study of the process of change of the *gada* system of the Macha stressed the importance of the communication aspect. Besides topography and communication, Knutsson also considers the strains caused on the system by the assimilation of the original population of the various areas and a transition from a predominantly pastoral economy to a more settled agricultural economy. We may agree with Knutsson in the assumption that all these factors connected with the expansion affected the *gada* system, but the problem remains that we do not know how and to what extent they contributed to the deterioration of the system. If we wish to understand why the *gada* system deteriorated, we should not rest content with just considering external factors connected with the expansion; just as important is to consider the structural properties of the *gada* system and the contradictions they generated.

Cerulli (1933: 126ff, 139ff) and Knutsson (1967: 39, 181) report that the Macha distinguish between two categories of clans and lineages, the *borana* and the *gabaro*. They also state, together with Haberland (1963: 775), that the term *borana* refers to those lineages which are of "pure" Oromo descent, while the term *gabaro* refers to lineages consisting of descendants of the subdued and assimilated aboriginal population. Knutsson (1967: 181) also suggests that (at least in eastern Macha) the number of *gabaro* lineages indicate that the assimilated population was large and that their integration implied great strains on the *gada* system. The Sibu in western Macha make a similar distinction, the difference being that they use the term *ilma gerba* instead of *gabaro*. But among the Sibu these designations have nothing to do with "pure" or "impure" Oromo descent; all informants emphatically stated that the *ilma gerba* are pure Oromo. As the term *ilma gerba* literally means "son of slave" or "son of servant", we specifically inquired about whether this designation did not indicate that they were descendants of slaves or a subjugated original population or other people of low status, but all informants, whether they were *borana* or *ilma gerba*, unanimously denied that this was the case. On the other hand there still exist among the western Macha scattered pockets of people who are regarded as descendants of the original population. The most common group is called Ganka,[4] and although they today speak only the Oromo language and do not differ from the Oromo in their physical features, they still form endogamous local groups with low status. Today, the number of Ganka is very small, and we do not know anything about their number in earlier times. There are traditions from the western Macha about a once powerful Ganka king, and there are indications in the traditions that the first Oromo immigrants were somehow dominated by him. Later, the king was killed by the Oromo, and the Ganka seem to have been driven away. It is also possible that some of them became integrated into the Oromo society through adoption — and, in the case of the women, through marriage. The Macha have different forms of adoption, but common to them all is that the adopted person becomes a full member of his adoptive father's group, takes up the latter's genealogy as his own and gets the same rights as any other member of the adoptive father's descent group. Hence, among the western Sibu there is no evidence that the aboriginal population of the area has been integrated and ascribed a status as *gabaro* or *ilma gerba*. It seems that we have to consider the possibility that the terms *gabaro* and *ilma gerba* refer to two completely different categories of people. If this is the case, and if the *ilma gerba* are not descendants of the assimilated original population, then, what are they? Taking Asmarom Legesse's analysis of the *gada* system as our point of departure, we will suggest as a hypothesis that the *ilma gerba* correspond to a category of people whom the Borana of southern Ethiopia designate with the term *ilman jarsa*, "sons of the aged".

We have earlier stated that one of the basic rules of the *gada* system is the rule of a forty year interval between paternal and filial classes, which means that a son always enters the system five grades after his father. Another basic rule says that a man must not have a son before he has reached the fortieth year of the cycle. The application of these rules lead to a process through which the classes are becoming progressively more retired (the retired classes are the ones in the grades after the ruling grade). A man in the "ideal" age position may have a son when he is some forty years old and is in grade five. This son will enter the system in grade one. But he may continue to beget sons for another twenty years, and his youngest son will then enter the system in grade three. This son may begin to raise sons when he is some twenty years old (i.e. when he reaches the fortieth year of the cycle), but he may well continue to have sons until he is in grade nine or ten, and in this way sons may continue to be born into progressively higher grades over time. If this process becomes frequent, the lower grades will get fewer and fewer members and the higher grades disproportionately many. The classes above grade eleven have no political or ritual functions, they are retired and called *jarsa*, old men, and their sons and descendants will be called *ilman jarsa*, sons of the aged (Legesse 1973: 132ff). Asmarom Legesse found that this process is actually working among the Borana today, and that the classes are becoming progressively more retired. He assumes that the *gada* system started as an age-set system, but as this process of "social senectation"[5] developed, more and more men could have been expected to have been born into classes that had already completed the ritual-political cycle.

These men would be completely disenfranchised (Legesse 1973: 133, 161ff). The Borana have, however, found a way to give the men in the semiretired classes (grades seven to ten) and the retired classes (grade eleven and above) political representation as councillors to the ruling *gada* class. Legesse assumes that this council, which is called *gerba hayu*, "assistant councillors", was originally created to deal with the problems created by the process of senectation of the classes (Legesse 1973: 161).

We have stated above that the Sibu claim that the *ilma gerba* are as "pure" Oromo as the *borana*. There was, however, one difference between the two categories; the former were not allowed to wear a *kalecha*, a phallic head gear worn on the forehead and one of the most sacred ritual objects in the *gada* system. It is worn by the men who have entered the sacred *gada moji* grade, the 80th to 88th years of the cycle, after which they go into final retirement and become *jarsa*. When they retire, their sons who are in the ruling *gada* class are circumcised. At a great ceremony the men in the outgoing *gada moji* class formally hand over their property and remaining prerogatives to their eldest sons. They also hand over their ritual emblems and tie their *kalecha* on the forehead of their eldest sons (and they may also have ordered additional *kalecha* to be made for their other sons) (Haberland 1963: 220ff). Haberland (1963, table 77: 3) shows a picture where a *gada moji* ties the *kalecha* on the forehead of his small son, a boy about five years old. This boy then must have entered the system just before his class took over as ruling *gada* class. Evidently a son of an *ilma jarsa* can never properly take part in the circumcision ceremony and thus get a *kalecha*. Here, then, we may have a clue to the statement the Sibu make that the *ilma gerba* are "pure" Oromo and that the only difference between them and the *borana* is that they were not allowed to wear a *kalecha*. We may advance the hypothesis that they are descendants of men in the permanently retired classes, the category of men the Borana of southern Ethiopia call *ilman jarsa*, descendants of the aged, and to whom they give limited franchise through the body called *gerba hayu*, the assistant council of the ruling *gada* class. One may, however, object that the ruling *gada* class of the Macha and the Tulama had a somewhat different organization from that of the ruling *gada* class of the Borana. The former, at least in the nineteenth century, had no *gerba hayu* or any corresponding body. This may seem discrediting for our argument; we are not much helped by saying that there might have existed an assistant council in earlier times. But our argument for the hypothesis is not based on the similarity of the terms in use (the term *ilma gerba* could be interpreted as *ilma gerba hayu*, "descendants of assistant councillors"); the point we are trying to make is the one that the prescriptive rules for acquisition of children may give rise to a process of "social senectation", which produces an increasing number of men in the retired classes. The statements the Sibu make about the relation between the *ilma gerba* and the *borana* are quite comprehensible and can be explained by the presence of such a process.

We cannot at our present state of knowledge determine whether the *gabaro* category is the same as the *ilma gerba* category, or, as Cerulli and others have claimed, descendants of the original population. It is also possible that the Oromo, if they integrated the original population into the *gada* system, ascribed to them a status similar to the one of the permanently retired classes. Cerulli (1933: 126f) reports that the *gabaro* performed their own parallel *gada* rituals at the same time as the *borana*. These were copied on the "real" rituals, but with some symbolic differences. However, it was the *borana* who after this ceremony took over the legislative and political authority of the tribe. Again, the *gerba hayu* among the Borana of southern Ethiopia also perform some parallel *gada* rituals in the same way as did the *gabaro*. Thus, Haberland (1963: 186) reports that they participate in the circumcision ceremony together with the ruling *gada* class, but that they on this occasion are only cut in the thigh.

There is strong evidence that the process of "social senectation" over time produced a large category of men who had only limited rights in the *gada* system and that this proces was of decisive importance for the deterioration of the system. The number of *ilman jarsa* is great among the Borana today; Haberland (1963: 185ff) claims that they constitute half the population. Yet, through the council, *gerba hayu*, the men in the retired classes can get political representation in the *gada* system. The process of "social senectation" has gone further among other Oromo groups as illustrated by Haberland's report (1963: 186) from the Alabdu of the Guji confederation, where they at the time of his field-work had great difficulties in finding qualified candidates for the *gada* offices. He also claims that the Oromo in Shoa and Harar even much earlier arrived at a situation when practically nobody belonged to the proper *gada* system.

In the case of the Oromo of Shoa (i.e. the Tulama) it was not only the process of "social senectation" which brought about the deterioration of the *gada* system; also a process which we may term the process of "social rejuvenation" contributed to channel people out of the active grades. The Borana are not allowed to raise sons until they enter the fortieth year of the cycle, and they are supposed to abandon children born earlier than prescribed. When the Tulama and the Macha gave up this rule and the one prescribed for the earliest time for marriage (at the beginning of grade five) while they still stuck to the basic rule of having a forty year interval between consecutive generations, this, again, led to a process through which an increasing number of men became disenfranchised. If the "senectation process" tended to channel an unproportionately great number of men into the upper and retired grades, the other process worked so to speak in the opposite way and tended to distribute people into the junior grades and outside the first grade. Over time this process of "social rejuvenation" would create a situation where many men were initiated into the first grade at such an advanced age that they never reached the ruling grade. The Tulama found a way to put lineages which through this process of "social rejuvenation" had become disenfranchised, back into the active grades.

Knutsson (1967: 175) reports that "a man who was already very old when he was initiated into the 'children's class' could be allowed to bring his grandson with him". He also mentions that it was possible to make an application to the ruling *gada* assembly to change one's *gada group* (Knutsson 1967: 176). Knutsson's data thus indicate that the process of "social rejuvenation" was not irreversible. The same is true also for the process of "social senectation". Legesse (1973: 134) states that among the Borana "the process is, in principle reversible. It can be reversed if the majority of the retired population marry and have children at an early age". In this way the "senectation process" could also be retarded. Legesse (1973: 178), however, arrives in his analysis at the conclusion that the forces that tend to accelerate the process are greater than those that tend to retard it.

Hence, the processes of "social senectation" and "social rejuvenation" channelled a great number of men outside the politically active grades. The number of lineages with members in the active classes was very limited and this stressed the tendency of inheritance and the monopolization of offices by a few lineages. In the nineteenth century, among the Tulama, the offices passed from father to son in certain *borana* lineages (Knutsson 1967: 172), and the same was true also for the Macha (Knutsson 1967: 179). This does not agree with Haberland's statement that practically nobody belonged to the active classes; it takes at least six lineages with adult members in the active classes to make the system work in this way. In a situation when nobody was in the right position in the *gada* system to succeed an official, the solutions at hand were either to leave the office vacant or to prolong the mandate. There is in fact information from the Sibu indicating a situation where the latter resort was tried. Nordfeldt, a missionary who lived in Sibu in the early nineteen thirties and who had access to informants who had experienced the time before Menelik's conquest, claims that the *abba boku*, the principal official and the formal leader of the ruling *gada* class, and the *abba dula*, the war leader, ruled for his lifetime. The offices were passed from father to son (Nordfeldt 1935: 83).

The prescriptive rules of the *gada* system, then, led to the process of "social senectation", and the abandonment of one of the basic rules, the ban on raising sons before the fortieth year of the cycle, led to the process of "social rejuvenation". Both processes gave rise to an increasingly unjust distribution of political offices and privileges; they had the effect that an increasing number of descent groups were left with no political representation. The authority of the ruling *gada* class and its officials did not rest on physical sanctions and coercion, there was no "police" or military force at hand to enforce decisions. The credentials for the men in authority positions were based in the *gada* system itself, postulating equal rights of all men and equal representation of all descent groups. When the possibilities of participating in the political and ritual system waned, jurally, ritually and morally validated credentials for the rights and duties, privileges and claims that constituted status in the system also waned. Instead war leaders, local leaders and other men of influence came to play an increasingly important part, while the *gada* system became increasingly restricted to the performance of ritual functions.

Notes

The author has conducted field-work among the Oromo in Wollega in 1968 and 1970—71. This research has been supported by the Scandinavian Institute of African Studies, the Swedish Council for Social Science Research and the Swedish Humanistic Research Council.

1. The Oromo are usually known in the literature under the name Galla. They refer, however, to themselves as Oromo, and this term is now generally accepted in Ethiopia.
2. Legesse's view on the expansion is too simplified; he sees it as "a function of a massive growth in population that occurred during the sixteenth century" (1973: 8). There is no evidence on which such an assumption can be founded.
3. Bahrey 1954: 112f. It is interesting to note that the segmentary lineage system of the Oromo did not function as an organization of predatory expansion of the type suggested by Sahlins (1961). On the contrary, it was a contradiction at the very core of the segmentary lineage system, in the structure of the minimal patrilineage, that resulted in fission and expansion. And the "massing effect" was not achieved through the lineage system, but through an institution which was very peripheral to descent, the *gada* system.
4. The Ganka are presumably the Gonga of earlier travellers. Cf. Beckingham & Huntingford 1954: 145ff, 215; Haberland 1965: 222.
5. Legesse 1973: 133 labels this process the *gada process*, while Levine 1974: 142 calls it process of "senectation".

References

Bahrey. 1954. History of the Galla, in C.F. Beckingham & G.B.W. Huntingford (eds.), *Some records of Ethiopia 1593—1646*. London: Hakluyt Society.
Bartels, L. 1970. Studies of the Galla in Wälläga, *Journal of Ethiopian studies* 1: 135—159.
Beckingham, C.F. & G.B.W. Huntingford. 1954. *Some records of Ethiopia 1593—1646*. London: Hakluyt Society.
Cerulli, E. 1933. *Ethiopia occidentale*. Roma: Sindicato italiano artè grafiche.
Fox, R. 1967. *Kinship and marriage*. Harmondsworth: Penguin Books Inc.
Haberland, E. 1963. *Galla Süd-Äthiopiens. Völker Süd-Äthiopiens, Ergebnisse der Frobenius-Expeditionen 1950—52 und 1954—56*, Band II, Universität Frankfurt am Main, Frobenius Institut. Stuttgart: Kohlhammer Verlag.
          1965. *Untersuchungen zum Äthiopischen Königtum*. Wiesbaden: Kohlhammer Verlag.
Hultin, J. 1975. Social structure, ideology and expansion; the case of the Oromo of Ethiopia, *Ethnos* 40: 273—284.
Knutsson, K.E. 1967. *Authority and change. A study of the Kallu institution among the Macha Galla of Ethiopia*, Etnologiska Studier 29. Göteborg: Etnografiska Museet.
Legesse, A. 1973. *Gada. Three approaches to the study of African society*. New York: The Free Press/London: Collier MacMillan.
Levine, D.N. 1974. *Greater Ethiopia. The evolution of a multiethnic society*. Chicago: University of Chicago Press.
Lewis, H.S. 1965. *A Galla monarchy: Jimma Abba Jifar, Ethiopia 1830—1932*. Milwaukee: University of Wisconsin Press.
Nordfeldt, M. 1935. *Bland Abessiniens Gallaer*. Stockholm: Fosterlandsstiftelsens Förlag.
Sahlins, M. 1961. The segmentary lineage: An organization of predatory expansion, *American anthropologist* 62: 322—345.

18. Générations et royauté sacrée chez les Galla d'Ethiopie

MARC ABÉLÈS

The Galla Borana are organized according to a system of generation-classes. Ego is a member of a given class as a function of the class occupied by his own father. Among the Galla, every person can identify himself with reference to three categories: kinship, age, and generation. There is an entire group of rituals and of political initiatives in which the agents are exclusively members of generation classes. Borana society appears to be constituted out of the intersection of these different systems: kinship, age-sets, and generation-classes. Beneath this apparent pluralism, however, the preeminence of two ideological representations of the sphere of power can be observed. The representation based on the sphere of kinship comprehends the representation based on the system of generation classes. Is there really "functional redundance" among the different Galla institutions, as Asmarom Legesse indicates? In this article, we will show the importance of analysing the relative efficacy of the powers of the *Ḳallu* and the *Abba Gada*, and the necessity of analysing the simultaneous and contradictory reproduction of political authority and ideological representations.[1]

Dans les lignes qui vont suivre je me propose d'avancer un ensemble de questions ayant trait à l'organisation socio-politique des pasteurs galla éthiopiens. Pour ce faire je prendrai comme point d'appui le très remarquable ouvrage d'A. Legesse: *Gada. Three approaches to the study of African society*.[1] Je précise d'emblée que je ne suis nullement un spécialiste des populations de pasteurs nomades. Je n'ai donc pas l'intention de présenter des matériaux nouveaux liés à ma pratique de terrain. Par contre, ayant travaillé chez les Gamo d'Ethiopie méridionale,[2] d'une part j'ai eu l'occasion d'observer qu'ils entretenaient des relations complexes avec les Galla; d'autre part j'ai été frappé en étudiant la littérature consacrée aux Galla par l'analogie des problèmes d'organisation politique chez des ethnies pourtant fort différentes tant par la culture que par les pratiques économiques. (Les Gamo sont des agriculteurs sédentaires installés dans les hauts-plateaux dominant le lac Abaya.) Mon propos est donc d'ouvrir ici un débat sur les rapports de pouvoir dans un type de société qui comprend une pluralité d'instances politiques, mais où l'on ne discerne aucune formule de centralisation du pouvoir.

Les Galla ou Oromo sont environ 10 millions aujourd'hui; localisés originellement au sud de l'Ethiopie entre les lacs de la vallée de Rift et le plateau du Bale, des vagues successives les menèrent jusqu'au nord du pays.[3] A partir du XIXe siècle, l'influence politique des Galla a fortement décliné et ils furent intégrés à un empire dominé par les Amhara, cela jusqu'à l'effondrement de la dynastie impériale en 1974.[4]

Le travail de Legesse est centré sur le système de classes générationnelles *gada*, institution complexe qui joue un rôle essentiel dans la société oromo. Durant la période d'expansion galla (du XVIe au XIXe siècle), le système gada a connu des variations et des infléchissements, à mesure que les tribus s'adaptaient aux conditions nouvelles auxquelles elles se trouvaient confrontées. Seuls les Galla Borana ont conservé tous les traits fondamentaux du système gada, et c'est leur société que Legesse a choisi d'étudier.

Comment définir le système de classes générationnelles? Il importe de distinguer clairement les structures de générations galla des systèmes de classe d'âge qu'on observe dans de nombreuses sociétés africaines traditionnelles. En effet, dans le système gada, chaque classe est recrutée non sur la base de l'âge chronologique, mais en référence à la génération. Il y a en quelque sorte une articulation généalogique entre les classes générationnelles, sans qu'entre nullement en jeu l'âge réel des individus: *ego* sera membre d'une classe donnée, en fonction de la classe occupée par le père d'*ego* à la naissance de ce dernier.

Deux principes régissent le fonctionnement du système gada: d'abord personne ne peut entrer dans le cycle gada avant que son père ait accompli les rites de transition à la paternité. Ces cérémonies ont lieu dans la quarantième année du cycle gada. Traditionnellement, les enfants nés avant cette date étaient abandonnés. L'autre principe est le suivant: un garçon entre toujours dans une classe générationnelle située quarante ans après celle qu'occupe son père, quel que soit l'âge de celui-ci.

Il ne suffit pas de différencier classes générationnelles et classes d'âge; il faut aussi avec Legesse déterminer la notion de grade d'âge (*age-grade*). Ces grades marquent les stades de développement que parcourt une classe. La durée de chaque grade est de huit années et la transition d'un grade à un autre est marquée par une cérémonie spécifique.[5] Comme on vient de l'indiquer, il est interdit d'avoir des enfants avant le cinquième grade et cinq grades séparent toujours le fils de son père. Ainsi, le grade de départ du fils dépend entièrement de celui qu'atteint son père à sa naissance. Si un homme a atteint le cinquième grade, son fils entrera dans le cycle au grade 1; par contre si le père en est au huitième grade à la naissance du fils, celui-ci obtient automatiquement dès sa naissance le troisième grade.

Il est facile d'imaginer les distorsions qui peuvent intervenir entre l'âge réel d'un homme et le grade d'âge de la classe générationnelle auquel il appartient.

Le premier problème qu'avait à résoudre Legesse était le suivant : est-il possible de penser un modèle du cycle gada qui permette de comprendre comment ce système, malgré les distorsions qu'il impliquait en raison du décalage entre l'âge réel et le grade de référence, a pu perdurer plusieurs siècles sans se transformer profondément ?

Pour bien saisir cette difficulté, on doit rappeler qu'à chaque grade, la classe générationnelle se voit assigner un ensemble d'activités et de responsabilités d'ordre économique, politique et idéologique. Au grade 4 la classe se donne une organisation politique. Six conseillers primaires sont investis.

Mais c'est quand la classe générationnelle obtient le grade 6 qu'elle se voit conférer l'autorité politique et rituelle : elle devient la *ruling class*. La période de huit ans qui suit prendra le nom du conseiller principal (*Abba gada*). Une assemblée gada est constituée : elle comprend outre le conseil primaire et ses assistants, un conseil secondaire formé d'hommes désignés par la classe sortante et ayant dépassé le grade 6. L'assemblée a pour charge de résoudre les conflits entre les camps, de régler les litiges importants intervenant à propos de l'usage des pâturages. Elle doit mobiliser des travailleurs pour creuser les puits. Outre leurs fonctions politiques et économiques, les membres de l'assemblée accomplissent d'importants rites.

Pendant une période de huit ans, les institutions que la classe s'est elle-même donnée régiront l'ensemble de la société. L'assemblée gada, et dans ce cadre les deux conseillers principaux (*Abba gada*), a un rôle dirigeant. Même avant (grade 1 à 6) et après (grade 7 à 11) avoir mis en place cette structure politique et assuré des fonctions dirigeantes, la classe générationnelle apparaît comme une réalité sociologiquement prégnante. C'est pourquoi il importe que le fossé entre l'âge réel de l'individu et le grade qu'il porte en tant que membre de sa classe ne soit pas trop vaste. Comment, dans le cas contraire, le système pourrait-il fonctionner ? Or, en raison des deux principes, l'un fixant l'intervalle entre la génération du père et celle du fils à quarante ans, une tendance se dégage nettement : le système évolue vers un déséquilibre cumulatif.

Pour reprendre l'exemple ci-dessus, il est possible qu'un homme ait un fils à quarante ans ; mais il est tout aussi probable qu'il engendre plus tard d'autres garçons ; ainsi, le fils d'un homme de 57 ans (grade 8) entrera directement dans une classe générationnelle de grade 3. Si cet individu à son tour engendre un garçon quand il a 57 ans, son fils accèdera au grade 5 à la naissance. Dans ces conditions, les classes correspondant aux premiers grades du cycle se vident, alors qu'au contraire une multitude d'individus partagent les grades les plus élevés. Le système devient alors véritablement inviable, puisque la majorité des individus ne peuvent en raison de leur âge réel assumer les fonctions qui correspondent à leur grade. On imagine mal en effet une classe de grade 5 composée surtout de jeunes enfants accomplir ses tâches guerrières. De même la classe au pouvoir ne peut diriger la société si elle ne dispose de suffisamment d'hommes mûrs.

Les commentateurs qui ont décrit depuis le XVIe siècle la société galla ne semblent pas s'être préoccupés outre mesure de cette difficulté nodale. Même Cerulli (1922), qui a proposé un modèle du cycle gada en 1922, a présenté un schéma cyclique contestable. En effet, le système est décrit comme un cycle fermé de dix grades, composé de deux hémicycles: un homme se trouve ainsi dans l'hémicycle opposé de celui où se trouve son fils; mais devenu vieux il peut fort bien se retrouver dans le même hémicycle que son petit-fils et même obtenir le même grade que cet enfant. Cerulli explique ainsi qu'on ait pu observer des vieillards et de jeunes garçons participant aux mêmes rites de transition.

Mais, comme l'a remarqué Jensen (1936), la cycle gada décrit par Cerulli est inviable à cause de l'écart imposé de quarante ans entre la classe du père et celle du fils: "sous cette forme le système ne peut rester en ordre; il ne peut en aucun cas refléter la segmentation des gens en classes d'âges; en fait, il devra réellement cesser au bout de quelques générations". Le même Jensen indique que les Galla ont remédié à ce grave défaut du système en fixant des limites précises à la période de procréation; un homme ne peut engendrer qu'entre 40 et 48 ans. Il est possible qu'une règle assignant à huit ans la période de procréation ait régi très anciennement le cycle gada. Elle ne s'est pas maintenue; par contre le système, lui, a perduré.

Gada n'est pas un cycle fermé, sinon il se serait effondré; comme on peut l'observer aujourd'hui, il s'agit d'un cycle ouvert. Un certain nombre de classes se trouvent en dehors du processus de développement marqué par les onze grades. On relève plus de neuf classes plus ou moins éloignées du onzième grade qu'elles ont toutes dépassé. Nous avons donc affaire à un système perpétuellement en crise, à une "institution instable". Là se situe le premier mérite de l'analyse de Legesse: plutôt que de rechercher une harmonie structurelle fictive, restituer le système du point de vue de sa *reproduction*. Lorsqu'on saisit les contradictions inhérentes à la reproduction du cycle gada, on peut se demander depuis quand cette institution fonctionne. Legesse, à l'aide de procédures de simulation mathématiques parvient en partant du niveau de distorsion actuel du système à fixer sa date de naissance à 1623.[6]

Je n'ai pas l'intention de revenir sur ce traitement formel des données. Je voulais simplement faire apparaître, en soulevant la question du décalage entre âge réel et génération gada, l'importance extrême d'une analyse des structures politiques d'une société en partant de problèmes posés par leur reproduction. Il est vrai qu'un système aussi sophistiqué et entièrement axé sur la variable "temps" rend presque indispensable cette démarche. Encore fallait-il faire le pas qui consiste à subordonner le point de vue fonctionnel trop souvent régnant en anthropologie. Ce n'est sans doute pas un hasard si, dès lors qu'on focalise l'approche anthropologique sur des questions de temporalité (histoire réelle/ temps de l'institution), on est contraint, pour des raisons de cohérence théorique et méthodologique, d'abandonner la problématique fonctionnaliste; celle-ci en effet occulte les problèmes d'articulations entre processus sociaux qui se déroulent selon des temporalités différenciées.

Bien qu'il se situe ainsi en marge de tout fonctionnalisme, le travail de Legesse aborde, secondairement, le problème des fonctions assumées par les structures générationnelles. Je relève ici la thèse selon laquelle, en raison du manque de spécialisation des diverses institutions galla, il existe entre celles-ci une véritable "redondance fonctionnelle". Cette thèse présente un double intérêt : d'abord elle implique qu'il est impossible de comprendre le rôle joué par l'institution générationnelle dans la société Borana sans prendre en compte simultanément les autres modes de structuration des rapports sociaux (parenté et classes d'âge); ensuite, elle pose la nécessité de ressaisir non pas la fonction spécifique, mais plutôt *les* fonctions – politique, rituelle – que chacune de ces institutions assume, sachant que celles-ci peuvent jouer un rôle analogue sans cependant s'identifier.

C'est cette thèse de la redondance fonctionnelle que je voudrais discuter, et surtout le type d'analyse des pouvoirs émanant des diverses institutions, qu'elle implique. Mais auparavant, voyons quelles sont ces différentes structures sociales auxquelles participe, à un titre ou à un autre, chaque individu. Chez les Galla Borana, tout homme peut s'identifier en référence à trois catégories : la parenté, l'âge, la génération. L'appartenance à un groupe généalogique est un élément essentiel, même si, dans la pratique quotidienne, c'est surtout à la famille qu'on a affaire. Le système de parenté comprend différents niveaux de segmentation, en particulier une division en deux moitiés exogames entre lesquelles sont répartis tous les Borana; ces moitiés comprennent des sous-moitiés, elles-mêmes divisées en clans incluant divers lignages. Il semble que les membres d'un même lignage ou d'un même clan soient souvent dispersés dans des unités résidentielles distinctes et éloignées; aussi c'est la famille qui constitue l'unité économique de base au sein de la société. A. Legesse indique que les clans et les lignages interviennent dans le creusement des puits et la régulation des ressources d'eau. Mais les clans et les moitiés jouent un rôle essentiel dans les rites et l'activité politique. Lorsqu'une classe générationnelle atteint le grade 4, il faut désigner un conseil primaire. A chacun des aînés de moitié (*Ḳallu*) est confiée la tâche d'organiser séparément l'élection de trois conseillers. Un conseil d'électeurs appartenant au lignage de *Ḳallu* et dirigé par ce dernier est constitué. Des délégations accompagnent les candidats et convergent vers le campement permanent du *Ḳallu*. Celui-ci préside le conseil des électeurs et proclame le nom des nouveaux conseillers lors d'une cérémonie où il reçoit l'hommage des élus. On constate, à un niveau moins élevé, que les aînés de clan participent à la désignation des assistants du conseil primaire. Notons aussi que les candidats aux postes de conseiller ou aux postes d'assistants sont présentés chacun comme un candidat d'un clan. La parenté fournit donc un cadre au système politique, alors que celui-ci est opérant, si l'on peut dire, dans un autre univers : l'ordre générationnel.

En ce qui concerne le rituel, un certain nombre de cérémonies sont du ressort direct des moitiés et des sous-moitiés. Le *Ḳallu*, dans chaque moitié, préside à d'importantes célébrations, parmi lesquelles la fête *Muda*, qui a lieu tous les huit ans. A cette occasion les membres de la classe au pouvoir viennent présenter les offrandes au *Ḳallu*. Les acteurs de la cérémonie sont en vérité les clans qui ont chacun une place et un rôle bien précis: les membres de la classe au pouvoir agissent en tant que membres des clans. Comme on le voit, le système de parenté et le système gada ont chacun des fonctions politiques et rituelles. Celles-ci se recoupent dans diverses circonstances. Dans de tels cas, l'un des systèmes prend le pas sur l'autre. Ainsi dans cette fête *Muda* la référence générationnelle s'efface au profit de la référence clanique. Dans d'autres cas, les deux systèmes jouent complémentairement, par exemple lors de la désignation des assistants du conseil primaire, à laquelle participent un membre de ce conseil et un aîné de clan.

Il existe cependant toute une série de rituels et d'initiatives politiques dont les agents sont exclusivement les membres des classes générationnelles. On le voit clairement si l'on analyse les rites de transition. Par exemple lors du passage du grade 1 au grade 2: les organisateurs de la cérémonie sont les dirigeants de la classe au pouvoir, qui ont la tâche difficile d'appeler les familles des intéressés à migrer vers l'autel près duquel se dérouleront les rites. Dans ce type de transition, les structures de parenté apparaissent inopérantes.

Au plan politique, l'assemblée gada a également des attributions spécifiques. Elle a la charge de veiller au bien-être de la société et doit résoudre les principaux conflits. Il arrive souvent que les groupes en opposition soient des lignages ou des clans, mais l'assemblée a précisément la capacité de dépasser la sphère des intérêts lignagers et claniques. En ce sens, l'assemblée et les *Abba gada* constituent l'instance politique essentielle. Il est nécessaire de distinguer la configuration politique, d'une part, et l'efficace politique, d'autre part. On peut soutenir en effet que le système de parenté, et notamment la division en moitiés, détermine les contours de la configuration politique propre à la société borana. Du point de vue de l'efficace politique, c'est le pouvoir qui émane des structures générationnelles qui est déterminant.

Dans ces conditions, on peut se demander si la thèse de la redondance fonctionnelle rend compte de la situation qui est décrite par Legesse. Avant de préciser cette importante question, il faut faire état de la complexité extrême de la pratique sociale des Galla: Legesse distingue, outre le système de parenté et celui des classes générationnelles, un système de classes d'âge qui se constitue dans le cadre du cycle gada mais ne s'identifie nullement avec cette institution. Ces classes, d'une profondeur de huit années, réunissent les individus sur la base de leur âge réel. Ce type d'association est mobilisé par la société lors des guerres. Les régiments guerriers sont constitués par les membres des classes d'âge et cette structure assure la cohésion militaire nécessaire. Etant donnée l'importance stratégique du système de classes d'âges, il est clair que ses leaders peuvent avoir un impact sur le processus politique général. Legesse montre comment, lors de l'élection du conseil primaire en 1963, les membres d'une classe d'âge chargée de protéger le camp du *Kallu* firent pression sur ce dernier pour qu'il fasse élire certains candidats. Dans ce "drame social", on assiste à un affrontement entre des pouvoirs qui émergent de contextes sociologiques hétérogènes. La société borana "a les caractéristiques d'une société pluraliste", estime Legesse. Mais qu'est-ce qu'une société pluraliste?

Les notions de pluralisme et de redondance fonctionnelle indiquent l'émergence et les rapports contradictoires entre une multiplicité de pouvoirs. Elles ne nous apprennent pas quelle est l'opérance propre à chacun d'eux. Sans retomber dans les difficultés d'un fonctionnalisme qui cherche à sérier les interventions politiques et rituelles spécialisées de chaque institution, on doit néanmoins s'interroger sur l'articulation des pouvoirs. Si le pluralisme est interprété comme simple coexistence problématique des différents systèmes, on saisit mal pourquoi les Galla privilégient pour certaines activités la référence à la parenté, alors que dans un autre contexte primera la référence à la génération.

Un exemple précis donnera une idée du problème: le tableau très schématique des institutions borana fait apparaître la prééminence de deux types de représentation idéologique de la sphère du pouvoir, l'une fondée sur le système de parenté, l'autre sur le système des classes générationnelles. D'une part — représentation 1 — celui-ci s'incarne dans l'assemblée gada et ses conseillers principaux, les *Abba gada*; d'autre part — représentation 2 — la sphère de pouvoir, c'est tout autant les *Kallu*, instances suprêmes de recrutement du personnel dirigeant. De plus le *Kallu* est doté d'attributs surnaturels; il n'est pas un être humain comme les autres, puisqu'il lui est permis de violer la règle d'exogamie. Enfin, quoiqu'appartenant à un lignage particulier, il est dit "enfant du Borana": le *Kallu* n'est jamais censé être le représentant d'un groupe, mais le produit et l'incarnation de la communauté tout entière. La représentation 2 englobe donc la représentation 1.

D'une part, le *Kallu* est l'image de la "communauté en soi" — selon l'expression de Marx — alors que l'*Abba gada*, personnage humain (trop humain) figure un sous-ensemble de la communauté. D'autre part, le *Kallu*, émergeant du système de parenté, représente la pérennité de la société: il y a transmission héréditaire de la charge de *Kallu*; au contraire, les *Abba gada* et le système de générations où ils s'inscrivent sont le symbole même de la reproduction complexe en stades successifs — marqués par les rites de transition — de la société: les *Abba gada*, produits d'une élection, ne détiennent le pouvoir qu'une période limitée et incarnent un devenir social fluctuant. Non seulement la représentation 2 englobe la représentation 1; elle en est aussi le fondement.

En ce sens ou peut dire que le *Kallu* est le détenteur sacré de la légitimité politique. C'est pourquoi les *Kallu* sont appelés "rois" par les Borana. La description de ces personnages comprend bien des traits qui les apparentent aux "rois sacrés" chers à toute une littérature anthropologique. Et comme dans

le cas de beaucoup de "rois sacrés" d'Afrique de l'Est, il existe un véritable
décalage entre la représentation que produit la société et la réalité du pouvoir,
entre ce qui est pensé et ce qui est vécu. En effet, la société est gérée non par le
Kallu, mais par les conseillers gada. On a vu que si l'on évoque une période historique particulière, on la désignera du nom de l'*Abba gada* alors en fonction
sans faire allusion au *Kallu*. Celui-ci se trouve en quelque sorte écarté des
affaires terrestres. D'ailleurs, le camp où il réside avec sa cour demeure statique:
le *Kallu* n'entre pas dans le mouvement général de nomadisation.

Tout se passe comme si le personnage ne vivait ni dans le même espace ni
dans le même temps que les autres mortels. On peut remarquer aussi que les
conseillers gada règlent eux-mêmes les litiges entre groupes de parenté. Il est
vrai que les conseillers se déplacent beaucoup et peuvent suivre des affaires dont
le *Kallu* n'est même pas informé puisqu'il ne nomadise pas. Legesse montre que
les *Abba gada* n'ont pas seulement des fonctions d'arbitrage et de coercition. Ils
font preuve d'initiatives dans des domaines très divers: par exemple, ils
coordonnent les activités économiques, comme le creusement des puits. Mais il
est clair que les conseillers gada ont un champ d'action largement ouvert et des
capacités d'intervention sans commune mesure avec celles des *Kallu*.

On pourrait cependant objecter qu'en dernière instance, ce sont les *Kallu* et
leurs propres conseils de lignage qui nomment les futurs conseillers gada. Là
encore, l'analyse de Legesse est précieuse: en 1963, c'est le fils d'un ancien
Abba gada qui fut désigné comme conseiller principal. Cet *Abba gada* avait
mené campagne pour que son fils soit désigné comme candidat officiel. Un
autre candidat fut fortement soutenu par l'*Abba gada* en exercice. En aucune
circonstance, le *Kallu* n'est donc en mesure d'imposer ses décrets. On comprend qu'on définisse parfois les *Kallu* comme des "messagers". Cette
ambiguïté qui caractérise le personnage — roi et messager, mais aussi, sur le
plan sexuel, homme et femme — est révélatrice. Comme d'autres "rois sacrés"
d'Afrique de l'Est, le *Kallu* est statutairement valorisé, mais politiquement
neutralisé.

Je poserai donc une question rendue possible par la finesse de l'analyse de
Legesse: comment expliquer l'efficace politique dominante du pouvoir qui
émane des structures générationnelles, alors que la représentation idéologique
marque nettement la prééminence du pouvoir inscrit dans les structures de
parenté? En d'autres termes, pourquoi le *Kallu* règne-t-il mais ne gouverne-t-il
pas? Car il n'y a pas ici redondance fonctionnelle: le gouvernement réel de la
société est assuré par les conseillers gada et il est interdit au *Kallu* de briguer un
poste à l'assemblée gada. Il est donc bel et bien écarté du pouvoir politique,
même s'il en incarne la légitimité. Pourquoi cependant le *Kallu* conserve-t-il une
influence véritable dans le recrutement du personnel gada? Quel est le secret de
cette compatibilité, source fréquente de conflits entre l'autorité de moitié et le
leadership des classes de génération? Je ne suis pas en mesure de résoudre ces

problèmes (absence de centralisme, modèle égalitaire), mais j'avancerai deux hypothèses de travail destinées à enrichir le débat.

En premier lieu, il me semble que l'analyse du décalage entre la configuration du pouvoir et son efficace implique une lecture plus complète des rapports sociaux. On peut s'interroger sur la place du *Ḳallu* et de son entourage dans la structure sociale galla. On a vu notamment que les camps des *Ḳallu* restaient sur place, alors que les autres Borana nomadisaient, poussés vers l'ouest par la sécheresse. Il serait important de savoir comment les camps des aînés de moitié parviennent à survivre, bien qu'ils n'aient pas la possibilité de s'adapter aux conditions écologiques. Les *Ḳallu* reçoivent des dons, lors des fêtes *Muda* qui ont lieu tous les huit ans. Ces dons représentent-ils un apport économique substantiel? Legesse ne précise par l'importance de ces transferts de biens. Par contre, il indique que lors des élections du conseil primaire, les délégations font présent de bétail au *Ḳallu*. Mais ce bétail est redistribué aux participants: il n'est pas destiné à être accumulé. Il semble donc qu'aucun rapport tributaire ne s'est créé dans la société borana. Pour comprendre la position du *Ḳallu*, il faudrait aussi préciser les rapports qu'il entretient avec la classe d'âge chargée de protéger son camp. A ces pistes de travail, s'en ajoute une troisième.

On nous dit que les pouvoirs des *Ḳallu* et des *Abba gada* ne prennent sens que dans le cadre des deux systèmes de parenté et de classes générationnelles. Pour mesurer l'efficace relative de ces pouvoirs et leur articulation, il me semble fondamental de se demander quel est l'impact des rapports de parenté et des rapports de génération dans le processus de production. La famille borana constitue l'unité minimale de production, et il existe des formes de coopération entre parents lignagers et claniques (creusement des puits par exemple). On peut dire que les rapports de parenté fonctionnent comme rapports de production. Mais Legesse montre bien que la classe générationnelle a aussi des fonctions économiques bien précises. Par exemple, au grade 3, les adolescents doivent mener les troupeaux vers les puits d'eau éloignés des camps: c'est dans le cadre de la classe générationnelle qu'est assurée une activité essentielle pour la reproduction de la société tout entière. Peut-on dire alors que les rapports de génération fonctionnent aussi comme rapports de production?

Je crois en tous cas qu'il faut essayer, dans un premier temps, de saisir l'*articulation* entre structures de parenté et structures de génération dans le cadre du processus de production. Dans un second temps, on pourrait alors resituer les conditions d'émergence et le point d'application réel du pouvoir politique. Peut-être qu'ensuite on comprendra mieux la représentation idéologique de la sphère du pouvoir.

D'autre part, j'ai montré plus haut la grande innovation du travail de Legesse: le fait qu'il étudie le système gada en se plaçant du point de vue de sa reproduction. Je pense que cette optique devrait être étendue à l'étude de la sphère politico-religieuse. Il me semble que la thèse de la redondance fonctionnelle est insuffisante parce qu'elle constate le pluralisme des institutions sans prendre en compte l'histoire de ces institutions. Histoire qui, il va sans dire, n'est pas nécessairement linéaire, mais le produit de déterminations complexes et contradictoires. Legesse restitue cette histoire dans le cas du cycle gada. Il avance par exemple l'hypothèse selon laquelle le système de classes générationnelles se serait substitué au début du XVIIe siècle à un système de classes d'âge.

Etendre ce type d'analyse, cela veut dire chercher si l'institution *Kallu* est restée inchangée alors qu'apparaissait un nouveau mode de structuration sociale. On peut se demander si l'émergence du système gada n'a pas eu pour contrepartie une transformation des rapports de pouvoir et l'affaiblissement de l'autorité politique des *Kallu*. L'exaltation de ces "rois sacrés"[7] présente dans l'idéologie des Borana relèverait d'une représentation plus ancienne. Ainsi comprendrait-on le décalage entre la représentation idéologique et la réalité politique: l'une et l'autre ont leur propre histoire, pas nécessairement parallèles.[8] Toute la question, du point de vue méthodologique, est de penser la reproduction combinée et contradictoire de plusieurs facteurs.

C'est ici que l'anthropologie politique doit sans doute raffiner ses concepts et, pour ce faire, renoncer à des notions empiriques telles que "royauté sacrée", qui ne font que refléter l'idéologie des sociétés investiguées, et substituer à l'analyse des fonctions une réflexion sur l'histoire du pouvoir politique et de l'idéologie en recherchant leurs fondements dans les rapports de production et en déterminant leur rôle dans la constitution et la reproduction de ces rapports.

Notes

1. Cet ouvrage (Legesse 1973) a notamment fait l'objet d'un compte-rendu de J. Bureau (1974) et d'une discussion de C.R. Hallpike (1976).
2. Voir ma thèse de doctorat de troisième cycle (Abélès 1977a).
3. On se référera à Levine (1974: 65—86) qui retrace les vagues successives d'expansion oromo.
4. Sur la domination féodale amhara cf. Levine 1974, Markakis 1974 et Hiwett 1975.
5. En fait le grade 5 dure 13 ans et le grade 7 dure 3 ans. Mais la régularité du système est néanmoins préservée. Je schématise à dessein, car mon objet n'est pas d'entrer dans la description du cycle gada. Une étude spéciale devrait être consacrée aux diverses descriptions et interprétations qui ont été données du système. Mais surtout, une comparaison systématique des différents systèmes de classes de génération chez les Galla, les Sidamo, les Konso, etc. serait nécessaire. C'est ainsi qu'on pourra produire une typologie raisonnée des formules de classes d'âge en Afrique de l'Est. Je reviendrai ultérieurement sur les conditions et les résultats de ce travail.
6. Hallpike (1976) critique l'interprétation de Legesse selon laquelle le système des classes générationnelles aurait été adopté pour des raisons de contrôle démographique. Selon Hallpike, le système pourrait être antérieur au XVIIe siècle, les phénomènes de distorsion étant apparus ensuite à cause du mariage tardif des cadets dépourvus de biens suffisants pour assurer la compensation matrimoniale et à cause du peu d'occasions que les guerriers avaient de se marier à une époque de guerre. Cependant, Hallpike ne remet pas en cause la définition que donne Legesse de gada comme cycle ouvert. Les explications de Hallpike sont elles-mêmes insatisfaisantes parce que trop générales: l'adoption du principe des générations résulterait selon lui d'une contradiction entre le niveau généalogique exalté dans toute société patrilinéaire et le système de classes d'âge.

7. Sur la question des royautés sacrées et des rapports entre idéologie et pouvoir, cf. Abélès 1974 et Bonte 1976. L'équipe Ecologie et anthropologie des sociétés pastorales a engagé un travail spécifique sur cette question; cf. Abélès 1977b.
8. Si dans la société oromo du Borana on constate cet affaiblissement du pouvoir politique du *Ḳallu*, nous notons chez les Macha Galla du Choa une évolution différente: les *Ḳallu* ont acquis une position économique dominante. Il importerait donc, inversement, de retracer les conditions de l'effacement du système gada au profit de l'institution des *Ḳallu*.

Références

Abélès, M. 1974. Pouvoir, société, symbolique, *Dialectiques* 6: 32—58.
— 1977a. Le lieu du politique. Contribution à l'étude de l'organisation de l'espace du pouvoir et des rites dans une population ometo d'Ethiopie méridionale: les Ochollo. Thèse de troisième cycle, Nanterre, Université de Paris X.
— 1977b. Idéologie et rapports sociaux dans les sociétés d'éleveurs: les "royautés sacrées" d'Afrique de l'Est, Equipe écologie et anthropologie des sociétés pastorales. Paris: Maison des sciences de l'homme.
Bonte, P. 1976. Cattle for God, *Social compass* 3—4: 381—396.
Bureau, J. 1974. Compte-rendu de Legesse 1973, *l'Homme* 3—4: 154—157.
Cerulli, E. 1922. The folk literature of the Galla of Southern Abyssinia, *Harvard African studies* 3: 1—228.
Hallpike, C.R. 1976. Origins of the Borana gada system, *Africa* 2: 48—54.
Hiwett, A. 1975. *Ethiopia. From autocracy to revolution*, Occasional publication 1. London: Review of African political economy.
Jensen, A. 1936. *Im Land des Gada*. Stuttgart: Strecker und Schröder.
Legesse, A. 1973. *Gada. Three approaches to the study of African society*. New York: Free Press/London: Collier-Macmillan.
Levine, D. 1974. *Greater Ethiopia*. Chicago: University of Chicago Press.
Markakis, J. 1974. *Ethiopia, anatomy of a traditional policy*. London: Oxford University Press.

19. Générations, classes d'âges et superstructures: à propos de l'étude d'une ethnie du cercle karimojong (Afrique orientale)

SERGE TORNAY

This contribution contains, on the one hand, a description of the system of generations and of age-sets of the Nyangatom of southwest Ethiopia and, on the other hand, a discussion of the superstructural or infrastructural role of age organizations in the so-called pastoral ethnic groups of East Africa. This discussion makes particular reference to a comparative essay by P. Bonte on *L'organisation économique et sociale des pasteurs d'Afrique de l'Est*.

A current tendency in the analysis of "age-systems" is their deliberate isolation in the politico-religious sphere. It is against simplifications of this order that the author of this article takes a stand by interpreting his direct observations of the functioning of one of these systems. The Nyangatom "age-system" comprises two profoundly different spheres: one religious and unquestionably superstructural — this is the system of social generations which, it can be said, assures the imaginary reproduction of the society; the other, that of age-sets developing within each social generation, which has only very tenuous connections with religion — the Nyangatom have, moreover, "deritualized" it in a significant way. It is in this sphere that the levels of domestic and communal production are articulated. Kinship relations do not recognize the type of geneological extension that makes them dominant in so-called segmentary societies. Dominating in the Nyangatom is a relation of seniority, insofar as it transcends the family level to spread out into the system of age-sets. It is thus that the age-sets play an important role in establishing communal economic relations.

Cette contribution répond à une double préoccupation: d'une part un apport ethnographique sur une ethnie encore très mal connue du cercle karimojong; d'autre part une réflexion sur la place assignée aux systèmes de classes d'âge dans l'organisation sociale des ethnies pastorales de l'Afrique orientale.

Jusque vers 1950, les ethnologues s'ingénièrent surtout à construire des modèles théoriques des classes d'âge, à mettre à jour des systèmes, et beaucoup moins à s'interroger sur leur fonctionnement réel, sur l'organisation sociale proprement dite. A partir des années cinquante, une floraison de monographies de premier plan met en vedette les "sociétés à classes d'âge", qui figurent désormais parmi les mieux connues de l'Afrique orientale. Il convient de citer en particulier Monica Wilson sur les Nyakyusa (1951); P.H. Gulliver sur les Jie (1953), sur les Turkana (1958), sur les Arusha (1963); N. Dyson-Hudson sur les Karimojong (1966); P. Spencer sur les Samburu (1965, 1970), sur les Rendille et les Samburu (1973); G.J. Klima sur les Barabaig (1970); A. Legesse sur les Borana (1973). Ces travaux rendent désormais possibles une réflexion comparative et un approfondissement théorique. Ces contributions ne se signalent d'ailleurs pas uniquement par la haute valeur empirique des données qu'elles versent au dossier ethnologique; elles contiennent presque toutes des éléments importants pour une théorie des classes d'âge. Par exemple, P.H. Gulliver, dans son article de 1953 sur l'organisation des classes d'âge jie, propose un cadre structural (forme des systèmes) et ethno-historique (connexions culturelles) pour une étude globale des systèmes est-africains. Ces perspectives ont été confirmées par ses travaux ultérieurs, en particulier sur les Turkana et les Arusha, et ont inspiré les classes cadettes d'ethnographes comme N. Dyson-Hudson, P. Spencer et d'autres. Plus récemment, dans son brillant essai, *Gada* (1973), A. Legesse a mis en perspective trois approches alternatives du célèbre système des Oromo. P. Spencer, enfin, dans un tout récent article de *Man* (1976), s'interroge sur les raisons profondes des différences structurales repérables dans les modèles ethnographiques de deux sociétés de type masaï: les Arusha étudiés par Gulliver et les Samburu par lui-même. Je ne fais allusion qu'aux points de repère majeurs de l'étude des systèmes de classes d'âge de l'Est africain. Ces tentatives, relativement isolées, appellent des efforts de synthèse. La thèse de F.H. Stewart, soutenus à Oxford en 1972 et intitulée *Fundamentals of age set systems*, est malheureusement restée non publiée (en 1976).

En France, P. Bonte (1974) a tenté, le premier, une analyse comparative de quelques systèmes, ceux du cercle karimojong et le système samburu, dans une perspective marxiste. La méthode mise en oeuvre par Bonte vise à

dégager les caractères généraux du système de production dans sa double dimension: forces productives et rapports de production, leur relation n'étant pas statique et mécanique, mais exprimant la dynamique particulière du système (contradictions). Le développement de ces contradictions entraîne une transformation globale de la société et explique les variations relevées lors de l'analyse anthropologique. (1974: 2)

Un tel projet est séduisant pour quiconque veut dépasser l'historicisme, qui recherche les "explications" dans les contacts culturels, ou le structuralisme, pour qui les systèmes ne peuvent apparaître que comme des "transformations logiques" les uns des autres. Personnellement, autant le projet me paraît attirant et scientifiquement fondé, autant sa mise en oeuvre me semble délicate, dans la mesure où elle peut conduire à un étiquetage trop rigide des institutions et des faits sociaux. C'est ainsi que Bonte adopte, pour son analyse comparative, un cadre conceptuel fixe, fondé certes sur les données empiriques, mais qui implique pratiquement des hypothèses a priori sur la valeur fonctionnelle des institutions. Ce cadre est le suivant: (1) forme domestique de la production; (2) mariage et système clanique; (3) forme communautaire de la production; (4) étude des superstructures — l'unité politico-religieuse. Les systèmes de classes d'âge sont invariablement placés au niveau des superstructures, alors que, à mon avis, ils se situent dans plusieurs sociétés, même au sein de l'échantillon karimojong retenu par Bonte, au niveau de la "forme communautaire de la production". Bonte place dans cette forme communautaire au premier chef les rapports contractuels entre "partenaires de bétail"; ces rapports créent une solidarité effective, au-delà du cercle familial. Or Dyson-Hudson (1966: 393) affirme que, chez les Karimojong, ces partenaires se choisissent préférentiellement entre pairs, au sein des classes d'âge. Il est vrai que Gulliver affirme pratiquement le contraire à propos des Jie (1953: 165), et ce fait doit nous inviter à beaucoup de circonspection et de prudence: de nombreux indices attestent des divergences très importantes entre sociétés, même très proches du point de vue culturel. Chez les Jie, le système des classes d'âge n'aurait eu aucun rapport avec la guerre, et Gulliver en donne pour preuve le fait que l'interdiction de la guerre n'a pas du tout entraîné un effondrement du système, alors qu'on trouve la situation inverse, observée par le même ethnologue, chez les Turkana. On a le sentiment que, dans l'assignation des systèmes de classes d'âge à la sphère superstructurelle, Bonte s'est aligné sur le premier article de Gulliver, celui de 1953 sur les Jie, où l'auteur insiste précisément sur l'*isolement* du système par rapport à la parenté, l'économie et même la sphère politique, pour en faire un pur support de la vie rituelle et cérémonielle.[1] Certes, on ne peut mettre en cause la validité de l'analyse de Gulliver, encore que Spencer pense qu'elle pose un problème et qu'elle a probablement influencé son auteur, au-delà de l'analyse du système turkana, jusque dans son étude des Arusha (1976: 171). De toute manière, Gulliver (1958: 917–918) ne dit pas que ses conclusions sur les Jie sont généralisables à l'ensemble du cercle karimojong, et il montre d'ailleurs que, chez les Turkana, les choses se présentent très différemment. Alors que, par le passé, le système avait une fonction guerrière certaine, et donc économique, puisque l'objectif était de conquérir du bétail sur les tribus voisines, il ne possède plus aujourd'hui qu'une signification marginale. Dans la mesure où ce système a perdu la notion de préséance rituelle et politique d'une génération sur l'autre pour se contenter d'un simple principe dualiste lié au port de certains ornements, il ne fournit même plus "un cadre de leaders permanents pour des fins précises dans la sphère rituelle" (1958: 919). Ce système entre donc sans conteste dans la sphère superstructurelle, mais sous sa forme dégradée seulement, car, au temps de l'expansion, la razzia de bétail organisée sur la base des classes d'âge avait une fonction économique de premier plan. Chez les Turkana conquérants, les classes d'âge devaient donc figurer de plein droit au rang de génératrices de rapports communautaires de production.[2]

Si on se tourne enfin vers le système karimojong décrit par Dyson-Hudson, on découvre des remarques précises sur les fonctions économiques de ce système. Même s'il s'agit d'un "lien indirect avec l'organisation économique", certaines connexions sont jugées importantes: le choix, déjà évoqué, des partenaires d'échange du bétail; la tendance des compagnons de classes d'âge à se regrouper pour les transhumances et les raids; enfin la fusion dans les mêmes personnages des leaders politiques, désignés en partie par leur position dans le système des classes d'âge, et des hommes qui ont réussi sur le plan économique (1966: 393). On aperçoit donc dans quel sens l'analyse de Bonte peut paraître problématique, même si l'on admet la nécessité, dans tout projet comparatiste, de certaines simplifications.

Passant à l'exemple samburu, Bonte ne place pas moins le système des classes d'âge dans les superstructures (sphère politico-religieuse), mais, étant donné le contrôle direct exercé par les aînés sur les *moran*, en retardant leur âge de mariage et en "extorquant" leur travail, il se produit un changement de dominance: désormais la sphère religieuse, manifestée dans le système des classes d'âge, "définit dans le processus de reproduction sociale la forme communautaire de la production" (1974: 62). Ce qui permet à l'auteur de conclure:

La société samburu correspond à un nouveau degré de développement des contradictions que nous avions décelées entre l'appropriation domestique, la forme domestique de la production et le contrôle social de la reproduction (circulation des moyens de reproduction et des femmes). (Bonte 1974: 62)

L'analyse de Bonte nous conduit ainsi des Jie et des Karimojong, où les contradictions se résolvent "dans la reproduction imaginaire de la société" (1974: 24), aux Turkana, où "la résolution des contradictions accrues s'effectue dans le processus d'expansion même" (1974: 48); aux Samburu enfin et aux Masaï en général, où l'on assiste au changement de dominance qu'on vient d'évoquer. Le tableau est séduisant, il faut le reconnaître, et en apportant quelques critiques et des matériaux nouveaux à verser à ce dossier, je ne fais que répondre aux voeux de l'auteur dans sa conclusion. Il est donc temps, avant de poursuivre ces réflexions théoriques, de présenter quelques données d'observation susceptibles d'éclairer ce débat.

Les Nyangatom: leur identité ethnique

Les Nyangatom, 5000 personnes environ, occupent une partie de la basse vallée de l'Omo, dans la province de Gamu Goffa en Ethiopie. Leur zone centrale de peuplement est aujourd'hui située de part et d'autre de la rivière temporaire Kibish, près de la zone d'épandage, où elle marque la frontière ethio-soudanaise (5.2° lat. nord, 35.7° long. est). Pasteurs s'appuyant secondairement sur l'agriculture et la cueillette, les Nyangatom transhument en territoire soudanais, aux alentours des massifs montagneux de Tepes et de Moruankipi (respectivement à 50 et 120 km de Kibish). A Moruankipi ils sont en contact amical avec les Toposa.

Les Nyangatom et les Jie du Soudan (4000 personnes selon Gulliver 1968) sont les ethnies minoritaires du cercle karimojong. Ce sont aussi les moins connues. Les Nyangatom, à part quelques citations dans les récits d'explorateurs, sous leur nom abyssin de Bumi, Buma ou Bume,[3] font l'objet d'une page de renseignements de la main de P.H. Gulliver (1968: 93) qui leur a rendu visite en 1950 à Kibish. Selon Gulliver, les Nyangatom, auxquels il donne leur ancien nom, toujours reconnu, de Donyiro (en réalité Dongiro), seraient une fraction de l'ethnie toposa, elle-même séparée des Jie de l'Ouganda au cours du XIXe siècle. Or, il semble, d'après les traditions que j'ai recueillies sur place, que la séparation des Nyangatom du tronc karimojong soit plus ancienne que celle des Toposa, ou tout au moins concomitante. Selon certains informateurs, les Nyangatom furent à l'origine traités de *nyam-etom*, "mangeurs d'éléphants", par les Dodoth dont ils étaient "comme une section". Ce scandale alimentaire aurait consommé une rupture qui a certainement eu des causes économiques et écologiques. Ce n'est que plus tard, vers la fin du XIXe siècle, lorsqu'ils eurent acquis des armes à feu de trafiquants abyssins, qu'ils devinrent les "fusils jaunes" ou "fusils neufs": *nyang-atom*. D'autres informateurs sont moins explicites sur l'origine tribale et disent qu'ils viennent du pays des Jie (en Ouganda, à 350 km à vol d'oiseau au sud-ouest du territoire actuel des Nyangatom), et de leurs voisins Karimojong et Dodoth. On peut situer théoriquement la sécession vers 1800 et l'arrivée dans la basse vallée de l'Omo quelque 25 ou 30 ans plus tard. Il faut comprendre ces migrations comme des transhumances progressivement irréversibles. Il est probable que l'expansion turkana ait accéléré les mouvements des Nyangatom vers le nord-est et ceux des Toposa, à peu près à la même époque, vers le nord-ouest. Si les Nyangatom ont une alliance sacrée avec les Toposa, avec qui ils partagent la relation de "cuisse de grand-mère", *amuro ka ata*, ils se sont battus à plusieurs reprises avec les Turkana, qu'ils ont même dû chasser, de mémoire d'homme, de leur territoire actuel. De même, avec la plupart de leurs voisins actuels, les Nyangatom sont en relation d'hostilité: avec les Dassanetch, leurs principaux ennemis, de langue couchitique, qui vivent sur le delta de l'Omo et dans les plaines au nord du lac Turkana; avec les Mursi et les Surma, au nord et au nord-ouest, membres du groupe linguistique surma-murle (Bender 1976); avec les Kara et les Hamar enfin, de langue omotique, vivant à l'est de l'Omo. On comprend que les pâturages de l'ouest, avec les Toposa amis, représentent la seule ouverture en cas de conflits graves dans la basse vallée de l'Omo. Entourés d'ethnies linguistiquement et culturellement étrangères et en vive compétition avec elles pour les ressources d'une région au climat relativement hostile, les Nyangatom ont un sentiment très vif de leur identité culturelle et de la spécificité de leur organisation sociale. Enfin, ils n'ont guère subi d'acculturation de par la présence de petites garnisons éthiopiennes, britanniques puis kenyanes, et même, pour un court laps de temps, italiennes, sur leur territoire. Ils constituent donc, face à leurs "cousins" plus acculturés, un groupe-témoin au sein du cercle karimojong.

Ecologie et mode de vie

La basse vallée de l'Omo apparaît comme un creuset où se rencontrent et s'affrontent des ethnies aux origines culturelles diverses, mais qui se trouvent aux prises avec les mêmes difficultés: la nécessité de faire face à un milieu aux ressources limitées et irrégulièrement réparties dans le temps et dans l'espace. Cette région qui s'inscrit, avec le lac Turkana, dans la dépression de la Rift Valley, constitue avec ses diverses populations humaines, animales et végétales, un complexe d'écosystèmes dont les caractéristiques communes reposent sur les données suivantes:

1. une faible altitude (moins de 500 m en moyenne);
2. des températures moyennes élevées avec de faibles variations annuelles (caractéristique "équatoriale" de ce climat);
3. une pluviosité relativement faible (350 à 400 mm par an, selon les estimations précaires disponibles) avec cependant un rythme annuel sensiblement bi-saisonnier: saison "humide" de mars à juin, et saison "sèche" de juillet à janvier (caractéristique "tropicale" de ce climat);
4. un réseau hydrographique limité à l'Omo et à son affluent le Mako, en pays mursi, comme rivières permanentes, et à quelques rivières temporaires, dont les pasteurs utilisent les nappes phréatiques pour abreuver leurs troupeaux (Kibish);
5. des paysages végétaux contrastés allant de la forêt ripicole de l'Omo, forêt sèche à grands arbres et à lianes, à des savanes parsemées ou non d'acacias, alternant avec des brousses denses d'épineux, et à des zones quasi stériles (affleurements de cinérites volcaniques, zones surpâturées, etc.).

Les ethnies vivant dans cette région manifestent toutes une préférence pour l'élevage (zébus, chèvres, moutons, ânes), mais elles sont contraintes de recourir, dans une plus ou moins large mesure, à l'agriculture sèche ou inondée (sorgho, maïs, haricots, gourdes, tabac), à la cueillette, à la pêche et, subsidiairement, à la chasse pour assurer leur cycle annuel de subsistance. La diversité des biotopes jointe à la diversité des techniques de production devrait permettre un équilibre économique relativement solide, puisque chaque ethnie dispose *grosso modo* d'une section du cours de l'Omo, des régions adjacentes avec leurs ressources propres (pâturages) et de zones agricoles (rives de l'Omo, aires d'épandage des cours d'eau temporaires).

Cependant, deux facteurs cruciaux rendent alatoire un tel équilibre. Premièrement, la forêt de l'Omo est infestée par la mouche tsé-tsé, ce qui la rend impraticable au bétail et exclut comme point d'abreuvage la seule rivière permanente de la région. Pour les Nyangatom, l'Omo est devenu le refuge des pasteurs sans bétail, contraints de survivre avec les ressources propres de cette rivière et de sa forêt: pêche, cueillette, agriculture. Les pasteurs se sont centrés sur la rivière Kibish, à 40 km de l'Omo, où toutefois ils pratiquent annuellement des cultures de sorgho, après la crue (octobre—janvier, en saison sèche). Le deuxième facteur de précarité est l'instabilité climatique et l'irrégularité des pluies qui affectent aussi bien l'élevage que l'agriculture. Les années sèches, le bétail est menacé de famine, d'épidémie. L'agriculture itinérante et celle pratiquée sur les zones d'épandage de la rivière Kibish, tributaire d'un bassin peu étendu, subissent les mêmes contraintes climatiques. En bref, ces aléas ne sont pas sans répercussions sur les rapports inter-ethniques et la guerre endémique n'a pas que des causes "culturelles".

Organisation sociale et classes d'âge

Les données présentées ci-dessous se rapportent aux Nyangatom pasteurs de l'aire centrale du territoire ethnique, celle de Kibish. Cette aire n'est jamais vide d'habitants, même au cours des transhumances de la saison sèche: on y observe une tendance à la sédentarisation. En 1973, j'ai estimé à 3000 les Nyangatom installés à Kibish au cours de la saison humide (Tornay 1975). L'ethnie dispose de deux zones complémentaires d'habitation: la forêt ripicole de l'Omo, déjà évoquée, où près de mille personnes devaient vivre avant 1972,[4] et la région soudanaise de Moruankipi, limite occidentale des transhumances où, depuis 1972, date d'un conflit majeur avec les Dassanetch, un nombre croissant de Nyangatom tend à se fixer.

Le premier trait repérable d'organisation sociale est la répartition spatiale des établissements, leur taille, leur composition. Les 53 établissements, *nawi*, pl. *ngawiey*, recensés à Kibish en 1973 étaient situés de part de d'autre du lit de la rivière, qui, il convient de le rappeler, ne connaît que quelques semaines par an de crues torrentielles et irrégulières; les établissements étaient relativement serrés, puisque l'aire habitée ne dépassait guère une dizaine de kilomètres sur l'axe nord-sud de la rivière. La taille de ces unités de résidence variait de 1 à 34 chefs de famille, c'est-à-dire de moins de 10 à plus de 200 habitants, la moyenne étant 9 chefs de famille et une soixantaine de personnes.

L'unité sociale de base est, comme dans les autres ethnies du cercle kari-mojong, la famille étendue patriarcale, détentrice du troupeau familial; cette famille, idéalement polygyne, s'articule, du vivant même du père, en "cuisines" ou "maisons", *ekal*, pl. *ngikolya*, constituées par chaque épouse et sa descendance. Bien que le père soit considéré comme le propriétaire absolu, *elope*, du bétail, chaque épouse a des droits d'usage sur des animaux bien identifiés dans le troupeau, et ces droits de jouissance se transforment en droits d'héritage à la mort du père. La famille étendue se présente donc sous deux formes principales, suivant le stade de son évolution: la *famille polygyne* vivant sous l'autorité d'un homme d'âge mûr, voire d'âge avancé, parfois seul survivant de sa fratrie et commençant à marier ses fils, en suivant l'ordre de séniorité matrimoniale de leurs mères et leur rang de naissance; la *maison*, issue de la segmentation de la famille polygyne et du troupeau à la mort du patriarche. La maison typique est constituée d'une veuve et de ses enfants, l'autorité domestique reposant sur le fils aîné, le plus souvent marié, qui contrôle désormais l'accession au mariage de ses frères cadets et qui se charge de "négocier" le mariage des soeurs. L'autorité de l'aîné pèse sur les cadets jusqu'à sa mort. Ceux-ci accèdent tour à tour à la position de chef de famille, au gré des décès frappant les membres de leur fratrie. Les veuves en âge de procréer s'héritent de père à fils, à l'exception, bien sûr, de la mère propre de l'héritier, et de frère aîné à frère cadet, l'inverse n'étant pas possible. Ainsi la maison, unité monogénérationnelle, se transforme-t-elle pour devenir au stade ultime une famille polygyne plurigénérationnelle conduite par le patriarche survivant de sa fratrie. Famille polygyne et maison constituent des unités potentiellement autonomes sur le plan économique, comme l'atteste l'existence d'établissements n'ayant qu'un enclos de zébus et donc un seul chef de famille. Il faut noter cependant que la co-résidence de tous les frères vrais, mariés ou célibataires, ayant des droits communs sur le troupeau, est rarement effective, soit en vertu de la bilocalité entraînée par la vie pastorale (camps de bétail de saison sèche) ou agricole (cultures sur l'Omo), soit tout simplement parce que les tensions entre frères, qui découlent de l'omniprésence du droit d'aînesse, rendent la vie commune insupportable. L'accession au mariage légal, impliquant un transfert de bétail, dépend moins de l'âge réel du prétendant que de sa position dans la fratrie: on se marie strictement par ordre de séniorité,[5] et il est fréquent que l'aîné acquière une seconde épouse avant de concéder au cadet de la fratrie le droit d'en "conduire" une première au *nawi*. Les rivalités et tensions sont fréquentes entre demi-frères au sein de la famille polygyne vieillissante et entre frères vrais au sein de la maison, une fois que la solidarité interne de la fratrie, qui a favorisé le processus de segmentation des maisons rivales, s'émousse au gré des actes d'autorité des aînés et des incartades des cadets. La vie sexuelle et les projets matrimoniaux sont la source principale des rivalités et des conflits, qui peuvent aller jusqu'au fratricide. Le fait que les frères adultes cherchent à résider avec leurs alliés actuels ou prospectifs et avec leurs compagnons de classe d'âge, plutôt qu'avec leurs aînés ou leurs cadets, indique une articulation importante entre le système des classes d'âge et la vie familiale, point sur lequel nous reviendrons.

Le regroupement des familles à l'intérieur des établissements, de même que l'agencement spatial des établissements (proximités, distances, regroupements), mettent en évidence un principe majeur de l'organisation sociale nyangatom, celui de l'appartenance à l'une des sept sections territoriales, *ekitala*, pl. *ngiteala*. Plus importante que l'étiquette clanique, l'appartenance à l'*ekitala*, elle aussi transmise patrilinéairement, est pour tout Nyangatom, homme ou femme, un paramètre essentiel d'identification sociale, surtout au plan politique. Economiquement, certes, l'enjeu est important aussi, puisque les sections ont des prétentions reconnues sur des aires traditionnelles du territoire ethnique: pâturages, terres cultivables, points d'eau, etc. Mais ces prétentions ne sont en aucun cas tournées en appropriation arbitraire, car, sur tout le territoire nyangatom, le pâturage est à qui le broute, la terre à qui la cultive, l'eau à qui creuse le puits. Le droit se manifeste en acte par un ajustement des routines de pâturage, d'abreuvage, de transhumance, par la quantité de travail investie dans l'agriculture, la cueillette, et, d'une façon générale, dans l'exploitation du milieu. Ces routines sont sujettes à des remaniements constants, en fonction des données climatiques et politiques. Le *pattern* de résidence est soumis, le tout premier, à ces remaniements: en 1973, les sections des Cigognes et des Flamants avaient pour ainsi dire "entassé" leurs établissements dans une aire qui, les années précédentes, était occupée surtout par les Flamants. Cet entassement était consécutif à l'attaque dassanetch de juin 1972, dont les Cigognes, section méridionale, avaient été les principales victimes.

Les sections territoriales sont les unités constitutives de la tribu, et certaines ont une origine ethnique propre: les Ngaric, par exemple, sont les descendants des Murle de l'Omo, devenus aujourd'hui des Nyangatom à part entière. Les sections sont évidemment pluriclaniques, certains clans manifestant toutefois une légère dominance, purement numérique, en leur sein, et elles accusent une nette tendance à l'endogamie (Tornay 1975: 41 et suiv.). C'est à l'intérieur des sections que se développe la vie économique, politique, rituelle des Nyangatom. C'est dans ce cadre aussi que s'actualise le système des générations et des classes d'âge.

L'appartenance active à une génération et à une classe d'âge fait partie de la vie quotidienne des Nyangatom et ce fait s'observe déjà au niveau de la composition et de l'identification des établissements: *nawi* des Pistes mouchetées (Eléphants), *nawi* des Boeufs verts tachetés (Autruches), ces appellations sont courantes et aussi peu ambiguës que celles qui font référence à une personne, par exemple *nawi* de Kotol, ou à un toponyme. De même, les générations ne se mêlent pas lors des réunions quotidiennes sous l'arbre des hommes, ni lors des repas carnés, qui sont fréquents et communautaires. Mais avant de poursuivre l'exposé de ces faits d'organisation, il est utile de préciser les éléments du système.

Si l'on me passe cet anglicisme bien commode, le "système d'âge" nyangatom, fidèle en ceci aux normes karimojong, repose sur deux principes radicalement distincts: d'une part, un principe générationnel, au sens le plus exact du terme, et, d'autre part, un principe de séniorité. L'argument essentiel du présent article est que ces principes opèrent à des niveaux distincts de l'organisation sociale: en d'autres termes, ils représentent des instances différentes du fonctionnement social et je crois pouvoir démontrer que seul le premier principe est "superstructurel", alors que le second assume et élargit au niveau social les "rapports de production" noués au sein des familles.

Les générations (ekas, pl. ngikasa)

Le principe fondamental est que tout individu, homme ou femme, appartient dès sa naissance à la génération adjacente, immédiatement subséquente, à celle de son père, *pater*, quelle que soit la génération du géniteur. Il n'y a pas de restrictions matrimoniales liées à l'appartenance générationnelle, si bien que les femmes, à leur mariage, réajustent leur génération à celle de leur mari. Chaque génération de pères procrée des fils jusqu'à l'extinction de tous ses membres et même au-delà, jusqu'à l'extinction des épouses de ces hommes. Cette non-limitation de la période de reproduction sociale, trait qui oppose nettement les systèmes du type karimojong à ceux du type *gada*, entraîne obligatoirement une multiplication des générations existantes à un moment donné; et cette contrainte fonctionnelle est en contradiction avec la forme idéale du système, affirmée localement comme modèle normatif, qui postule à tout moment l'existence de deux générations centrales, regroupant la majorité de la population, celle des "Pères du pays" et celle des "Fils du pays". Alors que les Karimojong (Dyson-Hudson 1966) manipulent les règles de recrutement pour s'approcher de cet idéal, les Nyangatom tolèrent une certaine dérive, comme le montre le tableau 1: il y a actuellement des membres vivants de cinq générations: la plus ancienne, celle des Pierres, est proche de l'extinction; celle des Buffles, la plus récente, ne contient encore que des célibataires; les générations centrales sont celles des Eléphants, "Pères du pays", qui regroupent 185 des 448 hommes mariés recensés à Kibish; les "Fils du pays", les Autruches, sont la génération la plus forte numériquement avec 210 hommes mariés; enfin, les Antilopes, fils des Autruches, ont déjà 45 hommes mariés, soit 10% de l'ensemble.

Si les générations adjacentes sont dans la relation père—fils, les générations alternes font l'objet d'un postulat d'identité, postulat actualisé dans toutes les situations rituelles, où les petits-fils rejoignent la "main" ou côté des grands-pères dans le demi-cercle rituel.[6] Grâce à ce principe, on se rapproche d'une conception quasi dualiste de la société; une telle conception est aujourd'hui systématisée par les Turkana, qui n'ont plus que deux générations, les Pierres et les Léopards, chacune engendrant l'autre, tout en étant sa fille: grands-pères et petits-fils appartiennent à la même "alternation" (Gulliver 1958). Mais contrairement aux Turkana, qui ont pratiquement oublié la préséance d'une génération sur l'autre, les Nyangatom reconnaissent naturellement aux Eléphants un statut social prééminent: en tant que "Pères du pays", ils agissent dans toutes les cérémonies publiques d'importance tribale comme leaders rituels, et la vie politique se moule dans ce cadre. Leur prééminence politique découle de leur prééminence religieuse, fondée dans le lien privilégié des anciens avec le dieu unique, Akuj. A leur déclin, ils transmettront ce statut à leurs fils, les nouveaux "Pères du pays". Cette préséance rituelle et politique implique certes des avantages substantiels, essentiellement au niveau de la consommation de la viande des sacrifices. Mais elle ne maintient pas la génération des fils dans un état de minorité sociale. Aujourd'hui, les Autruches représentent une génération plus forte que les Eléphants, en nombre absolu, mais aussi en hommes riches, en leaders d'établissements et, ces dernières années, les Autruches ont déjà pris en main la conduite de la guerre, donc l'essentiel de la politique. Ils commencent à presser les Eléphants de leur transmettre "les affaires du pays". Ces derniers

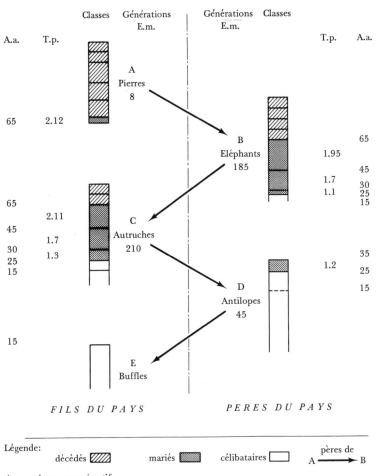

Tableau 1. Générations et classes d'âge nyangatom (1973)

résisteront encore à ce "passage", pourtant inéluctable, et qui relève de l'ordre naturel de la société.

Le principe générationnel et l'organisation de la société en deux quasi-moitiés reproduisant au niveau global la relation père—fils constituent, à n'en pas douter, des éléments superstructurels. Pour reprendre les formules de Bonte, ces éléments de la vie sociale assurent à la fois "une pratique intense sur les contradictions" et "la reproduction imaginaire de la société".

Classes d'âge

Venons-en au second principe, celui de séniorité, qui assure l'organisation interne des générations. Une génération sociale nyangatom est l'homologue structurel d'une fratrie englobant tous les fils de la génération antérieure. Au plan familial, déjà évoqué, la séniorité opère à tous les niveaux: aînesse et rang de naissance au sein de la maison, séniorité matrimoniale des mères au sein de la famille polygyne, séniorité des pères au sein de la famille étendue. La position et les droits actuels ou potentiels de chaque homme sont fixés par la combinaison de ces principes de séniorité. On a déjà insisté sur les rivalités qu'engendre entre proches consanguins cet ordre social. Au plan familial, en dehors des situations relativement rares qui actualisent la solidarité de la maison ou du groupe clanique plus large, les individus sont rivaux et parfois isolés. Les écarts d'âge, accentués par une forte mortalité infantile, par des retards de fécondité et par la non-limitation de la période de procréation masculine, contribuent à isoler sociologiquement les rejetons d'un même *pater familias*. L'insertion de ces rejetons dans des classes de pairs revêt pour eux une grande importance psychologique, sociale et économique. A la hiérarchie familiale correspond ainsi une stratification interne des générations sociales. Il est important de dire d'emblée que la stratification en classes d'âge n'est pas une simple extension de l'ordre familial, mais une institution originale capable de soutenir et de cautionner les décisions prises au sein des groupes familiaux. Chaque homme peut et doit compter sur le soutien et le contrôle de ses compagnons de classe d'âge à tous les stades de son évolution sociale.

Chaque génération nyangatom se subdivise, au cours de sa période d'accroissement, en un nombre ouvert de classes d'âge (environ six à dix), nommées une fois pour toutes,[7] et qui ont un statut de personnes morales au plan tribal. Les noms varient quelque peu d'une section territoriale à l'autre, mais tout Nyangatom connaît les équivalences qui lui permettent de se situer par rapport à ses pairs, ses aînés et ses cadets dans toute l'ethnie. L'existence d'une nouvelle classe d'âge devient effective lorsque les aînés de la génération confèrent un nom de classe à une promotion de jeunes guerriers, à l'occasion de leur premier exploit, défensif ou offensif. La nouvelle classe recrute d'une manière informelle pendant cinq ou six ans environ, jusqu'à la dénomination de la classe suivante par les anciens. En donnant son nom à une classe, les anciens sanctionnent souvent un état de fait: à l'intérieur des classes d'âge, les rivalités entre aînés et cadets poussent ces derniers à "faire sécession" dès que leur nombre et leur force le leur permettent. La constitution des classes d'âge est une affaire interne à chaque génération, et aucune limitation ne découle du statut des générations dans le système global d'engendrement social: les Autruches, Fils du pays, ont, dans la section méridionale, plus de classes d'âge nommées et effectives que les Eléphants, Pères du pays. Chez les Antilopes, fils des Autruches, trois variantes du nom de génération tendent à devenir des noms de classes d'âge, du fait de l'accroissement rapide de cette génération.

L'initiation ne revêt pas chez les Nyangatom une importance capitale. Il semble qu'elle ne soit pratiquée dans les formes que pour les aînés des classes d'âge. Elle comporte essentiellement les éléments suivants:

— le don du nom de classe par les membres de la classe la plus ancienne de la génération;

— le don de la coiffure d'adulte dite *emunyan lopus*, "argilite bleue", par les membres de la classe adjacente, supérieure à la nouvelle classe;

— des prestations importantes de la part des initiés: ornements de toutes sortes offerts aux aînés qui les coiffent (plumes, colliers, étuis, tabatières, chaînettes, pièces de cuir brodées de perles, etc.);

— l'immolation de petit ou de gros bétail pour les anciens de la génération.

Il n'y a pas de circoncision, ni d'empêchement de mariage pour qui n'aurait pas offert un animal aux anciens ni reçu formellement la coiffure d'adulte. En d'autres termes, l'initiation n'est plus strictement individuelle: on peut toujours prétendre que les aînés de la classe ont fait le nécessaire pour "calmer les anciens", et pour éviter que, sous la coiffe d'argile, "les poux ne détruisent la tête".

Chez les Karimojong (Dyson-Hudson 1966), les cérémonies d'initiation, qui comportent au premier chef l'immolation d'un boeuf par chaque novice, sont plus prégnantes et conditionnent l'existence sociale de toute nouvelle classe. En outre, seule la génération aînée (*senior generation*, l'équivalent de celles des Pères chez les Nyangatom) peut ouvrir de nouvelles classes, soit en son sein, soit dans la génération cadette (*junior generation*, celle des Fils chez les Nyangatom). Les Karimojong appellent l'initiation *asapan*, littéralement "raser", et, en effet, le novice commence par être rasé et, à la fin du cycle initiatique, il peut revêtir la coiffure d'argile des adultes. Enfin, les Karimojong effectuent tous les 25 à 30 ans une cérémonie de transmission (*handing over*) du statut rituel de séniorité d'une génération à l'autre. Cette cérémonie s'appelle "division de la hanche" du boeuf immolé. Dès que la hanche est divisée, la nouvelle génération, ayant acquis le statut de séniorité, peut procéder à l'initiation de ses fils dans des classes d'âge.

Or, nous observons ici une intéressante transformation culturelle. Les Nyangatom, issus du stock ethnique karimojong, ont conservé les éléments essentiels du dispositif initiatique en réalisant une condensation: la seule initiation importante pour eux est celle qui les consacre "pères du pays". Ce complexe cérémoniel est dit *asapan* ("raser", nom de l'initiation aux classes d'âge chez les Karimojong), et il marque essentiellement la promotion de la génération des Fils au rang de Pères du pays. Depuis 1973, les Autruches font pression sur leurs pères Eléphants pour qu'ils effectuent cette importante cérémonie, vécue prospectivement comme une fête de l'abondance et de la consommation somp-

tuaire de toutes les grandes nourritures: viande, lait, beurre, grain, bière de
sorgho. Les Autruches attendent donc cette cérémonie comme marquant la
promotion globale de leur génération, et les Eléphants en parlent au passé
comme une fête répétitive, associée à chacune de leurs classes d'âge. Le
paradoxe n'est qu'apparent et lié à la subjectivité des acteurs sociaux. Som-
mairement, on peut retenir que les Nyangatom ont opéré une condensation des
cérémonies de transmission du statut de Pères et des cérémonies d'instauration
rituelle des classes d'âge. Dans l'état actuel des choses, seules les classes d'âge
des Eléphants ont subi l'initiation *asapan*, qui assure à tous les membres de la
génération, même à naître, le statut de Pères du pays. Les générations cadettes,
et en particulier celle des Autruches dont les deux classes aînées sont déjà
éteintes, ne souffrent aucunement de cette minorité rituelle sur le plan social
et économique: leurs classes d'âge sont parfaitement constituées, nommées, et
fonctionnent aussi bien que celles des Eléphants. Les cérémonies initiatiques
liées au don du nom de classe et de la coiffure d'adulte sont réduites au minimum et peut-être en passe de tomber dans l'oubli. L'institution des classes, par
contre, est tout à fait vivante et informe toute la vie sociale. L'initiation
"forte", *asapan*, est pensée comme une cérémonie de transmission symbolique:
elle concerne au premier chef les générations et se situe bien dans la sphère
superstructurelle.

Comment les classes d'âge, vivantes mais peu ancrées dans le domaine rituel,
affirment-elles leur efficience dans l'édification ou la consolidation des rapports
économiques communautaires? Pour comprendre l'efficience des systèmes de
classes d'âge, il faut les placer dans le contexte économique où ils connaissent
leur plus grand développement, à savoir, en Afrique de l'Est, le mode de vie pastoral. Une caractéristique fondamentale de ce mode de vie est l'opposition entre
le niveau domestique et le niveau communautaire de l'organisation sociale. Chez
les Nyangatom, société non segmentaire, il est manifeste que c'est le système
des classes d'âge qui articule ces deux niveaux d'organisation. Si les liens de
consanguinité fondent les groupes domestiques, la communauté n'émerge que
grâce aux liens d'alliance, de commune appartenance aux sections territoriales
et aux classes d'âge, liens rendus efficaces par la co-résidence. J'ai réuni des
éléments permettant une pondération de ces facteurs-clés dans le *Recensement
nyangatom*, déjà cité. Je me limite ici au rôle des classes d'âge.

La conduite du bétail à la pâture, à l'abreuvage et en transhumance est la
tâche masculine fondamentale. A chaque âge, depuis l'enfance, correspond une
occupation appropriée. Des jeux avec les agneaux et les cabris, qui restent au
nawi, le garçon passe à la garde des moutons et des chèvres, puis dès l'adoles-
cence, des ânes, des veaux et des zébus. De même que les troupeaux de l'établissement se joignent pour les allées et venues quotidiennes, de même les bergers
nouent-ils des liens de solidarité avec leurs pairs dès l'enfance, au cours de ces
pérégrinations. Ainsi se forment les groupes d'âge qui constitueront les noyaux
des futures classes, reconnues et nommées quand les pasteurs deviennent guer-

riers. La maturation physique joue un rôle important dans cette progression. Les Nyangatom ont un système de *classes* en harmonie avec les âges: ils ne s'embarrassent pas d'un système de *grades* dont le fonctionnement mécanique peut engendrer, comme dans le système *gada*, des anomalies du type "vieillard-guerrier" ou "enfant-conseiller". Entre classes contemporaines d'Autruches et d'Eléphants, seul le statut rituel est distinct; les fonctions courantes, pastorales, guerrières, sont les mêmes pour les classes homologues et adaptées à l'âge et au statut social des membres de ces classes.

La solidarité organique des classes trouve donc son origine dans les contraintes économiques de la vie pastorale, et il se trouve qu'elle renforce l'idéologie domestique de la séniorité. En effet l'appartenance à des classes hiérarchisées, et le plus souvent distinctes (voir plus haut), fait sortir aînés et cadets d'une même fratrie de leur isolement et normalise leurs rapports par la sanction publique. En vertu du principe générationnel, les membres des fratries, donc des maisons, sont distribués dans quelques classes adjacentes au sein d'une même génération sociale, lieu où s'exercent les rapports de discipline et de contestation.[8] C'est ainsi que les affaires familiales sont portées sur la place publique: un cadet a-t-il égaré ou consommé un mouton avec ses pairs, dans la brousse? Les membres de la classe de l'aîné administrent des châtiments corporels aux coupables, les traitent comme des voleurs. De même, lorsqu'un jeune homme "vole" une fille dans la brousse, les anciens réclament collectivement un bouc en paiement de la dette sexuelle. Les diverses formes de mariage entraînent une coopération des pairs, que ce soit les jeunes complices d'un enlèvement ou les dignes compagnons d'un homme d'âge mûr en vue d'une démarche formalisée au *nawi* du père de la future épouse. Les discours précisent explicitement: "la classe des Pistes mouchetées vient te demander une femme".

Un bon moyen de tester l'efficience des classes d'âge au plan communautaire est de mesurer leur impact sur la résidence. Chez les Masaï, seuls les *moran* constituaient des "villages de guerriers". Chez les Nyangatom, l'appartenance aux classes d'âge est rarement le critère exclusif de la constitution des établissements, l'alliance et la commune appartenance à une section territoriale jouant un rôle également important. Mais le critère de classe d'âge s'affirme de façon *durable* et n'est nullement un privilège des guerriers. Il y avait encore, à Kibish, en 1973, un *nawi* des Pierres qui regroupait les survivants de la classe cadette de cette génération. Sur les 32 établissements ayant les plus forts effectifs, j'ai relevé dans 7 d'entre eux une dominance[9] des Eléphants, dans 13 une dominance des Autruches, et dans les 12 autres un équilibre entre ces deux générations. Un examen plus minutieux de la distribution des effectifs à l'intérieur des générations dans les *ngawiey* révèle la dominance de classes d'âge particulières qui se donnent comme "leaders" de l'établissement (cf. données numériques, 1975: 65−69). Les noms de ces classes d'âge sont alors utilisés quotidiennement pour désigner ces établissements: *nawi* des Ventres blancs, *nawi* des

Verts-bleus tachetés, etc. Ces regroupements résidentiels sont très prisés en tant que sources de solidarité dans l'organisation et la réalisation des travaux communautaires: abreuvage, construction des établissements, etc.; on en tire fierté, conscience de la force de la classe d'âge à laquelle on appartient. On cherche à maintenir ces associations résidentielles tout au long de l'année, et particulièrement lors des transhumances, qui exigent une solidarité accrue aux plans matériel et militaire.

On aurait tort de dissocier la guerre de l'activité pastorale. Chez les peuples qui nous occupent, elle n'en est que le corollaire et l'extension. Une analyse écosystématique montrerait que les razzias et contre-razzias de bétail font partie des mécanismes globaux de reproduction et d'équilibration des populations humaines et animales dans une région donnée. Les limites des territoires ethniques sont mouvantes et rarement sous la dépendance totale des facteurs écologiques et climatiques. Les contacts interethniques, qui ne se situent pas tous dans le registre de l'agressivité, sont à la fois inévitables et indispensables au renouvellement des groupes. Gulliver a affirmé que chez les Jie, voisins des Karimojong et qui possèdent un "système d'âge" très proche de celui des Nyangatom, les expéditions guerrières n'étaient pas organisées sur la base des classes d'âge, mais sur une base territoriale, avec des hommes riches comme chefs de guerre. L'interdiction de la guerre par l'administration britannique n'aurait porté aucun préjudice au système des classes d'âge, toujours florissant (1953: 164). Cette analyse réduit la guerre (*warfare*) à la razzia (*raid*) et isole cet acte ponctuel du contexte pastoral quotidien. En effet, les Nyangatom, eux aussi, partent en expédition par sections territoriales, sous la conduite de leaders non directement appointés par le système des classes d'âge; ils reconnaissent que, dans le feu de l'action, "il n'y a plus ni aîné ni coutume" (Mukonen, mort au cours d'un raid en septembre 1974). Il reste quo tout ce qui entoure les expéditions guerrières est une mise en oeuvre caractérisée des classes d'âges: des campagnes d'éclaireurs aux intenses réunions guerrières qui préparent l'action au milieu des festins, des discours des anciens, des danses et des crises psychosomatiques des cadets, jusqu'aux repas communautaires du retour et à la réinsertion des guerriers dans l'ordre civil, toute l'activité tribale est centrée sur les classes d'âge et leurs générations, dans l'effervescence générale. Mais ces hauts moments de la vie tribale ne doivent pas masquer l'engagement quotidien des compagnons-pasteurs: on garde le bétail en groupe et le fusil à l'épaule. Certes Gulliver a raison d'affirmer que les "systèmes d'âge" du cercle karimojong "ne sont pas des versions des systèmes masaï ou kipsigis" (1953: 166), en ce sens qu'ils ne sont pas foncièrement des organisations militaires. De là à nier leur rôle dans la vie militaire *lato sensu*, trait inhérent à la vie pastorale en Afrique orientale, il y a un pas, que les données nyangatom n'autorisent pas à franchir. Notons pour clore ce paragraphe que les Nyangatom appellent *ajere*, pl. *ngijerea*, à la fois la classe d'âge, le groupe armé engagé dans l'action, ou même l'armée tribale dans son ensemble.

Si le système des générations fournit un cadre rituel et des sanctions morales, c'est sur le système des classes d'âge que s'appuie essentiellement le contrôle social. Les classes d'âge apportent un support et une caution à l'ordre domestique et assurent, au plan social élargi, un contrôle du travail pastoral: gardiennage, défense des troupeaux et des établissements, actions offensives. Elles sont le moyen, pour les aînés, de diriger, au sens propre et au sens figuré, le travail des cadets et de l'utiliser, en un premier temps tout au moins, à leur propre avantage. Le travail pastoral produit des animaux, on m'excusera de ce truisme, et ceux-ci permettent l'acquisition des épouses. Or, on constate que si les classes jeunes assument la majeure partie du travail pastoral, ce sont les classes anciennes qui en récoltent les fruits: seuls les aînés disposent du troupeau familial à leur gré et réalisent pleinement leurs ambitions polygyniques. Le taux de polygynie est en corrélation directe avec l'ancienneté des classes, comme le montrent les données statistiques concernant les deux générations centrales.

	Eléphants		Autruches	
	Effectifs	Taux de polygynie	Effectifs	Taux de polygynie
Classes d'anciens	101	1.95	84	2.11
Classes moyennes	68	1.7	68	1.7
Classes cadettes	8	1.1	45	1.3
Classes non connues	8	1.4	13	1.3
Totaux et taux moyens	185	1.84	210	1.75

En 1973, lors du recensement, les 8 survivants de la génération des Pierres, tous âgés, avaient en moyenne 2.12 épouses, alors que les 45 Antilopes mariés, qui appartenaient à des classes aînées dans leur génération mais jeunes de par leurs membres, avaient un taux de polygynie de 1.2, très voisin de celui des classes cadettes d'Eléphants et d'Autruches (Tornay 1975: 70—71). Ces données permettent de conclure: (1) le statut rituel des générations n'a aucune répercussion sur l'accès aux femmes, principal critère de progression sociale; (2) il existe par contre une corrélation directe entre l'ancienneté des classes et le taux de polygynie, quelle que soit la génération concernée. On observe donc clairement un principe gérontocratique du même type que celui qu'a décrit Spencer chez les Samburu (1965, 1976). Ce principe est actif à l'intérieur des générations, qui ne sont que rituellement inscrites dans des rapports père—fils. Il y a toutefois une différence importante entre les systèmes nyangatom et samburu. Chez les premiers, ce n'est pas l'appartenance à telle ou telle classe, mais bien l'âge physique et social, qui détermine la possibilité de capitalisation des épouses. Théoriquement, un jeune homme peut se marier légalement, quelle que soit sa classe d'âge, pourvu que sa famille dispose pour lui du bétail de mariage, ce qui se produit automatiquement lorsque la fratrie de son père s'éteint et qu'il est l'aîné de sa propre fratrie. Mais tant qu'il n'est pas dans cette situation, il demeure sous la coupe de son père et plus significativement encore, à son âge adulte, sous le contrôle de son frère aîné, qui s'appuie essentiellement sur l'organisation des classes d'âge pour asseoir son autorité et garantir ses privilèges face à des cadets turbulents et qui trouvent dans leurs propres classes des supporters passionnés et fidèles. Donc, même si la polygynie n'est pas un privilège des classes d'âge en tant que telles, qui seraient alors doublées de grades rigides, le système des classes permet à des groupes constitués (*corporate groups*) de se définir dans des relations hiérarchiques qui assurent finalement aux aînés le privilège polygynique. Le résultat est le même que chez les Samburu, même si les moyens diffèrent. Un autre facteur qui renforce les positions des aînés nyangatom est le montant élevé du prix de la fiancée, fixé idéalement à 20 têtes de gros bétail et à 50 têtes de petit bétail. Le paiement initial excède rarement 6 têtes de gros bétail, les paiements subséquents pouvant s'échelonner sur une période longue, parfois d'une vingtaine d'années. Le mariage est donc véritablement un contrat à long terme, et le lévirat une nécessité. L'héritage des veuves est d'ailleurs le recours principal, parfois unique, des cadets de fratries importantes. Le lévirat tempère également l'ardeur contestataire des cadets. Chez les Samburu, le prix de la fiancée est beaucoup plus faible: 6 à 8 têtes suffisent, alors que, paradoxalement, le capital animal disponible est beaucoup plus important (13—14 unités-bétail par personne contre 5 en moyenne dans le cercle karimojong — cf. Bonte 1974: 10). L'idéal polygynique est tout aussi accentué que chez les Nyangatom. Donc, il est indispensable dans les deux ethnies de retarder l'âge du mariage des jeunes hommes. Les Samburu fixent le premier mariage aux environs de la trentaine; or ils ne parviennent à ce résultat qu'au moyen d'un système de *grades* qui maintient les *moran* dans un état de minorité sociale prolongée, celui de guerriers-célibataires, forcément trublions et libertins. Les données samburu sont apparues à Bonte profondément distinctes de celles recueillies dans le cercle karimojong. Qu'on me permette de compléter une citation:

La société samburu correspond à un nouveau degré de développement des contradictions que nous avions décelées entre l'appropriation domestique, la forme domestique de la production et le contrôle social de la reproduction [. . .] *Ce contrôle est désormais exercé directement par le groupe des aînés* et les rapports qui s'établissent entre aînés et *moran* apparaissent collectivement comme *des rapports de production définissant la forme communautaire de la production, un rapport d'"extorsion" du travail des moran par les aînés.* (Bonte 1974: 62; souligné par l'auteur)

On se souvient que cette analyse a conduit Bonte à postuler, en passant des ethnies karimojong aux Samburu et aux Masaï, un *changement de dominance*:

"Cette différence de fonction (du système de classes d'âge) correspond au *caractère dominant de la sphère religieuse qui définit dans le processus de reproduction social la forme communautaire de la production*" (Bonte 1974: 62; souligné par l'auteur). Je ne remets pas en cause cette notion de dominance de la sphère religieuse chez les Samburu, encore que je me demande si on ne pourrait pas en faire l'économie en analysant plus minutieusement la variété des rapports qui s'instaurent à l'intérieur du système complexe des classes d'âge et en évitant de taxer ce dernier, globalement, de "superstructure". Limitant mon propos aux Nyangatom, tout en envisageant l'extension de cette réflexion à d'autres ethnies du cercle karimojong, je précise les points essentiels et les conclusions de mon analyse : le "système d'âge" comporte deux sphères, profondément distinctes : l'une, religieuse et sans conteste superstructurelle : c'est le système des générations, qui assure "la reproduction imaginaire de la société"; l'autre sphère, celle du système des classes d'âge, n'a que des liens très ténus avec la religion; les Nyangatom l'ont d'ailleurs, de manière significative, "déritualisée". C'est dans cette sphère que s'articulent les niveaux domestique et communautaire de la production. Bien plus, le système des classes d'âge joue un rôle important dans l'établissement des rapports économiques communautaires. *Les rapports de parenté*, chez les Nyangatom, ne connaissent pas le type d'extension, généalogique, qui les rend dominants dans les sociétés dites segmentaires. Ce qui est dominant dans cette ethnie, c'est le *rapport de séniorité*, dans la mesure où il transcende le domaine familial pour s'épanouir dans le système des classes d'âge. Il n'y a donc de dominance de la sphère de la parenté qu'à travers l'actualisation du système des classes d'âge. C'est pourquoi l'interdiction de la guerre n'a pas détruit le système des classes d'âge chez les Jie (Gulliver 1953). Seule une évolution socio-économique brisant la solidarité de la maison, c'est-à-dire de la fratrie, pourra conduire à l'effondrement du système social actuel, qui repose à la fois sur la parenté et sur les classes d'âge.

Je voudrais en conclusion, pour confirmer l'enracinement des classes d'âge dans la sphère économique, rappeler qu'elles servent de système de répartition et de consommation de la majeure partie de la viande produite par les troupeaux. Le lait et le sang font l'objet d'une consommation domestique, encore que le sang soit la seule nourriture des groupes de pasteurs célibataires dans les camps temporaires et au cours des transhumances. Les femmes ne consomment pratiquement pas de boeuf, et le petit bétail n'est consommé qu'à 50% environ dans le cadre domestique. La viande est consommée régulièrement en festins communautaires. Les générations ont leurs privilèges, comme la fameuse "cuisse", *amuro*, du boeuf, qui revient aux Eléphants chaque fois que les Autruches font un festin; les Pères du pays jouissent d'un avantage certain de par les offrandes de leurs Fils. Mais il y a des contre-prestations qui équilibrent dans une certaine mesure les quantités consommées par les Pères et les Fils. Par contre, il y a une distorsion nette à l'intérieur des générations, où les classes d'anciens consomment toujours plus, en quantité et en qualité, que les classes de cadets, qui se contentent souvent des abats, de la bonne odeur de la viande rôtie et des onctions salvatrices du chyme de l'animal sacrifié. Il y a une harmonie certaine entre la "consommation" des épouses et celle des animaux élevés par les valeureux pasteurs-guerriers, qui attendent plus ou moins patiemment, mais toujours avec fierté, le jour où ils deviendront eux-mêmes *luka-polok*, des anciens, et où ils disposeront de nouvelles classes de cadets pour les honorer et les servir.

Cette contribution laisse forcément dans l'ombre d'autres aspects importants du rôle des classes d'âge dans l'organisation sociale des Nyangatom. Mon propos, limité, n'était que d'apporter quelques éléments nouveaux, ethnographiques et théoriques, à l'étude des classes d'âge, problème-clé de l'organisation sociale de nombreuses sociétés d'éleveurs de l'Afrique orientale.

Notes

1. On a pourtant le sentiment que Gulliver durcit parfois intentionnellement le tableau. Comment peut-il affirmer dans la même page, d'une part, que "l'usage et la distribution de la nourriture [entre autres] n'est aucunement dépendante ni contrôlée par le système rituel ou l'autorité de séniorité investie dans les anciens", et que d'autre part, "les anciens ont la part du lion de la viande dans le pays jie" (1953: 163; la deuxième citation dans la note infrapaginale)? Je reviendrai à ce problème, à mon avis capital, de la consommation de la viande, à propos des Nyangatom.
2. Sans que ce point de vue entraîne obligatoirement le "changement de dominance" attribué par P. Bonte au système samburu (voir plus bas).
3. Le nom Bume n'est pas reconnu comme nom propre par les intéressés. D'où les Ethiopiens des Hauts Plateaux ont-ils pu le tirer? Je suggère que ce nom doit avoir été appliqué aux Nyangatom par les premiers trafiquants éthiopiens qui opéraient de Maji vers l'actuel pays turkana, et qui ont été suivis par les armées conquérantes de Ménélik (1898). Gulliver (1968: 10) note que les Turkana étaient appelés Il-Kuume par les Masaï et les Toposa, Khumi ou Huma par les Didinga. Bume, Bumi, Buma sont des formes phonologiquement proches de ces noms, appliqués par des *étrangers* aux ethnies concernées. La possible indistinction, de l'extérieur, entre ces trois groupes (Turkana, Toposa, Nyangatom) à la fin du XIXe siècle renforce mon hypothèse.
4. La population de l'Omo a subi des pertes importantes, de 1972 à 1975, à la suite de guerres avec les Dassanetch et les Kara.
5. Cet anglicisme me paraît définir plus correctement que "aînesse" le principe nyangatom qui fixe un ordre entre tous les frères plutôt qu'il n'oppose l'aîné à tous ses cadets.
6. Ce demi-cercle s'appelle *akiriket*. Voici la disposition habituelle des participants aux festins rituels:

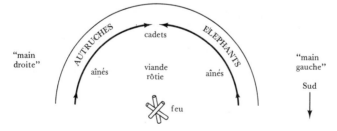

Si le festin ne concerne qu'une génération, la disposition des aînés est identique; le cercle est plus restreint et les cadets empiètent sur la "main" de la génération absente.

7. Les noms de classes d'âge se réfèrent soit à des espèces animales, comme les noms de générations, soit à des noms de boeufs, soit à des particularités des animaux éponymes. Pour le détail, cf. Tornay, 1975: 26—28.

8. Entre générations adjacentes, qui se trouvent dans la relation père—fils, règne un certain évitement, un respect mutuel. La "contestation" éventuelle des Fils ne peut être qu'une faute par omission, comme le manquement à une offrande due, et elle entraîne parfois la prononciation d'une malédiction de la part des Pères. Les Fils doivent alors ajouter à la prestation due des cadeaux pour lever la malédiction. Les aînés peuvent aussi user de la malédiction contre leurs cadets s'ils ne réussissent pas, comme dans les cas de fuite, à exercer une discipline physique.

9. Dominance: une catégorie regroupe plus du double de l'effectif des autres, réunies.

Références

Bender, M.L. 1976. *The non-Semitic languages of Ethiopia*, Chicago: Michigan State University, African Studies Center/ Southern Illinois University.

Bonte, P. 1974. *Organisation économique et sociale des pasteurs d'Afrique Orientale*, Cahiers du centre d'études et de recherches marxistes 110. Paris: Centre d'études et de recherches marxistes.

Dyson-Hudson, N. 1966. The Karimojong age system, *Ethnology* 2—3: 353—401.

———— 1966. *Karimojong politics*. Oxford: Clarendon Press.

Gulliver, P.H. 1953. The age-set organization of the Jie tribe, *Journal of the Royal Anthropological Institute* 83: 147—168.

———— 1955. *The family herds*. London: Routledge and Kegan Paul.

———— 1958. The Turkana age organization, *American anthropologist* 60: 900—922.

———— 1963. *Social control in an African society: A study of the Arusha, agricultural Masai of northern Tanganyika*. London: Routledge and Kegan Paul.

Gulliver, P. & P.H. Gulliver. 1968. *The central Nilo-Hamites*. London: International African Institute. 1st edition 1953.

Klima, G.J. 1970. *The Barabaig, East African cattle herders*. New York: Holt, Rinehart and Winston.

Legesse, A. 1973. *Gada: Three approaches to the study of African society*. New York: The Free Press.

Spencer, P. 1965. *The Samburu: A study of gerontocracy in a nomadic tribe*. London: Routledge and Kegan Paul.

———— 1970. The function of ritual in the socialization of the Samburu Moran, in P. Mayer (ed.), *Socialization: The approach from social anthropology*, A.S.A. Monographs n. 8. London: Tavistock.

———— 1973. *Nomads in alliance: Symbiosis and growth among the Rendille and Samburu of Kenya*. London: Oxford University Press.

———— 1976. Opposing streams and the gerontocratic ladder: Two models of age organization in East Africa, *Man* 2: 153—175.

Tornay, S. 1975. Recensement nyangatom (1973). Nanterre: Laboratoire d'ethnologie et de sociologie comparative, Université de Paris X.

Wilson, M. 1951. *Good company: A study of Nyakyusa age-villages*. London: Oxford University Press for the International African Institute.

20. Olpul and entoroj[1]: The economy of sharing among the pastoral Baraguyu of Tanzania

PETER RIGBY

Il est de première importance d'analyser la transformation des sociétés pastorales dans le but de comprendre les relations historiques entre celles-ci et leurs voisins agriculteurs. Les pasteurs Masaï Baraguyu de Tanzanie fournissent un cas frappant de l'interdépendance entre pasteurs et cultivateurs bien avant le colonialisme.

Chez les Baraguyu, comme chez les autres peuples nilotiques orientaux, les classes d'âge, avec les rituels et les activités symboliques qui leur sont associés, tout autant que les rapports de parenté, fonctionnent comme rapports de production. La structure interne de la société baraguyu d'une part, ses relations historiques à l'intérieur d'une formation sociale plus vaste avec divers peuples agriculteurs parmi lesquels ils résident, d'autre part, s'expriment, "se manifestent" entre autres dans l'institution et les associations symboliques de la fête de la viande, *olpul*, ainsi que dans les prohibitions et les injonctions positives de l'*entoroj*. Pour analyser cet ensemble complexe d'éléments dans une perspective historique appropriée et en tenant compte de la richesse des détails ethnographiques, il convient d'employer conjointement les méthodologies complémentaires du matérialisme historique et du structuralisme, afin de disposer d'un cadre théorique adéquat.

Mipej olpul litadaare, "Don't burn the meat-feasting site you have once used" (Never leave ill-feeling behind when you leave a place where you have lived in harmony; you may return: Maasai proverb)

For several reasons, the analysis presented in this paper is both empirically and theoretically tentative and preliminary. The data upon which it is based were collected during brief and sporadic periods of fieldwork; but there are mitigating circumstances which possibly enhance the quality of the material thus obtained (Rigby 1976). Even the data available, however, have not been fully analysed, since fieldwork is still in progress. My justifications for venturing this early essay include the following: (a) the Baraguyu are a Maasai-speaking pastoral people who are historically, linguistically, and culturally very closely related to the pastoral Maasai, particularly the southern sections of the latter such as the Ilkisonko, while differing radically from them in their politico-economic circumstances as

329

well as in many features of social organization; (b) there is very little published material on Baraguyu society, Beidelman's pioneering work being the most valuable (1960, 1961a, 1961b, 1962, 1965a, 1968); (c) the Baraguyu represent a unique case in eastern Africa of a pastoral people who has existed since far earlier than the colonial period in relations of interdependence (one might even say "symbiosis", alternatively peaceful and hostile) with culturally distinct Bantu-speaking cultivators or semi-pastoralists (cf. Jacobs 1975: 406–407, Beidelman 1960 et passim, Ndagala 1974); (d) they therefore provide a critical case study for any discussion of development strategy in the context of Tanzania's policies of rural transformation on socialist principles, where relations of interdependence between pastoralism and cultivation are important.[2]

Some preliminary remarks must also be made upon the theoretical and methodological foundations of the present discussion. My attempt in what follows to explain sociologically two unique (but crucial) aspects of contemporary Baraguyu social structure and culture begins from my interpretation of Baraguyu conceptions and interpretations of them; but this is only a beginning. My fieldwork is grounded in a conception of the intersubjective reflexivity of sociological knowledge and the data upon which it is based, and a consequent denial of the essentially alienating dichotomy between subjectivity and objectivity. The reasons for this are elaborated elsewhere (Rigby 1976; cf. O'Neill 1972: 221–236), but their implications reappear in what follows.

The analysis I present, however, will undoubtedly be labelled "structuralist", and to a certain extent this label would be valid. All labels are crude, but owing to the ubiquitous propensity of the human mind to apply them, I must dwell briefly upon these issues here.

Although the Baraguyu institutions examined here are essentially politico-economic, they are imbedded in an ideological complex with strong symbolic, and therefore ritual and religious, implications. In fact, because they exhibit what could ignorantly be labelled arational (or even "irrational") taboos, prohibitions, and injunctions, they may mistakenly be thought to lie purely at the ideological level, and therefore be dismissed as irrelevant to current concerns. Part of the purpose of this paper is to demonstrate the egregious fallacy in any such interpretation. In order to do so, a structuralist methodology becomes indispensable.

The overall framework which I attempt to employ derives also from a Marxist epistemology, which is in no way contradictory to a structuralist one. Structuralist and Marxist methodologies (whatever they may be as "philosophical movements") are essentially complementary, since both postulate that the "reality" of social processes (structures and their transformations) is not manifestly accessible to the senses; rather, it is composed of a finite number of systematic, dialectical, interrelationships which can only be arrived at by an analysis which "gets behind" the manifestations of social relations in any society (or social formation) at particular historical conjunctures, and also reveals the generation of new structural relations over time.

In fact, anyone who has attempted seriously to understand structuralism as a method of analysis will at once see that it is both admirably in accord with current developments in general scientific thought (cf. Piaget 1971, Monod 1972, Garaudy 1970: 66, 71, etc.) as well as capable of enriching Marxist methodology in a complementary fashion (cf. Mustafa 1976). As Garaudy notes:

The present success of "structuralism" may be explained both by the fact that it is a *philosophy* which corresponds to the concept of the world emerging, in the middle of the twentieth century, from the development of the whole body of natural and human sciences; and by the fact that there is derived from this concept of the world a *method* of investigation whose applications to the most diverse disciplines have proved to be extremely fruitful — as, for example, cybernetics. Moreover, the fruitfulness of the method is even greater when structuralism and cybernetics effect their conjunction in a dialectical perspective. (Garaudy 1970: 66, original emphasis)

Furthermore, structuralist methodology, particularly when applied to the study of human societies, eliminates the false opposition between the ontological status of "social facts", and the epistemological foundations of any sociological theory dealing with them. Structuralism is the methodological antithesis of logical atomism and its intrinsic positivism (cf. Russell 1972), since it is not concerned with the problem of *being*, but with *relations*. I have argued elsewhere (Rigby 1976) that the application of phenomenological methodology in sociological and anthropological research can yield data which are essentially amenable to both structuralist and Marxist analysis. When Diamond (1974: 95 *et passim*) in an interesting but in many ways misguided critique of Lévi-Strauss, says that the latter "had substantially dismissed phenomenology in *Tristes tropiques*", he is seriously in error. The critical interconnection between structuralist analysis and phenomenology has been admirably demonstrated by Boon (1972) and Lewis (1966), among others. We may also note in passing that Lévi-Strauss dedicated his book, *La pensée sauvage* (1962), to Maurice Merleau-Ponty, and the common ground between structuralism and phenomenology in their mutual relationship to Gestalt psychology has frequently been indicated (e.g. Hughes 1968: 265; Boon 1972).

This is neither the place nor the time to explore the theoretical complexities between Marxism and structuralism: most of the issues have been raised, if not solved, by Lucien Sebag in his *Marxisme et structuralisme* (1964). Suffice to say here that, despite the hostility of Marxists such as Lefebvre towards Lévi-Strauss' alleged and widely-publicized "anti-historicism", Garaudy's succinct statement upon the issue is the most accurate: "The prospects opened up to Marxist research by structuralism and cybernetics rule out dogmatic, mechanistic, reifying (*chosistes*) interpretations of materialism, and the equally dogmatic, speculative, theological interpretations of dialectic". He adds:

By bringing out valid laws of correlation or development at different levels of the real, from physics to sociology, from biology to aesthetics, the methods of structuralism and cybernetics have given the notion of the "dialectic of nature" put forward by Engels both its most striking confirmation and immense possibilities for research and development. (Garaudy 1970: 71, 73)

Although Lévi-Strauss is perhaps the most famous and controversial proponent of modern structuralism — and the present analysis is largely indebted to his work — he is not the only structuralist theoretician. Althusser's "re-readings" of Marx (Althusser 1969, Althusser & Balibar 1970) owe a great deal to structuralist methodology, as does Lucien Goldmann's penetrating Marxist critique of Racine and Pascal (1964). Peter Caws is correct when he states (1968: 76), "The founding father [of structuralism] is generally agreed to be Lévi-Strauss, but there are at least four other people who occupy essentially independent positions, namely, Jacques Lacan, Louis Althusser, Barthes, and Michel Foucault", although Lévi-Strauss himself firmly denies any connection between his own work and that of, say, Foucault.[3]

The "debate" between Lévi-Strauss' "dialectical anthropology" and Jean-Paul Sartre's historical materialism is *not* representative of either structuralist views on history or Marxist views on structuralism (Sartre 1960, Lévi-Strauss 1966: 245–269 *et passim*). Much of what antagonizes some Marxists in structuralism has been shown by Garaudy (1970: 73–75) to be somewhat idiosyncratic in the work of Lévi-Strauss, rather than an integral element in structuralist methodology itself, although Garaudy may over-simplify the issues to some extent. Lévi-Strauss (e.g. 1963: 324–345, 1967 *et passim*) himself has certainly gone far in reconciling his views with Marxist criticisms, in that he considers structuralist and Marxist methodologies as complementary.

Perhaps the "clinching" argument in all this debate, in support of the essential complementarity and compatibility of Marxism and structuralism, is provided by Maurice Godelier's brilliant article, "Système, structure, et contradiction dans *Le capital*" (1966/1972). Having noted that, "When Marx assumes that structure is not to be confused with visible relations and explains their hidden logic, he inaugurates the modern structuralist tradition", Godelier (1972: 338) goes on to demonstrate in a most convincing and elegant fashion how Lévi-Strauss' analysis of the Murngin kinship system (1949: 216–246 [1969: 168–196]) and his overall concepts of social structure (Lévi-Strauss 1963: 277–323) are essentially comparable methodologically with historical materialism. Furthermore, Godelier demolishes the accusation of anti-historicism levelled against Lévi-Strauss:

This brief comparison between Marx and modern structuralism . . . has allowed me to isolate in Lévi-Strauss' practice two principles of structural analysis: the first, that structure is a part of reality, but not of visible relations; the second, that the study of the internal functioning of a structure must precede and illuminate the study of its genesis and evolution. I have already shown that the first principle can be found in Marx. I shall now go on to show that the architecture of *Capital* cannot be understood without the second. (Godelier 1972: 342–343)

But perhaps the part of Godelier's argument which is the most strikingly relevant to the present analysis is his concluding discussion of the nature and role of kinship relationships in societies with a relatively low level in the development of productive forces. The problem is, "How, within Marx's perspectives, can we understand both the *dominant* role of kinship and the *determinant* role of the economy in the last instance?"[4] Godelier concludes that a solution to this problem is impossible "if economy and kinship are treated as base and superstructure". He concludes:

In an archaic society kinship relations *function* as relations of production, just as they function as political relations. To use Marx's vocabulary, kinship relations are here *both* infrastructure and superstructure and it would be a fair guess that the complexity of kinship relations in archaic societies relates to the multiple functions they take on in such societies. It could also be suggested that the dominant role and complex structure of kinship relations in archaic societies are related to the general structure of productive forces and their low level of development, which impose the co-operation of individuals and therefore group life for subsistence and reproduction. (Godelier 1972: 364—365, original emphasis)

Lévi-Strauss (1949: 48 [1969: 38]) makes precisely the same point in *Les structures élémentaires*.

It will be seen that, in Baraguyu society, not only do *kinship* relations "function" as relations of production, but also *age-set* (and associated ritual and symbolic) relations do so too. If it be argued that this is an unwarrantable transformation of an argument about kinship relations to other kinds of relations (viz. age-sets), I must counter in turn with an essentially Lévi-Straussian argument. The Baraguyu belong historically and culturally to the eastern (or southern) Nilotic peoples of eastern Africa, as do, of course, the pastoral Maasai. In a critical comparative study of social structure and stratification amongst some Nilotic peoples, Southall states that

Eastern Nilotic age organization is particularly compatible with elaborate complementary symbolic identifications, usually dichotomous, which do not appear with the same elaboration among most of the western Nilotes . . . It would seem that there is a fundamental structural explanation. Where segmentary lineage organization is the major organizational principle [western Nilotes], there is no need for an elaborate structure of cross-cutting symbolic oppositions and identifications. Not only is there no need, but there is *nothing in the system likely to give rise to them*. (Southall 1970: 32, my emphasis)

Hence, at similar levels of the forces of production, where kinship relations, for various ecological, demographic, and technological reasons, do not "function as relations of production", age organization and symbolic dual organization do. Southall concludes, "We do not therefore argue that age organization and segmentary lineage structure are incompatible, but the full and *dominant* development of the one is incompatible with the other" (Southall 1970: 34, my emphasis).

This preliminary excursion into structuralist and Marxist "anthropologies" and their interconnections in what follows has been necessary since developments in the latter as seen, for example, in the work of Meillasoux, Godelier, Terray, and Bonte, demand a statement of the assumptions upon which any contemporary anthropological and sociological analyses are based. With these issues in mind, I now turn to my analysis of the structure of *olpul* and *entoroj* among the Baraguyu.

The Baraguyu today live in a series of relatively small communities, or "concentrations" of large homestead groups (*inkang'itie*), scattered amongst the various Bantu-speaking (and other) cultivators and semi-pastoralists (Beidelman 1960: 270ff). Their "Diaspora" stretches from Upare in the north and east, down through Handeni, Morogoro, west Bagamoyo, Dodoma, Iringa, and into Mbeya Region in the south and west, to which they have been moving in considerable numbers in the past few years. They consider themselves as a rather loosely-organized "section" (*oloho*) of the pastoral Maasai; but they do not identify themselves as Ilmaasai "proper", except in relation to "outsiders" (*ilmeek*, sing. *olmegi*).

They are subdivided internally into a number of named territorial sections (also *ilohon*, sing. *oloho*),[5] amongst which there is a great deal of individual movement back and forth, and, to a lesser extent and over larger periods of time, residential mobility. In the latter case, fairly large groups of related homesteads tend to move from and to the same areas, although not necessarily at exactly the same time.

The most relevant internal divisions for our present purposes are: *oloho o'nyokie*, "the red earth" (Lugoba, west Bagamoyo); *oloho o'sinyai*. "sandy area" (Chamakweza, cf. Ndagala 1974: 11 *et passim*); *oloho le sekenkei*. "the iron section" (area along the Dar es-Salaam—Morogoro railway line); *oloho lo'ladoe*, "the place of the Wadoe people" (to the north of Bagamoyo District); *oloho le'kapirore* (the Handeni area); and *oloho le'muasuni* (the section of Tanga Region). All these divisions are relative. For example, the Baraguyu of Kibirashe (between Handeni and Kibaya) call all Baraguyu living in Bagamoyo "The Doe section" (*oloho lo'ladoe*), while we call them all indiscriminately *oloho le'kapirore*, when they make internal distinctions among themselves. Finally, all Baraguyu are grouped into two major "ritual units", one to the north and east, the other to the south and west, each having its own "senior ritual leader" (*oloiboni kitok*), who come from different clans; but the north-eastern *oloiboni* is considered the senior of the two (cf. Beidelman 1960: 264—265).

The separation of the Baraguyu from the other Maasai sections seems to date from mutually hostile relations in the early nineteenth century; other evidence points to their earlier intrusions into many of the areas now occupied by them. Thomson (1885: 240) notes, "The original home of the Wakwafi [i.e. Baraguyu] was the large district lying between Kilimanjaro, Ugogo, and the Pare in the west, and Teita and U-sambara in the east".

Hence, although Ndagala (1974: 32—33) interprets certain district records as implying that the Baraguyu of west Bagamoyo entered the district for the first time in about 1936, there is evidence that they were there, perhaps in smaller numbers than at present, much more than a century ago. Given my own evidence from Ugogo (as yet unpublished) and other data, Beidelman's statement appears to me the most accurate:

Baraguyu have resided in parts of Gogo, Sagara, Kaguru, and Nguu for over half a century. They also occupied areas to the east in relatively early times. In 1837 they were reported to be at Lugoha [Lugoba?] in Bagamoyo District. However, mission informants from there insist that no Baraguyu were present in 1917, so we may assume these Baraguyu were driven out during the intervening years. Baraguyu began attempting to re-enter Bagamoyo District at Sadani in the 1930s but were ordered back by the local District Commissioner. They were able to filter in despite this, and at present there is a fairly large Baraguyu population in Bagamoyo District. (Beidelman 1960: 250–251)

I labour this point somewhat for two reasons: (a) that a major part of Ndagala's analysis (1974: 32–35) of the relations between Baraguyu and the cultivators (Wakwere) in west Bagamoyo is based upon what he considers an evident hostility over the relatively recent intrusion of the successfully pastoralised Baraguyu into an area which had previously a relatively flourishing system of cattle ownership and mixed farming, decimated by tsetse fly in 1926; and (b) that, rather, the structure of Baraguyu pastoralist–Bantu cultivator relations in this area (as one aspect of the following analysis) seems to imply the opposite: an integration of both categories of people in a mode of production in which two *superficially* antagonistic structures in the relations of production are in fact grounded in a complementarity of considerable historical depth. Furthermore, this complementarity is not the same as the relation between "kulaks" and/or "capitalists" and poor peasants, or workers, in a capitalist mode of production, and is therefore not intrinsically exploitative in any sense. If exploitative relations be found, then they originate in the colonial and post-colonial mode of production and the intrusion of peripheral capitalism, not in the "cultivator-host/pastoral-guest" dichotomy used by Ndagala (1974: 32, *et passim*).

In the light of this latter point, Ndagala's statements that "Both peoples have maintained their economic statuses, that is, relative poverty of the Wakwere and relative wealth of the Wakwavi";[6] and that "Being a minority group in the country with large concentrations of wealth in their hands, the Wakwavi are not only a tribal or an occupational group, but also *a class* of their own" (Ndagala 1974: 20, 21), fall into *historical* perspective. This is because he places the origin of Baraguyu–Kwere relations in a much too recent historical period: the colonial epoch; thus he fails to account for the essentially interdependent nature of pastoralist–cultivator relations in such a situation prior to colonial intrusion.[7]

The present analysis is therefore based upon the assumption that the elements of Baraguyu–cultivator relations so analysed are a crucial component of both types of society and cannot be understood in their contemporary manifestations unless their interrelationship and historical development which antedate the colonial political economy are taken into account (cf. also Monod 1975: 102, 130).

This historical interpretation, as I have noted, places the Baraguyu in a somewhat unique position in terms of their development potential in the context of
the overall socialist transformation of agriculture in Tanzania; a position which
may be summarized as follows:

a. The Baraguyu, contrary to Jacobs' view (1965a, 1968: 24–28, *et passim*) are
   not necessarily and have not been historically the "aggressors" in their
   relations with cultivators and colonial intruders, and other pastoralists.
b. Their position at present is that of a highly viable, specialized economy *in
   relation to* their cultivating neighbours, with whom they have (relatively
   peaceably) co-existed for 150–200 years.
c. They therefore do not suffer from the ultimate "Maasai predicament" (Parkipuny 1975) to the same extent as the pastoral Maasai, of becoming "either/
   or" something else; they *choose* to be pastoralists in an area quite amenable
   to, and actually being exploited as, an agricultural regime.
d. Any analysis of their present institutions and social structures must take all
   of these factors into account. Among their key institutions and structures
   involved are *olpul* and *entoroj*, not only in terms of Baraguyu social structures themselves, but also their interconnections with the other structures in
   their overall contemporary situation, as it has developed historically.

I am not here directly concerned with the ritual and symbolic aspects of *olpul*
(pl. *ilpuli*), in the sense of a full-scale analysis; but some of these aspects must
appear as an integral part and critically important element in the ensuing
analysis. My strategy is first to describe rather crudely the salient points of
olpul, since little is known about it even upon the descriptive level, from the
available literature (but see Jacobs 1958: 7,9, 1965 *passim*; cf. Gramly 1975:
110; Hollis 1905: 292). Almost all the material available on *olpul*, moreover,
relates to pastoral Maasai;[8] *olpul* among the Baraguyu, while sharing many of
the overall characteristics of Maasai *ilpuli*, has some quite distinctive features,
especially in relation to associated structures. Nevertheless, its basic functional
importance vis-a-vis the age organization is essentially the same as for the Maasai,
and comparative material from the latter will be used throughout. On the symbolic level, material from other Maasai-speaking groups such as the Ilsampurr
(Samburu) is also relevant.

The term *olpul* means both "a meat feast" and the *place* at which it occurs,
as indicated in the proverb quoted at the beginning of this paper. This identity
of place and action is not merely fortuitous: I will show that the idea of "place"
is quite critical in an interpretation and understanding of this institution in
structural terms. Furthermore, the word may be applied to the slaughter of an
animal at any time for any purpose, ranging from sacrifice and medicinal
slaughter for minor ailments, through meat provided for a woman to "strengthen
her" after childbirth, to welcoming certain categories of kin and affines, to

major feasts. But the "proper" *olpul* is initiated primarily by the *ilmurran* (young circumcised men) for their own purposes and age-set activities, and this is what I shall concentrate upon here.

Contrary to the more bizarre versions of the "cattle complex", the Baraguyu attitude to the slaughter of livestock is basically mundane, although it is never done (normatively) for purely subsistence purposes. If it were, the inescapable ritual injunctions surrounding the consumption of meat, in any context, would be inexplicable; it is always "ritual" in one way or another. The core of these injunctions is as follows. No beast may be slaughtered inside the homestead (*enkang'*), or anywhere within eye-range of it (except for a minimal number of circumstances which cannot concern us here). No men of the *ilmurran* age-grade ("warriors"), particularly junior *ilmurran*, may eat meat which has even been looked upon by a mature, married woman; therefore, no *ilmurran* may eat meat within the homestead. The corollary of this is that initiated but unmarried girls (*intoyie*) attend *ilpuli* and participate as fully as their sex allows. In "proper" (i.e. full-scale) *ilpuli*, only *ilmurran*, *intoyie* (sing. *entito*) and lovers (*sanjan*, sing. *esanja*) as well as some uninitiated youths (*ilayiok*) and servants (*isingan*, sing. *osinga*) may attend (cf. Hollis 1905: 292).[9] They are often accompanied by senior elders who act as ritual advisers and tutors during the sometimes extended stay (two or three months) at *ilpuli*. Again, in "proper" *ilpuli*, the "fathers" (*iloomenye*) of the *ilmurran* are not allowed, although on many occasions now they do attend. This is largely because they realize that in effect, they are the ones providing the beasts for slaughter.

However, I have evidence of two kinds, both from experience and normative statements, that "fathers" are still usually not allowed at *ilpuli* of the *ilmurran*. The first is that in a description of one such "proper" *olpul*, an *olmurrani* told me, "On the second day of our *olpul*, we ate a good deal of meat boiled with medicines, which those who do not have *olpul* (*iltung'anak le'metii olpul*) such as fathers (*iloomenye*), who do not eat *olpul* meat, cannot". The second is that, when we were approaching the place of one proper *olpul* one day, in fact upon its final night, and at which *ilmurran* and *intoyie* from miles around and afar had participated, the father of the *olmurrani* I was with was told to go home, while we went on. At this *olpul*, a retired elder was present in a ritual and tutor- ship capacity, and I (whose age-grade was "senior warrior") was allowed to attend.

The importance of these two injunctions is mentioned here, although their full implications will be seen later. The *ilmurran* holding the *olpul* were "junior warriors"; their fathers (by integration of alternate age-sets into adjacent gener- ations) would be junior elders or senior elders, and hence their *olpiron* ("fire- stick") elders. Thus, fathers and sons are on *one side* of the dual arrangement of alternate generations: they "belong together" (cf. Beidelman 1968: 81). Yet, paradoxically, they *cannot* attend "proper" *ilpuli* together.

Great quantities of meat, fat, soups, and medicines are consumed at *ilpuli*, which are carried out in remote, thickly forested areas where strangers, or persons in the categories not allowed to attend, are unlikely to stumble upon the feast. Shelters are constructed, both for the meat and the participants, by the *ilmurran* and the young girls, and the order of slaughter of the beats is decided upon. This order is important, although the details of it do not concern us here. The *ilmurran* who have "provided" the beasts, which ideally should be cattle but may be goats or sheep, have a special place in the proceedings. The *olmurrani* who supplies an ox, rather than small stock, at *olpul* certainly enhances his own status, as well as that of his father, his homestead, and other close agnatic and matrilateral relatives.[10]

As the meat is consumed in greater quantities, mixed with a wide range of medicines, the *ilmurran* begin to sing "songs of *olpul*", especially the *enkipolosa* (. . . *netii osinkolio le'nkiri oji enkipolosa*), which induce trance and shaking (*enkigoroto*, from *agor*, "to strangle", or *aigor*, "to groan"; cf. *apush*: "to shake") and "violent" behaviour, a desirable state to be in before battle (cf. Mpaayei 1954: 53; Spencer 1965: 263–270; Rigby 1976: 42). *Enkipolosa* may not be sung in or near the homesteads. The behaviour of *ilmurran* at an *opul* was well described to me by one *olmurrani*:

At *olpul*, when some *ilmurran* have eaten much meat and drunk much medicine (*ilkeek*, sing. *olcani*: lit. "shrubs", "trees", "wood") they may sing *enkipolosa* . . . At any rate, each morning of *olpul*, about dawn, two *ilmurran* leave the *olpul*, go into the bush, and begin to sing the loud, sometimes plaintive, but violent, *enkipolosa*. Sometimes, an *olmurrani* who has eaten a lot of meat and medicine becomes "anti-social". He no longer wants to talk with people; he may take his sticks and knife, go off into the bush, and sleep alone and in silence. He does not like to hear noise, like laughter; he just wants silence and being alone.

In the past, the *olpul* was associated with the warrior camps (*imanyat*, sing. *emanyata*) where *ilmurran* trained and prepared for war and raiding. The Baraguyu no longer hold *imanyat*, and the *ilpuli* have taken over many of the functions of them. One retired elder told me, "the things to do with our religious customs which used to come at *emanyata* have now come to *ilpuli*". Thus apart from eating, singing, and making love, *ilpuli* are used for building up the physical and emotional "strength" of the *ilmurran*, in practice in wrestling, discourse, and argument. Retired elders often attend and impart esoteric knowledge to the *ilmurran* concerning the law, medicines for various purposes, and so on. Gramly concludes from his investigations of nineteenth-century Kenya Maasai *ilpuli* sites that "warriors might take the opportunity to renew pigment dressings on their bodies and weapons, and excess pigment would be wiped in linear designs on the walls and ceilings of rock-shelters. Ornaments may be repaired and redesigned" (Gramley 1975). There is also considerable evidence that bone and wood artefacts and ornaments were fashioned at *ilpuli* by pastoral Maasai.

But *ilpuli* in themselves are, and have always been, essential for the following reasons: before a circumcised youth becomes a "full warrior" (*olmurrani*), he *must* contribute a "first" beast at *olpul*, "which gives him *entoroj*" (. . . *enkiteng' neterie entoroj*). Until he does so, he cannot attain *entoroj*, and therefore cannot transfer fully from the status of circumcised initiate (*osipolioi*, pl. *isi-polio*) who is, in Jacobs' words, "95% a full warrior", to that of *olmurrani*.[11] Even now, as a new but fully-fledged *olmurrani*, he should correctly be referred to as *olkiliai* (pl. *ilkiliani*) (cf. Kulet 1972: 138 *et passim*). Within each age-set, and particularly apparent during the period of junior warriorhood, there arise three subsets: *ilcang'enopir* (sing. *olcang'enopiro*), "seniors"; *ilparing'otua* (sing. *olparing'otuani*), "middles"; and *ilkerimbuot* (sing. *olkerimbuoti*), "juniors". The fourth subset mentioned by Fosbrooke (1948) and Huntingford (1953: 119) does not occur among the Baraguyu. The significance of these sub-sets is not quite clear as yet, but I have on occasion observed considerable ten-sions amongst their various members within one age-set, occasionally resulting in violence.

Once a youth has qualified by contributing to an *olpul*, the full force of sanc-tions concerning meat-eating apply to him: he now has achieved *entoroj*. This means that he may never eat alone, or drink milk alone, without at least one other age-mate; he cannot eat meat anywhere near or in the homestead; and he is free to claim full rights of hospitality from every member of his age-set. He must share everything, including his most prized possessions (these including watches, radios, bicycles, etc.), with his age-mates, and never deny them any-thing, no matter where they come from, within the normal bounds of reason. Most of the positive injunctions of *entoroj* last a life-time, even when the indi-vidual reaches senior elderhood; but the negative prohibitions tend to fall away gradually. Elders can eat meat freely in all homesteads, but do not usually eat alone; they may, however, eat without the presence of an age-mate.

During *olpul*, youths and all other participants do not eat or drink anything except meat, fat, soups, medicines, and blood. For the preparation of these items, pots or other cooking utensils are brought to the *olpul* site, by those helping, and considerable quantities of firewood and water are also required each day. At some Baraguyu *ilpuli*, these tasks may be performed by neighbours who are Bantu cultivators, and who expect a gift of "meat which is not *olpul* meat", called *enkelehe*; they usually receive these in quite considerable quan-tities. Meat is also sometimes sent back to the homesteads (*inkang'itie*) for the women, children, and other elders, although this is not usual at "proper" *ilpuli* in remote forest areas.

Throughout the sometimes extended periods of *olpul*, then, the theme is the *separation* from the community of the main participants (the *ilmurran* and the initiated but unmarried girls: *intoyie*). They are, in a sense "wild", associated with "nature", danger, bravery, and death. The theme of separation is strongly underlined at the end of a "proper" *olpul*, when the *ilmurran* and *intoyie* return to the community.

Before *olpul* is closed, word is sent to the homesteads of all those concerned to prepare the *mutai* feasts with which they are welcomed back. A final broth is made with special medicines (*lowuni*) and special songs are sung (*oloipirri*).

The site is abandoned and the fire extinguished as the sun is setting red in the sky; but the *olpul* site is never destroyed. The skin (*olconi*) of each beast precedes the party to each *enkang'* from whence it came, and the returning party sing the violent *enkipolosa* as close as they dare to the homesteads, it being desirable that the *ilmurran* should arrive at least nearby in a shaking trance. The *ilmurran* drink blood extracted from the neck of an animal to "purify" themselves before entering the *mutai* feast.

Mutai is composed of "normal" food, of milk, maize, *ugali*, and vegetables: all foods that the *ilmurran* can eat "normally" at home. The *mutai* feast reincorporates each *olmurrani* into his homestead, and *must* be prepared for each one since they all must return eventually to their own homesteads, without exception (*metii ole 'melo inkang'itie*). The *olpul* is over, the participants reabsorbed, some of them in their full new status, into the community.

Despite the apparent complexity which emerges from this description of *olpul*, much has been omitted. For example, no reference has been made to colour symbolism (particularly red and black, but also white) which plays such an enormous role in all Baraguyu (and pastoral Maasai) ritual action. There is neither space nor time to expand upon these matters in any detail here. But in order to begin to understand the complexity of issues involved in Baraguyu *ilpuli*, with the associated concepts of *entoroj*, *mutai* and others, I must note some basic features of Baraguyu symbolic categories.

I have already hinted at the prevalence of dual symbolic classification among the eastern and southern Nilotes (cf. Southall 1970: 31–36, Nagashima 1976: 60–62, *et passim*). This is certainly true of the Baraguyu and all Maasai-speaking peoples. Hence, Beidelman notes, and I entirely agree with him:

> The most basic feature of Baraguyu society . . . is the profoundly dualistic nature of Baraguyu social organization and its related ideology. To some extent, such features characterize all societies and all processes by which idea systems are constructed, but this seems . . . particularly well developed within this society. Here I refer to the distinctions between spheres of God and creation, between Baraguyu and outsiders, society (camp) and nature (bush), and men and women . . . More specifically, there are dual oppositions within the three major types of social units from which Baraguyu society is formed: clans, polygynous families, and age-sets. (Beidelman 1968: 80–81)

That such dualistic structures and categories are common to all Maasai groups can easily be ascertained (cf. Huntingford 1953: 120 *et passim*; for the Arusha [Ilarusa], Gulliver 1961, 1963: 110–140, but see note pp. 144–146; for Samburu, Fratkin 1974; etc.).

In order to reveal the "real structures" which underlie the apparently arbitrary injunctions and prohibitions of *olpul* and *entoroj*, and how these relate to the structure and co-operation and interdependence both amongst Baraguyu themselves, and between them and others, we must examine some of these dualistic categories and notions.

The first and most obvious is that *olpul*, as a totality in itself, represents "bush", or "nature", in its quite explicit connotations of a *place*. *Mutai*, on the other hand, is "homestead", or "culture". Thus: *olpul* : *mutai* : : nature : culture. Furthermore, *ilmurran* (warriors) are themselves also on the fringes of the structure of political relations: they are not really a part of that structure until *eunoto*, which makes them senior warriors, and not "in power" until *olng'eher*, which makes them junior elders (Jacobs 1958, 1965a). But the *ilmurran* are in fact in the process of "creating" the ethos of "community", by establishing the principle of reciprocity amongst themselves (*entoroj*), which cuts across the lines of descent. This is symbolically and structurally true in a very literal sense: uncircumcised youths are not a part of society, have no rights in the political or symbolic domains, in what could be called the "public domain", until they are circumcised. This act, which is performed individually in each homestead, takes them 95% of the way, since they are for the period of curing *isipolio*, who wear women's clothes and possess blunted weapons. They still have no sense of community. It is *olpul* which gives them that sense of community by *creating* its principle of *entoroj*, of sharing everything as equals in a world of love and emotion. *Entoroj*, however, is only the beginnings of community, it is not yet "structure" — it is not authority in a system of "ordered relations between structures". This comes only after two other steps: *eunoto* and *olng'eher*. Thus: warriors : elders : : community : authority. The first linked series of oppositions may be expressed as follows: *olpul* : *mutai*;[12] roasting : boiling; *ilmurran* (warriors) : *ilmoruak* (elders); *intoyie* (unmarried girls) : *inkituaak* (married women); nature (bush) : culture (homestead); community : hierarchical authority.

However, the age-set system is also divided into a dual system by the identification of alternate age-sets by the *olpiron* (fire-stick) link. When a youth is circumcised, a new fire is lighted with fire-sticks on the spot in the cattle-byre where the operation took place, by an elder in his father's age-set, and involves the use of a particular medicine (*olokorr*) for the youth's recovery, success, and virility. Through this system, the age-grades of Baraguyu society are polarized into perpetual dual organization (cf. Beidelman 1968: 91), the vertical line being maintained by descent (F/S) and the ritual *olpiron* link ("fire-stick elder/ fire-stick junior"), the horizontal line being based upon the distinctions between age-grades, elders/warriors, seniors/juniors.

The junior *ilmurran*, whose business is primarily *olpul* and who also have the greatest stake in it, cannot invite their "fathers" (*olpiron* elders), since it is the latter who represent the tenuous link the *ilmurran* have with the hierarchical authority of the political structure, and who will eventually sponsor their entry into it. If the *olpiron* elders/fathers come to the "same side" of the opposition as their sons/*olpiron* juniors, the link which transforms the status of the latter into full, authoritative membership of Baraguyu politico-economic structure is broken, and the system collapses ("symbolically"). Thus: olpiron elder : olpiron junior : : authority : community : : culture : nature. In other words: *olpul* : *mutai*; son : father; *olpiron* (warrior) : *olpiron* (elder); nature : culture. Similarly, if a junior *olmurrani* eats meat in the homestead, he is "behaving like an elder", and also destroying the opposition between structural components in the complementarity between them; and so on.

It is here that the link between the age-set system and that of descent and kinship is also established, as well as the symbolic opposition between men and women. All Baraguyu (and pastoral Maasai) clans (*enkishomi*, pl. *inkishomitie*) are ultimately grouped into two major categories or "moieties":[13] *iloorokiteng'*, "those of the black bull", senior, "greater", right hand; and *iloodomong'i*, "those of the red ox", junior, "lesser", left hand (cf. Beidelman 1960: 260; Sankan 1971: 1—7; Huntingford 1953: 120; Gulliver 1961, 1963).[14] This dichotomy is present at all levels of agnatic descent categories, each *enkishomi* (clan) being subdivided ideally into two "subclans" (*ilgilat*, sing. *olgilata*, lit. "room"), one black and superior, the other red and inferior.

Finally, all these distinctions in agnatic descent categories are thought of as originating in the structure of the polygynous family. Every mature married man has at least one "gate" (*enkishomi*) into his cattle byre, whether he shares a homestead (*enkang'*) with another mature married man or not. Wives, in order of marriage (modified by their procreative history) are divided into "those of the right hand" (*olpahe le'tatene*) and "those of the left hand" (*olpahe le'kedyenye*), and normally reside upon the right (senior) or left (junior) side of the husband's gate, facing in. (The Maasai term for similar divisions is *entaloishi*, which has a somewhat similar connotation in Baraguyu, but not the same as suggested by Jacobs [1970: 28].) The agnatic group created by the marriage of one man is subdivided by the affiliation of each mother; and, as Jacobs points out for the pastoral Maasai, Baraguyu value more, *in actual practice*, their matrilateral and affinal relations than those created by agnatic descent, in terms of the community at large.

Thus, starting from the "top down", the symbolic duality between black and red coincides with the dualities between right and left, male and female, patrifiliation and matrifiliation, from the "bottom up". A further series of oppositions may thus be added: mother : father; matrilateral kin and affinal kin : agnatic kin; red : black; left hand : right hand; women : men; female : male.

The interconnections amongst these sub-sets of symbolic and structural oppositions must by now be apparent, for one or more are replicated in each series, linking them together in an overall series of dual classifications. I may add one final subset for the purposes of summarizing the present discussion: juniors : elders; community : authority; non-Baraguyu : Baraguyu.

There is one final link in the present chain: how do we connect the idea of Baraguyu relations with non-Baraguyu to the initial opposition between *olpul* and "non-*olpul*"? To establish this link, one further question must be asked: what are the "mediators" in each of these sets of oppositions? What are the elements that *do* bridge the otherwise symbolically "impossible" contradiction? There are several of these mediating elements, the most important of which are, for present purposes: cattle, fire, affinity, cooking itself and, therefore, *olpul*. Let me explain further.

Cattle (and by extension, other domestic livestock as well) are at the centre of *olpul*: their products are literally the "stuff" or the "means" of communication in the creation of *entoroj*, and hence the Baraguyu community based upon descent relations and age organization. Baraguyu and other pastoral Maasai myths and legends tell of the origin of the earth, men, cattle, and grass (cf. Hollis 1905: 266–269, 270–271; Beidelman 1968: 86–88). Cattle originate "in the bush", but become the symbol of community: they provide a mythical mediator between nature and culture, by providing the context of the creation of the latter from certain elements of the former, with the help of the activities of a creator-god. But the *Iltorrobo* (sing. *Oltorroboni*, "the Dorobo") are also instrumental in the transition, for they are the first to "discover" cattle but lose them through their ineptitude in such matters. Moreover, the "Bantu" cultivators are also related to the Baraguyu (and Maasai) by myth, again losing their real wealth in cattle through their greed (Hollis 1905: 272–273). And indeed, the Bantu are the descendents (called *Ilmeek*) of the "elder brother" (*olayioni lenye botor*) of the "original family". Thus the Baraguyu (Maasai) not only become the *owners* of cattle as descendents of the younger brother (*oloti*), they also became the *providers* of pastoral products, without which neither community could survive satisfactorily. And these pastoral products became the means of "communicating", of mediating, between the Baraguyu and the non-pastoralists, the Maasai and the non-Maasai communities.

The Iltorrobo are still considered essential by Baraguyu for the continued existence of their community, primarily of the critical ritual services they provide in such ceremonies as circumcision, but also for information about the "bush", good grazing, and water resources during times of drought and trouble, as well as for honey for beer-making (*enaiho*, essential for all rituals) and the material goods such as pottery, metal implements, and medicines (cf. Jacobs 1975: 407). Thus, the "creation of community" through mediating nature/culture is a two-way process, continuous in nature, and non-Baraguyu (non-Maasai) are essential to this process.

Finally, Iltorrobo are mythically associated with the origin of fire through the use of fire-sticks (*olpiron*), one of which is male, the other female, as well as for cooking (Beidelman 1968: 88). Thus, "affinity" and the organization of the age-set system into dual categories of "fire-stick seniors/juniors" is encapsulated in Baraguyu symbolism and mythology, and is also connected thereby to Baraguyu/non-Baraguyu relations.[15]

I have tried to demonstrate in this brief paper that the *olpul/mutai* complex, and the condition and status of *entoroj*, lie not only at the heart of Baraguyu social structures, but also symbolically represent for Baraguyu the context of their historical interdependence of relations with non-Baraguyu (non-Maasai) in a broader, total social formation. For Baraguyu, they certainly do not mean or represent exploitative relations of any kind; rather, they creatively represent relations of interdependence. My argument no doubt needs further substantiation than is possible in so brief a paper. But the crux of my argument is that it is *through* these institutions that relations between what could otherwise be considered essentially hostile and antagonistic structures are mediated. If these relations are exploitative in the current political economy of the Baraguyu, and the religious and symbolic structures involved have been transformed into such exploitative relations both within and without the community (cf. Bonte 1975), they are the result of the colonial political economy and do not have roots in an aggressive and exploitative pre-colonial, pre-capitalist situation.

That this transformation into exploitative relations has actually occurred is still a matter of research and has not yet been demonstrated, although it is suggested as the essential element by Ndagala (1974). But even if it is so established, without the historical generation and transformation of structural relations which I have suggested here, any remedial action which may be taken for the benefit of the whole social formation of these areas, in particular west Bagamoyo, in which pastoralists co-exist with cultivators, will be doomed to failure. The understanding and meaning of *olpul* and *entoroj* among the Baraguyu, and the relations between these structures and others within the Baraguyu community and between Baraguyu and non-Baraguyu, appear to me to be central to any such exercise. From the evidence presented here, it may well be argued that, even from the cultivators' (*wakwere*) point of view, since they have so little interest in the acquisition and control of livestock, they accept the "division of labour" (and the accompanying dualities and reciprocities) which have such deep historical roots, in their relations with the Baraguyu. But this has to be argued by someone else in another context. At any rate, I think the evidence supports the idea that this "division of labour" within an overall mode of production has very deep historical roots which pre-date considerably the advent of a colonial exploitative system, which demanded different forms of commitment to petty commodity relations from the two communities.

Notes

1. The Maasai word *entoroj* should correctly be spelled *enturuj*, where *u* represents an open vowel (Tucker & Mpaayei 1955: xiv), very far from a high frontal *u*, which also exists in the language. I have therefore written *o* throughout.

   This paper could not have been written without Tureto 'le Koisenge, *olalahe lai*; I am also indebted to Sekei 'le Momo and Msemwa 'le Mtumia. Thanks are also due to the Research and publications committee, University of Dar es-Salaam, who provided a grant towards the costs of research.

2. Ndagala's study (1974), as yet not published, deals with the several aspects of the political economy of the Baraguyu (for whom he uses the coastal Bantu term *Wakwavi*) during the late colonial period and the post-colonial situation up to 1973.

3. Caws 1968: 76. It is interesting to note that both structuralist and marxist anthropologies, including Marx and Engels themselves, claim inspiration from the work of L.H. Morgan, structuralism largely from Morgan's *Systems of consanguinity and affinity* (1870; cf. Lévi-Strauss 1949), marxism from his *Ancient society* (1877, see e.g. Engels 1884, in Marx & Engels 1970: 191–334; cf. Krader 1972). Terray (1972: 89 *et passim*) attempts to demonstrate that a marxist reading of Morgan is "more profound" than a structuralist one; but he does not address himself to the question as to why both readings are possible, and (more importantly) *not incompatible*.

4. This is somewhat similar to Terray's development of an Althusserian position in his exegesis of Meillasoux's work (Terray 1972). However, Godelier's reading of Lévi-Strauss is far deeper than Terray's, and it is significant that the latter makes no mention of Godelier's article.

5. This word would be pronounced *olosho* in more northern sections of Kenya Maasai and northern Tanzania. However, the Baraguyu pronunciation is very similar to that of the southern Ilkisonko with whom they intermarry and intermingle a great deal (own notes and Berntsen 1975: personal communication).

6. He adds, significantly, "*Of late*, the Wakwere are being employed by the Wakwavi on various tasks" (my emphasis).

7. Beidelman amply demonstrates the complementarity rather than the exploitative nature of Baraguyu—Bantu relations. He may sound tentative when he says (1960: 255), "Whatever the case in the past, Baraguyu at present *cannot* live on the products of their stock alone" (cf. Beidelman 1961a, 1961b), but he is essentially accurate, in my opinion.

8. Except probably Hollis, cf. Beidelman 1968: 79.

9. These *isingan* (sing. *osinga*) are no longer involved; they were aides-de-camp to *ilmurran* in the days when there was warfare, and were not necessarily "boys", as Hollis states. He also mentions that "mothers" (*noong'otonye*) can attend; this is not possible for "proper" *olpul* among the Baraguyu, and may be an error, unless they represent women beyond the menopause.

10. In his excavations of pastoral Maasai *olpul* sites, in caves and rock-shelters in Kenya, dating from the nineteenth century, Gramly (1975: 117) notes that the bone remains indicate the predominant slaughter of cattle over goats and sheep. He adds, "This is exactly the reverse of what one might expect to see in the midden of a modern, open air pastoral Masai settlement where ovicaprid bones are in the greatest number".

11. Female initiates are also called *isipolio* (sing. *esipolioi*) during their period of "curing". Jacobs (1958: 7) notes that for the Maasai youth "wanderings of *isipolio*-hood are short-lived; with the new restrictions on eating, he is commonly invited and eager to participate in the private meat-feasts (*olpul*) of his junior warrior age-mates which are held secretly in isolated bush. He is usually invited to his first *olpul* by his age-mates of the preceding circumcision seasons, while his second *olpul* is occasioned by his sharing meat with them. He brings a goat which is slaughtered and eaten by all, but not before he is washed in the blood of the goat by the entire gathering. He is now considered 100% warrior and proceeds to act the part" (Jacobs 1958: 7).

12. Although some meat, fats, and soups are boiled at *olpul*, this basic opposition is still present, since women cook in the homesteads (normally) by boiling; men cook in the bush (normally) by roasting. *Olpul* itself, therefore, is in a sense a "mediator" between the two modes of preparation (see below).

13. I put this term "moiety" in quotation marks, since they are not strictly exogamous categories at this level, although the *principle* as operating at lower levels of descent influences the rules of exogamy (see Jacobs 1970, for Maasai).

14. By perhaps what is a typographical error Beidelman (1960: 260) reverses the terms, calling *iloodomong'i* "black" and *iloorokiteng'* "red". The Samburu categories are "those of the black cattle" (*ilorrokishu*) and "those of the white cattle" (*ilooiborksihu*): cf. Huntingford 1953: 120.

15. Gramly's investigations of nineteenth century Kenya pastoral Maasai *olpul* sites shows that *ilpuli* took place in "boundary", or "marginal" areas, *between* Maasai country proper and the areas of non-Maasai, such as Kamba and Kikuyu. This added dimension of the

intermediacy of "place" in *ilpuli* in Maasai—Bantu relations strengthens my overall analysis, although since the Baraguyu have lived in interstitial "pockets" with the Bantu, any such clear-cut spatial symbolism cannot be established further for them.

References

Althusser, L. 1969. *For Marx*. London: Penguin.

Althusser, L. & E. Balibar. 1970. *Reading Capital*. London: Penguin.

Beidelman, T.O. 1960. The Baraguyu, *Tanganyika notes and records* 55: 245—278.

    1961a. A note on Baraguyu housetypes and Baraguyu economy, *Tanganyika notes and records* 57: 56—66.

    1962. A demographic map of the Baraguyu of Tanganyika, *Tanganyika notes and records* 58—59: 8—10.

    1961b. Beer drinking and cattle theft in Ukaguru, *American anthropologist* 53: 534—549.

    1965a. Some Baraguyu cattle songs, *Journal of African languages* 4: 1—18.

    1965b. A Masai text, *Man* 65: 191.

    1968. Some hypotheses regarding Nilo-Hamitic symbolism and social structure: Baraguyu folklore, *Anthropological quarterly* 41: 78—89.

Bonte, P. 1975. Cattle for God, *Social compass* 22: 385—395.

Boon, J.A. 1972. *From symbolism to structuralism*. Oxford: Basil Blackwell.

Caws, P. 1968. What is structuralism?, *Partisan review* 1: 75—91.

Diamond, S. 1974. *In search of the primitive: A critique of civilization*. New Brunswick: Transaction Books.

Fosbrooke, H.A. 1948. An administrative survey of the Masai social system, *Tanganyika notes and records* 26: 1—50.

Fratkin, E. 1974. Why Elephant is an old woman: Animal symbolism in Samburu, *Mila* 2: 23—37.

Garaudy, R. 1970. *Marxism in the twentieth century*. London: Collins.

Godelier, M. 1966. Système, structure, et contradiction dans le *Capital, Les temps modernes* 246, trans. Ben Brewster, and reprinted in Blackburn, Robin (ed.). 1972. *Ideology in social science*. London: Fontana/Collins.

Goldmann, L. 1964. *The hidden God*. London: Routledge and Kegan Paul.

Gramly, R.M. 1975. Meat-feasting sites and cattle brands, *Azania* 10: 107—121.

Gulliver, P.H. 1961. Structural dichotomy and jural processes among the Arusha of northern Tanganyika, *Africa* 1: 19—35.

    1963. *Social control in an African society*. London: Routledge and Kegan Paul.

Hayes, E.N. & T. Hayes (eds.). 1970. *Claude Lévi-Strauss: The anthropologist as hero*. Cambridge: The Massachusetts Institute of Technology Press.

Hollis, C. 1905. *The Masai: Their languages and folklore*. Oxford: The Clarendon Press.

Hughes, H.S. 1968. *The obstructed path*. New York: Harper and Row.

Huntingford, G.W.B. 1953. *The southern Nilo-Hamites*. London: International African Institute.

Jacobs, A.H. 1958. Masai age-groups and some functional tasks. Proceedings of the East African Institute for social research conference. Makerere University, Kampala. Mimeogr.

    1965a. The traditional political organization of the pastoral Masai. Doctoral dissertation, Oxford University.

    1965b. African pastoralists: Some general remarks, *Anthropological quarterly* 3: 144—154.

    1968. A chronology of the pastoral Maasai, *Hadith 1*. Nairobi: East African Publishing House.

    1970. Maasai marriage and bridewealth, *Mila* 1: 25—36.

    1975. Maasai pastoralism in historical perspective, pp. 406—425 in T. Monod (ed.), *Pastoralism in tropical Africa*. London: Oxford University Press.

Krader, L. 1972. *The ethnological notebooks of Karl Marx*. Assen: Van Gorcum and Co.

Kulet, H.R.O. 1972. *To become a man*. Nairobi: Longman.

Lévi-Strauss, C. 1949. *Les structures élémentaires de la parenté*. Paris: Presses universitaires de France.

1962. *La pensée sauvage*. Paris: Plon.

1966. *The savage mind*. London: Weidenfeld and Nicolson.

1963. *Structural anthropology*. New York: Basic Books.

1967. *The scope of anthropology*. London: Jonathan Cape.

1969. *The elementary structures of kinship*, trans. J.H. Bell & J.R. von Strumer; ed. Rodney Needham. London: Eyre and Spottiswoode.

Lewis, P.E. 1966. Merleau-Ponty and the phenomenology of language, *Yale French Studies* 36—47.

Marx, K. & F. Engels. 1970. *Selected works* vol. 3. Moscow: Progress Publishers.

Monod, J. 1972. *Chance and necessity*. London: Collins.

Monod, T. 1975. Introduction, in T. Monod (ed.), *Pastoralism in tropical Africa*. London: Oxford University Press for International African Institute.

1977. *Ancient society*. New York: Henry Holt.

Morgan, L.H. 1870. Systems of consanguinity and affinity of the human family. *Smithsonian contributions to knowledge* 17: 4—602.

Mpaayei, J.T.O. 1954. *Inkuti Pukunot oo LMaasai*. London: Oxford University Press.

Mustafa, K. 1976. Notes towards the construction of materialist phenomenology for socialist development research on the Jipemoyo project, Sociology department joint seminar with Ministry of national culture and youth. Dar es Salaam. Mimeogr.

Nagashima, N. 1976. Boiling and roasting: An account of the two descent based groupings among the Iteso of Uganda, *Hitotsubashi journal of social studies* 1: 42—62.

Ndagala, D.K. 1974. Social and economic change among the pastoral Wakwavi and its impact on rural development. M.A. thesis, Department of Sociology, University of Dar es Salaam.

O'Neill, J. 1972. *Sociology as a skin trade*. London: Heinemann.

Parkipuny, M.L.O. 1975. Maasai predicament beyond pastoralism. M.A. thesis, Institute of Development Studies, University of Dar es Salaam.

Piaget, J. 1971. *Structuralism*. London: Routledge and Kegan Paul.

Rigby, P. 1976. Critical participation, mere observation, or alienation: Notes on research among the Baraguyu Maasai, paper presented to joint seminar, Department of sociology, University of Dar es Salaam, and national Ministry of culture and youth, Dar es Salaam. Mimeogr.

Russell, B. 1972. *Logical atomism*. London: Fontana/Collins.

Sankan, S.S.O. 1971. *The Maasai*. Nairobi: East African Literature Bureau.

Sartre, J.P. 1960. *Critique de la raison dialectique*. Paris: Gallimard.

Sebag, L. 1967. *Marxisme et structuralisme*. Paris: Payot.

Southall, A. 1970. Rank and stratification among the Alur and other Nilotic peoples; in A. Tuden & L. Plotnicov (eds.), *Social stratification in Africa*. New York: Collier-Macmillan/The Free Press.

Spencer, P. 1965. *The Samburu: A study of gerontocracy in a nomadic tribe*. London: Routledge and Kegan Paul.

Terray, E. 1972. *Marxism and "primitive" societies*. New York: Monthly Review Press.

Thomson, J. 1885. *Through Masai land*. London: Samson Low.

Tucker, A.N. & J. Mpaayei. 1955. *A Maasai grammar*. London: Longmans, Green and Co.

VI. External factors vs. internal dynamics in social differentiation/Facteurs externes ou dynamique interne de la différenciation sociale

21. Spatial mobility and political centralization in pastoral societies

PHILIP BURNHAM

Cet essai est centré sur le phénomène de la mobilité spatiale, les relations politiques qui lui sont associées et leurs implications quant au développement éventuel de formes complexes de stratification en classes et/ou de centralisation politique chez les pasteurs nomades. Une revue de la littérature consacrée au pastoralisme nomade, en particulier les travaux de Dupire sur les Peuls et ceux de Bonte sur les Touaregs et les sociétés pastorales d'Afrique de l'Est, nous amène à conclure que ces sociétés, considérées en elles-mêmes, ne sont guère susceptibles de connaître de telles transformations complexes, du fait des implications structuralement conservatrices de la mobilité spatiale. On peut donc supposer, tant du point de vue logique que du point de vue empirique, que les forces structurales entraînant ces transformations restent extérieures au système pastoral et nomade. Il ne s'ensuit pas qu'on ne puisse construire un modèle pour les sociétés pastorales qui souligne les possibilités de stratification et de centralisation. Mais alors, semble-t-il, il convient de s'intéresser plus particulièrement aux diverses formes de relations institutionnelles entre les populations nomades et les populations sédentaires.

The argument of this paper focuses on the phenomena of spatial mobility and contingent political relationships in pastoral societies and their implications for the potential development of complex, class stratified and/or politically centralized forms of pastoral political economy. I don't pretend that such a short contribution can aspire to a comprehensive treatment of these phenomena and simply attempt to sketch out the main dimensions of the problem as I see it. In

349

certain respects, this paper is a continuation of themes already considered by myself (Burnham 1975) and by other writers (notably Gulliver, Baxter and Lewis in Monod 1975), but I have been stimulated to further reflection on this topic by the contributions of various members of the present conference, among whom I would particularly like to mention Pierre Bonte and Marguerite Dupire.

To summarize a burgeoning literature and establish a point of departure for this paper, I shall begin with a number of preliminary remarks concerning the structural significance of the phenomenon of spatial mobility in politically uncentralized societies generally, whether these societies practise pastoralism or some other mode of subsistence economy. Thanks initially to the work of ethnographers of hunting and gathering societies (see, for example, Lee, Turnbull, and Woodburn in Lee & De Vore 1968), the implications of spatial mobility as a mechanism of political adjustment and social flux have come to be better understood. At the same time, the overly deterministic but commonly held view that settlement mobility is best analysed as resulting from environmental necessity has been shown to be unhelpful as a point of departure for the study of mobile societies. This is not to say, of course, that mobility is not frequently advantageous from an ecological point of view and even necessary in certain cases because of environmental constraints. But, the contingent quality of inter-personal and inter-group relations in spatially mobile societies is a fact of their political organization and must be considered as an independently significant phenomenon whatever the environmental conditions.

In the view of various of the above-mentioned authors, including myself, the structural significance of these insights relating to spatial mobility has yet to be fully appreciated by most anthropologists. As a way of driving the point home, I would argue that a society's reliance on spatial mobility as a political mechanism should be considered to be of the same structural order and status as a society's use of a lineage model to order political relations. Indeed, societies in which mobility is a dominant structure have their myths and proverbs referring to this mode of behaviour, their Malinowskian "charters" validating this structure, which are just as clearly expressed and ideologically significant as any Tiv genealogical charter. If anything, in nomadic pastoral societies, the actual pattern of local grouping resulting from reallocation of political allegiances by individuals and groups via residential mobility is probably more determinative of genealogical structure over the long term than vice versa.

It is only the result of structural-functional anthropology's overwhelming preoccupation with concretely observable social order that principles of group formation have been emphasized at the expense of principles of individual assortment. In fact, of course, human social order does not demand the predictability of actually perduring corporate social groups — even the most arch-structural functionalist would admit that the presumptive perpetuity of corporate groups is only a "legal fiction". Humans are perfectly capable of an ordered and happy life in a social milieu where all groups larger than the nuclear family are presumptively contingent and short-lived. The important element here is simply the predictability of a particular mode of action; incessant movement and frequent changes of political relationships will do, rather than an unchanging pattern of group membership.

Once established as a principle of political organization, fluidity of local grouping proves to be a remarkably resistant feature of any society. In particular, spatial mobility greatly inhibits the development of political centralization and, although perhaps to a lesser extent, class stratification. It is for this reason that I have felt it useful to organize the discussion in this present paper around the theme of spatial mobility, since I believe it is a source of structural conservatism that must be analysed and dealt with in any attempt to understand the transformation of nomadic pastoral societies from relatively egalitarian, acephalous forms toward greater stratification and centralization.

I have recently published (Burnham 1975) some comparative material on two societies in Cameroon, one swidden cultivators and the other pastoralists, which illustrates the conservative force of spatial mobility as an element of political organization, and the literature contains many other examples of mobile societies with markedly divergent economies that display similar tendencies toward political flux and conservatism. A much more profound insight into the phenomenon of political flux has been provided by M. Dupire (1970) in her massive work on Fulani social organization, in which she makes an important breakthrough for our understanding of the relation between descent structure, micro-politics and local group organization. Local organization, as anyone knows who has read both *The Nuer* and *Kinship and marriage among the Nuer* by E.E. Evans-Pritchard (1940, 1951) or any of the rest of the segmentary lineage versus "kinship" literature of traditional British social anthropology, had never been related in an effective way to descent structure by structural-functional anthropology. Typically, residential patterns had either been relegated to a different structural "domain" or "field" or had been asserted to be virtually perfect images on the ground of the neat segmentary trees that the natives carried in their heads. Thus, the problems of analysing complex patterns of local organization created by high rates of individual spatial mobility and relating these patterns in a meaningful way to descent structures were swept under the carpet. But in Dupire's study, especially in the chapters devoted to the description of the implantation of Fulani groups, she clearly describes the manner in which relatively nucleated Fulani political groups defined as lineages in Fulani descent-based idiom can crystallize out of the complex ebb and flow of Fulani seasonal movements and migrations. Although working with reference to a lineage-based ideology, groups of Fulani nomadic encampments located near each other at favourable seasons of the year may consolidate into relatively cohesive political and migratory groups regardless of genealogical ties. But, by the same token, should political or environmental conditions change, these groups may disperse and individual encampments reallocate their allegiances elsewhere. The modalities and motives of these progressive organizations and re-alignments must be understood in terms of the varying forms of economy, kin-ship and marriage, ritual, and political relations in the different Fulani groups. But time and again, Dupire's data demonstrate the conservative political influ-ence of their nomadic mode of implantation in the various areas of West Africa the Fulani now inhabit. It is only with such careful and detailed ethnography as Dupire's, which does not allow idealized genealogical constructs to obscure the relations "on the ground", that the importance of spatial mobility and political flux can be truly appreciated.

Approaching the same problem of fluidity of political organization in pas-toral societies but from a different perspective, Bonte (in press) employs Marx's brief comments in the *Formen* on the "Germanic" form of society as his source of inspiration for a comparative study of East African pastoral communities. For Marx, the key feature of "Germanic society" was its reliance on a voluntary association of independent family units as a basis for community organization rather than on the communistic or coercive social relations of other pre-capitalist societies. Bonte argues that the same conditions hold among Nilo-Hamitic pas-toralists because, "La communauté n'existe que dans la relation mutuelle de ces propriétaires fonciers individuels en tant que tels". Bonte relates this situation of contingent community relations not simply to the individualized mode of transmission of rights in livestock but equally to the social conditions of repro-duction of the independent domestic units, especially as expressed in the circul-ation of women in marriage. However this may be, it is interesting to note that Bonte considers such a contingent political structure to have clearly defined implications including consistently unstable residential groupings, cyclical migrations, and the rise and fall of local patterns of domination. In this respect, at least, the political implications of the Marxist "Germanic society" model are congruent with the arguments concerning the contingent and fluid political relations in nomadic pastoral societies I develop in this paper.

However, Bonte goes on to argue that the systems of age organization and gerontocracy common among Nilo-Hamitic societies, although not in themselves true class systems, can evolve into class structures under certain conditions. Bonte is interested to examine the structural properties of Nilo-Hamitic pastoral societies in order to determine potential lines of transformation towards more centralized and stratified forms. Despite the fact that none of the East African societies he analyses actually achieved such a transformation to true class relations or state-like forms, Bonte considers them to have the structural poten-tial to do so and directs our attention to neighbouring societies such as the Galla or the inter-lacustrine Bantu states as possible cases of this sort of transformation. Bonte's analytical emphasis here is clearly on the evolutionary potential of the *internal* structural properties of these systems. To the extent that he treats inter-societal relations, Bonte considers that "Les rapports formels entre les com-munautés peuvent être interprétés sur le même modèle que les rapports sociaux internes", although in another context he praises P. Spencer's recent work *Nomads in alliance* (1973) for its inter-ethnic perspective.

I find Bonte's line of reasoning here quite interesting, particularly as regards his assurance concerning the supposed autonomous evolutionary properties of such systems. However, I think he has a tendency to underestimate the structural conservatism induced by substantial rates of spatial mobility and the importance of inter-societal relations in bringing about political centralization and social class divisions. Within sub-Saharan Africa, the empirical data support the view that centralizing and stratifying tendencies in pastoral societies have emerged only in situations of conquest and/or substantial sedentarization. (I include under this latter term intensive nomad/sedentary relations.) This statement holds true for Bonte's special East African cases, the Galla, Rwanda, and other inter-lacustrine Bantu states, as well as the Zulu, the Swazi and the rest of the southern Bantu states, the Fulani of Fouta-Djallon, northern Nigeria and Adamawa, the Kanembu, the Maures, and the Tuareg.

Bonte's (1975a: 393—394) argument that the occurrence of prophets or priests in Nilo-Hamitic pastoral societies, especially the *laibon* among the Maasai, should be seen as a definite if not complete evolutionary movement toward class stratification, bears careful consideration as a possible negative case for my argument outlined above. However, in this connection, it is significant that pre-colonial Maasai tribes were, in practice, restricted in their movements to self-contained ecological and socio-political localities under the political control of a council of elders (Jacobs 1975: 44—45). And as Jacobs (1975: 416—417) notes, "Though personal disputes or differences of opinion over herd management sometimes cause families to break away and join another camp (generally in their same local area), most camps maintain a core of congenial members over several years who work cooperatively, both among themselves and together with other camps of their locality, to insure the most efficient use of their community resources." I would argue, therefore, that the Maasai tribesman's commitment to residence on his tribal territory constitutes a significant tendency toward sedentarization in that the political flux engendered by local movements is sufficiently contained so as to be largely under the tribal elders' control. Whether a further autonomous evolution toward political centralization and/or class relations would be possible out of this situation must remain at the level of guesswork. But the Maasai case as it stands does not appear to contravene my hypothesis, although it may constitute the best case of an *autonomous* tendency toward political centralization and class stratification, however hesitant and incomplete, in the African pastoralist literature.

Another article by Bonte which is written very much in the same spirit as his study of East African pastoral societies is his analysis of tendencies toward state formation among the Kel Gress Tuareg (Bonte 1975b). In brief, the main theme of this study is that factors *internal* to the structure of Kel Gress society, the most important being the introduction of agriculture at the beginning of the nineteenth century and the concomitant development of substantial numbers of sedentary tribute-paying villages, are sufficient to account for the origin of a more accentuated class structure and trends toward state-like political forms. In my own view, Bonte's analysis does cast considerable light on the internal structural logic of the Tuareg system, and it is undoubtedly correct that the growth of cultivation within the Kel Gress economy, with its attendant implications for the development of new forms of property and tribute relations, was a very significant transforming factor in Tuareg society. However, Bonte's theoretical approach leads him greatly to underplay the structural implications of the external forces at work on Kel Gress society — the most notable being the strong political influences of the Hausa/Fulani states to the south and the resultant pattern of inter-state Saharan trading relations. Despite a brief paragraph (Bonte 1975–1976: 43) on Fulani–Kel Gress relations in which he does state, "C'est d'ailleurs l'alliance avec les Fulani qui leur permet de jeter les bases de leur domination locale", Bonte does not sufficiently integrate this important element into his analysis of Kel Gress society, thereby obscuring what I consider to be the crucial significance of inter-systemic political and economic relations in this case.

The Tuareg case with its prominent emphasis on tribute relations raises more general questions concerning the significance of the phenomena of slavery and related forms of servitude in relation to centralizing and stratifying tendencies in African pastoral societies. In general, I would argue that an analysis of the role of slavery in fully nomadic pastoral societies reveals little potential for autonomous development of political centralization and pervasive patterns of class stratification in these instances. The ecology of nomadic pastoralism, practiced as an exclusive means of livelihood, would appear to restrict the "carrying capacity" for slaves living with their masters in nomadic encampments, and the mode of exploitation of slaves in these societies, in Africa at least, is generally limited to service as household slaves or herders. In these contexts, especially where lineage organization is prominent, slaves are often progressively assimilated as freemen via adoption or concubinage, practices which usually have the effect of blurring or even completely undermining class divisions in favour of competition for demographic strength between opposing lineages. The fundamental point here is that in a purely pastoral economy, a true "slave mode of production" based on the massive expropriation of the production of large numbers of slaves is very unlikely, since the overall production of livestock, in the heavily stocked conditions that normally obtain in pastoral societies, cannot be markedly increased by use of slave labour.

The progressive blurring of slave/freeman distinctions is somewhat less true of slavery among pastoralists in the Saharan regions due, in part, to the fact that herding tasks are more labour intensive than in better watered regions. Because of the arduous labour requirements associated with drawing water from deep wells or the utilization of poorer pastures, there would appear to be a stronger economic rationale in these cases for maintaining a distinct and permanent (if still small) category of slaves in nomadic encampments. But a much more important factor here is that because of the close links between Saharan pastoralists and surrounding sedentary populations, masters' labour freed from herding duties by the use of slaves can be turned to other pursuits such as trade, raiding, or the management of fixed agricultural property. One might suggest, therefore, that a necessary condition for slavery to have an important differentiating effect on pastoralist class relations is the existence of institutionalized links with surrounding sedentary populations.

The structural alternative of maintaining a strong force of clients and/or slaves on a permanent basis in a nomadic encampment and the use of this force by a nomad chief for raiding neighbouring groups seems rarely to have developed among fully nomadic pastoralists in Africa. Certainly, the African situation in general contrasts markedly with the pattern among certain Asian pastoralists (Arab, Turkic, and Mongol groups) where standing mercenary, client, or slave forces were maintained and contributed substantially to tribute collecting capacities and centralized political control in these societies (see, for example, Rosenfeld 1965: 185–186). Such Asian cases will be discussed more fully later. Within Africa, possible limited exceptions to the above generalization may exist in the case of the Mauritanian and Kunta sheiks. However, these instances can probably be best understood as responses to external trade links and nomad–sedentary relations, since without such links, the material flows within a purely pastoral economy would probably be insufficient to maintain a large following of clients.

Particularly among Saharan and Sahelian pastoralists, we encounter another form of servitude which would appear to have had much greater impact on the political organization of these societies. Here, I am referring to the settling of slaves and tribute-paying dependents in sedentary agricultural villages and the periodic collection of tribute by a class of political leaders who may maintain a nomadic life style. As Bonte shows in the Kel Gress case, the linkage of a nomadic pastoral nobility with a sedentary component of dependent cultivators can have important implications for the development of structures of political centralization because of the increased capacity for production and the fixed forms of land tenure implied. But in such cases, we are clearly dealing with patterns of inter-systemic relations and ecological processes that owe little to autonomous developments within nomadic pastoral contexts.

Summarizing the reasoning of this paper as it has developed thus far, I have argued that the political fluidity characterizing mobile pastoral societies is a dominant and conservative structural feature which militates against autonomous tendencies toward centralization and class stratification. On logical grounds as well as on the basis of my reading of the pastoralist literature, therefore, I would expect to locate the structural forces responsible for such transformations external to the nomadic pastoral social system. Thus, if we desire to produce a model of pastoral society emphasizing the potential for centralization and stratification or, alternatively, should we wish logically to construct a "pastoral mode of production" having such implications, it would seem advisable to focus more specifically on the various forms of institutionalized relations between nomadic populations and sedentary populations and attempt to build in these structures as an integral part of our analysis.

In this respect, P. Baxter's recent article entitled "Some consequences of sedentarization for social relationships" (1975) provides a valuable discussion relating to this topic. Although significant links with sedentary peoples cannot be said to be functionally requisite for nomadic pastoralists since, as Baxter shows, certain societies (e.g. the Boran in Northern Kenya) do not display such links, the great majority of nomadic pastoralists do maintain close ties with their non-pastoral neighbours. As D. Forde pointed out (Forde 1934: 403, quoted by Baxter 1975), "pastoralism in its more advanced forms exists on the margins of sedentary areas, with which it has close economic ties".

But taking the relatively rare case of "pure pastoralists" first (i.e. those subsisting entirely on pastoral products), it is interesting to find that Baxter (1975: 218) considers them to have a greater in-built tendency toward egalitarianism in wealth distribution than is the case in pastoralists maintaining external economic links. This equality arises, he believes, from the fact that "pure pastoralists" cannot shift their means of subsistence in the face of calamitous livestock losses and therefore practice more highly institutionalized forms of stock sharing and redistribution. Here, then, from a different quarter, is an additional argument in support of my thesis that pastoral nomadism is an innately conservative structural form and that tendencies toward class relations would tend to emerge only in the context of institutionalized pastoral—sedentary relations.

Turning to nomadic pastoral societies having firm ties with sedentary societies, we can see such inter-systemic relations emerging for a variety of different reasons. "Symbiotic" subsistence links involving exchange of crops for herd products are very common between nomads and sedentary agriculturalists as are other forms of local and long distance trade links involving non-food products. In some cases, economically unsuccessful nomads may be forced to sedentarize and practice either a mixed economy or give up pastoralism altogether. On the other hand, very rich nomads may prefer to leave their herds in the care of junior kinsmen or paid herders and take up residence in town (Baxter 1975: 209). Or, as mentioned previously, military conquest of sedentary villagers by nomads can lead to tributary relations, and incorporation of nomads within a larger state system may involve regular forms of taxation or other fiscal or administrative interlinkages.

Despite the prevalence of such ties, certain ethnographers have tended to de-emphasize or ignore them altogether, preferring to deal only with those groups which best conform to the pastoralist ideal type. In this respect, ethnographers, like many of the peoples they study, may mythologize the importance of stock ownership and relegate those sectors of the system that do not fit this stereo-type to a different "tribe". Such a narrow focus necessarily obscures the fact, mentioned above, that individual "pastoralists" may well leave or re-enter the pastoral sector of such a heterogeneous economic system within their lifetimes.

Although a wider scope of study does violence to the category of "nomadic pastoralism" seen as a discrete unit, it should be very beneficial in redirecting analysis toward the regular flows of goods in the form of domestic agricultural products, trade, tribute, booty, or tax between sedentary and nomadic com-ponents of the same system. It also raises questions concerning the forms of military dominance, administrative organization, and other political character-istics of the sedentary—nomad linkage. The spatial mobility of the nomadic component will strongly condition this linkage which will tend to vary depend-ing on whether the nomads or the sedentary population are politically domi-nant. In the former case, however, such a nomad-dominated polity will probably tend toward what Rosenfeld (1965: 186) terms the "trade-tribute state". Like-wise, given the political implications of spatial mobility among nomadic pas-toralists, nomad—sedentary relations within a state-like polity will tend to dis-play strong centre/fluid periphery characteristics, these latter terms to be understood in the systemic rather than their geographic senses. Regardless of the subgroup from which the political leader of such a polity is recruited, he will move to gain control of the fixed resources associated with the sedentary component of the economy or with long distance trade. But the problem of control of the mobile peripheries, given the difficulties of administering mobile populations, will remain despite the leader's control of the centre. Thus, even in a centralized polity containing nomadic elements, we can still detect the dis-ruptive political effects of spatial mobility as a principle of social organization.

Turning to the literature on Asian pastoral societies at this juncture, it is noteworthy that centralized, stratified pastoral societies abound in this conti-nent where highly institutionalized nomad—sedentary relations are so common. Indeed, the significance of these links in relation to the forms of stratification and political centralization of pastoral societies is particularly emphasized by various authors (see, for example, Irons 1971: 148; Swidler 1972: 118—119; and Lattimore 1951: 514—516). This political complexity does not imply, however, that the political flux induced by mobility has been substantially overcome among Asian pastoral nomads. As Swidler notes, viewing this phenom-enon from an ecological perspective,

Differences at the maximal level of integration are especially interesting in view of the fact that the structural possibilities of tribal organizations based on pastoralism would seem to be fairly limited on the lower levels of integration. In most cases, ecological pressures mitigate (*sic*) against the emergence of formal corporate groups on the residential level. The adaptive advantage in permitting an easy flow of people in shifting camp groups tends to inhibit the development of an hierarchical chain of authority which penetrates the community level. (Swidler 1972: 119)

Politically centralized forms in Asian pastoral societies frequently appear to result from links with surrounding states, trade entrepots, or sedentary agriculturalists and often take the form of loose tribal confederacies whose corporate functions relate mainly to these external, non-pastoral influences. From time to time in countries such as China, Afghanistan, Iran, Saudi Arabia, and Libya, nomadic pastoral confederacies have succeeded in placing their chiefs on the throne of the nation. But, as suggested earlier, this step may have little effect in itself on the fluidity of local politics among the nomads, who continue to engage in segmentary feuding and shifting patterns of alliance. The problem remains of transforming political power into effective administrative structures by which the political centre can systematically regulate affairs on the fluid peripheries. Unhappily, this process of political change in Asian countries is frequently based, both today and in the recent past, on the control and use of modern weaponry by the central government.

On the other hand, as Krader (1963: 323) has pointed out, among certain Central Asian Turkic and Mongol groups, we encounter a distinctive form of socio-political organization, the conical clan or *obok*, displaying marked structural potential for political centralization and the rise of class stratification. Combining agnatic descent with a principle of ranking based on order of birth, *obok* organization divided these societies into ranked estates and, as Krader (1963: 324) notes, "In every society (in Central Asia) where these estates occur there has been the establishment of a state or empire, some great despotic and monarchic enterprise". Indeed, looking outside the pastoralist literature, we find that the political centralizing potential of the conical clan has been noted for various Southeast Asian (Friedman 1975) and Polynesian agricultural societies (Kirchoff 1959).

Yet despite this interesting correlation, it is clear that these Central Asian pastoral states did not evolve in an autonomous fashion. As Bacon notes (1958: 71—72), the role of the Mongol khan in itself was characterized by the relatively narrow scope of the khan's authority over his followers and the conditional quality of their support. It appears that the crucial factor in the process of political centralization of the Mongol state was not so much its internal organization based on the *obok* as its external relations with China. Thus, for example, Swidler states (1972: 120), "In Central Asia, however, rapid and extensive territorial expansion under the Genghisids and the proximity of the Chinese civilization led to an emphasis on territorial administration with princes of the ruling house frequently assuming control of tribal units." Indeed, the hypotheses presented in this paper concerning the significance of relations between nomadic and sedentary peoples for the rise of state formations bear close relation to those first developed over thirty-five years ago by O. Lattimore in his massive book *Inner Asian frontiers of China* (1951), which focuses on the dynamic interaction between Mongol pastoralists and Chinese civilization.

As a brief conclusion to this paper, I would suggest that my approach to the analysis of political structures in nomadic pastoral societies, via the phenomena of spatial mobility and organizational flux, provides a somewhat different perspective on the on-going debate concerning the alleged egalitarian and independent tendencies in such societies. Rather than interpreting independence as a necessary result of pastoral ecology or as an attribute of pastoralist personalities fostered by particular child rearing procedures or other developmental influences (cf. Goldschmidt 1971), I focus instead on spatial mobility seen as a social structural principle with its own implications of structural fluidity within pastoral social systems. This approach may be criticized as a simple restatement of empirical data which has become reified as a "causal variable", but this would be to miss the point of my argument. I am not claiming determinative significance for spatial mobility as a variable nor am I denying the undoubtedly important, although not determinative, role played by ecology or personality traits in pastoral social systems. Rather, in discussing the structural implications of mobility in such systems, I am aiming at a more complex and more adequate characterization of these systems which are comprised of numerous semi-independent variables impinging on each other. In this connection, I have urged that greater attention be paid to the structural implications of nomad—sedentary relations — a phenomenon of sufficient frequency so that one cannot simply define it away.

From this perspective, then, one would be unwise to look for correlations between such gross variables as "pastoralism" and "egalitarianism" or "independence" (cf. Goldschmidt 1971; Schneider 1974; Greenbaum 1974). Who can doubt that significant numbers of both egalitarian and stratified pastoral societies exist? Rather than attempting to deny the reality of one or the other tendency via such correlational studies, it is preferable to focus on the logical implications of key sociological variables such as mobility seen in different social systems. In some cases, the implications of political flux inherent in the mobility variable can be seen to enjoy relatively unhindered expression while in other cases, particularly where pastoral—sedentary links or other sources of material flows or administrative controls are prominent, tendencies toward structural fluidity will be substantially attenuated.

References

Bacon, E. 1958. *Obok: A study of social structure in Eurasia*, Viking fund publications in anthropology 25. New York: Wenner Gren Foundation for anthropological research.

Baxter, P. 1975. Some consequences of sedentarization for social relationship, pp. 206—228 in T. Monod (ed.), *Pastoralism in tropical Africa*. London: Oxford University Press.

Bonte, P. 1975a. Cattle for God, *Social compass* 3—4: 381—396.

1975b. Le problème de l'État chez les Touareg Kel Gress, pp. 42—62 in P. Bonte et al., *Etudes sur les sociétés de pasteurs nomades* vol. 3, *Classes sociales et Etat dans les sociétés de pasteurs nomades*, Cahiers du centre d'études et de recherches marxistes 121. Paris: Centre d'études et de recherches marxistes.

In press. Formes de la communauté dans les sociétés d'éleveurs nomades, in J. Friedman & M. Rowlands (eds.), *The evolution of social systems*. London: Duckworth.

Burnham, P. 1975. Regroupment and mobile societies: Two Cameroon cases, *Journal of African history* 4: 577–594.

Dupire, M. 1970. *Organisation sociale des Peul.* Paris: Plon.

Evans-Pritchard, E. 1940. *The Nuer.* London: Oxford University Press.

    1951. *Kinship and marriage among the Nuer.* London: Oxford University Press.

Forde, D. 1934. *Habitat, economy and society.* London: Methuen.

Friedman, J. 1975. Tribes, states and transformations, pp. 161–202 in M. Bloch (ed.), *Marxist analyses and social anthropology.* London: Malaby Press.

Goldschmidt, W. 1971. Independence as an element in pastoral social systems, *Anthropology quarterly* 3: 132–142.

Greenbaum, L. 1974. Comment on H. Schneider's "Economic development and economic change: The case of East African cattle", *Current anthropology* 3: 259–275.

Gulliver, P. 1975. Nomadic movements: causes and implications, pp. 369–386 in T. Monod (ed.), *Pastoralism in tropical Africa.* London: Oxford University Press.

Irons, W. 1972. Variation in economic organization: A comparison of the pastoral Yomut and the Basseri, pp. 88–104 in W. Irons & N. Dyson-Hudson (eds.), *Perspectives on nomadism.* Leiden: E.J. Brill.

Jacobs, A. 1975. Maasai pastoralism in historical perspective, pp. 406–425 in T. Monod (ed.), *Pastoralism in tropical Africa.* London: Oxford University Press.

Kirchoff, P. 1959. The principles of clanship in human society, in M. Fried (ed.), *Readings in anthropology* II. New York:

Krader, L. 1963. *Social organization of the Mongol-Turkic pastoral nomads.* The Hague: Mouton.

Lattimore, O. 1951. *Inner Asian frontiers of China.* Boston: Beacon Press.

Lee, R. 1968. What hunters do for a living, pp. 30–48 in R. Lee & I. De Vore (eds.), *Man the hunter.* Chicago: Aldine.

Lee, R. & I. De Vore (eds.). 1968. *Man the hunter.* Chicago: Aldine.

Lewis, I. 1975. The dynamics of nomadism: Prospects for sedentarization and social change, pp. 426–442 in T. Monod (ed.), *Pastoralism in tropical Africa.* London: Oxford University Press.

Monod, T. (ed.). 1975. *Pastoralism in tropical Africa.* London: Oxford University Press.

Rosenfeld, H. 1965. The social composition of the military in the process of state formation in the Arabian desert, *Journal of the Royal Anthropolotical Institute* 75–86: 174–194.

Schneider, H. 1974. Economic development and economic change: The case of East African cattle, *Current anthropology* 3: 259–275.

Spencer, P. 1973. *Nomads in alliance.* London: Oxford University Press.

Swidler, N. 1972. The development of the Kalat khanate, pp. 115–121 in W. Irons & N. Dyson-Hudson (eds.), *Perspectives on nomadism.* Leiden: E.J. Brill.

Turnbull, C. 1968. The importance of flux in two hunting societies, pp. 132–137 in R. Lee & I. De Vore (eds.), *Man the hunter.* Chicago: Aldine.

Woodburn, J. 1968. Stability and flexibility in Hadza residential groupings, pp. 103–110 in R. Lee & I. De Vore (eds.), *Man the hunter.* Chicago: Aldine.

22. Political stratification among pastoral nomads

WILLIAM IRONS

L'hypothèse défendue par l'auteur est que le développement des hiérarchies politiques institutionnalisées au sein des sociétés de pasteurs
nomades est entravé par la présence de deux facteurs sociaux qui s'y rencontrent communément: une basse densité de population et une forte
mobilité géographique. Conjugués, ces deux facteurs tendent à produire
des unités politiques restreintes et égalitaires. Celles-ci, confrontées à des
groupes étrangers plus importants ou à des conflits internes, répondent
par la fuite dans un cas, par la fission dans l'autre. Au contraire, dès lors
que la mobilité se trouve limitée — du fait de la densité de population ou
par l'apparition de modes de production économique s'accommodant mal
des déplacements —, la stratification politique commence à se développer,
les petits groupes se voyant soit conquis par leurs voisins plus importants,
soit forcés de s'unir pour se défendre. Tout dépend de la plus ou moins
grande facilité avec laquelle un groupe peut utiliser sa mobilité comme
un moyen politique et militaire, et aussi de la taille et de la force des
groupes environnants. Il s'ensuit que, chez les pasteurs nomades, le seul
facteur capable de faire apparaître des hiérarchies politiques stables est
la présence d'Etats sédentaires à proximité. On constate d'autre part que,
lorsque la pression extérieure, quoique forte, ne suffit pas à produire une
stratification, elle entraîne souvent la constitution de systèmes lignagers
segmentaires et égalitaires, qui, tout en réunissant des groupes nombreux
à fins de défense, ne suppriment pas complètement les conflits à l'intérieur
de ces groupes.

Introduction

There is a large amount of variety among societies which by any set of reasonable criteria can be classified as both predominantly pastoral in mode of economic production and nomadic in residence pattern. Such societies are found in
very different parts of the world. They vary in the animals they exploit and in
the manner in which they exploit them. They also vary in the forms of social
and political organization to be found among them. This can be readily verified
by a quick comparison of representative nomadic pastoral societies from East
Africa, North Africa, the Middle East, Central Asia, the Arctic, and the high alti-

361

tude region of the Himalayas and the Andes. It should also be noted that frequently nomadic pastoral groups share important social and cultural features with sedentary groups in their own region which they do not share with pastoral nomads of other regions.

Given the fact that pastoral nomads exhibit such variety in ecology, economy, social organization, and political organization, one might raise the question of whether it is worthwhile at all to try to generalize about pastoral nomadic societies. The answer is that one can hope to generalize only about certain features of such societies. Specifically one can only generalize about characteristics which are closely interconnected with a pastoral economy or a nomadic residence pattern.

This paper is concerned with the political concomitants of two ecological characteristics shared by most nomadic pastoral societies. One is a low population density, the other is ease of geographic mobility. Both of these features, it is hypothesized, make the development of an institutionalized political hierarchy improbable (Burnham, this volume). The paper further suggests the hypothesis that political influence from sedentary state-organized societies, if strong enough, can overcome the effects of these ecological constraints and create institutionalized political hierarchies. These considerations lead to formulation of the following hypothesis: among pastoral nomadic societies, hierarchical political institutions are generated only by external political relations with state societies, and never develop purely as a result of the internal dynamics of such societies. It would be more cautious to replace the words "only" and "never" in this proposition with the expressions "most frequently" and "rarely". However, since the statement is offered as a hypothesis to test rather than as a proven proposition, such caution is unnecessary.

Basic assumptions

The hypothesis above and the discussion below are derived from certain basic assumptions which may be summarized as follows. Social institutions, including political ones, are generated purely by the activities of individuals. Therefore, one cannot understand social institutions without knowing something about human motivation. The motivations which lead individuals to behave in one way rather than another are complex and difficult to generalize about. Nevertheless, certain generalizations seem relatively safe and, therefore, useful as guides to what to expect when examining social institutions. Individual behavior is oriented toward accomplishing specific goals. Although these goals vary from individual to individual and the frequencies of specific goals vary from one society to another, certain goals are very common, such as physical well-being, gaining the respect of other individuals in one's community, acquisition of mates, reproduction, and the well-being of offspring. What is perhaps less obvious is the frequency with which optimally fulfilling the goals of one individual implies not optimally fulfilling (or even thwarting) the goals of another individual. Conflict of interest is a basic fact of human existence, and as a result social institutions are not fruitfully viewed as means of serving group needs. Rather social institutions represent the outcome of conflict and processes that might be described as bargaining among individuals with different interests. Interest may for purposes of this discussion be equated with anything serving the aspirations of a specific individual, i.e., his or her physical well-being, his or her reputation in his or her community, his or her economic prosperity, and so on. A social institution can, therefore, best be understood by examining how it affects the interests of the individuals who create and maintain it, as well as the interests of others who could alter the institution if they wished to.

Social change and social evolution can best be understood in similar terms. Changes in ecology, technology, or the behavior of others, alter the ways in which an individual can best accomplish his or her purpose. This leads to changes in individual behavior which on the aggregate level is social change. Change in a social institution can best be understood by examining how some changes external to the institution have changed the advantages and disadvantages of that institution for the various individuals who have it within their power to change the patterns of behavior (their own or that of others) which constitutes that institution. Comparison among societies as a means of testing generalizations can follow a pattern of analysis paralleling that suggested above for the study of change. Beginning with the assumption that individuals will behave in such a way as to maximize the advantages and minimize the disadvantages of their behavior, one can predict how behavior will vary in response to variations in environment from one society to another. Environment is here defined as everything exterior to an individual which affects his well-being and the accomplishment of his conscious goals. Predictions can then be tested against the observations recorded in the ethnographic, historic, and other relevant literature as a means of arriving at generalizations with some degree of inferential support. The theoretical approach summarized here has elements in common with the viewpoints of a number of social theorists (Bailey, 1969; Barth 1966, 1967; Blau 1964; Goldschmidt 1966; Dyson-Hudson 1970; Firth 1964: 30–87; Homans 1961; Kapferer 1973).

The above approach assumes that one can identify the goals toward which people strive in various societies. There are two ways in which this can be done. One is empirical. Often the ethnographic literature makes clear what things people strive for in particular societies. A second approach is theoretical. Various theoretical models of the constant underlying factor of human motivation can be tested, and if shown to be useful sources of predictions, they will make valuable tools in conjunction with the theoretical assumptions above. Well-tested theoretical models of this sort are not now available, but various theoretical models which are now being tested may eventually meet this need (cf. Alexander 1975; Chagnon & Irons, in press).

The approach discussed here deals with behavior, not ideology. How ideology relates to behavior and the generation of social institutions through behavior is a complex question which need not be discussed here. It might briefly be suggested, however, that calling upon or even inventing ideology is a means by which individuals accomplish goals. More specifically, ideology is often a means by which individual A attempts to influence individual B to behave in a manner that is advantageous to A. Ideology is also frequently a means by which two individuals agree upon a pattern of cooperation that is mutually beneficial.

General theories of political stratification

There are a number of theoretical models of the evolution of the state out of egalitarian societies, and I draw upon some of these models in constructing a model of the evolution of political hierarchies in pastoral nomadic societies. I wish to emphasize, however, that I am theorizing about a smaller range of variation in political stratification. This paper is concerned with the presence of chiefs, or hierarchies of chiefs, in some pastoral nomadic societies and the absence of such chiefly offices in other pastoral nomadic societies. The elaboration of chiefly authority to the point at which one would speak of a state is rare among pastoral nomads apart from historic cases in which nomads have conquered sedentary people. Variations over a smaller scale in political stratification are, however, common and provide a large number of cases against which to test generalizations.

The hypothesis presented here rests on two specific assumptions, in addition to the more general assumptions discussed above. First, it is assumed that the most relevant theories of the origin of the state are those which portray warfare as a central mechanism in the process by which states evolve. Second, it is assumed that these theories, if correct, should also explain the evolution of forms of political stratification which are intermediate between an egalitarian political organization and a state.

The second assumption, in my opinion, requires no special justification. The relevance of these theories to the evolution of intermediate forms should become clear in the discussion below.

Turning to the first assumption, there is no *a priori* reason for assuming that the state cannot evolve in the absence of warfare (cf. Webster 1975). States serve functions other than the organization of warfare, and the theoretical assumptions stated above readily lead to the prediction that a population could, under the right conditions, develop and maintain a state if its managerial functions, other than the organization of warfare, improve the general level of physical well-being and security of the majority of the population or of a powerful minority. (It could also be noted that modern states do in fact serve such functions apart from the organization of warfare.) The right conditions for the development of a state which serves any managerial function, whether the organization of warfare or something else, can be expressed in terms of a power struggle. If the development of a state is possible in a particular pre-state society, it is likely to be beneficial to some members of the society and not others. Whether it actually develops or not depends on the relative political power of those who stand to gain, relative to those who stand to lose.

The reasons for assuming that theories explaining state origins in terms of warfare are more relevant to pastoral societies are empirical. Armed conflict is a conspicuous feature of nomadic pastoral societies, and chiefs, when they are found, are involved in the organization of these conflicts, as well as in alternate peaceful forms of resolving disputes. Other functions which have been suggested as related to the origin of the state are economic in nature. The primary theory of relevance here is that of Karl Wittfogel (1957) which explains the origin of the state as a concomitant of large-scale irrigation. Also relevant are theories which explain the origin of intermediate forms of institutionalized political stratification (usually referred to as chiefdoms or ranked societies). These theories explain the origin of chiefly offices involving a degree of political stratification less than that of a state as aspects of economic redistributive networks (Fried 1967: 109–184; Sahlins 1961; Service 1962: 143–177). These theories are not especially relevant to pastoral societies because large scale economic productive or distributive activities of the sort postulated are absent in most pastoral societies. Production is organized by households, and larger social units are relevant to economics primarily in terms of regulation of access to the basic resources of pasture and water and in terms of conflict over these resources. These larger groups carry out their function through armed violence. Economic redistributive networks of a large centralized nature do not exist, although market exchange with sedentary people is common. Where market exchange does occur, chiefs are significant if at all, only in maintaining the peace of the market.

Various economic managerial functions have been suggested as the basis of chiefly office among pastoral nomads. My evaluation of the ethnographic and historic literature, however, is that the role of these functions has been exaggerated. Louise Sweet (1965: 1135) suggests that Bedouin chiefs play an important economic redistributive role similar to that of Polynesian or Northwest Coast chiefs. In this case, she is pointing to the redistribution, to temporarily impoverished tribesmen, of income from chiefly dues and from booty taken in raids. My evaluation of the literature is that this sort of redistribution is a sporadic, rather than a regular occurrence. In contrast, the role of the chief as war leader, and as intermediary between the state and the nomadic population, is much more regular and conspicuous. Philip Salzman (1967) has suggested that the organization of migration is the basis of chiefship among the Zagros tribes of Iran. Here again the situation is compounded by multiple functions. These chiefs are very significant as war leaders and intermediaries between state and tribe (Garthwaite, forthcoming). Further, when the chiefs have been forcibly removed from contact with the tribe by the government, the nomads have been able to successfully organize their migrations without the assistance of chiefly office (Garthwaite, personal communication). The conclusion I draw from all of this is that chiefly office among pastoralists is concerned primarily with armed conflict and its alternative, peaceful negotiation and adjudication backed up by the possibility of armed conflict. Thus, theories of the development of chiefships out of processes of conflict and conflict resolution appear most relevant.

Carniero's theory

Robert L. Carniero (1970) has suggested a theory of the origin of the state for which warfare is an essential causal agent in the process leading to the first appearance of states, but which specifies certain conditions under which warfare will in fact be effective in generating higher and higher degrees of institutionalized political stratification. Under conditions of low population density, when armed conflict arises between local communities, a drastically outnumbered group can react to the situation by relocating at a great distance from their enemies. Low population density means that unused and unclaimed economic resources (arable land, pasture, hunting grounds, or whatever) will be available at some distant location. Thus, low population density in relation to resources makes mobility a successful response to hostile neighboring groups larger than one's own group. As population growth leads to use of more and more of the available resources, however, this situation changes and unused resources become difficult to locate. Thus, increasing population density in relation to resources can eliminate flight as an alternative to fighting. Once this occurs, smaller groups have no alternative to defeat by larger neighboring local groups other than subordination. This leads to larger local groups controlling smaller neighbors and the development of stratified politics incorporating several local groups. These supralocal polities once established can easily muster larger fighting forces than any one local group, so this supralocal stratified type of organization spreads rapidly by absorbing autonomous local groups, and quickly becomes the dominant political form. The point at which population growth eliminates flight as a viable strategy will occur, Carniero hypothesizes, more quickly in small areas of fertile resources which are circumscribed by large areas of virtually no resources. Thus, political stratification evolves more rapidly in areas of rich agricultural land surrounded by desert. Areas such as the Nile valley, Mesopotamia, and the coastal river valleys of Peru are suggested as places where political stratification might be expected to first appear as a result of the combination of warfare and population densities that restrict mobility.

Another aspect of Carniero's theory deals with what he calls social circumscription as opposed to geographical circumscription. He observed that a second reason why mobility might be restricted is not shortage of unclaimed resources, but rather the presence everywhere of potentially hostile local groups. If local communities are usually hostile to new immigrants to their vicinity, and local residence groups are thickly scattered over the landscape, then mobility might be a generally unsuccessful strategy long before the point is reached at which unclaimed economic resources disappear.

Critique and modifications of Carniero's theory

The above theory provides a useful framework from which to approach the evolution of intermediate forms of political stratification among nomadic pastoralists. However, before actually applying this theory, I would like to suggest a few modifications.

Carniero's theory assumes that local communities will never surrender their sovereignty to supralocal groups voluntarily, but only when coerced by violence with which they cannot cope either by responding in kind or by fleeing. This assumption appeals to me on empirical grounds, but I would prefer a less rigid assumption which states merely that acceptance of a subordinate position, that is, recognizing that another individual has authority over oneself is, when considered in isolation, undesirable. However, if it is a cost that must be paid in order to acquire some benefit, it will be accepted, assuming the benefit is greater than the cost. It is empirically true that people are not inherently fond of accepting new offices of authority and are even inclined to try to eliminate old ones in some cases. However, new offices of authority do evolve occasionally, and the assumption that they do so only as a result of military defeat seems unnecessarily confining as a theoretical assumption.

Another problem with Carniero's theory lies in the just-so quality of the assertion that defeat of one local group by another larger one and lack of opportunity to flee leads to a sort of social mutation out of which supralocal stratified polities appear and begin to spread rapidly. That such a sudden social transformation could occur seems to me a possibility, but by no means the only way in which polities that are either stratified or incorporate several local groups can first appear. There is also the further problem of the empirical occurrence of forms of political organizations which are not stratified but do incorporate numerous local groups (segmentary lineages), and the occurrence of forms which entail stratification but no supralocal structure (some Polynesian and Northwest Coast groups). Obviously political stratification in some degree can occur as a result of other processes. It is equally obvious that supralocal political organization has also been generated by other processes. The ethnographically reported polities that are not supralocal but stratified are associated with economic redistribution. Since extensive economic redistributive networks centered around chiefs do not occur among pastoralists, these political forms are not relevant to the present discussion. In contrast, segmentary lineages which incorporate numerous local groups without stratification are more relevant. The organization of polities of this sort would seem to prevent the process of inevitable conquest suggested by Carniero's model, as would any non-stratified alliance pattern between local groups. Despite this difficulty, however, I think Carniero's theory has pin-pointed variables which are relevant to political evolution in many societies including pastoral ones.

It is not necessary to discuss the causes of warfare or the issue of its frequency. It is sufficient to point out that armed conflict of some form is common in most nomadic pastoral societies, and specifically in those which have developed chiefly offices. It might also be noted that armed conflict, if not a universal, is certainly a near universal among societies which maintain their sovereignty.

Once armed conflict is a factor that local groups must deal with, the size of the fighting force a group can organize to defend itself is a variable of great importance. From an individual's point of view, being a member of a large group has an adaptive advantage over being a member of a small group. The expectable result is an attempt to organize groups for defense that are, at least, as large as any potential enemy group. If one local group finds a way to increase its size by introducing some new organizing principle, then surrounding groups will quickly adopt this new organizational principle. Low population density allowing easy use of flight as a means of dealing with enemies which are superior in numbers may weaken this tendency. However, social circumscription is likely to become a significant factor long before population density causes any real shortage of economic resources. Once this point is reached, larger and larger units organizing military activities can be expected to occur. Some of these larger units may initially occur by the process hypothesized by Carniero, but other processes are also possible.

Organizing larger units for defensive purposes is not easily accomplished. One of the obvious difficulties to be overcome is the control of internal conflict. The research of Napoleon A. Chagnon (1968; 1974) on the Yanomamo Indians of the Amazon Basin demonstrates brilliantly how the need to form large groups for defense can be counteracted by the tendency of larger groups to fission because of internal conflict. He further observes that in areas among the Yanomamo in which the threat of external aggression is the highest, there is a willingness to grant greater authority to the village headman (Chagnon 1974: 162—197). This allows the formation of larger groups. Thus, one function of political stratification can be the suppression of internal conflict as a means to forming larger groups. Another observation made by Chagnon (1975) which is relevant to the question at hand is that the maintenance of internal peace is easier among individuals who are close kin and grows steadily more difficult as the genealogical relatedness of the individuals involved becomes smaller. There are certain theoretical considerations which suggest that this phenomenon noted by Chagnon among the Yanomamo may in fact be of importance in all human societies (Hamilton 1964; Wilson 1975: 117—120; cf. also Fortes 1969: 219—

249). If this is true, it would imply that the formation of large social groups containing distantly related and unrelated individuals always entails a cost in terms of internal conflict, and always requires special institutions for resolving conflict.

The development of chiefly office with the authority to compel the peaceful resolution of conflict is one type of institution which can accomplish this. Segmentary lineage systems represent an interesting alternate way of forming large political groups which are bound to entail internal conflict. Segmentary lineage systems tolerate rather than suppress internal violent conflict and seek merely to control internal violence sufficiently to allow the temporary unification of a large number of local groups for military purposes. This allows the formation of large groups for defense without paying the cost of accepting political authority. I suggest, however, that such a system works well only when no more than temporary formation of large political groups is called for. Such a system, however, will not work for large political units with many managerial functions which require the continuous interaction of large numbers of unrelated individuals in order to function.

On the other hand, for pastoral nomads, who need only form large groups temporarily for military purposes, such a segmentary lineage system is ideal. Under the conditions of low population density and high mobility characteristic of pastoral societies, segmentary lineage systems represent a better solution to the need to organize large political units than do stratified forms of organization. The Turkmen (Irons 1975), the Kazaks (Hudson 1964), the Somali (Lewis 1961), and certain Bedouin groups (Evans-Pritchard 1949; Peters 1960) appear to fit this pattern. Residence units can be small, so that daily face-to-face activities need involve only small numbers of people, many of whom can be closely related. If conflicts do arise, the parties to the conflict can resolve their differences by relocating in different local groups. Given easy spatial mobility, changing residence is one of the best ways to resolve conflict (cf. Lee 1972: 182–183). Pastoral nomads are adapted to frequent migration for economic purposes, and, therefore, are preadapted to using mobility as a means of conflict resolution. The segmentary lineage systems found among pastoral nomads allow easy shifts in residence even though superficially the ideology associated with such systems may seem to imply great residential stability (cf. Evans-Pritchard 1949: 192–248; Irons 1975: 39–82). Given high mobility, it is also easy for men from a number of different local groups to unite temporarily for military purposes. Suppression of conflict between those so united, though probably not easy, at least needs only to be done temporarily. Assuming that individuals prefer to form larger units without placing themselves in subordination to chiefly authority, and given these ecological conditions, the ideal strategy is the development of a segmentary lineage system. I have argued elsewhere (Irons 1974; 1975: 39–82) that pastoral nomads often increase their mobility beyond what is economically necessary in order to enjoy its political

benefits. This process, where it occurs, reinforces the tendency to rely on segmentary lineages and to avoid the development of political stratification.

It is trivial to observe that in the absence of serious external military threats,
pastoral nomads are unlikely to develop either segmentary lineage systems or
stratified polities. In these cases, relatively small political units which are egalitarian in organization are to be expected. Such groups are also likely to be
shifting in composition as individuals migrate either for economic reasons or to
evade conflict. Many East African (Dyson-Hudson 1966; Gulliver 1966) and
Arctic nomadic groups (Pehrson 1957; Whitaker 1955) appear to fit this pattern.

Given conditions of high population density and low mobility, a segmentary
lineage system is less satisfactory. First, residence groups are likely to be larger,
and involve more contact among individuals who are distantly related. Thus,
internal conflict is initially a more serious problem. Further, flight from conflict, given low mobility, is also unsatisfactory. Given these conditions, recognizing an office of authority with the right to enforce settlement of disputes may
be the only way to maintain internal peace. As the threat of external aggression
makes the formation of larger units possible, the need to create an office with
authority grows.

It should also be noted that stratification as a solution to the problem of
maintaining internal peace is more likely if the stratified institutions can also
serve other functions as well. The economic patterns of redistribution, or the
organization of large-scale economic productive activities, are more likely to be
feasible in densely populated areas.

Intermediate conditions in terms of population density and mobility are
likely to produce intermediate advantages for each form of organization. This
at some point may equalize the relative advantages of stratification and segmentary lineage systems. Under such conditions either system might be equally
probable. Such conditions are, however, unlikely among pastoral societies.

It should be noted that politically stratified societies often are segmented as
well. Such societies have a stratified political organization rather than a segmentary lineage system, since they rely on offices with authority to control internal
conflict. Segmentation in such societies is merely part of the administrative
organization based on political stratification and centralization. For purposes
of this discussion, segmentary lineage systems are seen as solutions to the dual
problem of controlling internal conflict and, at the same time, uniting large
groups of people only when they exist without a hierarchy of political offices
which have authority to issue orders and enforce settlement of disputes.

Contact with states

The above discussion pertains to the development of political institutions among
pastoral nomadic groups as a result of internal factors. Pastoral nomads in con-

tact with state societies usually are either encapsulated by state societies or must deal with military aggression on the part of neighboring states. Whether or not nomads are able to meet the challenge of state societies by developing an egalitarian segmentary lineage system depends on some of the variables already discussed: (a) the size of the units they can organize for defense relative to the size of the groups organized by the states they are coping with; (b) the extent to which they are able to use mobility more effectively than states. Those who are able to defend themselves adequately will remain organized as they would in the absence of the states' influence.

Those which are completely encapsulated, as most are today, will assume the form of organization dictated by the state. As societies under the control of a state, they are by definition stratified. Whether that state establishes indirect rule through the agency of some pre-existing indigenous institution, or administers directly through its own agents, is a policy decision which encapsulating states must make. Their decision may be influenced partly by whether or not suitable indigenous institutions exist (Salzman 1974). Whatever decision is made, the result in terms of stratification is the same: they become part of a stratified society. What is variable is whether the hierarchy of offices, to which they are subject, includes institutions which can be considered part of the tribal structure (e.g. tribal chief), or consist purely of non-tribal governmental officials.

Interesting results can occur when the state is able to exert more military force than the nomads can cope with effectively on their own territory, but is unable or unwilling to completely control the nomadic population. Here, states often attempt to strengthen, or create, some political office within the tribal society which they can then control. This opens the way for chiefs who act as intermediaries between the nomadic and sedentary societies, playing the power of each off against the other. The intermediaries, by using the state's force as a sanction against the nomads and the nomad's force as a sanction against the state, often manage to occupy a position that neither the agents of the state nor the nomads would otherwise accept (Irons 1971). Their ability to do this depends on the intermediate balance of power. If the nomads are completely successful with their indigenous institutions in resisting the state, they will not tolerate political stratification anymore than they would in the absence of the state. If the state is completely successful in controlling the nomads, they are ruled by the state on the state's terms as pointed out above. Within an intermediate balance of power, however, stratified institutions which are not completely controlled by either the state or the nomadic population develop (cf. Barth 1961: 129; Irons 1971).

A similar situation can occur when nomads are successful in completely controlling large sedentary populations as has happened historically with certain conquest states. Here the problem of managing a subject sedentary population demands a stratified organization, and the nomad chief with real authority emerges as an intermediary between settled and nomadic society. In such cases, however, nomad chiefs tend to become drawn into the position of purely sedentary rulers rather than successful intermediaries. This usually leads to a break with nomadic society, leaving the nomads to organize in another way (cf. Lattimore 1962: 70–73).

It should be noted that many states which in the past have not controlled neighboring nomadic groups often failed to do so, not because they were unable, but because they were unwilling to do so. Administering any region entails a cost in maintaining the armed forces necessary for control as well as other bureaucratic hierarchies necessary for administration. Many states until recently were willing to pay this cost only if benefits greater than the cost could be gained through taxation, conscription, or control of some important resource such as a trade route. Nomads who were mobile and occupied terrain that is difficult to control militarily (with pre-twentieth century military technology) presented a higher administrative cost than did settled populations. At the same time, the regions they occupied were seldom likely to yield high tax revenues or other sources of income. As a result, many states were unwilling to subdue and control pastoral nomads. They attempted more frequently only to limit raids from nomadic regions into territory they administered.

Conclusion

The above is offered as a hypothesis to be tested. It suggests that in the absence of relatively intensive political interaction with sedentary society, pastoral nomads will be organized into small autonomous groups, or segmentary lineage systems. Chiefly office with real authority will be generated only by interaction with sedentary state-organized society.

In order to test this hypothesis, it will be necessary to show first an association of interaction with sedentary society and political stratification. Second, it will be necessary to demonstrate that the various forms of organization discussed above do serve the functions (for individuals) which have been hypothesized, and that shifts in the proper variables produce the predicted changes in both function and pattern of institutionalized behavior. The best tests of this hypothesis will be provided by examination of either changes in single societies over time, or small-scale synchronic variation within a single group, corresponding to shifts in the variable of interaction with sedentary society (cf. Cunnison 1966: 187–194; Irons 1971; Musil 1928: 316–317).

Note

The paper by Philip Burnham which is published in this volume presents the same hypothesis as this paper. The fact that two anthropologists working independently have developed the same hypothesis is a good indication that it is strongly suggested by the ethnographic literature. The fact that Burnham cites a large number of ethnographic sources which I did not rely on in developing this hypothesis reinforces this conclusion.

William T. Sanders read an earlier draft of this paper and made a number of useful comments. My field research among the Turkmen of Iran and subsequent data analysis has been generously supported by the Ford Foundation and the Social Science Research Council (1965—68), the University of Michigan Center for Near Eastern and North African Studies (1968), the National Science Foundation (1973—1974; 1976—1977), the Ford and Rockefeller Foundations Program for Research on population policy (1974—1975) and the Harry F. Guggenheim Foundation (1976—1977). Without their support I would never have developed the interest in pastoral societies which led to this paper, and I am grateful for their assistance. I am also grateful to the Groupe ecologie et anthropologie des sociétés pastorales and the Centre national de recherche scientifique for supporting my participation in the International symposium on pastoral production and society.

References

Alexander, R.D. 1975. The search for a general theory of behavior, *Behavioral science* 20: 77—100.

Bailey, F.G. 1969. *Stratagems and spoils*. New York: Schocken Books.

Barth, F. 1961. *Nomads of South Persia*. New York: Humanities Press.

1966. Models of social organization, *Royal Anthropological Institute, Occasional paper no 23*. London: Royal Anthropological Institute.

1967. On the study of social change, *American anthropologist* 69: 661—669.

Blau, P.M. 1964. *Exchange and power in social life*. New York: John Wiley and Sons.

Burnham, P. 1978. Spatial mobility and political centralization in pastoral societies, *Actes du colloque international "Production pastorale et société*. The Hague: Mouton.

Carniero, R.L. 1970. A theory of the origin of the state, *Science* 1969: 733—738.

Chagnon, N.A. 1968. *Yanomamo: The fierce people*. New York: Holt, Rinehart and Winston.

1974. *Studying the Yanomamo*. New York: Holt, Rinehart and Winston.

1975. Genealogy, solidarity and relatedness: Limits to local group size and patterns of fissioning in an expanding population, pp. 95—110 in *Yearbook of physical anthropology*. Washington, D.C.: American Association of Physical Anthropologists.

Chagnon, N.A. & W. Irons (eds.). In press. *Evolutionary biology and human social behavior: An anthropological perspective*. North Scituate, Massachusetts: Duxbury Press.

Cunnison, I. 1966. *Baggara Arabs*. Oxford: Clarendon.

Dyson-Hudson, N. 1966. *Karimojong politics*. Oxford: Clarendon.

1970. Structure and infrastructure in primitive society: Lévi-Strauss and Radcliffe-Brown, pp. 218—246 in R. Macksey & E. Donato (eds.), *The structuralist controversy*. Baltimore: The Johns Hopkins Press.

Evans-Pritchard, E.E. 1949. *The Sanussi of Cyrenaica*. Oxford: Clarendon.

Firth, R. 1964. *Essays on social organization and values*, London School of Economics Monographs on social anthropology 28. New York: Humanities Press.

Fortes, M. 1969. *Kinship and the social order*. Chicago: Aldine.

Fried, M. 1967. *The evolution of political society*. New York: Random House.

Goldschmidt, W.R. 1966. *Comparative functionalism: An essay in anthropological theory*. Berkeley: University of California Press.

Gulliver, P.H. 1966. *The family herds*. London: Routledge and Kegan Paul.

Hamilton, W.D. 1964. The genetical theory of social behaviour, I, II, *Journal of theoretical biology* 1: 1—52.

Homans, G.C. 1961. *Social behavior: Its elementary forms*. New York: Harcourt, Brace and World.

Hudson, A. 1964. *Kazak social structure*. New Haven: HRAF.

Irons, W. 1971. Variation in political stratification among the Yomut Turkmen, *Anthropological quarterly* 44: 143—156.

1974. Nomadism as a political adaptation: The case of the Yomut Turkmen, *American ethnologist* 1: 635—658.

1975. *The Yomut Turkmen: A study of social organization among a Central Asian Turkic-speaking population*. Museum of Anthropology, University of Michigan, Anthropological paper 58. Ann Arbor: Museum of Anthropology.

Kapferer, B. (ed.). 1976. *Transaction and meaning*, ASA Essays in social anthropology 1.

Lattimore, O. 1962. *Inner Asian frontiers of China*. Boston: Beacon Press.

Lee, R.B. 1972. Work effort, group structure and land-use in contemporary hunter-gatherers, pp. 177–185 in J. Ucko, R. Tringham & G.W. Dimbleby (eds.), *Man, settlement and urbanism*. London: Gerald Duckworth and Co. Ltd.

Lewis, I.M. 1961. *A pastoral democracy*. London: Oxford University Press.

Musil, A. 1928. *Northern Negd*, American Geographical Society Oriental explorations and studies 5. New York: American Geographical Society.

Pehrson, R.N. 1957. *The bilateral network of social relations in Könkämä Lapp district*, Slavic and East European Series 5. Bloomington, Indiana University Publications.

Peters, E.L. 1960. The proliferation of segments in the lineage of the Bedouin of Cyrenaica, *Journal of the Royal Anthropological Institute* 90: 29–53.

Sahlins, M.D. 1961. The segmentary lineage system: An organization of predatory expansion, *American anthropologist* 63: 322–345.

Salzman, P.C. 1967. Political organization among nomadic people, *Proceedings of the American Philosophical Society* 3: 115–131.

1974. Tribal chiefs as middlemen: The politics of encapsulation in the Middle East, *Anthropological quarterly* 47: 203–209.

Service, E. 1962. *Primitive social organization: An evolutionary perspective*. New York: Random House.

Sweet, L.E. 1965. Camel raiding of North Arabian Bedouin: A mechanism of ecological adaptation, *American anthropologist* 67: 1132–1150.

Webster, D. 1975. Warfare and the evolution of the state: A reconsideration, *American antiquity* 4: 464–470.

Whitaker, I. 1955. *Social relations in a nomadic Lappish community* Samiske Samlinger, Bind II. Oslo: Norsk Folkemuseum.

Wilson, E.O. 1975. *Sociobiology: The new synthesis*. Cambridge: Belnap Press.

Wittfogel, K. 1957. *Oriental despotism*. New Haven: Yale University Press.

23. L'évolution des émirats maures sous l'effet du capitalisme marchand européen

CONSTANT HAMÈS

Can there be state powers among pastoral nomads? Starting from a historical focus on the emergence of four centralized powers — emirates — among Moorish nomadic pastoralists, the article attempts principally to determine the consequences, at the level of the emirates, of the European mercantile penetration in these regions, between the seventeenth and the nineteenth centuries.

Four conclusions emerge from these interrelations that are essentially based on the gum Arabic trade. At the level of power of the emirate, the effect of European commerce was to reinforce the emirs politically and economically; this came about, among other reasons, through the articulation of the flow of European commerce with the internal exchange circuits of Moorish society, which produce and reproduce, by a mechanism of accumulation—redistribution, the social relations of class and of power in the society. But at the same time, the precolonial French power bore down upon this lever of the gum trade to circumvent and reduce the emirate powers to its mercy, creating thereby the very conditions for their destruction. This is especially true as the gum trade, in the hands of the religious aristocracy as far as harvesting and commercialization were concerned, favoured the social and political ascension of that section of the aristocracy and enabled it to supplant, even before colonization, the warrior aristocracy which was the foundation of the emirates. And the very strengthening of the religious aristocracy was made possible by an increase in dependent labour and, consequently, of slavery, of which the religious Marabouts had long made a speciality within the framework of general pastoral production.

Cependant ils n'ont aucune idée de nos arts ni de nos manufactures. Ils m'interrogeaient souvent pour savoir à quel usage nous employions la gomme; mais ils ont toujours cru que je les trompais: ils sont persuadés que nous la transformons en ambre, dont la couleur s'en rapproche un peu, et en autres marchandises de grand prix; que nous ne pouvons nous passer de gomme, et que sans elle nous ne pourrions exister. Il m'a été impossible de les détromper sur ce point; aussi quand il y a quelques discussions aux escales ou marchés, ou qu'on refuse ce qu'ils demandent, ils menacent de ne plus apporter de gomme. R. Caillié (1824)

Introduction

L'inégalité dans les sociétés pastorales

La controverse reste entière sur les possibilités d'une évolution *sui generis* des sociétés nomades vers des édifices politico-économiques centralisés. On a invoqué, à l'encontre de cette évolution, une mobilité spatiale aux implications politiques incompatibles avec l'instauration d'un pouvoir central (Burnham 1975, 1976); on a mis en avant aussi l'incapacité quasi congénitale de ces sociétés à créer de la différence sociale, de la stratification, donc à produire des instances de domination politique en leur sein, toujours pour des raisons de mobilité géographique mais aussi de faible densité de population (Irons, dans ce volume, pp. 361–374). Ces positions en rejoignent d'autres qui font des relations externes avec des sociétés sédentaires la condition indispensable pour déclencher des processus d'inégalité et de centralisation politique. Par contre, d'autres chercheurs s'efforcent d'explorer systématiquement les caractères spécifiques des sociétés pastorales, et surtout leurs capacités de transformation interne, d'évolution vers des systèmes de classes sociales et de centralisation étatique.[1]

Avant d'en venir à notre sujet des formations pastorales du Sahara maure, nous voudrions formuler quelques remarques sur deux ordres de faits auxquels on se réfère généralement lorsqu'on examine les rapports dits externes des sociétés pastorales: les produits agricoles et les échanges commerciaux. Personne ne nie et ne peut nier le besoin, pour les pasteurs, d'être approvisionnés régulièrement en produits agricoles. Que certains groupes d'éleveurs, à certains moments de difficulté écologique ou politique, survivent à partir de la seule production lactée et carnée de leurs troupeaux, n'enlève rien à l'impératif général du recours à des sources d'approvisionnement agricole. Mais, en soi, l'accès aux produits agricoles n'entraîne a priori aucune sorte d'inégalité dans les relations sociales. En réalité, toutes sortes de rapports sociaux peuvent s'engager autour de la satisfaction des besoins agricoles des pasteurs: rapports égalitaires entre pasteurs et agriculteurs périphériques dans le cadre de marchés périodiques (exemple du sud marocain) ou dans le cadre d'échanges et de services complémentaires (pasteurs peuls et agriculteurs soninké); absence de rapports sociaux "externes" par répartition du travail agricole et pastoral entre les mêmes personnes, suivant des cycles saisonniers bien réglés (agro-pasteurs des steppes algériennes); rapports inégalitaires à l'intérieur de la société pastorale même, entre groupes d'agriculteurs et d'éleveurs (Maures, Touaregs); rapports inégalitaires entre pasteurs et agriculteurs de sociétés périphériques indépendantes (relations "tributaires" des Arabes de la péninsule).

On voit bien à travers ces quelques exemples d'organisations sociales satisfaisant un même besoin général que ce n'est pas le besoin qui crée un type déterminé de rapports sociaux, mais bien plutôt que c'est le type même des rapports sociaux propres aux différentes sociétés pastorales et agricoles qui entraîne des modalités spécifiques de satisfaction de ces besoins. C'est le dynamisme social spécifique des sociétés de pasteurs et d'agriculteurs et leur type d'interaction qui expliquent les modes divers d'acquisition de produits agricoles: production directe, extorsion, échanges etc. La production agricole est un problème qu'il faut poser clairement et concrètement pour toute société à base pastorale, mais nous pensons que ce n'est pas cette production, interne ou externe, qui peut être à l'origine du développement d'inégalités sociales; elle peut par contre être le lieu d'expression de contradictions (pouvant aller jusqu'à la guerre) dont les origines sont à chercher dans les rapports de production pastoraux proprement dits, fondement de ce type de société.

Il nous semble qu'il en est à peu près de même pour les échanges marchands qu'entretiennent les sociétés d'éleveurs avec les sociétés voisines. S. Amin (1976: 47—48) insiste beaucoup sur les conséquences du commerce "lointain" dans la transformation des rapports sociaux. Il fait valoir que ce commerce peut, aux mains d'une fraction dirigeante, constituer "l'assise principale de la richesse et de la puissance" de cette fraction qui n'arrive pas, par ailleurs, à extorquer un surplus important dans sa société. Il nous paraît difficile là aussi de mettre les échanges avec l'extérieur à l'origine des rapports inégalitaires dans les sociétés pastorales (ce que S. Amin ne fait d'ailleurs pas). Il est vrai — et notre analyse sur les émirats le confirmera — que le transfert de biens lié au commerce extérieur peut renforcer les assises matérielles et sociales d'une classe dirigeante; mais il paraît invraisemblable qu'il puisse créer cette classe dirigeante. Une classe dirigeante ne peut émerger qu'à travers des processus politiques et sociaux liés à la production et non aux échanges. Ajoutons immédiatement que les échanges ne sont pas neutres dans l'évolution des structures sociales; au contraire, ils peuvent mener eux aussi les contradictions internes à des points d'échauffement tels que des réarrangements politiques et sociaux deviennent inévitables (conflits internes, conquêtes, etc.).

C'est principalement cette question des effets des rapports marchands sur les structures sociales pastorales que nous allons développer, à partir du cas historique des émirats maures. Nous laisserons provisoirement de côté les problèmes de l'origine des inégalités et de la centralisation politique dans cette société, en nous attachant plutôt à saisir les transformations qu'elle a subies au contact de la traite marchande européenne. Ce faisant, nous ne pourrons quand même pas éviter d'aborder la question de savoir si ce ne sont pas justement les rapports marchands Maures—Européens qui auraient fait naître les émirats maures.

Les structures politiques du Sahara maure

Au sein du monde tribal d'éleveurs qui s'est étendu[2] du Sud marocain aux rives du fleuve Sénégal, avec des périodes de dilatation et de rétraction géopolitique, on a vu se succéder des structures politiques et sociales entretenant avec la notion d'Etat des rapports aux formes variées. Rappelons schématiquement les grandes étapes.

Du VIIe au XIe siècle, les nomades du sud-est (Tagânt et Hawd actuels), alors berbérophones, ont très vraisemblablement été intégrés, de façon plus ou moins directe, dans le royaume de Ghâna, présumé à dominante soninké. On ne possède cependant pas d'informations sur leur structure socio-politique ni sur leurs relations politiques et économiques avec le centre du royaume. L'étape suivante est marquée par l'expansion et la conquête, à partir d'une zone pastorale centrale (Adrâr mauritanien), des zones sédentaires périphériques du nord (Maroc et Espagne) et du sud (Ghâna). La confédération des Almoravides, animée par une idéologie islamique réformatrice, s'institue puissance politique dominante d'un large empire (XIe siècle). Avec la chute du pouvoir central almoravide (XIIe siècle) les pasteurs sahariens sont ramenés à des structures politiques tribales morcelées. Puis, à partir du XVe siècle, une stratification sociale nouvelle se met lentement en place et débouche, à partir du XVIIe siècle, sur la constitution de quatre émirats régionaux. Après des relations marchandes sur la côte atlantique et le long du fleuve Sénégal entre puissances européennes et pasteurs maures, la conquête militaire et politique du Sahara est entreprise par la France et les émirats sont défaits (XXe siècle).

Les émirats maures

L'existence de pouvoirs centralisés régionaux est attestée au XVIIe siècle par les représentants français des Compagnies à privilèges qui marchandent la gomme et les esclaves sur la côte atlantique (île d'Arguin au nord, site de Portendick au sud) et surtout dans les escales des bords du Sénégal.

L'émirat de l'Adrâr, dans la région septentrionale du même nom, est fondé et détenu par le lignage agnatique des Ahel Yahia ben Othmân, apparenté aux Brakna Awlâd Abdallah. Trois points importants sont à noter à propos de cet émirat. Il se constitue au début du XVIIIe siècle, après une succession de conflits armés qui opposent des coalitions comprenant d'un côté le noyau des Idéïchelli berbérophones et de l'autre côté des arabophones des groupes Awlâd Abdallah et Awlâd Embârek. Il se situe stratégiquement près des vieilles cités commerçantes de Chinguêti et surtout de Wadân par où s'est effectuée la traite de différentes matières premières (gomme, or, esclaves, ivoire, etc.) en direction de l'île et du comptoir d'Arguin, exploité commercialement par les Portugais dès le XVe siècle. L'émirat est implanté au milieu d'un certain nombre d'agglomérations, de centres de culture et aussi d'extraction de sel (sebkha d'Ijjil) détenus par l'aristocratie religieuse maraboutique. L'activité pastorale chamelière y est prédominante.

L'émirat du Trârza est issu du lignage des Awlâd Dâmân et se forme tôt dans le XVIIe siècle. Sa localisation dans le "coin" sud-ouest de la Mauritanie (appelé *guibla*) lui permet de contrôler le comptoir atlantique de Portendick où les puissances marchandes européennes se combattront longuement pour l'accès à la gomme arabique dont les Trârza détiennent une part importante; ceux-ci contrôlent en même temps la rive droite de l'embouchure du Sénégal — et parfois la rive gauche, mordant sur le royaume du Wâlo — où se créent les premières escales de traite de la gomme. Cet émirat se constitue lui aussi à travers une longue série de luttes intestines mettant aux prises des aristocrates hassan et zwâya et, plus largement, l'ensemble des unités politiques de la guibla et du Wâlo (guerres de Char Boubba et du Toubnan à la fin du XVIIe siècle). A cause de cette situation géopolitique, l'émirat du Trârza a été le plus exposé aux coups diplomatiques et militaires de la pénétration européenne, en particulier à partir du début du XIXe siècle où les premiers gouverneurs français s'installent à Saint-Louis-du-Sénégal, prenant la relève des Compagnies marchandes royales. Enfin, à côté de la production et de la commercialisation de la gomme, à côté aussi d'une petite production de sel (Awlîl), les populations de l'émirat vivent essentiellement de l'élevage (importance des bovins) et, à un degré moindre, le long du fleuve, d'une agriculture "interne". Il faut aussi considérer l'importance des relations, tantôt pacifiques, tantôt violentes, des Trârza avec le royaume wolof du Wâlo, objet de la convoitise expansionniste des émirs, à la fois pour ses pâturages et sa gomme.

L'émirat du Brakna est le voisin oriental du Trârza, et les relations entre les deux émirats sont parsemées de luttes. Le lignage émiral est celui des Awlâd Abdallah, déjà évoqué à propos de l'Adrâr. Ici encore, les premiers émirs s'imposent à la suite de la guerre régionale de Char Boubba et d'interventions armées dans l'Adrâr (XVIIe siècle). Les relations marchandes avec les traitants

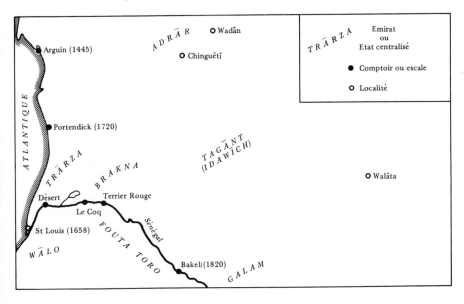

français de la gomme sont très importantes et les Brakna contrôlent des escales de traite sur le fleuve. Ils interviennent de façon constante dans les affaires du Fouta Toro voisin; par ce biais ils s'assurent le contrôle indirect de la moyenne vallée du fleuve et l'accès au mil dont les Toucouleurs sont grands producteurs.

L'émirat du Tagânt ou des Idawîch s'individualise plus tardivement (début du XVIIIe siècle), à peu près à la même époque que celui de l'Adrâr, au détriment de la puissance des Awlâd Embârek, après toute une série de conflits. Géopolitiquement, l'émirat succède aux différents pouvoirs (Ghâna, Almoravides du sud, pouvoirs provinciaux du Mali et du Songhay) qui ont longtemps contrôlé la route de l'or entre le Maroc et l'ancien Soudan. Les Idawîch participent aussi activement à la production et à la traite de la gomme, en s'assurant un débouché sur le fleuve, à l'escale de Bakel (1820), en plein pays soninké. En fait, à partir de ce moment, ils monopolisent la traite sur la très longue portion du fleuve à l'est de Kaëdi.

L'étude de la formation des émirats maures, de leur type de centralisation politique, de leur évolution, pose deux grands groupes de questions.

Conflits d'origine et origine des conflits

Le premier ensemble de questions est celui qui a trait à la composition des groupes en présence et à la nature des divers conflits qui ont présidé à l'émergence des émirats. L'ensemble de la littérature qui traite de l'origine des structures sociales maures accrédite une thèse unique: des pasteurs arabes venant du sud marocain auraient envahi les territoires ouest-sahariens à partir du XVe siècle et auraient imposé leur pouvoir, après toute une série de conflits, aux autochtones berbères. Les vainqueurs auraient concrétisé leur domination politique en instaurant des émirats et auraient fait subir plus ou moins lourdement le tribut aux vaincus. Il faut dire que cette version de l'origine de la stratification sociale maure et des émirats puise le plus souvent ses matériaux dans l'histoire du sud-ouest mauritanien, de la guibla, siège de la guerre de Char Boubba (Marty 1919: 37–62, 1921: 17–19; Désiré-Vuillemin 1971; Hamet 1911: 164–242). En parlant de cette guerre, C. Stewart (1971) la qualifie très heureusement de "mythe de fondation" de la société. C'est en tout cas une explication fondée à la fois sur la conquête militaire et sur le caractère ethniquement étranger des envahisseurs.

Une seule exception jusqu'à ce jour à l'unanimité de cette thèse: l'interprétation récente de Boubakar Barry (1971).[3] Réfléchissant sur l'importance des circuits commerciaux entre l'Afrique noire et les pays de la Méditerranée occidentale, il estime que les conflits et les guerres qui ont mis aux prises les populations maures à la fin du XVIIe siècle sont des conflits internes entre des groupes qui contrôlent traditionnellement le trafic caravanier transsaharien (les "marabouts") et des groupes (les "guerriers") qui essaient de substituer à cette route terrestre la route maritime atlantique en traitant avec les Européens maîtres de cette dernière. Ce serait la lutte entre "la caravelle et la caravane" qui expliquerait la lutte entre "guerriers" et "marabouts". Contrairement à la précédente, cette thèse évacue le thème de la conquête militaire et du conflit ethnico-racial, en mettant l'accent sur une rivalité interne à l'aristocratie politique du pays.

Cette nouvelle interprétation donne une cohérence certaine non seulement à l'histoire maure, mais aussi à celle des Etats négro-africains riverains du Sénégal (Wâlo, Cayor, Dyolof, Fouta Toro, Galam). En effet, les conflits signalés dans l'ensemble des régions maures et particulièrement dans le Trârza et le Brakna, à la fin du XVIIe siècle, ont également affecté le bassin du Sénégal où des pouvoirs centralisés en place ont été renversés et remplacés momentanément par un personnel maraboutique se réclamant d'un réformisme islamique puritain (guerre du Toubnan). Or, au-delà de l'idéologie d'un retour à un islam purifié, on constate que, concrètement, le mouvement maraboutique a atteint un tout autre objectif: il a stoppé tout commerce entre Européens et Africains. Et ceci au moment précis où les chefferies des différents Etats maures et sénégalais (les "guerriers") ouvrent assez profondément leurs territoires à la traite européenne. Les accords de traite ont détourné le commerce intérieur nord-sud et l'ont rabattu d'est en ouest vers la côte, vers Saint-Louis-du-Sénégal, Portendick, Arguin, qui sont contrôlés par les Compagnies européennes. La réaction des groupes maraboutiques impliqués dans le commerce intérieur n'a pas tardé et a pris la forme d'une campagne religieuse armée. Le coup d'arrêt porté alors aux tractations commerciales avec les Européens indique suffisamment la nature des intérêts des groupes sociaux en présence. En témoigne clairement la conclusion du récit fait par Chambonneau, Administrateur de la Compagnie du Sénégal (1675–1677), dans un rapport à la direction métropolitaine de sa Compagnie:

Enfin c'est une chose a souhaitter [la fin du règne des marabouts] pour votre commerce, Messieurs, et pour les Nègres, ils vivront plus en paix. Serons mieux gouvernez et deffendus par des Roys que des Marabous. La traite de cuirs, gomme, morfil, or, ambregrise, mil, bestiail et autres choses en sera meilleures parceque les Roys nous frequentent pour nos marchandises et les grands Marabous au contraire font gloire de nous fuir pour monstrer a leur Peuples qu'-ils sont retirés des biens du monde, que ce n'est que de zele du Service de Dieu et de sa Loy qui les menne, outre qu'ils nous mesprizent beaucoup a cause de la difference de nostre Relligion avec leur superstition, faisent accroire au peuple que nous ne traitons des captifs que pour les menger; depuis qu'ils sont Maistres du pays jusqu'a présent il n'en est pas entré un dans nos barques, sans les grands il est impossible que nous fassions grande traite pour touts choses. (Ritchie 1968: 352)

Il est difficile, pour le bassin du Sénégal, d'interpréter de tels affrontements en termes d'opposition entre des envahisseurs arabes et des autochtones berbères. Pourtant ils sont inséparables de ce qui s'est passé dans les régions maures au même moment. Les faits montrent bien d'ailleurs que les alliances entre les chefs guerriers du Trârza et du Brakna et les chefs politiques de la rive gauche du fleuve contre le mouvement maraboutique sont une figure centrale du conflit. Le détail de la composition des différentes coalitions maures elles-mêmes fait apparaître un enchevêtrement d'unités tribales où on chercherait vainement une ligne de partage "arabe–berbère" (Marty 1919: 37–62, 1921: 17–19;

Désiré-Vuillemin 1971; Hamet 1911: 164—242). La complexité la plus grande des alliances est atteinte dans la guibla où, par exemple, les guerriers hassan Awlâd Rizg combattent aux côtés des groupes maraboutiques Awlâd Dîmân et Tachomcha. Il ressort de tout ceci que l'explication des antagonismes par l'origine ethnique arabe ou berbère des protagonistes est essentiellement une explication idéologique "plaquée" qui a été développée bien plus tard par les auteurs coloniaux. Ces derniers, en posant les équivalences "marabouts = Berbères" et "guerriers = Arabes", ont réinterprété l'histoire pour la rendre compatible avec la conquête militaire française de la Mauritanie. La conquête a en effet été justifiée, du côté français, par la nécessité de secourir les tribus "berbères" pacifiques opprimées par les pillards "arabes". P. Marty, à côté de la valeur documentaire considérable de son oeuvre, a été l'un des plus fervents propagateurs de cette explication raciale des conflits dans la société maure. Il a développé inlassablement la théorie de l'antagonisme entre tribus "berbères" et "arabes", avec une partialité de jugement constante en faveur des "Berbères". Voici ce qu'il écrit à propos de l'issue des confrontations dont on vient de parler.[4]

Cet effacement des Berbères paraît tout à fait regrettable. S'ils avaient voulu résister fermement aux envahisseurs, leur nombre et leurs richesses leur permettaient facilement de dompter ces quelques pillards et de les rejeter au loin ou de les assimiler. La civilisation berbère, pratique et progressiste, valait bien les coutumes arabes, négatives ou oppressives, issues d'un nomadisme invétéré, impropre à toute évolution sérieuse. (Marty 1919: 23, 1921: 8.)

Il est *a contrario* éclairant de voir que les écrits français antérieurs à la colonisation parlent toujours de catégories sociales (marabouts, princes, rois, tributaires, esclaves, etc.) et jamais d'Arabes ni de Berbères. Nul doute non plus que cette idéologie colonialiste ne doive beaucoup, dans son inspiration, à la colonisation française de l'Algérie.

Il nous semble donc en définitive que le clivage qui a prévalu idéologiquement lors des affrontements du XVIIe siècle est bien celui de groupes ou de coalitions se réclamant de l'islam ou de l'arabité. On pourrait même avancer que cette distinction entre marabouts et guerriers s'est consolidée durant cette période, en tant que justification idéologique de la cause défendue par chacun des partis, masquant de cette façon les intérêts matériels et politiques sousjacents, cause profonde du conflit. Cette mise au point rapide sur les groupes sociaux dominants en présence au moment de l'émergence des émirats était nécessaire pour aborder avec plus de clarté le deuxième groupe de questions relatives aux émirats.

Le capitalisme marchand européen

Ces questions tournent, à notre avis, autour du rôle joué par les relations marchandes avec les Européens dans l'évolution sociale et politique des émirats. On vient de voir que la concurrence entre le commerce saharo-soudanais et atlantique a été l'occasion de confrontations armées dans toute une partie de l'Afrique occidentale. L'installation, à la tête de la société maure, d'une double aristocratie, guerrière et maraboutique, ne trouve sans doute pas son origine dans ces conflits pour l'accaparement des voies commerciales, mais elle en sort avec un degré d'institutionnalisation plus grand qui se traduit notamment par les édifices politiques émiraux. Il faut ajouter que les contradictions entre guerriers et marabouts, ou du moins entre les groupes qui sont en train de se définir comme tels, ont également d'autres sources que la volonté de monopoliser le commerce. La lutte pour le pouvoir politique est au centre des enjeux, et cela signifie surtout, dans une société essentiellement pastorale, la lutte pour le contrôle politique et économique de la production pastorale ; en d'autres termes, l'aristocratie s'entre-déchire pour la domination et l'exploitation des groupes sociaux directement engagés dans le travail pastoral. A partir de là, on peut avancer l'hypothèse que l'émergence des émirats, avec l'intégration et les rapports nouveaux entre composantes guerrières et maraboutiques qu'elle implique, est l'expression historique de la résolution (provisoire) des contradictions qu'on vient de signaler. Les émirats permettent de réaliser un nouvel équilibre précaire entre les deux fractions de l'aristocratie, et cet équilibre se fonde sur un consensus nouveau dans la division du travail entre classe politique dominante et classes tributaires dominées. Cet équilibrage, d'un niveau politique supérieur au précédent, va avoir des effets dans la sphère de la production et de la commercialisation marchandes. La caravelle l'ayant progressivement — mais non définitivement — emporté sur la caravane, l'essentiel des rapports marchands va se trouver concentré sur la traite de la gomme avec les Européens. Et, à cette occasion, l'instance politique des émirats va s'autonomiser par rapport à la base productive et marchande. Mais avant d'entrer dans l'analyse des émirats face à la traite de la gomme, il convient de resituer historiquement les relations du capitalisme marchand européen avec le Sahara maure.

Arguin est occupé par les Portugais en 1445 et devient un centre d'échanges important. L'or, l'ivoire, les cuirs, les esclaves, mais aussi déjà la gomme sont échangés contre des céréales, des étoffes, des tissus, des couvertures (Ricard 1930 : 108). Le relais est pris par les Espagnols en 1530 puis, après une période d'abandon, par les Hollandais qui, à partir de 1638, exportent toujours des esclaves et de la gomme. En 1665, on y trouve les Anglais, puis l'année suivante à nouveau les Hollandais, jusqu'à ce que les Français s'y établissent pour une dizaine d'années à partir de 1678. Nouvelle occupation hollandaise en 1687—1688, française en 1721 (Revol 1937), hollandaise en 1722, française en 1724 (Delcourt 1952). Le fort est finalement rasé et abandonné en 1728, l'objectif des Français étant de concentrer toutes les transactions sur la gomme dans les escales du fleuve, à l'abri des marines agressives des Hollandais et des Anglais.

Portendick est créé par les Hollandais vers 1720—1721 ; ils en font un fort et un comptoir d'échange de la gomme.[5] Comme pour Arguin, un chassé-croisé s'engage entre Hollandais et Français d'abord (1720—1727), entre Français et

Anglais ensuite (1727–1740). L'enjeu de la rivalité entre puissances européennes est le monopole de la gomme dont l'usage est essentiel dans l'industrie textile naissante. A Portendick, le meneur de jeu du côté maure est l'émir du Trârza (Delcourt 1952). Le comptoir fortifié est bientôt sabordé lui aussi, comme celui d'Arguin et pour les mêmes raisons.

Saint-Louis-du-Sénégal est créé en 1658–1639, en tant que fort et entrepôt de marchandises. A partir de cette base, les Français vont pénétrer de plus en plus profondément à l'intérieur des terres en suivant le Sénégal et en instaurant des escales ou lieux d'échanges de la gomme et d'autres produits; des places fortifiées occupées de façon permanente vont progressivement s'échelonner le long du fleuve. A deux reprises, de 1758 à 1783, puis de 1809 à 1817, "l'état français" du Sénégal est occupé par les Anglais. Mais, avec l'arrivée des premiers gouverneurs français et notamment de Faidherbe, la politique française va s'orienter vers l'intervention militaire et, en 1855, Faidherbe conquiert le Sénégal. L'immixtion de plus en plus grande de l'administration coloniale dans les affaires politiques de la rive droite, les conflits fréquents avec les émirats et la volonté de prendre possession des centres de production de la gomme aboutissent logiquement à l'occupation "pacifique" (Coppolani, 1900–1905), puis massivement militaire (Gouraud, 1908), de la Mauritanie.

La traite de la gomme et les transformations sociales des émirats

Si, d'une façon quelque peu artificielle, on s'attache à la rive droite du Sénégal, à la partie maure des courants d'échange débutés au XVIIe siècle et poursuivis jusqu'à la conquête, on voit que la matière première recherchée par le capitalisme marchand et manufacturier européen est la gomme. Sans doute d'autres produits ont fait l'objet de transactions: l'or, l'ivoire ("morphil", de l'arabe *fīl*, "éléphant"), l'ambre et surtout les cuirs. Mais ces produits n'ont représenté qu'une faible part dans l'ensemble des échanges. Certes, la concession saint-louisienne des différentes Compagnies à monopole et de l'administration coloniale a aussi été obligée de négocier des produits vivriers et de la viande sur pied pour l'entretien de son personnel et de ses cargaisons d'esclaves. La traite négrière, par ailleurs si importante pour Saint-Louis, n'intervient elle aussi que faiblement dans le trafic avec les Maures; ces derniers n'ont pratiquement jamais été sujets de traite eux-mêmes, et ils se sont montrés plutôt enclins à importer des esclaves qu'à en vendre aux Européens.[6]

Priorité, donc, de la gomme. L'Europe et en particulier la Hollande, l'Allemagne, l'Angleterre et la France sont vivement intéressés par cette denrée qui intervient de façon essentielle dans la teinture et l'apprêt des tissus. Et on sait l'importance stratégique de l'industrie textile dans les premiers stades de développement du capitalisme industriel (Bairoch 1971: 48–49; 63–68). La course à la gomme s'est étalée sur plus de deux siècles, entraînant des rivalités aiguës entre nations européennes. Vers 1880, la concurrence de la gomme du

Kordofan (Soudan de Khartoum) entre les mains des Anglais fait chuter la valeur de la gomme maure, mais l'échec des Anglais face au Mahdî (1882—1883) relance "le prix de cette denrée de façon fabuleuse" au dire de Faidherbe (1889: 36). L'épisode franco-anglais de Fachoda (1898) se situe, à notre avis, dans ce contexte de lutte impérialiste pour le monopole de la gomme.

Dans le Sahel maure, la plupart des arbustes donnent de la gomme, mais la gomme commerciale (gomme arabique lévogyre) provient de l'acacia vârek (Acacia senegal). La gomme est recueillie sous forme de boules d'exsudation.[7] Etant donné que l'acacia vârek ne pousse que dans des régions où la pluviométrie dépasse 200 mm, on le trouve en abondance sur la rive droite du fleuve (Trârza, Brakna, Assaba) ainsi que, plus faiblement, dans le Wâlo. Dans les textes des XVIIe et XVIIIe siècles, on trouve fréquemment l'expression impropre de "forêts" de gommiers: forêt du Sahel, exploitée par les Trârza; forêt de Lebiâr, exploitée par les Idawelhajj; forêt d'Alfatak, exploitée par les Brakna. Les émirats engagés dans la traite de la gomme ont surtout été, dès le départ, au XVIIe siècle, les Trârza et les Brakna, puis, vers le début du XIXe siècle, les Idawîch du Tagânt. Il s'agit maintenant d'examiner les conséquences de ce commerce sur les structures sociales des émirats. Elles sont principalement au nombre de quatre: renforcement du pouvoir émiral et simultanément déstabilisation de ce pouvoir; ascension des classes maraboutiques qui contrôlent la production de la gomme et regain de la tendance à l'exploitation esclavagiste.

Renforcement de la fonction émirale

La fonction émirale est dévolue héréditairement à l'intérieur d'un lignage agnatique. Mais cette dévolution, qui semble avoir eu comme règle la prééminence du segment aîné, ne s'est pas toujours faite sans contestation ni concurrence. En particulier, les risques de compétition et de conflits sont grands dans pareil système lorsque le prétendant est mineur et que la "régence" des oncles paternels tend à se prolonger. C'est ce que Caillié a bien observé au Brakna, tout en prenant pour la règle ce qui n'était qu'une entorse à cette règle:

La couronne n'est héréditaire qu'autant que le roi laisse en mourant un fils majeur: s'il meurt sans enfans, ou même s'il ne laisse que des fils mineurs, la couronne revient à son frère, qui la conserve jusqu'à sa mort; alors, s'il y a eu des fils mineurs du roi précédent, l'aîné rentre dans ses droits, et reprend la couronne de son père. (Caillié 1965: 145)

C'est dans ces conditions que, dans les trois émirats du sud et de l'est, la branche cadette s'est approprié ou a tenté de s'approprier le pouvoir, à l'occasion de la minorité du prétendant de la branche aînée. C'est le cas, pour le Trârza, d'Amar qui confisque l'émirat à son neveu Mhammed, entre 1800 et 1827 et qui laisse le pouvoir à son fils cadet, Mohammed dit El Habîb, l'adversaire de Faidherbe. Au Brakna, Mohammed ould Mokhtâr ravit le pouvoir à son cousin Mohammed ould Ahmeïâda et le transmet à sa branche, les Awlâd Siyyid (1776). Au Tagânt, Al Moukhtâr tente de ravir l'émirat à son neveu Swéid Ahmed (1822), mais, malgré la scission du lignage en deux segments rivaux (Chrattit et Abakak), le pouvoir émiral restera entre les mains des Ahel Swéid Ahmed. Une autre occasion de litige peut survenir lorsqu'il y a des aînés de mariages successifs, c'est-à-dire des demi-frères, qui briguent la succession du père. C'est le cas, chez les Trârza, des fils issus des trois mariages de Mohammed El Habîb : Sîdî Mboïrîka, Alî Diombot et Ahmed Saloûm.

D'un autre çôté, les attributions du pouvoir émiral ne sont guère institution-nalisées. Elles sont à conquérir, à conserver ou à développer à chaque nomi-nation, face aux pouvoirs de fait des parents proches et face au caractère mou-vant des allégeances tribales envers l'émir et son lignage. On serait tenté parfois de parler d'autorité émirale plutôt que de pouvoir émiral, pour souligner la large zone d'indétermination politique à l'intérieur de laquelle chaque préten-dant essaie de s'imposer. Stewart (1971) n'a pas tout à fait tort lorsqu'il indique que "amirs did not rise above their positions as *primus inter pares* within their hassani coalition", mais les conclusions schématiques qu'il en tire — le carac-tère artificiel des émirats — sollicitent un peu trop la réalité sociologique et his-torique pour qu'on le suive sur ce terrain.

Tout ceci pour montrer un des aspects — et non le seul — de la fragilité institutionnelle des émirats. Mais cette fragilité renvoie immédiatement aux moyens matériels dont dispose l'émir pour assurer son pouvoir. Quelles sont les sources de revenus des émirats, sachant que de leur volume, qualité et régu-larité dépendent les liens d'allégeance et d'alliance sur lesquels compter?

En plus des ressources du lignage guerrier émiral, communes, de par leur nature, aux ressources de tous les autres lignages guerriers (tribus divers), l'émir a des revenus spécifiques qui sont des taxes (sur le sel, par exemple, au Trârza) et des amendes (*tiwanîn*). Mais peut-on considérer que ces revenus sont suscep-tibles de jouer un rôle décisif dans l'édification d'un pouvoir central suffisam-ment autonome et affirmé? La question se pose, mais reste en grande partie théorique à cause des interférences françaises précoces dans les affaires émirales.

Ces ingérences, justement, vont avoir des répercussions politico-économiques sur la fonction émirale. Si un certain nombre de traités, surtout au début, por-tant sur la traite de la gomme, sont conclus avec des chefs tribaux divers, pro-gressivement les traités importants deviennent une exclusivité des émirs. En fait, les représentants français cherchent à conforter l'autorité émirale de sorte qu'un contrôle de police effectif soit assuré tout au long du processus de production et de commercialisation de la gomme. Faire acheminer la gomme aux escales de traite et assurer la sécurité des traitants, tels sont les services que les marchands attendent d'un pouvoir central. De plus, réduire le nombre d'interlocuteurs revient à réduire le nombre des prestations et des droits à acquitter. En effet, les traités garantissent aux émirs des rentrées régulières de marchandises appelées "coutumes" dont ils pourront disposer directement et personnellement. R. Caillié (1965 : 145) écrit : "Hamet-Dou [Ahmedou] est reconnu roi par le gouvernement français; c'est à lui que l'on paie les coutumes pour favoriser la traite de la gomme". Ce qui veut bien dire soutien de la fonction émirale par sa reconnaissance politique et soutien aussi par le mécanisme économique des coutumes.

Les premières indications comptables sur la traite nous sont fournies pour l'année 1724 et pour la seule escale dite du Désert, où commercent les marabouts Idawelhajj. Les coutumes et présents sont payés aux marabouts, au Brak du Wâlo, au "Siratique" [Satigi] du Fouta et à l'émir du Trârza Alichandoura; ce dernier commerce surtout à cette époque à Portendick, avec les Hollandais et les Anglais, exploitant avec habileté les rivalités européennes. Parmi les produits des coutumes, on relève notamment: un fusil léger, de l'ambre, de la cornaline, des chaudières, du drap, de l'eau de vie, des barres de fer, des miroirs, des peignes, de la poudre à canon, du plomb en balles, de la laine filée, des rames de papier et surtout beaucoup de "toile bleüe" (Delcourt 1952: 382– 387). A raison de plusieurs escales sur le fleuve et au rythme d'une traite annuelle pendant deux siècles, on imagine, compte tenu de l'échelle de la production pastorale, l'impact socio-économique de ce flux de marchandises. D'autant que, par la suite, comme on l'a dit, les coutumes iront dans leur grande majorité aux seuls émirs. On trouve la plus grande partie des traités conclus avec eux dans les ouvrages de P. Marty (1919: 376–382, 1921: 352–356). Voyons deux exemples d'une époque postérieure. L'article II du traité du 26 mai 1785 avec Alî El Koûri, "roi des Trarzas" (le texte arabe porte *amîr et-trârza*), stipule:

Toutes les fois que la Compagnie fera la traite de la gomme dans le pays d'Aly Koury, le Sieur Durand s'oblige pour elle de lui payer annuellement, à l'époque de la traite, la coutume suivante:
Au Roi Aly Koury: 200 pièces de guinée, 2 fusils à 2 coups, 30 coudées d'écarlate, 1 pièce de mousseline, 10 miroirs, 10 peignes, 10 ciseaux, 10 cadenas, 10 tabatières, 10 jambettes, 10 pièces de platille, 10 barres de verroterie, 10 filières d'ambre, 10 filières de corail, 100 livres de poudre, 1.000 pierres, 1 bahut, 1.000 balles, 30 bouteilles de mélasse, 2 pains de sucre, 2 bâtons de tente. Pour ses soupers: 2 pièces de guinée par semaine.

Suit une liste des principaux lignages guerriers émiraux et une longue liste de notables trârza à qui sont également offerts des présents, surtout de la guinée, des fusils et de la poudre. Le 10 mai de la même année, un traité analogue avait été signé avec "le roi Hamet-Moctard" (le texte arabe indique "Mohammed Moukhtâr, toi seul sultan brakna", ce qui ne surprend pas lorsqu'on sait qu'il vient de ravir le pouvoir à la branche aînée). L'article 10 précise la coutume annuelle à verser à l'émir:

400 pièces de guinée, 100 fusils fins à un coup, 200 barils de poudre de 2 livres, 100 pièces de platille, 100 miroirs de traite, 200 paires de pistolets à un coup, 80 barres de fer de 8 pieds, 1.000 balles, 3.000 pierres à feu, 120 mains de papier, 150 tabatières pleines de girofle, 150 cadenas, 150 peignes de buis, 150 paires de ciseaux, 150 jambettes, 2 pièces de mousseline, 1 pièce d'écarlate, 50 piastres en argent, 1 filière d'ambre no 2, 1 filière de corail no 2, 2 fusils fins à 2 coups, 1 chaudron de cuivre, 1 moustiquaire, 1 matelas de crin, 1 pièce de guinée tous les 8 kantars-mesure [de gomme] et conduits à bord. De plus, on lui payera pour des soupers, pendant la traite, 2 pièces de guinée tous les huit jours. 100 pintes de mélasse une fois payées. 10 pains de sucre une fois payés.

Suit une liste de présents pour le frère, les soeurs, la femme et le ministre (*wazîr*) du "sultan".

Ces deux exemples illustrent fort bien, d'une part, l'importance des biens marchands injectés dans la société maure et, d'autre part, l'impact de ces échanges sur la position émirale. En effet, le traité avec Ali El Kouri, émir trârza, ne privilégie que très peu l'émir et "arrose" par contre abondamment toutes sortes de notables et de lignages trârza, ce qui peut être interprété comme la volonté de diminuer la prééminence de l'émir ou comme le reflet de son peu de pouvoir réel. Les détails historiques montrent que c'est plutôt la première hypothèse qui est la bonne. Inversement, le traité avec Mohammed Mokhtâr, émir des Brakna, révèle la volonté de concentrer toutes les marchandises entre les mains émirales et de consolider ainsi le pouvoir de cet émir "usurpateur" dont le père, Mokhtâr, avait commercé et traité la gomme de façon suivie et libérale avec la concession française de Saint-Louis. De façon fort juste, A. Delcourt écrit: "On peut donc dire que dans une certaine mesure, en soutenant Mokhtâr, Pierre David (Directeur de la concession) a été l'un des principaux artisans du changement qui survint à la tête de cette 'nation' maure en 1766, changement que le long règne de Mohammed ould Mokhtâr, qui ne mourut qu'en 1800, permit de consolider." (Delcourt 1974: 246)

La consolidation du pouvoir émiral à partir de la monopolisation des coutumes se fait à travers un mécanisme socio-économique central dans le fonctionnement de la société maure, celui de la circulation des biens.[8] D'un certain point de vue, la société maure se construit et se reconstruit perpétuellement à travers un gigantesque et incessant mouvement de biens. Les échanges internes sont la pierre de touche des rapports sociaux qui n'existent pas en dehors de leur concrétisation par ces échanges. Ces échanges sont foncièrement inégaux et la dynamique de leur circulation inégale crée des pôles d'accumulation qui se trouvent dans les chefferies aristocratiques: grands chefs religieux ou guerriers. Ce drainage de biens, essentiellement des produits bruts ou transformés de l'élevage ou de l'agriculture, ne débouche pas sur une accumulation de rétention, de capitalisation; au contraire, la concentration de biens aux mains de quelques-uns n'est qu'un moment d'un processus de redistribution, puisque ces mêmes biens sont immédiatement remis dans le circuit sous des formes diverses et viennent sceller un ensemble de rapports sociaux nécessaires à la reconduction des pouvoirs des chefferies. C'est pourquoi on est en présence de bien autre chose que d'une circulation de biens à seule valeur d'usage, s'agissant par ailleurs de circuits non marchands. On est en présence véritablement d'une accumulation redistributive, qui fonde les rapports sociaux. D'où le poids énorme, pour la consolidation de la fonction émirale, de la manne de produits issue de la traite de la gomme. Poids dont la valeur sociologique n'a pas dû être soupçonnée par les Français. Car ces produits aux mains de l'émir ne servent ni à "acheter" des collaborations, au sens mercantile du terme, ni à rehausser le statut émiral par une générosité prestigieuse, mais ils servent à créer et à renouveler les rapports sociaux qui définissent le pouvoir émiral. Nul doute que, dans ce cadre, le surplus provenant des coutumes ait multiplié la force sociale et politique que l'émir tirait du système interne d'accaparement de biens. Mais en même temps, ce surplus concentré à la tête de l'émirat va introduire des contradictions secondaires dans le système politique, au niveau lignager. Virtuellement, il va aiguiser les tendances latentes de la concurrence lignagère pour le pouvoir et renforcer en fait l'instabilité du pouvoir signalée plus haut. Cette instabilité a en effet des racines internes liées aux failles structurelles de dévolution du pouvoir émiral. Cependant, le fait décisif dans cette instabilité successorale qui va s'installer à partir du milieu du XIXe siècle est le facteur externe de l'intervention de plus en plus prononcée de l'administration française de Saint-Louis dans les affaires politiques des émirats. Et sur ce point, l'histoire s'inscrit en faux contre la thèse de Stewart (1971). Celui-ci pense que les activités commerciales et politiques françaises, entre 1846 et 1876, n'ont pas eu d'effet réel sur la politique interne de la guibla et n'ont pas influencé notablement la succession émirale; au contraire, dit-il, elles ont eu pour effet de stabiliser et de régulariser les successions à l'intérieur des familles qui détenaient le pouvoir au milieu du XIXe siècle.

Déstabilisation du pouvoir émiral

Ecoutons Faidherbe, gouverneur de Saint-Louis, réputé pour ses immixtions diplomatiques et militaires dans les Etats du fleuve:

Si nous prenons les Trarza, nous trouvons que le prince Amar ould Mokhtar régent pour les deux jeunes fils du roi Eli-Kouri, usurpe le pouvoir à leur détriment dans les premières années de ce siècle. Son fils aîné, Brahim Ouali, ayant assassiné Ahmed Fal, prince de la famille royale, son cousin, et ayant été tué lui-même par le frère de celui-ci, ce fut le second fils d'Amar ould Mokhtar, nommé Mohammed el-Habib, qui succéda à son père en 1828. Il livra en 1830 au gouverneur du Sénégal l'héritier légitime survivant des Trarza, Mokhtar, que l'on fusilla à Saint-Louis, parce qu'il avait assassiné un traitant dans le fleuve. Mohammed el-Habib fit ensuite tuer son propre frère, Ould el-Eygat, dont il craignait l'influence. Il fut assassiné lui-même, en 1860, par ses neveux, mécontents du traité qu'il venait de signer avec nous et qui leur était désavantageux.

Chez les Brakna, le roi Ahmedou mourut en 1841, pour avoir bu, par erreur dit-on, du lait empoisonné que sa femme aurait destiné à son cousin, Mohammed Séidi, dont l'influence lui causait des inquiétudes. Son fils Sidi Eli ne règne aujourd'hui, après des troubles prolongés, que parce que, le 13 décembre 1858, il a assassiné d'un coup de fusil à bout portant, après une feinte réconciliation, son compétiteur et cousin Mohammed Séidi. (Faidherbe 1889: 37–38, 156)

Selon Faidherbe, ces conflits politiques émiraux ne seraient que l'expression d'une cruauté particulière de tempérament. Or, il nous indique lui-même, plus loin, que les divisions intestines des émirats étaient voulues et entretenues par sa politique. A propos des mêmes candidats brakna à l'émirat, Sidi Eli et Mohammed-Sidi, il écrit: "Le 10 juin suivant (1858), Mohammed-Sidi, roi d'une partie des Brakna, signait un traité de paix analogue passé avec sa nation, et son compétiteur, Sidi-Eli, signait de son côté un double du même traité, pour le cas où il l'emporterait sur son rival, ce que nous désirions." En ce qui concerne les "troubles prolongés" sur lesquels Faidherbe se tait pudiquement, Marty (1921: 54) rapporte que l'émir brakna Mokhtâr Sidi (1841—1843) "qui avait donné l'ordre de couper les routes et d'intercepter les caravanes de gomme", qui "avait soulevé la haine d'un certain nombre de traitants en dénonçant à Saint-Louis ceux qui faisaient la traite clandestine de la gomme et même en en poursuivant quelques-uns devant les tribunaux", "fut dès lors envoyé au Gabon que nous venions d'occuper l'année précédente et interné au fort d'Aumale". Marty (1919: 100) explique aussi l'affaire de l'émir trârza Amar ould Mokhtâr et le rôle joué par le gouverneur Schmaltz, un des prédécesseurs de Faidherbe: "Le colonel Schmaltz . . . prit donc l'initiative de réunir en un faisceau les forces des Braks et princes Ouolofs et celles du prétendant Mhammed ould Ali Kouri, toujours désireux de revêtir la culotte blanche [de l'émirat]. Il les appuya de ses fonds et d'envois d'armes et de munitions." Objectivement, à partir de Faidherbe, on voit apparaître chez les Trârza une rotation rapide des émirs (cinq entre 1860 et 1886) et, très généralement chez les Trârza et les Brakna, à partir de cette époque, la succession émirale va mettre aux prises deux candidats dont l'un sera toujours le candidat "français". A cela il faut ajouter que la diplomatie française ne s'est pas contentée de jouer de l'appât des coutumes et du commerce pour favoriser une concurrence émirale intéressée; elle a également su opposer les émirats entre eux, pour les maintenir dans un état de faiblesse politique compatible avec les forces politiques et militaires françaises. Deux exemples suffiront pour illustrer ce point. D'abord au XVIIe siècle, en suivant Delcourt:

Le conseil supérieur du Sénégal poursuivait le développement de sa politique: diviser pour mieux subjuguer. Il avisait Paris de la continuation de la lutte entre Trarza et Brakna. Comme il voulait mettre les Trarza à sa merci, il envoyait des secours aux Brakna . . . il défendait à ses bateaux croiseurs de vendre de la poudre, des armes et des munitions aux Trarza, quitte à changer de tactique si les Brakna venaient à prendre trop d'influence . . . (Delcourt 1952: 330).

Marty cite un rapport du "citoyen commissaire" Du Chateau qui, en mai 1849, vient au secours des Brakna avec trois bateaux:

Je n'avais d'autre but que de conserver la concurrence, si utile à notre commerce, entre la nation des Brakna et celle des Trarza. Avant tout, il importait au Sénégal que l'une de ces nations ne fût pas absorbée par l'autre. L'existence de toutes les deux est plus qu'utile à nos intérêts; elle est indispensable. (Marty 1921: 61)

Si la traite de la gomme, par les manipulations politiques qu'elle permet, a opéré une valorisation de la position émirale, elle a en même temps posé les conditions de sa destruction, par accentuation des contradictions internes, essentiellement d'ordre lignager. D'un autre côté, elle a bloqué l'évolution politique inter-émirale en l'empêchant, par un jeu de bascule permanent, de passer à un stade supérieur de centralisation. On comprend que ces faits dérangent Stewart car, tenant d'une théorie segmentaire de la société maure, il lui est impossible d'admettre l'existence d'un pouvoir politique centralisé, pouvoir que Saint-Louis nous fait reconnaître implicitement, en le manoeuvrant. N'arrivant pas, malgré tout, à nier l'intégralité des faits, Stewart s'en tire par une astuce: le pouvoir émiral centralisé serait une création artificielle de l'administration coloniale, postérieure à la conquête de la Mauritanie!

Les relations commerciales entre les Français de Saint-Louis et les émirats sont cependant plus complexes qu'il ne paraît jusqu'ici. Elles sont en effet engagées à un double niveau. D'une part, les Directeurs de la concession et, plus tard, les Gouverneurs négocient la traite au niveau le plus élevé, au niveau émiral; c'est la matière de tous les traités signés entre eux, réglant les coutumes et le cadre politique général dans lequel s'effectue la traite. Mais il y a un autre niveau qui est celui des traitants eux-mêmes. Du côté français, les traitants sont confondus avec les commis des Compagnies à privilège dans un premier temps (XVIIe–XVIIIe siècle) puis, après la révolution bourgeoise, ils laissent la place à des sociétés privées de commerce, distinctes par conséquent de l'administration des Gouverneurs. Les traitants privés et l'administration n'auront d'ailleurs pas toujours les mêmes intérêts et on verra, au cours du XIXe siècle, les traitants s'opposer aux volontés politiques expansionnistes des Gouverneurs. Du côté maure, les traitants ont affaire essentiellement aux classes maraboutiques de la société. Ce sont elles qui exploitent les "forêts" de gommiers, acheminent la gomme aux escales et troquent leurs marchandises avec les traitants.

Ascension des classes maraboutiques

Lorsque Delcourt conclut que "les vrais bénéficiaires de la politique coloniale de la Compagnie des Indes au Sénégal durant la première moitié du XVIIIe siècle furent, d'une part, les financiers qui avaient la haute main sur la Compagnie, de l'autre, les chefs indigènes qui, sous le nom de coutumes, percevaient le salaire de leur complicité", on peut dire que cela est vrai en partie, comme on l'a vu, en ce qui concerne les émirs; mais on ne peut pas oublier l'ensemble des tribus maraboutiques qui sont les plus directement engagées dans la production et la traite de la gomme, non seulement au niveau de leur chefferie générale, mais au niveau d'une grande partie de leur population. Et leur revenu, dans la traite de la gomme, est uniquement marchand car, comme la rapporte Caillié (1965: 145) à ce sujet: "Les marabouts ne perçoivent rien des princes" en ce qui concerne la redistribution des coutumes.

Parmi les tribus maraboutiques, ce sont celles qui sont intégrées dans l'édifice émiral qui vont, au fil du temps, accaparer de plus en plus le commerce de la gomme, au détriment des tribus maraboutiques non émirales. On sait que la structure sociale émirale est une association de lignages guerriers et maraboutiques où la fonction et la prééminence politiques reviennent aux lignages guerriers. Ainsi, chez les Trârza, c'est l'association des guerriers Awlâd Dâmân et des marabouts Awlâd Dîmân qui forme le noyau de la structure émirale; chez les Brakna, c'est la tribu maraboutique des Idéïjba qui est associée aux

lignages émiraux. Or, si pendant un temps, au XVIIe siècle et au début du
XVIIIe siècle, la tribu maraboutique non émirale des Idawelhajj a traité la plus
grosse partie de la gomme trârza ("forêt" de Lebiâr), progressivement les Awlâd
Dîmân sont parvenus à monopoliser quasiment la production et le commerce
de la gomme trârza (1757—1759). Ceci peut sans doute permettre d'expliquer
pourquoi les Idawelhajj ont migré de la zone trârza vers la zone brakna. La conséquence de l'exclusivité maraboutique de la traite — à quelques exceptions
près, certains guerriers y ayant poussé leurs tributaires — a été un enrichissement
économique et de ce fait une ascension sociale des classes maraboutiques. Fait
social et politique d'une grande portée, car le mouvement inverse d'ascension
maraboutique et de déclin guerrier dans la deuxième moitié du XIXe siècle va
conduire à une prise de pouvoir politique de fait des lignages maraboutiques au
moment de la colonisation française de la Mauritanie. La renforcement maraboutique apparaît dans toute sa netteté lorsqu'on examine la situation démographique au début de la colonisation française. Pendant que les lignages guerriers émiraux supportent des guerres civiles à répétition et affrontent, à la fin,
les colonnes françaises, les groupes maraboutiques commercent de façon intense
et se gonflent numériquement, selon un procédé classique de "pompage" sur
d'autres groupes et tribus.[9] Ainsi, au recensement de 1912—13 dans le Trârza,
les guerriers représentent un total de 4312 adultes contre 23 175 pour les marabouts. A eux seuls, les Awlâd Dîmân, tribu maraboutique émirale, comptent
5711 adultes (Marty 1919).[10]

Un autre phénomène maraboutique doit être signalé ici. Le XIXe siècle a vu
se lever dans le Trârza une puissance politico-religieuse basée sur le système des
confréries religieuses (*touroûq*). Centrée sur la tribu maraboutique des Awlâd
Bîrî et sur sa chefferie des Ahel Cheikh Sidîya, cette puissance "spirituelle" va,
dans un premier temps, faire prospérer numériquement et matériellement la
tribu (Stewart 1973; Richet 1920, ch. V), et ceci grâce aux retombées économiques de la traite de la gomme. En effet, une partie du surplus de la traite va
refluer vers le leader de la confrérie, sous des formes diverses: cadeaux des
disciples (*hadîya*), donations pieuses (*haboûs*), produits de quêtes (*ziâra*), etc.
Le mécanisme de la circulation inégale des biens, dont on a analysé les conséquences pour l'émirat, se reproduit ici avec une variante idéologique particulière.
Très vite, le pouvoir du fondateur de la confrérie, Cheikh Sidîya El Kebîr
(1780—1868), va devenir concurrent de celui de l'émir du Trârza. Et plus tard,
avec Cheikh Sidîya Bâba (1862—1926), le pouvoir politique "indigène" de la
colonie mauritanienne passera effectivement entre les mains de la fraction
dirigeante de ce qu'il conviendrait d'appeler un émirat confrérique. Le sens de
ce nouveau pouvoir maraboutique peut en effet être interprété comme celui
d'un contre-émirat, expression historique nouvelle de la contradiction interne à
l'aristocratie maure.

Enfin, à l'exploitation maraboutique de la gomme est lié un autre phénomène,
celui de l'esclavagisme dans la production de la gomme.

Production esclavagiste de la gomme

Au moment d'examiner les effets de la traite de la gomme sur l'esclavage, il est nécessaire de repréciser un point capital. La contradiction principale qui traverse la société et selon laquelle elle se reproduit résulte de la domination politique d'une classe aristocratique (guerrière et maraboutique) qui exploite à la fois globalement et sous des modalités diverses les autres classes de la société, essentiellement dans le cadre de la production pastorale nomade (Hamès 1977). Cependant, dans la division sociale du travail qui résulte de cette exploitation, deux processus apparaissent, rendant compte probablement de la mise en place historique de la domination de l'aristocratie. D'une part, au pôle aristocratique guerrier correspondent, de façon dominante, des rapports sociaux tributaires; les lignages guerriers extorquent des revenus en nature des lignages tributaires; ceux-ci restent propriétaires de leurs moyens de production et de leur capital en cheptel. A l'autre pôle, maraboutique, correspondent plutôt des rapports sociaux de type esclavagiste; le cheptel appartient aux lignages maraboutiques, et ceux-ci ont tendance à adjoindre à leur propre force de travail celle d'une classe servile directement engagée dans la production pastorale. Cette hypothèse doit être accueillie avec la prudence et les nuances qui s'imposent. Nous ne voulons pas négliger en particulier le fait que les groupes maraboutiques ont introduit également des rapports de dépendance dans leur système d'exploitation, sous le couvert d'une organisation et d'une idéologie religieuses. Mais il nous semble néanmoins que le clivage "ponction tributaire/exploitation directe de la force de travail dans la production" permet de rendre compte partiellement de la contradiction interne à la classe aristocratique, contradiction qui se situe dans la sphère de la production en même temps que dans celle de l'idéologie. Ce clivage permet aussi de mieux situer les rapports sociaux esclavagistes mis en jeu dans la traite de la gomme par les tribus maraboutiques.

Malheureusement, sur la production proprement dite de la gomme, les informations sont quasi inexistantes. Sur les techniques d'exsudation et de cueillette, sur l'abondance de la récolte suivant le régime des pluies, des auteurs français nous ont renseigné suffisamment (Désiré-Vuillemin 1960). Mais sur les rapports sociaux engagés dans la production, nous n'avons pratiquement rien, mises à part les précieuses observations directes de Caillié (1965) qui a séjourné durant plusieurs mois chez les Brakna en 1824. Il y rencontre l'émir Ahmedou ould Sidi Eli et "Mohammed-Sidy-Moctar, grand marabout du roi et chef de la tribu de Dhiédhiébe", tribu maraboutique émirale (Idéïjba). Il observe à différents endroits le travail des esclaves et leur dépendance vis-à-vis des marabouts. A quoi ces esclaves sont-ils employés? A la culture du mil d'abord:

Une esclave ouolofe . . . m'apprit que les Maures riches envoient chaque année des esclaves semer du mil et qu'après la récolte, ils retournent au camp de leurs maîtres . . . un vieux marabout qui paraissait être le chef de ces esclaves, les fit retirer . . . Deux tentes assez mauvaises servaient sans doute de logement aux marabouts chargés de surveiller les esclaves: ceux-ci n'avaient pour tout vêtement qu'une peau de mouton . . . ils étaient environ cinquante et logeaient dans quinze cases. (Caillié 1965: 117)

Le travail en groupe, le système de surveillance, l'habitat en camp séparé présentent un type d'exploitation apparemment différent de celui de l'esclavage domestique par lequel on caractérise toujours la société maure. Caillié résume parfaitement, à propos de la production du mil, l'idée que nous mettons en avant de deux types d'exploitation sociale en vigueur dans la classe aristocratique: "C'est à la fin de mai que se fait la récolte du mil; alors les marabouts reçoivent du grain de leurs esclaves; et les hassanes, de leurs zénagues ou tributaires". Qu'en est-il de la production de la gomme? Les remarques de Caillié nous font entrevoir une organisation maraboutique de l'esclavage tout à fait semblable à celle de la production vivrière: "Le 13 [décembre], les esclaves destinés à ce travail [récolte de la gomme] partirent sous la conduite de quelques marabouts" (Caillié 1965: 133). Les esclaves, toujours sous la surveillance des marabouts, établissent des camps près des puits "où se fait ordinairement la récolte". On peut noter ce détail de localisation car on sait par ailleurs que les puits sont appropriés collectivement par les tribus maraboutiques. Les camps sont composés généralement, comme pour le mil, de quarante à cinquante esclaves. Ensuite se fait la récolte:

Les esclaves, chaque matin, remplissent d'eau l'un de leurs sacs de cuir et, armés d'une grande perche fourchue, vont courir les champs en cherchant de la gomme: les gommiers étant tous épineux, la perche leur sert à détacher des branches élevées les boules qu'ils ne pourraient atteindre avec la main. A mesure qu'ils ramassent, ils la mettent dans leur second sac de cuir. Ils passent ainsi la journée sans prendre d'autres aliments qu'un peu d'eau pour se désaltérer . . . lorsque la gomme est abondante, chaque personne en ramène par jour environ six livres . . . Le marabout surveillant reçoit une rétribution qu'il prélève sur la gomme: les esclaves travaillent pendant cinq jours pour leur maître et le sixième est au bénéfice du surveillant; de cette manière, celui-ci se trouve avoir la meilleure part de la récolte. (Caillié 1965: 135–136)

Caillié ajoute: "Les gommiers n'ont pas de propriétaires particuliers; tous les marabouts ont le droit d'y envoyer autant d'esclaves que bon leur semble, sans être assujettis à aucune formalité ni payer aucune rétribution" (Caillié 1965: 136). Quant aux profits retirés de la gomme par les marabouts, on peut s'en faire une idée à partir des informations recueillies par Caillié à l'escale du Coq — escale des Brakna. Durant le marchandage et la livraison de la gomme, ce qui peut prendre plusieurs jours, les marabouts et leur suite "sont nourris par les traitants":

En général, les marchés se font très lentement; les marabouts, craignant d'être trompés, mesurent leur gomme avant de la mettre en vente, avec une petite mesure dont ils connaissent le poids, afin d'être fixés sur la quantité de guinée qu'elle doit leur produire. (Caillié 1965: 202)

Cette année-là (1825), la pièce de guinée valait 50 à 60 livres de gomme. A raison de 300 livres de récolte par jour pour cinquante esclaves, sur la base vue plus haut, et compte tenu des six mois d'ouverture de la traite (janvier à juillet), on voit que les rentrées en guinée peuvent être considérables. Et ce n'est pas tout, car "lorsque le prix de la pièce de guinée est convenu, le marché n'est pas terminé; il faut encore régler les cadeaux qu'on fera au marabout: ces cadeaux consistent en poudre à tirer, sucre, petites mallettes, miroirs, couteaux, ciseaux, etc." (Caillié 1965: 202). Bon nombre de ces articles vont faire l'objet d'un nouveau commerce, suivant l'axe nord—sud cher au commerce maraboutique; Caillié: "Le commerce des Braknas est entre les mains des marabouts. Ce sont eux qui récoltent toute la gomme, sans payer aucun droit; lorsqu'ils l'ont livrée aux Européens, ils vont dans les pays éloignés vendre les fusils et les guinées qu'elle leur a produits" (Caillié 1965: 142). L'esclave qui est à l'origine de cette accumulation de biens ne coûte par contre presque rien à son maître marabout, si ce n'est un manque à gagner de gomme revenant au marabout surveillant et, sans doute, durant la période de récolte, un manque de main d'oeuvre pour les activités domestiques et pastorales; ce qui, après tout, est dérisoire en face des biens d'usage et d'échange récupérés de cette façon.

Comment situer cette production esclavagiste dans le contexte de l'époque et de la société maure? Le trafic négrier approvisionnant le Maghreb à travers le Sahara est fort ancien; en remontant seulement au XVe siècle, on a vu au passage que les premiers échanges avec les Portugais à Arguin se faisaient sur la base d'esclaves et d'or. Le contrôle de cette route des esclaves et de l'or a mis aux prises nombre de tribus maures et a servi de vecteur à leur expansion et à leurs migrations. Almoravides, Kounta, Idawâli, Tajakânt, etc. ont essaimé le long des différentes pistes allant de l'ancien Soudan à l'Afrique du nord-ouest. La traite négrière atlantique, dont l'apogée se situe au XVIIIe siècle, a redoublé la recherche d'esclaves car, si l'essentiel du trafic s'est fait le long de l'axe est—ouest du fleuve Sénégal en direction de Saint-Louis et des captiveries de Gorée (de 1000 à 3000 têtes par an), le courant sud—nord ne s'est pas interrompu; de même, après 1815, date de l'abolition de la traite atlantique, le commerce esclavagiste ouest saharien, maure pour l'essentiel, a plutôt augmenté que diminué, comme le constate le voyageur Mollien, en 1818:

Je m'explique; les nègres vendent aux Maures les captifs qu'il est défendu aux Blancs d'acheter; et tel roi qui avait un revenu suffisant pour l'entretien de sa cour avec deux cents prisonniers vendus six cents francs pièce aux Européens, fait à présent de plus fréquentes incursions chez ses voisins et chez ses sujets même, pour doubler le nombre de ses esclaves et avoir toujours le même revenu, puisque les Maures ne paient un captif que la moitié du prix qu'en donnait un Européen. (Mollien 1967: 76)

La production des esclaves, leur capture, est le fait des aristocraties guerrières des états négro-africains et maures — d'où des guerres endémiques — et leur commercialisation est le fait des groupes maraboutiques. Ce sont d'ailleurs ces derniers, surtout lorsqu'ils constituent des mouvements politico-religieux réformateurs, qui fournissent l'idéologie justificatrice de l'esclavage: il s'agit toujours de combattre et de réduire les infidèles à l'Islam. Ainsi l'opposition des groupes maraboutiques aux Européens, on l'a vu, s'explique par leur concurrence esclavagiste et commerciale en général, et les motifs religieux ou pré-nationalistes mis en avant servent surtout de couverture idéologique. Si les marabouts maures sont de grands passeurs d'esclaves vers les pays musulmans

d'Afrique du Nord, ils sont aussi des utilisateurs de cette main d'oeuvre. Mais leur utilisation se heurte aux limites de la production pastorale. Dans un cadre domestique d'appropriation des troupeaux et dans un cadre écologique éclaté, celle-ci paraît incompatible avec une production esclavagiste massive. Mais l'esclavage domestique dominant a néanmoins laissé la porte ouverte à une possibilité d'exploitation plus intensive et groupée de la main d'oeuvre servile. Cette possibilité s'est réalisée sous l'impact de deux facteurs, liés à la traite européenne. D'abord l'existence d'une culture de type "industriel", c'est-à-dire l'arboriculture de résineux, et ensuite la destination marchande de cette culture. C'est en effet la valeur marchande de la gomme qui est à l'origine de sa production esclavagiste. On pourrait d'ailleurs, dans une toute petite mesure, en dire autant pour la production maure du mil à la même époque (XVIIIe—XIXe siècle) dont les surplus conjoncturels étaient troqués auprès de l'administration saint-louisienne toujours à la recherche de produits vivriers. Sur ce point, sur l'incitation à une production esclavagiste par le commerce européen, nous rejoignons les conclusions dégagées par C. Meillassoux (1970) à propos de l'esclavage à Gûbu du Sahel. Mais par ailleurs, nous nous devons d'insister:
— sur le caractère partiel de ces rapports sociaux, inscrits uniquement dans une division sociale du travail propre à l'aristocratie maraboutique;
— sur leur caractère limité, structurellement et historiquement, car l'esclavage domestique reste premier et foncier, la production esclavagiste de la gomme n'étant en définitive qu'un esclavage de "tente" porté à ses limites extrêmes, par une association sporadique de propriétaires d'un petit lot d'esclaves domestiques.

En conséquence, il ne saurait nullement être question d'un mode de production esclavagiste, au sens marxiste de cette notion, parce que la société maure est avant tout basée sur une production pastorale avec des producteurs directs ou dépendants, et parce que les rapports sociaux esclavagistes sont avant tout domestiques, même lorsqu'ils sont engagés partiellement et temporairement dans une production marchande.

Conclusion

En filigrane de cette étude, on a pu lire l'hypothèse que les origines de la centralisation émirale sont à la fois antérieures à la pleine période marchande capitaliste et extérieures à elle. Mais ceci reste évidemment à développer. Par contre, il apparaît très clairement que les intenses relations marchandes entre les Maures et les traitants européens ont eu sur les formations sociales maures des effets très importants. Venant interférer avec les luttes politiques que se livrent les fractions dominantes pour le contrôle de la production pastorale, la crise ouverte par l'irruption des courants marchands européens dans la société s'est cristallisée autour d'un réarrangement politique et économique à l'intérieur des structures centralisées émirales. Si la figure émirale s'est trouvée rehaussée et portée à un degré politique ignoré jusque là, elle a été prise en même temps dans un double piège. La dépendance de l'émir vis-à-vis de l'autorité politique étrangère, notamment à travers les coutumes et les traités qui les fixent, va réduire considérablement sa marge de manoeuvre et finalement son autonomie. Lorsque l'existence même de la fonction émirale sera liée à la traite de la gomme, le pouvoir colonisateur pourra instaurer sa domination politique à travers sa domination économique. De l'autre côté, la mainmise des groupes maraboutiques sur la production et la commercialisation de la gomme créera les conditions d'une ascension sociale et politique de ces derniers. La colonisation proprement dite entérinera une domination politique maraboutique de fait. Lorsque les émirs voudront se ressaisir et résister face à Coppolani, il sera trop tard. Le piège du commerce atlantique se sera refermé.

Notes

1. Voir les numéros 109, 110, 121, 133 des *Cahiers du centre d'études et de recherches marxistes*, consacrés aux sociétés de pasteurs nomades.
2. De plus en plus, depuis 1973–1975, on doit parler au passé des sociétés pastorales maures, par fait de prolétarisation (Mauritanie) et d'exode forcé (Sahara sahraoui).
3. Voir aussi les hypothèses de Bonte (1977) sur l'interprétation des conflits politiques en termes de conquête militaire.
4. Le fait que ce passage soit repris intégralement dans les deux ouvrages sur les Trârza et les Brakna indique l'importance que l'auteur lui attribue.
5. Portendick est une transcription néerlandaise de "Port de Haddi", émir de Trârza contemporain de Lecourbe (vers 1680).
6. Exception faite de la période portugaise à Arguin; voir à ce sujet Cenival & Monod 1938: 61–63 notamment.
7. Si cela n'a déjà été fait, nous proposons une explication du mot *vârek*: forme nominale (ou participe actif) du verbe *faraqa*, "celui qui est différent" (sous-entendu, probablement, "des autres arbres ou des autres acacias").
8. La circulation des biens se réalise à travers divers types de redevances (*horma*, *ghafer*, *bâkh*, *dhebiha*, etc.), de prêts (*menihâ*) sans oublier les prestations matrimoniales (*sadaq*, *heïwân*) (voir Bonte 1972, 1975; Miske 1935).
9. Caillié (1965: 146) note: "Rien de moins régulier que la population d'une tribu; elle augmente ou diminue suivant le caractère, la générosité de son chef; celle du roi même n'est pas exempte de désertion." Ceci est à mettre en rapport avec ce que nous avons dit du processus d'accumulation redistributive situé à certains pôles de la société.
10. Les totaux sont de nous. La tribu maraboutique des Awlâd Bîrî ne figure pas dans ce recensement mais on peut penser que sa démographie est au moins égale, sinon supérieure, à celle des Awlâd Dîmân.

Références

Amin, S. 1976. *Impérialisme et sous-développement en Afrique*. Paris: Anthropos.
Bairoch, P. 1971. *Le Tiers Monde dans l'impasse*. Paris: Gallimard.
Barry, B. 1972. *Le royaume du Waalo. Le Sénégal avant la conquête*. Paris: Maspéro.
Bonte, P. 1972. *L'Adrâr. Société maure et migration*. Centre européen pour le développement industriel et la mise en valeur de l'Outre-Mer (CEDIMOM)/Mines de fer de Mauritanie (MIFERMA).

1975. Sécheresse et impérialisme en Afrique, *Notes et études*. Paris: Economie et politique.

1977. La guerre dans les sociétés d'éleveurs nomades, pp. 42–67 in *Etudes sur les sociétés de pasteurs nomades*, Cahiers du centre d'études et de recherches marxistes 133. Paris: Centre d'études et de recherches marxistes.

Burnham, P. 1975. Regroupment and mobile societies; two cameroon cases *Journal of African History* 4: 577–594.

1976. Spatial mobility and political centralization in pastoral societies (dans ce volume).

Caillié, R. 1965. *Journal d'un voyage à Jenné dans l'Afrique centrale*, t. 1. Paris: Anthropos.

Cenival, P. & T. de Monod. 1938. *Description de la côte d'Afrique de Ceuta au Sénégal par Valentim Fernandes (1506–1507)*. Paris: Larose.

Delcourt, A. 1952. *La France et les établissements français au Sénégal entre 1713 et 1763. La Compagnie des Indes et la guerre de la gomme*. Dakar: Institut français d'Afrique noire (IFAN).

1974. *Pierre David. Journal d'un voyage fait en Bambouc en 1744*. Paris: Société française d'histoire d'outre-mer/Geuthner.

Désiré-Vuillemin, G. 1960. *Essai sur le gommier et le commerce de la gomme dans les Escales du Sénégal (1940–1960)*. Dakar: Librairie Clairafrique.

1971. La guerre de Char Boubba, Sahara occidental, fin du 17e siècle, *Le Saharien* 56: 20–25.

Faidherbe (Général). 1889. *Le Sénégal. La France dans l'Afrique occidentale*. Paris: Hachette.

Hamès, C. 1977. Statuts et rapports sociaux en Mauritanie précoloniale, pp. 10–21 in *Etudes sur les sociétés de pasteurs nomades*, Cahiers du centre d'études et de recherches marxistes 133. Paris: Centre d'études et de recherches marxistes.

Hamet, I. 1911. *Chroniques de la Mauritanie sénégalaise. Nacer Eddine*. Paris: Leroux.

Marty, P. 1919. *L'émirat des Trarzas*, Collection de la Revue du monde musulman. Paris: Leroux.

1921. *Etudes sur l'Islam et les tribus maures. Les Brakna*, Collection de la Revue du monde musulman. Paris: Leroux.

Meillassoux, C. 1970. Le commerce précolonial et le développement de l'esclavage à Gûbu du Sahel (Mali), *L'homme et la société* 15: 147–157.

Miske, A. 1935. *Hormas et ghafers*. Archives d'Atar, Mauritanie.

Mollien, T. 1967. *L'Afrique occidentale en 1818*. Paris: Calmann-Lévy.

Revol (Lieutenant). 1937. Etude sur les fractions d'Imraguen de la côte mauritanienne, *Bulletin du comité d'études historiques et scientifique de l'Afrique occidentale française*, 20: 178–224.

Ricard, R. 1930. Les Portugais et le Sahara atlantique au XVe siècle, *Hespéris* 3: 97–110.

Richet, E. 1920. *La Mauritanie*. Paris: Larose.

Ritchie, C.I.A. 1968. Deux textes sur le Sénégal (1673–1677), *Bulletin de l'Institut fondamental d'Afrique noire (IFAN)* 1: 289–353.

Stewart, C.C. 1971. Political authority and social stratification in   Mauritania, pp. 375–393 in E. Gellner & C. Micaud (eds.), *Arabs and Berbers. From tribe to nation in North Africa*. London: Duckworth.

1973. *Islam and social order in Mauritania. A case study from the nineteenth century*. Oxford: Clarendon Press.

24. Agriculteurs/éleveurs et domination du groupe pastoral

ROGER BOTTE

The article shows how activities of agricultural production and activities of pastoral production were articulated within an aggregate agro-pastoral system in nineteenth-century Burundi. This agro-cultural complex introduces a number of unusual characteristics into the framework of pastoralism: the joining of cultivators and herders in the same territorial, social, and political community, a very high population density, and absence of nomadism. The articulation of the two types of activities, agricultural and pastoral, is based on the ambivalent nature of each unit of production, which can be at the same time an agricultural unit and a pastoral unit. Land ownership being an attribute of every unit of production, the agro-pastoral combination means that the founding and reproduction of a family and of a herd need no longer necessarily be parallel processes. In these conditions, the possession of stock introduces something additional to the simple reproduction of the domestic unit; it represents, through patronage relationships, liberation from all direct agricultural production and accession to political power. The agro-political ensemble and the Burundi state develop out of a dynamic contradiction: agricultural activities are dominant in the process of production and the extraction of a surplus, but dominant social relationships are based on the circulation of stock.

Nous tenterons d'analyser ici la manière dont une société articule et combine activités de production agricoles et activités de production pastorales dans un système unique agro-pastoral. Le cadre historique de cette étude sera le royaume du Burundi à la fin du XIXe siècle. Nous essaierons de montrer comment une différenciation sociale s'établit entre agriculteurs et éleveurs, comment, sur la base d'une économie mixte, le groupe pastoral perpétue, à son profit, des conditions de production et de reproduction inégales garantissant le maintien de rapports sociaux hiérarchiques et finalement la pérennité de sa domination politique.

Au XIXe siècle, la société burundaise comprend trois groupes sociaux d'importance numérique inégale: les agriculteurs ou *Bahùtu* (sg. *Muhùtu*) (85%), les pas-

399

teurs ou *Batūtsi* (sg. *Mutūtsi*) (13%) et les chasseurs-potiers ou *Batwá* (sg. *Mutwá*) (2%).[1] Il existe une nette corrélation entre la répartition ethnique et la division sociale du travail. Ces trois groupes appartiennent à la même formation économique et sociale;[2] ils font partie du même ensemble politique centralisé;[3] ils parlent la même langue, le *kirǔndi*, et ils ne se distinguent pas par une localisation particulière dans des aires géographiques spécifiques puisqu'au contraire, ils vivent entremêlés sur toute l'étendue du pays. Ils forment donc, ensemble, une même communauté linguistique, territoriale, culturelle et politique.

Ces groupes ne sont pas organisés en communautés villageoises, mais vivent en unités domestiques de production relativement isolées et disséminées malgré une très forte densité de population.[4] La distribution spatiale de ces unités de production répond, en partie, au relief particulier du pays, hauts-plateaux faillés découpés en une multitude de collines. Elle correspond surtout à la double fonction économique remplie par chaque unité de production qui peut être, potentiellement, à la fois unité agricole et unité pastorale. C'est pourquoi chaque unité domestique possède, en théorie, un enclos comprenant une ou plusieurs cases, entouré de champs et de pâturages. Le bétail, lorsqu'il y en a, est rassemblé dans l'enclos durant la nuit. L'ensemble de ces caractéristiques: mélange des agriculteurs et des éleveurs, forte densité de population, double fonction économique des unités domestiques, absence de nomadisme, rendent singulière, dans le cadre du pastoralisme, une telle société.

En ce qui concerne les pourcentages respectifs des différents groupes sociaux qui composent la population (85%, 13%, 2%), ils se rapportent évidemment à la population globale. Sur le terrain la distribution spatiale des agriculteurs et des éleveurs varie selon les régions naturelles et même à l'échelle de micro-régions. Des différences dans les conditions pédologiques, climatiques et altitudinales (par exemple, absence de trypanasomiase au-dessus de 1500 m) définissent des zones plus ou moins favorables à l'agriculture, ou à l'élevage, ou favorables aux deux. En fonction de ces conditions naturelles de la production, l'appropriation du sol par le groupe dominant va régler la nature de l'activité économique principale et donc aussi la densité de la population et la proportion numérique entre les groupes sociaux: la densité de la population sera plus grande et les *Bahǔtu* relativement plus nombreux là où prédominent les activités agricoles, alors que la densité sera moindre et les *Batūtsi* relativement plus nombreux là où prédominent les activités d'élevage.[5]

Ethnies et classes sociales

Nous constatons que la division sociale du travail entre agriculteurs et éleveurs correspondait dans son ensemble à la division ethnique entre *Bahǔtu* et *Batūtsi*. Nous dirons plus exactement qu'au Burundi, la division en classes sociales se présente sous l'aspect d'une division sociale du travail: le groupe pastoral (*Batūtsi*) dominant la masse des agriculteurs (*Bahǔtu*). Cette définition nous semble la plus féconde pour tenter une approche rigoureuse d'un problème dont la résolution a toujours été subordonnée à des a priori politiques.

C'est ainsi que la politique coloniale a eu constamment pour objectif de déformer les rapports réels entre agriculteurs et éleveurs, faisant de cette déformation une méthode de gouvernement. Alors que, dans la société burundaise, le langage courant ne distinguait pas entre agriculteurs ou *Bahùtu* et éleveurs ou *Batūtsi*, chaque groupe étant assimilé aux caractéristiques socio-économiques qui le définissent, les auteurs de la période coloniale ont inventé, développé et imposé l'idée d'une opposition raciale entre les deux groupes sociaux. Les agriculteurs ont été considérés, non comme *Bahùtu*, mais comme Bantous, et les éleveurs, non comme *Batūtsi*, mais comme Hamites. Pour essayer de donner quelque fondement à cette analyse raciale, les auteurs coloniaux ont systématisé jusqu'à l'aberration certaines différences physiques; ils ont transformé des comportements sociaux, liés à la situation des groupes dans la production, en comportements "naturels" intrinsèques à la race. L'analyse coloniale occulte désormais lourdement toute étude en terme de classes sociales. En déplaçant le problème du terrain des conditions sociales de la production à celui de l'opposition raciale, elle a longtemps masqué l'existence d'antagonismes entre agriculteurs et éleveurs.

Aujourd'hui, en réaction contre cette analyse, les auteurs burundais essaient de démontrer, à juste titre, l'absence d'un antagonisme racial au Burundi. Mais, comme leurs prédécesseurs, ils sont prisonniers de leurs propres a priori politiques. Car, sous prétexte de réfuter l'analyse coloniale, il s'agit pour le groupe toujours au pouvoir de démontrer l'absence historiquement de *tout* antagonisme. Amalgamant volontairement antagonismes raciaux et antagonismes sociaux, il ne combat les faux antagonismes raciaux (d'hier et d'aujourd'hui) entre *Bahùtu* et *Batūtsi* que pour mieux nier les vrais antagonismes sociaux (d'hier et d'aujourd'hui) entre agriculteurs et éleveurs.[6] Selon cette thèse,[7] les seuls rapports antagonistes existant se seraient développés entre *Bahùtu* plus *Batūtsi*, d'un côté, et, de l'autre, les princes du sang ou *Bagánwa*, représentants de l'appareil économique et politique de l'Etat.

Quant à nous, nous développerons l'idée que l'appareil d'Etat (le roi et les princes) ne peut fonctionner sans garantir simultanément les conditions de reproduction des unités domestiques agricoles et celles des unités domestiques pastorales, mais qu'il le fait en maintenant des conditions inégales de reproduction entre agriculteurs et éleveurs, au profit prioritairement du groupe dirigeant des *Bagánwa*, mais également au profit du groupe dominant, dans son ensemble, des pasteurs *Batūtsi*. La difficulté à interpréter la nature de la différence entre *Bahùtu*, *Batūtsi*, *Bagánwa* ou *Batwá* tient à l'ambiguïté du terme *ubwôko*[8] (race/caste/class), qui s'applique indifféremment à chacun de ces groupes. Ce terme équivoque, sans équivalent en français, couvre un vaste champ sémantique dont les diverses acceptions ne prennent tout leur sens que dans un contexte spécifique. Il connote tout à la fois l'hérédité, la morphologie, la ressemblance, l'origine, l'espèce, le genre, la qualité. Il renvoie, semble-t-il, lorsqu'on parle des groupes sociaux, à deux composants, au sens chimique du terme, dont l'un fait référence à l'origine ethnique et dont l'autre caractérise une situation socio-économique déterminée. Dans cette société où richesse et pouvoir égalent possession du bétail, l'*ubwôko* des agriculteurs égale *Bahùtu* et pauvres — bien qu'il y ait des *Bahùtu* riches — et l'*ubwôko* des éleveurs égale *Batūtsi* et riches — bien qu'il y ait des *Batūtsi* pauvres. Nous nous en tiendrons à cette explication, suffisante à nos yeux, pour faire entendre que l'emploi dans ce texte des termes *Bahùtu* et *Batūtsi* renvoie aux caractéristiques socio-économiques de ces groupes et à leur différence de classe; il en sera de même pour le terme *Bagánwa* qui désigne les princes de sang. Ceux qui nient les différences ethniques entre *Bahùtu* et *Batūtsi* veulent absolument prouver l'origine *Bahùtu* des princes ou *Bagánwa*; ils feraient ainsi la démonstration, au plan racial, que les *Bagánwa*, détenteurs du pouvoir, n'ont rien à voir ethniquement avec les *Batūtsi*. Cette thèse est basée sur l'une des deux traditions orales relatant l'origine de la royauté au Burundi. Quels qu'en soient les fondements, et quelle que soit l'origine ethnique des *Bagánwa*, il demeure que l'analyse des caractéristiques socio-économiques des groupes, au XIXe siècle, montre que le groupe dirigeant est alors celui des *Bagánwa*, et qu'il maintient des conditions de reproduction inégales entre *Bahùtu* et *Batūtsi*, au profit de ces derniers dans leur ensemble. Le véritable problème posé par l'existence de ces princes semble être celui de l'émergence d'une aristocratie. Nous y apporterons quelques réponses partielles.

Possession foncière et possession du bétail

Examinons maintenant de quelle manière s'établit et se maintient la domination de l'ensemble des éleveurs sur l'ensemble des agriculteurs. Le groupe des chasseurs-potiers ou *Batwá*[9] sera écarté de cette analyse, bien qu'il appartienne à la formation sociale et économique considérée, car il ne participe nullement au procès de production agro-pastoral.

La base du système agro-pastoral et des rapports sociaux qui en découlent repose fondamentalement sur la possession par chacun d'un bien foncier ou *itôngo*.[10] Chaque unité domestique, *muhùtu* ou *mutūtsi*, quelle que soit en dernier ressort la nature de son activité principale, dispose de cette possession. N'importe quelle unité domestique pourrait donc fonctionner comme unité de production sur la seule base du bien foncier. Dans la combinaison agro-pastorale, la possession d'un *itôngo*, par les agriculteurs comme par les éleveurs, limite à deux types les unités de production: une unité de production purement agricole et une unité de production agricole *et* pastorale. L'unité de production pastorale *stricto sensu* ne se rencontrera jamais. Toutefois, il est évident que, selon les unités domestiques de production, la part des activités agricoles ou celle des activités pastorales sera tantôt minimale, tantôt maximale dans l'ensemble agro-pastoral. C'est même l'écart entre l'une et l'autre de ces activités qui permet à la différenciation sociale de se développer. L'ambivalence de l'unité agro-pastorale pourrait faire qu'elle puisse fonctionner, à la limite, sur un seul mode. Elle serait ainsi capable d'assurer sa propre reproduction, non plus en tant qu'unité agro-pastorale, mais encore en tant qu'unité agricole. L'épizootie de 1890–1892, atteignant le Burundi comme toute l'Afrique de l'Est, a montré que des unités agro-pastorales ayant perdu tout leur bétail pouvaient se reproduire en se reconvertissant dans les activités agricoles. Au Burundi cependant, à la différence d'autres sociétés, la reconversion reste provisoire. L'alternative du passage à l'agriculture ne se pose pas globalement car il existe, au niveau des rapports d'affinité entre unités pastorales et au niveau politique, des mécanismes de restauration de l'équilibre agro-pastoral par le biais des dons de bétail. En conclusion, à la différence des sociétés d'éleveurs nomades sans classes sociales (Bonte 1971), et parce que la possession foncière est un attribut de toute unité de production, la combinaison agro-pastorale permet que la constitution et la reproduction d'une famille et d'un troupeau ne soient plus nécessairement des processus parallèles. Le bétail introduit quelque chose d'autre qui vient *en plus* de la simple reproduction de l'unité domestique.

Dans le système agro-pastoral burundais, ce n'est pas le bétail mais la possession foncière qui constitue la base principale de prélèvement d'un surplus. En vertu de son droit prééminent sur la terre, c'est le roi (*mwămi*) lui-même qui, par délégation donnée aux princes, attribue la possession foncière. En conséquence, le "droit" de l'autorité politique à exiger des redevances en produits et en surtravail de la part des groupes domestiques suppose la possession d'une terre par ces groupes. La forme dominante des rapports tributaires va donc reposer, pour l'essentiel, sur le travail des producteurs agricoles, par l'extorsion directe d'un surplus en nature et en corvées. La reproduction "physique" du groupe dirigeant et des nombreuses couches à son service (personnel investi de fonctions) est en fait assurée par le travail des producteurs agricoles, par le prélèvement de moyens de subsistance (surplus en nature) et, parallèlement, par le surtravail qui s'effectue sur de grands domaines agricoles (*ivyĭbare*) royaux et princiers. Le prélèvement simultané d'un surplus en têtes de bétail auprès des éleveurs constitue donc un apport non nécessaire à la reproduction physique du groupe dirigeant; celui-ci consomme pourtant du lait et de la viande, il essaie même de faire croire qu'il ne se nourrit que de cela. En réalité, le surplus en bétail est utilisé à d'autres fins. Voici une société où la possession foncière constitue le fondement du fonctionnement de l'ensemble agro-pastoral et dans laquelle, pour cette raison, les activités agricoles sont prédominantes dans l'articulation du mode de production, mais où, par contre, les rapports sociaux dominants seront ceux établis à partir du bétail. Ce que le bétail introduit *en plus* constitue le facteur déterminant de la reproduction inégale des unités de production et, en dernière analyse, la base à partir de laquelle les rapports de classe peuvent se développer.

Nous avons montré ailleurs (Botte 1974) comment, sur la seule base de la possession foncière et des activités agricoles, pouvait se développer au sein de la paysannerie une différenciation sociale allant jusqu'à la formation d'une classe sociale de paysans sans terre (*abashŭmba*). Ce processus trouve son origine dans des conditions économiques inégales, notamment à cause des redevances qui peuvent amener à la dépossession de la terre lorsque le possesseur n'a plus la possibilité de remplir ses obligations auprès de l'autorité politique. Au niveau général de la combinaison agro-pastorale, la présence de possesseurs et de non-possesseurs de bétail transforme et accélère radicalement et globalement le processus de formation des classes sociales. La possession du bétail introduit une rupture qualitative dans les rapports sociaux de production parce qu'elle crée les conditions de la séparation entre producteurs et non-producteurs. Cette rupture réside fondamentalement dans le fait que la possession du bétail libère l'unité domestique agro-pastorale de toute production agricole directe. Une telle libération peut se réaliser de différentes façons. Premièrement, l'éleveur peut toujours échanger son bétail contre les produits vivriers nécessaires à sa subsistance. D'un autre côté, un agriculteur peut, dans certains cas, s'émanciper progressivement du travail agricole grâce à la production d'un surplus de produits vivriers qu'il échangera contre du bétail. Deuxièmement, l'éleveur peut faire appel, pour le travail agricole, à la classe des paysans sans terre (*abashŭmba*) et/ou louer le travail de paysans pauvres. Troisièmement, l'éleveur a les moyens d'établir avec les agriculteurs des relations de dépendance personnelle, *ubugabire* (Botte 1969), fondées sur des prêts ou des dons de bétail. Dans ce dernier cas, le "client" doit au "patron" diverses prestations, dont du surtravail. Plus généralement, le possesseur de bétail associera l'ensemble de ces moyens pour s'évader de la production agricole directe. Il s'en évade doublement: en tant que producteur sur sa propre terre, mais également en tant que producteur de sur-travail dans les grands domaines royaux et princiers. En effet, les travailleurs agricoles à son service et/ou ses dépendants ou clients peuvent avoir à le remplacer dans les corvées qu'il doit à l'autorité politique en tant que possesseur foncier. En outre, il peut se libérer des activités de production pastorales elles-mêmes puisqu'il peut s'en décharger sur des vachers qui seront aussi ses "clients". Un tel modèle, naturellement, ne se réalise jamais complètement pour chaque unité agro-pastorale. On rencontre en fait tous les degrés possibles entre une libération des activités de production agricoles et une libération de toutes les activités de production, agricoles et pastorales. C'est la raison pour laquelle on peut trouver, au sein du groupe agro-pastoral des *Batŭtsi*, des différences importantes de condition. Mais l'important est de retenir que la possession de bétail conduit tendanciellement, pour l'ensemble des possesseurs de bétail, vers une séparation progressive entre producteurs et non-producteurs. La séparation sera complète au niveau du groupe dirigeant.

Simultanément, la possession du bétail modifie la division sexuelle du travail. Dans l'unité domestique agricole, la femme assume une part importante des activités de production agricoles. Au contraire, dans l'unité domestique agro-pastorale, la femme se retrouve en dehors des activités de production agricoles et pastorales. En effet, la caractéristique fondamentale de l'unité agro-pastorale est de libérer l'ensemble du groupe domestique du travail agricole direct et, de plus, les activités pastorales sont essentiellement des activités masculines dont la femme est exclue.

Possession du bétail et clientèles

Nous pouvons maintenant approfondir l'analyse de la division sociale du travail entre agriculteurs et éleveurs. La négation, par les idéologues burundais, d'antagonismes sociaux entre agriculteurs et éleveurs part du postulat que les *Bahùtu* possèdent du gros bétail (bovins) autant que les *Batùtsi* et que, par conséquent, il ne peut y avoir entre eux de différences sociales. Cette affirmation ne s'appuie sur aucune preuve, mais elle peut faire illusion si l'on prend en compte le bétail sans distinction d'origine, en amalgamant le bétail possédé en toute propriété par les uns et le bétail de clientèle détenu par les autres.

Selon nos estimations,[11] une première constatation s'impose: moins de 50% des unités domestiques sont en possession de gros bétail. On peut donc considérer que plus de la moitié des unités domestiques se consacre exclusivement aux seules activités agricoles. D'autre part, parmi les moins de 50% d'unités domestiques qui élèvent du gros bétail, on trouve la plupart des unités domestiques *batùtsi*, alors qu'elles ne représentent que 13% de la population totale. Par rapport à l'ensemble des unités domestiques, seulement 30% environ élèvent du petit bétail (caprins et ovins), qu'elles aient déjà ou non des bovins. Ce petit bétail sert principalement dans les échanges, notamment pour obtenir des houes auprès des populations du Kivu qui consomment les chèvres et les moutons, à la différence des Burundais, exceptés les *Batwá*. Notre analyse ne prendra pas en compte le petit bétail car, au contraire des bovins, les relations de clientèle ne sont jamais établies à partir de lui. On relève donc une première inégalité dans la répartition du gros bétail pour l'ensemble de la population, puisque plus de la moitié de celle-ci n'y a pas accès; cette répartition permet de cerner la proportion entre unités agricoles et unités agro-pastorales.

Une deuxième forme d'inégalité dans le nombre de bovins possédés peut être distinguée, mais uniquement, sauf exception, au sein du groupe *mutùtsi*. Elle différencie les unités agro-pastorales entres elles, opposant petits et grands éleveurs. Sur l'ensemble des unités agro-pastorales *batùtsi*, on peut estimer à 2% seulement le nombre de celles qui possèdent 15 têtes de bétail ou plus. On est frappé cependant, en comparaison des sociétés d'éleveurs de l'Afrique de l'Est, de l'importance relativement faible des troupeaux. Il semble qu'au Burundi, la possibilité d'extorsion d'un surplus à travers les relations de clientèle, par le surtravail des clients, permette une certaine limitation de la taille des troupeaux en même temps qu'une exploitation maximale des forces productives pastorales. Les grands éleveurs, mis à part les *Batūtsi-Bahìma*, appartiennent souvent à des lignages apparentés aux dynasties royales. Contrairement à ce qui se passe dans d'autres sociétés interlacustres, les *Bahìma* (sg. *Muhìma*), grands éleveurs, occupent au Burundi une place particulière qui les écarte des relations d'alliance avec les autres lignages *Batūtsi* et *a fortiori* avec les lignages royaux. D'une manière générale ils sont exclus de l'accès au pouvoir politique. Leur comportement pastoral (par exemple, assimilation de la vache à la race canine), aberrant par rapport aux pratiques habituelles, frappe leur bétail d'ostracisme : il ne peut se mélanger au bétail des autres grands *Batūtsi*. Cette affectation de mépris des *Bahìma* à l'égard de leur bétail aurait pour but d'empêcher l'exercice du droit de prise forcée d'un surplus par le roi. Mais l'interdiction faite au bétail *muhìma* d'entrer en relation avec le bétail royal place les *Bahìma* eux-mêmes en dehors des relations de dépendance avec le roi. L'attribution d'un commandement politique étant une des formes de cette relation, les *Bahìma*, dont le bétail ne circule pas dans la sphère des relations de clientèle avec le roi, sont nécessairement en dehors de la sphère du politique. C'est une première constatation de la corrélation qui existe entre le bétail et le pouvoir politique.

Une troisième forme d'inégalité intervient enfin entre l'ensemble du groupe dominant *mutūtsi* et la fraction dirigeante des *Bagánwa*. A ce niveau, pour des raisons liées à un système politique organisé pour le prélèvement d'un surplus, on assiste à une concentration de plus en plus poussée du bétail entre les mains d'un groupe de plus en plus réduit. La possession peut alors atteindre plusieurs centaines, voire plusieurs milliers de têtes.

Cependant, parmi les quelque 50% d'unités domestiques ayant des bovins, il existe un processus de différenciation, autre que le nombre de têtes de bétail détenues par les uns ou par les autres, et qui tient à l'origine du bétail. En effet, il faut distinguer radicalement les unités qui élèvent du gros bétail de celles qui en possèdent et en élèvent. La possession du bétail en fonction de son "origine sociale" n'est pas équivalente; car les modalités différentes de circulation du bétail, propres à chacun des deux types de relations de clientèle, créent des relations sociales inégales. Ce phénomène est un facteur-clef du fonctionnement du système économique et politique. La majorité des unités domestiques *bahùtu* ne possèdent que du bétail reçu à titre de clientèle. Le donateur est le plus souvent un éleveur *mutūtsi* qui dispose de bétail lui appartenant en propre. Le donateur exige du client, en contrepartie du "don" d'une tête de bétail (génisse), diverses prestations dont du surtravail à son profit. Comme nous l'avons souligné, c'est un des moyens utilisés par le patron pour se libérer du travail agricole direct. Le "contrat" prévoit en outre le versement d'une partie du croît de la bête reçue. De cette manière, une partie des activités pastorales réalisées par le client pour assurer la reproduction de ce bétail revient également, sous forme de surtravail, au patron. La possession du bétail se présente généralement d'une tout autre façon pour les unités domestiques *batūtsi*, soit qu'elles aient déjà, dans leur ensemble, du gros bétail, en toute propriété — et nous ne pourrions faire que des hypothèses sur l'origine de cette possession antérieurement au XIXe siècle — soit qu'elles l'obtiennent à travers les relations de clientèle, mais de manière privilégiée, à titre politique. Comme son nom l'indique, cette relation se réalise avec un détenteur du pouvoir politique, à la différence du premier type où elle ne mettait en présence que de simples particuliers. La relation politique se différencie singulièrement de l'autre parce qu'elle ne crée pas l'obligation d'une contrepartie en prestations et en surtravail. Certes, les *Bahútu* ne sont pas exclus de ce dernier type de relations, mais ils n'y participent que pour un très faible pourcentage. Seuls les *Batútsi*, en tant que groupe social dans son ensemble, établissent des relations de clientèle politique à partir du bétail. La non-équivalence des relations de clientèle, selon qu'elles s'établissent avec un simple particulier ou avec un détenteur de pouvoir, a pour conséquence première de rendre inégales les capacités d'accumulation entre *Bahútu* et *Batútsi*. Inégales, elles le sont doublement: dans le temps de travail nécessaire pour la reproduction d'une tête de bétail, puisque les uns sont obligés de se séparer d'une partie du croît, et les autres non; dans le temps disponible pour se consacrer aux activités pastorales, puisque les uns doivent en retrancher le temps passé en travail agricole pour eux-mêmes et en surtravail agricole pour le patron, et les autres non. Les relations de clientèle ne sont pas dissociables de l'origine sociale du bétail. Ces relations ne réduisent nullement les différences sociales entre unités domestiques *bahútu* et *batútsi* possédant du bétail. Elles provoquent, au contraire, des capacités inégales d'accumulation qui maintiennent la division sociale du travail entre agriculteurs et éleveurs. Nous avions montré que les *Bahútu* ne possèdent pas autant de bétail que les *Batútsi*; nous voyons maintenant qu'ils ne le possèdent pas de la même manière. On ne peut donc pas affirmer l'égalité entre *Bahútu* et *Batútsi*, quant à la possession du bétail, pour nier l'existence d'antagonismes sociaux entre eux.

Dans la relation de clientèle entre particuliers, les *Bahútu* conservent le plus souvent la tête de bétail reçue, parce que celle-ci remplit une fonction économique précise en fournissant de la fumure. Dans le cas de la relation politique pour les *Batútsi* déjà libérés de quelque manière de la production agricole directe, la tête de bétail reçue provoque la protection (pour eux-mêmes et leurs troupeaux) du chef ou du prince. Pour les éleveurs, le bétail de clientèle n'a plus pour fonction principale d'assurer, par la fumure, une bonne reproduction des activités agricoles, mais celle d'entretenir des liens avec le pouvoir politique.

En ce qui concerne la clientèle politique, l'établissement d'une telle relation nécessite que l'on aille demander, *gusaba*, selon des modalités définies, une tête de bétail à la cour d'un chef. Son obtention n'est ni automatique ni facile; tous les informateurs insistent sur le fait que le séjour à la cour peut durer longtemps, parfois jusqu'à deux ans. Or, un agriculteur est occupé toute l'année aux différentes tâches de culture. Il faut donc que le demandeur soit, au préalable, libéré de tout travail agricole direct, puisque le temps passé à la cour vient en plus du temps de travail nécessaire à sa propre reproduction et à celle de sa famille. De plus, celle-ci doit être en mesure de lui fournir la nourriture nécessaire à son entretien pendant son séjour à la cour, de même que les cadeaux obligatoires aux favoris du chef pour être accepté parmi les demandeurs. Enfin, il faut se représenter l'importance du langage et des manières utilisés à la cour, langage et manières de classe dont le maniement échappe le plus souvent aux agriculteurs. A la fin du XIXe siècle, seules la libération du travail agricole direct et la séparation déjà réalisée entre agriculteurs et éleveurs permettent l'accès, à travers le bétail, aux relations politiques; et seuls les *Batûtsi* dans leur ensemble profitent de ces relations. La relation de clientèle avec un chef politique a en effet pour conséquence ultime de faire passer le bénéficiaire de la sphère des rapports sociaux de production à la sphère des rapports politiques. En réalité, ce que donne, *kugaba*, le prince ou le chef en offrant une tête de bétail n'est autre que la possibilité d'accéder à un commandement politique, à la condition de continuer à demander. Le don d'une tête de bétail, préalable nécessaire, n'est que la manifestation conventionnelle d'un don potentiel plus large: le don du pouvoir. Tous les *Batûtsi* ne reçoivent pas le pouvoir, par ailleurs on trouve des chefs *Bahûtu*, mais seuls les *Batûtsi* ont la possibilité d'accéder au pouvoir, en tant que groupe, dans son ensemble. Ce pouvoir réside moins dans le contrôle politique d'un territoire que dans un pouvoir économique sur les hommes. Plus exactement, le contrôle politique des hommes, qui s'effectue à travers les relations de dépendance (à partir de la terre), permet d'exiger, à titre de patron politique cette fois, des prestations en produits vivriers et du bétail, ainsi que du surtravail proprement dit. Car dans le Burundi du XIXe siècle, les rapports politiques apparaissent et se développent sous la forme de rapports sociaux de dépendance. Nous examinerons, dans un travail à venir, les mécanismes complexes de l'accès au pouvoir politique. Dans le cadre de la présente analyse, il importe de retenir qu'au niveau des détenteurs du pouvoir politique, la séparation entre producteurs et non-producteurs est radicalement achevée, tant au plan des activités agricoles qu'à celui des activités pastorales.

En ce qui concerne la relation de clientèle établie avec un simple particulier, il semble tout d'abord nécessaire d'expliquer pourquoi un agriculteur *muhûtu* en éprouve le besoin. Les auteurs s'accordent pour expliquer cela par un amour de la vache ancré dans le coeur de tout Burundais.[12] Nous n'en croyons rien, bien que la vache puisse avoir sa poésie. Chaque producteur agricole a pour objectif de produire la totalité de ses moyens de subsistance pour lui et sa famille, c'est la condition de sa reproduction physique; mais il doit également produire le surplus nécessaire au versement des prestations à l'autorité politique, c'est la condition de sa reproduction sociale. La réalisation de ces objectifs suppose, au Burundi, la polyculture étalée sur la majeure partie de l'année. On peut estimer à moins d'un hectare la superficie moyenne des terres cultivées par unité domestique. Superficie médiocre qui implique une polyculture en cultures associées sur un même champ (par exemple haricots et patates douces). L'importance quantitative de l'élevage du gros bétail soustrait en valeur et en surface les terres les plus fertiles, ceci dans un pays à très forte densité de population. Ces conditions expliquent, pour une part, la médiocrité des rendements. Les champs sont soumis à des rotations de jachères courtes et/ou à une alternance dans les espèces cultivées avec un apport de fumier. Dans ce système cultural, la fumure joue un rôle primordial, la préparation des sols le met en évidence. L'engrais le plus valorisé, parce que le plus important en quantité et en qualité, est celui que procure le gros bétail.[13] Son importance est telle que l'on peut faire l'hypothèse qu'il constitue un facteur-clef du maintien du système cultural dans des conditions de culture intensive et de forte densité de population. Ce système cultural suppose donc une complémentarité entre agriculture et élevage; les relations de clientèle, en mettant du gros bétail à la disposition des agriculteurs, traduisent, en termes de rapports sociaux, la nécessité de cette complémentarité.

Pour illustrer cette hypothèse, nous allons comparer deux régions, le Mòso à l'est[14] et le Muramvya au centre. Le Mòso est une région à faible densité de population (30 habitants au km^2) et à faible densité de bétail (2 bovidés au km^2). Le paysan non détenteur de bétail peut pratiquer une agriculture itinérante sur brûlis rendue possible par l'étendue des terres disponibles, ne nécessitant pas, par conséquent, la fumure du sol. Les relations de clientèle sont réduites dans cette région. La région de Muramvya, par contre, présente une forte densité de population (130 habitants au km^2) et une forte densité de bétail (30 bovidés au km^2). Toute la terre disponible est soit mise en culture, soit réservée au bétail. Dans ces conditions, l'agriculture est intensive, les champs soumis à jachère et à des apports de fumier. Ce type d'agriculture conduit le paysan à établir des relations de clientèle avec les éleveurs, pour obtenir de l'engrais animal et réaliser ainsi de meilleurs rendements. L'utilisation de la fumure est également un élément important pour expliquer la production d'un surplus agricole pour le versement des redevances à l'autorité politique. Ce système cultural est ainsi rendu nécessaire par la soustraction de grandes superficies réservées au bétail, mais simultanément la pérennité d'un tel système de complémentarité suppose l'existence de vastes pâturages. C'est donc à partir de ce rapport contradictoire, où les activités pastorales opèrent à la fois comme un frein et comme un accélérateur des activités agricoles, que peuvent se développer les rapports sociaux de clientèle.

Contradiction entre les activités agricoles et les activités pastorales: domination du groupe pastoral

De quelle manière cette opposition entre activités agricoles et activités pastorales se règle-t-elle dans l'ensemble agro-pastoral? Comment les pasteurs résolvent-ils cette contradiction pour assurer leur reproduction en tant que groupe dominant? C'est ce que nous allons examiner maintenant en considérant deux niveaux d'analyse : celui des relations d'échanges matrimoniales, celui des droits sur le sol et sur le bétail.

Au niveau des alliances matrimoniales, on constate que la reproduction des unités domestiques par l'obtention d'une femme, ainsi que la circulation des biens matrimoniaux, reproduisent l'inégalité entre agriculteurs et éleveurs. La composition des biens matrimoniaux (*inkwâno*), inégale selon les groupes sociaux, obéit à des règles qui correspondent à une différenciation sociale complexe entre agriculteurs et éleveurs d'une part, et, d'autre part, entre *Bagánwa* et *Batūtsi* au sein du groupe dominant lui-même. Les biens matrimoniaux se répartissent ainsi : *Bagánwa* (princes, membres des lignées royales), de 5 à 7 vaches laitières ; *Batūtsi* riches, une vache pleine et une génisse ; *Batūtsi* pauvres, une vache pleine (ce qui donne les limites de la pauvreté des *Batūtsi* et confirme le fait qu'ils possèdent à peu près toujours du bétail) ; *Bahùtu*, 10 houes ou de 4 à 12 chèvres. On remarque immédiatement la rupture qualitative qui existe entre les biens qui interviennent dans les alliances *batūtsi* et ceux qui interviennent dans les alliances *bahùtu*. On voit ainsi que deux sortes de biens matrimoniaux circulent parallèlement : des houes dans le cas d'alliances nouées entre les agriculteurs, des bovins dans le cas d'alliances entre les éleveurs. La disjonction dans la circulation de ces biens matrimoniaux — houes d'un côté, vaches de l'autre — entérine la division sociale du travail et l'existence d'une différence de classe. Alors que ces biens, houes et bovins, circulent simultanément au niveau général des échanges, ils ne s'échangent jamais les uns contre les autres, car il n'existe entre eux aucune équivalence directe.[15] Autrement dit, on ne peut jamais obtenir une vache contre un nombre x de houes, il faut toujours passer par un équivalent intermédiare (généralement produits vivriers ou petit bétail). A la différence de la vache, la houe ne crée pas de relation de clientèle. Aussi, ces deux types de biens ne sont-ils pas plus interchangeables que les rapports sociaux qu'ils représentent. Il existe entre eux une incompatibilité fondamentale : la houe est un moyen de travail, la vache, un moyen de production. On n'échange pas un moyen de travail contre un instrument de domination économique et politique. En fait, les biens matrimoniaux ne permettent pas seulement l'accès aux femmes, ils conditionnent, au-delà de la réalisation de l'alliance matrimoniale, l'accès au bétail, moyen de production autrement plus valorisé que la terre parce qu'il ouvre les portes du pouvoir politique, et que son absence les ferme ; nous allons voir comment.

Examinons le vocabulaire qui est utilisé lors de l'établissement d'une relation matrimoniale. Demander une épouse, aller demander, cela s'appelle *gusaba*. Il s'agit du terme même qui est employé dans le cadre de l'établissement d'une relation de clientèle. Tout au long de la cérémonie de demande, le mot femme n'est jamais prononcé. Il n'est question que de la "vache-sans-cornes" (*inká itagira amahembe*), car ce que l'on vient chercher, selon une formule symbolique, c'est une génisse. Formule symbolique? La question peut être posée, surtout lorsque le versement des biens matrimoniaux s'effectue en bétail. Le versement de ces biens (*inkwâno*) en bétail ouvre le "droit imprescriptible"[16] de recevoir en retour une contre-prestation également en bétail et appelée *indŏngoranywa*. *Indŏngoranywa* est donc le droit de l'époux à recevoir une tête de bétail de la famille de la femme dans la mesure où il s'est lui-même acquitté du versement d'une ou de plusieurs têtes de bétail à titre de biens matrimoniaux *inkwâno*. Autrement dit, *inkwâno ntihera* ("la dot ne reste jamais dans les mains du destinataire" – Rugomana 1955: 4). Après les premières naissances dans l'unité domestique nouvellement fondée, une tête de bétail *indŏngoranywa* reviendra, en contre-prestation, dans l'enclos de celui qui aura donné la prestation matrimoniale *inkwâno*. Par la suite, en dehors de ce droit imprescriptible, le père de la femme, en certaines occasions, et souvent à chaque nouvelle naissance, pourra faire d'autres cadeaux en bovins.[17] L'analyse du terme *indŏngoranywa* telle qu'elle est développée par Barengayabo nous apparaît féconde:

Kurongôra signifie épouser. La suffixe *-nywa* indique une réciprocité dans une situation de fait, dans un mode d'être, un état. La chaîne sera *kurongôra* (épouser); *kurongoranya* (faire épouser – de part et d'autre); *kuronganywa* (droit d'épousailles – de part et d'autre). *L'analyse linguistique montre que c'est la vache, indŏngoranywa, qui prend le nom qu'aurait dû prendre normalement l'épouse.* (Barengayabo 1973: 138, souligné par nous)

La permutation de vocabulaire entre l'épouse et la vache ne nous semble ni symbolique ni fortuite; elle souligne ce fait majeur que la circulation des femmes apparaît comme un élément déterminant de la circulation du bétail.

Ceci conduit à considérer sous un jour nouveau le faux problème d'une prétendue "endogamie raciale" (ou de "castes") chez *Bahŭtu* et *Batŭtsi*. Si l'on aborde la question de la circulation des femmes sous le seul aspect des relations matrimoniales (qui épouse qui?), on se condamne effectivement à rester enfermé dans le cercle vicieux des évidences évidentes, y compris lorsqu'on cherche à prouver qu'il n'y a pas d'endogamie raciale. C'est que les rapports matrimoniaux masquent un fait fondamental, toujours le même: la propriété qu'à le bétail de créer des rapports sociaux de production inégaux entre agriculteurs et éleveurs. La circulation du bétail, à travers le versement des biens matrimoniaux, dans les seules relations matrimoniales entre *Batŭtsi*, maintient cette inégalité en limitant au groupe dominant le champ de leurs alliances. Mais, sachant, d'une part, que la contre-prestation *indŏngoranywa* ne revient chez l'époux que pour autant qu'il a versé les biens matrimoniaux en bétail, et que, d'autre part, il est possible pour un agriculteur d'accéder à la possession d'une tête de bétail, par échange ou par clientèle, cet agriculteur peut-il obtenir une épouse du groupe des pasteurs? Dans le cas où un pasteur accepterait de donner en mariage à un agriculteur, en échange d'une seule vache, sa fille *et* au moins une vache de contre-prestation (*indŏngoranywa*), ce serait pour le premier une opération sans intérêt. En effet, premièrement, elle ne permettrait pas la reproduction de la supériorité de l'éleveur par rapport à l'agriculteur, puisque, d'un client potentiel, l'éleveur ferait un allié effectif; et, deuxièmement, l'alliance ne pourrait que favoriser le passage de l'agriculteur, bénéficiaire de la contre-prestation et éventuellement d'autres dons en bétail, d'une unité de production agricole à une unité agro-pastorale, puisque ce mari aurait désormais accès, par le biais des relations affinales et de solidarité, au bétail moyen de production.[18] Cependant, des interalliances peuvent être réalisées entre les deux groupes, mais seulement entre un homme *muhútu* riche et une femme *mutútsi* pauvre, c'est-à-dire uniquement dans la mesure où des relations matrimoniales avec un *muhútu* sont le moyen pour les éleveurs de maintenir ou de recréer les conditions de reproduction en vigueur à l'intérieur du groupe pastoral. Plus généralement, nous avons là l'explication de l'"endogamie raciale" présumée: les alliances matrimoniales entre *Bahútu* ou *Batútsi*, parce qu'elles ne sont pas indépendantes des rapports sociaux de production, n'autorisent la reproduction de chaque groupe que sur le mode qui lui est propre, agricole ou pastoral. Finalement, l'endogamie tendancielle des *Bahútu* et des *Batútsi* reproduit les conditions de reproduction distinctes entre les unités domestiques des agriculteurs et celles des éleveurs. Il s'agit d'une endogamie de classe, et la rétention des femmes au sein du groupe pastoral est le corollaire de l'appropriation et de la rétention du bétail en tant que moyen de production. La différence entre les biens matrimoniaux au sein du groupe dominant lui-même (*Bagánwa*: de 5 à 7 vaches, *Batútsi*: 1 vache), montre que la rétention du bétail ou l'endogamie devient de plus en plus poussée au fur et à mesure que l'on se rapproche du groupe dirigeant. Il existe une étroite corrélation entre possession du bétail, endogamie et pouvoir politique. Ainsi, les lignages susceptibles de fournir des épouses royales, et donc des chefs (les princes), sont limités en nombre et strictement définis. Il s'agit précisément des lignages les plus riches en bétail, et qui en contrôlent la circulation au niveau de la clientèle politique. Et, comme ces rapports de clientèle fonctionnent simultanément comme rapports sociaux de production, ce sont ces mêmes lignages qui contrôlent les conditions de la reproduction sociale en maintenant les différences de classe entre agriculteurs et pasteurs.

Voyons maintenant de quelle manière sont résolus, dans l'ensemble agro-pastoral, l'opposition entre les agriculteurs et les éleveurs, ainsi que les problèmes de la reproduction du groupe dominant au niveau des droits sur le sol et sur le bétail. Le roi "possesseur" du pays détient un droit prééminent sur ces biens, à l'exception du petit bétail. Nous avons déjà dit qu'il en était ainsi parce que le petit bétail, à la différence de la terre et des bovins, ne crée pas de relation de clientèle. Sa "possession" par le roi ne s'avère donc pas nécessaire. Les droits royaux se transmettent par délégation à ses représentants (les princes) sur la partie du territoire, en fait sur les hommes, que chacun d'entre eux contrôle. Il ne s'agit pas seulement d'un contrôle, mais, pour une large part, d'une véritable appropriation. Le roi possesseur universel des terres et du gros bétail en sera également, par le biais des rapports sociaux de clientèle, le donateur universel. Plus généralement, l'ensemble du groupe dirigeant participe à ce pouvoir royal. Nous avons montré que l'attribution d'une possession foncière

(*itŏngo*) par l'autorité politique imposait, au possesseur, le versement d'un surplus en produits et en surtravail, mais que la possession du bétail *en plus* permettait de se libérer du travail agricole direct et des corvées. Il existe donc une
possession foncière qui, outre les terres de culture, peut comprendre des
pâturages, ainsi qu'une forme collective d'appropriation de pâturages qui
varient en fonction de l'extension des terres cultivées. En dehors de ces formes
de possession, les droits sur le sol sont les suivants:
— droits exclusifs sur des pâturages réservés (*ivyanya*) aux troupeaux du roi et
  des princes (une ou plusieurs collines des meilleurs pâturages);
— droits privatifs accordés sur ces mêmes pâturages aux gros possesseurs pour
  leur seul usage ou conjointement aux droits des princes, contre redevance en
  bétail (ces pâturages sont appelés *amabúga* et cette pratique est généralisée
  dans les régions à gros propriétaires de bétail: *Mugǎmba* et *Batūtsi*);
— droits privatifs, dans ces mêmes régions, accordés sur des pâturages (*irâro*) de
  saison sèche, contre redevance en bétail;
— droits exclusifs sur les sources salées;
— droits exclusifs, pour les chefs et leurs clients, de faire pâturer leur bétail,
  dans toute possession foncière, sur les éteules de sorgho, prioritairement à la
  pâture du bétail éventuellement possédé par l'agriculteur — pratique qui
  s'avère désastreuse compte tenu du système cultural en cultures intercalaires
  ou associées: ces cultures peuvent être broutées aussi bien que le chaume de
  sorgho;
— droits exclusifs, pour les éleveurs, de faire pâturer leur bétail dans les bas-
  fonds ou marais alluvionnaires.
Ce dernier droit s'exerce principalement au moment de la saison sèche, période
difficile pour le bétail. Les pâturages de marais (*Pennisetum* et *Panicum*), déjà
bien meilleurs d'ordinaire que ceux des collines (*Hyparrhinia*), fournissent à la
saison sèche un fourrage de bonne qualité, tandis que le bétail ne dispose sur les
collines que d'une végétation ligneuse.

Le contrôle par le groupe dirigeant des droits sur le sol, qui sont mis à profit
pour l'ensemble du groupe dominant, réglemente l'inégalité de l'accès aux
moyens de production (pâturages). Il renforce l'inégalité dans les capacités à
accumuler et à reproduire le bétail. Il permet aux seules unités domestiques
agro-pastorales de pouvoir fonctionner tendanciellement comme unités pastorales. Simultanément, le contrôle de ces droits favorise le maintien des unités
agricoles en tant qu'unités de production essentiellement agricoles. Il permet de
les cantonner dans un élevage limité au petit bétail ou, pour ce qui est des
bovins, au seul élevage résiduel du bétail acquis par échange ou provenant de la
clientèle. Les limites ainsi fixées à cet élevage résiduel sont juste suffisantes pour
assurer la généralisation des relations de clientèle qui tendent à libérer les unités
agro-pastorales de tout travail agricole direct: elles permettent, de ce fait, un
développement plus grand des forces productives dans l'élevage. Mais ces limites
ne sont jamais suffisantes pour autoriser une accumulation de bétail permettant

l'accès, des agriculteurs, à la sphère des rapports politiques. En même temps, la réservation de l'accès aux pâturages et aux bas-fonds limite singulièrement le développement des forces productives agricoles en empêchant les agriculteurs d'étendre leurs cultures et de réaliser une récolte supplémentaire, en marais.

Enfin, il existe également des droits sur le bétail qui permettent encore de développer des capacités d'accumulation inégales au sein du groupe dominant agro-pastoral, pour le seul profit du groupe dirigeant cette fois. Ces droits s'exercent sous la forme de l'extorsion d'un surplus ou d'une saisie (*ingoróre*) sur le bétail des éleveurs. Cette appropriation de bétail permet de créer les conditions de sa redistribution à travers les relations de clientèle à titre politique et la reproduction du système politique, lui-même fondé sur ces relations de clientèle. La redistribution du bétail fait apparaître le roi non pas comme l'appropriateur universel qu'il est, mais comme le donateur universel. L'exercice du droit de prélever un surplus (*ingoróre*) lui fournit non seulement du bétail à redistribuer, mais également, dans la cadre de la royauté sacrée, du bétail à sacrifier, pour reproduire la société dans l'imaginaire. Ce contrôle des conditions ultimes de la reproduction sociale justifie, en retour, ses droits prééminents, autrement dit l'appropriation réelle des principaux moyens de production: la terre et le bétail. C'est pourquoi le bétail extorqué comme *ingoróre* sera divisé en deux types: un bétail appelé *inyambo*, réservé au roi selon des critères particuliers de sélection; un bétail appelé *imbango* ou "ordinaire". La redistribution du bétail dans le cadre des relations de clientèle politique n'affectera que le bétail *imbango*. Au contraire, le bétail dit *inyambo* sera retiré de la sphère des rapports sociaux réels pour être transféré dans la sphère des relations avec le sacré où il servira dans les cérémonies de l'avénement du roi, de deuil royal, ou lors de la fête annuelle de bénédiction des semailles par le roi. Cependant, ce bétail ne circule pas seulement dans l'imaginaire, puisque seule une faible partie sera rituellement sacrifiée (et d'ailleurs consommée par les sacrificateurs), et que le reste servira à l'entretien des ritualistes, des devins et des personnages jouant un rôle dans les cultes royaux.

Conclusion

La combinaison agro-pastorale telle qu'elle se présente au Burundi au XIXe siècle, domination du groupe pastoral sur celui des agriculteurs, soulève de multiples interrogations. Nous pensons avoir montré que ces interrogations trouvent leur résolution dans une analyse en termes de rapports de classe.

Certains problèmes ont été abordés qui demanderaient un examen spécial, notamment la question de la formation de l'Etat. Celui-ci se développe en établissant de nouveaux rapports sociaux grâce à la généralisation des rapports de clientèle. Ceux-ci sont avant tout des rapports de dépendance. Dans ces conditions, l'Etat burundais a pour fonction d'assurer, au bénéfice du groupe pastoral, la reproduction de rapports inégalitaires entre agriculteurs et éleveurs. Ces rapports sont à la base des antagonismes sociaux entre *Bahu̇tu* et *Batūtsi*. Cependant, l'idéologie de la royauté sacrée, en faisant du roi le distributeur universel, de la terre et du bétail, le présente comme celui qui permet le maintien des conditions d'une reproduction équivalente entre les groupes sociaux. Cette idéologie, largement partagée par la classe paysanne, explique pourquoi les luttes principales ne se déroulent pas entre agriculteurs et groupe dominant, mais au sein du groupe dirigeant, pour un contrôle, par chacun des princes, du maximum de moyens de production. C'est-à-dire, en fait, pour le contrôle de l'Etat.

Notes

1. *Le Ruanda-Urundi* (1959: 35) donne les pourcentages suivants des différentes composantes de la population: *Bahu̇tu* 86,48%, *Batūtsi* 12,39%, *Batwá* 1,13%. Ces pourcentages sont repris dans le *Manifeste des étudiants Hutu du Burundi* (1969: 1) qui donne: *Bahu̇tu* 85%, *Batūtsi* 14%, *Batwá* 1%. Ils sont contestés par les *Batūtsi*. Nsanze (1970: 17–18) à partir d'une enquête que personne n'a jamais pu vérifier avance les pourcentages suivants: métissés (issus de mariages mixtes entre *Bahu̇tu* et *Batūtsi*) 66%, *Bahu̇tu* et *Batūtsi* "purs" se partageant à part presque égale 42%, *Batwá* 2%. C'est-à-dire au total le chiffre assez singulier de 110%. Nous retenons pour notre part et jusqu'à plus ample informé les pourcentages de 1959 qui doivent être considérés comme donnant un ordre de grandeur.
2. Sur cette catégorie: Séréni 1971.
3. On consultera notamment pour d'autres sociétés interlacustres: Beattie 1971; D'Hertefelt, Trouwborst & Scherer 1962; Karugire 1971; Vidal 1974.
4. Selon l'*Annuaire démographique* (1968), la densité était de 80 habitants au km^2, avec dans certaines régions une densité pouvant atteindre 170 habitants au km^2.
5. On consultera avec intérêt le travail de Gourou 1953.
6. Rappelons pour mémoire les événements de 1972 qui commencèrent les 29 et 30 avril par une tentative de "coup d'Etat" *muhu̇tu*, et plus probablement par une provocation, comme tendent à le faire penser divers éléments. Ces actions firent, selon les sources, plusieurs centaines ou plusieurs milliers de morts parmi les *Batūtsi*.
    En réaction, les massacres et la répression qui s'ensuivirent, sur une longue période à partir du début du mois de mai, firent au moins 100 000 victimes parmi les *Bahu̇tu*. Cette répression parfaitement organisée et coordonnée confirme la thèse de la provocation politique. Ce fut l'occasion pour les *Batūtsi* détenteurs du pouvoir, donc en tant que classe sociale, de liquider systématiquement et physiquement la petite bourgeoisie d'origine *muhu̇tu*, alors que celle-ci revendiquait de plus en plus impatiemment sa part dans les responsabilités politiques.
7. Cette thèse apparaît pour la première fois à notre connaissance, et de manière intéressante, chez Mpozagara (1967). Par la suite elle sera développée jusqu'à la caricature par Nsanze (1970). Elle est désormais systématiquement reprise, notamment par des historiens comme Mworoha (1975) ou des étudiants comme Siriba (1976). Ces hommes sont des hommes politiques. Ils ont tous, ou ils ont tous eu, d'importantes responsabilités gouvernementales. Leur rôle politique n'est pas indifférent, car, à travers des travaux souvent remarquables, nous pensons que ces hommes contribuent à former et à développer largement l'idéologie dominante. Celle-ci nous semble marquée par une volonté de réécriture de l'histoire pour justifier, au présent, une pratique politique.
8. Le terme *ubwôko* ne peut en aucun cas se rapporter à la notion de clan. Il n'existe pas ou il n'existe plus de mot pour désigner cette catégorie. On utilise souvent, mais à tort, le terme *umuryango* (lignage étendu).
9. Les activités principales des *Batwá* consistaient en activités de chasse et de cueillette. Le développement de l'agriculture et de l'élevage, en supprimant la couverture forestière et

en provoquant une raréfaction progressive du gibier, tend à la fin du XIXe siècle à rendre résiduels ces modes d'appropriation de la nature. A cette époque, les *Batwá* ont pour activité essentielle la production des poteries, et ils se tournent vers l'agriculture comme activité d'appoint. Les *Batwá* sont donc séparés des principaux moyens de production, la terre et le bétail. Pour cette raison, ils échappent aux rapports tributaires. L'absence d'extorsion d'un surplus en travail ou en nature est justifiée idéologiquement par l'"impureté" du groupe *mutwá*: on ne peut consommer ou utiliser ce que les *Batwá* touchent, exception faite, bien entendu, des poteries, rendues "consommables" par leur passage au feu. En conséquence de leur "impureté", les *Batwá* sont exclus de l'ensemble des rapports sociaux de clientèle. Sur les *Batwá* on lira la thèse de De Carolis (1975) et la critique qu'en fait Siriba (1976: 37—53).

10. Le terme *itóngo* correspond à l'ensemble de la possession foncière d'un chef de famille ("soumise à un seul arc") entièrement mise en valeur. L'*itóngo* comprend une habitation (*urugó*) intentionnellement construite au milieu de bonnes terres pour faciliter le transport du fumier et la surveillance contre les déprédateurs. L'habitation est entourée d'un enclos suffisamment important pour contenir un ou plusieurs greniers et, lorsqu'il y a du bétail, une hutte pour les veaux, une étable et une cour pour les vaches. L'étendue mise en valeur par l'occupant grâce aux différents labours avec incorporation de fumier s'appelle l'*indimo*. Une autre partie qui fait suite à l'*indimo*, transition entre les terres cultivées et les pâturages naturels, s'appelle l'*umuvúmba*. Ce terme désigne une terre en friche déjà améliorée par la fumure ou par les alluvions de la parcelle *indimo* qui la domine. C'est dans l'*umuvúmba* que l'agriculteur procède à de nouvelles cultures, alors qu'il laisse en jachères saisonnières (*indâré*) ou non saisonnières (*ikibára*) certains champs épuisés.

11. Ces calculs s'appuient sur nos propres données de terrain. La situation politique au moment de l'enquête (1969—1970), ne permettait pas un travail direct sur le partage du bétail entre *Bahútu* et *Batútsi*, y compris pour la fin du XIXe siècle. Les données recueillies indirectement sont cependant corroborées par une enquête inédite réalisée en 1929 par l'Administration belge. Cette enquête fournit des indications proches de la situation qui prévalait à la fin du XIXe siècle. Pour la période plus récente, on dispose de l'*Enquête statistique agricole 1967* (1969).

Par ailleurs, Leurquin (1957), fournit des chiffres pour l'ancienne sous-chefferie *Nyangwa*, située à la limite des territoires de Gitega, Burúri et Muramvya, en ce qui concerne le nombre de tête de bétail et le nombre de possesseurs. Nous avons calculé les pourcentages correspondants, ce qui donne le tableau suivant:

Nombre de têtes de bétail	Nombre de possesseurs	Pourcentages
0	216	51,31
1	59	14,01
2	43	10,21
3	21	4,99
4	27	6,41
5	12	2,85
6 à 10	28	6,65
11 à 15	7	1,66
+ de 15	8	1,90
	421	99,99

Sur la distribution du bétail entre agriculteurs et éleveurs, Kayondi (1972) donne pour la colline Murunga la répartition de la population entre les trois principaux lignages et leur possession en bétail, soit en résumé: *Batútsi*, 243 individus et 156 têtes de bétail; *Bahútu*, 99 individus et 26 têtes de bétail. Les chiffres de population comprennent l'ensemble des habitants "de moins d'un an à 60 ans et plus". Nous aurions ainsi, pour cette colline, des valeurs moyennes de 0,64 unité de bétail par individu *mutútsi* et 0,26 unité par individu *muhútu*.

12. Vidal (1974: 70—74) met en évidence avec l'"étude des représentations concernant la

vache et les liens de clientèle" le fait, qu'au Rwanda, ce soit-disant amour de la vache est surtout révélateur des "thèmes idéologiques sur lesquels l'Etat fondait sa domination".

13. Leurquin (1957: 70) remarque que "toute l'économie agricole est basée sur la récolte du fumier et son accimulation sur les champs voisins du kraal; aussi y a-t-il de grosses différences de production entre champs d'éleveurs et de non-éleveurs, et la jachère est-elle encore une pratique courante".

Sur l'importance du fumier on consultera également: De Schlippe 1957; Kayondi 1972; Nkezabera 1959.

14. Etudiée par Demaret 1955.

15. Les informateurs (désignés ci-dessous par les premières lettres de leur nom suivies de leur lieu de résidence) sont unanimes sur ce sujet: "Dans l'ancien temps, on ne pouvait pas échanger des houes contre une vache; cela ne se faisait jamais. Ce que l'on pouvait faire, c'était échanger des houes contre des bêtes domestiques (chèvres et moutons) ou contre des vivres, tandis que les vaches étaient échangées contre des greniers de sorgho ou de maïs" (Big., Busīga); "Je n'ai jamais vu si on faisait des échanges entre les houes et les vaches. Je voyais qu'on en faisait cadeau (*kushikanira*) aux chefs (*batwăre*) et qu'on s'en servait pour doter" (Mug., Gatára); "Les houes que l'on échangeait contre une vache ou un taureau ou une génisse cela je ne l'ai pas vu. Mais j'entendais que cela se faisait à l'*Imbo*. Et je n'ai pas demandé le nombre de houes que l'on donnait" (Bib., Kabuye).

16. Selon l'expression de Barengayabo 1973.

17. *Indŏngoranywa* est en général la première génisse née de la vache donnée en *inkwâno*. Par conséquent, la vache de dot (*inkwâno*) ne peut être une vache stérile (*ingumba*), mais une vache pleine (*inká iri n'amezi*) ou au moins une vache reproductrice (*inká ivyará*). Si la vache prétendue reproductrice ne l'est pas, il faudra la remplacer, sinon ce peut être un cas de divorce. Le parallélisme avec l'épouse est évident. Il s'agit bien d'un transfert de fécondité.

Les cadeaux qui suivent *indŏngoranywa* montrent la même tendance. La femme ayant eu son troisième ou quatrième enfant ira le présenter à son père et pourra en recevoir une génisse *inká y'urugori* ou *inká y'urutézo*. *Urutézo*, c'est la couronne de maternité en tiges de sorgho. A l'une des naissances suivantes, elle peut encore recevoir *inká igisimbo*, la vache du panier (généralement un taurillon), à condition que la vache donnée en *inkwâno* ait été féconde, pour sa part.

Au premier accouchement de sa femme, l'époux riche fera le présent à la mère de celle-ci, venue rendre visite à sa fille et lui apporter des cadeaux, d'une vache *inkando* (de dédommagement).

18. La nature et l'importance des biens qui circulent dans les échanges matrimoniaux sous forme de prestations et contre-prestations confirment l'impossibilité matérielle et les blocages qui empêchent le simple agriculteur d'accéder aux femmes des pasteurs. Il ne peut soutenir, parce que son moyen de production principal est la terre, le rythme des cadeaux réciproques garants des bonnes relations sociales entre les deux familles. D'autant plus qu'il faut tenir compte des transferts de bétail à l'occasion des fêtes familiales et des visites, ainsi que de l'obligation de la solidarité en cas de vol ou de perte du bétail.

Références

Annuaire démographique. 1968. New York: Nations-Unies.

Barengayabo, M. 1973. Le vrai visage de la dot matrimoniale au Burundi sous l'éclairage des lois et coutumes de l'Afrique noire. Thèse de doctorat en droit canon et droit civil, Université pontificale du Latran, Rome.

Beattie, J.H.M. 1971. *The Nyoro state*. London: Oxford University Press.

Bonte, P. 1973. La "formule technique" du pastoralisme nomade, pp. 6–32 in J. Barrau et al., *Etudes sur les sociétés de pasteurs nomades*, Cahiers du centre d'études et de recherches marxistes 109. Paris: Centre d'études et de recherches marxistes.

Botte, R. 1969. Burundi: la relation *ubugabire* dans la tête de ceux qui la décrivent, *Cahiers d'études africaines* 3: 363—371.

1974. Processus de formation d'une classe sociale dans une société africaine précapitaliste, *Cahiers d'études africaines* 4: 605—626.

De Carolis, A. 1975. Contribution à la connaissance des Twa de Butara (Burundi). Thèse pour le doctorat de 3ème cycle, Ecole des hautes études en sciences sociales, Paris.

Delacauw, A. 1936. Droit coutumier des Barundi, *Congo* 3: 332—357.

Demaret, Y. 1955. Aperçu de l'agriculture coutumière et de l'élevage dans la vallée du Mosso (région de Kininiya), *Bulletin agricole du Congo Belge* 6: 1329—1337.

De Schlippe, P. 1957. Enquête préliminaire du système agricole des Barundi de la région Bututsi, *Bulletin agricole du Congo Belge* 4: 827—882.

D'Hertefelt, M., A.A. Trouwborst & J.H. Scherer. 1962. *Les anciens royaumes de la zone interlacustre méridionale Rwanda, Burundi, Buha.* Tervuren: Musée royal de l'Afrique Centrale.

Enquête statistique agricole 1967 dans la région de Ngozi et Gitega 1969. Paris: Société d'études pour le développement économique et social (SEDES).

Gourou, P. 1953. *La densité de la population au Ruanda-Urundi.* Bruxelles: Institut royal du Congo Belge.

Karugire, S.R. 1971. *A history of the kingdom of Nkore in western Uganda to 1896.* Oxford: Clarendon Press.

Kayondi, C. 1972. Murunga, colline du Burundi: étude géographique, *Les cahiers d'outre-mer* 98: 164—204.

Leurquin, P. 1957. L'actif mobilier des habitants des sous-chefferies Kigoma (Ruanda) et Nyangwa (Urundi), *Bulletin de l'institut de recherches économiques et sociales* 2: 67—93.

Le Ruanda-Urundi 1959. Bruxelles: Office de l'information et des relations publiques pour le Congo belge et le Ruanda-Urundi.

Manifeste des étudiants Hutu du Burundi 1969. Bruxelles. Document multigraphié.

Mpozagara, G. 1967. *Sociologie politique du Burundi.* Paris. mémoire de la Fondation nationale des sciences politiques.

Mworoha, E. 1975. Institutions, rites et structures étatiques des anciennes monarchies des grands lacs est-africains. Thèse de doctorat de 3ème cycle en histoire, Université de Paris I.

Nkezabera, P.D. 1959. Etude du régime foncier actuel dans la région de Mugamba, *Servir* 3: 100—107.

Nsanze, T. 1970. *L'édification de la république du Burundi, au carrefour de l'Afrique.* Bruxelles: Editions remarques africaines.

Rapport sur l'élevage bovin-ovin et caprin 1970. Paris: Société d'étude pour le développement économique et social (SEDES).

Rugomana, J. 1955. Inkwano mu Burundi [Les biens matrimoniaux au Burundi], *Ndongozi* XVI (7).

Sereni, E. 1971. De Marx à Lénine: la catégorie de formation économique et sociale; *La pensée* 159: 3—50.

Siriba, P. 1976. *Système de lignages et pouvoir politique central au Burundi.* Diplôme de l'école des hautes études en sciences sociales. Paris.

Verbrugghe, A. 1965. Le régime foncier coutumier au Burundi, *Revue juridique de droit écrit et coutumier du Rwanda et du Burundi* 2: 59—73.

Vidal, C. 1974. Economie de la société féodale rwandaise, *Cahiers d'études africaines* 1: 52—74.

25. Equality in nomadic social systems? Notes towards the dissolution of an anthropological category

TALAL ASAD

L'anthropologie a longtemps eu tendance à caractériser les sociétés de pasteurs nomades par les traits qui les distinguent des communautés villageoises sédentaires, et comme des sociétés plus égalitaires, indépendantes et économiquement homogènes que ces dernières; de même, on a considéré que l'organisation segmentaire s'identifiait aux sociétés pastorales et qu'elle y représentait le principe d'intégration et d'égalisation par excellence. Des travaux récents, entrepris d'un point de vue marxiste, mettent au contraire en évidence l'existence de fortes inégalités sociales chez les nomades, inégalités dont les conditions de reproduction tiennent à la société sédentaire; mais ces travaux pèchent également en ce sens qu'ils considèrent des secteurs de production pastorale et agricole distincts et doués de capacités propres de développement.

There has long been a tendency in anthropological writings (and elsewhere) to represent "pastoral nomads" as having a distinctive social character which sets them conceptually apart from and in opposition to sedentaries (or "peasants"). Once one goes beyond the rather banal, common-sense fact that all pastoral nomads are dependent on animals for their livehihood, and that they move about from place to place in caring for their animals, argument about what nomadic societies essentially have in common or about what a nomadic mode of production[1] necessarily implies, becomes immediately interesting and problematical.

It is often suggested that pastoral nomadic societies tend to be more egalitarian, independent and economically homogeneous than sedentary societies (cf. Goldschmidt 1971). Connected with this suggestion is the older idea of nomads being warlike and hostile towards the civilized, unfree life of sedentary communities.[2] Segmentary lineages are thought to be uniquely suited to the mobile, ungovernable character of pastoral nomadic society. It is of course acknowledged that, empirically, nomadic societies differ considerably, that some are more egalitarian than others. Still, the assumption seems to be that inegalitarian nomadic societies represent a deviation from the norm. Such deviations

419

are usually explained in two ways: it is proposed that certain processes *essential* to the structure and functioning of pastoral nomadic systems have been blocked or distorted (due to internal or external pressures); or it is pointed out that the society in question is not a *pure* pastoral nomadic society (i.e. because it is not subject to a purely pastoral regime, but combines sedentary practices and institutions). Thus in answer to the question, "Are pastoral nomads more egalitarian than sedentary cultivators?", most people would say, "On the whole, yes", i.e. in the majority of cases, yes. If asked why this should be so for the majority, the answer would be that there are certain social mechanisms for restoring equality, mechanisms which are essentially connected to the pastoral mode of livelihood. If asked about the reason for the greater inequality among the minority of cases, explanations might be provided in terms of certain accidental developments, i.e. developments from "outside" — such as military conquest, or integration into a sedentary political-economic structure, or the impact of world market forces.

Are we justified in talking about "pastoral nomads" in this way? Could we not consider political and economic inequality among sedentary populations as being due to the fact that processes essential to the operation of sedentary cultivating societies are blocked or distorted by internal developments or external events? Indeed, this is precisely what people who have adopted Chayanov's theory of "the peasant economy" do argue.[3]

The important economic point about nomads, surely, is not that they move about in order to care for their animals, or that animal husbandry is subject to a range of biological and environmental constraints, but that their political and economic organization may be based primarily on production for subsistence. Modern ranchers also live by animal husbandry and move about in order to care for their herds, but they are structurally in the same category as farmers who employ wage labour and produce commodities for the market. On the same principle, free peasants applying family labour to land primarily for subsistence, selling only a small portion of their produce in order to buy consumption goods, and yielding up another portion to the state in the form of tax, are in the same category as pastoral nomads who do the same. An undue concern with rehearsing the biological and environmental constraints of animal husbandry not only fails to tell us anything about such crucial differences and similarities; it also gives the misleading impression that technique in the narrow sense is an independent variable, always determining and never determined by social relations in the development of social formations. It is a common error of recent anthropological discussions about nomadic production systems to equate economic constraints with the purely technical constraints of livestock raising.[4] If we are to understand the principles of economic organization on which structures of inequality are based, we must take into account the *combined effect* of what some Marxists call the relations and forces of production, i.e., the social conditions which facilitate (or inhibit) the systematic production, appropriation and accumulation of surplus, on the one hand, and the labour process by which natural objects are utilized or transformed into products for human consumption, on the other hand. The applied science of livestock raising cannot give us clues to the articulation and transformation of social systems.

Surely, a basic theoretical distinction must be made between aboriginal social groupings which are assumed to be isolated, and historically determinate populations which interact systematically. The societies that anthropologists have studied in the field are all of the latter kind, and it was as a response to the problem of identifying a distinctive, ordered society that classical anthropology formulated its definition of the category "political":

The social structure of a people stretches beyond their political system, for there are always social relations of one kind or another between peoples of different autonomous groups. Clans, age-sets, ritual associations, relations of affinity and of trade, and social relations of other kinds unite people of different political units. Common language or closely related languages, similar customs and beliefs, and so on, also unite them. Hence a strong feeling of community may exist between groups which do not acknowledge a single ruler or unite for specific political purposes. Community of language and culture, as we have indicated, does not necessarily give rise to political unity, any more than linguistic and cultural dissimilarity prevents political unity.
    Herein lies a problem of world importance: what is the relation of political structure to the whole social structure? (Evans-Pritchard & Fortes 1940: 23)

The answer that Evans-Pritchard and Fortes gave to this question, it will be recalled, was that "the political" constituted the different modes in which societies were essentially integrated and united. In stateless societies, they suggested, the political function was performed by the segmentary lineage system; in state-like societies, by centralized authority, administrative machinery and judicial institutions. The concept of political system thus became in effect a concept of the most inclusive level of the autonomous social totality, the level which defined the social totality by integrating it. These authors were, it should be noted, especially concerned to stress that in segmentary lineage societies, there were "no sharp divisions of rank, status or wealth" (1940: 5). Yet neither the segmentary lineage system, nor the relative insignificance of inequality was especially identified with *nomadic* as against sedentary societies.

By the late fifties and early sixties, functionalists were able to argue (although still within the same problematic) that the segmentary lineage system was not incompatible with centralized societies.[5] But in spite of such arguments, the idea has somehow persisted among anthropologists that the segmentary lineage system is particularly identified with "nomadic society", and that it constitutes the principle at once of integration and of equalization in such societies. They fail to realize that the equality of segments specified by such a system represents a formal equivalence at the *ideological* level, that it does not define the *pro-*

ductive capacity or political power (material resources, manpower, etc.) of opposed groups. (To describe the equivalence of lineage segments as *ideological* is not to say that it is a figment of the anthropologist's imagination, but to characterize its theoretical status.)

The French peasants of whom Marx wrote in *The 18th Brumaire* might have been jealous of their proprietorial independence, and doubtless they were internally "equal" when compared as a group with the range of inequality characteristic of mid-nineteenth-century France. Yet no one would deny that their political and economic significance as a group could not be understood in isolation from the class structure as a whole.[6] Contemporary pastoral nomads in Third World countries might not see themselves within a class context (as groups whose political-economic situation was defined by a particular mode of production articulating a complex social formation which is systematically connected with other social formations) but rather as a total society — a "tribe", a "people", a "nation". But that is no reason why the anthropologist should uncritically adopt the same viewpoint as his *analytical framework*. The point, surely, is to identify and analyse the nature of the total system within which nomads exist and reproduce themselves as a distinctive cultural, political and economic entity. It is not merely that nomads "interact" at different social levels with sedentaries, but that the social conditions of their existence are reproduced by the total system, a system which is historically formed and reformed by complex combinations of the forces and relations of production. And since the conditions, and the system which reproduces them, vary radically according to time and place, there cannot be an essential "pastoral nomadic society".

Nomads use various objects of consumption (especially tools and weaponry) which are only produced in settled communities, whereas the latter are able to do without the animal products of pastoralists, and it may be thought that this very condition constitutes an important universal feature of "nomadic society". Yet it is equally plain that townsmen need food and raw materials which are only available in the countryside, and that peasants can do without the luxuries produced in urban centres. The crucial question to ask in each case is how, theoretically, a determinate historical pattern of the social division of labour comes to acquire *class* characteristics — or more precisely, how the systems of production and circulation in which different groups are involved create and confirm the social imbalances of need and the power to satisfy need.

In the histories of great imperial systems, as Lattimore's classic work *Inner Asian frontiers of China* (1951) makes clear, the epochal opposition between barbarian and civilized forces is a struggle between surplus-generating empires and free barbarians producing little or no surplus — not one between pastoralists and cultivators, or their economies. It is the combination of labour processes with property relations, formed and re-formed within the dynamic system of imperial—barbarian contradictions, that explains the great transformation of Mongolian pastoralism through the centuries:

[By the second half of the nineteenth century] few travellers were interested in deducing from the comparison between poor people and rich herds that the "free" life of the nomad was restricted even in freedom of movement, and that ownership had passed from the herdsman to princes and ecclesiastical dignitaries and was in process of passing again from them into the hands of Chinese trading firms. A pastoral equivalent of tenantry was in fact widely spread and especially practised by the monasteries, which gave herds out to the care of individuals, reclaiming the natural increase on terms that brought them in more than their "investment" and progressively impoverished the herdsman. (Lattimore 1951: 96)

By the beginning of the twentieth century, as Lattimore demonstrates, a vast quantity of surplus product was being extracted from the producers through an alliance of Chinese merchants and Mongolian lords. The critical relationship in such a case is that between the direct producer from whom surplus labour is extracted and its appropriators (both "nomadic" princes and non-nomadic "outsiders"). And it is precisely the political-economic relations between the Mongolian princes and Chinese traders which constitute part of the conditions necessary for the reproduction of the Mongolian herdsmen as exploited pastoral tenants.

The notion that the spatial mobility of nomads (a "basic characteristic") makes them relatively immune to being exploited is thus merely the outcome of a confusion between economic exploitation and political incorporation. It is clear that states and empires can exploit autonomous populations without having to incorporate them politically. Less immediately clear perhaps (though just as important) is the fact that spatial movement, whether of pastoral nomads or of colonial homesteaders, acquires political-economic significance only within the context of what may analytically be identified as the problem of the open frontier: it is not the ease of physical movement as such which is significant, but the extent and power of the state (reflected in the balance of loss and gain that must repeatedly be struck by rulers and ruled, as well as by "free" tribesmen and state forces) in defining the political frontier between effective dominion and "free lands". To say of a given population of pastoral nomads (or colonial homesteaders) that the state cannot reach them, is also to say something about a particular state — whose reach cannot extend beyond a certain point.

It is only when the "pastoral nomadic tribe" is isolated from the conditions defining its mode of production and reproduction, that it appears to possess an essential form of equality. Consider again the way in which some anthropologists have attempted to explain the essential character of "nomadic societies" (or of "pastoral regimes") in terms of certain cyclical processes and equalizing tendencies (cf. Barth 1964). First there is the argument that the increased wealth accruing from larger family herds is more rapidly dissipated because richer families consume more. Does one have to spell out the implication of a logic which holds that, in the final analysis, the rich are proportionately no better off than the poor, because their greater power to spend is more than matched by their greater need? The question at issue, of course, is not whether a given *family* can spend or save indefinitely (every family has a biologically defined life-span), but whether and under what conditions systematic accumulation is possible within a given *mode of production*.

Then there is a supplementary argument purporting to explain how the process of equalization takes place when the cyclical mechanism of accumulation and dissipation fails to operate effectively — this is the suggestion that exceptionally rich and exceptionally poor nomads "leave the tribe" in order to settle down as landlords or tenants or labourers in neighbouring villages. Is this anything more than a way of redefining the differential constraints of a wider class structure in terms of the similar qualities of a narrow population aggregate (the "tribe")?

The primary theoretical question in this context must always be "What are the critical elements and limits of the system of reproduction of an ideologically defined social group?" and *not* "What are the spatial/social boundaries of the (nomadic) society?" These two questions are quite different, and the analytical priority of the former does not in any way depend on whether the social group concerned is internally stratified or not. It is only the arbitrary assumption that the relatively homogeneous social group represents "an aboriginal system", and the stratified social group "a later development", which makes it possible for the two theoretical questions to be confused, and for further muddles to arise. In fact the conditions of reproduction and recreation of equality/inequality can only be determined in terms of the first question — according to which every relevant factor might not always be "inside the tribe" but must always be "inside the system".

In one of the more interesting recent papers by an anthropologist on political inequality among nomads, Jean-Pierre Digard (1973), writing about the Bakhtyari, observes that "Villageois d'implantation anciennes ou anciens nomades ruinés par la perte de leurs troupeaux, ils apparaissent comme les parents pauvres ou les victimes du système, mais aussi comme la *condition nécessaire de sa reproduction*". They are, he goes on to say, the guarantee from one year to the next, which, together with animal husbandry, secures for nomads their comparatively greater wealth.

Digard's article is notable for its attempt to introduce the concept of mode of production in the analysis of pastoral nomads in a more sophisticated way than comparable articles in English have done. Digard is, for instance, fully aware that livestock husbandry is a type of productive activity and not a mode of production, and he has a subtle understanding of the historical forces moulding the pattern of political inequality among the Bakhtyari. However his discussion suffers from a number of basic analytical weaknesses which can only be overcome by an explicit rejection of the categories "nomad" and "sedentary" for theoretical purposes, and the adoption of a problematic based on a coherent concept of mode of production.

Thus, in the passage quoted above, the systematic interdependence of the conditions of reproduction which he identifies, is, in effect, represented in terms of a grand division of labour between "nomads" and "sedentaries" which secures for the former their greater wealth. Even his identification and discussion of the two modes of production to be found within the Bakhtyari tribe has the same analytical bias. Thus, for Digard, the two modes of production are conceptually embodied in the "free nomad" and the "landlord-chief" respectively. Free nomads are those who produce by relying on family labour, who own private animal-"capital",[7] have direct access to communally owned land, and part of whose surplus product is seized by landlord-chiefs. Landlord-chiefs, on the other hand, possess private land besides having direct access to communally owned land; as owners of the means of production, employing hired labour and dominating a variety of tenants, they oversee a mixed agro-pastoral production which is "increasingly directed to profit".

Although the "landlord-chiefs' " mode of production involves both livestock husbandry and agriculture, the basic emphasis is on agriculture. So, in effect, the two modes of production appear, in Digard's analysis, as pastoralism and agriculture respectively, and the result, in my view, is an involuntary obscuring of the real problem at issue, which is the identification of the basic mechanisms accounting for a relatively stagnant economic sector and one that is growing. In other words, the question is one of distinguishing and accounting for a sector of economic activity in which no systematic accumulation is taking place from another in which it is. And since the answer is to be found in the different possibilities of exploiting labour-power, it makes better sense to represent the essential difference in terms of capitalist and non-capitalist modes of production, rather than essentially in terms of agriculture and pastoralism, as Digard's classification appears to do.

How should the two modes of production be distinguished? The Bakhtyari nomad is obliged to yield up some animals (tax) and the sharecropper to yield up a portion of the harvest (rent), but in each case the appropriation of the surplus product takes place after the production process is completed (this is quite different, of course, from the way in which surplus value is appropriated from the wage-labourer). In other words, tax and rent do not in themselves constitute different modes of production. They may, however, be seen as different *relations of production* in the present case, in the sense that they indicate some

of the conditions under which variable amounts of surplus-product can be
seized. Thus, instead of assigning the free nomad to one mode of production
and the landlord-chief, tenants, and hired workers to another, I would propose
that what we have here is a non-capitalist mode of production in which there
are different relations of production, binding a heterogeneous class of direct
producers, most of whom are not yet separated from their means of production
(free nomads, sharecroppers, and other agricultural tenants). Articulated with
this form of extracting the surplus, but in a way which Digard's analysis does
not make clear, is an incipient capitalist mode of production in which the
landlord-chief as capitalist employs capital in the production process and
initiates the systematic accumulation and control of the means of production.
This latter kind of "capitalism" is, incidentally, quite different from "the
transitional capitalist sector" which Digard finds embodied in the trader and
the middleman, who are, he observes, "outside the tribe". Digard's "capitalist
sector" represents merchant capital. Yet what matters in any analysis of modes
of production is not that the merchant is outside the tribe (or the "society")
but that capital is outside the productive process.

The two modes of production are not to be defined simply in terms of the
"dominance" of one or other set of *production relations* — whether those of
the free nomad (tax) vs. tenant (rent), or those of the two together vs. the hired
worker (wages). The two concepts together are intended to raise questions
about the conditions defining the constraints and contradictions found in the
systematic accumulation of surplus value. These questions cannot be answered
in a satisfactory way (and consequently no adequate definition of the modes of
production and their articulation can be attempted at a "purely theoretical
level") without recourse to the detailed historical evidence about modern Iran.
And yet it is only in terms of the concepts of modes of production and of systems of reproduction, that the dynamic tendencies of equality/inequality among
the Bakhtyari can be determined.

I conclude by emphasizing the drift of my general argument — there is no such
thing as a mechanism of equality intrinsic to nomadic society (or to the nomadic
mode of production), because "nomadic society" and "the nomadic mode of
production" are both *theoretically unviable concepts*.[8]

Notes

This is a revised version of the paper presented in December 1976 at the conference on Pastoral Nomadism in Paris. I wish to thank the *Critique of Anthropology* Group for their help-
ful comments at a Seminar in London in February 1977, and also Josep Llobera and Harold
Wolpe for their detailed criticisms.
1. Cf. the chapter entitled "The nomadic brake" in Anderson 1974, in which an attempt is
   made to characterize "the nomadic mode of production".

2. In an article written for a symposium in March 1972 (Asad 1973) I argued against the common assumption that pastoralists in the Arab Middle East have historically constituted a formidable military force.
3. Cf. Chayanov 1966. Sahlins (1972) has made interesting, though not entirely convincing, use of Chayanov's model. My doubts, I should add, have nothing to do with the technicist point recently raised by Meillassoux 1975.
4. Thus, for example, "several economic constraints are characteristic of nomadic systems. Some of the most obvious are: (1) the reproductive capacities of the animals, and their effects of animal and human aggregations and dispersals; (2) the achievement of a minimum level of productive efficiency whereby management is geared to sustain animal progeny as well as provide food products for human consumption; and (3) the species-specific behaviour of the animals, which places certain limitations on herd composition and management as well as on productive capacity." (Swidler 1973)
5. See, for example Smith 1956, and Southall 1956.
6. Indeed, even populism, with its emphasis on proprietorial independence, its distrust of hierarchy, etc., is to be understood partly as an ideological expression of the class position of a peasantry menaced by capitalist expansion.
7. Is it sensible in the context of a non-capitalist mode of production to talk, as Digard repeatedly does, of animals as "capital"? We may recall Marx's ironic comment: "If the concern is the word, capital, which does not occur in antiquity, then the still migrating hordes with their herds on the Asiatic high plateau are the biggest capitalists, since capital originally means cattle . . . " (Marx 1973: 513).
8. See Dyson-Hudson 1972. According to Dyson-Hudson's empiricist approach, nomadism "breaks down immediately into two different sets of phenomena — livestock rearing and spatial mobility" (p. 24), and each of these is itself made up of "dozens of variables which admit of virtually infinite recombinations". Like all true empiricists, his final methodological conclusion boils down to a plea for more data: "Until we possess precise knowledge on such [variables] , we cannot claim adequate knowledge of even a single nomadic society — let alone 'nomadism' as some more general form of human experience." (p. 26). Here the *concept* of pastoral nomadism is being retained as the dim image of a "phenomenon" about which, so we are told, we do not yet know "enough".

References

Anderson, P. 1974. *Passages from antiquity to feudalism*. London: Humanities Press.

Asad, T. 1973. The Beduin as a military force, pp. 61—73 in C. Nelson (ed.), *The desert and the sown*. Berkeley: Institute of International Studies, University of California.

Barth, F. 1964. Capital, investment and the social structure of a pastoral nomadic group in south Persia, pp. 69—81 in R. Firth & B.S. Yamey (eds.), *Capital, saving and credit in peasant societies*. Chicago: Aldine.

Chayanov, A.V. 1966. *The theory of peasant economy*, ed. D. Thorner, B. Kerblay, R.E.F. Smith. Homewood: American Economic Association.

Digard, J.P. 1973. Histoire et anthropologie des sociétés nomades: le cas d'une tribu d'Iran, *Annales: économies, sociétés, civilisations* 6: 1423—1435.

Dyson-Hudson, N. 1972. The study of nomads, pp. 2—29 in W. Irons & N. Dyson-Hudson (eds.), *Perspectives on nomadism*. Leiden: Brill.

Evans-Pritchard, E.E. & M. Fortes (eds.). 1940. *African political systems*. London: Oxford University Press.

Goldschmidt, W. 1971. Independence as an element in pastoral social systems, *Anthropological quarterly* 3: 132—142.

Marx, K. 1973. *Grundrisse*, trad. Nicolaus. Harmondsworth: Penguin.

Meillassoux, C. 1975. *Femmes, greniers et capitaux*. Paris: Maspéro.

Sahlins, M. 1972. *Stone age economics*. Chicago: Aldine.

Smith, M.G. 1956. On segmentary lineage systems, *Journal of the Royal Anthropological Institute* 2: 39—80.

Southall, A. 1956. *Alur society*. Cambridge: Heffer.

Swidler, W.W. 1973. Adaptive processes regulating nomad sedentary interaction in the Middle East, pp. 23—41 in C. Nelson (ed.), *The desert and the sown*. Berkeley: Institute of International Studies, University of California.

26. Inequality and oppression in nomadic society

PHILIP C. SALZMAN

L'examen de l'inégalité et de l'oppression chez les Kababish, les Lur et les Baluch suggère que l'analyse des classes et celle des conflits peuvent être constructives si on les utilise comme instruments de recherche plutôt que comme pré-suppositions, car les sociétés diffèrent beaucoup les unes des autres quant à ces traits. Dans les tribus indépendantes, les moyens de coercition tendent à être largement distribués à travers toute la société, limitant ainsi l'oppression politique. Et, plus la dépendance à l'égard des ressources pastorales est grande (et faible celle à l'égard des ressources agricoles) et plus il est probable que les moyens de production seront distribués au sein de toute la société et que celle-ci sera égalitaire. En outre, la distribution étendue des moyens de coercition et de production est liée à la présence de micro-groupes puissants. Au contraire, les tribus pastorales effectivement "enclavées" sont souvent beaucoup plus hiérarchisées et oppressives, et plus fragmentées au niveau local, que celles qui ne subissent aucune interférence extérieure, du fait de la concentration des moyens de coercition et de production alors produite et sanctionnée par les agents extérieurs.

Society is based upon coercion applied in the interests of advantage. Differences of advantage reflect and define the class structure of society. The class structure makes consensus impossible, for consensus depends upon common interests which do not exist. The lack of consensus is masked by ideologies, which are maintained by both indoctrination and non-communication. Domination, tyranny, and exploitation are common, if not universal. The seeds of change are found in the reaction to oppression, which leads to conflict. Out of this conflict, change is generated. Societies are formed by coercion, and reformed by conflict.

This view of society can be taken in more than one way. It can be taken as an insight into the nature of social life, a guide for interpretation, a yardstick against which to measure descriptive accounts, and an explanatory device. Or it can be taken in a more tentative and heuristic way, as an exhortation to look for divergence of interest, coercion, variations in ideology, and conflict, and as an exhortation not to assume that consensus is present, common interests are paramount, and conflict psychopathological. With the heuristic orientation, this view of society becomes a guide to research rather than a master of it.

As a guide to research, this viewpoint raises questions rather than answers them. Thus, each of the assertions listed above in the initial paragraph can be prefaced by the phrase "to what extend is it the case that . . . " This leads to the exacting task of specifying how one decides these questions, and how one goes about collecting evidence relevant to the decisions. And perhaps most important, one is led to ask under what circumstances different degrees of divergent and common interest, coercion and consensus, and conflict and co-operation are found. When such circumstances and their consequences can be specified, and these specifications can be examined in the light of a range of particular cases, one has a substantive theory. Such a theory can be tested against cases rather than imposed upon them. And conclusions can be demonstrated rather than asserted.

The task is no different if the focus is a particular type of society, such as pastoral nomads, than it would be for the full range of societies. Whether there is more or less divergent or common interest, and so on, is an empirical question, as is the range of variation within the particular category.

In examining these issues in nomadic society, one is not treading upon virgin soil. Works with a view of society akin to that outlined above have become available recently. In the next section of this essay, two such ethnographic works will be discussed. In the third section, a model based upon these two accounts will be formulated. This will be followed in section four by an examination of the model in the light of another ethnographic case. Section five will be a summary and conclusion.

Time and again, anthropologists have told us of "tribes without rulers" . . . But in opposition to such fantasies . . . [society is] based on authority and subordination. (Ralf Dahrendorf, *Essays in the theory of society*, p. 173)

The Kababish (sg. Kabbashi) Arabs of the Sudan, meticulously described by Asad (1970), are a tribe of camel and small stock herders. The Kababish tribe cannot, however, be considered a primordial grouping, for both its form and substance have evolved in response to pressures from the successive governments of the Sudan. In the course of the past half century, a strong chiefship has evolved through the manipulations of several talented individuals who effectively played off the desires of the government and those of the mass of Kababish. The result has been the effective disenfranchizement of the ordinary tribesmen and the monopolization of political power and its material benefits by the chief and his following. The tribesmen are completely dominated by the elite. "In all political spheres the ordinary Kabbashi is subject to the Awlad

Fadlallah leaders, without the means of participating in or controlling the representative activity of the administrative structure" (Asad 1970: 239).

The ideologies of the elite and the mass of tribesmen differ. The chief and the rest of the elite see themselves as having governing rights and fulfilling responsibilities on behalf of the tribe, and see the tribesmen as having a duty to support them. The tribesmen, in contrast, see the elite as having power and view elite demands more in terms of compulsion than duty. Nonetheless, the mass of tribesmen accept the situation, so Asad argues, because they see no way to alter the present arrangement.

Here I want to stress that neither "consensual" nor "coercive" power . . . adequately characterises or explains the dominance of the Awlad Fadlallah leaders over the tribe as a total unit. The dominance is to be seen as being based largely on the control of desired utilities, and hence on the exclusion of potential competitors from the sphere in which effective decisions relating to such utilities are made. These utilities . . . include the higher political statuses, financial resources, personally committed followers . . . channels of regular communication to government officials in the provincial and national capitals, etc. . . . The dominance of the Awlad Fadlallah over the rest of the Kababish is not based on any noticeable exercise of repression, still less on the voluntary exchange of political power for the right to invoke certain obligations in the future . . . . It is based rather on the inability of the [ordinary] Kababish to compete with the Awlad Fadlallah for the means of administration over the tribe. (Asad 1970: 237)

From the point of view of the ordinary tribesmen, "it is the visible exercise of present power . . . that legitimates [domination by the elite]" (Asad 1970: 243).

While the facts in Asad's account are well documented, and most of the interpretation straightforward and convincing, certain emphases are, if not incorrect, perhaps somewhat misleading. The coercion/consent/acquiescence problem is the most important example of this.[1] While it is clear from the account that the Kababish tribesmen accept and tolerate the present domination of the tribe by the elite, the reasons for this are not entirely clear. Asad suggests two closely related reasons for acceptance, but neither of these seems adequate.

One reason is the exercise of power itself, which in the eyes of the tribesmen is self-legitimating. Having power is a sign that the holder of power deserves to have it (Asad 1970: 243). This suggests that the Kababish are non-judgmental, accepting what is as what must be. But this is not the case, for they are concerned about the use of power, about how it affects them. "The power which defines a relationship of permanent political inequality is not itself thought of by the Kababish as immoral, although the unjust use of this power is . . . *Zulm* (oppression) consists not in the existence of unchallengeable power, but in its immoral exercise" (Asad 1970: 242). If, in the view of the tribesmen, "power is as power does", then consent is contingent upon what the elite does, upon how they use their power. To ask whether the tribesmen consent to the structure under these circumstances is beside the point, for it is to the exercise of power and not the structure that they extend or withhold their consent. Thus, what must be asked is what the elite does that evokes consent and what the elite does that evokes resentment, and what the balance of these responses is over time and as various policies of the elite are implemented.

The second reason suggested by Asad for the acceptance by the tribesmen of elite domination is their recognition of their inability to compete with the elite, and of their effective exclusion from the sources of power. But the exclusion of the tribesmen from the sources of power is not a reason for them to accept the elite monopoly of power; the exclusion is no more than an integral aspect of that monopoly of power. The acceptance of exclusion by the tribesmen is not an answer to the question of why they respond in a certain way to the elite monopoly, but a statement of the problem.

Do the tribesmen simply take the attitude that what is, must be? Is their response to the elite monopoly a type of political fatalism? I would suggest that a cost-benefit analysis would be useful here. What, from the point of view of the ordinary Kababish tribesmen, are the costs and benefits of the present political arrangement, and what would be the likely costs and benefits of attempting to modify the present arrangement? In the (ethnographic) present situation, Kababish tribesmen are fairly well off in terms of traditional standards, and do not seem to be much troubled in daily life by the elite.

There has hitherto been little administrative interference in the day-to-day lives of the Kabbashi tribesmen, the overall human/animal and animal/land ratios have been favourable, familial organization has remained a viable form of pastoral enterprise. (Asad 1970: 9)

Most nomads either possess sufficient animals to subsist on or find it fairly easy to acquire animals directly in Dar Kababish. (Asad 1970: 15)

Asad well recognizes that these "are among the conditions that enable the ruling elite to maintain its present monopoly of political power and authority" (Asad 1970: 9). These are factors that are either independent of the elite, or are based upon non-involvement of the elite. There are other conditions which result from elite activity and which may be positively evaluated by the tribesmen. One is the regional ascendency of the Kababish over other rival tribes. Another is the maintenance of law and order (cf. Colson 1974). A third is structures of communication with outside agencies and populations that facilitate exchanges of goods and information, e.g. cattle agents. A fourth is the implementation of an open tenure policy throughout the tribe, guaranteeing access to pasture for all tribesmen.

Negative factors in the current situation include cattle tax which the tribesmen resent (not unlike our reservations about sales tax, VAT, income tax, estates tax, and so on). And some individuals of ambition will resent exclusion from competition for offices and the related material benefits.

This part of the picture suggests that the ordinary Kababish tribesmen accept and tolerate their elite not because power is self-justifying or because they are excluded from power and so have no alternative way to respond, but because they do not feel oppressed by the elite, because life is fairly good, and because the ills of life that they do face cannot in any substantial measure be blamed on the elite. This is not to argue that there is consent in the tribe for the elite monopoly, but to suggest that the elite political monopoly *per se* is not a matter of great concern for the tribesmen. It is reasonable to accept Asad's implicit point that there is a wide range of possible responses to a particular governmental arrangement, that there are degrees of consent from enthusiastic endorsement to positive support to lukewarm acceptance to toleration, and beyond to degrees of negative response, from mild dislike to distaste, to revulsion and hatred. But what seems clear from the ethnographic account is that to the Kababish tribesmen what is decisive is the application of power, and about this they are not, so far, greatly troubled.

The other point implicit in Asad's argument is that abstract desire for a particular political structure, in so far as such an abstract preference exists, is combined in any concrete response with considerations about what is practicable. This is the significance of Asad's observations about the ordinary tribesman's assessment of his exclusion from access to administrative resources and the means of power.

What are the practical possibilities of political intervention on the part of the ordinary tribesmen? Before answering this question, one must note that there are various degrees of intervention, with different degrees of risk, of benefit, and of potential for success. One can make representations to local and elite and national office holders and notables. One can switch allegiances. One can oppose incumbents in regular political process. One can withdraw support and refuse to respond to demands from the elite. One can threaten retaliation. One can bring to bear physical coercion, violence, in scattered or concentrated form, and applied to property or persons. For the Kababish, representations or instrusion by non-elite tribesmen does not seem very promising, because of the elite administrative monopoly. Mass protest and opposition has not been tried, but has been successful elsewhere (Peters 1972; Bujra 1971) and might work here. Violence has not been attempted, and its likely consequences would depend, even more than non-violent protest, upon certain extraneous factors, especially the response of the national government. In fact, the monopoly of power by the tribal elite rests very heavily upon the coercive powers of the national government. This is a fact that has been underemphasized by Asad.[2] The position, powers, and privileges of the Kababish chief and elite are all underwritten by the national government, and the coercive powers of the national state are available to counter-challenges to the chief and the elite. This is obvious in the case of the local courts, controlled by the chief, and in the taxes demanded by the state and collected by the chief. Presumably violence directed against the chief or his agents would be answered by the military organs of the state. The fact that there is no "noticeable exercise of repression" (Asad 1970: 237) is not so much a sign that the constant implicit threat of coercion by agencies of the national government is weak or unimportant, but simply a sign that the status quo has not been threatened. This may be a result of the absence of strong opposition to the status quo, or a sign of the effectiveness of the implicit threat of coercion by the national government, and most probably a combination of these two factors. Were the coercive powers of the state not available to the tribal elite, there would be nothing to stop the ordinary tribesmen from ignoring or overthrowing the elite.

The evolution of the present Kababish political structure is a result of encapsulation of the tribal population by agents of the state. Neither this process of encapsulation, nor the consequent increase of power in the hands of indigenous leaders, is uncommon (Salzman 1974). Very often tribal leaders in the traditional situation of relative independence from the state depended heavily upon the support and allegiance of their followers for limited power. In the situation of effective encapsulation, tribal leaders often have external resources at their disposal which make them to a considerable degree independent of their former followers, who become to a greater or lesser extent dependent clients. The situation of the ordinary tribesmen depends in this situation of encapsulation upon many factors, of which one of the most important is the control of capital resources, of the means of production. If the tribesmen can maintain control of the means of production, and these are adequate for supporting the population, then considerable independence on the local level can be maintained. Such is the case of the Kababish, among whom pasture and water are collectively held and open to all, and livestock are available and fairly well distributed. If the Kababish tribesmen are politically dominated by an elite, they do not seem to be exploited economically to any considerable extent. In spite of the political domination, the level of interference and oppression is low. Should interference and oppression increase markedly, the ordinary tribesmen would use their resources — mobility, economic independence, coercive abilities — to express their opposition to the tribal elite, and much would then depend upon the response of the national government.

The Lurs of western Iran, described by Black (1972), are also much affected by encapsulation by the state during the past half century. Traditionally a tribe of pastoral nomads, they were forcibly settled by Reza Shah as part of his tribal pacification policy. During the disorderly settlement, stronger lineages managed to take control of inordinately large parcels of the preferable land, leaving the weaker tribesmen a small share of the less desirable land. When Reza Shah was ousted, and many tribesmen returned to pastoral pursuits, those better placed in the agricultural sphere were better able to finance pastoralism. In the harsh environment of the central Zagros, livestock is scarce, difficult to come by, and difficult to maintain. Those tribesmen with substantial resources are better able to provide the necessary capital resources, labor, and means of defense for a successful pastoral enterprise. Resources in the agricultural and pastoral sectors reinforce each other, and provide the time, mobility, and economic resources for their owners to cultivate political alliances which are used to protect the resources and to further disadvantage weaker tribesmen through depriving them of crucial pastoral resources, such as information and pasturage.

The result of these historical and socio-economic processes is not political domination, for there are no tribal offices and no formal tribal political structure. The result is, according to Black, a more diffuse socio-economic "tyranny", which "is the *leitmotiv* of Luri social structure" (Black 1972: 614). There is a small number of very wealthy men who own the bulk of the economic resources of the area, and along with their kinsmen allies, and through ties of patronage, effectively control the lives of the majority of Lurs, who depend upon the wealthy for herding contracts and other forms of patronage which allow them to avoid starvation. Black analytically divides the male population into six classes in terms of several factors which include control of the means of production and economic and political activities. He argues that although the Lurs have an ideology of achievement and equality of opportunity, very few individuals are able to move from the poor and dependent categories to the wealthy and independent categories. The ideology is supported by the fact that some few poor men are successful in upward mobility. The illusion of freedom is based upon the kernel of formal independence that exists in the contacts which underlie most relationships between Lurs. But since the choice in most cases is between dependence and poverty in a dead-end client role, and starvation as an independent agent, Black views the notion of choice and independence as no more than a pathetic cover for the tyranny that most Luri men suffer under every day.

Why do not the poorer Lurs band together and take a fairer share? One reason is that political ties between the poorer tribesmen are weak. According to Black, they have no strong segmentary system to bind them together,[3] and in the course of their pastoral duties for their patrons, they have little time or opportunity to form alliances. But even if the poorer Lurs were able to mobilize, they would not be able to use their coercive power to better their position. "For reasons connected with the presence of government troops in the region . . . out-and-out conflict for the control of scarce resources is today no longer feasible" (Black 1972: 625). Thus an original maldistribution of capital resources becomes legally enshrined through state endorsement and guaranteed by the overwhelming coercive power of the state.

Black's account raises a number of questions that cannot be answered from the data he presents or from his analysis. One major question is why so few tribesmen are able to build herds. Labor is scarce and herding contracts relatively lucrative. And as we know from other accounts (Bates 1973; Irons 1975), labor, and not capital resources, is the most important factor in pastoral success. Even taking into account the relatively high mortality rate of poor men's flocks and the demand for the labor of poor men's sons, the small number of independent herdsmen is surprising. More information on this ecological and micro-economic phenomenon is required to support Black's argument. Second, at a more general level, is his assertion that "men consent to the structures which are forced upon them, and no more" (1972: 631). Do the Lurs, then, consent to the present arrangement? Do people always consent to structures that are forced upon them? Does consent always indicate that a structure has been forced upon people (cf. Asad 1973)?

Hence we are able, finally, to isolate the invariant relations between facts upon which all scientific explanations must rest. (S.F. Nadel, *The foundations of social anthropology*)

The Kababish and the Lur are cases in which oppression is in some degree present. The conditions under which this oppression has developed and been maintained are described. Also suggested, either explicitly or implicitly, are circumstances under which this oppression would not be present. These analyses thus provide a foundation upon which a more general model can be formulated, a model which is a step toward "isolat[ing] the invariant relations between facts."

The factor, the variable, to be explained is oppression in social life. Oppression is here used as a general umbrella term, meaning (as a verb) "To trample down or keep under by wrongful exercise of authority or superior power or strength; to load or burden with cruel or unjust impositions or restraints; to tyrannize over" (*Oxford English Dictionary*, vol. VII: 159). In the accounts of the Kababish and Lur, and generally in such discussions, attention is given primarily to oppression of man by man, with the situation of women and children, who are universally in subordinate roles, either regarded as a secondary matter or left aside altogether.[4] And so it will be in the discussion that follows, with the proviso that the situation of women and children remains to be dealt with.

Under the umbrella term oppression a number of more limited and more precise concepts must be delineated. Asad centers his analysis around the concept of political domination, the holding of "virtually all political power and privilege" by a limited section of the society (Asad 1970: xv), the "pre-emption of the right to make basic decisions concerning the political order" of the society (1970: 231), the situation in which "political power [is] accessible only to a small group of privileged persons" (1970: 231). This seems a clear and useful formulation. It must be kept in mind, however, that "political power and privilege" is used here in an institutional rather than functional sense, and that what falls into the political sphere varies considerably from society to society. The scope of politics varies from society to society; the areas of social life into which it intrudes and does not intrude vary. Thus the significance of political domination in a society, the degree to which it is oppressive, depends to a considerable extent upon the scope of politics in the society. Furthermore, political domination in its institutional sense emphasizes form and process, rather than substance. Domination can be more or less benevolent, more or less harmful to those dominated. And so the degree of oppression in political domination depends upon the substance of political decisions as well as upon their scope.

Black describes the situation of the Lur in terms of tyranny, emphasizing the hierarchical nature of social relations and the lack of real choice and consequent lack of freedom among the mass of individuals at the lower end of the hierarchy. While the term tyranny generally refers to the political sphere, and specifically to absolute rule by an individual, there is a more general and diffuse meaning: "Arbitrary or oppressive exercise of power; unjustly severe use of one's authority; despotic treatment or influence; harsh, severe, or unmerciful action" (*Oxford English Dictionary*, vol. XI: 562). For the purposes of this discussion, tyranny can be taken in this diffuse sense, to mean, in Black's terms, restriction of freedom and life chances of the less well off by the more well off.

However, even with this point established, problems remain in Black's conceptualization. Asad justly states that, "Black has not decided clearly whether he is focusing on 'social differentiation' or 'stratification' or 'political dominance' or 'ranking' or 'class oppression' or, if on all of these, then how he thinks these concepts are analytically connected" (1973: 305). But this stricture need not be limited to Black. It is a challenge to all those working on the problem of oppression to work out in an explicit and precise fashion the conceptual relationships (and presumably, the empirical relationships) between the various aspects of oppression and the variants of oppression.

One further concept which presumably would be subsumed under oppression is exploitation, which in its most widespread usage emphasizes economic oppression. The current lively debate on the definition and operationalization of the term exploitation suggests that some improvements are warranted in precision and usage (Dalton 1974, 1976; Dunn 1976). For present purposes, exploitation can be thought of as the extraction of economic value beyond the value, economic or other, returned. Such phenomena as coerced payments (Dalton 1974: 556) and low pay for valuable labor would be examples of exploitation.

Oppression would thus include political domination, economic exploitation, and the diffuse phenomenon of tyranny. What are the circumstances under which these arise and are maintained? These forms of oppression can best be understood in terms of particular patterns of control of the means of coercion, of the means of production, and of the means of political administration. Among the Kababish, there was elite political domination because the elite controlled the means of public administration, but the scope of public administration was restricted because control of the means of production was distributed throughout the tribe and the means of coercion was for the most part in the hands of an external body with a narrow definition of administration. The mass of the population retained, in addition to economic independence, an untested (but no doubt recognized) potential for spatial mobility and violent coercion.

The result of this concatenation of factors is the relatively low level of oppression by the tribal elite and the acquiescence of the tribesmen to political domination by the tribal elite. Among the Lur, in contrast, control of the means of coercion and the means of public administration rested largely outside of the local population, with agents of the state. But control of the means of production rested with the small elite of the tribe, and this control was recognized and supported by the state agencies. The poorer tribesmen had no resources under their control other than their labor, and in a situation of economic scarcity arising from adaptational limitations, depended upon the elite of the tribe for a livelihood. Under these circumstances, the members of the elite effectively controlled the lives of the mass of the tribesmen, limiting their opportunity and extracting from them services which resulted primarily in benefit to the elite. Oppression here was considerable, even if masked by an ideology of freedom and opportunity.

What can these cases tell us about inequality and oppression among pastoral peoples? One major point is the importance of powerful external state agencies controlling the means of coercion. The presence of such agencies is decisive in determining the structure of society and in some cases in upholding oppressive structures. In effectively encapsulated pastoral societies, the policies of the external agencies regarding such matters as ownership and administration are major determinants of the shape and nature of social life, including the degree and form of oppression. This point is quite clear from the Kababish and Lur cases. Quite in contrast is the situation in which there is no effective state encapsulation, in which "decentralized conditions" obtain (Gellner 1973). Here, the structure of the tribe and the degree of oppression depend for the most part on internal conditions and circumstances. In the Kababish case this would mean that there would be no coercive support from the government for the political monopoly of the tribal elite. In the Lur case it would mean that there would be no coercive support from the government for the maldistribution of agricultural land and no externally generated inhibition upon coercive action by the mass of Lur tribesmen.

Black rails against the "egalitarian bias" in anthropological studies of tribal societies, and cites the Somali and Bedouin among others as cases where "allegedly egalitarian practices" are overemphasized by authors (1972: 615). Presumably Black regards his analysis of the Lurs as more suitable for these pastoral societies. But one must not lose sight of the fact that the Lurs Black describes are for the most part not pastoralists. As he points out, "at least two-thirds of the population are sedentarised and primarily engaged in subsistence farming" (1972: 619). The bulk of the Lur population is, then, not nomadic and not pastoral. As Asad points out in defense of his Kababish analysis, pastoral nomads live in "very different politico-economic circumstances" from the Lurs (1973: 305). Among pastoral nomads, both people and capital resources are mobile, which is not the case among the Lurs. Furthermore, pastoral resources are more volatile, easier to conjure up with the help of human resources and easier to lose as a result of uncontrollable environmental influences. Black too recognizes this, for he says of the Lur, "prior to sedentarisation, the hazards and uncertainties of a nomadic pastoral existence in a hostile environment had acted as a leveller to preserve a considerable degree of homogeneity between family fortunes" (1972: 621). The control of non-pastoral means of production, especially agricultural resources, is thus a source of inequality and a basis for oppression in an otherwise pastoral society. I would thus hypothesize that there is a positive correlation between the absence of agricultural resources in a pastoral society and the distribution of the means of production evenly throughout the society. Similarly, there is a negative correlation between the presence of scarce but important agricultural resources and the distribution of the means of production evenly throughout the society. This hypothesis is based on the understanding that pastoral resources in nomadic societies tend to become evenly distributed throughout the society, and that as a result oppression based upon control of the means of production is low or absent. Agricultural resources, on the other hand, are more amenable to long-term unequal distribution, and, in cases of unequal distribution, provide a basis for socio-political inequality and oppression.

Secondly, I would hypothesize that in a decentralized situation with no effective state encapsulation the means of coercion in a tribe of pastoral nomads would be distributed evenly throughout the society, and that as a result oppression based upon control of the means of coercion is low or absent. The mobility of both capital resources and people among the mass of the tribesmen facilitate both attack and escape, and the hardiness of the tribesmen conditioned by pastoral activities and the low level of specialized instruments of coercion bias violent confrontation in favor of the mass and against any small elite. This correlation is, however, affected by the prior one about control of the means of production, for if control of the means of production is disproportionately distributed, it can be used to support specialized agents of coercion, thus imbalancing to some degree the distribution of control of the means of coercion throughout the society.

The emphasis here is on the absence in many traditional pastoral societies of small elites who monopolize political power and economic resources. This is not to say that tribesmen are all equal in all respects. Such a position, that all tribesmen are equal in all important respects, has not been taken by students of pastoral nomads. Considerable attention has in fact been given, even in relatively early works (e.g. Evans-Pritchard 1940) to differences in status and prestige. Inequalities incorporated in age differences have been meticulously examined, especially in East Africa where the major forms of social organization are based upon age differentiation (e.g. Dyson-Hudson 1966). Likewise, differences in achievement in pastoral activities and their implications for social relations have been pointed out (e.g. Dyson-Hudson 1966: 222, 227). There is still a great deal to be said about inequality in local settings, and questions about opportunity, choice, and influence need to be asked and these phenomena need to be more carefully examined. But these inequalities and whatever degree of small-scale oppression they generate do not necessarily have a cumulative tyrannical effect at the level of the society at large. Here we must distinguish, with Asad, between stratification, class opposition and political domination, which characterize a hierarchical society in which a substantial degree of oppression is likely to be found, and social differentiation and ranking, which are not inconsistent with egalitarian societal structures and which do not necessarily lead to any substantial amount of oppression.

One important structural index of egalitarian structure in nomadic tribal society is strong local groups, or perhaps more accurately, given the nomadic residence pattern, strong micro-groups. Among both the Kababish and the Lur, there are no strong, ongoing micro-groups. The idioms of kinship, descent, contract and co-residence are all used, but are used primarily for dyadic relationships. Among the Lur, "the lower stratum is composed of a disorganised *hoi polloi* of loosely articulated nuclear and extended families" (Black 1972: 623). Obligations of help and assistance do not bind tribesmen together (Black 1972: 624). Among the mass of Kababish, dyadic relationships predominate in economic cooperation, in residence pattern, where camps are the cumulative results of multiple individual links rather than group membership, and even in vengeance. As for kin groupings, "the clan and the subclan are widely distributed . . . and neither has any corporate identity" (Asad 1970: 143). Furthermore, the traditional functions of local notables have been undermined by the tribal elite through its monopoly of the means of public administration. The absence of micro-groupings reflects a lack of common interests (as distinct from similar interests) among tribesmen, and a lack of common resources, whether of production, coercion, or administration, under local control. This would suggest that the control of these resources resides elsewhere, either with an elite or outside of the tribal system. Further, the absence of micro-groupings removes the threat of cooperative strategy among tribesmen against elite holders of societal resources. It is for this reason that such local groupings are undermined wherever possible by elites and outside agencies. This latter point is illustrated among the Kababish by the chief's elevation of homicide from a wrong between groups of kinsmen to a public offence against the tribe, as represented by the chief, of course (Asad 1970: 175). Conversely, where strong micro-groups are present, it is likely that they have common interests in resources that they control, and which, being in the possession of micro-groups, are thus distributed throughout the society rather than in the hands of an elite or outside agencies who can use the resource to oppress the tribesmen.

To sum up this discussion: Effectively encapsulated pastoral nomadic societies are likely to be considerably more hierarchical and oppressive than those without outside interference. In independent tribes, the means of coercion would tend to be widely distributed throughout the society. The greater the dependence upon pastoral resources and the less upon agricultural resources, the more likely that the means of production will be distributed throughout the society, and the less hierarchical and oppressive the society is likely to be. Egalitarian pastoral nomadic societies are characterized by strong micro-groups, whereas more hierarchical and oppressive ones are characterized by the absence of such groups among the mass of the population.

A fierce and turbulent race of Republicans. (Burton, quoted by I.M. Lewis, in *A pastoral democracy*)

As an initial test of the arguments and hypotheses set out above, questions about inequality and oppression in a nomadic tribe of Iranian Baluchistan will be raised and the relevant data will be set out in a summary form.

The Yarahmadzai Baluch is a tribe of nomads engaged in pastoralism, primarily of sheep and goats, but also of camels, and in several other extractive activities including date palm horticulture and predatory raiding.[5] (By the use of the traditional names, Yarahmadzai, I signify reference to the pre-pacification, pre-encapsulation "Baluch" period, which ended in 1935. Until otherwise indicated, this period is the "ethnographic present" described.) Dwellers of black goat-hair tents, the tribesmen migrated frequently and in unpredictable patterns in response to a variable and erratic distribution of micro-environmental resources, especially pasturage and water. Nomadic migration made possible the exploitation of different types of resources, primarily pastoral and arboricultural, which were spatially separated as a result of environmental factors. In addition, nomadic resources and mobility were made use of in military activities, including extractive predatory raiding and expansive and defensive warring.

The organizational principle of patrilineal descent and the political principle of collective responsibility were combined in the segmentary lineage system. Corporate groups of more and less inclusiveness were defined in terms of genealogical reference points, as were patterns of obligation and alliance. The corporate groupings at a given level of inclusiveness were in principle equal in rank. Camping groups were more flexibly organized on the basis of collective herding contracts, but there was a strong tendency for the camps to consist of or be dominated by lineage mates.

Social differentiation within the tribe stressed sex and age criteria, and even the primary concept of ranking, *mastair*, included consideration of both chronological age and political competence. Success in herding, warfare, public speaking and mediation, and exemplary social behavior all fed into individual ranking.

Tribal leadership was vested in the chiefship, which was limited largely to mediation within the tribe and to relations with external groups, including both warfare and negotiation. The chief, as a member of a lineage, was tied into the lineage system, and was unable to rise completely above the balances, tensions, and fragmentations of the segmentary system. As representative of the tribe's unity, his role was to encourage and facilitate centripetal factors and discourage centrifugal tendencies. His primary tool was ability in persuasion and mediation, although the ability to manipulate external relations or the appearance of external relations played some part. The chief had no special coercive powers or coercive resources. He depended upon his own lineage, as did each tribesman upon his, for military support and backing. There was no special military or police group available to provide coercive sanctioning for the chief, nor did he have the right to punish tribesmen with physical sanctions.

The tribal territory was open to all tribesmen, who thus had access to all natural pasturage and water sources. Livestock was owned by households, as were date palms. Livestock, in addition to its natural increase, could be supplemented by animals taken in raiding, an activity open to any tribesman with enough initiative to take the trouble and risk. Date palms could be increased simply through the planting of cuttings, for the necessary ground water was available to all. Migration and location were the responsibilities of the independent camping groups.

Within the camping groups and lineages, leadership was largely a matter of eliciting direction from the male household heads and of providing guidance in the specifics. The basis of this pattern was ongoing consultation and negotiation between household heads about all decisions of public concern. Dissatisfied household heads could and frequently did switch camping groups, and dissatisfied lineage members could restrict their lineage-oriented activities, although this was more difficult and more costly.

Little administrative structure existed within the tribe, for there was little that was administered from above. Contacts between camp elders and leaders and lineage elders and leaders and tribal leaders were not formally structured, and depended largely upon mutual interest. Decisions were based upon negotiation and required mutual interest to be binding, for there was no independent sanctioning power.

Social, economic and military welfare rested with the lineages. Lineage members in economic need were assisted by lineage mates, and cooperation in extractive and economic matters was common. The general welfare of individuals, in social matters such as disputes, in biological matters, such as illness, and in psychological matters, such as discouragement and depression, was a legitimate and active field of concern and attention among lineage mates and camp members. Threat to livestock, constructed water sources, date palms or other resources, and violent confrontation and conflict, injury, death or the threat of these would activate the lineage as a group with collective interests and responsibilities.

The clearest manifestation of oppression in the tribal system, or in conjunction with it, was that of slaves, used by the tribesmen for household labor, the very limited agricultural work within the tribal territory, and arboricultural activities. A few of these slaves, usually of African origin, were purchased from the south, but for the most part they were captives from Persian peasant villages in the north and northwest. There were also small groups of low status metal workers not of tribal membership but effectively symbiotic with the tribe.

In the traditional tribal system of the Yarahmadzai, there was no political domination, no economic exploitation, and no tyranny among members of the tribe and thus among the great bulk of the population of the tribal territory. These forms of oppression were clearly present in relations between the tribesmen and the small group of slaves, and present to a lesser degree between the tribesmen and the metal workers.

Why was there no oppression within the tribe? Oppression in its various forms was impossible because the control of the means of coercion, production and administration were distributed throughout the tribe and not concentrated in the hands of a small segment of the tribe. This distribution of the means of production was to a significant extent a function of the nature of pastoral resources, of the particular non-pastoral resources exploited, and of the ready availability of resources outside of the tribe. The distribution of the means of coercion was a result of the limited military technology, of the mobility of capital resources, residences and people, and the absence of external coercive resources. The rudimentary administrative system resulted from the combination of above mentioned factors. The distribution of control of the means of coercion, production and administration throughout the society was manifested in the importance and strength of micro-groups, the lineages.

Since pacification, the Shah Nawazi, as they have come to be called, have been gradually incorporated into the nation state system of Iran. Although the national government has over the years established military dominance and formal administrative dominance, its intrusion into tribal life, except for the suppression of predatory raiding, has been limited and for the most part lighthanded. Many of the traditional patterns remain characteristic of tribal life, and many of the traditional mechanisms determining the distribution of control of the means of coercion, resources and administration continue to be effective at the local level. One major difference is the change in the role of the chief, which has become that of a middleman between the tribe and agencies of the government. This has made available to the chief resources, both economic and political, not available to other tribesmen. There has thus been to some degree a shift in the position of the tribesmen from that of independent followers to dependent clients. The chief and members of his family have been able to accumulate economic resources, and this is reflected in expansion of non-pastoral sectors, such as irrigation agriculture, mechanized transportation, and others, some quasi-official, some quasi-legal. The beginnings of economic class differentiation are present here, as are the seeds of class opposition. The chief has also managed to gain control of certain administrative structures, albeit at the lowest levels of the national bureaucracy. Another difference is an increased degree of individualization resulting from new constraints on the role of the lineages and new alternatives in the extra-tribal environment. The reduction in collective commitments is conducive to individual accumulation of economic and other resources and a spur to further social differentiation. The inexorable consequences of encapsulation will be further breakdown of levelling mechanisms and increasing maldistribution of the control of the means of production, coercion, and administration. Increased oppression in its various forms will inevitably follow these maldistributions.

Objections have been made in the literature to the characterization of societies as egalitarian. Similar objections can be made to characterizing societies as tyrannical. On one level, the problem is not how societies are characterized, but that they are characterized at all, for more often than not characterizations are little more than caricatures. To focus attention on one aspect of social relations is reasonable and often necessary for analytic purposes, but a reductionism in which the whole of society and culture, of social process and cultural meaning, is whittled down to a single type of relationship, a single significance, is irresponsible at best. Even more is this the case when, in approaching the aspect of society to which we direct attention, we use global concepts that envelop rather than elucidate, when we use rigid analytic schemes that shape rather than illuminate the data, when we interpret case material in terms of our general understandings rather than test our general understandings through the challenge of the case material.

On yet another level, we are dangerously close to ideological posturing when we suggest that people do not feel what they should feel and do not evaluate the way they should evaluate. It is one thing to say that people do or do not feel oppressed, or that they feel oppressed to this or that degree in terms of this or that social context. It is another thing to say that they are oppressed but that they do not feel it and so they are wrong. We must tread carefully, lest we do violence to our subjects through unfettered intellectual or ideological enthusiasms.

Such moralistic reservations must be stated, for the terms used in this essay — oppression, tyranny, exploitation — include powerful emotive elements. It is true that these emotive elements underline the importance of the concepts, but they also present dangers, the kind of dangers outlined above. These concepts can, nonetheless, be used judiciously, for serious intellectual purposes. At least I have tried to use them in such a fashion. In this attempt, I follow others, some of whom have used these concepts in restrained and intellectually fruitful ways, and some of whom have used them in loose, emotive, and less than responsible ways. The more careful and judicious we are in our analyses, the more likely it is that our conclusions will be taken seriously.

The tentative conclusions to this essay are several. There is a substantial range of variation among pastoral nomadic societies in the degree to which oppression can be said to be present. There are different kinds of oppression such as political domination, economic exploitation, and more diffuse types, with different causes and different consequences. The degree of oppression depends not only upon structural form, but also upon structural range and substantive content. The bases of variation in the degree of oppression, and in the various types of oppression, lie in variation in the patterns of control of the means of coercion, of production, and of administration. Factors which greatly affect the patterns of distribution of these forms of control include influences external to the tribes, especially encapsulation by the state, and the importance and nature of non-pastoral, especially agricultural, resources.

Notes

1. There is a semantic problem in addition to the substantive problem. In general, Asad uses the term "consent" in a fashion that is close to general usage, i.e. it is a particular attitude, one of agreement, that people have toward an arrangement (cf. *Oxford English Dictionary*). And Asad builds his case on the observation that Kababish tribesmen have a different attitude toward the tribal elite and its political domination than the elite has toward itself and its role and the role of the tribesmen. Whatever the merits of the case that Asad builds, and this is discussed in the text of this essay, the semantic usage is acceptable.

   However, Asad also uses the term in a highly idiosyncratic fashion: "For consent strictly speaking is only present when people have the right and power to participate (directly or indirectly) in the making of authoritative political decisions to which they are subject . . . Structurally the relationship between the Awlad Fadlallah and their subjects remains one in which consent is absent" (Asad 1970: 245). Here consent is used almost as an equivalent to "democracy", and includes the sharing of power and participation. Asad is of course free to use the term consent in any way he likes, as long as he makes his meaning clear. But switching between usages is rather misleading. There is no doubt, if we accept Asad's description, that in the latter sense of the term, there is no consent in the Kababish tribe. But in other parts of Asad's argument, and in the discussion in the theoretical literature, consent is used in the first sense, and in this sense whether or not there is consent among the Kababish is more difficult to settle, and the relevant evidence takes a different form.

   In the remainder of the essay, the common usage meaning of consent will be used, and the minor argument of Asad quoted above will be disregarded.

2. I have previously stated this opinion (Salzman 1971b). Here I am in agreement with Black (1972), although Black's other comments on Asad's account of the Kababish are unwarranted and injudicious. Asad's rejoinder (1973) to Black, pointing to the very different "politico-economic circumstances" of the Kababish and the Lurs, is fully justified.

3. Virtually no data is presented on local organization. Such information would clearly be instructive in this context. It is true that Black suggests that "anthropologists concentrate their research more on ecology and economic factors and 'leave' the social structure to look after itself" (Black 1972: 618). The result in this particular case is that the reader is not able to judge potentials for and limitations on mobilization of poorer tribesmen.

4. It is noteworthy that Asad views the position of women among the Kababish with some

complacency, analyzing it in terms of cooperation, reciprocity and the fulfillment of moral obligations, despite the fact that a woman "will always be subject to the authority of a male household head" (Asad 1970: 81). Black, in contrast, paints a very black picture, in which the women have no "say whatsoever in the conduct of economic relations and political activities . . . " (Black 1972: 629). There are virtually no "circumstances of major significance in which it is accepted that a woman may exercise her own free will *and* get away with it" (Black 1972: 633, n. 15).

5. I carried out field research among the Yarahmadzai/Shah Nawazi in 1967—1968, with support from the National Science Foundation, and in 1972—1973 and 1976, with support from the Canada Council and McGill University. The documentation most relevant to the issues discussed here would be Salzman 1971a, 1972, for the pre-pacification period, and 1973, for the post-pacification period. Further and more detailed ethnography will be forthcoming.

References

Asad, T. 1970. *The Kababish Arabs: Power, authority and consent in a nomadic tribe.* London: Hurst.
1973. Equality and inequality in Islam, *Man* 2: 305—306.
Bates, D.G. 1973. *Nomads and farmers: A study of the Yörük of southeastern Turkey,* Museum of Anthropology, Anthropological papers 52. Ann Arbor: University of Michigan.
Black, J. 1972. Tyranny as a strategy for survival in an "egalitarian" society, *Man* 4: 614—634.
Bujra, A. 1971. *The politics of stratification: A study of political change in a south Arabian town.* London: Oxford University Press.
Colson, E. 1974. *Tradition and contract: The problem of order.* Chicago: Aldine.
Dalton, G. 1974. How exactly are peasants exploited? *American anthropologist* 3: 553—561.
1976. Exploitation of peasants: A reply to Dunn, *American anthropologist* 3: 643—645.
Dunn, S.P. 1976. On the exploitation of peasants: A response to Dalton, *American anthropologist* 3: 639—643.
Dyson-Hudson, N. 1966. *Karimojong politics.* London: Oxford University Press.
Evans-Pritchard, E.E. 1940. *The Nuer.* London: Oxford University Press.
Gellner, E. 1973. Introduction to nomadism, pp. 1—10 in C. Nelson (ed.), *The desert and the sown*, Institute of International Studies, Research series 21. Berkeley: University of California.
Irons, W. 1975. *The Yomut Turkmen: A study of social organization among a Central Asian Turkic-speaking population*, Museum of Anthropology, Anthropological papers 58. Ann Arbor: University of Michigan.
Peters, E. 1972. Shifts in power in a Lebanese village, in R. Antoun & I. Harik (eds.), *Rural politics and social change in the Middle East.* Bloomington: Indiana University Press.
Salzman, P.C. 1971a. Adaptation and political organization in Iranian Baluchistan, *Ethnology* 10: 433—444.
1971b. Review of T. Asad. *The Kababish Arabs, Annals of the American Academy of Political and Social Science*, 396: 140—141.
1972. Adaptation and change among the Yarahmadzai Baluch. Doctoral dissertation, University of Chicago.
1973. Continuity and change in Baluchi tribal leadership, *International journal of Middle East studies*, 4: 428—439.
1974. Tribal chiefs as middlemen: The politics of encapsulation in the Middle East, *Anthropological quarterly* 2: 203—210.

VII. Pastoral production and trade production/Production pastorale, production marchande

27. The development of livestock trading in a nomad pastoral economy: The Somali case

JEREMY SWIFT

L'accroissement chez les pasteurs nomades de la Somalie de la commercialisation du bétail au cours du XXe siècle était moins le résultat d'une croissance provoquée par la productivité pastorale que celui des effets engendrés par des opérations commerciales modernes qui s'imposèrent largement sur le système de production traditionnel. Il en est résulté des modifications dans les stratégies de production, y compris une diminution des stratégies destinées à éviter les risques. Il en est résulté aussi que les termes de l'échange entre les produits pastoraux et ceux de la chasse et de la cueillette d'une part, et les produits agricoles et manufacturés, de l'autre, se sont détériorés nettement dès le milieu du XIXe siècle, bien qu'ils aient pu être rééquilibrés en imposant un prix plafond sur les céréales après 1970. L'index du coût de la vie pastorale montre que le pouvoir d'achat des éleveurs producteurs s'était érodé entre le milieu du XIXe siècle et 1970.

La structure de l'économie s'en est trouvée modifiée. En particulier, les marchands de bétail, qui tirent leur origine de la charge traditionnelle des *abbaan* (protecteurs, logeurs, courtiers et garants tout à la fois), en sont venus à former une classe de marchands réinvestissant une partie de leurs bénéfices dans la construction de nouveaux points d'eau. Ils ont ainsi acquis le monopole de la distribution de l'eau dans certains régions, ce qui leur a permis de s'approprier des pâturages communaux à des fins privées.

Par suite, les commerçants et les riches bergers qui pouvaient acheter l'eau pouvaient mieux se protéger contre les incertitudes climatiques, tandis que les bergers pauvres délaissaient les stratégies destinées à éviter les risques et devenaient plus vulnérables aux sécheresses et aux aléas divers.

Le résultat général a été un accroissement de la stratification économique d'une société pastorale autrefois égalitaire et la rupture du système de production pastorale traditionnel.

Although Somali camel boys sometimes live for several months on camel milk alone, Somali pastoral families cannot or do not choose to live from their herds alone. They eat millet, sorghum and rice, and need clothes, tea, sugar and other goods they do not themselves produce. They trade animals, animal products or commodities they have hunted or gathered in order to acquire these.

Development of livestock trading

This trade is very ancient. For centuries, Somali nomads have exchanged pastoral and wild products for agricultural and manufactured goods. Local exchange was part of a long-distance trading network linking the north-east coast of Africa, Egypt, the coasts of Arabia, Persia and India. Indian cloth from Gujerat was sent to East Africa by the thirteenth century. Ports such as Zeila and Berbera in the north, and Mogadishu in the south, provided the link between foreign traders, Somali local produce and caravans of goods from the interior of Africa. When Ibn Battuta travelled from Aden to Zeila and Mogadishu in January 1330 A.D., all three towns were rich from commerce in ivory, rhinoceros horn, gums, ostrich feathers, and hides and skins. In 1511 Jedda imported meat from Zeila and Berbera, and Indian cloth, glass beads, raisins and dates were sent to Somalia from Aden, in return for ivory and slaves; northern Somali horses were traded for southern Somali goods (Pires 1944: 11).

Much less is known about local commerce in livestock, or domestic consumption of pastoral products. Slaughter of camels was widespread from an early date, so much so that Ibn Battuta was driven to spend the night at sea in a storm rather than in Zeila which stank of the blood of camels. In Mogadishu he reported that hundreds of camels were butchered each day for food (Ibn Battuta 1962 vol. 2: 373–374). But external trade probably accounted for a relatively large part of the total number of marketed animals.

By the early nineteenth century, when the first detailed records are available, north Somalia exported principally clarified butter or ghee, and wild products (ivory, myrrh, gum arabic, ostrich feathers) collected by the nomads, but not substantial numbers of live animals. Exports from Zeila between 1807 and 1810 include 6000 pots of ghee annually (Pankhurst 1965). Berbera held a remarkable annual fair lasting from October to April (during the monsoon which made it possible to navigate the Indian Ocean), attended by more than 20 000 people, at which Somali and Ethiopian products were exchanged for Indian goods, especially rice and cloth. Trade was largely in the hands of Indian merchants, except for the relatively small livestock exports which were controlled by Somalis, since the Indians, for religious reasons, would not deal in animals.

This pattern of exports was changed, and trade considerably developed, by English occupation of Aden in 1839. By 1869 Berbera supplied all the animals consumed by the British garrison in Aden and by the local inhabitants; in return the Somalis took grain, sugar, dates, iron, beads, salt and especially cloth from America, England and India. Few camels were exported, although some were sent to India, presumably for army use. Along the coast of the Horn, Bulhar was for most of the nineteenth century as important as Berbera, and had its own fair. In the 1840s, Somali nomads of the north-east Midjertine coast exchanged gums, sheep and goats (about 15 000 annually), ghee and cowhides for rice, millet, dates and coffee from India and Arabia (Guillain 1857, vol. 2: 458). This trade in pastoral products was seriously set back by the rinderpest epizootic and subsequent famine in the 1880s.

Foreign trade developed more slowly in southern Somalia. In the fourteenth century, local cloth was an important export from Mogadishu to Egypt and elsewhere (Ibn Battuta 1962, vol. 2: 374). By mid-nineteenth century, the Benadir ports (Mogadishu, Merca, Brava) exported large quantities of sorghum, gums and ivory, 4000 to 6000 hides and skins, 5000 to 6000 kg of ghee, together with a few hundred cattle, sheep and goats. Local cloth exports had been reduced by Portuguese destruction of the coastal trading cities in the sixteenth and seventeenth centuries, and were then pushed out of business by American, English and Indian cloth in the early nineteenth century. By mid-nineteenth century some 170 foreign boats were operating on the south Somali coast (Gullain 1857, vol. 3: 354). By the end of that century, exports of live animals from the Benadir ports had risen to a few thousand only, although ghee, hides and skins were traded in considerable volume (Robecchi Bricchetti 1899).

Organisation of trading

Institutions to organise this commerce were established at an early date. The passage of wealthy caravans through the territory of several potentially hostile nomad clans was made possible by the employment of a patron or *abbaan*, who brought the full force of his lineage to the protection of the caravan; an attack on the caravan would be an attack on the honour of the *abbaan*'s lineage and appropriate reparations would be demanded (Lewis 1962). In the ports, the *abbaan* acted as lodger, commission agent and guarantor, through whom all foreign trade was transacted. This system is of considerable antiquity, since it was described in detail by Ibn Battuta during his visit to Mogadishu in 1330.[1]

The *abbaan* system also operated in the northern Somali ports. As at Mogadishu, there was keen competition among *abbaan* for business with visiting traders, and in the 1840s it was estimated that two thirds of the Somali population of Berbera were employed as *abbaan* (Pankhurst 1965). In the 1850s the terms of employment were that the *abbaan* was fed during the season and clothed by the trader, and also received anything from half a dozen to 200 Maria

Theresa thalers in payment. *Abbaan* in general claimed one percent of the value of sales and purchases, although one Somali *abbaan* and an Arab companion are said to have extracted 3000 Maria Theresa thalers (equivalent to £600 at exchange rates then current) from a European merchant who spent two months at Bulhar (Burton 1894, vol. 2: 79). The *abbaan* were in a strong position vis-à-vis their merchant clients. The ties between merchant and *abbaan* could not be dissolved, even if the latter was disloyal and incompetent, and the position appears to have been hereditary: merchants had to engage their father's *abbaan*, and if an *abbaan* died the merchant had to employ his son.[2] On the north-east coast, although the *abbaan* system apparently did not operate, the Somali inhabitants of the coast acted as brokers for Arab traders, taking the merchandise by camel to the nomads of the interior, and bringing back gums for the traders (Guillain 1857, vol. 2: 455, 486).

By the nineteenth century, trading was notable for its high degree of organisation. At Lugh, a caravan entrepot 400 km inland from Mogadishu, commercial usages, weights and measures were adopted from Zanzibar and Arabia, and advanced commercial practices, including credit, interest, advance payment, and fixed payment and delivery dates coexisted with small scale retail barter. Heavy taxes on traded goods were paid to the Sultan (Bottego 1895: 439–453). Several different currencies were in circulation, including Maria Theresa thalers, Indian rupees, and Spanish reals on the coast among Arab merchants. Cloth was used as a general standard in which the value of most goods was assessed; by the mid-nineteenth century Maria Theresa thalers had taken over this role on the north Somali coast, although cloth and beads still served in the south, especially inland (Bottego 1895: 440–443).

But the nomads who produced the local commodities for this trade were not at all organised and were usually exploited by the traders. Indian merchants lent money to the nomads at the end of the Berbera fair, and demanded it back at 100 percent interest at the start of the next fair six months later (Burton 1894, vol. 2: 79). The fact that nomad trading at Berbera was sometimes done by women, who were apparently considered neutral in clan feuds (Cecchi 1886, vol. 1: 50) must have made exploitation by the coastal inhabitants and foreign traders easier. On the north-east coast, foreign traders exchanged their goods with the nomads at prices very advantageous to themselves, and also arranged that at the end of the season the nomads owed them money (Guillain 1857, vol. 2: 426, 454–455). But the nomads were also exploited by their own countrymen. Although the ability of the *abbaan* to act as intermediary with foreign traders depended in part on his position in relation to a Somali pastoral lineage, the gulf between nomad and sophisticated urban dweller widened at an early stage, to the disadvantage of the nomad. In 1854 Richard Burton noted that when nomads came to Zeila they stayed with townsmen, and "of course the wild men are hopelessly cheated, and their citizen brethren live in plenty and indolence" (Burton 1894, vol. 1: 19).

Twentieth-century growth of pastoral trading

The growing exports of pastoral products from Somalia in the twentieth century are shown in table 1. These figures should be treated with caution, since they include animals from outside Somalia, especially Ethiopia, exported through Berbera (variously estimated at 20 to 40 percent of the Berbera trade), and exclude cattle exported from Somalia through neighbouring countries, especially Kenya (estimated to be between 35 000 and 60 000 annually). These export figures also do not say anything about increases in domestic marketing and consumption of livestock. Nevertheless they give an idea of the commercial development of traditional Somali pastoralism.

There has been a sustained growth in livestock exports since the first decades of this century. Exports of cattle were low before the Arabian oil boom in the mid-1950s; since then they have grown rapidly.[3] Camels were not exported in significant numbers until the same date, and there has been a rapid rise since. Unlike other livestock, camel exports seem relatively unaffected by weather; while exports of all other species fell in the drought years 1972–1975, camel exports rose, and camel exports do not fluctuate as much as other species from year to year. Sheep and goat exports grew slowly through the 1920s and 1930s, then suddenly accelerated in the mid-1950s like other species. The other main pastoral exports are ghee, hides and skins. These were traditional exports of greater importance than live animals in the last century, and ghee exports remained important until 1960, after which they declined rapidly. Hides and skins were exported in relatively stable quantities through the 1920s and 1930s, and this has continued without major changes.

The pattern of commercialisation of traditional pastoral production in Somalia, for which exports may be taken as a proxy, can thus be summarised as follows. The pastoralists' needs for grain and cloth seem to have been met in the early nineteenth century largely by barter or sale of wild products they had hunted or collected, such as ivory, myrrh, gum arabic and ostrich feathers, together with some sheep and goats; there was also some domestic slaughter of camels for meat. After British occupation of Aden and the north Somali coast, trade in live animals, hides and skins (the ultimate destination of which was Europe and the United States) began to dominate exports. For a time hides and skins were the most important export, but the live animal trade grew rapidly after the mid-1950s as a result of increased purchasing power in Arabia and the Gulf States.

Consequences of increased livestock trading

The growth of livestock trading in Somalia has had far-reaching consequences. I have argued elsewhere that the great increase in marketed livestock in the twentieth century did not reflect a sustained increase in pastoral production, but

Table 1. Somalia: Exports of live animals and pastoral products in the 20th century

	1900–1901[a]	1950[b]	1959[b]	1963[c]	1972[c]	1975[c]
Sheep and goats (thousand head)	63	121	455	829	1636	1536
Cattle (thousand head)	3.4	2.7	14.2	40	81.3	39.9
Camels (head)	633	174	3613	15302	21954	34223
Ghee (metric tons)	383	385	255		26	
Hides and skins (metric tons)			3644		4912	

Sources:
a. Calculated from *Colonial reports British Somaliland*. London: HMSO, and *Rapport du gouvernement italien à l'assemblée générale des Nations-Unies sur l'administration de tutelle de la Somalie. Rome: ministère des Affaires étrangères, Instituto poligrafico dello Stato*.
b. *Rapport du gouvernement italien*, 1956 and 1959.
c. Somali Democratic Republic, Central statistical office and livestock development agency.

rather that the demand-led boom in marketed livestock, especially notable after the 1950s, has been created by superimposing a modern marketing operation on a largely traditional production system; this has induced a shift from a principally subsistence economy to a much more market-oriented one, without real development (Swift 1977). There has been investment in new water supplies and in control of animal diseases, but there were few other planned changes in pastoral production, and thus little increase in the productivity of land or labour. As a result, as pastoral producers were drawn further into the market they became increasingly vulnerable to changes in the relative prices of their products and those they bought. The shift to more commercial pastoralism has also led to changes in herd management strategies, and this has social and economic consequences.

The shift from subsistence to market pastoralism

In a pastoral economy, each year the herds produce young animals. The females are retained to replace old females and to build up breeding stock; a few males are needed for reproduction, but except for male camels or cattle used for transport (which happens only on a small scale in Somalia), the remaining male animals can be disposed of without affecting the reproductive or milk-producing capacity of the herd. These surplus male animals can be eaten, exchanged for grain, cloth or other commodities, or stored "on the hoof" to be sold or eaten at some future date in case of emergency. Where pastoralists can sell their animals to prosperous town-dwellers (as has been the case in Somalia since at least the nineteenth century and probably long before), they can almost always obtain more calories by exchanging these surplus male animals for grain than by eating them themselves. On the other hand, it is likely that until quite recently, once basic consumption needs were covered, the lack of commodities directly useful to nomadic pastoralists and the difficulty in storing and transporting large amounts of grain or bulky objects made attractive the option of keeping, as a hedge against future needs, those male animals surplus to immediate requirements. Where female animals increased above immediate milk needs, there was also a tendency to hold on to them as insurance, since they improved the chance of an adequate milk supply in bad years, and enhanced the ability of the herd to recover rapidly from drought. Both females and, to a lesser extent, males which are in surplus to immediate needs are also in all subsistence pastoral societies (including the Somali — Swift 1977) used for other economic purposes, such as insurance systems through loans of animals, and for social purposes such as building kinship links and obligations through such transactions as bridewealth. The additional labour costs of herding these animals would not be a disincentive, since it would be small.

Thus in principally subsistence pastoral economies, it is not unusual to find herdsmen holding on to animals they might otherwise dispose of; this is sometimes accompanied by a declared unwillingness to sell more than the necessary minimum of animals to meet target consumption needs. This has often been misinterpreted as economically irrational behaviour, but in fact it corresponds to a coherent strategy, inward looking and embedded in the social fabric of pastoral society.

Increased demand for livestock, and increased perceived needs by herdsmen as a result of greater contact with the modern world, lead to changes in this strategy, and the beginning of a shift from a principally subsistence to a more commercial pastoral economy. There are a number of ways the herdsman can respond to the new situation:

1. He can sell males which exceed the requirements of herd production and reproduction instead of keeping them as insurance against future emergencies.
2. He can put fewer animals into the traditional reciprocal and redistributional networks of animal loans, gifts and other transfers, and sell them instead.
3. He can sell old females with reduced chance of reproduction. Such animals are sometimes kept in the herds after their best reproductive life is over because they seem to be more likely to survive disease epizootics than younger animals, and are thus able to provide the nucleus of a new breeding herd.
4. He can rely less on milk for his own subsistence, and thereby leave more milk for the young animals, improving their nutrition and chance of survival. There is a range of possibilities, ranging at one extreme from the practice of killing male calves, lambs and kids in order to maximise the milk supply to people (this used to be widespread in Somalia — Bozzi & Triulzi 1954) to leaving all the milk to the young animal.
5. The herdsman can change the species composition of his flocks and herds, where environment and tradition allow choices between camels and goats (safer subsistence animals) and cattle and sheep (which generally have higher market value). A pastoral economy can respond to market demand by shifting resources away from safer subsistence species to more readily marketable species.
6. The herdsman can sell "capital", that is, reproductive males and females. This is a last resort, normally only practiced at moments of great need, as in a severe drought.

Although precise data are lacking, it seems likely that there is a hierarchy of responses to increased demand for livestock and increased wants by herdsmen, which in the simplest case — sale of excess males — does not affect the herdsman's productive strategies or his use of labour and land, but at higher levels does significantly do so. The most important changes are an increase in marketed animals of all species, a corresponding decline in the number of animals available for traditional loans and gifts of animals to those in need, a general loosening of traditional social and economic networks, and a reorientation of economic activity towards the market. This generally leads to a shift away from risk-

avoiding strategies and a reduction in the ability of the pastoral economy to
protect its members in times of crisis. Where these changes are accompanied by
the formation of a modern state, the authority of which is simultaneously
spreading in the pastoral areas, some of the political, social and economic functions of the pastoral society may also be shifted to the machinery of a central
government.

The little evidence available suggests that some at least of these changes are
under way in Somalia as a result of the increased emphasis on marketed animals.
There appear to have been changes since the 1950s in the species composition
of pastoral herds, with a greatly increased proportion of cattle to camels in both
north and south Somalia (Ilo & Jaspa 1977: 61–62). There is also a suggestion
that the rapid growth in marketing in the last twenty years has distorted the
age and sex structure of cattle herds to the point where their reproductive
capacity is jeopardised. Sex ratios indicate heavy culling of young males, and in
some cattle herds in the south it seems that so many males have been sold that
there may not be enough bulls to serve the herds properly (Box 1971). There
are fewer animals available to fuel the traditional networks of animal loans and
gifts by which social relations are created and maintained between individual
pastoral households, and there is a smaller margin of animals above subsistence
needs held within the pastoral economy as insurance against future disasters.
Pastoralists become more dependent on their marketed animals for everyday
food.

Pastoral vs. non-pastoral terms of trade

Since there was little growth of productivity (for example through higher
calving rates or better pasture use) in Somali pastoralism, increased marketing
has made the herdsman more vulnerable to long-term changes and short-term
fluctuations in the prices of his products relative to those of the goods he buys.
Since the sale of pastoral (or hunted and gathered) products is the pastoralist's
only source of income, with which he buys essential food grains, clothing and
luxuries such as tea and sugar, the relationship between the prices at which he
sells his own products and the prices at which he buys these goods determines
how well-off he is. Some scattered data are available on this, and they give a
general picture of the relative market position of Somali pastoralists for the last
130 years.

These data are subject to all the caution necessary with historical information
of this sort. In particular, using a single figure for prices that vary within and
between years, and from place to place, is liable to be misleading. And data
from only a few years are available. However the picture that emerges is reasonably consistent, and the changes have been on a scale large enough so that we
may have some confidence in the overall trends.

The figures come from two main sources: accounts by nineteenth-century

European travellers (who were usually interested in the possibilities of greater European trade, and therefore often give full and apparently accurate information on prices), and statistics published by the Italian Trust Administration and subsequently by the Somali government. Information from southern Somalia only is presented here. The main potential source of bias is in the great natural catastrophes which upset the entire rural economy for some years, of which the rinderpest epizootic of the late 1880s is the most important. Large numbers of animals died and widespread famine resulted; prices of animals are likely to have remained high for some years afterwards. This affected cattle, sheep and goats, but not camels, which are immune to rinderpest; contemporary accounts confirm that Somali camels escaped the disease (Robecchi Brichetti 1899: 584). Wild products such as myrrh, gum arabic and ivory were obviously not directly affected by the disease, but it is likely that the famine which accompanied the epizootic dislocated the entire rural economy, including agriculture, and pushed up all prices. The drought and famine of the early 1970s must also have affected prices.

The barter terms of trade at different dates between the products pastoralists produce and those they consume are set out in tables 2 and 3. These are expressed as consumption equivalents (kilograms of cereals, yards of cloth, etc.) that a given quantity of pastoral or wild products would obtain at different dates for which information is available. Some general conclusions can be drawn from these figures.

Hunted and gathered products

Ivory. Between mid and late nineteenth century, ivory rose in value against sugar, dates and cloth (as a result of the lower price of imported cloth), and remained approximately stable against cereals. Subsequently there was a very considerable decline in the value of ivory relative to cereals, sugar and cloth. Relative values were stable during the 1950s.

Gum arabic. Gum arabic was a commodity of considerable value in nineteenth-century Somali trade; at the 1840 Berbera fair, 1 kg of gum sold for the same price as an ox. But gum arabic has declined continually and substantially against cereals and dates in southern Somalia from the mid-nineteenth century, and in the 1950s stood at between a sixth and a tenth only of its value a century earlier. Only against sugar has it retained its value. Relative values were stable during the 1950s however.

Myrrh. Myrrh has declined in relative value since the mid-nineteenth century in a manner similar to gum arabic, but by greater amounts still: in the case of cereals to between one eighth and one sixteenth of its nineteenth century value;

Table 2. Southern Somalia: Barter terms of trade for wild products

Ivory	1847[a]	1891[b]	1951–1953[c]	1956–1958[c]
		Barter value of 1 kg ivory		
rice (kg)	40	61	11	15
maize (kg)		292	57	63
sorghum (kg)	320	292	74	62
sugar (kg)	6.2	24	13	12
dates (kg)	76	102		
local cloth (yd)	24	7		
American grey sheeting (yd)		41		
Indian printed cloth (yd)		172		
cotton futa cloth (yd)			6	6
Gum arabic		Barter value of 1 kg gum arabic		
rice (kg)	2.5	1	0.3	0.4
maize (kg)		6	1.7	1.7
sorghum (kg)	20	6	2	1.7
sugar (kg)	0.4	0.5	0.4	0.3
dates (kg)	5	2		
local cloth (yd)	1.5	0.2		
American grey sheeting (yd)		0.9		
Indian printed cloth (yd)		4		
cotton futa cloth (yd)			0.2	0.2
Myrrh		Barter value of 1 kg myrrh		
rice (kg)	6	5	0.5	0.7
maize (kg)		25	3	3
sorghum (kg)	49	25	3	3
sugar (kg)	0.9	2	0.6	0.6
dates (kg)	12	9		
local cloth (yd)	3.7	0.6		
American grey sheeting (yd)		4		
Indian printed cloth (yd)		15		
cotton futa cloth (yd)			0.3	0.3

Sources:
a. M. Guillain. 1857. *Documents sur l'histoire, la géographie et le commerce de l'Afrique orientale*. Paris: Arthus Bertrand. 3 vols.
b. Luigi Robecchi Bricchetti. 1899. *Somalia e Benadir*. Milan: Aliprandi.
c. Annual reports of the Italian trust administration of Somalia to the United Nations.

Table 3. Southern Somalia: Barter terms of trade for pastoral products

Camels	1847	1891	1951–1953	1956–1958	1971–1972	1974–1975
			Barter value of 1 adult male camel			
rice (kg)	140	204	71	108	159	192
maize (kg)		978	380	472	165	421
sorghum (kg)	1110	978	490	460	284	1070
sugar (kg)	22	81	88	88	111	156
tea (kg)			25	22	27	49
dates (kg)	265	341				
local cloth (yd)	83	25				
American grey sheeting (yd)		138				
Indian printed cloth (yd)		576				
Cotton futa cloth (yd)			39	43		

Cattle						
			Barter value of 1 adult ox or bull			
rice (kg)	140	184	44	61	86	95
maize (kg)		880	235	267	164	418
sorghum (kg)	1110	880	305	260	154	648
sugar (kg)	22	73	55	50	60	156
tea (kg)			16	12	15	30
dates (kg)	265	306				
local cloth (yd)	83	22				
American grey sheeting (yd)		124				
Indian printed cloth (yd)		518				
Cotton futa cloth (yd)			24	24		

Sheep						
			Barter value of 1 adult sheep			
rice (kg)	21	10	12	16	41	25
maize (kg)		49	63	69	78	108
sorghum (kg)	167	49	81	68	73	167
sugar (kg)	3.2	4.1	15	13	29	24
tea (kg)			4.2	3.2	7	8
dates (kg)	40	17				
local cloth (yd)	13	1.2				
American grey sheeting (yd)		7				
Indian printed cloth (yd)		29				
Cotton futa cloth (yd)			6.4	6.3		

Table continues on opposite page

in the case of cloth to less than a tenth. But relative values remained stable during the 1950s.

Pastoral products

Camels. The value of camels rose against rice and dates between 1847 and 1891,

	1847	1891	1951–1953	1956–1958	1971–1972	1974–1975
Goats			Barter value of 1 adult goat			
rice (kg)	14	5	9	12	32	15
maize (kg)		24	49	54	61	68
sorghum (kg)	111	24	59	53	57	105
sugar (kg)	2	2	11	10	22	15
tea (kg)			3	3	6	5
dates (kg)	27	8.4				
local cloth (yd)	8	0.6				
American grey sheeting (yd)		3.4				
Indian printed cloth (yd)	14					
Cotton futa cloth (yd)			5	5		
Ghee			Barter value of 1 kg ghee			
rice (kg)	4	5	2	4	7	5
maize (kg)		23	11	16	13	23
sorghum (kg)	29	23	14	15	12	36
sugar (kg)	0.6	2	3	3	5	5
tea (kg)			0.7	0.7	1	2
dates (kg)	7	8				
local cloth (yd)	2	0.6				
American grey sheeting (yd)		3				
Indian printed cloth (yd)	13					
Cotton futa cloth (yd)			1	1		

Sources: 1847 to 1958, as for table 2. 1971–1975, Somali Democratic Republic, Central statistical department. *Statistical abstracts.*

although their value against sorghum stayed approximately level in the same period. The value of camels fell sharply between 1891 and the early 1950s against all cereals, held its own or rose slightly during the 1950s, but had fallen again considerably against maize and sorghum by the early 1970s. By the mid-1970s, as a result of government-imposed ceilings on cereal prices, and increased export demand, the relative value of camels had risen quite sharply; a pastoralist exchanging a camel for rice or sorghum would have got approximately the same quantity as he would have done at the end of the nineteenth century. Relative to maize however, camels were still down. The value of camels against sugar has approximately doubled since the end of the nineteenth century, and in terms of tea has doubled since the 1950s. Camels valued in terms of cloth fell substantially between 1891 and 1951. No figures are available for the 1960s or 1970s, but in view of the sharp rise in cloth prices it seems likely that the value of camels against cloth continued to fall in this period.

Cattle. The pattern is similar to camels. Cattle increased in value against rice, sugar and dates between 1841 and 1891, which may have been the result of a scarcity of cattle after the rinderpest of the 1880s,[4] although their value against sorghum fell a little in the same period. From then until the 1950s they fell substantially, so that in the early 1950s cattle were worth less than one third of the amount of rice, and one quarter of the amount of sorghum and cloth they would have fetched a century earlier. In the case of maize and sorghum, this fall continued until the early 1970s, when cattle were worth only one seventh the amount of sorghum they had been worth in 1847. In the mid-1970s however, presumably as a result of drought-induced scarcity of cattle and government ceilings on cereal prices, their relative value had risen again substantially.

Sheep and goats. Sheep and goats appear to follow a somewhat different pattern from camels and cattle. The value of both relative to cereals, dates and cloth fell quite sharply between 1847 and 1891. A possible explanation is that sheep and goat flocks recover much more rapidly than cattle (or than the agricultural economy generally?) after large scale mortality such as that due to rinderpest. Sheep and goat values relative to rice and maize grew steadily through the 1950s to 1971, although they were fairly stable against sorghum. By the mid-1970s they had grown substantially against sorghum, slightly less against maize, and had fallen substantially against rice.

Ghee. Ghee was probably an important early source of exchange value for pastoralists. At the Berbera fair in 1840 (in winter, however, a bad time of year for milk production), 1 kg of ghee was worth the price of half an ox, or a quarter of a camel. The value of ghee relative to cereals and cloth fell considerably (by half or more) between the nineteenth century and the early 1950s, but rose thereafter so that by the 1970s it was back to its approximate position of 1891. Its value against sugar rose consistently throughout the period.

A pastoral cost-of-living index

Another way of looking at this information is to construct a crude cost-of-living index, showing changes in the quantities of pastoral and wild products that would have to be sold at different dates to acquire a minimum bundle of necessary consumption goods.

For this index the following assumptions are made: the basic nomadic pastoral household is composed of two adults, two teenage children and two small children. Their total food energy requirement is 56.5 MJ daily. This is met by milk, ghee and meat from the family herd, and by cereals and other food bought or bartered for pastoral or wild products. It is assumed here that cereals (millet or sorghum) provide 75 percent of food energy requirements during the dry *jiilaal* half of the year, and 25 percent for the rest of the year. This makes a total annual household requirement of 725 kg of millet or sorghum. Clothing is the other major item of expenditure. The reference household is calculated to need 33 yd of cloth each year (7 yd for each adult and teenager, 2.5 yd for each small child).

Using these quantities as a minimum bundle of basic commodities needed by every pastoral household, a barter cost-of-living index is established, showing the quantity of pastoral and wild products which have to be sold or exchanged each year at current prices to acquire the minimum consumption bundle. The results are shown in table 4.

These figures show that the purchasing power of all three hunted and gathered products — ivory, myrrh and gum arabic — declined catastrophically between 1847 and 1958. A pastoralist could have covered his household basic food and cloth requirements in 1847 by collecting 58 kg of gum arabic; in 1958 he would have had to collect 592 kg, or ten times as much, to cover the same basic needs. For the pastoralist selling camels or cattle to buy the necessary amounts of cereals and cloth, things got much worse also in the same period: basic household requirements could have been met in 1847 by selling just over 1 camel or ox; in 1958, to cover the same needs, nearly 3 camels or over 4 head of cattle would have to be sold. Unfortunately the lack of adequate data on cloth makes it impossible to follow the whole index through to 1975. As far as basic food requirements were concerned, the situation had deteriorated badly by 1971–1972, and then improved very much three years later when cereal price ceilings began to take effect. During this period, however, cloth prices rose more rapidly than those of other commodities, as the Mogadishu consumer price index shows (Somali Democratic Republic, Central statistical department):

Mogadishu consumer price index (1966 = 100)

	1967	1968	1969	1970	1971	1972	1973	1975
General index	100	103	110	111	110	107	114	
Clothing	106	120	129	130	135	137	144	189

As a result, it is likely that the situation of pastoral producers in 1971–1972 was much worse than is indicated by sorghum prices alone, and that rising cloth prices wiped out some or all the gains to pastoral producers of lower cereal prices in 1974–1975.

Producers of sheep, goats and ghee appear to have done only a little better. In 1847 the pastoral household's basic needs would have been met by the sale of 7 sheep, 11 goats, or 42 kg of ghee. In the late 1950s twice these amounts had to be sold to cover the same needs. The situation had much improved by 1974–1975, but, as with camels and cattle, the gain on cereals may well have been wiped out on clothing.

Table 4. Southern Somalia: Pastoral cost-of-living index

	1847	1891[a]	1951–1953	1956–1958	1971–1972	1974–1975
Quantity of ivory (kg) needed to purchase						
725 kg sorghum	2.3	2.5	9.8	11.7		
33 yd cloth	1.4	0.7	5.5	5.5		
total	3.7	3.2	15.3	17.2		
Quantity of gum arabic (kg) needed to purchase						
725 kg sorghum	36	121	363	427		
33 yd cloth	22	30	165	165		
total	58	151	528	592		
Quantity of myrrh (kg) needed to purchase						
725 kg sorghum	15	29	242	242		
33 yd cloth	9	7	110	110		
total	24	36	352	352		
Number of camels needed to purchase						
725 kg sorghum	0.7	0.7	1.5	1.6	2.6	0.7
33 yd cloth	0.4	0.2	1.2	1.3		
total	1.1	0.9	2.7	2.9		

Table continues on opposite page

The great increase in demand for Somali livestock in Arabia in the last three decades has been reflected in increased livestock prices. But the pastoralists do not seem to have done as well from this as should be expected. Although better livestock prices, combined with a ceiling on domestic cereal prices, seems to have stabilised and perhaps improved pastoral purchasing power for cereals, it seems likely that rapidly rising cloth prices have eroded and perhaps even wiped out these gains. But even without considering cloth requirements, the precarious position of sellers of camels and cattle in 1971–1972 with regard to basic household cereal requirements is clear from table 4; this perhaps goes a long way towards explaining the famine which struck Somali pastoralists two years later.

Structural changes in the pastoral economy and society

The rapid growth of commercial pastoralism, and the changes in the barter terms of trade for pastoral products, have had far-reaching consequences for the

	1847	1891[a]	1951–1953	1956–1958	1971–1972	1974–1975
Number of cattle needed to purchase						
725 kg sorghum	0.7	0.8	2.4	2.8	4.7	1.1
33 yd cloth	0.4	0.2	1.4	1.4		
total	1.1	1.0	3.8	4.2		
Number of sheep needed to purchase						
725 kg sorghum	4.3	14.8	9.0	10.7	9.9	4.3
33 yd cloth	2.5	3.8	5.2	5.2		
total	6.8	18.6	14.2	15.9		
Number of goats needed to purchase						
725 kg sorghum	6.5	30.2	12.3	13.7	12.7	6.9
33 yd cloth	4.1	7.9	6.6	6.6		
total	10.6	38.1	18.9	20.3		
Quantity of ghee (kg) needed to purchase						
725 kg sorghum	25	32	52	48	60	20
33 yd cloth	17	9	33	33		
total	42	41	85	81		

a. Cloth index for 1891 composed of one quarter Indian and three quarters American cloth.

structure of the Somali pastoral economy, especially for the social organisation of production, and the appropriation and use of rangeland and water.

I have described these changes elsewhere, and will only summarise them briefly here (Swift 1977). Livestock marketing was handled largely by the traditional marketing network; government marketing institutions started late and their share of operations has until recently been limited. As was pointed out earlier, the *abbaan* system of Somali intermediaries between foreign buyers and Somali sellers of pastoral and wild products is of considerable antiquity, and in the nineteenth century large numbers of Somalis were employed thus. With the rapid rise in livestock sales, the position of this class of intermediaries was consolidated and their economic power strengthened. Somali pastoral society, which had been politically and economically egalitarian, became increasingly divided and unequal. The beginnings of a process of economic and social differentiation appear in the formation of a wealthy urban livestock trading class, with strong links to the government of the newly independent Somalia, and in the progressive breakdown of the former collective obligations and social and economic organisation of the traditional pastoral economy.

Because livestock rearing was the most significant economic activity in Somalia, the economic surplus generated by pastoral production was the main source of finance to run the machinery of a modern state, and to invest in development. Livestock trading contributed to government revenues both through export taxes and various government charges, and also and perhaps more through taxes on imported goods consumed by pastoralists. But most of the surplus resulting from livestock trading was appropriated by the merchants, and was spent by them on imported consumer goods. It was thus lost to the Somali economy except for import taxes. Declining terms of trade for livestock and wild products against the main imported commodities resulted in an additional drain abroad of the economic surplus generated by pastoralists.

A small part of the pastoral surplus appropriated by government was reinvested in the pastoral economy, but principally in water supplies and veterinary campaigns, which on their own were insufficient to generate substantial increases in pastoral productivity. The livestock merchants also reinvested almost exclusively in the construction of new water points, especially cement-lined tanks or *barkads* with petrol pumps. Water from these was used for the traders' own herds, and was also sold to those pastoralists who could pay. Traders who built these tanks became monopolistic suppliers of water for part of the year and, since water is a necessary condition for pasture use, they were able effectively to appropriate communal pastures for themselves and for those who could pay for the water. Rich herdsmen and traders were thus increasingly protected from climatic uncertainty, as a result of the same process that was making a majority of the herdsmen abandon their former risk-avoiding strategies and become more vulnerable to drought and chance. Hired herding labour began to appear for the first time, as traders employed people to look after their herds. The traditional communal institutions of the pastoral economy, the sharing of water and pasture within a lineage group, and the economic solidarity between pastoral households so that families in trouble were helped by other families, began to break down as the traditional pastoral economy was transformed. Individual family production units became increasingly isolated from and competitive with each other in their orientation towards the market. There was increasing economic differentiation, and increased private appropriation of resources.

The lack of real development in the pastoral economy, combined with the declining value of products produced by pastoralists relative to the products they buy, has led the pastoral economy into a precarious position. Its own institutions for sharing risk and reducing inequality have been weakened. Pastoralists are increasingly vulnerable to climatic uncertainty, and the drought of the early 1970s triggered off a major famine. Large-scale disaster was only averted by prompt and efficient government action. But the events of the past hundred years have changed Somali pastoral society. Now only a fundamental reshaping of its institutions will protect pastoralists from the threat of future disasters, prevent the rapid emergence of fundamental economic inequalities, and guarantee the continued livestock exports which are Somalia's main and almost only source of wealth.

Notes

1. Visiting merchants stayed at the house of their patron. "When he takes up residence with his host, the latter sells his goods for him and buys for him; and if anyone buys anything from him at too low a price or sells to him in the absence of his host, that sale is held invalid by them. This practice is a profitable one for them" (Ibn Battuta 1962, vol. 2: 374).
2. D'Abbadie papers no 21300, bibliothèque nationale, Paris, quoted in Abir 1965.
3. The first "50:50" agreement in the Middle East, by which Saudi Arabia received half of Aramco's net operating income, was signed in December 1950.
4. A cattle herd will take 30 years to recover fully from a two year drought; Dahl & Hjort 1976: 119–129.

References

Abir, M. 1965. Brokerage and brokers in Ethiopia in the first half of the 19th century, *Journal of Ethiopian studies* 1: 1–5.
Bottego, V. 1895. *Il Giuba esplorato.* Rome: Loescher.
Bozzi, L. & G.A. Triulzi. 1954. *Gli animali domestici allevati in Somalia.* Mogadishu: AFIS.
Box, T.W. 1971. Nomadism and land use in Somalia, *Economic development and cultural change* 2: 222–228.
Burton, R.F. 1894. *First footsteps in East Africa, or an exploration of Harar*, memorial edition, 2 vols. London: Tylston and Edwards.
Cecchi, A. 1886. *Da Zeila alle frontiere del Caffa*, 3 vols. Rome: Loescher.
Dahl, G. & A. Hjort. 1976. *Having herds; pastoral herd growth and household economy.* Department of social anthropology, University of Stockholm.
Guillain, M. 1857. *Documents sur l'histoire, la géographie et le commerce de l'Afrique orientale*, 3 vols. Paris: Arthus Bertrand.
Ibn Battuta. 1962. *The travels of Ibn Battuta AD 1325–1354*, trans. H.A.R. Gibb, 2 vols. Cambridge: Hakluyt Society.
Ilo & Jaspa. 1977. *Economic transformation in a socialist framework: An employment and basic needs oriented development strategy for Somalia.* Addis-Ababa: in press.
Lewis, I.M. 1962. Lineage continuity and modern commerce in northern Somaliland, pp. 365–385 in P. Bohannan & G. Dalton (eds.), *Markets in Africa.* Evanston: Northwestern University Press.
Pankhurst, R. 1965. The trade of the Gulf of Aden ports in Africa in the 19th and early 20th centuries, *Journal of Ethiopian studies* 1: 36–81.
Pires, T. 1944. *The Suma oriental of Tomé Pires: An account of the East, from the Red Sea to Japan, written in Malacca and India in 1512–1515*, trans. A. Cortesao. London: Hakluyt Society.
Robecchi Bricchetti, L. 1899. *Somalia e Benadir. Viaggio di esplorazione nell' Africa orientale: prima traversata della Somalia.* Milan: Aliprandi.
Somali Democratic Republic, Central statistical department *Statistical abstracts.*
Swift, J. 1977. Pastoral development in Somalia; herding cooperatives as a strategy against desertification and famine, pp. 275–305 in M.H. Glantz (ed.), *Desertification: Environmental degradation in and around arid lands.* Boulder, Colorado: Westview.

28. A propos des Bédouins: une réévaluation des rapports "nomades – sédentaires"

JACQUES VIGNET-ZUNZ

Should the transition of numerous societies to an extensive pastoralism be characterized simply by its techno-economic and socio-political effects? Or, rather, must it also be considered, during the period from the end of antiquity to the beginning of the modern age, from the point of view of the history of the Arab-Moslem area? And can that history be discussed without taking into account the fact that one of the components of the new whole was the Bedouin element? "Bedouinization" was not merely the transition to mounted nomadism; it was a process that acquired its full meaning at the time of its encounter with the agricultural-manufacturing centers.

Thus, it does not appear possible to evaluate the economic and strategic importance of the steppe out of context: it must be understood as an element of an integrated whole that was established, at a certain time T, in the ancient world. Specifying to what extent this benefited, but also delayed or blocked the evolution of the system, is one element that can help account for its initial phase of development and its subsequent decline. By neither isolating the Bedouin phenomenon nor treating it merely as pastoralism, we are better equipped to understand the societies that extend from the Atlantic coast of North Africa to the borders of the Asian monsoon zone, and that are still grouped, along with the most disparate societies, under the catch-all categories of "Asiatic" or "pre-capitalist" forms.

Mon point de départ sera la réflexion de X. de Planhol sur le concept de "bédouinisation" (Planhol 1968). On sait que l'auteur caractérise de cette façon une mutation dont furent témoins la péninsule arabique, mais aussi l'Afrique du Nord pré-islamique et l'Asie centrale: de nombreuses populations dont les activités étaient basées soit sur une économie mixte, c'est-à-dire agro-pastorale, combinant selon les saisons une culture irriguée près des agglomérations villageoises, avec un élevage qui transhumait dans un cercle limité, soit sur un pastoralisme exclusif à déplacements courts, souvent, mais lents en tout cas, passèrent à une forme de société basée sur l'élevage extensif à grand rayon d'action potentiel.

Dans un précédent article (Vignet-Zunz 1977), je me posais la question de savoir s'il était légitime, non pas tant d'utiliser un ethnonyme hors de son contexte culturel et chronologique pour caractériser un processus général, mais de réduire ce processus à ses seuls aspects techno-économiques (passage à un nomadisme monté, donc mobile, à grande extension et susceptible de trouver refuge dans les déserts inhospitaliers) et socio-politiques ("grand nomadisme belliqueux" où une structure sociale spécifique permet l'organisation d'entreprises militaires et politiques en général brèves et de courte extension, plus rarement de grande portée). Il me semblait qu'il y manquait la prise en compte de la liaison qui s'était établie, à un moment historique particulier, entre ce processus techno-économique et socio-politique né de la maîtrise des steppes arabiques, et la maturation du milieu urbain centre-arabique, sur le passage des richesses agricoles et manufacturières qui transitaient entre les mondes indien, abyssin et d'Arabie Heureuse, d'un côté, Alexandrie et Byzance, de l'autre.

La présente contribution se propose moins d'insister sur le caractère spécifiquement "arabe" de la bédouinisation — c'est-à-dire sur la dimension à la fois culturelle et historique qui marque le phénomène, inextricablement mêlée à ses aspects techniques et sociaux — que d'élargir la problématique à ce qui est peut-être la caractéristique majeure du phénomène, pendant toute une période historique comprise entre le jaillissement de l'Empire islamo-arabe et les derniers éclats de l'Empire mongol: ce soudain embrassement du monde de la steppe et de celui des villes ou, si l'on préfère, cette incorporation de l'espace dépeuplé des steppes et des déserts aux réseaux économiques des grands centres urbains antiques, ou encore cette expansion de l'espace économique de tels centres jusqu'aux limites plus qu'à moitié atteintes de trois continents.

Je souhaite, à ce stade, qu'on n'y voit pas de proposition définitive. Il s'agit en réalité, dans un domaine resté relativement ouvert aux interprétations, de ne fermer la porte à aucune. Qu'on n'attende pas déjà, donc, une prise de position dans un débat qu'ont engagé il y a plus de vingt ans des historiens et des orientalistes autour du passage du féodalisme au capitalisme[1] ou du mode de production asiatique,[2] plus particulièrement centré pour certains[3] sur les sociétés islamiques. Je ne m'engagerai pas non plus sur le terrain des concepts fondamentaux du matérialisme historique. Mon itinéraire me place, en ce moment précis, à mi-chemin de ces concepts et du matériau habituel de terrain: dans mon cas, celui que me fournissent les populations contemporaines de la Cyrénaïque libyenne et de l'Ouarsenis algérien, bédouines dans un cas, montagnardes dans l'autre.

Je choisirai donc de prendre quelque distance avec les données de ma recherche, de les replacer dans un cadre spatial plus vaste et dans la longue durée, pour essayer, essentiellement, de mieux les interpréter: en tentant de saisir la base sociale des formations qui constituent l'aire arabo-islamique (au sens large, indépendamment donc du contenu ethnique, mais marquée par l'empreinte culturelle arabe) jusqu'à l'essor des économies d'Europe occidentale; puis la nature du lien qui y réunit de manière spécifique le grand pastoralisme, l'agriculture irriguée de montagne et d'oasis, et la cité; enfin, à partir de là, la nature particu-

lière de l'Etat et des classes sociales. Peut-être ne sont-ce pas là questions
d'ethnologue? Ce sont pourtant des questions du matérialisme historique. Et ce
sont, en tout cas, quand bien même il n'y paraîtrait pas immédiatement, des
questions que, pour moi, le terrain a soulevées. Ce qui suit n'a d'autre sens que
de baliser une direction de recherche: il fallait rappeler à grands traits les principaux développements de l'histoire de l'"Orient musulman" pour y situer mon
interrogation sur l'apport spécifique de la composante bédouine. Il ne pouvait
être question, ici, de renvoyer dans chaque cas à la bibliographie considérable
qui en traite, mais tout au plus de faire signe à l'Histoire. C'est une entreprise
de plus longue haleine — et collective — que d'enrichir du regard de l'ethnologue
le matériel habituel de l'historien. A l'inverse, mon propos, aujourd'hui, est plutôt d'interpeler notre discipline sur ses unités d'analyse: ne court-on pas le
risque de contresens en abordant le dossier de l'Etat, des classes sociales, du
mode de production même, strictement à partir de "sociétés" dont l'horizon
est borné par la représentation, qu'elles ont d'elles-mêmes, par le sentiment
qu'elles ont, et qu'elles font partager, d'une identité irréductible fondée sur la
communauté de la langue ou du genre de vie?

Quelques mots d'abord sur cette liaison contradictoire entre une formule pastorale et une entreprise marchande et intellectuelle qui partagent, par ailleurs,
la même langue et quelques valeurs identiques. Rappelons d'abord combien
Mekka est marquée par son origine bédouine: trois générations seulement
séparent le prophète Mohammed des Bédouins Qorayš qui s'emparèrent, au
détriment d'un autre groupe bédouin, de ce modeste carrefour caravanier et
religieux. Tirant tout le parti possible de la ruine des royaumes sud-arabiques et
de la tension entre Sassanides et Byzantins et, par conséquent, du déclin des
routes maritime et continentale, ces Bédouins se muèrent en habiles et hardis
marchands gagnés par les influences cosmopolites de l'époque. En quelques
années, on va voir ces marchands entreprenants se muer cette fois en généraux
lançant sur des champs de bataille toujours plus éloignés leurs cousins de la
steppe à peine rassemblés; et leur cité des steppes se transformer en pôle
mystique pour des dizaines de millions d'hommes.

Ce grand déversement de la péninsule arabique sur le monde agro-marchand
de la Méditerranée et de l'Orient antiques prend la forme d'une entreprise à
deux faces: l'expansion islamique, c'est à la fois la reprise immédiate de l'héritage byzantino-persan, l'assimilation de sa machinerie bureaucratique en même
temps que de sa vision universaliste et syncrétique, et le déploiement de contingents nomades. C'est, contradictoirement, l'expansion du message "arabe"
(une langue, une culture, transcendées par la Révélation) et d'une armée de
'arab (= de Bédouins).[4]

Cette dualité contamine chacun de ses composants: le message amalgame des
principes de la société bédouine à ceux des vieilles sociétés agro-marchandes;

l'armée (et son relai ultérieur, les Banu Hilal) garde sa vocation prédatrice et "pastoralisante", mais y joint une double fonction: l'islamisation, en ce sens qu'elle se fait l'instrument (à vrai dire passif) de la propagation de la foi, et l'arabisation, par la diffusion d'une langue, de techniques et de représentations provenant de la *bādiya* arabique.

Certes, tous les contingents militaires qui ont été les agents de l'expansion musulmane n'étaient pas originaires de l'Arabie. Il y eut les contingents turcs qui, de simples auxiliaires empruntés à la steppe d'Asie centrale, se muèrent eux aussi en dirigeants d'Empire — tout en faisant basculer dans un premier temps l'Anatolie et l'Iran dans la mouvance du pastoralisme, puis en turquisant dans un second temps à la fois les campagnes d'Anatolie redevenues majoritairement sédentaires, le Califat et les dynasties iraniennes. Il y eut aussi les contingents berbères qui ouvrirent l'Espagne aux Umeyyades; puis ceux qui réunifièrent la presque totalité du Maghreb el-Aqsa, des rives méridionales du Sahara à l'Andalus.

Refusera-t-on à ces entreprises le qualificatif de "bédouines" sous le prétexte qu'elles ne sont pas d'origine "arabe" (par la langue et par la géographie)? On en serait tenté mais, à la réflexion, là n'est pas vraiment la question.[5] D'abord, ces Almoravides, ces Seljuqides, restent des agents efficaces du rayonnement de la civilisation arabo-islamique du haut moyen-âge. Ils contribuent à asseoir solidement l'arabe et l'islam comme véhicules de la nouvelle culture mondiale. De même qu'il ne viendrait à l'idée de personne de dénier sa qualité de romain à l'empire des Césars sous le prétexte que la partie orientale de la Méditerranée était de langue grecque, ou qu'une grande partie de son héritage était hellénique, il me semble légitime de qualifier d'"arabe" le monde islamique jusqu'aux XIVe–XVe siècles (au-delà, l'époque change de nature: c'est l'essor de la puissance ottomane, mais surtout des nations européennes); monde marqué de la forte empreinte d'une langue liturgique qui, par ailleurs, est tout à la fois objet de science et cadre du progrès des sciences (traductions et découvertes), forme de l'expression artistique et véhicule des principaux courants de la pensée du temps. A quoi s'ajoute le rôle des villes saintes de Mekka, Médine et Jérusalem, au coeur de l'aire "arabe".

Il est vrai que *Les fondements géographiques* ne manquent pas de souligner cette "alliance des citadins et des nomades" au moment de la naissance de l'Islam. Mais il reste qu'utiliser "bédouinisation" au seul sens de passage au nomadisme monté (certes avec ses effets sur le monde sédentaire), c'est limiter notre compréhension du phénomène à ses seules prémisses, en maintenant dans un face à face hostile des "nomades" et des "sédentaires", ce qui est une relation en fait plus complexe et en devenir; et c'est privilégier malencontreusement l'aspect belliqueux et prédateur du monde de la steppe aux dépens d'autres aspects. Certes, il était utile d'insister sur la distinction, au sein du "nomadisme pastoral", de deux générations successives: celle du nomadisme tracté, de type indo-européen, à chariots et gros bétail, c'est-à-dire antérieur à l'achèvement de la domestication du cheval et du chameau, donc lourd et lent (dont se rapproche un nomadisme "piétonnier" quand il se mesure au pas de l'homme, de son âne ou du boeuf-porteur, pastoralisme de moutonniers ou de bouviers du pourtour de la Mésopotamie antique et de l'Afrique sahélienne et orientale); celle ensuite du nomadisme monté: léger, rapide, à grand rayon et pugnace, qui va transformer les données médiévales.

Pourtant, l'essentiel, finalement, est ailleurs: très précisément, dans la signification qu'a eue le fait bédouin, dans une période historique bien définie, pour tout un ensemble de formations sociales disposées sur une large bande, de l'Atlantique au coeur de l'Asie. C'est de cette rencontre d'une donnée géographique, d'une ligne de développement social et d'un moment historique qu'il faut tirer la leçon: il reste encore à mieux cerner la maturation qu'a représentée l'intéraction cumulative des déterminations tour à tour naturelles (le poids, sur ces régions, d'un vaste continuum aride), sociales (la maîtrise de cet espace naturel à partir de la maîtrise de certaines espèces animales) et historiques (un temps T qui correspond à un certain plafonnement des forces productives dans le cadre géographiquement et socialement étroit des sociétés antiques, alors que ne sont pas encore réunies les conditions scientifiques et techniques de la grande navigation océane et d'une production requérant, sur terre, des moyens de locomotion lourds).

Aussi, j'envisagerai d'approcher l'histoire de la steppe comme un processus qui ne prend véritablement son sens que lorsque, globalement, il débouche sur l'alliance avec le monde sédentaire. Par "prendre son sens", il faut entendre que peuvent soudain se réaliser alors, à travers cette rencontre, toutes les potentialités lentement accumulées — grâce, déjà, à un réseau d'échanges avec le monde agro-urbain — du système fondé sur l'exploitation de la steppe. Non pas que la ligne de spécialisation née d'une progressive différenciation d'avec des activités économiques originellement mixtes (chasse, cueillette, petite agriculture, petit élevage) et caractérisée par la maîtrise croissante du troupeau et du milieu — dont une étape décisive est sans aucun doute la monte accomplie — ait porté en elle, dès son origine, et comme en germe, les formes qui ont rendu possible, à quelques millénaires de là, son contrôle sur l'Etat agro-marchand: rien de pré-inscrit dans la succession de pas qui refoule et intègre sans cesse, mais à chaque fois modifié de traits nouveaux, le monde de la steppe, jusqu'à lui donner les moyens de la suprématie.

Le pas qui a conduit au nomadisme monté, à ce "grand nomadisme belliqueux", peut apparaître dans sa vraie perspective: il autorise la mise en rapport des deux formes de société dans des conditions qui ouvrent aux hommes façonnés par la steppe l'accès à la ville, dans laquelle se sont accumulés: produits, savoir-faire et instruments raffinés de gestion de l'Etat (écriture, comptabilité, codes cosmogoniques et moraux, etc.). Il s'agit alors de tout autre chose que d'une alliance circonstancielle et inégale, où chaque partie domine et incorpore alternativement l'autre: ceci, c'est la surface des événements. En réalité, se sont ainsi mises en place les conditions d'une jonction en profondeur, d'une mise en commun des capacités de chacun des deux systèmes : l'histoire de l'Ancien Monde entre dans une phase nouvelle (tandis que la péninsule atlantique de l'Europe est marginalisée) où une sorte d'"âge d'or" des steppes s'installe du Sahara ouest-africain au Turkestan. Le bilan reste à faire de ce que cette phase a apporté de nouveau aux systèmes qui l'avaient précédée, contribuant à sa façon à préparer les conditions du monde contemporain — dont justement la forme prise par l'inégalité du développement, coeur du débat sur les sociétés pré-capitalistes.

On aura mesuré, à ce point, ma dette envers la recherche d'Owen Lattimore (1962). Un certain nombre d'éléments-clés de sa réflexion sur les populations d'éleveurs de la steppe turco-mongole, dans leur relation avec le monde chinois, la mise en perspective historique de ces phénomènes, ont modifié ma vision du rapport entre Bédouins et Histoire, plus précisément entre Bédouins et expansion islamique. Il restera à mettre à l'épreuve des faits la légitimité du transfert au monde islamo-méditerranéen d'une analyse développée à l'autre pôle de l'Ancien Monde.

Des propositions de Lattimore je résumerai les plus utiles à ma démonstration :
— l'hypothèse d'un stade lointain d'indifférenciation relative des activités de populations dispersées en bordure des zones marécageuses et des forêts (chasse, cueillette de plantes sauvages, agriculture à la houe, premières domestications animales), hypothèse qu'il faut repréciser dans ses détails à la lumière des plus récentes découvertes archéologiques ;
— la différentiation progressive, sur cette base commune, de deux principaux courants d'activité économique et d'organisation sociale, l'un centré sur le développement des techniques de contrôle de l'eau et de défrichement de la forêt, et cela à partir des franges de la forêt sibérienne, des oasis d'Asie centrale et des quasi-oasis fluviales de Chine septentrionale ; l'autre sur un contrôle de plus en plus exclusif des capacités de la steppe, grâce aux progrès de la domestication d'espèces animales et du dressage d'animaux de transport ;
— le processus cyclique qui caractérise les relations entre ces deux formes d'organisation économique et sociale : compétition, avec une combinaison d'hostilité et d'attraction (c'est-à-dire de complémentarité économique), puis fusion au bénéfice de l'une ou de l'autre, puis rupture, etc. Ce processus a conduit d'un côté au refoulement de populations "barbares" peu spécialisées, qui refusaient la domination impériale et s'enfonçaient davantage dans la steppe en acquérant et en développant la spécialisation pastorale amorcée depuis des millénaires entre la forêt sibérienne et les oasis de basse Asie centrale ; de l'autre, à la sinisation, d'abord, des populations marginales soumises, puis des couches successives de conquérants "nomades". Cette liaison cyclique est centrale : "Consequently, the problems of the evolution or lack of evolution in pastoral nomadism cannot be considered apart, but must be studied

in conjunction with the modes of development of any settled society that comes within its range of action" (Lattimore 1962: 333);
— les différentes potentialités des deux systèmes, l'un (la steppe) favorisant une économie qui peut se suffire à elle-même, une meilleure satisfaction des besoins élémentaires et une meilleure distribution des ressources naturelles et des produits; l'autre (l'irrigation) assurant de meilleures conditions d'accumulation du surplus économique et d'asservissement des petits producteurs indépendants au profit d'une classe dirigeante. Cependant la tendance à l'autosubsistance et à l'égalitarisme de la société pastorale n'aboutit pas: dès l'amorce de différentiation du phylum pastoral, le contact est régulier avec le monde d'en face; tout au long du processus, il appert que le pastoralisme prospère est un pastoralisme profondément lié à l'économie sédentaire; en ravanche, "it is the poor nomad who is the pure nomad" (Lattimore 1962: 522).

Rapportée à la situation qui existe au confluent des continents africain, asiatique et européen, qu'apporte cette démonstration?

Sur le premier point, tout un ensemble de données archéologiques nouvelles sur les premières ébauches de domestication d'espèces végétales et animales dans le Proche-Orient et en Afrique orientale est à interpréter.

Avec l'agriculture intensive rendue possible par les inondations régulières (le Nil) ou imprévisibles (l'Euphrate) des grandes fleuves, une première particularité apparaît: il n'y a pas eu, à partir de ces Empires fluviaux, d'expansion agricole régulière comme en Chine, avec constitution d'un vaste territoire homogène, sans doute par la faute d'un milieu naturel dominé par l'étendue et la rigueur des hiatus arides. Pas d'expansion de l'agriculture irriguée, donc pas d'élargissement ni de renforcement corrélatif d'un pouvoir d'Etat qui unifie ces territoires, mais, à un stade historique ultérieur, l'expansion d'autres empires, originaires cette fois des péninsules de la Méditerranée septentrionale, bien qu'héritiers de tout le dispositif technique et culturel mis au point par les empires "hydrauliques". Ces nouveaux empires ont joué, comme en Extrême-Orient, un rôle essentiel dans l'émergence du "grand nomadisme guerrier": leur base économique, surtout constituée par l'exploitation de la production agricole à des fins marchandes (farine, huile, vin, étoffes), a utilisé les capacités ambivalentes de ces régions de plaines étroites, de hauts-plateaux et de vallées (Tell de l'Afrique du Nord et, plus morcelé, de Méditerranée européenne, Asie Mineure, Iran) pour imposer l'extension de ces cultures aux dépens des formes mixtes (agro-pastorales) d'exploitation. C'est surtout vrai de la phase romaine: la colonisation grecque, par exemple en Cyrénaïque, a coexisté avec la petite production mixte des populations libyques. Entre les Ier et IIIe siècles, Rome, au contraire, impulse une accélération de la colonisation agraire, en Afrique du Nord comme dans les pays du Levant: or, c'est la période qui connaît précisément la diffusion du dromadaire comme bête de selle et sa destination à un pastoralisme renouvelé. Celui-ci va dorénavant s'orienter vers les régions présahariennes et sahariennes, à la fois plus distant du domaine romain et plus proche grâce à sa nouvelle efficacité militaire.[6]

La dialectique des rapports entre "barbares des steppes" et Etats agro-marchands est la partie la plus importante, en ce qui concerne mon propos, de l'apport de Lattimore. Ce principe traverse toute l'histoire du bloc saharo-méditerranéen et du bloc proche et centre-oriental: depuis les émirats sahariens disposés le long des axes caravaniers (voir leurs rapports avec des centres tels que Chinguit et Sijilmassa aux siècles de la route de l'or), aux dynasties impé-riales du Maroc et de l'Iran contemporains, c'est le destin lié de la steppe et de la cité, des éleveurs et de l'Etat. Les guerres internes, les révoltes renouvellent le personnel dirigeant, lequel est issu des principales familles qui exercent un contrôle sur la steppe ou le désert. Dans l'aire arabe, elles sont généralement associées à un prédicateur ou réformateur religieux et se réservent la direction des affaires militaires (Fatimides, Almoravides, Almohades, Wahhabites); ou bien elles sont elles-mêmes d'origine religieuse, c'est-à-dire chérifienne (Idrissides de Damas, 'Alaouites du Tafilalt, Sénoussis de Cyrénaïque, Hachémites de Mekka, d'Iraq, de Jordanie . . .). Cela souligne encore l'étroit rapport du monde pastoral et du monde urbain, ou plutôt la dualité du phénomène bédouin: les caractères sociaux et politiques spécifiquement façonnés par et pour la pra-tique de l'élevage extensif et du transport caravanier sont mobilisables par les grands desseins mûris depuis les centres urbains.

Quel est l'apport de chacun des deux composants aux entreprises communes auxquelles ils se livrent par intervalles? Ou mieux, quelle est la forme de cette association? S'agit-il de l'extension des tendances prédatrices ou parasitaires du milieu nomade sur les centres du pouvoir d'Etat et non plus seulement sur une oasis ou sur une voie commerciale? de l'organisation d'un pillage généralisé? ou bien, s'agit-il du couronnement d'une série de liaisons établies à la périphérie ou directement avec le centre (ou de la base au sommet) du système étatique fondé sur les ressources de l'économie agraire, manufacturière et marchande?

Dans ce dernier cas, la forme de cette symbiose (tourmentée ou sereine) importe moins que le simple fait qu'elle existe et qu'ainsi le monde pastoral ait eu accès aux produits du marché et qu'à partir de là se soit amorcé le processus de sa propre polarisation: certaines familles accumulent ainsi complémentaire-ment pouvoir et richesse, renforçant dans un même mouvement leur contrôle sur leurs parents et alliés et leur pression sur le système sédentaire — mais pas seulement de l'extérieur, car elles ont déjà pris pied dans le système, appointées par le gouvernement pour garder les frontières ou même la cour, et participant donc *et* du jeu politique global *et* de la structure de classe d'ensemble. Et si, après avoir procédé à une colonisation progressive de l'appareil d'Etat, à partir de leur intervention limitée en tant que forces auxiliaires, ces familles sont par-venues jusqu'à la prise en main définitive, à travers le contrôle de l'armée et de la police, des rênes du pouvoir, elles perdent leur spécificité pastorale, et l'Etat qu'elles gèrent désormais ne change pas de contenu en changeant de dirigeants:

il ne devient pas "empire nomade" puisque ses bases sont toujours, pour l'essentiel, l'agriculture, la manufacture, la ville, les voies de communication.

Pour savoir si les "nomades", ou plutôt les grandes familles "nomades", entrent ou non à égalité dans la combinaison qui débouche sur une grande initiative en direction d'Etats voisins, il faut bien mesurer leurs caractères spécifiques. Il s'agit à l'évidence, chez le Bédouin, d'une activité centrée sur l'entretien du troupeau et d'un capital technique minimum (qui lui assure essentiellement le gîte et le transport: pour tout le reste, il dépend, davantage que le Turco-Mongol qui pratique la petite métallurgie, du monde extérieur). Contrairement au paysan et à l'artisan, il fabrique peu, il gère son troupeau comme un marchand fait fructifier son capital: par des opérations intellectuelles et non par une intervention directe dans le processus de production, ou, plutôt, par une intervention directe, non médiatisée par un appareillage. Il négocie l'accès à un pâturage ou à un puits, un droit de passage, une alliance ou un contrat de gardiennage. Depuis sa tente, il dirige un réseau de renseignements et gère un réseau de relations sociales. Comme le marchand, c'est un homme qui se déplace, un homme qui s'informe; c'est aussi un homme politique qui peut passer de la diplomatie aux armes; un homme qui ne reste pas enfermé dans un monde clos mais qui s'élance sur les routes, pour qui l'espace est une donnée familière. Quand on ajoute cela à ses dispositions militaires (armement et tactique), à la capacité des siens de s'unir solidement pendant les crises (*'aṣabiya*), à sa pratique enfin de dirigeant d'entreprise (calcul économique), ce n'est plus un pillard ou un parasite[7] qui s'avance vers les centres du pouvoir. Etant données les circonstances, c'est un type d'homme qui s'avèrera rompu aux affaires et aux combats, qui pourra conduire, mais aussi concevoir les grandes entreprises qui, d'Abu Bakr à Timur-Leng, bouleversent la configuration de l'Ancien Monde.

Que signifient donc ces "bédouinisations médiévales", selon l'expression de Planhol? Que se passe-t-il dans l'intervalle qui sépare ces deux hommes? Ces sept siècles sont une "fenêtre" pour les populations de steppe, leur chance historique d'accéder à la scène du monde: elles oxygènent l'univers antique qui s'essoufflait, en lui ouvrant de nouvelles routes vers le *bilad as-sudan* et le *bilad al-atrak* et, au-delà, par la route de la soie, vers les richesses et la science chinoises.

La jonction du monde des steppes et des foyers agro-manufacturiers (ou agro-marchands) produit une détente qui élargit le cadre antérieur qui limitait le développement des forces productives. La mise en contact du foyer méditerranéen *lato sensu* et du foyer chinois va permettre un bond en avant du capital technique du premier des deux: boussole marine et gouvernail d'étambot, bricole de poitrail et collier d'attelage, poudre à canon, papier, xylographie et imprimerie, fonte de fer[8] vont se déverser sur le monde occidental par le canal arabe, puis par le canal turco-mongol, au bénéfice exclusif, après le XVe siècle, de l'Europe occidentale.

Cette fusion n'est pas à chaque fois féconde: l'éclat fulgurant de quelques empires a suffi pour produire les effets attendus. Ensuite le système s'épuise à se répéter, c'est la ronde des dynasties nomades autour des Etats maghrébins ou orientaux, sans qu'il en sorte rien de nouveau: car ce n'est plus dans ces régions que s'élaborent les conditions d'un autre type de développement historique, fondé sur la grande production industrielle.

L'étape où s'est révélé crucial l'apport de la "civilisation nomade" à la "civilisation sédentaire" est encore une étape fondée essentiellement sur la transformation du couvert végétal (cultures industrielles destinées à l'alimentation, au textile et à l'écrit) et l'extraction de quelques produits précieux. Non pas grâce à une productivité multipliée de l'agriculture (qui viendra plus tard et d'ailleurs: de l'assolement triennal, de l'amélioration des instruments aratoires — à cette époque, et dans le monde islamique, il s'agit surtout de l'introduction de plantes d'origine tropicale), mais grâce à la mise à la disposition des centres agro-manufacturiers d'un champ aux dimensions quintuplées où pourront s'effectuer la production et les échanges (en regard de quoi la pastoralisation de nombreuses zones agricoles pourra apparaître comme un phénomène secondaire). C'est ailleurs que se mettent en place les conditions de l'essor décisif de la métallurgie: ailleurs mais pas vraiment en-dehors; l'héritage, pour être en ligne indirecte, n'en est pas moins clairement discernable.

C'est dans cette perspective que j'aimerais voir replacer le vieux débat des relations entre "nomades" et "sédentaires": à partir d'une progressive différenciation, puis d'une course parallèle (mais non pas indépendante) de deux formes d'exploitation des ressources végétales, l'une par travail intensif du sol, l'autre par l'entremise du troupeau, se sont mises en place deux grandes lignes de développement engendrant leurs propres formes sociales, deux "intelligences" du processus de développement historique qui vont finir par se conjuguer, dans des conditions historiques déterminées, pour une percée limitée dans le temps mais décisive.

La logique de la ligne de développement pastorale, la réalisation de toutes les potentialités du système, c'est la maturation en son sein des conditions qui vont permettre son association à part égale à l'oeuvre de transformation des bases héritées des sociétés antiques.

Certes, ce mouvement n'épuise pas toutes les manifestations du pastoralisme. Il y a d'abord la retombée du mouvement et la séparation des deux constituants après leur fusion éphémère: l'ensemble des deux sociétés ne se fond pas en une seule; il y a eu simplement transferts partiels de l'une à l'autre; et le pastoralisme subsiste jusqu'à nos jours, dans les régions mêmes où les fusions s'étaient produites. Il y a toujours, enfin, en marge des grands systèmes, des poches ou des zones d'agro-pastoralisme et de pastoralisme exclusif qui ont — moins touchées qu'ailleurs — maintenu leur petite échelle et réduit leurs déséquilibres internes. Il est bon de les explorer. Reste qu'à mon sens, ce n'est pas le pastoralisme de ces derniers siècles, re-marginalisé depuis l'essor de la grande production agricole et industrielle, depuis la domination mondiale exercée par le système économique des Etats du capitalisme — essor puis domination qui ont faussé les ressorts des micro-sociétés les plus excentriques, les mieux "préservées" — ce n'est pas ce pastoralisme, donc, qui peut offrir la matière d'une étude des virtualités d'un développement basé sur l'exploitation du troupeau.

C'est en amont qu'il faut interroger l'histoire: pour restituer la société de la steppe dans son mouvement et dans ses connexions. La steppe, la ville, la plaine et la montagne irriguées sont interdépendantes; il est évident qu'on ne peut comprendre leur histoire en les isolant les unes des autres. Complexe dont la ville, entrepôt et principal centre de transformation et de consommation de matières premières, est un lieu privilégié: pour être plus souvent incluse au sein des terroirs agricoles, elle n'est pas nécessairement la chose de la société agricole; terrain de rencontre des horizons les plus disparates, elle a pu préparer, favoriser les conditions de la fusion conflictuelle des formes élaborées, de part et d'autre, à partir du pastoralisme et de l'irrigation. Complexe enfin dont les éléments réunis pour de brèves périodes allaient constituer un stade particulier du développement humain: brassage de populations et d'innovations techniques, élévation du niveau culturel et élargissement de l'accès à la conscience universelle, extension du marché économique aux dimensions presque complètes de trois continents: ne sont-ce pas là les conditions d'un développement qualitatif des forces productives? Il n'est pas sans intérêt que la "bédouinisation" ait été, en fin de compte, un des facteurs de ce développement: ce n'est pas la vision qu'on en a toujours eue. Cela rend d'autant plus nécessaire de faire une part exacte entre ce que cet apport a pu signifier de bénéfique, mais sans doute aussi de négatif, pour l'évolution globale du système. Examen qui contribuerait à nous éclairer sur les raisons de l'avance, puis du retard, de l'ensemble arabo-islamique.

Notes

1. Sweezy et al. s.d. Voir aussi l'essai plus récent d'histoire comparative (Anderson 1974).
2. Débat engagé en Hongrie puis en France et rassemblé notamment dans: Collectif 1967 et Centre d'études et de recherches marxistes 1969.
3. Cf. en particulier Rodinson 1966, Amin 1976.
4. Wittek 1963 souligne, par sa part, cette dualité dans l'Etat ottoman.
5. Et il est vrai d'ailleurs, comme le rappelle Planhol, que les auteurs arabes de l'époque ont eux-mêmes qualifié de "bédouins" les groupes turcs, par exemple, qui pastoralisaient l'Anatolie. Ce qui élargit le terme au-delà de ce que lui confère l'usage populaire dans les zones du monde arabe qui sont en contact avec steppes et déserts.
6. Voir Gsell 1926, cité par Planhol & Julien 1975: 160. Enfin Planhol 1968: 129.
7. Clavel-Lévêque (1974) décrit, à propos de l'Antiquité, comment et pourquoi se "crée un type d'homme, le Barbare, qui s'oppose au Romain en une opposition symbolique et mythique en même temps que concrète et réelle, dualité qui la rend éminemment opératoire" (Clavel-Lévêque 1974: 90). Ainsi voit-on Strabon réduire le Gaulois à une caricature: guerrier et sanguinaire, couvert de parures, fruste et naïf, perpétuellement en mouvement et en hordes innombrables. Ce qui permet d'affubler les entreprises impérialistes de Rome du masque civilisateur.

8. Ces trois derniers apparaissent en Europe, à peu d'intervalle les uns des autres, dans la vallée du Rhin (cf. Gernet 1972: 331). Haudricourt (1952), pour ce qui est de la fonte, a établi la provenance chinoise de cette technique et sa transmission par les Turcs.

Références

Amin, S. 1976. *La nation arabe*. Paris: Editions de Minuit.

Anderson, P. 1974. *Lineages of the absolutist state*. London: Humanities Press.

Centre d'études et de recherches marxistes. *Sur le "mode de production asiatique"*. Paris: Editions sociales.

Clavel-Lévêque, M. 1974. Les Gaules et les Gaulois: pour une analyse du fonctionnement de la géographie de Strabon, *Dialogues d'histoire ancienne* 1: 75–93.

Collectif. 1967. Premières sociétés de classes et mode de production asiatique, *Recherches internationales à la lumière du marxisme* no 57/58.

Gernet, J. 1972. *Le monde chinois*. Paris: Armand Colin.

Gsell, S. 1926. La Tripolitaine et le Sahara au IIIe siècle de notre ère, *Mémoires de l'académie des inscriptions et belles-lettres* 42.

Haudricourt, A.G. 1952. La fonte en Chine, *Techniques et civilisations* 2: 1–5.

Julien, A. 1975. *Histoire de l'Afrique du Nord*, t. 1. Paris: Payot.

Lattimore, O. 1962. *Inner Asian frontiers of China*. Boston: Beacon Press.

Planhol, X. de. 1968. *Les fondements géographiques de l'histoire de l'Islam*. Paris: Flammarion.

Rodinson, M. 1966. *Islam et capitalisme*. Paris: Seuil.

Sweezy, P.M. et al. S.d. *The transition from feudalism to capitalism*. London: Fore Publications.

Vignet-Zunz, J. 1977. A propos de la Cyrénaïque: quelques réflexions sur "bédouin" et "bédouinisation", pp. 22–41 in P. Briant et al., *Etudes sur les sociétés de pasteurs nomades*, Cahiers du Centre d'études et de recherches marxistes 133. Paris: Centre d'études et de recherches marxistes.

Wittek, P. 1938. *The rise of the Ottoman Empire*. London.

29. Herdsmen, farmers, urban culture

OWEN LATTIMORE

> Ni l'histoire ni l'archéologie ne nous donnent la preuve qu'une société
> nomade "pure" ait jamais existé. Nous n'avons pas non plus de preuve que
> la domestication des animaux (à l'exception des rennes) soit plus "ancienne"
> que l'agriculture. Au contraire, les témoignages indiquent deux lignes de
> spécialisation: l'élevage des animaux d'une part, la plantation et la récolte
> de nourriture d'autre part, se développant à partir d'une économie primi-
> tive mixte de chasse et de cueillette. Ces deux lignes sont restées indépen-
> dantes, mais jamais sans contacts. Par ailleurs, il n'est pas douteux que le
> commerce a toujours plus compté que la guerre.
>
> Il conviendrait aussi de porter plus d'attention au rôle joué par les
> nomades métallurgistes. En raison de leur mobilité, ceux-ci récoltaient le
> minerai sur des sites nombreux, ce qui a pu conduire tôt à la découverte
> des alliages. Cette même mobilité fit des nomades des porteurs de
> découvertes et d'inventions d'une culture sédentaire à une autre.
>
> Nous savons enfin que, lorsque les conditions culturelles et sociales
> étaient favorables, les nomades pratiquaient l'agriculture comme économie
> d'appoint, ce qui menait à la différenciation des classes, dès lors, par
> exemple, que des aristocrates montaient des chevaux plus grands et plus
> forte, abrités l'hiver dans des écuries et mangeant du foin et du grain. Il
> en est résulté en outre de constants déplacements de richesses et de pouvoir
> entre les nomades et les semi-nomades, ainsi qu'entre les nomades et les
> peuple sédentaires.
>
> Cette capacité à se livrer à des activités mixtes et diversifiées subsiste
> chez les nomades et remonte à la surface dès qu'ils commencent à
> s'intéresser à des travaux industriels mécanisés de type "moderne".

Because I first entered the nomadic world by travelling outward from the Great
Wall of China, my thinking about nomadism has always been influenced by the
contrast between the solid fixity of China and the fluid mobility of Mongolia.
In recent years, however, I have come to the opinion that the world of nomadic
pastoral Asia can be seen in better proportion and perspective if looked at from
the Middle East and Central Asia than if studied from the Great Wall of China.
The change in my thinking has been brought about by the discoveries of Soviet
and Mongol archaeologists, but primarily by what has been written by the

479

scholars of Mongolia who are rediscovering the history of their own country, which up to now has been so heavily overshadowed by the great mass of Chinese historical documentation — and by the fact that the scholars of the world, when interpreting this documentation, have too uncritically accepted the conventions of the Chinese historians who accumulated the material, century after century.

Interpenetrating topography: mutual stimulus and development

In the Middle East and Central Asia there was no such vast landscape of agriculture, dotted with cities, as there was in China. Trade between the cities of China passed through cultivated land, or along rivers and canals flowing through cultivated land; even when it crossed mountain ranges, the highlands were not the home of pastoral peoples. In the Middle East and Central Asia there were ribbons of cultivation along the great rivers; smaller streams gave life to oases, great and small. Trade between cities crossed steppes, deserts and mountains, all inhabited by pastoral peoples. Consequently, the relationship of trade to farmers, cities and pastoral nomads was quite different from the structure of trade in China. The nomads were not only breeders of animals to sell to the caravan traders; they were often caravan traders themselves.

We find, as a result of this interlacing, a mutual understanding between settled and mobile peoples that did not exist between the Chinese and the "barbarians" outside the Great Wall. Even the celebrated Silk Road was not travelled by Chinese merchants all the way to the Mediterranean. It was foreign merchants who came to the edge of China — wherever the edge of China might be at the moment — took the goods, carried them often for great distances, and then handed them on to other merchants. When, in the Han and T'ang periods, the Chinese controlled (but did not colonise) the oases of Sinkiang, their motives were primarily strategic, not economic. The Chinese records that have been preserved from those times are therefore primarily military, diplomatic and bureaucratic in origin and outlook.

They are also religious; and this is an aspect of history that needs to be examined afresh. The Chinese discovered Buddhism in Sinkiang (as they later discovered Marxism abroad) and brought it home. China was not "converted" to Buddhism by missionaries sent for that purpose. It was the Chinese who initiated the translation of texts and later sent monks to study and collect more texts in India and Ceylon. China's absorption of Buddhism was moreover typically Chinese in its economic adjustment: tax-free landholding became its economic base.

In the Middle East and Central Asia religious institutions also held land; but this was not their distinguishing characteristic. First, we have a rich diversity of religions: Zoroastrianism, Buddhism, Manichaeism, Nestorian Christianity — and that is not all — and finally Islam. (It is probable that traces of the earlier cults are to be found in the subcults of Islam.) Secondly, religion, language and commerce were linked together in chains that stretched from Syria to China and India. Merchants of the same language and religious fellowship had their community centres, with warehouses and cult chapels or temples, in cities where other languages were spoken and other cults observed. These differences resulted in differences of outlook, of the way in which men regarded the world in which they lived. One has only to think of the difference in "tone" between Chinese accounts of the Mongols and the account given by Rashid al-Din, and to recall that Rashid was a man of vast commercial enterprise, while the Chinese accounts are the work primarily of bureaucrats.

Confrontation topography: impact and recoil

China's Great Wall is a man-made emphasis added to a natural frontier of geography, climate, soil and vegetation. It was first built in sections by separate kingdoms of North China which were expanding toward the steppe. As they expanded they partly drove out, partly absorbed tribes or peoples living within what is now China whom they called "barbarians". We do not know how far these peoples differed from "normal" Chinese in such respects as language. Some of them may have been simply "backward" Chinese. It does appear that they had a more primitive agriculture and more livestock than those who were, or became, the "true" Chinese.

In the third century the kingdom of Ch'in (from which comes the name China) conquered all the other kingdoms and created the first unified Chinese Empire. It then put together the sectional walls of the preceding kingdoms and established the Great Wall frontier. It is important to make it clear that this frontier was the voluntarily demarcated limit of the convenient expansion of the Chinese Empire; in other words it was not necessitated by the aggression of the nomads against China. That aggression came later, as a consequence of the demarcation of the frontier by the Chinese, and was due largely to the inequality of the terms of trade: what China wanted of the surplus produced by the nomads (livestock, hides, wool, furs) did not equal in value what the "barbarians" wanted from China in the way of grain, textiles and ironware. This interpretation is confirmed by the fact that the individual kingdoms of North China, before they were united, dealt with separate tribes out in the steppe, while the creation of a unified empire in China immediately called into being the unified tribal league or nomad empire of the Hsiungnu. The creation in this way of two separate worlds, with an uneven balance of trade, is confirmed also by reference to a few basic economic criteria. The Chinese were breeders of pigs (fed principally on village refuse); their demand for mutton and beef was always extremely limited. For clothing they used wool hardly at all, preferring hemp (later cotton), with silk for the rich. The outflow of too much of what China produced was regarded as an impoverishment of China. Trade was therefore regulated by political considerations, not by economic demand: it could be allowed to some barbarians and denied to others, in order to make them quarrel with each other. (In Middle and Central Asia, on the other hand, trade was always mutually more satisfactory, because there was a steady urban demand for both meat and wool.)

Within the China that was established 2000 years ago, the state was based on land which could be intensively cultivated, with a major use of manpower and only minor use of work-animals. The people lived not on isolated farms but in villages, from which they walked out to work on the land. The villages, in turn, were clustered around cities, large and small, which usually were not more than a day or two days' journey apart. The cities were walled for defence, and were the centres of administration. More and more, as time went on, the wealthier landlords lived in the cities, not on their estates. This was a structure which made possible large revenues from which large, heavy, slow-moving armies could be paid for when needed. It should be noted that there was land north of the Great Wall which could be cultivated, but only extensively (for lack of irrigation water). This meant large acreages, villages far apart and cities still farther apart. Whenever it was tried, it resulted in a structure that was "less Chinese", while within the Great Wall the network of intensive agriculture, closely grouped villages and urbanisation was becoming century by century "more Chinese".

In the meantime, during the consolidation of China, while some of the peoples with outlandish names listed in the most ancient Chinese documents remained in China and were absorbed, others withdrew into the steppe north of the line of the future Great Wall. They must have become an important component of the nomadic population which was forming, developing and specialising in parallel with the specialised development of farming in China. We shall undoubtedly learn more about this as archaeological discovery progresses. In trying to understand the evolution of the steppe society we should, in the present state of our knowledge, be wary of explanations expressed in such terms as "the environment forbids", "the environment encourages", or "discourages". This is the vocabulary of the geographical materialist, more or less unconsciously attributing to nature the faculty of intention and the power of decision. What should concern us is the fact that man, even very primitive man, is able to choose and make decisions, unlike migratory animals and birds which merely follow an inherited routine.

We should look at actual problems. North of the Great Wall, on the Inner Mongolian plateau, there lies a long band of good pasture. The matted roots of the grasses preserve moisture, and the pasture can withstand a drought that lasts long enough to kill a crop of grain. Here primitive man, even in the early stages of his knowledge of both farming and the management of livestock, would of his own choice — not out of necessity — prefer to specialise in the handling of livestock. Better a prosperous herdsman than a poverty-stricken farmer. The point is clinched for us in a passage in the annals of the Han Dynasty. It had been proposed to colonise a western sector of the Inner Mongolian frontier. The settlers would be military: they would guard the frontier and at the same time support themselves by farming. A minister advised the Emperor against the plan. The region, he said, was so poor for farming that the settlers would find the life of the nomads better, and go over to the barbarians. This is one of the rare admissions, in an entirely conventional Chinese chronicle, that the life of the "barbarians" could, under certain conditions, be better than that of the civilised Chinese.

We must therefore assume, I think, that while some of the primitive population of North China was driven out by those who were steadily becoming more skilled in their farming, more sophisticated in their city-building, more highly civilised in their culture, more recognisably the true, historical Chinese of China, and retreated into the steppe in defeat and presumably in despondency, others launched out into the steppe of their own accord, with a sense of liberation and of making better lives for themselves. The two processes must have gone on simultaneously. (Of course, I am not saying here that the peoples of Mongolia came only from China. Mongolia was inhabited by very primitive men before either farming or pastoralism was known, and later others entered Mongolia from the forests of Siberia and the oases of Central Asia.)

One more major aspect of the history of Great Wall frontier relations remains to be mentioned in at least brief detail — that of war. Our first mentions of barbarians all come from civilised peoples who had writing long before the barbarians did, and they invariably describe the barbarians as more willing to kill and plunder than to work hard for an honest living. This subjective view is echoed in Marx and Engels in the suggestion that war for plunder was in itself a "mode of production". Nor should we forget that the Europeans who landed on the Atlantic coast of North America claimed, throughout their expansion to the Pacific coast, to be defending themselves against the attacks of the savage Indians.

To modify such ideas we should set what we know of the imbalance of trade, already mentioned, along the confrontation frontier of the Great Wall of China; an imbalance much greater than among the pastoralists, farmers, and city-dwellers in the interpenetrating topography of Central and Middle Asia. I have already pointed out that individual kingdoms in North China dealt with individual tribes on their northern frontiers, and that the imperial unification of China in the third century B.C. was quickly followed by the creation of the great tribal league or empire of the Hsiungnu. This political sequence can be restated in economic terms. A Chinese kingdom on the future Great Wall frontier wanted to draw the products of the kingdom toward its cities, especially the capital city. It had only a limited demand for the products of the outlying pastoral tribes. In the meantime the pastoral economy was flourishing and creating a surplus. Some families became more wealthy than others and — as always — wealth tended to become hereditary, so that a tribal aristocracy emerged. The livestock, wool and so forth which for the tribal magnate were wealth — a surplus which he and his family could not consume — were not, however, wanted by the Chinese whose luxury goods, like silk, the barbarian coveted. On the other hand, by demanding from the Chinese not only silk for himself but simple textiles, grain and other commodities which he could distribute to his tribesmen, the tribal leader could rally his followers, threaten the frontier and force the Chinese to deliver for political reasons what they were unwilling to sell for an inadequate economic gain.

When China had been united as an empire and the regional frontier walls linked up to create the Great Wall, a single tribe could no longer practice this kind of blackmail. It is from this point on that we find in the Chinese chronicles the recital of wars among the barbarians themselves for domination and unification until the regimented tribes of the frontier as a whole could deal with China as a whole. It was after this, in the next stage, that the Chinese opened the Silk Road through the oases, outflanking the nomads of Mongolia, not because, as in a capitalist economy, China was producing a surplus of silk for which a foreign market was needed, but in order to involve the interest of more distant nomads who would, for the sake of the profits of the trade, be hostile to China's closer neighbours in Mongolia.

Once this economic-political-military structure had been created, history entered a new phase, or succession of phases. Western historians have taken over from the Chinese tradition itself the idea that these phases were cyclical, repetitive. A dynasty established itself, by force of arms. Strong at first, it gradually degenerated until it foundered in the discontent of the people. Then the same thing began all over again. This was held to be true both of dynasties established by the Chinese themselves, of partial kingdoms or empires founded in North China by barbarians from outside the Great Wall, and of total conquests (Mongolian Empire, Manchu Empire). In the case of kingdoms and empires founded by barbarians, an additional concept came to be generally accepted. The barbarians were all absorbed by the Chinese; they became Chinese like any other Chinese.

This concept is reinforced by the "blotting paper" effect of language change. The Great Wall also divided the Chinese language from the utterly different Turco-Mongol-Tungusic group of languages. The differences of grammar, word order and phonetics are so great that borrowings, in either direction, are always distorted, sometimes grotesquely distorted and difficult to identify. Consequently it was easy to assume that when barbarians had settled in China and lost their language, they also lost all the other cultural baggage they had brought with them. In Central Asia and the Middle East, on the other hand, there were also two main groups of languages, the Iranian and the Turco-Mongol (Iran and Turan), but the boundaries between them were not so absolute. Frequently an agricultural realm, with its urban centres, and the adjacent pastoral nomads spoke the same language, or closely related dialects of the same language, and it is consequently easier to give their proper value to other threads of the cultural fabric.

Once we have learned to focus our vision more sharply, however, and to peer through the blurring of traditional interpretations, we can see and begin to evaluate the importance of two opposite aspects of the history of sedentary—nomadic interaction along the Great Wall frontier: (1) When barbarians of nomadic origin, after periods of pressure along the Great Wall frontier, or actual penetration deep into North China, receded back to the pastures and forests of Manchuria, the steppes of Mongolia, or the oases, deserts and steppes of Central Asia, they left behind them not only fragments of population to be absorbed by the Chinese, but deep marks embedded in the very structure and substance of the Chinese culture. (2) When the Chinese, after periods of domination and even direct administrative imperial control in Mongolia or Central Asia, receded back within the Great Wall, the institutional and cultural traces they left behind them were, despite the supposedly overwhelming vigour and ascendancy of the Chinese civilisation, astonishingly faint. By way of illustration it can be pointed out, beginning with the military record, that light, two-wheeled war-chariots have been found in China, dating from the middle of the second millenium B.C. (Shang dynasty). These are by no means a Chinese invention, which spread from China into the Middle East, northwest India and as far as the plains of Europe. They can only have entered China from the Middle East and Central Asia. What is missing is any indication that they were brought by conquering invaders who founded a new ruling class and social system.

Later, about the fourth century B.C., when cavalry definitely superseded chariots on the field of battle, the accompanying social changes are unmistakable. The Chinese record states that the northern frontier kingdom which first adopted cavalry in a planned way based its tactics on mounted archery, and for this purpose also "adopted the costume of the Hu" (steppe nomads), which was better suited to riding than the "civilised" Chinese costume of the time. These practices spread to other frontier kingdoms, and the one which finally conquered all the others and, in the third century, put together the first unified Chinese Empire, the kingdom of Ch'in, was regarded from the classical Chinese point of view as semi-barbarian. Since no non-Chinese language is mentioned, it is probable that this means Chinese who had been barbarised by their frontier wars, rather than barbarians who had been only partly converted into Chinese.

Still later, the details become even clearer. In the founding of the great T'ang Dynasty (approximately 600—900 A.D.) Turkish cavalry were used; and in fact the founding family of this dynasty, although Chinese, had intermarried with Turkish-speaking barbarians. In the course of the rule of this dynasty, moreover, which extended its power deep into Central Asia, there developed a class of great land-owning Chinese magnates along the Great Wall frontier. In these families it became quite customary to have one son brought up to speak Turkish from his youth, so as to be able to command Turkish troops in the imperial service. (Japanese scholars hold the lead in the study of the social and cultural phenomena of this period.) Such customs fostered the fashion, in the T'ang period, for poetry influenced by Turkish metres, chanted to the rhythm of music of Turkish origin. There were settlements not only of Turkish but of Soghdian and other Central and Middle Asian peoples in the cities of China. These foreigners brought with them their own religions, of which the Chinese took over for themselves, Buddhism more than any other (it had already been brought back from Central Asia in Han times, and primarily by Chinese, not introduced by foreigners with a proselytising mission); but also Nestorian Christianity, Manichaeism and Zoroastrian ideas. While these latter beliefs did not attain important institutional status, there is reason to believe that they infiltrated the rituals of the secret societies which played such an important part in political rebellions; but this is a field of cultural history that has been imperfectly documented and studied.

In short, in periods of Chinese ascendancy perhaps even more than in periods of barbarian pressure or invasion, China was deeply penetrated by alien influences. Because of the vigour of the Chinese culture, these alien grafts quickly became Chinese in shape, a transformation which has been allowed to obscure the fact that they were indeed of alien origin and did indeed, while becoming Chinese in shape, also impart more than one new bias to the growth of the Chinese culture itself.

China, Mongolia, Central and Middle Asia

Conversely, when Chinese ascendancy declined and the Chinese returned within the Great Wall, what did they leave behind them? Or when the barbarians recoiled from China and returned to their homelands, what that was Chinese did they take with them? Here the conventional emphasis has always been on the inventions and techniques which were Chinese discoveries, and from China were transmitted to the outer world. There is a long list of them; but to a large extent they passed through Central Asia and the Middle East, and affected more distant countries more strongly. What, on the other hand, were the forces that kept change in motion in the Middle East and Central Asia, affected the way in which people lived, stimulated their aspirations, shaped the ways in which they thought about themselves?

One ought, perhaps, to start with the conditions in life which produce an ideology, but here it is convenient to start with ideology. Considering geographical proximity, the mutual accessibility that existed through so many centuries and the hospitality of the Middle East and Central Asia to a wide variety of religions and systems of thought, the imprint made by Confucianism was, throughout, puzzlingly faint. This can only indicate social incompatibility, Confucianism having been the quintessential expression of the traditional Chinese society. Where can we find the centre of gravity of this problem, this failure to coalesce, to syncretise?

The Confucian system is often called feudal, especially by Marxists, though I should say myself that the question remains very much open to further debate. In any case, Confucianism in practice, throughout its history, stood for the authority of the civil authorities over the military, whereas in the nomadic society, no matter where we set the dividing lines between theoretical stages of "pre-feudalism", "proto-feudalism", "feudalism", ideas of the military authority of the leader and the loyalty owed by followers to a leader are always dominant.

Differences in the status of the merchant were just as important. Under the Confucian system his function was to distribute and market the produce of the land, gathered as rent and tribute by the landowner. To safeguard their ascendancy in politics and the administration of the state the land-owning class saw to it, by taxation and other devices, that merchants were prevented from accumulating and managing capital in ways that would make them politically independent. (I have written elsewhere that the periods in which the Chinese historians of today refer to "sprouts of capitalism" – sprouts that always withered later on – were periods in which demands from beyond the Great Wall for more trade gave the merchants a temporary leverage.)

Beyond the Great Wall, on the other hand, the merchant had a higher status. Caravans passing through the lands of the pastoral nomads did not threaten the power of the nomad chiefs. (The blood-sucking economic activities of Chinese merchant-usurers in Mongolia in the eighteenth and nineteenth centuries, under Manchu-Chinese rule, are an exception to the rule.) In the trading cities of the oases of Central Asia and the Middle East, there was a certain amount of municipal self-government, even under strong empires, and merchants consorted with rulers and had an influence on the shaping of policy. All in all, whether we call the systems of society feudal or something else, the world beyond the Great Wall of China was remarkably independent of China intellectually, in social inspiration and in technology. It was capable not only of continuing to exist but of continuing to develop without fresh injections from China. As far as there was a continued inflow of new ideas, they came from India and the Near East rather than China. Moreover new additions did not mean simply one layer of borrowing on top of another. What came into the Middle East and Central Asia was digested, transformed, and acquired a life of its own.

Present and future: Capitalism and socialism

This was in a general way the state of affairs when the great Russian advance into Siberia and the Middle East began. In the late 1500s, when the Russians approached Mongolia, the Manchus were gathering their forces for the conquest of China. By the late 1800s, 300 years later, when the Russians were consolidating their positions as far east as maritime Siberia and in what are now the Central Asian Republics of the Soviet Union, the Manchu Empire was in full decay. In this interval of 300 years Tsarist Russia, besides writing chapter after chapter of successful imperialist history, had been transforming its own economy and society. Whatever it had been before — and it is preferable here to avoid international terms like "feudal", which emphasise similarities but often conceal differences — it was now a capitalistic state; young, vigorous, crude, often backward in comparison with other capitalistic societies, but also, rather surprisingly often, in the front line of capitalistic innovation and rapidity of development.

It is important to emphasise, from the point of view of the problems here being considered, that this transformation was especially marked in the newer imperial territories, and affected the old, non-Russian populations there at the same time that it affected the newcomers, the Russians. What the Russians brought to the Buryats, a Russian wrote in the late nineteenth century, was a superior iron plough; what the Buryats did with this plough was more skilled and productive than what the Russians did with it. And again, when American farm machinery began to be imported, it was frequently Buryats of the new, entrepreneurial Buryat capitalist class who became agents of the Americans, selling the machinery to Russians.

For lack of space, it is not possible here to go into more detail, beyond noting that Russian imperialism brought about an exceptionally broad contact among peoples and meshing of their lives. In maritime imperialism the conquerors (Britain, France, Holland) left most of their people behind, taking with them across the oceans only soldiers, bureaucrats, merchants and missionaries. One consequence of this was a strong identification of ruling people and ruling class. Seen from below, by the conquered people, any member of the conquering people was, in fact, a member of a ruling class. In the much broader contact of the land-based Russian expansion, the conquest was accompanied or closely followed by workers and peasants — men who worked with their hands, women who did their own work and did not have servants. The conquered could see that among the conquerors, as among themselves, there was a gradation of upper and lower classes. Everybody, invader and invaded alike, could see that there was a strong tendency for the old, native ruling class to collaborate with the new, invading ruling class, and could draw the conclusion that the oppressed, the underprivileged, the exploited had common interests among themselves, whatever their language, religious and other differences, which could only be defended if they acted in common.

Travellers in eastern and southern Siberia and the Central Asian Republics of the Soviet Union ought always to visit the local museum, wherever they stop. They exist not only in towns but in villages, and they always include an exhibit to show what happened locally in the October Revolution. I have yet to see such an exhibit which does not include, among its photographs of the men (and sometimes women) who took part in the first armed risings, representatives of the local non-Russian people or peoples, as well as Russians. There is no more convincing proof that the Bolshevik Revolution was rooted in all the peoples of the Tsarist Empire, and was not limited to the ruling Russians. At the same time, of course, those of the upper classes of the minority peoples who were closely associated with the Russian rulers were either counter-revolutionary or in favour of separation and independence. Thus the revolution was an intricate class war, involving Russians and minorities at every level of society.

In Mongolia one finds a transition area. Chinese economic activity was almost monopolised by merchant-usurers, who were sometimes in "partnership" with Mongol princes or monasteries, but only in the sense that the Mongol "partners" drew a profit in return for lending their backing and authority for the collection of debts; they were not working partners who did their share in the routine activities of trade. There were also Russian traders, who took every advantage of the imperialistic, "unequal treaties" to promote their own interests, but at the same time the smaller merchants, especially, fraternised with the Mongols much more than did the Chinese. They quite often learned to speak good Mongol, while usually a Chinese trader, even after twenty or thirty years in the country, and even if he was living with a Mongol woman by whom he had children, could speak only pidgin-Mongol.

There was also a military school in which Russian officers and Buryats who spoke both Russian and Mongol trained Mongol soldiers and non-commissioned officers in the handling of modern weapons, including machine guns and artillery. Some of these officers were brutal and were hated accordingly, but a few of them sympathised with the men they were training and commanding and fraternised with them. As the Mongols in training were conscripted from all over the country, the influence of these sympathetic Russians and Buryats radiated widely. There was, moreover, a community of several thousand Russians at Urga (later Ulan Bator), whose numbers were swelled, after 1917, by refugees from Siberia. This community was a microcosm of the Tsarist Empire; in it could be found ardent supporters of the Tsar and, later, of Kolchak and the "Mad Baron" Ungern-Sternberg, underground members of the Communist Party, and every shade of political opinion in between. They quarrelled with each other, sought sympathisers and supporters among the Mongols, and thus provided, in fact, an intensive school of politics for the Mongols.

Enough has been said, even in this necessarily brief review, to explain the rapid development of events echoing the October Revolution. Most of the Chinese fled, and as they had served, by virtue of their economic monopolies, as Mongolia's bourgeoisie, the ordinary Mongols, who were overwhelmingly herdsmen, with a few artisans, were left confronting their hereditary feudal nobles and the high priests who dominated the ecclesiastical establishment, without a middle class between them.

These were the major factors that shaped the Mongolian Revolution. The bourgeois phase of revolution was, obviously, truncated. From then on most writers trace the successive phases as echoes, one after the other, of what happened in the Soviet Union. Copying of the Soviet Union is obvious and true. Absence of revolutionary ideas or methods emanating from China is usually passed over in silence, as if these were simply factors that were not there; but that, surely, is not the significant part of the story. The question that needs to be asked is: why were they not there?

Part of the answer to that question must be sought in the history of Central Asia and the Middle East that has been so briefly sketched here. That history created a fabric, certain strands of which could have been re-woven into a new fabric of capitalism, but were, in the upshot, re-woven more successfully into a new fabric of socialism. These threads include elements of community structure and cooperative action. Mongolia and the Soviet Republics of Central and Middle Asia offer, on the one hand, a rich field for historical study, large enough to be called independent, even though it always lay open to influences from the history of China, India, the Near East and Russia. On the other hand, this is the region in which for the longest period (nearly sixty years), political, economic and cultural revolution among non-Russian peoples has been consciously inspired by Marxist principles. The record includes mistakes, tragedies and brutalities as well as brilliant successes and extremely important examples of voluntary conversion to new ideas, justified by lessons learned from history. All of this movement into a new kind of history had gained its first impetus before the Second World War. Since that war the economic development of pre-industrial societies, with its accompanying problems of social and cultural development has become a question of world-wide concern. Programmes of development are being conducted under capitalistic and welfare-state auspices as well as in the differing Marxist styles of the Soviet Union and China. It is becoming more and more important to make a comparative study of them all, and it is an urgent requirement that in making such comparisons we should study not only the principles of those who offer aid but the historical and cultural characteristics of those who receive aid.

Index

The entries in the following index are mainly thematic, indicating only substantial passages treating the subject, whether or not the actual headword is mentioned.

We have chosen to respect the language of each contribution despite the inconvenience to the reader that may result from entries for the same subject being separated.

L'index proposé ne vise à l'exhaustivité ni des entrées ni des occurrences. D'orientation thématique, il signale les passages correspondant à un développement plus ou moins substantiel de la notion de l'entrée — que celle-ci soit nommément citée ou non.

En dépit de l'inconvénient de séparer en vertu de l'ordre alphabétique deux entrées se traduisant l'une l'autre, l'indexation respecte la langue de chaque communication.